大專用書

經濟學原理

歐陽勛著

學歷：國立政治大學經濟學系學士
　　　美國紐約市立大學經濟學系碩士
　　　美國紐約新社會科學研究院經濟學系博士
經歷：國立政治大學經濟學系教授兼主任
　　　國立政治大學教務長
　　　國立政治大學校長

三民書局印行

國立中央圖書館出版品預行編目資料

經濟學原理／歐陽勛著.--增訂三版.
--臺北市：三民，民85
面；　　公分
含索引
ISBN 957-14-0385-7 （精裝）

1.經濟-哲學，原理

550.1　　　　　　　　　　80001939

國際網路位址　http://sanmin.com.tw

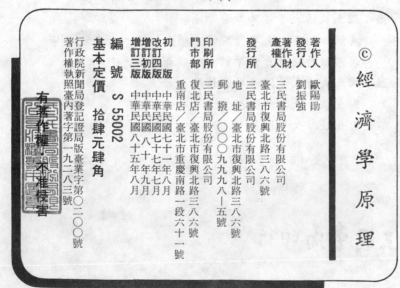

© 經濟學原理

著作人　歐陽勛
發行人　劉振強
產著作財權人　三民書局股份有限公司
　　　　臺北市復興北路三八六號
發行所　三民書局股份有限公司
　　地址／臺北市復興北路三八六號
　　郵撥／〇〇〇九九九八—五號
印刷所　三民書局股份有限公司
門市部　復北店／臺北市復興北路三八六號
　　　　重南店／臺北市重慶南路一段六十一號
初　　版　中華民國七十一年八月
改訂初版　中華民國七十七年九月
增訂三版　中華民國八十年九月
增訂三版　中華民國八十五年八月

基本定價　拾肆元肆角
編　號　S 55002

行政院新聞局登記證局版臺業字第〇二〇〇號
著作權執照臺內著字第一九二八三號

ISBN 957-14-0385-7 （精裝）

增訂版序

本書自七十六年三月改訂三版以來，已歷四年又半。在此期間，國外經濟理論既有新的發展，國內經濟事象也有特殊改變，為使全書內容與時俱新，允宜大幅修訂，俾不負讀者及學界諸彥長年關愛之厚意。爰自年初開始，著手是項工作，謹將修訂原則與重點，簡陳如次，敬祈察正。

一、在相關章節的討論中，儘量利用最新的國內資料作佐證，俾使理論配合現實，並使讀者多瞭解本國經濟實際情況。

依據此一原則，在國民生產、所得、消費、儲蓄、投資、銀行制度、貨幣供給、經濟發展、國際貿易與收支等的章節中，均大量引用臺灣資料作實例，使讀者在切身的感受裏，增加研讀的興趣與效果。

二、容納經濟學方面近年來最新發展的觀念與理論，以使本書內容不落時後。

在此原則下，這次增加了：(1)總體經濟理論的最新發展一章，包括供給面經濟學、理性預期理論及新凱恩斯理論；(2)寡頭壟斷的競局理論與柯諾特模型；(3)個體經濟理論之後增加「均衡、穩定與經濟福利」的專題附錄，容納福利經濟學的主題探討。凡此均在使讀者接觸經濟理論發展的新趨向。

三、調整章節內容，嚴謹措詞用語，俾更符應大學教科書之用，適合研究參考之需。

依據此原則所作的主要調整爲：(1)將經濟學圖形表示的方法及一些較繁複的數理驗證演算，均自正文中移作附錄或附註，以便教學及參考；(2)刪節若干次要節次，俾容納以圖表數據顯示總額、平均額與邊際額等類之關係；(3)增加生態環境與自然資源維護的深一層經濟分析；(4)增加國際經濟理論與金融制度新發展的探討；及(5)在相關章節處所，廣泛增加附註。凡此在使讀者易於理解抽象觀念、新生問題及探溯事理淵源。

以上所舉係屬修訂重點之犖犖大者，細節部分未及備述。這些修訂之得以竣事，完全得力於政大經濟研究所副教授黃仁德博士的熱心協助，沒有他的提供資料與撰擬增修初稿，這次大修訂絕難於今夏完成，其對本書的貢獻，筆者謹致由衷的謝忱；至若疏失差錯之處，當然仍由筆者負其全責。

筆者退休有年，齒數日增，學殖荒蕪，識見有限，掛漏疏誤之處在所難免。敬懇讀者諸君及同行碩彥曲予寬諒，慨賜教正，感企無既。

歐陽勛　謹識

民國八十年八月

再 版 序

本書初版問世之後，受到廣大讀者的關愛，學界先進的鼓勵，筆者謹藉此再版的機會，敬表萬分的謝忱。

初版由於編寫及排印的匆促，有不少細節之處照顧不周，校對疏忽，致有差錯，年來經於教學參閱中發現，已於再版中改正。差幸這些錯誤大都是屬於字句詞面的，未致導誤到理論的偏失，儘管如此，筆者對於初版的讀者諸君仍在此敬致深切的歉意。

此外，爲求增加讀者的方便，特於再版中作了兩項改進措施：

第一是版面作了相當大幅的改變，爲提高讀者的注意及易於把握基本概念，特別將書中的名詞術語、原理法則、及章節標題等，都用不同號數的黑體字排出，眉目鮮明，一目了然，予人以速讀之便。

第二是每章之末附上了問題練習，概括全章的重點，讀者於看完一章之後，按照練習題掩卷默念，卽可收到複習及綜合串貫的功效。

初版發行之後，于宗先教授曾建議在每章之末附參考書目，筆者深體其意；又爲便於讀者查考，宜在書末編附內容索引，凡此將在以後的修訂版中逐次增訂。

「羅馬不是一日造成的」，筆者必將本乎讀者諸君愛護之意，隨時注意改正本書缺失，修正其內容，以迎合經濟學的新發展，並適應教學參考之需要，惟祈先進賢達不吝批評指教，至所企幸。

民國七十二年七月

作者謹誌

自　序

　　政大於民國四十三年在臺復校之後，經濟學系遲至民國五十六年才
復系，從當年起，筆者一直擔任一年級經濟學原理一科的講授，迄今已
歷十五年。對筆者而言，這確是一段值得回憶的歷程。

　　首先，就心情的感受來說，初期是緊張而又興奮，心中充滿著挑戰
的鼓舞，也懷著無比的惕勵與信心，暗自決定要把這門課教好。事前的
充分準備，講堂上不厭其詳的解說，雖然奠下了免受惡評的基礎，但愈
到後來愈覺這門功課不容易教好，不敢掉以輕心，晚近每到新生入學的
時候，更不免心情沉重，而有些難於負荷之感！

　　其次，就教學體念來說，這些年來筆者覺得這門功課必須使學生能
夠：第一、對日常生活的經濟事象作理性的瞭解與敘述；第二、對經濟
學科的基本概念有明確的理會；第三、對經濟分析的各種工具作純熟的
運用；第四、對個別經濟法則作連貫的整合應用；第五、將理論的體會
用於政策的設計與評估。十五年的教學成果雖不彰著，但致力的方向未
嘗迷失或改變。

　　再就世界經濟情勢而言，這段期間有顯著的轉變。早先，自由世界
無論先進或開發中的國家，無不應用凱恩斯的經濟理論，使經濟獲得異
常的繁榮與成長，但進入一九七〇年代之後，世界陷於長期停滯性膨脹
之中，經濟理論遂由需求面轉向供給面，由財政面轉向貨幣面的探討，
而經濟生態、能源危機等更構成經濟學嶄新的課題，形成教與學的新挑

戰。

　　十五年講授大一經濟學的歷程中，筆者曾經五度換用美國出版的基本教科參考書，雖每感其合於美國情況者未必合於我國教學需要，早想依據上述的體念，編寫一部適於我國大一財經商科的經濟學教科參考書，然終以行政事務牽累，及自覺學驗未深，不敢率爾動筆，惟恐掛漏錯失，一則貽笑方家，更且影響學生。

　　直到兩年前隨筆者任助教有年的黃仁德講師表示：歷屆經濟學系的同學甚盼筆者將所授編寫成書，以利學生進修參考，且優秀同學隨堂筆記詳盡完好者不少，可擇優作纂寫基底，黃講師並自願身任整編之勞，於是詳擬章目綱要，廣列參考文獻出處，在其全力協助下歷兩年完成初稿，幾經核校修改，終至發行問世。

　　本書共計二十七章，其章節目次的本身可顯示其內容，不擬再多作說明，但大體而言，全書可分為八部分：一、前四章為概論，介紹經濟學的基本概念與經濟活動的周流本質；二、第五至第八章為均衡國民所得的決定、波動與財政政策；三、第九至第十三章為貨幣理論及經濟目標與政策；四、第十四至第十六章為經濟成長與生態；五、第十七至第十九章為需求與生產理論；六、第二十至第二十二章為市場組織與價格及產量決定理論；七、第二十三至第二十五章為要素價格與所得分配理論；八、第二十六與二十七兩章為國際貿易與金融理論。此外，另分別於適當處加入六個附錄，分別簡介停滯性膨脹、IS 與 LM 曲線、供給面經濟學、經濟發展基本模型、臺灣經濟發展、及我國對外經濟關係現況概要，以供讀者參考。

　　筆者深覺經濟學是相當精微的社會科學，初學者不易正確理會，所以編寫教科書必須簡明易懂，而有關定義則必須謹嚴確切，俾使讀者觀念澄澈而不陷於混淆。其次，經濟學範圍廣濶，內容繁複，故分析陳述必須要言不繁，以免篇幅過巨，致令讀者望而生畏。第三、教科參考書

必須讓教者與學者發揮其自主的想像力，因而宜儘量避免舉例，以免囿限讀者的創新思考，而應容其在現實生活體念中找求例證。筆者對本書的編寫除盡力遵循前述五點教學體念的宗旨而外，特別謹守這三項原則，每一章節都採單刀直入的解析方式，不作空泛敷陳，希望能節縮篇幅，節省讀者的寶貴時間。

本書的編寫除賴黃講師的全力勷助而外，並承經濟學系高材生陳如文、李秀芬、高蓬雯、王愛玲、蔡玉珠、李紀珠、周碧英、陶德禎、和闕湘雲及其他同學等提供其完美的筆記，並於課餘謄校全部稿件，她們的辛勞貢獻，我將永誌不忘。又本校經濟系、所主任陸民仁教授和其他財經教授同仁的直、間接鼓勵與協助，在此敬致謝忱。

本書編寫雖已歷時經年，但以內容廣泛而筆者識見有限，舛誤之處諒必不少，敬懇學界先進及讀者諸君不吝指教，俾於再版時遵依訂正，幸甚。

民國七十一年五月

歐　陽　勛　謹識

經濟學原理

目　次

索　引

第一章　經濟學與經濟問題

　　經濟學（economics）是爲了解決人類經濟問題而產生的。人類自有生以來便有經濟問題，不同時期的人類面臨不同的經濟問題，可以說，人類的歷史便是一連串經濟問題的產生與解決的交替過程。

　　經濟問題雖然在有人類的很早期就已存在，而且人類也一直在設法解決所面臨的經濟問題，不過，早期人類面臨經濟問題時，往往是根據前人所傳遞下來的經驗來解決。就學術的觀點來說，這種以經驗法則來解決問題的方式算不上一門學科，所謂的學科必須是一有系統、有組織且有開創性的學問或知識。因此，我國的歷史雖然遠早於西方國家，但由於我國歷朝歷代對於經濟問題的解決大都限於遵循經驗法則，因此經濟學並沒有最先在我國形成一門獨立有系統的學科。

　　西方國家的歷史雖然比我國短，但他們卻以較爲科學的方法來思考與解決經濟問題。最早對經濟問題的性質與解決方法提出完整系統與組織的理論研究者爲英國學者亞當史密斯（Adam Smith），他在1776年發表經濟學專著《國富論》（*An Inquiry into the Nature and Causes of the Wealth of Nations*）之後，經濟學便形成一門學科，亞當史密斯也被稱爲經濟學之父。其後，從事經濟學研究的人愈來愈多，研究的方法也愈來愈進步。至1969年，經濟學成爲社會科學中唯一獲頒諾貝爾獎（Nobel Prize）的學門。

第一節 經濟學的意義與研究

一、什麼是經濟學

自亞當史密斯發表《國富論》以來，兩百多年中經濟學家們對於經濟學的定義並無一致的說法，最普遍而爲多數人所接受的定義有：

（一）**經濟學是一門社會科學，主要在於研究人類如何利用有限、但可作不同用途的經濟資源，來生產財貨與勞務，作爲現在或未來消費之用，以使人類生活的無窮慾望獲得最大的滿足。**

這個定義有以下幾項重點：

1. 經濟學是一門社會科學 (social science)

社會科學是研究與人羣有關之社會現象的學科，以人爲主體，而人常受到環境、習向、旁人的行爲或自己的情緒等因素的影響，其行止常會改變，故社會科學的變動法則不如自然科學的自然法則來得一定。社會科學的變動法則只是一種整體的主流，個體的變動卻因人而異，吾人只能在異中求同，用歸納與演繹的科學方法，將社會變動的現象予以系統化，以作預測未來變動趨向的準則。

2. 有限的資源 (limited resources)

資源有限與無限的區分，是依人類的慾望 (wants)、時間與地域而判別的。有限的資源就是必須付出代價才能取得的資源，無限的資源則是不必付出代價就能取得的資源。必須付出代價才能取得者，稱之爲**經濟資源** (economic resources)；不必付出代價就能取得者，稱之爲**免費資源** (free resources)。

由於人類的慾望無窮，相對這無窮的慾望而言，若干本屬無限的資源也就成爲有限。例如，陽光本是無限的，但要將它轉換成太陽能、太

陽熱，這轉換的熱能就成為有限的。此外，由於所處的地點的不同，對靠近河邊的人而言，水是無限的，但對靠近沙漠的人而言，水就成為非常有限的資源。另外有的資源在本世紀雖是無限的，但到了下一世紀也可能成為有限的——如石油、森林、礦藏。

因為資源是有限的，所以人們才要珍惜，考慮作最有效的利用。如果資源是無限的，則可任意使用而不必珍惜，人們將無經濟問題可談，經濟學將無由產生。

3. 資源可作不同用途

如果資源只有一種用途，就無選擇的餘地，因此也就無經濟問題可談。就因它可作不同用途，這才會有緩急及合稱與否的選擇，經濟問題才會產生。

4. 生產財貨與勞務

經濟資源有限，人類慾望無窮，需要的財貨與勞務種類很多，到底要生產那些財貨與勞務？如何生產？生產多少？這些都是要作選擇的決定，經濟學的主題就是要解決這類生產選擇的問題。

5. 現在或未來消費

我們不只生活在今天，還有明天；不僅只有我們這一代，還有下一代。因此，必須將有限的資源作適當的分配，以使現在與未來消費的需要獲得最大的滿足——當然不可能獲得完全的滿足。

（二）**經濟學是一門研究如何選擇（或做決策）的學科。**

有限的經濟資源相對於人類無窮的慾望是稀少的 (scarce)。因此，我們說經濟資源是稀少的，是指相對於人類的慾望而言，而非以其絕對數量來衡量。任何一個社會，不論它所擁有的經濟資源是如何的豐富，但在任何時點，將無法同時滿足其人民一切的慾望，這一情況我們稱之**為稀少法則** (law of scarcity)。

人類慾望的種類無窮，原有的慾望獲得滿足，又有新的慾望產生；

同類的慾望，等級層次亦有不同，低層的慾望滿足了，高層的慾望隨著發生。慾望的本身固然會產生慾望，周遭環境也會因時因地引發不同的慾望。但在另一方面，社會的經濟資源，在目前已知的技術水準下，種類有限，用途亦有限，無論人類的科技如何發達，永遠跟不上人類慾望的成長。因此，古今中外，任何一個社會隨時總是有稀少性的問題存在。

有稀少性就必須要做選擇（choice），亦即要權衡輕重緩急、先後次序，而做出最好的決策。經濟學便是研究如何做最適當選擇（或決策）的學問，藉以解決我們在生活的經濟社會裏所面臨的以下問題：

1. 生產什麼財貨與勞務？——麵包或槍炮。

2. 生產多少？——百萬單位或千萬單位。

3. 如何生產？——多用資本或多用勞力。

4. 由誰生產？——私人或政府。

5. 在那裏生產？——國內或國外。

6. 為誰生產？——大眾或富豪。

（三）經濟學的其他定義：

1. 經濟學就是研究財貨與勞務的生產、交換、分配與消費問題的學問。

2. 經濟學是研究如何累積財富的學問。

3. 經濟學就是研究最小與最大——卽以最小的代價獲得最大的受益——問題的學問。

4. 經濟學是一門研究如何使人類生活得更好的學問。

諸如此類，我們還可以為經濟學下很多不同的定義，但都是就其大體而言，失之簡略，不足成為嚴謹的科學定義。

總而言之，**經濟學研究的是如何利用經濟資源，來保障民生**——人民的生活，社會的生存，國民的生計，羣眾的生命。重點是以人役物，

而非以物役人。**不是爲個人的滿足，而是以社會大衆的滿足與利益爲主**的經世濟民、國計民生之學。

二、經濟學的研究方法

經濟學是門社會科學，其研究要運用科學的方法，主要包括歸納法 (inductive method) 與演繹法 (deductive method)。

（一）歸納法　由個別現象的觀察而得出共同的一般結論（或假說）。此法著重統計，先有事實而後找出共同的特點。

（二）演繹法　是一種抽象的推理法，由一般的結論（或假說）推論到個別現象的發生。此法著重推理，先有一般的結論（或假說），而後再推論個別情況的滋衍。

以科學方法研究學問所建立的理論 (theory)，包括兩個主要部分：（1）假設（assumptions）：設定理論成立的前提條件，及（2）假說（hypotheses）：提出解說事象的未經驗證的理論，陳述變數之間的關係，預測可能發生的結果。經濟學家常以經濟模型 (economic models) 來稱呼經濟理論。簡單地說，經濟模型就是一種表示經濟變數之間相互關係的函數式。在經濟學上，理論、模型、法則 (law) 與原理 (principle)，常是可替換使用的同義用語。

一般的經濟理論可用：（1）語言、文字，（2）圖形、圖表，或（3）數學方程式等三種不同的方式來表示。初級經濟學的討論是以前兩者爲主要的表達方法，比較高一層的經濟學研究則以數學爲主要的分析工具。因此，對於有志於高深經濟理論研究者，具備良好的數學基礎是非常重要的。（爲便利讀者利用圖形來分析經濟理論，特於本章之末以一附錄介紹如何以圖形來表示經濟變數之間的關係。）

影響任何經濟事象的相關因素很多，我們通常無法同時分辨這些因素影響的大小。因此，爲求觀測個別因素變動的後果，我們通常採取隔

離的方法，即假設其它因素不變，而只就與所觀察之經濟事象有密切相關的因素來研究，分析其變動所可能產生的後果。這種「其他不變」(other things being equal) 的假設使得分析容易有偏差，但這是社會科學研究所無法避免的，也是社會科學研究的最大困難之處。

由於經濟情況隨時在改變，新的因素隨時產生，制度結構時有變化，因此對於已建立的經濟理論須不斷以經濟統計資料加以檢驗，用統計方法對經濟理論進行實證研究 (empirical study) 亦是經濟學常用的研究方法。

雖然經濟學的研究方法不斷更新，但研究的結果仍然時常有缺陷產生，原因在於：

1. *不完全的觀察*　社會是動態的，隨時在改變，動態的現象難以觀察得很完全。

2. *主觀的態度*　個人價值判斷的存在，使研究的結果無法完全客觀、正確。

3. *組織的力量*　人為組織（如工會或獨佔）介入經濟活動中，將影響研究的結果。如工會使工資無法下降，市場機能理論的分析因此發生偏差。

4. *政治的干預*　政府對經濟活動的干預（如產品的價格或最低工資的限制），亦將使經濟研究的結果發生偏差。

經濟學如同其他的社會科學一樣，在研究上有許多的限制存在。雖然如此，研究經濟學的人應該盡力避免犯下列錯誤：

1. *以偏概全，或以全喻偏*　(1)經濟學上，適用於個體的論點不見得亦適用於全體；反之，適用於全體的論點亦不見得適用於個體。如果將對個體是正確的論點視同對全體也一定正確，這就犯了以偏概全之誤。例如，節儉對個別家庭來說是致富之道，但對整個國家來說卻可能使經濟萎縮。(2)如果將對全體是正確的論點視同對個體也一定正確，這

就犯了以全喻偏之誤。例如，國際貿易可以使一個國家的福利水準提高，但卻可能使某些個人的福利水準降低。

2. 因果之誤　經濟分析時，不可把變數之間相關(correlation)誤為因果 (causality)。如果A出現時，B也出現，就認定A是原因B是結果，很可能會犯下因果之誤。因為，可能A和B的出現是偶合的；在連環出現的情況下也可能是B的出現而引起A的出現；也可能兩者都是因C因素的出現而發生，A與B兩者之間無關，但兩者與C都有關。

三、經濟學的分類

經濟學的範圍很廣，研究的內容與方法各有不同，因此可按不同的標準，將經濟學予以分類。

（一）依範圍和對象分

1. 個體經濟學 (microeconomics) 以個別的經濟單位為研究的對象，如研究廠商、消費者或產業的生產、消費、產量、價格等經濟行為。個體經濟學有時亦稱為**價格理論** (price theory)。

2. 總體經濟學 (macroeconomics) 以個別經濟單位的總合為研究的對象，即從整個經濟的觀點，研究國民就業、所得、物價水準、經濟成長等經濟現象。總體經濟學有時亦稱為**就業理論**(employment theory)或**國民所得理論** (national income theory)。

可以說，個體經濟學的研究猶如到森林裏觀察個別的樹木；總體經濟學的研究，猶如站在森林外面觀察整個森林。

（二）依性質分

1. 實證經濟學 (positive economics) 以客觀的態度研究經濟現象的事實，就事論事；只剖述事理的正確或錯誤，不作任何是非好壞的主觀價值判斷，故又稱之為**唯真經濟學**。例如,經濟理論之類的研究屬之。

2. 規範經濟學 (normative economics) 依主觀的價值標準，分析如何決定經濟政策，並批判某種經濟政策或措施的合理性或利弊得失的取捨問題，故又稱之為唯善經濟學。例如，經濟政策之類的研究屬之。

3. 敍述經濟學 (descriptive economics) 觀察經濟現象，敍述經濟事實，闡釋經濟事象的歷程。例如，經濟發展史之類的研究屬之。

第二節　經濟問題的產生與解決

一、經濟問題的產生

如何將有限的經濟資源，作最充分有效的利用，以使人們的慾望獲得最大的滿足，是經濟學研究所要解決的經濟問題的本質。經濟問題之所以產生乃是由於：

（一）人類的慾望太多

人類的慾望無窮，一方面是慾望的種類無窮，一種慾望獲得滿足，另一種慾望隨即產生，永遠沒有終止；另一方面是慾望的層級無窮，低層的慾望獲得滿足，高一層的慾望隨即產生，人類的物質慾望的層級不斷在提升。人類因有無窮的慾望，所以有不斷的追求，但無論如何，慾望總是無法得到完全的滿足。如何使慾望獲得最大、最好的滿足，便成為人類力謀解決的一個問題。

（二）資源有限

人類的慾望雖然無窮，但如資源也是無限，則可以用無限的資源來生產無限的財貨與勞務，以滿足人類無窮的慾望，經濟問題也就不會產生。可是，任何時候，在當時的技術條件下，現有的可用資源卻是有限的，無法用以生產人們需求的一切財貨與勞務，稀少性的問題於是隨時發生。

（三）需要做選擇

就因稀少性的問題存在，所以人類才會要選擇最有效的途徑，利用有限的經濟資源，生產最多、最好的財貨與勞務，以使無窮的慾望獲得最大滿足。

因此，經濟問題的關鍵乃是由於人類無窮的慾望無法同時獲得滿足，使經濟資源顯得相對稀少而產生，所以經濟問題也就是稀少性問題。質言之，經濟問題也就是生產什麼財貨與勞務才是社會所最需要的？如何生產才能獲得最大效率，使投入的資源最少而產出最大？生產出來的產品應如何分配，才能達到最大的社會福利？這三個問題實際上就是如何以有限的經濟資源使人類無窮的慾望獲得最大滿足的問題。

二、生產要素

經濟資源的種類不勝枚舉，經濟學為求分析的方便，將其歸為四大類，稱之為生產的四大要素 (factors) 或投入 (inputs)。其中有兩種生產要素是**實物資源** (physical resources)，包括**天然資源** (natural resources) 的土地 (land) 與**人為資源** (man-made resources) 的資本 (capital)；另兩種生產要素為**人力資源** (human resources)，一是一般勞力(labor)，一是具有企業經營特性的企業家精神(entrepreneurship)。

（一）土地

有人斯有土，有土斯有財，土地是人類一切經濟活動的根本。經濟學上，有實體的與經濟的兩種不同觀念的土地之分。**實體的土地**(physical land) 狹義是指原始自然的土地，廣義則包含有山、林、川、澤、雨量、氣候、領空、領海、礦藏等一切與土地有關的天然資源稟賦。短期間，實體的土地是天然存在，可視同固定不變的；長期間，縱有改變——移山塡海，但相對於原始存在的自然土地，微不足道，故仍可視為固定不變的。**經濟的土地** (economic land) 是指可供經濟活動使用的自

然資源。隨著科學技術的進步與經濟發展的需要，可改變實體土地的性質，將原本無用或低度利用的實體資源變成有用或高度利用的經濟資源。因此，經濟土地在長期間是可變的。

在早期農業社會，土地資源最爲重要，舉凡農、林、漁、牧、礦業，無不賴土地而生產，是以會有視土地爲立國之根本的說法。

（二）資本

財貨有兩種，一種是可以直接滿足人類慾望的財貨，稱之爲**消費財**（consumer goods）；一種是可以進一步作爲生產手段，增加生產能量，可長期使用而非直接滿足人類慾望的財貨，稱之爲**資本財**（capital goods）。

資本可分爲**實物資本**（physical capital），包括機器設備、廠房、存貨等私人資本（private capital），及水庫、發電廠、港口、道路、橋樑等社會經常資本（social overhead capital）；**金融資本**（financial capital），包括現金、債券、股票等有價證券；及**人力資本**（human capital），包括具有科技、管理、發明、創新等特殊才能的人才，是一種無形的社會資本。

經濟學上所指的資本乃是就實物與人力資本而言。金融資本因本身並不能直接利用以生產財貨，是一種非生產性的間接資本，而且它的借與貸，或其資產與負債的雙方相互抵銷，對整個社會生產性的資本存量並無影響，故不予考慮。

實物資本是天然資源經由人爲的力量而造成，已經包含技術條件在內，其最主要的功能是幫助人力發揮最大的潛能，以增加社會財貨與勞務的產出。

（三）勞力

指全社會人口之中，達到一定工作年齡的人口（臺灣地區目前以15歲爲標準），經扣除監管人口、現役軍人、無工作意願者及因體能或

精神上之缺陷而不能工作者之後，才是能够參與民間經濟活動的勞動力（labor force）（簡稱勞力）。勞力的計算是以勞務（services）——勞動小時（labor hours）為依據，而不是以人數為單位。勞務又可分為**體力勞務**（physical services）與**心力勞務**（mental services）兩種，前者主要是指藍領階層勞動者所提供的勞務，後者主要是指白領階層勞動者所提供的勞務，但兩者同樣以勞動小時為勞務的計算單位。對體力勞務的報酬，稱之為工資（wage）；對心力勞務的報酬，稱之為薪給（salary），但我們通常以工資代表對所有勞務的報酬。

　　一個經濟社會勞力的大小與人口的數量和結構有關。人口愈多、依賴人口（指兒童及老年人）愈少，一般而言，可提供的勞力愈多。但是，勞力的量與質，不僅與人口、工作時間有關，更與健康情況、教育程度、訓練水準有密切的關係。普設學校、延長教育、增加訓練、改善醫療衛生設備、增加營養等措施，事實上就是一種人力資本的投資。經濟社會以人為主體，事在人為，萬物為人所役，人力資源的重要，由此可見。

（四）企業家精神

　　在以往，企業的所有權（ownership）與管理權（management）兩相結合，資本家本身也就是企業家。可是，有錢的人不一定有經營企業的能力，因此時常導致企業壽命的短暫與無法發展。到了現代，公司組織蓬勃發展，企業的所有權與管理權分開，股東有所有權，而公司的經營則由管理人才負責。如此，可借重企業家的能力來管理、經營企業，使企業得以持續長久、不斷成長。

　　企業家精神也是勞力的一種，但它是一種具有承擔風險、組織與管理企業、及不斷創新能力的勞力，其主要的功能是將土地、資本及（一般）勞力等生產要素予以組合，以最低的代價生產出社會所需要的財貨與勞務。企業家精神成為近代經濟活動的必要因素，其重要性日益增

加，它的豐嗇優劣，對於一國的經濟發展幾乎具有決定性的影響。

除四大生產要素外，技術知識水準亦是決定一個國家產出數量與品質的重要因素。技術知識是一個國家無形的生產要素，它的高低往往經由資本與勞力的品質表現出來。

三、生產可能曲線的意義

經濟問題是由於生產要素的相對稀少所引起，亦卽因生產要素可能生產的財貨與勞務有限的緣故所致。這種相對稀少的生產要素與最大可能產出的財貨與勞務之間的關係，可以圖形或表列方式予以表示，稱之爲**生產可能曲線**（production possibilities curve，簡寫爲*PPC*），或**生產可能表**（production possibilities schedule）。

一個經濟社會，在一定的時間，將其現有固定而可供替代使用的經濟資源，在現行的技術水準之下，作最充分及有效的利用，以生產兩類產品，所能得到兩類產品最大產量的組合軌跡，卽爲生產可能曲線，又稱爲生產可能疆界（production possibilities frontier）或生產轉換曲線（production transformation curve）。這種關係亦可以表列的方式加以表明，稱之爲生產可能表——如表 1-1。

根據定義，可知生產可能曲線的基本假設是：

1. 資源是固定的——包括量與質的固定。
2. 資源是多種用途且可有限度替代使用的。
3. 技術水準是一定的。
4. 資源是作最充分及最有效利用的。
5. 生產兩類的產品（這是爲了便於二度平面空間的圖形表示所作的簡化假設）。

以表 1-1 之生產可能表中的資料，可畫出圖 1-1 上的生產可能曲線 *AG*。圖中，橫軸代表*X*產品，縱軸代表*Y*產品，*A*、*B*、*C*、*D*、*E*

表 1-1　生產可能表

組 合 點	X產品產量	Y產品產量	生產一單位X產品的機會成本(等於必須減少的Y產量)
A	0	21	0
B	1	20	1
C	2	18	2
D	3	15	3
E	4	11	4
F	5	6	5
G	6	0	6

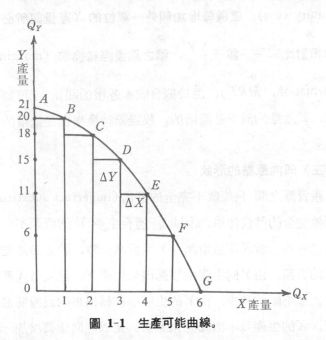

圖 1-1　生產可能曲線。

F及G點分別代表不同產量的X與Y產品的組合點。AG生產可能曲線隱含的經濟意義有:

（一）充分就業

沿著生產可能曲線移動，一種產品增加，另一種產品就必須減少，兩者無法同時增加，這顯示經濟資源的有限及其充分利用〔經濟學術語稱爲充分就業 (full employment)〕的情況。

(二) 機會成本遞增

由於全部的資源，在現行技術水準下，已作最充分及有效的利用，以生產 X 與 Y 兩類產品。因此，要增加 X 的生產，勢必要減少 Y 的生產。這每增加一單位的 X 產量，所必須減少的 Y 產品之量，卽爲獲得 X 產品的**機會成本** (opportunity cost) 或 **替代成本** (alternative cost)。

由圖 1-1 可知，**每增加額外一單位的 X 產量，所必須減少的 Y 產量依次遞增，這種情形稱之爲機會成本遞增法則** (law of increasing opportunity cost)。**這種每增加額外一單位的 X 產量與所必須減少之 Y 產量的相對比率——卽** $-\dfrac{\Delta Y}{\Delta X}$，稱之爲邊際轉換率 (marginal rate of transformation, MRT)。由於機會成本遞增的關係，可知隨著 X 產量的增加，Y 產量的減少是遞增的，故邊際轉換率也是遞增的——卽絕對值愈來愈大。

(三) 凹向原點的形狀

生產資源之間，只能做不完全的替代 (imperfect substitution) 使用，而不能做完全的替代使用。因此，適合生產 Y 的資源不一定適合生產 X，反之亦然。當 X 產量增加，Y 產量減少時，社會必然先將比較適合生產 X 的資源，由 Y 的生產中移轉出來生產 X。但隨著 X 產量連續的增加，Y 產量不斷的減少，由 Y 的生產中移轉出來的資源將愈來愈不適合生產 X，X 的生產效率因此愈來愈低。是故，同樣要增加一單位的 X 產量，所必須減少的 Y 產量也就愈來愈大，致使機會成本與邊際轉換率遞增，生產可能曲線因此一定凹向原點。（因爲凸向原點的生產可能曲線表示機會成本遞減，如圖 1-2；直線的生產可能曲線表示機會成本不

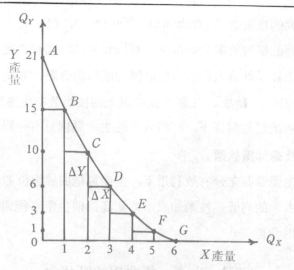

圖 1-2　機會成本遞減的生產可能曲線。

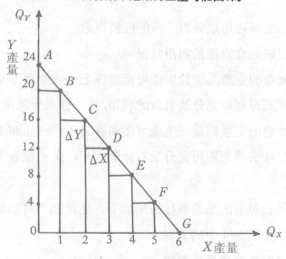

圖 1-3　機會成本不變的生產可能曲線。

變，如圖 1-3。兩者在資源不完全替代與生產所需技術不同的情況下皆
不能成立。）

（四）生產效率最大

生產可能曲線上的任何一點，都是可能最大產量的組合點，代表生

產達到了最大的**技術效率**（technical efficiency），但這並不代表生產一定達到了最適的**經濟效率**（economic efficiency）。唯有生產可能曲線上的生產點，正好是社會人們所希望選擇的產品組合點，才是生產之最適經濟效率的達成。是故，生產可能曲線上的技術效率生產點有無數多點，但在社會的已知偏好下，經濟效率的生產點則只有一點。

（五）技術知識狀態

在現有生產資源充分有效利用下，生產可能曲線之位置的高低決定於技術知識水準的高低。技術知識水準愈高，則生產可能曲線的位置愈高；反之，則愈低。

四、生產可能曲線的應用

生產可能曲線可用以分析許多的經濟現象:

（一）反映社會資源的利用狀況

1. 若社會的生產點位於生產可能曲線上——如圖 1-4 中 F 點，代表社會的生產資源獲得充分及有效的利用，是一種充分就業的經濟情況。

2. 若社會的生產點落在生產可能曲線之下——如圖 1-4 中 U 點，代表社會的生產資源未獲得充分及有效的利用，是一種有失業或低就業的經濟情況。

3. 在社會現有的資源與技術知識下，生產點不可能落在生產可能曲線之外——如圖 1-4 中的 I 點。

（二）表示經濟成長或萎縮

生產可能曲線往外移代表經濟成長，往內移代表經濟萎縮或退步。圖 1-5，生產可能曲線如由 Y_1X_1 移至 Y_2X_2 為經濟成長，如移至 Y_0X_0 則為經濟萎縮。在長期間，生產可能曲線通常只有外移成長的情況，內移是稀有的反常現象。根據生產可能曲線外移的型態，經濟成長又可分為:

1. 中性成長（neutral growth）表示隨著時間的推進，技術進步、

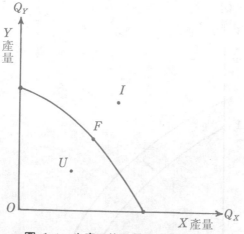

圖 1-4　生產可能曲線與資源利用。

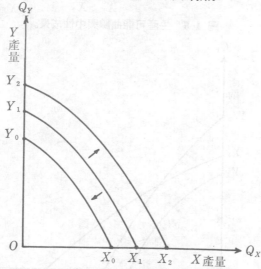

圖 1-5　生產可能曲線與經濟成長或萎縮。

資源相對增加，經濟成長時，X 與 Y 兩類產品的生產以相同的速度擴張。如圖 1-6，生產可能曲線由原來的 $X_1 Y_1$，同幅度的外移到 $X_2 Y_2$，代表中性成長。

2. **偏向成長** (biased growth) 表示隨著時間的推進，技術進步、資源相對增加，經濟成長時，兩類產品的生產以不同的速度擴張。如圖

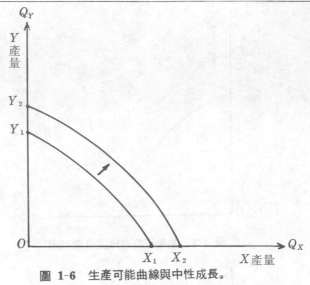

圖 1-6　生產可能曲線與中性成長。

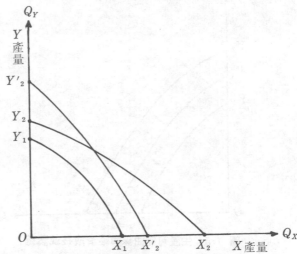

圖 1-7　生可產能曲線與偏向成長。

1-7, 經濟成長時，生產可能曲線若由 $Y_1 X_1$ 移爲 $Y_2 X_2$，表示 X 產品的成長速度大於 Y 產品的成長速度, 稱之爲 X 偏向成長(X-biased growth); 若由 $Y_1 X_1$ 移爲 $Y_2' X_2'$，表示 Y 產品的成長速度大於 X 產品的成長速度，稱之爲 Y 偏向成長 (Y-biased growth)。

一個社會的經濟要能成長，必須具備的基本因素為: (1) 人為資源的增加──即資本累積; (2) 技術進步，生產力提高，表示生產效率提高，可以使同樣的資源能夠生產更多的產品; (3) 分工與專業化的精進，熟能生巧可以產生新的發明，節省人力、時間，會使技術進步，生產效率提高; 及 (4)生產規模的擴大，在適當的限度內可以提高生產效率，實現規模經濟之利。

（三）反映經濟發展程度

圖 1-8，橫軸代表必需品產量，縱軸代表奢侈品產量。因此，A 點代表較多的奢侈品，較少的必需品的產品組合; B 點正好相反。A 點可代表經濟發展程度較高的社會，B 點代表經濟發展程度較低的社會。

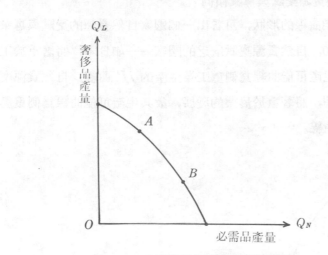

圖 1-8　生產可能曲線與經濟發展程度。

（四）反映經濟制度

圖 1-9，橫軸代表私有民用財產量，縱軸代表公共軍用財產量。因此，生產點為 A 的代表極權國家，有著較多的公共軍用財貨，較少的私有民用財貨的生產; 生產點為 B 的代表民主國家，有著較少的公共軍用財貨，但較多的私有民用財貨的生產。

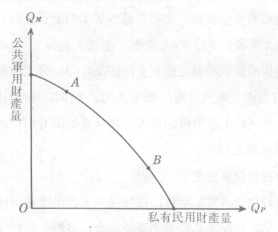

圖 1-9 生產可能曲線與經濟制度。

（五）反映資源稟賦與專業傾向

由生產可能曲線的形狀，可看出一個國家自然資源的稟賦與專業化的方向。圖1-10，自然資源稟賦缺乏的國家——如日本，將著重於工業的發展，故其生產可能曲線爲側重工業生產的 JJ' 曲線；自然資源稟賦豐富——如澳洲，將著重於農業的發展，故其生產可能曲線爲側重農業生產的 AA' 曲線。

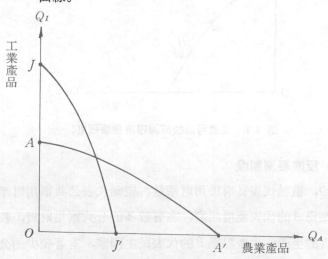

圖 1-10 生產可能曲線與資源稟賦及專業傾向。

（六）預測未來經濟成長速度

由生產可能曲線上目前生產點的位置，可預測一個國家未來經濟成長的速度。圖1-11，設生產可能曲線 PP 上A、B、C、三點分別是A、B及C三個國家目前的生產點，則這三國家未來的生產可能曲線將分別是 $F_A F_A$、$F_B F_B$ 及 $F_C F_C$。表示現在生產資本財愈多，消費財愈少的國家，在其他條件相同下，其未來經濟成長的速度愈快，生產可能曲線往外移的幅度也愈大。

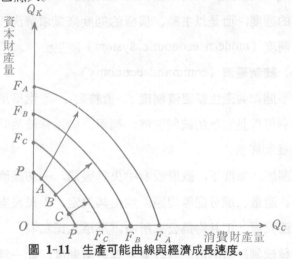

圖 1-11 生產可能曲線與經濟成長速度。

五、經濟制度

自古以來，人類為了解決稀少性的經濟問題——即生產什麼？如何生產？為誰生產？等問題，在不同時期，不同的社會，各有不同的經濟制度（economic system）安排。希望能夠藉助經濟制度而使經濟問題獲得最好的解決，而不同的經濟制度，往往也就有不同解決經濟問題的方式。因此，**經濟制度**可定義為：一個經濟社會為使其經濟活動順利運行，以達到理想的經濟目標，而根據其思想理念，所制訂的全套法令、規章、組織與安排，以為人們從事經濟活動時共同遵循的準則。

　　經濟制度設計的目的在於有效解決經濟問題。因此，根據解決經濟問題方式（或方法）的不同，可以將經濟制度予以分類。首先，在傳統的社會，經濟問題是根據社會傳統的風俗、習慣來解決，稱之為**傳統經濟制度** (traditional economic system)。其特點是經濟落後，生產方法原始，人們貧窮，沒有生產剩餘，無法累積資本，經濟很少有成長發展的機會，人們生活於聽天由命、順其自然的經濟狀態之中。

　　到了現代社會，人們對於經濟問題的解決，不若傳統社會採順其自然、消極的態度，而是以主動、積極的態度來謀求解決，因而有不同的**現代經濟制度** (modern economic system) 產生：

　　（一）**統制經濟** (command economy)

　　基本形態如**共產主義經濟制度**。希特勒、墨索里尼統治時代的德國、義大利可說是右派的統制經濟；列寧、史達林統治時代的俄國可說是左派的統制經濟。

　　在統制經濟制度下，政府設有中央計畫局，一切經濟活動的優先次序、價格、產量、或分配等問題，均由其決定，人民沒有選擇的自由。一切的生產資源、工具均為公家所有，不准人民私有。

　　另一種統制經濟的形態是**社會主義經濟制度**。此一制度准許人民依其自由意志對經濟活動有部分選擇的自由，也允許生產資源、工具部分私有，但有大部分的經濟活動或重要的生產事業，均由政府所決定與擁有。因此，社會主義經濟制度是一種以統制經濟為主，私人經濟為輔的經濟制度。

　　（二）**市場經濟** (market economy)

　　基本形態如**資本主義經濟制度**，又稱之為**自由經濟制度**，或**私人企業制度**。此一制度下，一切的經濟活動均由市場價格機能的反應來決定，-卽亞當史密斯所說的，由冥冥中看不見的手 (invisible hand)——市場價格，來引導一切的經濟活動。

在市場經濟下，生產什麼？如何生產？爲誰生產？等經濟問題，都是由市場的價格機能來決定。凡市場價格高的產品就會吸引生產者增加生產，凡市場價格低的生產要素就會招引生產者多使用，凡願出高價格的購買者就會召使生產者爲之生產。如此，以市場價格爲指標，可以自動解決一切的經濟問題。

資本主義的市場經濟制度，是西方工業革命後，社會主義發生前的主要經濟制度，其特點是：

1. **財產與生產工具私有**　因爲財產與生產工具私有，可以自由取得、自由使用、自行處分、及可遺留給自己的子孫，這樣才能鼓勵人們做最大的努力，追求最大的成果，社會的財富才會增加，國家的經濟才有迅速發展的誘因。

2. **個人以自利 (self-interest) 爲動機**　社會上每一個人都是有理性的**經濟人** (economic man)，能爲自己打算，追求以最小的代價獲得最大報酬。不過，這種自私自利、自求多福的動機，是在不損及他人利益的前題下進行的。因之，社會上每一個人在追求個人最大福利的同時，全社會的福利也隨著增加而達到最大。

3. **自由競爭**　在自利的動機下，根據市場價格機能的指引，社會上的每一個人本其自由意志，進行自由競爭。消費者追求最大的滿足，生產者追求最大的利潤，要素所有者追求最大的報酬。如此，政府不加干涉，自由放任 (laissez-faire) 的結果，將可使經濟效率自動達到最高，社會福利自動達到最大。

資本主義市場經濟理想的實現，是以完全競爭爲前題。但是，由於壟斷力量的出現、訊息的不完全、生產要素的缺乏流動性、所得分配的不平均等因素，使得市場經濟的完全競爭理想無法實現，而產生許多的缺點、流弊。在這種情形下，歐美的資本主義經濟制度逐漸改進，趨向現代的新資本主義經濟制度，亦卽當今盛行的**混合經濟** (mixed economy）型態。

　　混合經濟近似我國　國父孫中山先生所倡導，而爲目前臺灣地區所
實行的**民生主義計畫性自由經濟**。基本上，大部分的經濟活動仍然維持
市場的自由競爭，但政府的功能增加。有關國計民生之所必需或壟斷性
的企業由政府經營或公私合營，由政府糾正自由市場的缺點，彌補自由
市場的不足，使全社會的經濟活動能夠協調，資源得到最有效的派用，
社會福利達到最大。因此，混合經濟制度是一種以市場自由經濟爲主，
政府參與經濟運作爲輔的現代經濟制度。

　　以上的各種經濟制度可以表列如下：

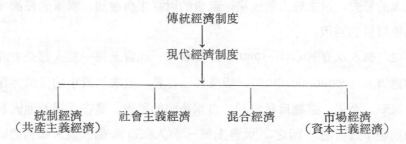

　　事實上，目前世界上並沒有任何一個國家或社會，其經濟制度是極
端的統制經濟或市場經濟，而是介於兩者之間。可以說，目前各國的經
濟制度，大體上在統制與自由兩者之間，是程度（degree）上而非種類
（kind）上差異的問題。在上表中，社會的經濟活動，由右往左移動，
私人的自由逐漸減少，政府的干預逐漸增加；由左往右移，私人的自由
逐漸增加，政府的干預逐漸減少。

六、經濟制度的評估

　　任何經濟制度無不在於追求社會經濟問題的解決與經濟目標的達
成。但因各種經濟制度著重的目標不同而有偏差，因此要比較不同經濟
制度的優劣，必須從能否有效達成一些共同認定的經濟目標著手。這些

共同認定的經濟目標主要的有：

1. 經濟效率　卽能使資源的投入最少，產出最大，且生產出來的產品是社會大眾所最需要的。

2. 充分就業　卽全社會的資源（主要是指勞力與資本）均處於充分利用的狀態。

3. 經濟成長　卽全社會的產出與所得水準持續增加，人民的生活水準不斷提高。

4. 經濟穩定與安全　卽使人們能夠免於通貨膨脹及失業的憂懼，維持穩定的生活水準。

5. 經濟公平　卽社會的所得與財富公平合理分配，教育與就業機會達到均等。

6. 經濟自由　物質生活水準的高低並不是決定人類生活幸福的唯一標準，經濟活動的自由選擇有時更爲重要。唯有人民享有充分的經濟自由，全社會的資源利用效率才能達於最大。

7. 外部均衡　當今世界上沒有任何一個國家或社會能夠閉關自守，與外界完全隔絕，彼此之間總是息息相關，利害與共的。因此，除了追求本國維持充分就業與物價穩定的內部均衡外，同時也須尋求對外維持貿易擴展與國際收支平衡的外部均衡。

可以說，任何一種經濟制度，只要是能夠使社會的資源有效派用、資源充分就業、經濟快速成長，人民生活穩定、所得分配合理公平、經濟活動自由、並經常維持外部均衡，那就是好的經濟制度。反之，與這些目標背離愈遠的經濟制度，就是愈不好的制度。

雖然上述的經濟目標是各國所共同認定且一致追求的，但沒有任何一個經濟制度能同時將它們完全顧到，而且目標之間彼此可能相互牴觸。因此，不同國家的經濟制度所著重的經濟目標可能有所不同。而且，同一經濟制度，在不同時期的經濟發展階段，其所追求的經濟目

標也可能不同。低度開發的階段，著重快速的經濟成長；高度開發的階段，著重經濟穩定、安全與自由,追求所得的平均分配。職是之故，要評估一種經濟制度的好壞，必須多方面的考慮，要看是從那一方面的觀點來衡量，是處於什麼環境下，如此才能客觀地判定經濟制度的優劣。儘管如此，如果我們用以上的目標對現行的經濟制度作綜合的評估，我們可斷言混合式的市場經濟制度，遠優於共產主義的統制經濟制度。1980年代末期東歐共產主義國家政權的紛紛瓦解，蘇聯逐漸廢棄共產主義經濟制度而朝向市場經濟制度改革，即爲最好的事實證明。

摘　　要

1. 要對一門學科下一確切的定義是很難的，對經濟學下定義當然也不例外。 不過， 現爲經濟學界共同接受， 較能反映經濟學的性質與範圍的定義是: 經濟學是一門社會科學，主要在於研究人類如何利用有限、但可作不同用途的經濟資源，來生產財貨與勞務，作爲現在或未來消費之用，以使人類生活的無窮慾望獲得最大的滿足。當然，我們亦可爲它下一簡明通俗的定義: 經濟學是一門研究經濟效率，或如何做選擇（決策）的社會學科。

2. 經濟學之所以是一門社會科學，乃是因其研究的對象是人羣社會的經濟活動，並用科學的方法與態度來進行。雖然如此，社會科學畢竟不同於自然科學，無法進行隔離的重覆實驗，難免有不完全的觀察或錯誤的判斷發生。不過，研究經濟學的人，對於易犯的邏輯推理或主觀的態度差錯，總是應盡力避免的。

3. 經濟學的研究， 事實上就是人們 謀求有效解 決經濟問題的探討。經濟問題的關鍵在於人類無窮的慾望無法同時獲得滿足，有限的經濟資源在任何時候及任何社會，總是顯得相對稀少，故經濟問題也就是

稀少性的問題。面對經濟資源相對稀少的情況下，人們通常要解決的基本選擇問題是: 生產什麼? 如何生產? 爲誰生產?

4. 造物者使人類具有無窮的慾望，但卻只賦予人類有限的資源，如何利用這有限的經濟資源，以使人類無窮的慾望獲得最大的滿足，是任何一個社會隨時所面臨的挑戰。 對複雜的經濟資源， 爲了研究的方便，經濟學者將其歸納爲土地、資本、勞力及企業家精神等四大類，稱之爲生產的四大要素。

5. 生產要素並不能直接用於消費，以滿足人類的慾望，它必須用來生產財貨與勞務後，才對滿足人類的慾望產生效用。任何一個經濟社會在: (1) 資源的質與量固定，(2) 資源有多種用途且可有限的替代使用，(3) 技術水準一定，(4) 資源作充分及最有效利用，及(5)生產兩類產品等條件下，可以獲得兩類產品間最大產量的各種可能組合點，此組合點的軌跡稱之爲生產可能曲線。

6. 生產可能曲線顯示充分就業、機會成本遞增、資源不完全替代使用、及生產的效率等特性。而諸如資源之利用、經濟成長型態、經濟制度、資源稟賦及專業方向等經濟現象，均可以生產可能曲線來表示，所以它是一種應用相當廣泛的經濟分析工具。

7. 不同時期與不同的經濟社會，各建立有不同的經濟制度，以使其經濟問題獲得最有效、最適當的解決。傳統社會的傳統經濟制度，不能有效地解決經濟問題，而使人們處於貧困，社會陷於停滯的狀態。現代社會存在著市場經濟、混合經濟、社會主義經濟及統制經濟等不同型態的經濟制度。不同的現代經濟制度各有其特點，並與其社會的政治制度有密切的關係。西方經濟理論所研究的是以市場價格機能爲中樞，以財產與生產手段私有、自利動機及自由競爭爲準繩的市場經濟活動。

8. 我們以研究實證經濟學所持有的客觀態度，由各種觀點，考慮不同的情況後，根據經濟效率、充分就業 、 經濟成長 、 經濟穩定與安

全、經濟公平、經濟自由及外部均衡等共同認定的經濟目標，來評估一種經濟制度的優劣。

重 要 名 詞

經濟學	經濟資源
免費資源	稀少法則
歸納法	演繹法
個體經濟學	總體經濟學
實證經濟學	規範經濟學
敍述經濟學	生產要素
生產可能曲線	機會成本遞增法則
邊際轉換率	技術效率
經濟效率	統制經濟
市場經濟	經濟人
混合經濟	

問 題 練 習

1. 何謂經濟學？試就你所知舉出不同的定義，並闡釋其含義。

2. 經濟學為何產生？其研究的重心何在？

3. 研究社會科學應避免那些錯誤？為何依據經濟理論推究出來的結果常與實際的經濟現象不盡相符？

4. 經濟學可以怎樣分類？實證經濟學與規範經濟學的差異何在？

5. 經濟穩定與成長孰重之爭論，是屬實證經濟學抑屬規範經濟學？

6. 經濟問題何以產生？應如何解決？

7. 試述生產可能曲線的意義與基本假設，並用以說明機會成本的

意義及其遞增法則。

8. 試以生產可能曲線表示各種可能的經濟狀況與特性。

9. 經濟制度何以形成？人類歷史上曾有那些主要的經濟制度，各具有那些特性？

10. 評估經濟制度有那些標準可以遵循？根據這些標準，你對於當今各種不同的經濟制度的評價如何？

附錄：經濟學的圖形表示

　　圖形表示是經濟學研究的一項重要分析方法。藉助圖形，可以使我們更容易瞭解經濟變數之間的關係。經濟學上所謂的變數（variable）是指任何可以定義與衡量的項目。爲了便於視覺上的觀察，經濟學的圖形表示以二度平面空間的兩變數分析爲主。

一、變數之間的關係

　　設有兩個變數——X 與 Y，若任何 X 的值有唯一的 Y 值與之對應（或任何 X 的值決定唯一的 Y 值），則數學上稱 Y 爲 X 的函數（function），寫成 $Y = f(X)$。

　　$Y = f(X)$ 是 Y 與 X 之間具有函數關係的一般化表示，要知道 Y 與 X 之間確實的對應（mapping）關係，必須要知道 Y 與 X 之間特定的函數形態。Y 與 X 之間可能的函數形態有：

　　1. 固定函數（constant function）　如 $Y = f(X) = a_0$，a_0 爲固定常數。這表示無論 X 爲任何值，Y 均等於固定值——a_0。

　　2. 多項式函數（polynomial function）　如 $Y = f(X) = a_0 + a_1 X + a_2 X^2 + \cdots\cdots + a_n X^n$。根據多項式函數的最高乘方（power）——即多項式函數的次數（degree）—— n 的值，可以將多項式函數區分爲以下不同的函數：

　　（1）若 $n = 0$，則 $Y = f(X) = a$〔固定函數〕。

(2) 若 $n = 1$，則 $Y = f(X) = a_0 + a_1X$〔直線性函數（linear function)〕。

(3) 若 $n = 2$，則 $Y = f(X) = a_0 + a_1X + a_2X^2$〔二次式函數 (quadratic function)〕。

(4) 若 $n = 3$，則 $Y = f(X) = a_0 + a_1X + a_2X^2 + a_3X^3$〔三次式函數 (cubic function)〕。

3. 有理式函數 (rational function)　如

$$Y = f(X) = \frac{a_0 + a_1X}{a_0 + a_1X + a_2X^2},$$ 即 Y 為兩個 X 多項式的相對比率。在經濟學上時常用到的一特別有理式函數為 $Y = \frac{a}{X}$ 或 $YX = a$，a 為任何固定常數。

4. 非代數函數（nonalgebraic function）　如 $Y = f(X) = b^x$——指數函數 (exponential function)，或 $Y = f(X) = \log_b X$——對數函數 (logarithmic function)。

當 Y 為 X 的函數時，若 X 增加，Y 隨之增加，則稱 Y 為 X 的增函數 (increasing function)，以數學表示為 $Y = f(X)$，$f' = \frac{\Delta Y}{\Delta X} > 0$；若 X 增加，Y 隨之減少，則稱 Y 為 X 的減函數 (decreasing function)，以數學表示為 $Y = f(X)$，$f' = \frac{\Delta Y}{\Delta X} < 0$。

二、變數之間關係的圖形表示

圖 1A-1 顯示，在 X-Y 的座標平面上，第一象限代表 X 為正（＋），Y 為正（＋）；第二象限代表 X 為負（－），Y 為正（＋）；第三象限代表 X 為負（－），Y 為負（－）；第四象限代表 X 為正（＋），Y 為負（－）。在經濟學分析，我們最通常使用的為第一象限。

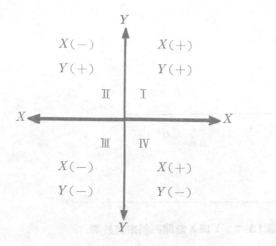

圖 1A-1　$X-Y$ 座標平面圖。

　　若縱軸代表 Y，橫軸代表 X，則數學上 Y 變動（ΔY）對 X 變動（ΔX）的相對比率 $\left(\dfrac{\Delta Y}{\Delta X}\right)$ 在圖形上正好是垂直變動距離對水平變動距離的相對比率，這在圖形上我們稱之爲斜率(slope)。若 Y 與 X 之間爲增函數關係，則 $\dfrac{\Delta Y}{\Delta X} > 0$，卽斜率爲正；若 Y 與 X 之間爲減函數關係，則 $\dfrac{\Delta Y}{\Delta X} < 0$，卽斜率爲負。因此，經由圖形上的斜率亦可看出兩個變數之間變動的關係。根據兩個變數之間的關係，在二度平面空間上可能出現的圖形主要有：

　　1. 若 Y 與 X 之間無關（卽 Y 與 X 之間爲常數函數的關係，$Y = a_0$），則圖形爲一與縱軸垂直的直線——圖 1A-2，斜率 $\dfrac{\Delta Y}{\Delta X} = 0$。

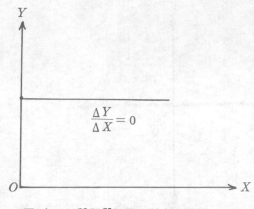

圖1A-2 *Y*與*X*無關，斜率等於零。

2. 若*Y*與*X*之間無限相關（卽*X*非常微小的變動就導致*Y*無限量的變動），則圖形爲一與橫軸垂直的直線──圖1A-3，斜率$\frac{\Delta Y}{\Delta X}=\infty$。

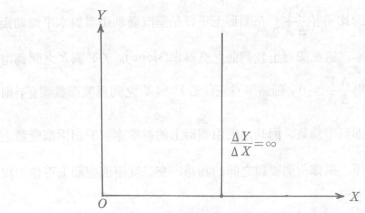

圖1A-3 *Y*與*X*無限相關，斜率等於無限大。

3. 若*Y*與*X*之間爲直線性（或一次式）增函數的關係（卽$Y=a_0+a_1X,a_1>0$），則圖形爲一正斜率的直線──圖1A-4，斜率$\frac{\Delta Y}{\Delta X}>0$。

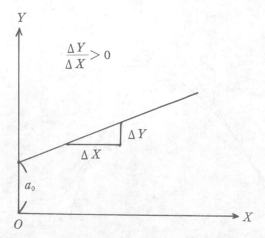

圖1A-4　Y 與 X 之間為直線性增函數的關係。

4. 若 Y 與 X 之間為直線性 (或一次式) 減函數的關係 (即 $Y = a_0 + a_1 X$, $a_1 < 0$), 則圖形為一負斜率的直線——圖 1A-5, 斜率 $\frac{\Delta Y}{\Delta X} < 0$。

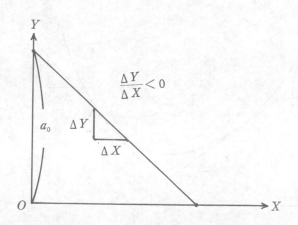

圖1A-5　Y 與 X 之間為直線性減函數的關係。

直線上任何一點的斜率都相同。因此, 若 Y 與 X 之間為直線性 (或一次式) 函數關係, 則 X 每變動一單位, 總是導致 Y 相同數量的變動。

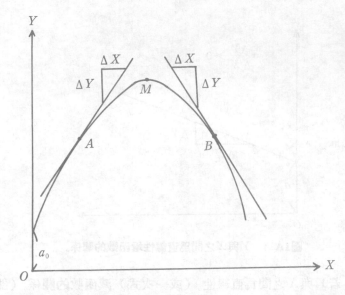

圖1A-6 *Y*與*X*之間為二次式函數關係, $Y = a_0 + a_1X + a_2X^2, a_2 < 0$。

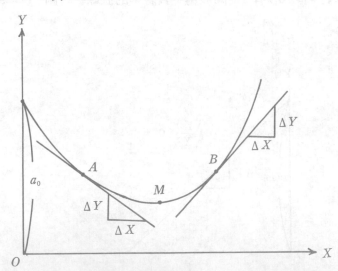

圖1A-7 *Y*與*X*之間為二次式函數關係, $Y = a_0 + a_1X + a_2X^2, a_2 > 0$。

5. 若*Y*與*X*之間為二次式函數關係,則圖形為圖 1A-6 ($Y = a_0 + a_1X + a_2X^2$, $a_2 < 0$), 或圖1A-7 ($Y = a_0 + a_1X + a_2X^2$, $a_2 > 0$)。

當圖形爲曲線而非直線時，曲線上任何一點的斜率以該點之切線的斜率
代表之——如圖中 A 點與 B 點。 因此， 圖 1A-6 中曲線的斜率由大於
零到等於零（在 M 點）， 而後小於零； 圖 1A-7 中曲線的斜率由小於
零到等於零（在 M 點）， 而後大於零。

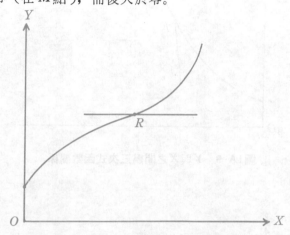

圖1A-8　Y 與 X 之間爲三次式函數關係。

6. 若 Y 與 X 之間爲三次式函數關係 （卽 $Y = a_0 + a_1X + a_2X^2 +$
a_3X^3） ， 則圖形將爲圖 1A-8 或圖 1A-9。圖 1A-8， 曲線斜率隨著
X 之增加而減少， 至 R 點斜率等於零， R 點之後， 斜率又隨著 X 之增加
而增加； 圖 1A-9， 曲線斜率隨著 X 之增加而增加， 至 R 點斜率達於最
大， R 點之後， 斜率又隨著 X 之增加而減少。在此情況下， R 點稱之爲
反曲點 (inflection point)。

7. 若 Y 與 X 之間爲 $Y = \dfrac{a}{X}$ 或 $YX = a$， $a > 0$ 的有理式函數關

係，則圖形爲一直角雙曲線(rectangular hyperbolar)——圖 1A-10。在
此情況下， 曲線向兩軸漸近（但永不相交）， 曲線上任何一點至兩軸所
構成的四方形面積均等於固定常數值 a。

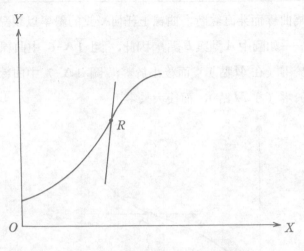

圖1A-9   Y與X之間爲三次式函數關係。

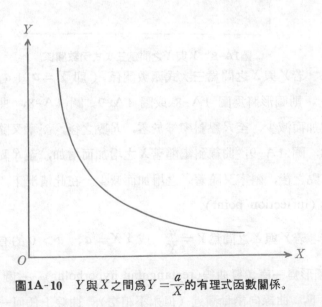

圖1A-10   Y與X之間爲$Y = \dfrac{a}{X}$的有理式函數關係。

以上Y與X兩變數之間的函數關係及其所對應的圖形是經濟學上分析時常應用到的，只要能夠深入瞭解圖1A-1至1A-10，對於閱讀經濟學圖形將不會有困難。

第二章　價格機能: 需求與供給

　　我們研究的是 自由經濟制度下 的市場經濟活動， 經濟學上的市場 (market) 是指買、賣雙方對財貨、 勞務或生產要素進行交易的地方。市場的交易活動必須要有買賣雙方的需求與供給才能發生。因此，需求與供給的研究是市場經濟探討的起點。

第一節　需求的意義與變動

一、需求的意義與需求法則

　　需求 (demand) 是指: 在一定時間內，消費者 (或購買者) 對於一種財貨或勞務，在其不同價格下，所願意而且能够購買的數量。這定義表示，談到需求時，必須限定在某一特定的時間內，如一天、一星期或一個月； 必須是願意而且能够購買， 才是一種**有效的需求** (effective demand)，若只是願意但沒有能力購買， 則是一種不會實現、不會影響市場價格的無效的需求。需求產生的條件必須: (1) 客觀上，財貨與勞務具有滿足人們慾望的能力——即有用性; (2) 主觀上，人們對財貨與勞務有嗜好 (taste) 或偏好 (preference) 存在。

　　需求表 (demand schedule) 是指用表列的方式表明一位消費者 (或

購買者)，　在一定時間內，對於一種財貨或勞務，在其不同價格下，所願意而且能够購買的數量（如表2-1）。將需求表所表示的產品價格與需求量之間的關係，繪在平面座標圖上，得出一條由左上方往右下方傾斜

表 2-1　需求表

價　格（$） (P)	需求量（單位） (Q)
5	6
4	7
3	9
2	12
1	16

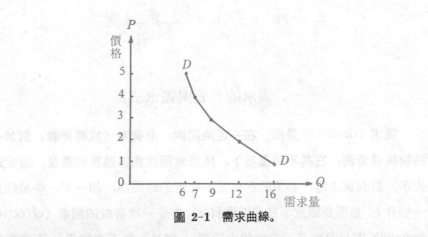

圖 2-1　需求曲線。

的曲線（如圖 2-1），即為**需求曲線**（demand curve）。值得注意的是，在數學上，橫軸代表自變數（independent variables）X，縱軸代表應變數（dependent variables）Y，兩者呈 $Y = f(X)$ 的函數關係。但在圖 2-1，橫軸代表應變數的需求數量 Q，縱軸代表自變數價格 P，這正好

與數學的表示方法相反，但其函數式的表示方法仍與數學相同，可寫成 $Q=f(P), f'<0$，表示需求量與價格呈減函數的關係。

個別消費者的需求曲線，應如同圖 2-1 一般，是一條有折點的曲線，但爲分析方便起見，通常以直線（即假設需求方程式爲一次式，$Q=a-bP$）或圓滑曲線（即假設需求方程式爲二次式，$Q=a-bP-cP^2$）代表之。（需求方程式中，Q 代表需求量，P 代表價格，a 代表價格等於零時需求曲線與橫軸的截距，價格前面的係數爲負號，表示需求量與價格呈減函數的關係。）

需求曲線上的任何一點，表示任何購買量下，需求者所願意支付的最高價格——**需求價格**（demand price）；或任何價格下，需求者所願意購買的最大數量——**需求量**（quantity demanded）。根據需求曲線由左上方往右下方傾斜的負斜率特性，可以得到一個重要的法則，稱之爲**需求法則**（law of demand），即在其他情況不變下，一種財貨或勞務的需求量與其價格呈減函數的關係，即價格上升，需求量減少；價格下降，需求量增加。

需求法則之所以成立，乃是由於下述三種作用：

1. 當一種產品的價格下跌時，需求者的貨幣（或名目）所得雖然不變，但其實質所得（即貨幣所得的購買力）卻增加，因此有能力購買更多的產品，該產品的需求量隨著增加，這是所謂價格變動的**所得效果**（income effect）。

2. 當一種產品的價格下跌，而其他產品的價格不變或上升時，該產品相對於其他產品而言就變得比較便宜，在產品可相互替代消費的情況下，需求者會多買此種相對價格較低的產品，而少買其他相對價格較高的產品，以相對價格較低的產品代替相對價格較高的產品來消費，是爲價格變動的**替代效果**（substitution effect）。

3. 要使需求者購買量增加，就必須降低價格。因爲產品的數量愈

多時，額外產品帶給需求者的效用愈低——即**邊際效用遞減**(diminishing marginal utility)，故需求者只願意付出較低的價格來購買較多的數量，這就是所謂邊際效用遞減法則運用的後果。

在以上這三種效果的作用下，就產生了價格高，需求量小；價格低，需求量大的需求法則。

將所有個別需求者對某一種財貨或勞務，在其各個價格下的需求加總，就可得到該財貨或勞務的**市場需求**(market demand)。因之，將所有個別需求者對某一種財貨或勞務的需求曲線水平併合，就可以得到該財貨或勞務的市場需求曲線。圖 2-2，假設市場上某種產品的需求只有 A 與 B 兩人，將 A 與 B 對該產品的需求曲線 $d_A d_A$ 與 $d_B d_B$ 予以水平併合，就可以得到該產品總的市場需求曲線 DD。當該產品市場只有 A 與 B 兩位需求者時，併總的市場需求曲線有一折點——在 B 之需求量爲零時的價格處發生。當該產品市場有三位需求者時，併總的市場需求曲線將有兩個折點❶。如果市場上對該種產品需求的人數趨近於無限多，則水平併總的市場需求曲線，就可假設成爲一條圓滑的曲線或直

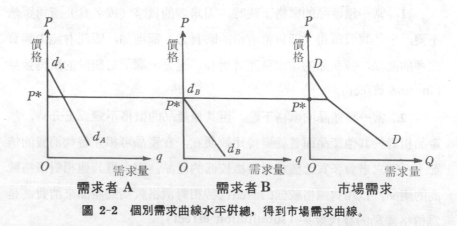

圖 2-2　個別需求曲線水平併總，得到市場需求曲線。

❶　這是假設每位需求者對產品需求量爲零的價格各不相同的結果。

線。

　　由個別需求曲線倂總而得的市場需求曲線，亦是一條由左上方往右下方傾斜的曲線，故市場需求亦如同個別需求者一樣，符合需求法則的軌範。

二、市場需求的決定因素

　　經濟學家研究市場上人們對一種產品的需求行爲，發現決定這種產品市場需求量大小最主要的因素爲這種產品本身的價格。但是，除了本身的價格外，產品的市場需求亦受到其他許多因素的影響，這些因素主要爲：

　　1. 消費者平均所得　市場上對產品購買力的大小決定於消費者平均所得的高低。消費者之(貨幣)所得的改變對產品需求的改變有兩種可能的情況。在產品的價格不變下，對大部分的產品而言，消費者所得增加將引起該產品的需求增加，消費者所得減少將引起該產品的需求減少，這些產品之需求與消費者所得呈增函數關係，屬於**高級財貨**（superior goods）或**正常財貨**（normal goods)；對少部分的產品而言，消費者所得增加反將引起該產品的需求減少，消費者所得減少，則將引起該產品的需求增加，這些產品之需求與消費者所得呈減函數關係，屬於**低級財貨**（inferior goods）或**季芬財貨**（Giffen goods)。

　　2. 相關財貨的價格　所謂相關財貨（related goods）包括**替代財貨**（substitute goods）與**相輔財貨**（complementary goods)。一種產品的需求量與另一種產品的價格呈增函數的關係，該兩種產品互爲替代品（如茶與咖啡)；一種產品的需求量與另一種產品的價格呈減函數的關係，該兩種產品卽爲相輔品（如奶油與麵包)。如果一種產品的需求量與另一種產品的價格變動無關，則兩種產品互爲**獨立財貨**（independent goods)，如茶與汽車。

　　當某產品之替代品的價格上升或其相輔品的價格下跌時，該產品的需求會增加；當其替代品的價格下跌或其相輔品的價格上升時，該產品的需求會減少。

　　3. 嗜好(或偏好)　若由於廣告或生活習慣的改變，而使人們對一種產品的嗜好增強，則在每一價格下，對該產品的需求量會增加。反之，對一種產品的嗜好減弱，則在每一價格下，對該產品的需求量會減少。

　　4. 市場大小　通常以人口來衡量市場的大小。若由於人口成長，使產品的市場需求者增加，需求將增加；反之，人口減少，使產品的市場需求者減少，需求將減少。

　　5. 預期　消費者如預期未來產品的價格會上漲、未來的供給會減少，或未來的所得會提高，均會導致產品的現時需求增加；反之，如預期未來產品的價格會下跌、未來的供給會增加，或未來的所得會下降，均會導致產品的現時需求減少。

　　6. 特別的因素　每一種產品均有其特殊的功能與特性，因此每一種產品的市場需求也就受到某些特殊因素的影響。例如，雨傘與冷飲的需求就特別受到天候因素的影響，小汽車需求就特別受到大眾運輸系統是否方便的影響。

　　在分析某一種產品的需求行爲時，我們通常將注意力集中於這種產品本身的價格之上。但我們不應忽略除了產品本身的價格而外，還有許多重要的其他因素影響人們對該產品的需求。

三、需求量的改變與需求的改變

　　如上所述，影響一種產品的市場需求，除產品本身的價格外，尚有許多重要的其他因素，爲觀察產品本身價格與「其他因素」變動對產品市場需求變動的影響，經濟學上將市場需求的變動區分爲需求量的改變與需求的改變兩種情況。

（一）需求量的改變(changes in the quantity demanded)

假設影響產品需求的其他因素不變（或簡稱為其他情況不變），則一種產品的需求量與其價格呈減函數的關係。即若其價格上升，其需求之量減少；若其價格下降，其需求之量增加，在圖形上，這是沿著需求曲線上下移動的一種變動，稱之為需求量的改變。

市場需求量的改變，實際上就是一種市場需求法則的表現。圖2-3，當產品價格由 OP_1 降為 OP_2，需求量由 OQ_1 增至 OQ_2，在需求曲線上由 A 點移到 B 點，就是一種需求量增加 (increase in the quantity demanded) 的改變；反之，價格上升，需求量減少，在需求曲線上由 B 點移到 A 點，就是一種需求量減少(decrease in the quantity demanded) 的改變。

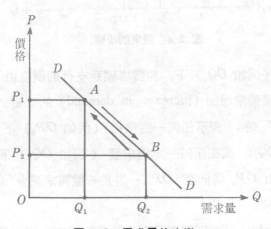

圖 2-3　需求量的改變。

（二）需求的改變 (changes in demand)

除產品本身的價格外，當影響產品需求的其他因素發生改變時，將使產品的需求量與需求價格發生改變。表示在任何一定的價格下，需求者願意購買更多或較少的量；或在任何一定購買量下，需求者願意支付更高或較低的價格。在圖形上，這是整條需求曲線的位置升高或降低的

一種變動，稱之為需求的改變 ❷。

圖2-4，當一種產品的市場需求曲線 *DD* 往右上方移至 *D'D'* 時，表示任何一定價格（例如 *OP₀*）下，需求量由 *OQ₀* 增為 *OQ₁*；或在任

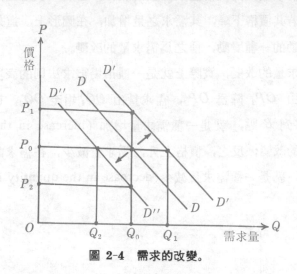

圖 2-4　需求的改變。

何一定需求量（例如 *OQ₀*）下，消費者願意支付的價格由 *OP₀* 升高至 *OP₁*，這是一種需求增加 (increase in demand) 的改變。*DD* 往左下方移至 *D''D''* 時，表示任何一定價格（例如 *OP₀*）下，需求量由 *OQ₀* 減少至 *OQ₂*；或在任何一定需求量（例如 *OQ₀*）下，消費者願意支付的價格由 *OP₀* 降低至 *OP₂*，這是一種需求減少 (decrease in demand) 的改變。

需求量的改變，是在影響產品需求的其他因素不變而只有產品本身的價格發生改變下的結果；需求的改變，正好相反，是在產品本身的價格不變而其他影響產品需求的因素改變的結果。因此，需求曲線的位置決定於影響產品需求的其他因素。對一種正常財貨而言，只要消費者平

❷　因為二度平面空間的兩軸只能代表兩個變數，現橫軸代表需求量，縱軸代表產品本身的價格，因此其他影響產品需求的因素發生改變時，就只有藉助整條需求曲線的移動來表示。

均所得提高、對其嗜好增強、替代品價格上升、相輔品價格下跌、人口增加，及預期未來該產品的價格上漲、供給減少、所得提高，則此一產品的市場需求曲線均將會往右上方移動，表示需求增加的改變；反之，如果消費者平均所得減少、對其嗜好減弱、替代品價格下跌、相輔品價格上升、人口減少，及預期未來該產品的價格下跌、供給增加、所得下降，則此一產品的市場需求曲線均將會往左下方移動，表示需求減少的改變。

第二節　供給的意義與變動

一、供給的意義與供給法則

供給（supply）是指: **在一定時間內，供給者（或產銷者）對於一種財貨或勞務，在其不同價格下，所願意而且能夠提供的數量**。這定義同樣表示，談到供給，必須限定在某一特定的時間內，如一天、一星期或一個月；必須是願意而且能夠提出的供給，才是一種**有效的供給**（effective supply），才能對市場的價格與數量發生影響力。

供給表（supply schedule）是指用表列的方式，表明一位供給者（或產銷者），在一定時間內，對於一種財貨或勞務，在其不同價格下，所願意而且能夠提供的數量（如表 2-2）。將供給表所表示的價格與供給量的關係，用平面座標繪成圖形，則形成一條由左下方往右上方傾斜的曲線，稱之為**供給曲線**（supply curve）。

圖2-5，橫軸代表供給量（Q），縱軸代表價格（P），供給方程式可以寫成 $Q = f(P)$，$f' > 0$，表示供給量與價格呈增函數的關係。一種財貨或勞務之個別供給者的供給曲線，應如圖2-5一般，是一條有折點的曲線，但為分析方便起見，通常以直線（即假設供給方程式為一

表 2-2　供給表

價格（\$） （*P*）	供給量（單位） （*Q*）
1	3
2	8
3	12
4	15
5	17

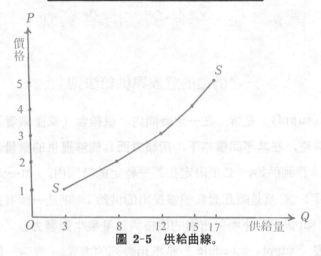

圖 2-5　供給曲線。

次式，　$Q = A + BP$）或圓滑曲線（卽假設供給方程式爲二次式，　$Q = A + BP + CP^2$）代表之。（供給方程式中，　Q 代表供給量，　P 代表價格，　A 代表價格等於零時供給曲線與橫軸的截距，價格前面的係數爲正號，表示供給量與價格呈增函數的關係。）

供給曲線上的任何一點，表示在任何供給量下，生產者願意供給的最低價格——**供給價格**（supply price）；或任何價格下，供給者願意提供的最大數量——**供給量**（quantity supplied）。根據供給曲線由左下方往右上方傾斜的正斜率特性，可以得到一個重要的法則，稱之爲**供給法**

則 (law of supply), 即在其他情況不變下, 一種財貨或勞務的供給量
與其價格呈增函數的關係, 即價格上升, 供給量增加; 價格下降, 供給
量減少。

供給法則之所以成立, 乃是由於下述理由:

1. 當一種產品的價格上升,而其他產品價格不變時,追求利潤的生
產者,必然將生產其他產品的資源移轉來生產此種產品,供給因此增加。

2. 生產成本隨產量的增加而提高(這是因為生產要素的邊際生產
力遞減及生產要素價格上升所致),故要生產者增加供給,必須提高價格。

將所有個別供給者對某一種財貨或勞務, 在該財貨或勞務的各個不
同價格下供給的數量加總, 就可得到該財貨或勞務的**市場供給** (market
supply)。 因之, 將所有個別供給者對某一種財貨或勞務的供給曲線水
平併總, 就可得到其市場供給曲線。

圖 2-6, 假設市場某一種財貨或勞務的供給只有 A 與 B 兩位供給
者, 將 A 與 B 的供給曲線予以併總, 即可得到該財貨或勞務的市場供給
曲線。由於供給者 B 在價格 OP^* 時才開始有供給, 所以市場供給曲線在
OP^* 有一折點。若該財貨或勞務市場只有三位供給者, 則併總的市場供

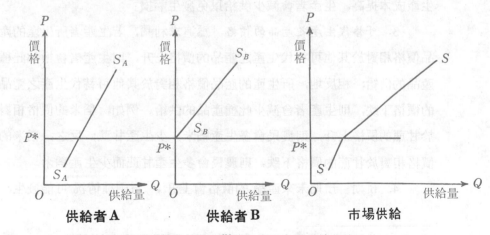

圖 **2-6** 個別供給曲線水平併總, 得到市場供給曲線。

給曲線將有兩個折點❸。當市場供給者的人數趨近於無限多，且生產要素價格不變，則所有供給者之供給曲線的水平併總，將成為一條圓滑曲線或直線的市場供給曲線。

由於市場供給曲線如同個別供給者的供給曲線一樣，是一條由左下方往右上方傾斜的曲線，故亦符合供給法則。

二、市場供給的決定因素

如同一種產品的市場需求一般，決定一種產品市場供給量大小最主要的因素為這種產品本身的價格。但是，除了本身的價格外，產品的市場供給亦受到其他許多因素的影響，這些因素主要為：

1. 技術狀態　在產品價格與要素價格一定下，生產技術進步，會使勞動與資本的生產力提高，生產成本下降，生產者會增加生產，以增加利潤；反之，若生產技術退步（現實很少有此可能），會使勞動與資本的生產力降低，生產成本提高，生產者會減少生產，以免發生虧損。

2. 要素價格　在產品價格一定下，生產要素的價格下降，生產成本降低，生產者會增加供給以增加利潤；反之，生產要素的價格上升，生產成本提高，生產者會減少供給以免發生虧損。

3. 可替代生產之產品的價格　為追求利潤，若生產者所生產的產品價格相對於其他可替代生產之產品的價格上升，則生產者會增加此種產品的供給；相反地，所生產的產品價格相對於其他可替代生產之產品的價格下跌，則生產者會減少此種產品的供給。例如，稻米的價格相對於甘蔗的價格上升，則農民會多生產稻米，少生產甘蔗；反之，稻米的價格相對於甘蔗的價格下跌，則農民會多生產甘蔗而少生產稻米。

4. 預期　預期未來產品的價格會上升，有兩種情況可能發生，

---

❸　這是假設每位供給者對產品供給量為零的價格各不相同的結果。

一是因此產生惜售的心理而將產品囤積,等待未來比較高的價格出售,供給因此減少;　一是馬上擴大生產規模(增加可變生產要素的使用),增加生產,供給於是增加。同樣地,預期未來產品的價格下跌,亦有兩種情況可能發生,一是急於將產品拋售,以免遭受跌價的損失,供給因此增加;一是馬上縮減生產規模(減少可變生產要素的使用),減少生產,供給於是減少。是故,預期對於供給的影響,難以準確的預料。不過,短期的反應會是存貨的惜售(或拋售);長期的反應會是產量的擴增(或收縮)。

5. **供給人數 (或市場組織)**　一般而言,　市場供給者的數目愈多,　市場競爭將愈激烈,　市場的供給量將愈大;　市場供給者的數目愈少,市場的競爭性將愈弱,獨佔性將愈強,市場的供給量將愈少。

6. **租稅與補貼**　政府對產品的生產課以租稅,使生產成本提高,供給減少;予以補貼,使生產成本下降,供給增加。

7. **特別的因素**　由於每一種產品各有不同的特性,因此其市場供給往往也就受到某些特別因素的影響。例如,天候對農產品、最低資本額的規定對證券商或銀行勞務的供給。

三、供給量的改變與供給的改變

根據一種產品的市場供給變動是受其本身價格,或是受「其他因素」的影響,市場供給的變動可區分為供給量的改變與供給的改變。

(一) 供給量的改變 (changes in the quantity supplied)

假設影響產品供給的其他因素不變,一種產品的供給量與其本身的價格呈增函數的關係,卽若其價格上升,其供給之量增加;若其價格下降,其供給之量減少,這種沿著供給曲線上下移動的變動,稱之為供給量的改變。

供給量的改變,實際上就是供給法則的表現。圖 2-7,當市場上產品價格由 OP_1 上升為 OP_2,供給量由 OQ_1 增為 OQ_2,這在供給曲線

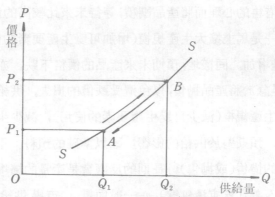

圖 2-7 供給量的改變。

上由 A 點移到 B 點， 就是一種供給量增加 (increase in the quantity supplied) 的改變； 反之，由 B 點移到 A 點，價格下降，供給量減少，就是一種供給量減少 (decrease in the quantity supplied) 的改變。

(二) 供給的改變 (changes in supply)

除產品本身的價格外，當影響產品供給的其他因素發生改變時，也將使產品的供給量與供給價格發生改變。這表示在任何一定的價格下，供給者願意供給更多或較少的數量；或在任何一定的供給數量下，生產者要求較高或較低的價格。 這種情形 將使整條供 給曲線的位置上下移動，這種變動稱之為供給的改變。

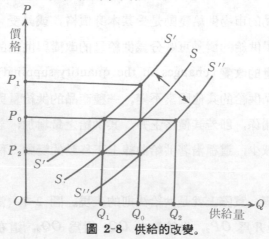

圖 2-8 供給的改變。

　　圖 2-8，當一種產品的市場供給曲線 SS 往左上方移至 $S'S'$ 時，表示任何一定價格（例如 OP_0）下，供給量由 OQ_0 減少至 OQ_1；或任何一定供給量（例如 OQ_0）下，供給者要求的價格由 OP_0 提高至 OP_1，這是一種供給減少 (decrease in supply) 的改變。SS 往右下方移至 $S''S''$ 時，表示任何一定價格（例如 OP_0）下，供給量由 OQ_0 增至 OQ_2；或任何一定供給量（例如 OQ_0）下，生產者要求的價格由 OP_0 降低至 OP_2，這是一種供給增加 (increase in supply) 的改變。

　　供給量的改變與供給的改變，兩者不同之處，前者是影響產品供給之其他因素不變，而只有產品本身的價格發生改變的結果；後者是產品本身價格不變，而影響產品供給之其他因素發生改變的結果。根據上一小節的分析可知，若生產技術進步、要素價格下跌、其他可替代生產之產品的價格相對下跌、預期未來產品價格下跌而拋售、供給人數增加、租稅減少或補貼增加，則市場供給曲線往右下方外移，表示供給增加；反之，生產技術退步、要素價格上升、其他可替代生產之產品的價格相對上升、預期未來產品價格上升而惜售、供給人數減少、租稅增加或補貼減少，則市場供給曲線往左上方內移，表示供給減少。

第三節　市場均衡與價格機能

　　馬克思 (Karl Marx) 根據勞動價值理論 (labor theory of value)，認定產品的價格（價格是價值的貨幣形態）是由供給條件所決定，卽產品價格的高低完全由生產勞動投入的多少來決定。邊際效用 (marginal utility) 學派〔如傑方斯（William S. Jevons）、孟格爾（Carl Menger）、及華拉斯（Léon Walras）等學者〕，根據效用理論 (utility theory)，認為產品的價格是由需求條件所決定，卽產品價格的高低，完全視其邊際效用的大小而決定。直到新古典 (neoclassical) 學派的大

師馬歇爾 (Alfred Marshall)，從均衡的觀點分析，認爲產品的價格是由供給與需求兩方面同時共同決定，兩者如同剪刀的兩双一般，缺一不可。無論是需求或供給的任何一方發生改變，均會使產品的價格發生改變，而產品價格改變的結果，又會使供給與需求發生改變，直到市場達到均衡，供給、需求與價格不再變動爲止。

一、市場均衡的意義與條件

均衡 (equilibrium) 是指不同方向的力量達於平衡的一種狀態。動態均衡 (dynamic equilibrium) 是指變動中處於平衡 (in balance) 的狀態；靜態均衡 (static equilibrium) 是指一種靜止 (at rest) 不再變動的狀態。在現實的社會裏，萬物無時無刻莫不在動，因此若有均衡也只是一種動態的均衡，而且沒有任何現象可能維持長時的動態均衡。但是，動態均衡是一種非常複雜的過程，目前爲便於分析，我們所討論的是一種靜態的均衡。

市場均衡（market equilibrium）是指：市場上任何一種財貨或勞務的需求與供給達到平衡（相等）的狀態，亦卽任何一種財貨或勞務的市場需求曲線與供給曲線兩者相交之處的情況。

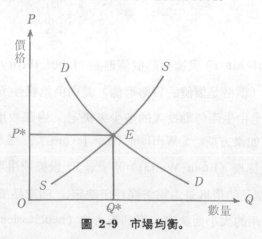

圖 2-9 市場均衡。

圖 2-9，當某一種財貨或勞務的市場需求曲線 DD 與供給曲線 SS 相交於 E 點，則 E 點稱之為**均衡點**(equilibrium point)，表示這種財貨或勞務達到市場均衡。均衡點所對應的價格 OP^*，稱之為**均衡價格**(equilibrium price)，表示需求價格等於供給價格；均衡點所對應的數量稱 OQ^*，之為**均衡數量**(equilibrium quantity)，表示需求量等於供給量。由此可知，達到市場均衡的條件必須: (1)買方對於要購買的財貨或勞務所願支付的價格，與賣方所願接受的價格達到一致，即需求價格等於供給價格；(2)買方在某價格下對於該財貨或勞務所願購買的數量，與賣方在該價格下所願銷售的數量達到一致，即需求量等於供給量。

二、價格機能與市場調整

當市場的需求不等於供給，即需求價格不等於供給價格或需求量不等於供給量時，稱之為**市場失衡**(market disequilibrium)。

圖2-10，若一市場失衡的話，就數量而言，有兩種可能情況發生，一是市場價格高於均衡價格時 ($OP_1 > OP^*$)，供給量大於需求量 (P_1B

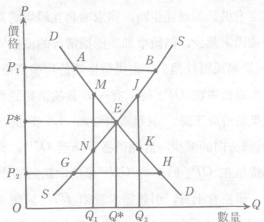

圖2-10　市場價格不等於均衡價格引起數量過
　　　　剩或短缺，市場數量不等於均衡數量
　　　　致使需求價格不等於供給價格，兩種
　　　　情況均是市場失衡。

$>P_1A$)，產生 AB 之量的**供給過剩** (surplus)； 一是市場價格低於均衡價格時($OP_2<OP^*$)，需求量大於供給量 ($P_2H>P_2G$)，產生 GH 之量的**供給短缺** (shortage)。就價格而言，亦有兩種可能情況發生，一是市場數量小於均衡數量 ($OQ_1<OQ^*$)，使得需求價格高於供給價格 (Q_1M $>Q_1N$)； 一是市場數量大於均衡數量 ($OQ_2>OQ^*$)， 使得供給價格高於需求價格 ($Q_2J>Q_2K$)。 在這些情形下， 必有一種市場力量存在，使市場重新恢復供給等於需求的均衡， 這種力量就是**價格機能** (price mechanism)， 又稱爲**市場機能** (market mechanism)。因此， 所謂的價格（或市場）機能， 就是指價格或數量的調整， 致使失衡的市場重新恢復均衡的市場力量。

根據市場失衡可能的情況，價格機能使市場恢復均衡的過程因此有以下兩種：

（一）價格的調整

當市場價格高於均衡價格，而有供給過剩產生時，供給者相互競爭銷售的結果， 價格會下跌，這將使需求增加，供給減少； 當市場價格低於均衡價格， 而有供給短缺產生時， 需求者相互競爭購買的結果， 價格會上升， 這將使需求減少，供給增加。兩種情況的價格變動（下跌或上升），將繼續到過剩或短缺消失，市場價格等於均衡價格爲止。

圖2-11，市場價格在 OP_1 時， 有 AB 量的供給過剩產生，供給者競爭銷售的結果價格會下降， 引起需求量如 AE 箭頭方向的增加， 供給量如 BE 箭頭方向的減少，直到價格下降至 OP^*，需求量等於供給量爲止。市場價格在 OP_2 時， 有 GH 量的供給短缺產生， 需求者競爭購買的結果， 價格會上升， 引起需求量如 HE 箭頭方向的減少， 供給量如 GE 箭頭方向的增加， 直到價格上升至均衡價格 OP^*，需求量等於供給量爲止。

（二）數量的調整

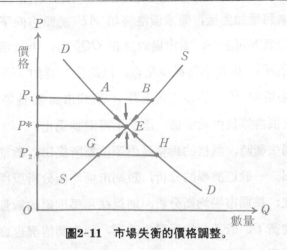

圖2-11　市場失衡的價格調整。

　　當市場數量小於均衡數量時，需求價格高於供給價格，供給者會增加生產，以求增加利潤，這將使需求價格下跌，供給價格上升；當市場數量大於均衡數量時，供給價格高於需求價格，供給者會減少生產，以求減少存貨，這將使供給價格下跌，需求價格上升。兩種情況的數量變動（增加或減少），將繼續到市場數量等於均衡數量、需求價格等於供給價格為止。

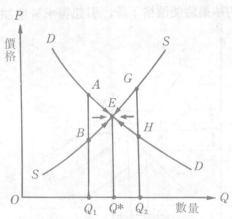

圖2-12　市場失衡的數量調整。

　　圖2-12，當市場數量在 OQ_1 時，需求價格高於供給價格（$Q_1A>$

Q_1B)，供給者將增加生產，需求價格將如 AE 箭頭方向下降，供給價格將如 BE 箭頭方向上升；當市場數量在 OQ_2 時，供給價格高於需求價格($Q_2G>Q_2H$)，供給者將減少生產，供給價格將如 GE 箭頭方向下降，需求價格將如 HE 箭頭方向上升，直到市場數量等於均衡數量(OQ^*)、需求價格等於供給價格，產量不再變動爲止。

　　以上市場失衡時，價格的調整是由華拉斯所提出，數量的調整是由馬歇爾所提出。一般經濟學的分析，短期市場均衡分析以採用華拉斯的價格調整爲宜；長期市場均衡分析，則以採用馬歇爾的數量調整爲宜。

　　市場在均衡下，若其他情況發生改變，則均衡情況也會隨之發生改變。在供給不變的情況下，需求增加，會使價格上升、交易量增加；需求減少，會使價格下跌、交易量減少。圖2-13，原來均衡點在 E 點，假設供給維持不變，而需求由 DD 增加爲 $D'D'$，在原來均衡價格 OP^* 下，將產生 AE 的短缺，需求者競爭購買的結果使價格上升，引起需求量減少，供給量增加，直到新的均衡點 E_1 達到爲止。如果需求由 DD 減爲 $D''D''$，在原來均衡價格 OP^* 下，將產生 BE 的剩餘，供給者競爭銷售的結果將使價格下降，引起需求量增加，供給量減少，直

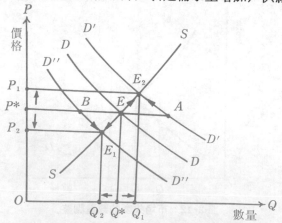

圖2-13　供給不變下，需求改變引起均衡價格與
　　　　　交易量改變。

到新的均衡點 E_2 達到為止。

　　在需求不變的情況下，供給減少，會使價格上升、交易量減少；供給增加，會使價格下跌、交易量增加。圖2-14，原來的均衡點在 E 點，假

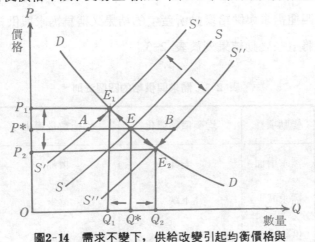

圖2-14 需求不變下，供給改變引起均衡價格與
交易量改變。

設需求維持不變，而供給由 SS 減為 $S'S'$，在原來均衡價格 OP^* 下，將產生 AE 量的短缺，需求者競爭購買的結果使價格上升，引起供給量增加，需求量減少，直到新的均衡點 E_1 達到為止。如果供給由 SS

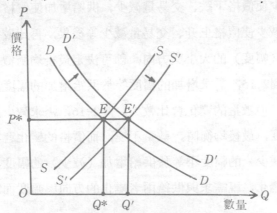

圖2-15 需求增加等於供給增加，均衡價格
不變，數量增加。

增加爲 $S''S''$，在原來均衡價格下，將產生 EB 的供給剩餘，供給者競爭銷售的結果使價格下降，引起供給量的減少，需求量的增加，直到新的均衡點 E_2 達到爲止。

以上四種需求與供給變動所產生的結果又稱爲需求與供給的四個法則，我們將這些變動結果列於表 2-3。

表 2-3 需求與供給的四個法則

變動項目	均衡價格變化	均衡數量變化
需求增加	上升	增加
需求減少	下跌	減少
供給增加	下跌	增加
供給減少	上升	減少

當需求與供給同時發生變動時，根據需求增加使價格上升、交易量增加，需求減少使價格下跌、交易量減少；供給增加使價格下跌、交易量增加，供給減少使價格上升、交易量減少等後果，再比較需求與供給兩者變動力量（幅度）的大小與方向，即可決定最後均衡價格與數量的改變。例如，圖2-15，需求增加的幅度等於供給增加的幅度，最後均衡時，價格不變，而數量的變化會比較大。圖2-16，需求減少的幅度等於供給增加的幅度，最後均衡時，數量不變，而價格的變化會比較大。如果需求增加（減少）的幅度不等於供給增加（減少）的幅度，最後均衡價格與數量的變化，視需求與供給兩者變化的方向與幅度而定──如圖2-17。

以上我們對需求與供給的分析，均以產品市場爲對象。但只要將橫

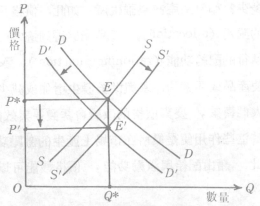

圖2-16 需求減少等於供給增加，均衡
數量不變，價格下跌。

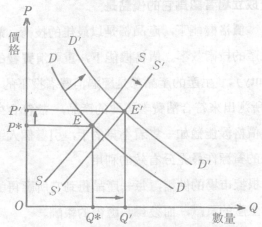

圖2-17 需求與供給變動的方向與幅度，
決定最後均衡價格與交易量。

軸改爲表示生產要素的數量，縱軸改爲表示生產要素的價格，同樣的分
析方法可應用於要素市場的供需分析及其均衡價格與數量的決定。

三、市場功能與評價

在自由市場經濟制度下，價格是經濟活動的指標，一切經濟行爲透
過市場價格的指引而發生，價格如同一隻看不見的手一般，指引市場生

產什麼? 生產多少? 如何生產? 為誰生產? 如此, 價格可以使生產資源得到適當有效的派用 (allocation), 產品能夠得到適當的分配, 這是價格在市場上所執行的**配給功能** (rationing function)。 又產品或要素價格的變化, 會使產品或要素的需求與供給發生增加或減少的改變, 工資的差別會鼓勵人們轉業, 要素價格的改變會誘發要素效能 (或使用效率) 的改進, 這些作用便是價格在市場上產生的**激勵功能** (incentive function)。因此, 藉由配給與激勵功能, 價格機能可以主導經濟活動的進行。

對於自由市場經濟制度的評價, 有正反兩面的看法:

(一) 持贊成立場者認為它的優點是:

1. 效率高　價格機能下, 產品都是以最佳的技術、最低的成本生產, 因此達到生產的技術效率。價格機能下, 重視**消費者的主權** (consumer sovereignty), 生產的產品都是經過消費者投下的「 金錢票 」 (dollar vote) 所選出來符合消費者需要的產品, 故符合生產的經濟效率。職是之故, 價格機能猶如一隻看不見的手, 引導個人追求自利的同時, 使社會有限的資源作最充分有效的利用。

2. 公平　根據市場的供需, 每一產品得到它所應得的價格, 每一生產要素按其對生產的貢獻, 而獲得其應得的報酬。

3. 穩定　價格機能使一切產品或生產要素的價格具有升降自如的靭性 (flexibility), 這使產品的供給不會發生過剩或短缺, 經濟因此可免於發生失業或通貨膨脹。

4. 成長　市場經濟以自利為出發點, 可以激勵人們努力工作、創新、與發明, 因而有利於經濟成長。

5. 自由　市場經濟完全是建立在價格機能的基礎上, 而價格機能的順利運行, 完全出乎自由競爭, 沒有人為的干預與阻礙, 一切依乎自由選擇。

（二）持反對立場者認爲它的缺點是：

1. **不公平**　財產繼承制度及所得分配的不平均，使社會上的每一個人所擁有的經濟力量不均等，喪失立足點的平等，市場競爭因此無法公平進行。

2. **浪費與缺乏效率**　由於社會上每一個人所擁有的經濟力量不均等，因此金錢投票的結果，無法反映所有消費者眞正的需要，一般消費者的主權受到損害。市場上可能生產太多高所得者想要的產品，而生產過少一般人需要的產品，價格機能因此造成了社會資源的浪費與經濟效率的缺乏。

3. **無法使經濟穩定、成長**　獨佔、工會、專利、資源缺乏流動性、政府的價格限制等因素，使完全自由競爭的市場價格機能無法順利運行，靱性價格無法實現，而產生價格僵固（price rigidity），失業的情況時有發生，因此無法確保經濟自動達成穩定與成長。

4. **外部性（externality）與公共財貨的存在，使市場機能失靈（market failure）**　私人財貨供需所涉及的私人受益（private benefit）與私人成本（private cost），可藉由價格機能反應出來，但它所涉及的外部經濟（external economy）———經濟主體在生產或消費活動中使其他的經濟主體獲得無償受益的有利影響，與外部不經濟（external dis-economy）———經濟主體在生產或消費活動中使其他的經濟主體遭受無償損失的不利影響，卻無法由價格機能表現出來。再者，公共財貨雖爲經濟活動順利運行所不可或缺，但市場機能卻無法有效反映其供需，因而使資源在私人財貨與公共財貨之間的分派失當，往往導致過於重視私人財貨而忽視公共財貨的後果。

5. **缺乏技術進步**　在自由市場下，廠商自由加入或退出生產的完全競爭結果，使得生產規模太小，無法形成足夠的資本進行研究、發明與創新，因此無法促進技術進步。

6. 生產要素無法得到合理報酬　由於市場完全競爭的喪失，壟斷成分的存在，產品無法達到市場均衡的價格，生產要素無法獲得其應得的報酬。

　　根據以上正反兩方面的意見，可知市場經濟（價格機能）只是理論上的一種理想，在實際的經濟生活中，經常無法順利的運行或實現。因此，市場經濟理論與我們的日常生活有密切但非完全真實的關係。

摘　　要

1. 市場價格機能是藉由需求與供給的交互力量而發生作用。

2. 需求是指，在一定時間內，消費者（或購買者）對於一種財貨或勞務，在其不同價格下，所願意且能够購買的數量。需求曲線由左上方往右下方傾斜，這顯示在影響需求的其他因素不變下，需求量與價格呈減函數關係之需求法則的特性。

3. 將個別消費者對某種財貨或勞務的需求曲線予以水平併總，可以得到該財貨或勞務的市場需求曲線。市場需求曲線亦由左上方往右下方傾斜，仍符合需求法則。

4. 市場需求的變動，可分為需求量的改變與需求的改變兩類。前者是指，在其他情況不變下，一產品的需求量與其本身的價格呈減函數關係的變動，是沿著需求曲線上下移動的一種變動，是一種市場需求法則的表現；後者是指，產品本身價格不變，但影響產品需求的其他因素發生改變，而使需求量與價格發生改變的一種變動，是整條需求曲線的位置上下移動的一種變動，是由於嗜好、市場大小、消費者平均所得、相關財貨價格與預期等因素發生改變的結果。

5. 供給是指，在一定時間內，供給者（或產銷者）對於一種財貨或勞務，在其不同價格下，所願意且能够提供的數量。無論是個別供給者或市場的供給曲線均是一條由左下方往右上方傾斜的曲線，這顯示在

其他情況不變下，供給量與價格呈增函數關係的供給法則的特性。

6. 市場供給的變動亦有供給量的改變與供給的改變之分。前者是指，在其他情況不變下，一種產品的供給量與其本身的價格呈增函數關係的變動，是沿著供給曲線上下移動的一種變動，是一種市場供給法則的表現；後者是指，產品本身的價格不變，影響產品供給的其他因素發生改變，而使供給量與價格發生改變的一種變動，是整條供給曲線的位置上下移動的一種變動，是由於技術、要素價格、可替代生產之產品的價格、預期、供給人數及租稅與補貼等因素發生改變的結果。

7. 市場均衡是指市場上任何一種財貨或勞務的供需達到平衡的一種狀態。只要市場價格機能能夠發揮作用，市場上任何一種財貨或勞務最後必能達到需求量等於供給量、需求價格等於供給價格的均衡狀態。

8. 當市場發生供需不等的失衡情況時，價格機能使市場恢復均衡的過程有價格調整與數量調整兩種途徑，最後市場必能重新恢復供給等於需求的均衡。

9. 在供給不變下，需求增加將使均衡價格上升，交易量增加，需求減少將使均衡價格下跌、交易量減少；在需求不變下，供給增加將使均衡價格下跌、交易量增加，供給減少將使均衡價格上升、交易量減少。

10. 供需雙方或任何一方發生改變，均可能使市場均衡價格或數量發生改變，而均衡價格或數量改變的方向與大小則視供給或需求變動的方向與幅度的大小而定。

11. 價格機能在市場上具有配給與激勵的功能。對於自由市場經濟制度持贊成態度者，認為它具有高效率、公平、穩定、成長與自由等優點；持反對態度者，認為它會發生不公平、浪費與缺乏效率、無法使經濟穩定成長、外部性與公共財貨使市場機能失靈、缺乏技術進步與生產要素無法得到合理報酬等缺點。

重 要 名 詞

價格機能	有效需求
需求表	需求價格
需求量	需求法則
需求量的改變	需求的改變
高級財貨	正常財貨
低級財貨	季芬財貨
替代財貨	相輔財貨
有效供給	供給表
供給價格	供給量
供給法則	供給量的改變
供給的改變	動態均衡
靜態均衡	市場均衡
均衡價格	均衡數量
市場失衡	價格調整
數量調整	看不見的手
配給功能	激勵功能
消費者主權	金錢票
外部性	市場失靈

問 題 練 習

1. 甚麼是價格機能? 其構成要件爲何?

2. 何謂需求? 需求法則爲何能夠成立?

3. 需求量的改變與需求的改變有何差異? 影響兩者變動的因素各
   有那些?

4. 麵粉的價格下跌，米的需求曲線會如何變動？為什麼？麵包的價格上升，奶油的需求曲線可能會怎樣變動？為什麼？

5. 何謂供給？供給法則是何意義？為何發生？

6. 供給量的改變與供給的改變有何不同？影響兩者變動的因素各有那些？

7. 有人說：一種物品的價格上升，它的需求量減少；也有人說：一種物品的供給不變，如需求增加，它的價格上升。這兩種說法是否矛盾，試剖述之。

8. 假定其他情況不變，預期未來經濟將趨繁榮，這對於一般財貨的供給將有何影響？試分析之。

9. 石油的價格上升，對煤炭的供給、汽車的需求與石油化學原料的供給，各會發生甚麼影響？試說明之。

10. 甚麼是市場均衡？若市場供需失衡，什麼力量使其重新恢復均衡？

11. 市場失衡有那幾種情況？華拉斯與馬歇爾對於市場由失衡調整至均衡的論點有何不同？

12. 假定稻米的需求和供給均增加，但供給增加的程度大於需求增加的程度，試用圖解分析此種變化對於稻米均衡的影響。

13. 價格機能在自由市場上有甚麼功能？對於自由市場經濟制度，你的評價如何？

第三章　經濟組織與循環周流

一個社會的經濟活動，是由不同的參與者所構成，必須對這些參與經濟活動的主體有所了解，才能對市場經濟的運行有深一層的認識。每個參與經濟活動的主體，各有不同的功能，且彼此息息相關，它們之間相互的關係形成了一種生生不息的經濟循環周流。

第一節　經濟部門與市場種類

一、經濟部門與功能

根據參與經濟活動主體的性質，整個經濟社會可以劃分爲四個部門: (1) **家計部門** (household sector)，(2) **企業部門** (business sector) (3) **政府部門** (government sector)，及(4) **國外部門** (foreign sector)。若一個社會沒有對外貿易關係，則其經濟活動爲一**閉鎖經濟** (closed economy)；有對外貿易的關係，則爲一**開放經濟** (open economy)。閉鎖經濟又可分爲**私人部門** (private sector)——包括有家計及企業部門，與**公共部門** (public sector)——即政府部門。開放經濟可分爲**國內部門** (domestic sector)——包括家計、企業及政府部門，與國外部門。

每一經濟部門均有其參與經濟活動的主體，稱之爲**經濟主體** (economic entities) 或**經濟單位** (economic units)。 每一經濟部門或構成部門的經濟主體都兼具有供給與需求或生產與消費的功能。

(一) 家計部門

這部門的經濟主體是**家計** (households)，屬於消費單位，對有形的財貨與無形的勞務處於需求的一方。但對生產要素而言，家計是處在供給的一方，主要是對生產單位提供勞力、土地、資本及企業家精神，因而獲得工資、地租、利息及利潤的報酬。不過，家計部門對財貨與勞務也有供給，對生產要素也有需求。

(二) 企業部門

這部門的經濟主體是**廠商** (firm)，屬於生產單位。廠商之下通常還有**工廠** (plant)，許多生產同性質產品的廠商構成一個**產業** (industry)，一個經濟是由無數的產業組成的。

企業部門的經濟主體也有供給與需求的雙重身分，一方面生產財貨與勞務，供給其他部門使用；同時需要各種的生產要素，將之結合以產出財貨與勞務。不過，企業部門本身對於財貨與勞務也有需求，對生產要素也有供給。

(三) 政府部門

這部門又稱公共部門，其經濟主體包括由中央至地方的各級政府、公家機關及團體。這部門的需求功能主要是對財貨與勞務——如辦公文具、雇用公務員——的需求；其供給功能主要是對私人部門提供公共財貨 (public goods) 如道路、港口、公園、水電、國防、司法等。不過，政府部門對生產要素仍有需求 (如公共或國營事業生產所需的生產要素) 與供給 (如提供私人部門以土地或資本)。

(四) 國外部門

這部門的經濟主體是本國從事國際貿易的進、出口商。它們需求本國的財貨或勞務以之輸出外國，同時進口外國的財貨與勞務以之供給本

1 第三章 經濟組織與循環周流 **71**
第三章 經濟組織與循環周流 **71**

國。不過，國外部門對生產要素亦具有（出口）需求及（進口）供給的功能，如國際間資本與勞力的移動。

由此可知，每個經濟部門對於財貨、勞務及生產要素，均同時具有供需的功能，但其偏重則各有不同。

二、市場的種類

根據市場上買賣雙方交易的標的而言，市場可分為：（1）產品市場，（2）生產要素市場，及（3）金融市場。

（一）產品市場（product markets）

是財貨與勞務進行交易的地方。產品市場的需求者（買方）主要是家計部門，但也包括企業、政府及國外部門；供給者（賣方）主要是企業部門，但也包括其他部門。

（二）要素市場（resources markets）

是勞力、土地、資本及企業家精神等生產要素進行交易的地方。要素市場的需求者主要是企業部門，但家計、政府及國外部門對生產要素亦有需求；供給者主要是家計部門，但企業、政府及國外部門亦提供生產要素。

（三）金融市場（financial markets）

是資金借貸與有價證券進行交易的地方。包括有短期（一年以下）資金、有價證券交易的**貨幣市場**（money markets）與長期（一年以上）資金、有價證券交易的**資本市場**（capital markets）。金融市場主要的資金需求者是企業部門，但家計、政府及國外部門同樣有資金的需求；供給者主要是家計部門，但企業、政府及國外部門同樣也有資金的供給。

由此可知，每一個經濟部門或主體，同時是每一個市場的供給者及需求者，只不過扮演的角色有輕重之分而已。但在一個以國內市場為主的自由市場經濟制度下，參與市場經濟活動的則以家計與企業部門為主。

第二節 企業的組織

企業部門的組織可根據其經濟主體的大小分爲: (1) **工廠**, 指將生產要素予以結合而生產產品的地方, 是一個生產單位。(2) **廠商**, 指將生產及行政相結合的企業組織。一家廠商可能只擁有一家工廠, 但也可能擁有一家以上的工廠。廠商在以前可能是一規模很小的店舖, 在現代則大規模的公司組織日漸普遍。(3) **產業**, 指所有生產同類產品之廠商的集合, 如鋼鐵業、紡織業。(4) **部門**, 指所有生產性質相近的產業集合, 如紡織業、成衣業等稱爲輕工業部門, 鋼鐵業、造船業等稱爲重工業部門, 或可將經濟劃分爲農業部門、工業部門、及服務業部門。在這四層企業部門的經濟主體中, 廠商是經濟分析中的單位。

依據法定的組合形式, 廠商的組織又可分爲: (1) **獨資** (proprietorship), (2) **合夥** (partnership), 及 (3) **公司** (corporation) 等三種不同的形態。

(一) 獨資

這是由資本主獨自出資經營的企業組織, 是最古老、最單純及最普遍的形態。獨資的優點爲: (1) 開業、營運容易; (2) 資本主卽是老闆, 可就近照顧企業, 自己決策, 能果斷果行。獨資的缺點則爲: (1) 規模太小, 不能收規模經濟之效; (2) 很難籌得足夠資金, 週轉不易, 企業難以發展; (3) 無法雇用足夠的專業人才, 進行管理分工, 經營效率無法提高; (4) 必須負**無限債務責任** (unlimited liability), 卽該企業如果經營失敗而負債, 債權人除了對獨資企業的資產有償還請求權外, 對於獨資者的所有財產均有償還請求權。

(二) 合夥

這是指兩個以上的投資者, 共同出資經營的企業組織。合夥的優點

是: (1) 創業、管理容易; (2) 可進行較細的管理分工; (3) 可以籌得較多的資金。缺點是: (1) 限於幾個人的資本, 資本來源仍不够充裕, 企業仍難以發展; (2) 決策難以協調, 容易發生衝突, 管理功能難以發揮; (3) 如遇合夥者退夥或死亡時, 企業組織卽行瓦解, 故合夥企業不易維持長久; (4) 同獨資一般, 合夥者必須共同負無限債務責任, 卽合夥企業有債務發生時, 合夥人均負連帶償還的無限責任, 亦卽債權人對合夥企業本身的資產及所有合夥人私人的資產, 均有請求償還的權利。

(三) 公司

這是依據法律規定, 有 7 人以上的股東, 經由認購股份而共同集資成立的企業組織❶。公司是一法律主體 (legal entity), 爲一法人 (legal person) 組織, 其優點是:

1. **資金來源充分, 可以籌得充足資本**　公司可以由發行股票 (stocks)、發行債券 (bonds) 或向金融機構貸款等途徑, 籌得足够資本, 以利企業發展。公司發行的股票又可分爲: (1) **優先股** (preferred stocks), 可以優先分得一定比例的股息 (股金的利息), 在公司清算時可以優先取得資產的償還, 但不能分享紅利; (2) **普通股** (common stocks), 此種股份須等優先股的股息分配完後, 有剩餘時才可以分配股息, 但除股息之外尚可分享利潤 (卽紅利)。

2. **所有權與管理權分開**　股東出資籌組公司, 所有權屬於股東, 公司雇用企業專家經營管理, 管理權屬於企業家。如此, 權責分明, 可

---

❶ 根據我國公司法的分類, 公司分爲: (1) 無限公司, 指 2 人以上股東所組織, 對公司債務負連帶無限清償責任之公司; (2) 有限公司, 指 5 人以上21人以下股東所組織, 就其出資額爲限, 對公司債務負其責任之公司; (3) 兩合公司, 指 1 人以上無限責任股東, 與 1 人以上有限責任股東所組織, 其無限責任股東對公司債務負連帶無限清償責任, 有限責任股東就其出資額爲限, 對公司負其責任之公司; (4) 股份有限公司, 指 7 人以上股東所組織, 全部資本分爲股份, 股東就其所認股份, 對公司負其責任之公司。

以進行有效的管理分工，提高企業經營效率。

3. 負有限債務責任 (limited liability) 卽債權人只能對公司的資產有償還請求權，股東的損失只限於其所持有股票的價值，此外不負任何連帶債務責任。

4. 可以有持續穩定的發展 公司爲一法人組織，只要它所發行的股票仍然爲人們所願意持有，其營業不受股權移轉或股東死亡的影響，故有利於長期計畫的執行與企業的成長。

5. 可以促進經濟民主 公司主要的決策須經股東大會或董事會開會決定，而非管理部門所能獨斷，這可以擴大經濟活動的參與，有利經濟的民主化。

公司組織的缺點有:

1. 法令約束較多，成立公司的手續較繁複。

2. 公司組織資金雄厚，容易發展成壟斷企業、妨害人民利益。

3. 經濟力量龐大的公司，很可能成爲影響、甚至左右政府決策的財閥。

4. 股東大會與董事會並不眞能監督管理部門，甚而站在附和的立場，造成管理部門的極權，而無法實現經濟民主。

雖然公司組織有以上的缺點，但從整個社會的觀點來看，以公司型態組織企業，對社會有以下的好處:

1. 業務資料公開 公司定期公布代表流量的損益表 (income sheet)，這是在一段時間（通常爲一年）內的公司營業、財務狀況報告，及代表存量的資產負債表 (balance sheet)，這是在某一時點（通常是一年的最後一日）的公司營業、財務狀況報告，有助於社會大眾對公司經濟活動的了解。

2. 產品價格便宜 公司組織能夠籌集足夠的資本，進行大規模生產，而使成本下降，產品價格降低。

3. **消費者有保障**　公司是一法人組織，個人可對其進行控訴，當其產品使消費者受到損害時，消費者可以控訴公司要求賠償。

4. **方便管理**　公司組織依法登記，目標明顯，凡有違害社會的行爲產生時，政府容易加以糾察、管理。

5. **有利經濟成長**　因爲公司組織能够籌集大量的資本，可以長期持續存在，故較其他的企業組織更願意而且能够進行研究、發明與創新活動，因而有利於整體經濟的成長。

第三節　政府的經濟活動

古典學派的經濟學者極力推崇自由競爭的市場經濟制度，認爲經由價格機能的引導，人們在追求自利的過程中，會使社會福利自動達於最大。因此，干涉愈少的政府就是愈好的政府，主張政府採自由放任的態度。但是，在現實的經濟環境裏，自由競爭市場的理想並無法實現，諸多的缺失不斷出現，基於社會與羣眾的利益，乃有政府干預的必要，以彌補市場經濟的不足。

一、政府的功能

要使自由市場的經濟活動能够順利運行，政府應當發揮以下幾項基本功能:

（一）保障人民生命、財產的自由與安全

人民生命財產的自由與安全，要靠健全的法律契約的保障，政府因此必須建立完善的司法、安全制度，以維護人民的生命與私有財產。私有財產是指人民對自己的財產可以自由取得、使用、管理、及處分。在自由市場的經濟下，私有財產有: (1)鼓勵人們努力進取，及 (2)保障自由（包括消費、生產、交易及就業選擇等的自由）的功能，政府因此

應予以保護。

又基於維護人民生命財產的自由安全，政府對藥物、食品等有加以管理、取締及防止不正當虛偽廣告的必要。

（二）提供健全的貨幣制度

經濟的發展有賴分工專業，分工專業就須交易。以物易物無法實現公平、方便的交易，交易的方便須有支付的媒介，所以要靠政府提供一個健全的貨幣制度，貨幣是社會大眾所共同接受的支付工具，有了貨幣，交易才可推廣，分工專業才可實現，市場經濟才能順利運行。政府要建立健全的貨幣制度，至少必須具備兩項基本條件：（1）貨幣統一化，及（2）管制發行量。

有了貨幣後，人們可以貨幣貯藏價值，於是有儲蓄行為發生，然後才能投資，累積資本，作為生產工具。再者，利用貨幣，可以有借貸的行為發生，產生信用，互通有無，儲蓄與信用兩者均有利於經濟的發展。

（三）提供公共財貨

對於私人財貨的生產與分配，可以透過市場供需的價格機能來決定。可是公共財貨或集體財貨（collective goods）尤其是道路、橋樑、港口、機場等公共基礎設施（infrastructure）或社會經常資本（social overhead capital），雖是私人進行經濟活動所需要的，但私人卻不願意或無法供給，市場價格機能因此無法發生作用。在這情形之下，為彌補市場價格機能的不足，就需要由政府負責提供公共財貨，以利經濟活動的進行，而滿足社會大眾的共同需求。

（四）調整外部效果

市場價格只能反應出某種財貨的私人需求（私人受益）與私人給供（私人成本）的價格，而無法反應出該種財貨所產生的外部經濟與外部不經濟的外部效果。因此，政府可以規定工廠要有減少空氣、水污染的

設備，而將污染的外部不經濟化成私人成本；或者政府也可以對產生空氣、水污染、破壞生態，造成社會公害的廠商課稅，以之作爲維護生態的費用。另一方面，辦教育不僅使私人受益，社會也同時受益——即教育具有外部經濟，因此，政府可以補貼私人創辦學校，以普及教育，增加社會受益。

（五）維護自由競爭、防止獨佔

大企業的獨佔或聯合壟斷的產生，會使產量減少、價格提高、品質下降，而損害到社會大眾的利益。政府可以立法禁止這種行爲，以保障社會大眾利益，維護自由競爭，並增進經濟效率。

（六）救濟貧窮、消除歧視

政府有責任防制、消除貧窮，以各種社會福利措施免除國民對貧窮的憂慮。又不同宗教、種族、性別的人們，都有權利要求發展的機會均等，政府必須立法促其實現。

（七）檢驗產品、檢查廣告

個別消費者的力量往往不足以對抗力量雄厚的企業，需要政府協助檢驗產品的品質，防止虛假的廣告，以保護消費者的權益及身心健康。

（八）維持經濟穩定、促進經濟成長

第二次世界大戰以後，政府最主要的行政方針，是以財政及貨幣政策維持充分就業、防止通貨膨脹、及促進經濟成長。

（九）其它諸如促進財富與所得的平均分配、扶植幼稚工業的發展、維持公平交易、維護生態環境、對私經濟部門提供補貼或課稅等，均是現代政府所履行的經濟功能。

國際經濟資料顯示，各國政府在經濟活動中所扮演的角色，無論在絕對數量或相對比重方面，長期以來均有顯著增加的趨勢，探究其原因乃是：

1. 戰爭的威脅，使政府承擔的國防建設支出快速增加。

2. 人口的增加與經濟活動的擴張，使得政府必須提供更多的公共財貨以應需要。

3. 人口集中，都市化的結果，政府必須對都市的交通運輸、清潔衛生、治安維護、及安全設備等作更多的投資，提供更多的服務。

4. 隨生活水準的提高，人民要求政府提供更好、更新、更多的公共財貨。

5. 社會福利支出的增加，及穩定經濟、促進經濟發展的任務日漸加重。

二、政府的開支與租稅

政府功能的發揮，是經由各級政府的開支與租稅的收入來執行。**政府將未來一段期間的開支與收入，逐項列舉估計，稱之為政府預算** (budget)。若政府的收入大於開支，會產生**預算盈餘** (budget surplus)；若收入小於開支，會產生**預算赤字** (budget deficit)；若收入等於開支，則為**平衡預算** (balanced budget)。在一般的情況下，政府通常都追求收入與支出的平衡。

現代世界各國，逐漸有中央政府的支出比重相對提高的趨勢。**政府利用租稅收入與支出的預算手段，以達到經濟穩定、成長、公平與國際收支平衡等目標的實現，稱之為財政政策** (fiscal policy)。一般咸信，政府財政政策的實行，應以對私人經濟活動的干涉愈少愈好。

政府的開支可以區分為兩大類: (1) 購買財貨與勞務的開支，包括有政府的消費開支，如雇用公務員、購買辦公文具等，及政府的投資開支，如道路、公園、港口、機場的興建等；(2) 移轉支付，這是政府部門對私人部門的片面無償給付，如災害救濟、社會安全給付等。

政府開支主要來自租稅 (tax) 收入。租稅是人民對政府的一種義務給付，政府為達成公共目標所需之財源，依法律向人民（包括法人）課

徵，是強制性的無對償徵收。對於租稅，我們應有以下的基本認識:

（一）**稅基**（tax base）

課稅所賴以依據的價值大小，稱之為稅基。如對一萬元的物品課稅，這一萬元就是稅基。

（二）**稅標的**（tax target）

課稅的對象，稱之為稅標的。根據稅標的之不同，租稅一般分類為:

1. 所得稅（income tax）　指以所得為課稅標的之租稅。又可分為以個人所得為課稅標的之個人所得稅，及以公司利潤所得為課稅標的之公司所得稅[2]。

個人所得並非是全部皆為稅基。個人所得扣除**免稅額**（exemptions）——包括本人、配偶及扶養親屬的生活必需費用，及**扣除額**（deductions）——包括捐贈、醫藥費用及災害損失等，剩餘的才是**可課稅所得**（taxable income），亦卽個人所得稅的稅基。現今世界各國為了促進所得的平均分配，對於個人所得稅大都採行累進稅制。對先進國家而言，個人與公司所得稅是中央政府的主要稅收來源。一個國家的經濟愈進步，租制愈健全，其所得稅佔租稅收入的比重也就愈大。

2. 財產稅（property tax）　指以財產為課稅標的之租稅。通常包括房屋稅、土地稅、遺產稅及贈予稅。

3. 消費稅（consumption tax）　指以消費為課稅標的之租稅。通常包括銷售稅（sales tax）、貨物稅（excise tax）及關稅（customs duties）。

4. 薪給稅（payroll tax）　指以薪給為課稅標的之租稅，又稱為社會安全稅（social seaurity tax）。這是為了支付社會安全計畫（如健康保險、失業保險、退休養老金）的支出，而對每次的薪水給付課徵一

---

[2]　在我國，所得稅分為綜合所得稅（對個人）及營利事業所得稅（對公司）。

定比例的租稅（由雇主與受雇者雙方共同負擔）❸。

(三) **稅率** (tax rate)

稅額對稅基之比爲稅率，即稅率 $=\dfrac{\text{稅額}}{\text{稅基}}$。稅率可分爲: (1) **平均稅率** (average tax rate)，爲平均一單位稅基所需繳納的稅額，即納稅總額與稅基總額的比率，亦即平均稅率 $=\dfrac{\text{納稅總額}}{\text{稅基總額}}$；(2) **邊際稅率** (marginal tax rate)，爲額外一單位稅基所需繳納的稅額，即對額外增加一單位之稅基與其所增課之稅額的比率，亦即邊際稅率 $=\dfrac{\text{稅額增量}}{\text{稅基增量}}$。根據稅率的性質，租稅可分類爲:

1. **比例稅** (proportional tax) 即稅率不隨稅基總值之改變而改變的租稅，亦即邊際稅率不變的租稅。圖 3-1 橫軸代表稅基，縱軸代表稅率，T_1 就是代表固定稅率的比例稅。

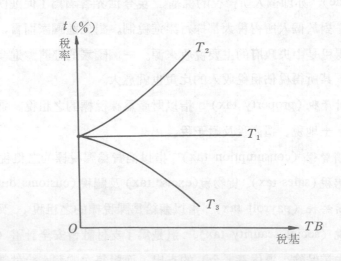

圖 3-1 比例稅、累進稅與累退稅。

---

❸ 這是美國使用的稅目，爲美國社會安全制度下的重要稅收。

2. **累進稅** (progressive tax)　即稅率隨稅基總值的增加而遞增的租稅，亦即邊際稅率遞增的租稅。圖 3-1 的 T_2 代表累進稅。

3. **累退稅** (degressive tax)　即稅率隨稅基總值的增加而遞減的租稅，亦即邊際稅率遞減的租稅。圖 3-1 的 T_3 代表累退稅。

一般的租稅如消費稅、薪給稅，均採用比例稅。所得稅、財產稅、遺產稅及贈予稅大都採累進稅。現實社會的租稅中，找不到累退稅的表面事例——即全世界各國的稅法與稅則之中，都不會有隨稅基之升高而稅率降低的情形，累退稅是理論上由比例稅所衍生而來的。例如，每月所得 5,000 元的人，買一雙 200 元的皮鞋，繳納 5％的比例銷售稅 10 元。每月所得 10,000 元的人，同樣買一雙 200 元的皮鞋，繳納 5％的比例銷售稅 10 元。雖然表面上兩者同樣繳納 10 元的比例銷售稅。但對所得 5,000 元的人而言，稅額佔其所得比例為 0.2％；對所得 10,000 元的人而言，稅額佔其所得比率為 0.1％，形成一種所得高，租稅負擔輕；所得低，租稅負擔反而重的累退現象。

累進稅制的實行，一般認為其優點為：

1. **有使財富與所得分配平均的功效**　由遞增的邊際稅率，使所得高、財富多的人負擔重；所得低、財富少的人負擔輕，如此可以降低財富與所得分配的不平均❹。

2. **有自動穩定經濟活動的功效**　經濟繁榮時國民所得增加，物價上升，由於累進稅的實施，稅收會自動增加，可以緩和通貨膨脹；經濟衰退時，國民所得減少，失業增加，由於累進稅的實施，稅收會自動減

---

❹　目前（民國 79 年）我國個人所得稅累進稅率分為五級。所得淨額（總所得減除免稅額與扣除額後的餘額）在 30 萬元以下稅率 6％，30 ～ 80 萬元之間稅率 13％，80～160 萬元之間稅率 21％，160～300 萬元之間稅率 30％，300 萬元以上稅率 40％。

少，可以緩和經濟衰退。

但累進稅亦有其缺點：

1. **降低人們工作的誘因** 人的經濟行為以自利為主，而累進稅的實施，乃使工作愈努力、收入愈多的人，繳愈多的稅，於是對於努力奮發的人不但缺乏激勵作用，反而產生反激勵(disincentive)，使社會缺少努力工作、創業與冒險創新的精神。

2. **驅使人們逃稅** 由於高度的累進稅率，使高所得者尋求**租稅規避** (tax avoidence)——探尋法律漏洞 (loopholes)，以合法的手段，使個人稅負減至最低；或**租稅逃避** (tax evasion)——隱瞞所得，用漏報、短報等非法的方式逃稅，以減輕個人的租稅負擔。這不僅腐蝕稅基，導致稅負不公平，且助長地下經濟 (underground economy) 活動的盛行。

3. **減少工作機會** 對公司利潤課以累進的公司所得稅，一方面不僅是**重複課稅**(double taxation)——公司利潤要繳公司所得稅，股東分配到利潤後又須繳納個人所得稅；一方面又減少公司的稅後利潤，使公司保留的未分配盈餘也隨之減少，公司的投資可能因此降低，所能創造的就業機會也就減少。

（四）**稅的歸宿**(tax incidence)

租稅的實際負擔者稱之為稅的歸宿。依據租稅負擔能否**轉嫁**(shift)作標準，租稅可分類為：

1. **直接稅** (direct tax) 凡稅負 (tax burden) 不能轉嫁給他人的租稅稱之，亦即付稅者就是稅的最後歸宿者。如個人所得稅、財產稅、遺產稅。

2. **間接稅** (indirect tax) 凡稅負可以全部或部分轉嫁的租稅稱之，亦即付稅者不是稅的最後歸宿者。如銷售稅、貨物稅。間接稅的轉嫁又可分為：（1）向前移轉，即政府課稅，廠商對消費者提高產品價格，

以增加的收入支付稅額；（2）向後移轉，即政府課稅，廠商要求生產要素所有者降低生產要素價格，使成本下降，以剩餘的資金支付稅額。至於是向前或向後移轉，視何者抗拒租稅轉嫁的力量較弱而定。

三、租稅的目標與原則

政府課徵租稅除了是要取得開支所需的收入外，更積極的目的是要利用租稅手段來達成經濟目標，而其主要的目標有：**（1）促進資源有效運用，（2）促進經濟穩定，（3）促進所得公平分配，（4）促進經濟發展，及（5）促進對外國際收支平衡。**

亞當史密斯在其《國富論》裏，曾經提到政府課徵租稅時，所應遵循的四個原則：

1. **公平**　每一個人所納的稅應與其所得成同樣的比例，如此才能使所得愈高的人納的稅愈多，所得愈低的人納的稅愈少。

2. **確定**　應使人民知道何時繳稅，要繳什麼稅，並使政府的稅收穩定可靠。

3. **方便**　租稅應以人們最方便的方式來課徵，即以不擾民為原則。

4. **經濟**　應使政府的稅務行政支出佔稅收的比例達到最小。

根據以上的原則，現代的經濟學家們認為現代政府課稅應遵循的原則為：

1. **公平**　租稅應由社會人們來公平分配負擔。

2. **符合經濟目標**　租稅是政府實現經濟目標的有力工具之一，其課徵自應配合達成所追求的經濟目標。

3. **可行性**　租稅的課徵，無論在稅基、稅標的及稅率方面，均應合乎公平合理，讓一般民眾能夠接受，而後才能順利執行。

任何租稅制度能否成功，其關鍵在於能否使人民相信它是一種公平

的制度。唯有公平的租稅制度，才能爲社會大眾所接受，才能順利執行。當人們認爲租稅制度不公平時，會設法逃避它、抗拒它，稅務行政的效率與風氣也就容易低落。要評定一種租稅制度是否公平，有兩種標準：

1. 橫的公平 卽所得與財富一樣多的人，就必須繳納一樣多的稅。

2. 縱的公平 卽所得與財富不一樣的人，所繳的稅也就不一樣。所得與財富多的人，多納稅；所得與財富少的人，少納稅。

要使租稅的課徵能够公平，一般認爲可以根據下面的兩個基本原則課徵租稅：

1. 受益原則 (benefit principle) 主張人民納稅的多少，應根據其由政府開支所得到受益的大小來決定。這個原則在應用上有兩點困難：

(1) 人民由政府開支得到的受益大小，很少是能够測度、決定的。如個人由道路、公園、港口、司法、學校等公共財貨得到的利益如何決定？

(2) 得到受益的人不一定有能力負擔租稅。如得到社會福利救助的人，那有能力負擔租稅呢？

2. 量能原則 (ability-to-pay principle) 主張按納稅能力的大小來決定租稅負擔的多少。這個原則的應用同樣有兩點困點：

(1) 納稅能力很難有客觀的標準加以測度、決定。財富、所得較多的人，其開支亦較多，因此很難說一定有較大的納稅能力。

(2) 縱然納稅能力能够決定，其大小亦難以區分。如兩個人同樣有能力負擔租稅，但兩者納稅能力的大小、相差程度的大小等仍是很難決定的。

在現實的社會，租稅課徵以量能原則爲主，但在規費的課徵上則以

受益原則爲主。

第四節　經濟循環周流

經濟活動就如同人體的血脈一樣，周流不息。我們可將以上介紹過的經濟主體與市場之間的關係，予以聯繫起來，成爲一個**經濟循環周流**（circular flow）的圖表，藉助這個圖表，可以對市場經濟的運行有更深刻的認識❺。首先，我們介紹兩個部門（家計與企業部門），兩個市場（產品與要素市場）的簡單經濟循環周流模型。其次，我們再介紹四個部門、三個市場的完整經濟循環周流模型。

（一）兩個部門與兩市場的簡單循環周流模型

由圖 3-2 的循環周流模型可以看出，在要素市場，家計部門供給生產要素，企業部門對生產要素產生需求；企業部門必須支付要素成本以取得需求的生產要素，家計部門因爲供給生產要素，而取得生產要素的所得收入。在產品市場，企業部門將從要素市場取得的生產要素，予以組合而產出產品，供給到產品市場，家計部門將從要素市場取得的要素所得，在產品市場購買所需求的產品；家計部門必須付出消費開支，以取得需求的產品，企業部門因爲供給產品，而取得銷貨的收入。因爲家計與企業部門同時兼具需求與供給的功能，而形成這種生生不息的經濟循環周流。

根據以上的分析可知，循環周流的上半圈，是一種**產品周流**（products flow）；下半圈是一種**要素周流**（factors flow）。內圈反時針方向的周流，是一種**實物的周流**（physical flow），或稱爲**實質周流**（real flow）；外圈順時針方向的周流是一種貨幣收支的**貨幣周流**（money

---

❺　經濟循環周流的概念最早是由18世紀法國經濟學家奎納（Froncois Quesnay）所提出。

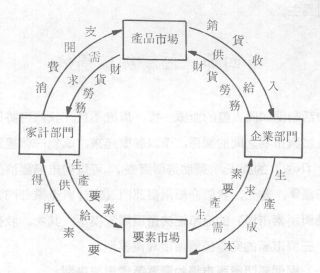

圖 3-2 兩部門與兩市場的循環周流。

flow)。加入貨幣因素後的貨幣周流,是否會影響到實物周流的本質呢?
古典學派認爲貨幣只是一層面紗,並不會影響到實物周流的進行,反而
有加強推動實物周流順利運行的功能。

(二) 四部門與三市場的完整循環周流模型

在自由市場經濟制度下,經濟活動的主體以家計及企業部門爲主,
政府及國外部門爲輔 —— 臺灣國外部門特別重要是一種特殊情形。 因
此,圖 3-3 的循環周流還是以家計及企業部門爲主。

根據圖 3-3 的循環周流模型,增加政府部門後,家計及企業部門須
對政府繳納租稅 (設國際間自由貿易, 國外部門因此不需繳納關稅),
而政府則將其租稅的用途分派爲: (1) 給予家計部門移轉支付及提供公
共財貨,(2) 給予企業部門補貼及提供公共財貨。(3) 支用在產品的需
求上,(4) 開支在生產要素的購買上。此外,政府除了租稅收入外,尚
可由國營事業提供產品及生產要素的銷售而取得收入。

假設國外部門並不參與要素市場——卽沒有生產要素的進出口, 則

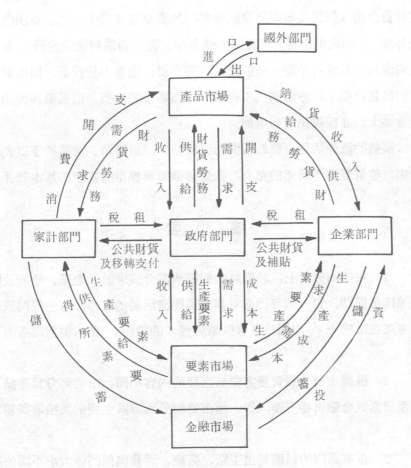

圖 3-3　四部門與三市場的循環周流。

增加國外部門後，如果出口增加，國內生產必須增加，是一種產品周流
的注入，循環周流會膨脹；如果進口增加，國內的生產會減少，是一種
產品周流的漏出，循環周流會縮小。出口與進口的差額為**淨輸出**（net
export），如果淨輸出為正，則循環周流的流量膨脹（擴大），國民所得
增加；如果淨輸出為負，則循環周流的流量縮小，國民所得減少。

　　增加了金融市場，匯集了家計及企業部門的儲蓄（假設沒有政府預

算盈餘或增加貨幣發行，也沒有國外資金流入），形成投資資金，供企業投資之用（假設沒有家計及政府部門的資金需求發生，也沒有國內資金外流）。如果由循環周流流出的儲蓄等於流回循環周流的投資，則循環周流的流量保持不變——卽國民所得不變；儲蓄大於投資，則循環周流的流量會縮小，亦卽國民所得減少；儲蓄小於投資，則循環周流的流量會擴大，亦卽國民所得增加。

複雜的經濟活動，藉助循環周流模型，可以簡單、清楚的予以表示出來。整個經濟學研究的重心，就是這個簡單模型所表示的基本關係。

摘　　要

1. 在經濟分析上，我們將整個經濟劃分成家計、企業、政府及國外等四個部門，每一個部門各有其參與經濟活動的主體，每一部門或經濟主體在市場上，均同時具有供給與需求的功能，但所偏重則各有不同。

2. 根據市場上買賣雙方交易之標的內容不同，市場可分為產品、生產要素與金融市場三種，每一種市場均分別有其主要的供給者與需求者。

3. 企業部門的組織是由工廠、廠商、產業與部門等大小不同的經濟主體所構成，而以廠商為經濟分析的單位。依據法律，廠商的組織又可分為獨資、合夥及公司等不同型態，現代企業組織則以公司型態為最普遍而重要。

4. 由於自由競爭流弊的出現，基於維護社會與個人利益的考慮，政府不免有干預經濟活動的必要。一般認為政府所應發揮的經濟功能是：(1) 保障人民生命財產的自由與安全，(2) 提供健全的貨幣制度，(3) 提供公共財貨，(4) 調整外部效果，(5) 維護自由競爭、防止獨

佔，（6）救濟貧窮、消除歧視，（7）檢驗產品、檢查廣告，（8）維持經濟穩定、促進經濟發展，並促進所得平均分配與扶植幼稚工業等。

5. 政府的開支可分為消費開支、投資開支與移轉支付。租稅依稅標的可分為所得稅、財產稅與消費稅等，依稅率可分為比例稅、累進稅與累退稅，依稅的歸宿可分為直接稅與間接稅。

6. 除了取得收入外，租稅的課徵更在於達成促進資源的有效運用、經濟穩定、所得公平分配、經濟發展與國際收支平衡等目標。

7. 課徵租稅所應遵循的原則，亞當史密斯曾提出公平、確定、方便與經濟等原則。現代經濟學者則認為應遵循公平、符合經濟目標與可行性的原則。

8. 訂定一種租稅制度是否公平，有橫的公平與縱的公平兩種標準。要使租稅的課徵能夠公平，可以根據受益原則及量能原則來執行。

9. 複雜的經濟活動，無論是貨幣或實質的現象，藉助循環周流模型，均可以清楚地表示出各經濟部門與各市場之間的關係。

重 要 名 詞

經濟部門	閉鎖經濟
開放經濟	私人部門
公共部門	國內部門
國外部門	經濟主體
廠商	產業
貨幣市場	資本市場
無限責任	公共財貨
預算盈餘	預算赤字
平衡預算	稅基
稅標的	可課稅所得

平均稅率	邊際稅率
比例稅	累進稅
累退稅	租稅規避
租稅逃避	重複課稅
租稅歸宿	直接稅
間接稅	橫的公平
縱的公平	受益原則
量能原則	經濟循環周流
產品周流	要素周流
實物周流	貨幣周流

問 題 練 習

1. 在經濟分析上，通常將全經濟社會劃分爲那幾個部門？每一部門參與經濟活動的主體爲何？其主要的功能爲何？

2. 在經濟分析上，通常將市場區分爲那幾類？每一市場的參與主體爲何？

3. 試分述各主要類型企業組織的優劣點。公司組織爲何成爲現代最普遍的企業組織形態？

4. 你對政府參與經濟活動的看法如何？那些經濟活動是政府必需參與的？

5. 試概述政府預算的要義，對於政府的開支與租稅，應有那些基本的認識？

6. 累進稅有那些優點與缺點？在什麼情況下會產生累退稅的現象？

7. 何謂直接稅？其最後的歸宿何在？

8. 租稅的課徵應遵循那些基本原則？政府課徵租稅的經濟目標何

在?

9. 評定租稅公平與否有甚麼標準? 要使租稅課徵能夠公平, 有什麼原則可以遵循? 實際應用時有什麼困難產生?

10. 循環周流如何形成? 試用循環周流圖, 表明四個部門三個市場下的實物與貨幣周流情況。

第四章　國民生產與所得

　　一個國家或社會，在歷經一段時間的經濟活動之後，對其在這一段期間的**經濟活動績效**（economic　performance），有加以測度的必要。一方面藉以衡量一國國力的大小及經濟福利的高低，同時對於全盤經濟的產出、就業及物價水準能夠有所瞭解，以利經濟政策之採行。經濟績效的測度有各種不同的概念，如國民產出、國民所得等，但是最常見且廣泛使用的則是**國民生產毛額**（gross national product），**簡稱** *GNP*。

第一節　國民生產毛額

一、定　　義

　　所謂國民生產毛額是指：一個國家或經濟社會（ecnomic society），在一段時間內，全部生產的最終財貨與勞務的市場總價值，包括本國居民在國外所生產的，不包括外國居民在本國所生產的財貨與勞務。這一定義有以下幾點要旨：

　　1. **總體的概念**　表示整個國家或經濟社會所從事之經濟活動的總績效。

　　2. **一段時間**　通常指一年，但亦可以半年或一季為基準，視所研究的問題需要而定。由於衡量的為一段時間內，所以國民生產毛額為一

流量變數 (flow variable)。

3. 最終財貨與勞務(final goods and services) 指不再加工，而可供作為最後需求的製成品，不包含中間財貨 (intermediate goods) 與原料。

4. 市場總價值 一個國家或社會有千千萬萬種的財貨與勞務，吾人無法以實物形態一一加以計算加總，而只計算經過市場交易而有價格記錄的財貨與勞務總值，若干保留自用或未上市之零星財貨與勞務的價值則不加計算。

5. **計算本國居民在非本國範圍內所生產的財貨與勞務，但不計算外國居民在本國範圍內所生產的財貨與勞務** 這是國民生產毛額之「國民」一詞的含意。如果我們計算本國範圍內所生產的財貨與勞務時（包括外國居民在本國所生產的，而不包括本國居民在國外所生產的財貨與勞務），則所計算的總價值稱之為**國內生產毛額** (gross domestic product)，**簡稱** *GDP*。

二、避免重複計算

由 *GNP* 的定義，吾人瞭解 *GNP* 所計算的並不包括中間財貨，如果將中間財貨也計算進 *GNP* 的話，將產生重複計算 (double counting) 的現象，使得 *GNP* 的總值虛增 (over valued)。為了避免犯這錯誤，並同時能够準確地估計 *GNP* 的數值，於是估計 *GNP* 的方法有，(1) **最終財貨勞務法** (final goods and services approach),(2) **附加價值法** (value-added approach) 兩種。

表 4-1，棉籽→棉花→棉紗→棉布→成衣計五個生產階段，每一生產階段完成後，將產品銷售可得收入列於 (1) 欄，每一生產階段的中間財貨成本為前一生產階段的銷售收入 ((2) 欄)，每一生產階段的附加價值為銷售收入與其中間財貨成本的差額 ((3) 欄)。*GNP* 可以成衣市場

表 4-1 最後財貨勞務法與附加價值法的GNP計算

生產階段	(1) 銷售收入	(2) 中間財貨成本	(3)＝(1)－(2) 附　加　價　值
棉　　籽	5元	0元	5元
棉　　花	11元	5元	6元
棉　　紗	18元	11元	7元
棉　　布	26元	18元	8元
成　　衣	35元*	26元	9元
總　　計	95元	60元	35元*

價值 35 元計算（最後財貨勞務法）， 或以生產過程中各階段所創造的價值加總計算（附加價值法）。例中農場所創造的附加價值分別為種籽 5 元與種籽到棉花的 6 元，共計11元；紡紗廠、織布廠及成衣廠所創造的附加價值分別為 7 元、 8 元與 9 元，所有附加價值的總和為 5 元＋ 6 元＋ 7 元＋ 8 元＋ 9 元等於35元，這與棉衣最後市場價值相同，兩種方法所計算的GNP一致。如果將每一生產階段的銷售收入加總，則GNP等於95元，等於中間財貨成本與附加價值的加總（95元＝60元＋35元），這就犯了重複計算的錯誤， GNP 的總值因此虛增60元。

在我國行政院主計處所出版的《中華民國臺灣地區國民所得》一書（俗稱黃皮書）中，按行業計算的國內生產毛額即採附加價值法計算（見表 4-2）。

三、包括生產性非市場交易，排除非生產性的市場交易

估計 $\dot{G}NP$的目的之一， 在於瞭解全國經濟活動的總績效。因此，有一些生產性的活動（productive activities）雖未能表現在市場上，卻應被包括於 GNP 計算之中。相反地， 有一些市場的交易活動， 由於

表 4-2 臺灣地區國內生產毛額——民國 78 年

（按當期價格計算）　　　單位: 新臺幣百萬元

項目 行業別	(1) 生產總值	(2) 中間消費（即中 間財貨成本）	(3)＝(1)－(2) 國內生產毛額
一、產業	8,018,513	4,446,910	3,571,603
（一）農、林、漁、牧業	383,377	193,810	189,567
（二）礦業及土石採取業	33,050	15,593	17,457
（三）製造業	4,539,464	3,159,265	1,380,199
（四）水電燃氣業	180,402	64,122	116,280
（五）營造業	484,698	307,721	176,977
（六）商業	866,636	299,760	566,876
（七）運輸倉儲及通信業	395,563	154,936	240,627
（八）金融保險不動產及工商服務業	838,127	143,820	694,307
（九）社會服務及個人服務業	297,196	107,883	189,313
二、政府服務生產者	633,776	249,452	384,324
三、其他生產者	44,658	9,752	34,906
合　　　計	8,696,947	4,706,114	3,990,833
減: 設算銀行服務費	—	−241,520	241,520
加: 進口稅	129,234	—	129,234
總　　　計	8,826,181	4,947,634	3,878,547

資料來源: 行政院主計處,《中華民國臺灣地區國民所得》, 民國79年, 第68～71頁。

是非生產性的交易 (nonproductive transaction) 行為，應被剔除，而不計算在 GNP 之中，只有經過這些整調後的 GNP，才能較確實地反映當期經濟活動的績效。應計入 GNP 中的非市場生產性活動有：

（一）**自用住宅的租金**　在出租房子的情況下，租金代表對房子所提供勞務的報酬，因此計算於 GNP 之中。自用住宅，雖無市場交易行為，不必給付租金，但房屋確實對房主提供勞務，且其數額龐大，若不將其計算於 GNP 之中，將產生低估 GNP 的現象。因此，須對自用住宅視同出租一般，設算 (impute) 其租金，計入 GNP 之中。

（二）**自營農場自行消費的產品**　GNP 只計算經過市場交易的最終財貨與勞務，未上市的生產活動，諸如：庭院種植供自行消費的花卉果菜、自己修補衣服、烹飪等生產活動，一則非為營利（經濟）目的，一則規模太小，種類繁瑣，不易加以計算，因此並不計算於 GNP 之中。但是，自營農場保留自行消費的產品數量很大，又可以一般市價計算，雖未上市，也要設算其價值計入於 GNP 之中。

應排除於 GNP 之外的非生產性交易有：

（一）**非法交易**　如走私、毒品交易是違法的行為，其交易活動於黑市中進行，計算 GNP 時，不予考慮黑市交易❶。

（二）**金融證券交易**　買賣股票或債券的金融交易，只是資產形態由貨幣變成證券，或由證券變成貨幣的一種權利憑證移轉，這些證券的轉移對於當期的生產活動並無貢獻，故不計入 GNP 之中。但是，金融交易過程中對掮客 (broker) 的佣金 (commission) 報酬，因屬當期生產性的勞務代價，故應計入 GNP 之中。

（三）**二手貨** (second hand used-goods) **交易**　這些產品在完成生產時，即已計入當時的 GNP，經使用後因轉讓而再次發生交易行為，則無生產性貢獻，不宜重複計算。

---

❶　毒品是社會的惡財貨 (bads)，故不應計入 GNP 之中。

（四）**移轉支付**(transfer payments) 這只是資金在經濟部門間的移轉，並無創造額外的財貨與勞務，不代表當期生產活動的價值，不可計入 *GNP* 之內。

四、調整價格變動: 平減與平升

GNP 是測度每年產出的市場總價值，屬一種貨幣的測量。隨著時間的推進，財貨與勞務的價格將會發生改變，所以卽使實質產出並未變動，*GNP* 的數值仍將隨著價格水準的改變而變化。 例如, 去年所生產的10個單位的麵包，每個麵包價格 1 元, 在*GNP*中計爲10元; 今年仍然生產10個單位麵包, 但麵包價格漲爲1.1元, 則在 *GNP* 中成爲11元。在這種情況下，實質的 *GNP* 並未增加，但以貨幣形態所表示的 *GNP* 則增加了, 這增加只是一種純貨幣性的假象，應設法消除。

如何才能分辨 *GNP* 的變動是 由於價格或 實質產出變動所引起的呢？ 一般採用**價格（或物價）指數**（ price index ）作工具， 以區分 *GNP* 的變動中多少是由價格變動而來，多少是由實質產出的變動所引起。

所謂價格指數乃是一種以現期(current year)**價格水準爲分子，基期**(base year)**價格水準爲分母的百分比**。當這比例大於 1 （或 100%）時, 稱**爲平減指數**(deflator), 小於 1 時稱**爲平升指數**(inflator)。

價格指數的計算如下: 假設我國的 *GNP* 只由*A*、*B*、*C*三種產品所構成，這三種產品的市場價值佔 *GNP* 的比例分別爲50%、30%及20%。若去年*A*、*B*及*C*產品的價格分別爲 120元、100元、及 50元，則去年我國的價格水準(price level) 爲 120 元×0.5+100元×0.3+50元×0.2=100元〔這種計算方法稱爲加權平均（weight average）法〕。若今年*A*、*B*及*C*三種產品佔 *GNP* 的比例仍分別爲50%、30%、及20%，但其價格分別變化爲爲 160 元、80元、及30，則今年我國的價格水

準爲: 160元×0.5＋80元×0.3＋30×0.2＝110元。 根據去年與今年的

價格水準，可以算出今年的物價指數爲: $\frac{110元}{100元}$×100＝110%。

　　根據計算價格水準時所包括之財貨與勞務的性質，而有不同觀念的

價格指數。 最常使用的價格指數爲**消費者價格指數** (consumer price

index)、**批發 (或躉售) 價格指數** (wholesale price index) 及**國民生

產毛額價格指數** (GNP price index)。 應視所研究的問題， 而選用不

同的價格指數來進行**平減** (deflate) 或**平升** (inflate)。

　　設一個國家在某一年內所生產的 GNP 市場總價值爲960億元，如

物價指數爲120%，吾人可以120%爲平減指數，將名目 GNP 960億元

平減爲實質 GNP， 卽將 960 億元除以120%， 得實質 GNP 800 億

元。如物價指數爲80%，可以 80% 爲平升指數，將名目 GNP 960 億

元，平升爲實質 GNP，卽960 億元除以80%，得實質 GNP 1200 億

元。以現期的名目 GNP 經過平減或平升之後得到實質 GNP，再將它

和基期 GNP 相比較，便可瞭解 GNP 的變動之中， 究有多少是由實

質產出變動、多少是由價格水準變動所引起的。

五、國民負生產

　　與國民 生產毛額 相對的 概念是**國民負生產毛額** (gross national

disproduct)，這是指在創造國民生產毛額的過程中， 整個社會因爲水、

空氣受到污染、生態遭受破壞、交通擁擠所生災害、噪音的干擾及現代

都市生活不便等所蒙受的代價總和，它是獲得國民生產毛額所需支付之

社會成本的一部分。在近代的經濟分析中，切不可單以國民生產毛額作

爲經濟福利指標而忽視這種負生產的存在，否則將導致誤覺偏差。

六、國民福利指標

用 *GNP* 來測度一個國家的經濟活動績效有其缺點:

1. 以價格表示 *GNP*,如價格水準變動很大,對於一般大眾容易造成錯覺。

2. *GNP* 只測度市場交易, 因此, 一個社會的市場經濟愈不發達、商業化程度愈低, 或是非法交易活動 (如黑市、地下經濟交易活動) 愈盛行,*GNP* 表現出來的愈不準確而偏低。

3. *GNP* 所統計的項目及品質隨時間而改變,因此 *GNP* 在統計上不適於做長期時間數列 (time series) 的比較。

4. *GNP* 只著重實物生產,忽略休閒 (leisure) 的重要。 工作時間愈長,*GNP* 自然愈大,可是休閒的犧牲成了代價。

5. *GNP* 不是衡量社會福利的正確指標, 它只計算到正面的產出,忽略國民負生產所造成的社會損失。

6. 無法表現一個國家的經濟結構與消費水準。 假如雖有同樣的 *GNP* 產出,但紐西蘭重農牧業,多使用土地, 美國重工業,多使用資本,兩國的經濟型態不同;又如美國重民生工業生產,消費水準高,蘇俄重國防工業生產,消費水準低,這些現象並不能由 *GNP* 表現出來。

鑑於以上的缺點,*GNP* 充其量只能代表社會經濟活動的績效,絕不足以代表一個社會經濟福利的高低。因此,美國耶魯大學經濟學家諾德霍斯 (William Nordhaus) 及託賓 (James Tobin),特將傳統方法所計算出來的 *GNP*,加上休閒的增加、自己動手 (主要是家庭主婦無酬家務工作) 的勞務 、地下經濟活動的產出及技術品質的提高等估計價值;減除噪音、水、 空氣污染、 生態破壞、 都市生活的不便、 及道德墮落等設算價值, 經過這些調整後的 *GNP*, 稱爲**經濟福利淨額** (net economic welfare, *NEW*)。*NEW* 或較*GNP* 來得小,但更能充分反

映國民生活素質的改變，是較 *GNP* 為優的國民福利指標。

第二節　國民生產毛額的兩種計算方法

GNP 的計算主要有**開支法** (expenditure approach) 及 **所得法** (income approach) 兩種，前者由開支面計算 *GNP*，將全社會的家計、企業、政府及國外等四個經濟部門對購買財貨與勞務的支出予以加總，得到**國民開支總額**(gross national expenditure, *GNE*)，*GNE*等於 *GNP*；後者由收入面計算*GNP*，將 *GNP* 在生產過程中，其所用之勞力、土地、資本及企業家精神四種生產要素收入的所得與非所得項目加總，得到**國民所得總額** (gross national income, *GNI*)，*GNI* 等於 *GNP*。顯然地，由上可知 $GNE \equiv GNP \equiv GNI$ 兩種不同的計算途徑，得到相同結果的 *GNP*。

一、開支法

在經濟分析上，我們將全社會劃分為家計、企業、政府、及國外等四個部門，因此，將這四個部門對最終產品的開支予以加總將等於社會的總產出——*GNP*。

（一）**個人消費開支**　主要係指家計部門對有形財貨與無形勞務的消費開支。有形財貨包括可使用一年以上或可多次使用的**耐久財貨** (durable goods)，如汽車、電視機等，與祇可短暫使用（一年以下）或使用一次的**非耐久財貨** (nondurable goods)，如食物、日用品等。無形勞務雖非實體貨品，但同財貨一般能夠滿足人們慾望，如觀光、醫療、理髮等屬之。

（二）**國內私人投資毛額**　所謂私人投資主要係針對企業部門而言，但亦包括家計部門的房舍建築在內。經濟學上所謂的投資 (investment)， 並非一般人所指買賣股票、 債券等的**金融投資** (financial investment)， 金融投資祇是一種權利憑證的移轉， 並不代表當期國民產出的增加。經濟學上所稱的投資是指可以增加生產能量 (capacity)、創造就業機會的**實物投資** (physical investment)，包括有: (1) 資本財購置，如機器、設備、生財器具等的增置; (2) 各項建築 (constructions)，如房舍、辦公室、廠房等的建築; (3) 存貨 (inventory)， 包括生產投入與已生產但尚未銷售之產品的庫存等三個項目的增加 ❷。

投資有**淨投資** (net investment) 與**毛投資** (gross investment) 的區別， 前者是使資本存量 (capital stock) 增加的部分， 後者是淨投資再加上折舊 (depreciation)。以開支法計算 *GNP*， 應以包含折舊的毛投資為準。

個人消費開支和國內私人投資毛額總計稱**私經濟部門開支**。

(三) **政府開支** 指政府部門 (又稱公共部門) 購買財貨與勞務的消費開支與投資開支，但不包括災害救濟、社會福利之類的片面無償移轉支付， 及非生產性的公債利息支付。

私經濟部門開支和政府部門開支總計稱**國內開支** (domestic expenditures)。

(四) **淨輸出** 本國向外國購買財貨與勞務稱為**輸入** (imports)，本國向外國銷售財貨與勞務稱為**輸出** (exports)， 輸出與輸入的差額稱**為淨輸出**，其值可為正亦可為負。如為正值，則代表外國對本國的財貨與勞務的需求淨額，是本國的淨生產，在 *GNP* 的計算當然要列作加項; 如為負值，則代表本國對外國的財貨與勞務的需求淨額， 是外國的

---

❷ 生產投入存貨可以應付生產波動之需， 產品存貨可以應付銷售波動之需，
兩者可以使廠商的生產與銷售活動更加順暢，這些存貨為生產的一部分，
且廠商已為這些存貨付出費用， 所以為廠商投資的一部分。

表 4-3　國民生產毛額──開支法計算

個人消費開支:

耐久財貨

非耐久財貨

勞務

加:　國內私人投資毛額:

企業固定投資

企業建築

機器設備

企業存貨變動

家計房舍建築

加:　政府開支:

消費性開支

投資性開支

加:　淨輸出:

輸出減輸入

總計:　國民生產毛額

淨生產, 在 GNP 的計算中當然要列作減項, 不能算作本國的生產 ❸。

　　將國內與國外部門對本國財貨與勞務的開支彙總, 便是國民生產毛額。 表 4-3 列示開支法計算 GNP 所包含的項目, 表 4-4 則爲我國以開支法計算 GNP 的實例。

---

❸　GNP 祇計算本國國民所 生產的產品價值, 外國人所生產的不包括在內。 由於在個人消費開支、 國內私人投資毛額、 及政府開支中有一部分爲外國人所生產的產品價值──即進口, 這一部分產品價值應從 GNP 中扣除; 本國國民所生產而銷售到外國的產品價值──即出口, 也應計入 GNP 之中。 因此, GNP 祇計算出口與進口的差額──如爲淨出口, 則爲加項; 如爲淨進口, 則爲減項。

表 4-4 以開支法計算之臺灣地區國民生產毛額——民國78年

（按當期價格計算）　　　單位: 新臺幣百萬元

	民間最終消費支出	2,070,811
加:	政府最終消費支出	618,953
加:	固定資本形成毛額	855,292
加:	存貨增加	29,872
加:	商品及勞務輸出	1,953,257
減:	商品及勞務輸入	1,649,638
合計:	國內生產毛額	3,878,547
加:	國外要素所得收入淨額	90,428
總計:	國民生產毛額	3,968,975

資料來源: 行政院主計處, 《中華民國臺灣地區國
民經濟動向統計季報》, 51期, 民國79
年11月, 第26～27頁。

二、所得法

　　GNP 的生產需要投入勞力、土地、資本、及企業家精神等四種生產要素，因此將這四種生產要素所得到的報酬（所得項目）與沒有得到的部分（非所得項目）加總，應等於 *GNP*。

（一）所得項目

　　1. **工資與薪給**　是對受雇人員於生產中所提供之勞務（或勞力）的報酬。工資是藍領勞工的勞動報酬，薪給是白領工作人員的工作報酬。工資與薪給均包含實物配給、年終獎金、醫藥補助、及社會安全保險給付等額外福利。

2. 租金　是對土地（或實質資產）於生產中所提供之勞務的報酬。包括地租和對使用房舍、機器或廠房等實質資產作爲生產要素投入所支付的租金，對自己居住的房子亦應按市場行情設算租金計入。

3. 利息淨額　是對資金於生產中所作之貢獻的報酬，所計算的只是企業部門利息支出與收入的差額（故稱利息淨額）。企業部門動用資金的同時，背後隱藏對財貨與勞務的需求，因此企業對資金供給者的利息給付具有生產性作用，應屬國民生產毛額。政府與家計部門之間的利息支付，祇是一種移轉支付行爲，並不具生產性，因此這兩種情況的利息給付均不宜計入 *GNP* 中。

4. 利潤　這是給予企業家精神這一生產要素在生產中所提供之勞務的報酬，係指公司總收入扣除總成本後，尚未繳納公司所得稅（corporate income tax）之前的毛利潤（包括存貨價值變動調整在內），它包括紅利、未分配盈餘及公司所得稅等三個項目。

5. 非公司企業組織所得　有時又稱爲混合所得（mixed income）。企業除公司組織外，尚有爲數甚多的獨資與合夥的非公司企業組織，其從業人員將自己的勞力、資本、土地等生產要素投入自己的企業，其所得很難按生產要素的報酬予以歸類，故將此種企業組織的所得另行歸併一類處理。

（二）非所得項目

國民生產毛額並非全數由參與生產之勞力、土地、資本及企業家精神等四種生產要素所得到，另有間接商業稅（indirect business taxes）及折舊兩項，雖包含於 *GNP* 中，但並不成爲生產要素的所得，這是非所得項目。

1. 間接商業稅　*GNP* 是根據市場價格計算，而市場價格包含間接商業稅在內，這一部分的收入企業單位必須以間接稅的方式繳納給政府，是企業的一種生產成本，但不屬於生產要素的所得。如貨物稅、銷

售稅等均是。

2. 折舊　又稱**資本消耗備抵**(capital consumption allowance)，指在 GNP 的生產過程中資本財所受的耗損，包括企業的建築、機器、設備與家計房舍等的折舊，是毛投資與淨投資間的差額，爲一種生產成本，企業往往從收入中保留部分資金，作爲資本消耗備抵之用，而不分配予任何生產要素❹。

將所得項目與非所得項目加總，便是國民生產毛額。表 4-5 列示所得法計算 GNP 所包含的項目，表 4-6 則爲我國以所得法計算 GNP 的實例。

表 4-5　國民生產毛額——所得法計算

所得項目：
　　　　工資與薪給
　　　　租金
　　　　利息淨額
　　　　利潤
　　　　非公司企業組織所得
加：非所得項目：
　　　　間接商業稅
　　　　折舊

總計：國民生產毛額

---

❹　設一部機器價值100萬元，使用10年後完全報廢，廠商因此可以從其銷貨收入中，每年攤提10萬元的折舊費用，10年後，所累積的攤提折舊計爲 100 萬元，廠商又可用以購買另一部新的機器。因此，折舊又稱爲資本消耗備抵。

表 4-6　以所得法計算之臺灣地區國民生產毛額──民國78年

（按當期價格計算）	單位：新臺幣百萬元
國內要素所得	3,133,265
受雇人員報酬	1,997,344
營業盈餘	1,135,921
加：間接稅淨額	416,126
加：固定資本消耗	329,159
合計：國內生產毛額	3,878,547
加：國外要素所得收入淨額	90,428
總計：國民生產毛額	3,968,975

資料來源：行政院主計處，《中華民國臺灣地區國民所得》，民國79年，第82～83頁。

註：直到民國69年，營業盈餘分爲租金、利息、及利潤三項，但民國70年起卽沒有這樣的分類。

第三節　相關觀念與社會帳戶

與國民生產毛額相關的，還有許多社會經濟活動計算的觀念，對這些觀念的探討，不僅可以進一步瞭解經濟活動與國民福利的眞實情況，又可對國民生產毛額的本質及計算過程有更清晰的認識。

一、國民生產淨額

在 GNP 的生產過程中，資本財因使用而必將耗損，發生折舊，原有資本存量因而減少。從 GNP 中減除折舊，稱爲國民生產淨額（net national product, NNP），表示一段時期內所淨增加的國民生產，也就是將 GNP 中所包含的投資毛額換成投資淨額的一種概念。

二、國民所得

國民所得(national income, *NI*) 是指全體國民提供生產要素從事生產所獲得之報酬的總額。生產要素參與生產所創造的國民生產淨額中，有一部分由各企業以間接稅（如貨物稅、銷售稅）的方式付給政府，也有一部分由各企業用於移轉支付（如呆帳、獎金、捐助慈善事業、設獎學金），兩者均非由參與生產的要素獲得，計算國民所得時應由國民生產淨額中扣除。另外，公營事業發生虧損時由政府予以補貼，人民得到補貼的好處，如同國民所得一般，但非出自國民生產淨額之中;如其發生盈餘則繳回國庫，並不能由任何生產要素所得到 ❺。因此，國民生產淨額扣除間接商業稅與企業移轉支付，加上政府對公營事業的淨補貼（卽虧損補貼減盈餘繳庫），是爲國民所得，卽爲國民生產毛額所得計算法中的所得項目之和。

三、個人所得

個人所得(personal income, *PI*) 是指個人（或家庭）在繳納所得稅之前所獲得的總收入，等於國民所得減除生產要素所創造但沒有得到的所得，加上生產要素沒有創造但卻得到的所得。公司所得稅、公司未分配盈餘、及社會安全稅雖包含於國民所得中，但個人並不能够取得;相反地，政府的移轉支付（包括政府的利息給付淨額）與企業的移轉支付，雖均不在國民所得之中，但個人確能得到。因此，從國民所得中減除公司所得稅、公司未分配盈餘、及社會安全稅，另加上政府及企業對個人的移轉支付，便是個人所實際得到的收入，稱爲個人所得。

❺ 設一公營事業有虧損，其產品在市場上以100元出售，另由政府補貼 10元，則*GNP*以100元計，但國民所得卻爲 110元。另設該公營事業有盈餘，其產品在市場上以 100 元出售，除成本外，得到10元的利潤繳庫，則 *GNP* 以100元計，但國民所得卻只有90元。

四、可支配所得

個人所得並非全部均能任由個人隨意支配，唯有扣除個人一切稅付支出（包括所得稅、規費及其他稅付）後，才是個人可自由支配的部分，稱爲可支配所得(disposable income, *DI*)。

個人對於其可支配所得，部分用之於家庭消費開支，部分用之於對國外親友的接濟或贈禮，成爲對外國人的移轉支付開支，剩餘的爲儲蓄。這種由國民生產毛額至個人可支配所得之處置的計算過程與相關觀念，列於表 4-7。

表 4-7　國民生產毛額及其相關觀念

國民生產毛額

　　　　減: 折舊

國民生產淨額

　　　　減: 間接商業稅

　　　　　　企業移轉支付

　　　　加: 政府對公營事業淨補貼

國民所得

　　　　減: 公司所得稅

　　　　　　公司未分配盈餘

　　　　　　社會安全稅

　　　　加: 政府移轉支付

　　　　　　企業移轉支付

個人所得

　　　　減: 個人稅付支出

個人可支配所得

　　　　減: 個人消費

　　　　　　對外國親友移轉支付

個人儲蓄

第四節　國民生產毛額的處置

　　國民生產毛額經由一些項目的減、加之後，最後得到個人儲蓄。我們可以將國民生產毛額以下至個人儲蓄的項目予以適當的合併、相消而成爲幾個大項目，這些項目的加總卽爲 GNP。由這種過程我們可以得到另一種計算 GNP 的方法——國民所得處置 (disposition of national income) 法。現以表 4-7 來說明這種方法。

　　表中國民生產淨額下減號的企業移轉支付，與國民所得項下加號的企業移轉支付可以相消；間接商業稅、公司所得稅、社會安全稅與個人稅付支出合併爲政府稅收毛額，政府對公營事業的淨補貼與政府移轉支付合併爲政府的補貼移轉支出，政府稅收毛額扣除補貼移轉支出後，成爲政府的淨稅收；折舊與公司未分配盈餘構成企業毛儲蓄，再與個人儲蓄形成社會的總儲蓄；再考慮個人消費與對外國親友移轉支付後，將國民生產毛額以下的全部項目均予適當的歸併或消除，表示國民生產毛額是由個人消費開支(C)、對外國人移轉支付開支淨額 (R_f)，政府稅收淨額(T)與社會總儲蓄(S)所構成，可以符號寫成：

$$C + S + T + R_f = GNP。$$

　　從產品面以開支法計算國民生產毛額，國內個人消費開支(C)、國內私人投資毛額(I)、政府開支(G)與淨輸出 ($X - M$) 的加總等於國民生產毛額，以符號可寫成　$C + I + G + (X - M) = GNP$。因此由國民所得的處置與產品開支的計算，同樣可以得到相同結果的國民生產毛額，卽：

$$C + I + G + (X - M) \equiv GNP \equiv C + S + T + R_f,$$

此式稱之爲國民生產毛額恒等式（*GNP* identity）, 在總體經濟的分析
中扮演著非常重要的角色。以上分析顯示對於國民生產毛額的量度, 可
以有: (1) 開支計算法, (2) 所得計算法, 及 (3) 國民所得處置計算法
等三種不同途徑, 正確的量度應該三種方法都得到相同的結果。

第五節　總體經濟周流

　　國民生產毛額是一段期間內經濟活動績效的測度, 因此是一流量的
概念, 吾人可將這流量的概念, 藉用兩個經濟部門和兩個市場, 構成一
個簡單總體經濟周流模型來加以表示。這兩個部門是消費單位的家計部
門。和生產單位的企業部門, 它們都兼有供給與需求的雙重功能; 兩個
市場是產品市場和要素市場。

　　圖 4-1, 下圈周流表示家計部門提供企業部門生產要素, 企業部門
給予家計部門生產要素報酬, 這是國民生產毛額所得計算法的圖解。上
圈周流表示家計部門以其提供生產要素之所得, 購買企業部門以生產要

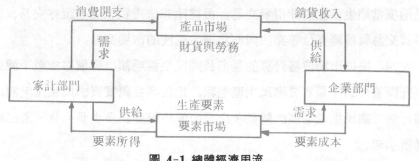

圖 4-1 總體經濟周流。

素所生產出售的財貨與勞務, 企業部門因此得到銷售收入, 這是國民生
產毛額開支計算法的圖解。 在沒有政府部門 （ 即無政府租稅或補貼存
在） 及折舊的假設下, 上圈周流代表國民生產淨額, 下圈周流代表國民
所得。除去假設, 上圈周流可代表國民生產毛額 （*GNP*）, 下圈周流代

表國民所得毛額 (*GNI*)，兩者同是一體的兩面，證明國民生產毛額同樣可由產品周流的開支計算法或成本周流的所得計算法來加以計算。除此之外，圖形內圈周流表示物物交換經濟的實物周流，外圈周流表示貨幣交換經濟的貨幣周流，顯示國民經濟周流可以實物或貨幣形態來表示。

摘　　要

1. 國民生產毛額是用以測度經濟活動績效最常用的概念，可定義為一個國家或經濟社會，在一定時期中，全部生產的最終財貨與勞務的市場總價值，包括本國居民在外國所生產的，但不包括外國居民在本國所生產的財貨與勞務。

2. 為了避免重複記帳，計算國民生產毛額可以採最終財貨與勞務法或附加價值法。

3. 計算國民生產毛額應包括自用住宅租金與自營農場自行消費產品兩項當期生產性的非市場交易，但排除非法走私、金融證券交易、二手貨交易與移轉支付等非法與非當期生產性的市場交易。

4. 根據市場價格計算的是名目國民生產毛額，經價格指數平減或平升調整後的才是實質國民生產毛額。比較名目與實質國民生產毛額，即可知道國民生產毛額的變動多少是由價格變動、多少是由實質產出變動所引起。

5. 國民生產毛額創造的過程中，社會必須付出空氣、水污染，生態破壞、交通擁擠、噪音干擾與都市生活的不便等公害代價，稱之為國民負生產。

6. 鑑於國民生產毛額的計算有價格變動、商業化程度、產品組合、品質改變、工作時間量、產業結構與國民負生產等問題存在，因而

不適用於作爲國民福利指標。唯有經過調整的國民生產毛額——稱經濟福利淨額，才能適切地反映國民實質福利。

7. 計算國民生產毛額一般有開支法與所得法兩種途徑。前者是將全社會的消費開支、投資開支、政府開支及淨輸出予以加總；後者是將工資與薪給、租金、利息、利潤及非公司企業組織所得等所得項目、與間接商業稅及折舊等兩個非所得項目予以加總。兩種計算途徑均應得到相同的國民生產毛額數值。

8. 國民生產毛額 (GNP) 減折舊，等於國民生產淨額 (NNP)；國民生產淨額減間接商業稅與企業移轉支付，加政府對國營事業淨補貼，等於國民所得 (NI)；國民所得減公司所得稅、公司未分配盈餘與社會安全稅，加政府移轉支付（包括政府公債利息）與企業移轉支付，等於個人所得 (PI)；個人所得減個人稅付支出，等於個人可支配所得 (DI)；個人可支配所得減個人消費與對外國移轉支付，等於個人儲蓄。

9. 將國民生產毛額以下至個人儲蓄的各項目予以適當地合併、相消，可以得到個人消費、對外國移轉支付、政府稅收淨額與社會儲蓄等項目，這些項目的加總等於國民生產毛額，此卽國民所得處置法的國民生產毛額計算。

10. 國民生產毛額計算方法，有三種不同途徑，但結果相同：卽消費＋投資＋政府開支＋淨輸出＝消費＋儲蓄＋政府稅收淨額＋對外國移轉支付＝工資＋利息＋租金＋利潤＋非公司企業組織所得＋非所得項目。

11. 國民生產毛額是一種流量的觀念，可用總體經濟周流圖加以表示。總體經濟周流圖的內圈代表物物交換經濟的實物周流，外圈代表貨幣經濟的貨幣周流。由總體經濟周流的產品市場計算等於國民生產毛額，由要素市場計算等於國民所得毛額，而國民生產毛額等於國民所得

毛額。

重 要 名 詞

國民生產毛額	國內生產毛額
重複記帳	附加價值
價格指數	平減
平升	國民負生產
經濟福利淨額	開支計算法
金融投資	實物投資
淨投資	毛投資
所得計算法	國民生產淨額
國民所得	個人所得
可支配所得	國民所得處置法
國民生產毛額恆等式	總體經濟周流

問 題 練 習

1. 甚麼是國民生產毛額? 其重要含意為何? 計算國民生產毛額的作用何在?

2. 為求國民生產毛額的計算準確, 應該注意那些事項?

3. 在計算國民生產毛額時如何避免重複記帳? 試舉例說明之。

4. 在國民生產毛額的計算中, 那些非市場交易的項目應該計入? 那些市場交易的項目卻要排除?

5. 假定某國的 GNP 在三年之間由 1,000 億元增至 2,000 億元, 如果: (1) 同期中物價水準上升 25%, 則實質 GNP 究增若干?

   (2) 同期中物價水準下降 15%, 則實質 GNP 究增若干?

6. 以國民生產毛額作為衡量社會福利的指標有那些缺點? 應如何改進才是良好的福利指標?

7. 以開支計算法計算國民生產毛額, 包含有那幾個項目, 每一項目的內涵如何?

8. 以所得計算法計算國民生產毛額, 包含有那幾個項目, 每一項目的內涵如何?

9. 與國民生產毛額有關的社會帳戶有那些? 每一帳戶是經由那些項目的調整而得? 試列出由國民生產毛額至個人可支配所得的過程表。

10. 試由國民所得的處置, 推算出國民生產毛額。

11. 開支、所得與國民所得處置三種國民生產毛額計算法之間有甚麼關係存在?

12. 試以循環周流圖說明國民所得計算與循環周流之間的關係。

第五章 消費、儲蓄與投資

　　經由適當程序，可從國民生產毛額計算出可支配所得，可支配所得不是用之於消費開支，即是將之儲蓄，而後用之於投資。這種消費、儲蓄與投資的行為，是進一步決定未來國民所得與就業水準的主要因素，對其探討，一方面能够瞭解總體經濟活動的本質，一方面可以知道國民所得與就業水準是如何決定的。

第一節　古典學派所得與就業理論

　　1930年代世界經濟大恐慌發生之前，西方經濟學界普遍認為：一個社會的經濟，在完全自由競爭下，必然經常處於充分就業狀態，有著充分就業的產出與所得，充分就業是一種常態，縱然偶有失業發生，只是一種短暫的現象，長期間，經濟仍會自動恢復到充分就業。這種看法，被稱為**古典學派的所得與就業理論** (classical theory of income and employment)，有別於 1930 年代以後**凱恩斯學派的所得與就業理論** (Keynesian theory of income and employment)。

一、賽伊法則

　　古典學派如此樂觀 的自動充 分就業理論 ，是建立於所謂**賽伊法則** (Say's Law) 或**市場法則** (law of market) 的基礎之上，這是19世紀

法國經濟學家賽伊（J. B. Say）所提出，敍述「**供給創造其本身的需求**」（ supply creates its own demand ）的重要概念。 在人類以理性行為追求最大滿足的前提下，全社會的每一個人總是會盡最大的努力，以生產財貨與勞務，而在此生產的過程中，同時也就創造了相等價值的所得，這些所得也就成為對社會所生產之財貨與勞務的同等需求，所以「供給創造其本身的需求」必然會確保整個社會的總供給永遠等於總需求，充分就業於是自動達成。

二、利率機能

在物物交換的經濟裏， 總所得必然等於總需求， 賽伊法則恆能成立。事實上，現代是貨幣經濟的社會，貨幣除了作為交易的媒介而外，還具有價值儲藏的功能。社會上大多數的人不會將全部所得用於消費，而會將一部分的所得以貨幣形態儲蓄起來，在這種情況下，總所得就不再等於總需求了。

對於這種情況，古典學派借助其利息理論作為解釋。他們認為儲蓄（S）是為了取得利息（interest）收入， 儲蓄與利率（rate of interest, r）呈增函數關係， 即 $S = S(r)$， $S' > 0$， r 代表利率❶。同時， 社會上有人願意支付利息來借貸資金，投資於有利可圖的事業，以謀求利潤。利息是投資的成本，投資（I）與利率呈減函數關係，即 $I = I(r)$，$I' < 0$。在儲蓄與投資均是利率之函數的情況下，利率必然有著升降自如的**靭性（或伸縮性）**機能（flexible mechanism），發揮調節儲蓄與投

---

❶ 設 Y 為 X 的函數 $Y = f(X)$，則 f' 為每單位 X 的變化（ΔX）所引起 Y 變化（ΔY） 的相對比率——即 $f' = \dfrac{\Delta Y}{\Delta X}$。當變化量相當微小而趨近於零時——即 $\Delta \approx 0$， 則 $f' = \dfrac{dY}{dX}$。在微積分，$f' = \dfrac{dY}{dX}$ 稱為 Y 對 X 的微分。

資的功能，直到兩者相等爲止。

圖 5-1，當利率爲 Or_1 時，儲蓄大於投資，資金供過於求，利率下跌；爲 Or_2 時，投資大於儲蓄，資金供不應求，利率上升，直到**均衡利率** (equilibrium rate of interest) Or^* 達成，使儲蓄等於投資——即 $S(r^*)=I(r^*)$，總所得再度等於總需求，賽伊法則依然成立。

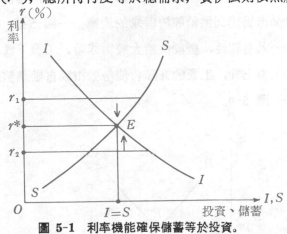

圖 5-1　利率機能確保儲蓄等於投資。

三、價格—工資靭性

在完全競爭的假設下，古典學派認爲只要價格具有自動調整的靭

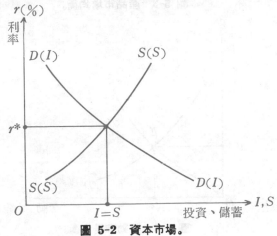

圖 5-2　資本市場。

性，必然可以確保每一個市場的供給等於需求，總供給恆等於總需求，賽伊法則立於不墜之地。上節提到，如果貨幣的價格——利率——具有韌性，資本市場可以達到資金供給（儲蓄）等於資金需求（投資）的均衡——圖 5-2。再者，如果產品價格——物價——具有韌性，產品的供給大於需求時，物價下跌，產品的供給小於需求時，物價上升，物價的升降會使產品市場達到供給等於需求的均衡——圖 5-3；如果勞務價格——工資——具有韌性，勞動供給大於需求時，工資下跌，勞動供給小於需求時，工資上升，工資的升降會使勞動市場自動調整到供給等於需求的均衡——圖 5-4。

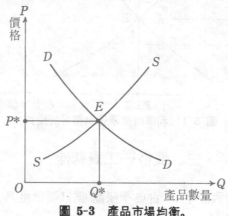

圖 5-3　產品市場均衡。

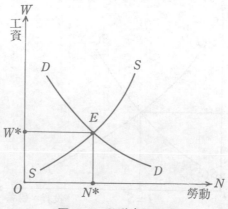

圖 5-4　勞動市場均衡。

　　假設全經濟區分爲資本、產品及勞動三個市場，靱性價格機能使得這三個市場均自動達成供給等於需求的均衡，總供給因而等於總需求，可以確保充分就業的達成，整個社會獲得充分就業的產出與所得。這種樂觀的結果，只要對經濟自由放任，政府無須加以干涉，整個社會就會如同被一隻「看不見的手」引導一般，自動地達成充分就業。縱然經濟受到干擾，產生供過於求的失衡，那也將是一種暫時的、非正常的現象。在完全競爭、自由放任及靱性價格的機能下，經濟將會很快地回復充分就業的境界。

第二節　凱恩斯學派所得與就業理論

　　西方社會自工業革命（約自 1760 年）後，經濟維持長期持續的成長、繁榮，致使一般人對亞當史密斯開始的古典學派就業理論深信不疑，直到1930年代世界**經濟大恐慌**（The Great Depression）發生爲止，這理論主宰了經濟學界一百多年。

　　自1929年秋紐約股票市場崩潰迄1939年第二次世界大戰爆發，整個西方世界陷於大量長期失業、生產能量閑置、國民所得產出銳減、**物價**水準下降的經濟蕭條之中。由於這次經濟恐慌規模很大，時間持續很長，古典學派就業理論對此現象無法提出圓滿的解釋及解決方法，因而開始受到經濟學者的懷疑。在這背景下，英國經濟學家凱恩斯（J. M. Keynes）於 1936 年發表《**就業、利息及貨幣的一般理論**》(*The General Theory of Employment, Interest and Money*)，首先對傳統的古典學派就業理論提出批判，並提出解決當時經濟問題的方法，建立一新的就業理論架構，經其追隨者的宏揚，成爲完整就業理論體系，稱爲凱恩斯學派就業理論，又稱**新經濟學**（New Economics），以別於傳統古典學派的就業理論。

　　凱恩斯學派認爲一個經濟經常處於非充分就業的均衡狀態，充分就業的均衡反而是稀少、偶然的情況，其論點是建立於賽伊法則不能成立的認定之下。

一、儲蓄與投資分歧

　　古典學派認爲利率靱性機能可以使儲蓄等於投資，確保總供給等於總需求。如果儲蓄者與投資者均是相同的人羣（家計），具有相同的動機（謀利），受相同因素（利率）的影響，則古典派的主張是可以成立的。但是，在現代的經濟社會裏，儲蓄與投資的行爲是分別由不同人羣、因不同動機、受不同因素影響而進行的，在這種情況下，儲蓄實在很難正好等於投資，總供給也就無法經常等於總需求了。

　　企業部門雖有儲蓄，但就程度而論，儲蓄還是以家計部門爲主，其動機有賺取利息、養老、爲兒女的前途作打算、預防意外、改善生活及預留資金以便作投機買賣等。雖然影響儲蓄意願的主要因素是利率水準，但更決定儲蓄能力的則是所得水準。有鑑於此，凱恩斯學派認爲儲蓄非如古典學派所言，純然是利率的函數，$S=S(r)$；儲蓄應是利率和所得（Y）的函數，$S=S(r,Y)$。

　　家計部門雖有投資，但就重要性而論，投資主要是由企業部門進行，其目的在於獲得利潤，故除了考慮利息成本外，主要還是受預期利潤率（π）的影響。凱恩斯學派因此主張投資是利率與預期利潤率的函數 $I=I(r,\pi)$，而非只是利率的函數 $I=I(r)$。鑑於儲蓄與投資是由不同人羣、因不同動機、受不同因素影響所產生的行爲，可知資本市場的資金供給（儲蓄），不可能經常恰巧等於資金需求（投資）。

二、價格—工資靱性消失

　　古典學派價格與工資充分靱性的命題是根據完全競爭的前提假設。

可是，近代的經濟社會，完全競爭不復存在，取而代之的是力量雄厚的獨佔企業與工會組織。產品供過於求時，獨佔廠商不再降低價格求售，而是維持價格不變，減少產量，裁減員工，發生了失業；工會組織只要求工資的提高，有失業發生亦不肯降低工資，以求增加就業。是故，不完全競爭的結果，使價格與工資的靭性消失，產生僵固性（無法向下調整），產品與勞動市場不再能透過價格的調整而使供需相等。

　　凱恩斯學派更進一步指出古典學派的價格與工資靭性犯了以偏概全的邏輯錯誤。當經濟衰退，失業發生時，個別廠商可以降低價格增加產品需求；個別勞動者，可以降低工資以求雇用。可是，如果所有廠商和勞動者均降低價格、工資，將使國民所得更加降低，總需求更加減少，因此不但不能解決失業，甚至使失業更爲嚴重。

三、流動性偏好陷穽

　　古典學派認爲利率靭性機能可以使儲蓄等於投資，資金的供給等於需求，資本市場達於均衡。凱恩斯學派加以反駁，認爲縱使利率具有靭性機能，但由於不同人羣、不同動機及不同影響因素的結果，儲蓄無法等於投資。更進一步，凱恩斯學派認爲靭性利率並不存在，而且利率水準降到某一低水準時，利息收入減少，風險增大，一般人寧可自己保有貨幣，而不願將資金貸予他人。如此，人們對貨幣的需求——即**流動性偏好**(liquidity preference)，將成彈性無限大的狀態。

　　圖 5-5，利率水準爲 Or_f 時，貨幣需求曲線 (M^d) 成水平狀態，陷入所謂**流動性偏好陷穽**(liquidity preference trap)。在這種情況下，若想以增加貨幣供給政策——如貨幣供給由 M^s 增加爲 $M^{s'}$，來進一步降低利率，刺激投資，提高有效需求，以解決失業，將無法奏效。因爲，流動性偏好陷穽的存在使得所增加的貨幣悉數被人們所持藏(hoarding)，不願將其貸出成爲投資資金，利率因此失去靭性而不再下

降。此時，不再下降的低限利率 Or_f，使儲蓄大於投資，利率無法降到
均衡利率 Or^*，無法使得儲蓄等於投資，總供給遂不再等於總需求──
圖 5-6。

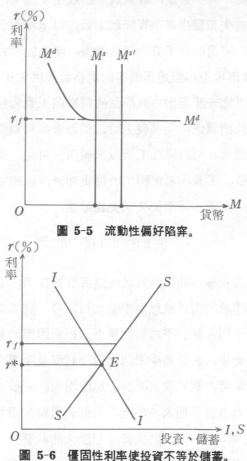

圖 5-5　流動性偏好陷穽。

圖 5-6　僵固性利率使投資不等於儲蓄。

　　凱恩斯學派認爲只要儲蓄與投資發生差異、價格與工資的靭性消
失，或流動性偏好的陷穽產生，賽伊法則就不復成立，供給不再能够自
動創造其本身的需求，古典學派的就業理論就必發生動搖，取而代之的
將是**凱恩斯法則**（Keynes' Law）──「**需求創造其本身的供給**」(demand
creates its own supply)。　在凱恩斯學派的假設及西方經濟的龐大生產

力下，有效需求往往小於潛在供給能力， 未充分就業是一種常態， 供
給的增加總是能夠滿足需求的增加，產出與就業隨有效需求的增加而上
升。

古典學派與凱恩斯學派之就業理論有著如此重大的差異，究竟孰是
孰非？持平而論，兩種學說的理論架構與邏輯推理均沒有錯，所異者在
於前提假設與著眼點不同而已。古典學派著重於供給面、長期分析，凱
恩斯學派著重於需求面、短期分析；古典學派的就業理論是在完全競爭
的前提下有效，但晚近的經濟情況卻與完全競爭的條件背離甚遠，所以
在面臨現實景況時，就顯得枘鑿不合了。

第三節 消費需求

古典學派與凱恩斯就業理論爭論的關鍵，在於有效需求是否經常足
以吸收充分就業下的供給產出，因此對需求的探討，有助於進一步瞭解
凱恩斯學派的就業理論。首先，我們從簡單的情況開始，假設公共（或
政府）經濟部門及對外貿易不存在，所分析的是一個閉鎖私人經濟，有
效需求完全是由私人消費與投資所構成。

一、消費函數與儲蓄函數

消費需求是指一經濟社會（主要爲家計部門）在一段時間內對其消
費財的總開支❷ 。在封閉的經濟社會裏，個人的可支配所得 (Y_d)，不

---

❷ 其他部門（企業及政府）對消費財亦有開支（需求），因此也有消費需
求。嚴格而言，消費需求應只包括在一定時間內（如一年）對享用罄盡
之財貨的開支， 但實際上許多消費財 （如耐久財） 的使用超過一定時
間，因此我們所稱的消費需求實際上是指消費開支。例如，一部汽車值
100萬元，可以使用 10年，則對這部汽車的消費需求每年平均10萬元，
但購買這部汽車時的消費開支爲100萬元。

是用於消費開支，便是將之儲蓄，因所得有限，消費與儲蓄相互競爭，互為排斥，一方增加，另一方便須減少。

影響個人消費與儲蓄的因素很多，其中關係最密切、影響最大的因素是可支配所得。**假設其他情況不變，消費開支隨可支配所得水準的改變而同向改變，表示這種消費與可支配所得之間呈增函數關係的稱為消費函數** (consumption function)，這種現象凱恩斯稱之為「**基本心理法則**」(fundamental psychological law)。消費函數有以下兩個特性：(1) 消費開支與可支配所得水準呈增函數關係 —— 即消費開支與可支配所得水準同方向變動，(2) 消費開支的增加率小於可支配所得的增加率。

消費函數一般有三種表達方式：

1. 以消費表 (consumption schedule) 表示 —— 如表 5-1。

表 5-1　消費表與儲蓄表

(1) 可支配所得水準 (Y_d) $\Delta(1)$	(2) 消費 (C) $\Delta(2)$	(3) =(1)-(2) 儲蓄 (S) $\Delta(3)$	(4) =(2)/(1) 平均消費傾向 (APC)	(5) =(3)/(1) 平均儲蓄傾向 (APS)	(6) =$\Delta(2)$/$\Delta(1)$ 邊際消費傾向 (MPC)	(7) =$\Delta(3)$/$\Delta(1)$ 邊際儲蓄傾向 (MPS)
$370	$375	$-5	1.01	-0.01	——	——
20	15	5				
390	390	0	1.00	0.00	0.75	0.25
20	15	5				
410	405	5	0.99	0.01	0.75	0.25
20	15	5				
430	420	10	0.98	0.02	0.75	0.25
20	15	5				
450	435	15	0.97	0.03	0.75	0.25
20	15	5				
470	450	20	0.96	0.04	0.75	0.25
20	15	5				
490	465	25	0.95	0.05	0.75	0.25
20	15	5				
510	480	30	0.94	0.06	0.75	0.25
20	15	5				
530	495	35	0.93	0.07	0.75	0.25

2. 以數學式表示，如 $C = f(Y_d)$, $f' > 0$。假設消費函數為直線型，則 $C = a + bY_d$，a 是維持生存最起碼的消費量——卽與所得水準無關的自發性消費 (autonomous consumption)，bY_d 是與所得水準呈增函數關係的誘發性消費 (induced consumption)，b 是邊際消費傾向 (marginal propensity to consume, MPC)❸。

3. 以幾何圖形表示——如圖 5-7。消費函數的縱軸截距及直線斜率分別代表 $C = a + bY_d$ 式中的 a 及 b。

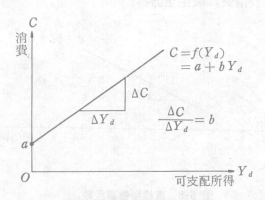

圖 5-7 直線型消費函數。

同樣地，設其他情況不變，儲蓄亦隨可支配所得水準的改變而同方向改變，表示這種儲蓄與可支配所得之間呈增函數關係的為儲蓄函數 (saving function)。儲蓄函數有以下兩個特性：(1) 儲蓄與可支配所得水準呈增函數關係，(2) 儲蓄的增加率大於可支配所得的增加率。儲蓄函數一般亦可以三種方式表達：

1. 以儲蓄表 (saving schedule) 表示——如表 5-1。

2. 以數學式表示，如 $S = g(Y_d)$, $g' > 0$。假設儲蓄函數為直線

---

❸ 消費函數不一定是直線型，當邊際消費傾向隨所得變化而改變時，便成非直線型消費函數，但是一般經濟學所探討的均著重於斜率固定的直線型消費函數。

型，則 $S = -a + (1-b)Y_d$，$-a$ 表示當所得爲零時，爲維持生存，所需告貸或動用原有儲蓄 —— 即負儲蓄 (dissaving) 的數量，$(1-b)$ 是邊際儲蓄傾向 (marginal propensity to save, MPS)。

　　3. 以幾何圖形表示——如圖 5-8。假設儲蓄函數亦是直線型函數，其與縱軸在原點以下相交的負截距，代表負儲蓄量 $(-Oa)$，直線斜率代表邊際儲蓄傾向 $(1-b)$；其與橫軸相交於所得水準 $OY_d{}^*$，表示在這所得水準之前，消費大於所得，發生負儲蓄，超過這所得水準以後，所得開始大於消費，發生正儲蓄。

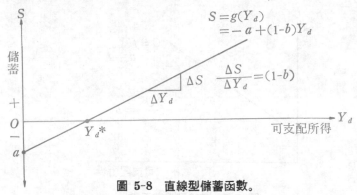

圖 5-8　直線型儲蓄函數。

　　事實上，儲蓄函數圖形與消費函數圖形是相輔的，借用 45 度指引 (輔助)線，可以明確表示出兩者的關係。圖 5-9，由原點開始作45度指引線，其用意在於使橫軸與縱軸所量度的能够相互比較，指引線上任何一點到橫軸與縱軸的垂直線均構成等腰直角三角形，其至橫座標與縱座標的距離相等。在圖 5-9(a)，消費函數與45度線相交於 E 點——稱爲扯平點(break-even point)，表示所對應的可支配所得 $OY_d{}^*$ 等於消費，儲蓄等於零，也就是圖 5-9(b) 儲蓄函數與橫軸可支配所得相交於 $Y_d{}^*$。在 $Y_d{}^*$ 點的左邊，消費函數在45度線上方，表示消費大於所得，兩者間的差距是負儲蓄，映到圖 5-9(b) 橫軸以下負儲蓄部分；在 $Y_d{}^*$ 點的右邊，消費函數在45度線下方，表示消費小於所得，兩者間的差距

是正儲蓄，映到圖 5-9(b) 橫軸以上正儲蓄部分，故儲蓄函數圖形可以
直接由消費函數與45度指引線圖形導出。同樣地，只要知道儲蓄函數，
亦可直接由其導出消費函數。

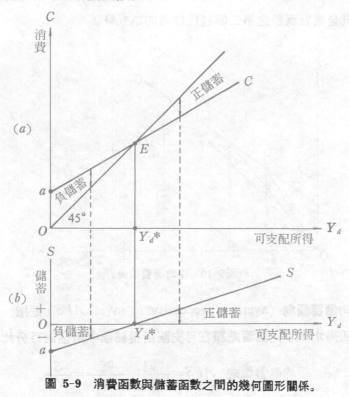

圖 5-9　消費函數與儲蓄函數之間的幾何圖形關係。

二、平均消費與儲蓄傾向

　　平均消費傾向 (average propensity to consume, *APC*) 是指:
在任何可支配所得水準下，消費開支總額在可支配所得總額中所佔的百
分比。以公式表示:

$$平均消費傾向 \quad APC = \frac{消\quad費}{可支配所得} = \frac{C}{Y_d}。$$

就圖 5-10 而言，平均消費傾向表示由原點至消費函數線上任何一點聯線的斜率。雖然消費隨所得上升而增加，但由原點至消費函數線上的射線斜率，卻依次遞降，表示平均消費傾向隨所得水準之提高而下降，這就是消費函數之第二個特性作用的結果❹。

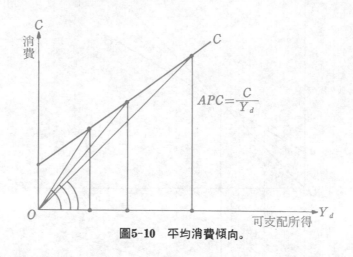

圖5-10 平均消費傾向。

平均儲蓄傾向（average propensity to save, *APS*）**是指: 在任何可支配所得水準下，儲蓄總額在可支配所得總額中所佔的百分比。**以公式表示:

$$\text{平均儲蓄傾向} \quad APS = \frac{\text{儲 蓄}}{\text{可支配所得}} = \frac{S}{Y_d}。$$

就圖5-11而言，平均儲蓄傾向表示由原點至儲蓄函數線上任何一點之聯線的斜率。原點至儲蓄函數線上任何一點射線的斜率，在 OY_d* 可支配所得水準之前為負，表示在這所得水準以前產生負儲蓄; 所得水準為 OY_d* 時，其射線斜率等於零，表示儲蓄等於零; 可支配所得水準超過 OY_d* 後，不僅儲蓄隨所得上升而增加，同時原點至儲蓄函數線上的射線斜率依次遞增，表示平均儲蓄傾向隨所得水準之上升而提高，

❹ 平均消費傾向 $APC = \frac{C}{Y}$，在消費增加率小於所得增加率的情況下，所得水準的提高將導致平均消費傾向的降低。

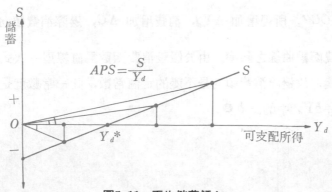

圖5-11　平均儲蓄傾向。

這就是儲蓄函數之第二個特性作用的結果❺。

　　既然可支配所得由消費與儲蓄所構成，故平均消費傾向與平均儲蓄傾向互為補數，其和等於 1 。可證明如下：因 $Y_d = C + S$，兩邊同除以 Y_d，$\dfrac{Y_d}{Y_d} = \dfrac{C}{Y_d} + \dfrac{S}{Y_d}$，結果 $1 = APC + APS$。

三、邊際消費與儲蓄傾向

　　可支配所得發生改變時，消費開支及儲蓄將隨之發生改變，這種變量對變量的關係是邊際的（marginal）概念。

　　邊際消費傾向是指：消費開支變量對可支配所得水準變量的比率，表示可支配所得每額外變動一塊錢時，其中用之於消費的比例是多少。 以公式表示：

　　　　邊際消費傾向　$MPC = \dfrac{消費變量}{可支配所得變量} = \dfrac{\Delta C}{\Delta Y_d}$。

　　上式中，Δ 代表變動量。當 Δ 非常微小（或接近於零）時，$\dfrac{\Delta C}{\Delta Y_d} = \dfrac{dC}{dY_d}$。就圖5-12來說，所得由 OY_d' 增加為 OY_d'' 時，消費由 OC'

---

❺　平均儲蓄傾向　$APS = \dfrac{S}{Y}$，在儲蓄增加率大於所得增加率的情況下，所得水準的提高將導致平均儲蓄傾向的上升。

增加爲 OC''，所得增加 ΔY_d，消費增加 ΔC，邊際消費傾向是 $\dfrac{\Delta C}{\Delta Y_d}$，此卽消費函數曲線之斜率。由於假設消費函數爲直線型一次式，直線的斜率不變，故邊際消費傾向是不變的定值常數，此一常數就是消費函數 $C = a + bY_d$ 中的值 b ❻。

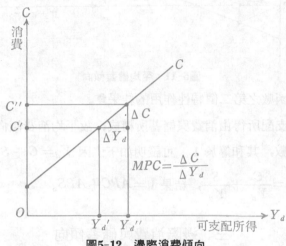

圖5-12　邊際消費傾向。

　　邊際儲蓄傾向是指: 儲蓄變量對可支配所得水準變量的比率, 表示可支配所得每額外變動一塊錢時, 其中留作儲蓄的比例是多少。 以公式表示:

$$\text{邊際儲蓄傾向}\quad MPS = \frac{\text{儲蓄變量}}{\text{可支配所得變量}} = \frac{\Delta S}{\Delta Y_d}。$$

當 Δ 非常微小時，$\dfrac{\Delta S}{\Delta Y_d} = \dfrac{dS}{dY_d}$。依圖5-13而言，邊際儲蓄傾向如同邊際消費傾向一般，是儲蓄函數的斜率。同樣地，由於直線型儲蓄函數的假設，儲蓄函數曲線之斜率不變，故邊際儲蓄傾向亦爲定值 常

---

❻ 在微積分上，消費對可支配所得微分的值等於 b，卽 $\dfrac{dC}{dY_d} = b$。

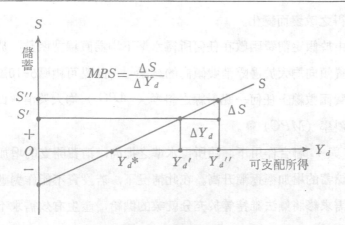

圖5-13　邊際儲蓄傾向。

數，此一常數就是儲蓄函數 $S = -a + (1-b)Y_d$ 中的值（ $1-b$ ）❼。

由於可支配所得變量的總額，是由消費與儲蓄兩個變量所構成，因此邊際消費傾向與邊際儲蓄傾向互爲補數，其和等於 1。證明如下：

因　 $\Delta Y_d = \Delta C + \Delta S$ 。

兩邊同除以 ΔY_d ， $\dfrac{\Delta Y_d}{\Delta Y_d} = \dfrac{\Delta C}{\Delta Y_d} + \dfrac{\Delta S}{\Delta Y_d}$ 。

得到　 $1 = MPC + MPS$ 。

所以　 $MPC = 1 - MPS$ 　或　 $MPS = 1 - MPC$ 。

以上凱恩斯學派的消費理論，可以歸納成以下幾個要點：

1. 在一般情況下，無論平均或邊際消費與儲蓄傾向均大於零而小於 1（在所得水準很低時，平均消費傾向會大於 1，平均儲蓄傾向會爲負），其和等於 1。

2. 平均消費傾向隨所得水準之升高而下降，相反地，平均儲蓄傾向隨所得水準之升高而上升。

3. 在直線型（或一次式）函數的情況下，邊際消費與邊際儲蓄傾

❼　在微積分上，儲蓄對可支配所得微分的值等於（ $1-b$ ），卽 $\dfrac{dS}{dY_d} = (1 - b)$ 。

向不隨所得之改變而變化。

4. 由於假定消費函數在任何所得水準下均爲直線型函數，於是發生平均消費傾向均大於邊際消費傾向的結果——此點可由圖5-10證實。原點至消費函數線上任何一點射線之斜率（ *APC* ）均大於消費函數曲線本身之斜率（ *MPC* ） ❽ 。

在 2. 與 4. 聯合作用下，隨所得水準之提高，消費開支的增加率逐漸降低，儲蓄的增加率逐漸升高。在此情況下，若投資不能作對應的增加，有效需求終將無法維持等於充分就業的供給，產生有效需求不足，在凱恩斯學派的假設下，將產生非充分就業的結果。

以上所討論的消費與儲蓄函數，係以代表性的個人或家庭的行爲作依據，這種分析同樣適用於整個社會的可支配所得與消費及儲蓄的關係，可以得到社會消費與儲蓄函數，國民所得分析就是以這個人或家庭總合的社會消費與儲蓄函數爲討論的對象。

歷年來臺灣地區私人部門的消費與儲蓄傾向列於表 5-2。平均消費與儲蓄傾向所顯示的趨勢變化與凱恩斯消費理論的假說頗爲一致。

四、消費的主要決定因素

影響消費最主要的自然是所得因素，此外，還有其他許多影響消費開支的非所得因素存在。消費與儲蓄是一體的兩面，因此影響消費的因素，也將影響儲蓄的行爲。

設其他非所得因素不變，消費將隨所得之改變而沿消費函數曲線上下移動，稱爲**消費量的改變**（changes in the amount consumed）。 圖

---

❽ 另可以簡單的數學證明如下：消費函數 $C = a + bY_d$，邊際消費傾向等於 b，平均消費傾向等於 $\dfrac{a}{Y_d} + b$，因爲 $a > 0$，$Y_d > 0$，所以 $\dfrac{a}{Y_d} + b > b$，平均消費傾向大於邊際消費傾向。

表 5-2　臺灣地區私人部門的消費與儲蓄傾向

單位：新臺幣百萬元；比例

年別(民國)	私人可支配所得	私人消費	私人儲蓄	平均消費傾向	平均儲蓄傾向	每人可支配所得	年增消費	年增儲蓄	邊際消費傾向	邊際儲蓄傾向
41	13,066	12,728	338	0.97	0.03	3,615	3,800	185	1.05	−0.05
44	22,438	21,623	815	0.96	0.04	3,240	2,959	281	0.91	0.09
49	45,554	42,559	2,995	0.93	0.07	8,174	6,921	1,253	0.85	0.15
54	80,672	71,452	9,220	0.89	0.11	6,377	7,137	760	1.12	−0.12
59	152,646	127,636	25,010	0.84	0.16	24,667	13,775	10,892	0.56	0.44
60	176,973	142,531	34,442	0.81	0.19	24,327	14,895	9,432	0.61	0.39
61	207,841	164,580	43,261	0.79	0.21	30,868	22,049	8,819	0.71	0.29
62	272,761	206,919	65,842	0.76	0.24	64,920	42,339	22,581	0.65	0.35
63	373,831	299,346	74,485	0.80	0.20	101,070	92,427	8,643	0.91	0.09
64	401,602	336,846	64,756	0.84	0.16	27,771	37,500	−9,729	1.35	−0.35
65	451,205	368,690	82,515	0.82	0.18	49,603	31,844	17,759	0.64	0.36
66	536,084	426,802	109,282	0.80	0.20	84,879	58,112	26,767	0.68	0.32
67	630,578	497,649	132,929	0.79	0.21	94,494	70,847	23,647	0.75	0.25
68	758,915	604,473	154,442	0.80	0.20	128,337	106,824	21,513	0.83	0.17
69	938,648	767,742	170,906	0.82	0.18	179,733	163,269	16,464	0.91	0.09
70	1,162,404	922,154	240,250	0.79	0.21	223,756	154,412	69,344	0.69	0.31
71	1,263,974	1,002,305	261,669	0.79	0.21	101,570	80,151	21,419	0.79	0.21
72	1,389,227	1,085,429	303,798	0.78	0.22	125,253	83,124	42,129	0.66	0.34
73	1,554,052	1,189,459	364,593	0.77	0.23	164,825	104,030	60,795	0.63	0.37
74	1,671,392	1,261,580	409,812	0.75	0.25	117,340	72,121	45,219	0.61	0.39
75	1,933,910	1,366,466	567,444	0.71	0.29	262,518	104,886	157,632	0.40	0.60
76	2,177,416	1,537,782	639,634	0.71	0.29	243,506	171,316	72,190	0.70	0.30
77	2,349,254	1,765,247	584,007	0.75	0.25	171,838	227,465	−55,627	1.32	−0.32
78	2,649,563	2,060,300	589,263	0.77	0.23	300,309	295,053	5,256	0.98	0.02

資料來源：行政院經建會，*Taiwan Statistical Data Book* 1990, 第59頁。

註：民國78年為估計數。

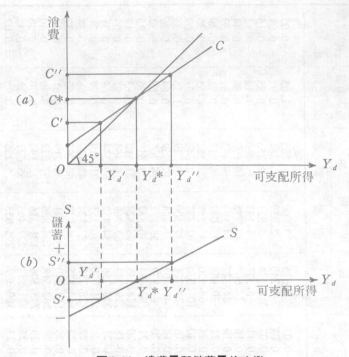

圖5-14 消費量與儲蓄量的改變。

5-14，所得水準分別爲 OY_d'，OY_d*，OY_d'' 時，消費分別是 OC'，$OC*$ 及 OC''，儲蓄分別是 OS'，O 及 OS''。設所得水準不變，當其他影響消費的因素發生改變時，整個消費函數曲線的位置將發生改變，稱爲**消費的改變**（changes in consumption），表示在任何所得水準之下，人們將願意消費或儲蓄更多或較少。圖5-15，消費函數由 C 升爲 C' 或降爲 C''，儲蓄函數對應降爲 S' 或升爲 S''。

　　決定消費的所得因素，一般係指可支配所得，但在不考慮政府及國外部門的情況下，可支配所得將等於國民生產淨額或國民所得，故亦可以國民生產淨額或國民所得來作爲決定消費的所得概念。

　　凱恩斯學派消費理論所指影響消費開支的所得概念係**絕對或當期所得**（absolute or current income），所謂絕對或當期所得是個人或家庭於

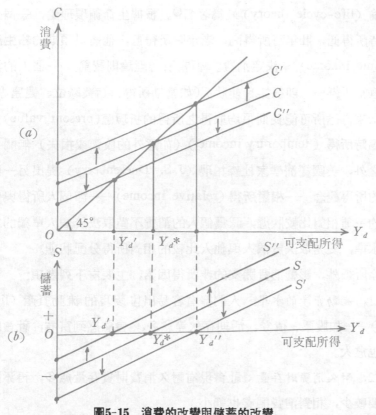

圖5-15　消費的改變與儲蓄的改變。

一段期間內從各種所得來源所獲得的總收入。但是，許多研究的結果顯示，消費不僅受當期所得的影響，也受**長期所得**（long-term income）趨勢的影響。例如，一個人目前的所得雖然低，但預期未來的所得會提高，他將借錢消費，而使目前的消費增加；反之，一個人目前的所得雖然高，但預期未來的所得會降低，他將會儲蓄部分所得，而使目前的消費減少❾。 以長期所得趨勢來解釋消費以弗瑞德曼（M. Friedman）的**恒常所得理論**（permanent-income theory）， 及安多（A. Ando）、墨迪格利阿尼（F. Modigliani）與布魯柏格（R. E. Brumberg）的**生命循**

---

❾　如醫學院學生可能屬於前者，職業運動員可能屬於後者。

環理論（life-cycle theory）最爲著名❿。根據生命循環理論，一個人在年青時所得低，壯年時所得高，老年時所得低，他將以預期的**終生所得**（lifetime income）來決定消費。恒常所得理論則認爲，一個人的消費只受恒常所得——即根據目前狀況（如當期所得、教育、職位、健康等），預期未來自己所可能長期平均取得之所得的**折現值**（present value）——而與**臨時所得**（temporary income）（如意外的收入或損失）無關❶。除此之外，美國經濟學家杜森柏瑞（J. S. Duesenberry）提出另一影響消費的所得觀念——**相對所得**（relative income）——即個人所得與他人所得的一種相對比較狀態，認爲個人的消費不僅取決於個人單獨的絕對所得水準，更是取決於個人與他人比較的相對所得分配狀態。

除所得外，影響消費開支的非所得因素，主要有下列幾項：

1. 流動資產的水準　人們擁有容易出售變現的流動資產（liquid assets）——如股票、債券、活期存款等愈多，會愈感到富有，社會的消費量也愈大。

2. 耐久消費財存量　社會現有耐久消費財貨存量愈多，再添購新的需要較少，相對消費開支也就小。

3. 流動負債率　個人或家庭債臺高築，儘管所得高，因須償還債務，消費也就不會太大。

4. 家庭人口與年齡結構　一個家庭人口多，壯年人多，所得高，消費額高；人口少，老年及幼年人多，所得少，消費開支低。

5. 對未來的預期　預料未來物價上漲,所得增加,持樂觀的態度，消費開支將會增加；反之，消費將減少。

6. 社會文化背景　在一個以節儉爲美德、奢侈爲罪惡，提倡知足

---

❿　弗瑞德曼（M. Friedman）與墨迪格利阿尼（F. Modigliani）均先後得到經濟學諾貝爾獎。
❶　恒常所得與臨時所得之和等於當期所得。

常樂的社會裏，消費自然較享樂主義的社會來得少。

7. 比較的生活水準 如果所接觸的環境消費水準高，將產生示範效果 (demonstration effect)，帶動整個社會消費水準的往上移；反之，則否。

8. 政策的影響 政府採低租稅、放鬆銀根的措施，將使人們消費能力與意願提高，促進整個社會的消費水準；反之，則低。

9. 所得分配狀態 由於所得愈高，平均消費傾向愈小，所以所得分配愈平均，社會的平均消費傾向愈大，社會的消費量也就愈大。

民國78年臺灣地區實質家庭最終消費（卽不包括中間消費）列於表5-3。資料顯示，按支出用途分，臺灣地區的家庭消費以食品支出所佔比例為最大（24.8％），其次是運輸交通及通訊（15.1％），第三是娛樂消遣教育及文化服務(14.7％)；按支出型態分，以非耐久財所佔比例為最大(42.9％)，其次是服務支出(35.9％)。

第四節　投資需求

家計、企業、政府及國外部門均有不同目的與動機的投資行為發生，在不考慮政府及國外部門的情況下，消費與儲蓄主要決定於家計部門，投資則主要由私人企業部門所進行。一般而論，投資變化遠較消費變化來得大，表示投資具有很大的變異性 (variability)，是國民所得決定與變化的重要因素。

一、投資的邊際效率與利率

廠商進行投資的主要目的在於追求利潤，利潤是投資收入與成本的差額。投資行為的發生，首先要取得貨幣資本，而後才能進行實物資本的投資，利率就是獲得每單位貨幣資本使用的機會成本，表示借得每單

表 5-3　臺灣地區實質家庭最終消費─民國78年

單位：新臺幣百萬元；％

項　　　　　　　　　　　目	金額（按民國75年價格計算）	百分比（％）
一、按支出用途分		
1. 食品	475,953	24.8
2. 飲料	72,521	3.8
3. 菸絲及捲菸	42,514	2.2
4. 衣著鞋襪及服飾用品	96,774	5.0
5. 燃料及燈光	71,241	3.7
6. 租金及水費	254,515	13.3
7. 家庭器具及設備	61,463	3.2
8. 家庭管理	37,854	2.0
9. 醫療及保健	90,193	4.7
10. 娛樂消遣教育及文化服務	282,240	14.7
11. 運輸交通及通訊	289,393	15.1
12. 其他	145,847	7.6
家庭最終消費	1,920,508	100
二、按支出型態分		
1. 耐久財	222,645	11.6
2. 半耐久財	184,867	9.6
3. 非耐久財	824,093	42.9
4. 服務	688,903	35.9
家庭最終消費	1,920,508	100

資料來源：行政院主計處，《中華民國臺灣地區國民所得》，民國79年，第101頁，

位投資資金所須支付的代價，或每單位自有資金如果不用於投資而借予他人所能賺取的收入。

以自有或向他人借得的資金進行投資，預期經過某一段時間後，投資生產的總收入扣除不包括投資資金利息在內的所有成本，其剩餘與投資資金的相對比率稱為預期的投資報酬率 (expected rate of return on nvestment)。一般廠商所關心的是最後一單位投資的報酬，因此預期的投資報酬率又稱為**投資的邊際效率** (marginal efficiency of investment, *MEI*)，表示不扣除利息成本，額外一單位資金投資的預期報酬。

隨著投資的增加，投資的收入將隨之降低，因：（1）投資生產的產品供給增加，其價格將下跌，（2）有利的投資機會逐漸減少，投資的報酬隨之降低；投資的成本則將上升，因：（1）投資需求的生產要素增加，其價格上升，（2）邊際資本生產力（即額外一單位資本的產出）的遞減，成本因而增加。因此，投資不斷增加的結果，包含利息成本在內的投資報酬逐漸減少，故投資的邊際效率與投資量呈減函數的關係。

個別廠商可按投資邊際效率的高低，排定其不同投資計畫的優先次序，這種個別廠商的投資邊際效率與投資間的關係如圖5-16，是為梯形的投資邊際效率曲線形狀。將所有這種廠商的投資邊際效率曲線併總，可得到圖5-17連續平滑的投資邊際效率曲線，代表整個經濟在不同投資

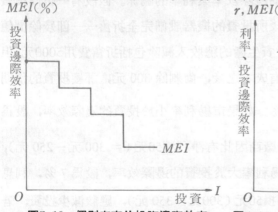

圖5-16 個別廠商的投資邊際效率曲線。

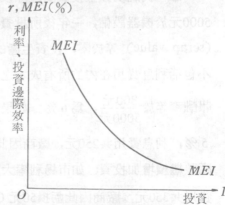

圖5-17 所有廠商併總而成的社會投資邊際效率曲線，也是社會的投資需求曲線。

水準下的投資邊際效率。

市場利率與投資的邊際效率既然分別表示一單位投資的機會成本，與包含利息在內的預期報酬率，因此，在任何市場利率水準下，只要投資的邊際效率大於利率，投資將有淨利潤，應該繼續增加投資；若投資的邊際效率小於利率，投資將發生虧損，應該減少投資。隨著投資的增加或減少，投資的邊際效率發生改變，直到投資的邊際效率等於利率，投資不再變動。是故，圖 5-17 的投資邊際效率曲線上任何一點所對應的投資量，代表不同利率水準下，整個經濟的投資需求量，投資的邊際效率曲線也就是不同利率水準下，社會的**投資需求曲線**（investment demand curve）。因此，在圖形上，縱軸同時代表利率與投資的邊際效率，橫軸代表投資量，圖形中的曲線既是投資需求曲線，也是投資的邊際效率曲線。

由於投資的增加會促使投資邊際效率的遞減，因此，唯有利率隨著下降，廠商才願意增加投資，這就是為何投資與利率成減函數的關係，而投資需求曲線（也是投資邊際效率曲線）為負斜率的由來。

舉一例說明以上投資的邊際效率與利率的關係。假設有一廠商投資5000元於機器設備，一年後所投資的機器設備完全折舊──即殘餘價值（scrap value）等於零，投資生產的總收入減除包括折舊費用5000元，但不包括利息費用在內的所有成本之後，尚剩餘 300 元，那麼投資的預期報酬率等於 $\frac{300元}{5000元}$，為 6 %。如果市場利率小於投資的邊際效率，設為 5 %，利息費用共250元，廠商因此有淨利潤50元（＝ 300 元－250 元），應該繼續增加投資；如市場利率大於投資的邊際效率，設為 7 %，利息費用共350元，廠商因此虧損50元（300元－350 元），應該減少投資；若市場利率等於投資的邊際效率 6 %，利息費用共 300 元，投資既無淨利潤亦無虧損，投資不再增加或減少。因此，當市場利率水準為 6 %時，

廠商的均衡投資量爲5000元。市場利率如果下降，投資將會增加，直到
投資的邊際效率再度等於利率爲止。

如果廠商投資的機器設備使用年限超過一年以上，則投資的邊際效
率另定義爲：**凡折現率（rate of discount）能使任何投資計畫之全部預
期報酬的折現值等於投資成本者，此折現率卽該投資計畫的預期邊際報
酬率。**可以數學式表示爲：

$$C=\frac{R_1}{(1+r)}+\frac{R_2}{(1+r)^2}+\frac{R_3}{(1+r)^3}+\cdots+\frac{R_i}{(1+r)^n}+\frac{S}{(1+r)^n}。$$

上式中 C 代表原來的投資成本——卽資本財的供給價格，R_i，$i=$
1，……，n，代表投資的每年預期報酬。爲了使投資預期報酬的折現
值能夠等於資本財的供給價格（卽投資成本），這裡所指的投資預期報
酬係爲每年的投資收入扣除不包括折舊與利息在內之所有成本以後的剩
餘，n 與 S 分別代表機器設備的使用年限與殘餘價值，r 是一種折現率
——卽投資的邊際效率。

所謂的折現是將未來任何時間的價值換成現在的價值。例如，利率
10%，兩年後可取得 121 元的存款，其現值等於多少？ 寫成數學式：
$V(1+0.1)^2=121$ 元。V 代表現值，故 $V=\frac{121元}{(1+0.1)^2}$，$V=100$ 元。
因此，兩年後121元的收入，以10%的利率爲折現率，等於現值100元。
因爲一般機器設備投資使用的年限很長，每年有流量的報酬，故利用這
種折現的觀念來求投資報酬的現值。只要式中的 C 與 R_i 的值已知，很
快地便可以求出 r 的值。

投資決定於利率與投資的邊際效率兩個因素，前者由市場所決定，
對個別廠商而言已經客觀地存在，後者則是企業家個人的主觀預期。因
此，縱然客觀市場利率已經決定，投資也將因主觀的投資邊際效率預期
的不同而有很大的差異，這也說明了爲何投資具有很高的變異性。

二、投資的主要決定因素

投資的需求曲線如同產品的需求曲線一般，將受有關因素的影響而發生變化。假定除利率外，其他影響投資的因素不發生改變，投資將隨利率的改變而改變，兩者呈減函數關係的變化，這種情形稱為**投資量的改變**（changes in the amount invested），卽投資沿著投資需求曲線（MEI）上下移動的改變。圖 5-18，利率由 Or_1 降為 Or_2，投資沿著 MEI 曲線由 OI_1 增至 OI_2，是為投資量的改變。相反地，假定利率水準不變，其他影響投資的因素發生改變，將使投資的邊際效率改變，整條 MEI 曲線發生移動。圖 5-18 投資的邊際效率提高，MEI 曲線上升為 MEI'；投資的邊際效率下降，MEI 曲線下降為 MEI''，表示在相同利率水準之下，投資亦將增加或減少，是為**投資的改變**（changes in investment）。

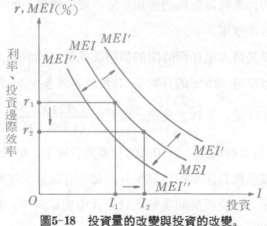

圖5-18　投資量的改變與投資的改變。

一般而言，利率水準是由市場所決定，個別廠商無法影響，廠商視其為投資決策的固定參數（parameter）。廠商投資的決定，只能就投資邊際效率考慮，故影響投資邊際效率的因素也就是影響投資需求的因素，當其發生改變時，MEI 曲線將會產生移動，在一定利率水準下，

投資量也因而發生改變。 以下是促成投資邊際效率發生改變的主要因素:

1. 創新與技術進步 創新與技術進步促使生產成本降低,引進新產品,開拓新市場,使企業獲利的預期提高,投資需求曲線(MEI 曲線) 往右上方移動,投資因而增加。

2. 現有資本存量的多少 報酬遞減法則亦適用於資本,現有資本存量愈多,新增加之投資的生產力將愈下降,投資的邊際效率愈降低,MEI 曲線往左下方移動,投資減少。

3. 對未來的預期 對未來經濟情況看好, 充滿信心與樂觀的預期,投資將會增加; 反之,投資減少。

4. 對產品需求的預期 預期所投資生產之產品的需求殷切,將可以較高價格、出售較多的數量,利潤可以提高,投資將會增加; 反之,投資減少。

5. 新資本財貨價格 投資所購買之新資本財貨的價格如果上升,將提高投資成本,MEI 曲線往左下方移動, 投資減少; 反之,MEI 曲線往右上方移動,投資增加。

6. 目前企業獲利狀況 目前企業利潤的高低,一方面影響企業對未來可能利潤的預期,一方面決定企業儲蓄與資金取得能力的大小。目前利潤愈高,對未來可能獲得利潤的預期愈為樂觀,投資意願強,同時能有足夠資金進行投資,投資需求也就愈加旺盛; 反之, 投資需求疲乏。

7. 國民所得水準 國民產出與所得水準提高,購買力增加,需求上升,投資因而增加; 反之,投資減少。

8. 政府的政策 政府政策的採行將使 MEI 曲線發生移動。假定其他情況不變,政府採降低公司所得稅、加速折舊、降低利率等鼓勵投資措施,預期投資報酬將會提高,MEI 曲線往右移,投資增加; 反之,

投資減少。

在一個成長與不斷變化的動態經濟社會，影響投資的經濟及非經濟因素是相當不穩定且難以預測的。例如，資本財使用期限的長短，創新與技術進步的不規則發生，利潤與預期的可變性，政治情況的改變等，這些外在因素均無法預料與控制。在此情況下，吾人無法相信在自由競爭的市場經濟下，私人投資能夠正好確保充分就業的維持，既不產生失業，亦不會發生通貨膨脹。事實上，私人投資的波動是引起國民就業與所得變化最主要的因素。

三、自發性投資與誘發性投資

投資可按其是否 受國民產出 所得變化的影響， 而分爲自發性 投資 (autonomous investment) 與誘發性投資 (induced investment) 兩類[12]。**所謂自發性投資係指： 投資不隨國民所得水準的變化而改變，其改變只受國民所得之外，如戰爭、預期、新資源發現及創新等因素所影響。** 圖 5-19，自發性投資 (I_a) 與代表國民所得 (Y) 的橫座標平行， 表示其不隨所得水準之改變而改變， I_a 始終維持 OI_0 的水準。 當未來預期樂

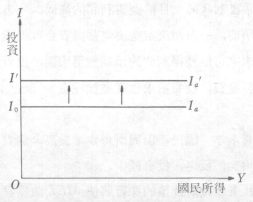

圖5-19 自發性投資不隨所得水準之改變而改變。

---

[12] 這與自發性消費和誘發性消費的區分相類似。

觀，新資源發現，或創新發生，自發性投資則將由 OI_0 增為 OI'。

誘發性投資係指: 投資活動隨國民所得水準的變化而改變。圖5-20，誘發投資 (I_i) 隨國民所得水準之提高而增加。當投資函數同時包括自發性投資與誘發性投資時，投資函數可以寫成: $I = I_a + vY$，I_a 代表自發性投資，vY 代表誘發性投資，v 是**邊際投資傾向** (marginal propensity to invest, MPI)，$v = \dfrac{\Delta I}{\Delta Y}$，表示每增加一單位國民所得所引起投資增加的比率。

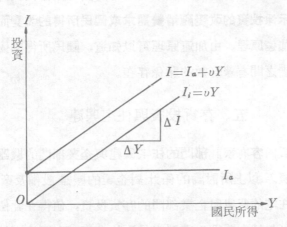

圖5-20 誘發性投資隨國民所得水準之提高而增加。

四、投資與加速原理

從誘發投資，可以導出加速原理 (acceleration principle)的概念。根據消費函數，消費開支隨國民所得的提高而增加，為配合需求的增加，供給亦須相對的增加。**在沒有閒置資本財的假定下，供給的增加須透過淨投資的增加來達成，而所需增加的淨投資是消費需求增加的倍數，這倍數稱為加速因子** (accelerator)。以公式表示:

$$加速因子 = \frac{淨投資的改變}{消費需求的改變} = \frac{\Delta I_n}{\Delta C}。$$

在消費決定於國民所得的情況下，加速因子(A)可另以下列公式表示[13]：

$$A = \frac{\Delta I_n}{\Delta C} = \frac{\Delta I_n}{C_t - C_{t-1}} = \frac{\Delta I_n}{Y_t - Y_{t-1}},$$

式中 C_t 與 Y_t 分別表示當期消費與國民所得，C_{t-1} 與 Y_{t-1} 分別表示前期消費與國民所得。

上式表示加速因子可由消費或國民所得的變化與淨投資變化的關係求得，**這種表示淨投資的改變隨消費需求或國民所得的改變而成倍數變化的關係稱爲加速原理**。由加速原理可以知道，國民所得的變動導致投資的變動，兩者之間有著倍數的關係存在。

五、存貨投資與住宅興建

私人的投資內容有家計部門的住宅興建與企業部門的機器、設備、廠房及存貨投資。以上所討論的係針對企業的機器設備及廠房投資而言，家計部門住宅的興建與企業部門的存貨投資，值得在此個別討論。

企業存貨（包括中間投入與製成品）的多寡，主要決定於銷貨的狀況。存貨與銷貨之間通常有一定的比例，存貨過多，須負擔重大的利息、倉貯及損耗成本，不划算；存貨太少，無法應付突然激增的需求，將錯失貿易機會，影響信譽，喪失顧客，故任何銷售者、廠商，均有其**最適的存貨**（optimum inventory）水準。

---

[13] 此處是根據凱恩斯的論點，認爲當期的消費是由當期的所得決定，所以由 $\frac{\Delta I_n}{C_t - C_{t-1}}$ 過渡爲 $\frac{\Delta I_n}{Y_t - Y_{t-1}}$；但依據凱恩斯以後的學者的意見，認爲當期的消費 C_t 是由前期的所得 Y_{t-1} 決定，則由 $\frac{\Delta I_n}{C_t - C_{t-1}}$ 可過渡爲 $\frac{\Delta I_n}{Y_{t-1} - Y_{t-2}}$。

銷貨的增加，會使存貨增加，而存貨增加的速度通常大於銷貨增加的速度，兩者之間有著加速原理的關係存在。可是，並非任何情況下存貨的增加均出於售貨者的意願，有時因經濟不景氣，產品滯銷而變爲庫存的稱爲**非意願存貨** (involuntary inventory)。銷售者非意願存貨的累積，將減少進貨訂單，而使廠商的生產縮減，投資減少，經濟活動走下坡，故非意願存貨的多寡是重要的經濟指標。

住宅的興建帶動鋼鐵、水泥、玻璃、塑膠、木材等工業的活動，有著很大的**聯鎖效果** (linkage effect)，是預測 經濟活動的 重要指標之一。住宅興建增加時，吾人可預期經濟活動將擴張，未來充滿樂觀，激發了投資的意願。影響住宅興建的主要因素爲：

1. 人口數量與人口的移動 人口多，需要的房子多；人口少或戰爭時，需要的住宅少，戰後重建與數十年後人口的激增，住宅需要大增；一個社會，外移人民多，住宅需要少，內移人民多，住宅需要多。

2. 所得水準與所得分配 所得水準愈高且分配平均，一般人愈有能力負擔住宅購買，需要的住宅多。

3. 信用的提供 一般人通常無法單以自有資金償付住宅購買所需的金額，需要金融機構提供貸款協助。當利率低，資金供給充裕，借款期限長時，社會大眾願意且能够借得資金以從事住宅興建。

最後，表 5-4 列示民國78年臺灣地區實質資本形成毛額的內容。臺灣地區的投資中，以固定資本形成佔絕大比例（96.3%），其中又以機器及設備佔最大比例（43.0%）；存貨投資所佔比例不大（僅3.7%），其中主要爲原材料存貨（2.0%）。

摘　　要

1. 古典學派根據賽伊法則，認爲供給創造其本身的需求，經濟因此必能經常維持於總需求等於總供給的充分就業產出狀態。如果有需

表 5-4 臺灣地區實質資本形成毛額之內容——民國78年

單位: 新臺幣百萬元; %

項　　　　　　　　　　　　　目	金　　　　額 （按民國75年價 格計算）	比　例 （%）
一、固定資本形成	810,208	96.3
1. 住宅	109,158	13.0
2. 非住宅用房屋	121,405	14.4
3. 其他營建工程	122,385	14.6
4. 土地改良、耕地及果園之開發	4,627	0.6
5. 運輸工具	86,847	10.3
6. 機器及設備	361,302	43.0
7. 種畜、役畜及乳牛等	4,484	0.5
二、存貨增加	30,720	3.7
1. 農工業	13,240	1.6
(1) 原材料	17,155	2.0
(2) 在產品（卽半製成品）	3,723	0.4
(3) 家畜（種畜、役畜及乳牛等 　　　　除外）	2,463	0.3
(4) 產成品（卽製成品）	−10,101	−1.2
2. 商業	15,913	1.9
3. 其他服務業	1,567	0.2
國內資本形成毛額	840,928	100.0

資料來源: 行政院主計處,《中華民國臺灣地區國民所得》, 民國79年, 第133頁。

求不等於供給而有需求不足的情況發生, 只要利率、價格與工資具有靭性, 必能使資本、產品與勞動市場調整至供需均衡, 而使經濟的總需求再度等於總供給。

2. 凱恩斯於1936年發表**一般理論**，認爲在儲蓄與投資分歧、價格與工資缺乏靱性及流動性偏好陷穽的情況下，賽伊法則不再成立，供給不再能夠自動創造其本身的需求，經濟因此無法經常達於充分就業的狀態。取而代之的是凱恩斯法則，認爲需求創造其本身的供給，有效需求的多寡決定了均衡的國民產出水準。

3. 表示消費與所得之間變動關係的是爲消費函數，消費與所得水準呈增函數的關係，但消費的增加率小於所得的增加率。表示儲蓄與所得之間變動關係的是爲儲蓄函數，儲蓄與所得水準亦呈增函數關係，但儲蓄的增加率大於所得的增加率。

4. 消費開支佔可支配所得的百分比是爲平均消費傾向，等於由原點至消費函數曲線上射線的斜率，隨所得水準的提高，平均消費傾向不斷下降。儲蓄佔可支配所得的百分比是爲平均儲蓄傾向，等於由原點至儲蓄函數曲線上射線的斜率，隨所得水準的提高，平均儲蓄傾向亦不斷提高。任何所得水準下，平均消費傾向與儲蓄傾向之和等於 1 。

5. 邊際消費傾向是指：消費開支變量對可支配所得變量的相對比率，等於消費曲線切線的斜率。邊際儲蓄傾向是指：儲蓄變量對可支配所得變量的相對比率，等於儲蓄曲線切線的斜率。在直線型消費與儲蓄函數的假設下，邊際消費傾向與儲蓄傾向均爲固定的值而不隨所得水準之變動而改變；在任何所得水準下，邊際消費傾向與儲蓄傾向之和等於 1 ，邊際消費傾向均小於平均消費傾向；當有正儲蓄發生後，邊際儲蓄傾向均大於平均儲蓄傾向。

6. 消費的變動可分爲消費量的改變與消費的改變。前者是指：在其他情況不變下，消費量隨所得的改變而改變，是沿著消費函數曲線上下移動的變動；後者是指：在所得水準不變下，其他影響消費的因素如果發生改變，致使整條消費函數曲線的位置發生上下移位的改變，這些因素有流動資產水準、耐久消費財存量、流動負債率、家庭人口與年齡

結構、對未來的預期、社會文化背景、比較生活水準與財政、貨幣政策的影響。

7. 投資的邊際效率是指：額外一單位的投資，在不扣除利息成本下的預期報酬率。投資的邊際效率與投資量呈減函數的關係，投資的邊際效率曲線也就是不同利率水準下的投資需求曲線。

8. 投資的變動可分為投資量的改變與投資的改變，前者是指：在其他情況不變下，投資量與利率呈減函數關係的變動；後者是指：在利率水準不變下，其他影響投資的因素如果發生改變，致使整條投資需求曲線的位置發生移動，這些因素有創新與技術進步、現有資本存量多寡、對未來預期、對產品需求預期、新資本財貨價格、目前企業獲利狀況、國民所得水準及政府政策。

9. 與國民所得水準變動無關的投資，稱為自發性投資；與國民所得水準呈增函數關係變動的投資，稱為誘發性投資。

10. 在沒有閑置資本財的情況下，產出（或消費）的增加，將引起投資成倍數的增加，這倍數稱為加速因子，這種投資隨產出（或消費）變動而成倍數變動的關係，稱為加速原理。

11. 銷貨增加會引起存貨加速增加，兩者之間有著加速原理的關係存在；銷貨減少會產生非意願存貨，而使投資、產出減少。

12. 住宅興建是家計部門的主要投資，能够產生很大的聯鎖效果，是經濟活動的重要指標。住宅興建活動主要是受人口數量與人口移動、所得水準與所得分配、及信用狀況等因素的影響。

重 要 名 詞

賽伊法則	靭性價格機能
流動性偏好陷穽	凱恩斯法則
消費函數	儲蓄函數

平均消費傾向　　　　　　　邊際消費傾向

平均儲蓄傾向　　　　　　　邊際儲蓄傾向

消費量的改變　　　　　　　消費的改變

絕對所得理論　　　　　　　恆常所得理論

生命循環週期理論　　　　　相對所得理論

投資邊際效率　　　　　　　折現值

投資量的改變　　　　　　　投資的改變

自發性投資　　　　　　　　誘發性投資

邊際投資傾向　　　　　　　加速原理

非意願存貨

問 題 練 習

1. 試述古典學派就業理論的要旨，並評論之。

2. 凱恩斯學派對所得與就業的看法如何？為何會產生與古典學派完全不同的結論？

3. 就理論推論過程與現實經濟情況而言，你對古典學派與凱恩斯學派的所得與就業理論的看法如何？

4. 要瞭解凱恩斯理論主要應從那方面著手？有效需求是由那些開支項目所構成？

5. 何謂消費函數？平均消費傾向與邊際消費傾向有何不同？在凱恩斯理論裏，這兩種傾向各具有什麼特性？

6. 何謂儲蓄函數？平均儲蓄傾向與邊際儲蓄傾向有何不同？在凱恩斯理論裏，這兩種儲蓄傾向各具有什麼特性？

7. 假定某經濟社會在所得為零時，其消費為 25 億元，當所得為 100億元時，其消費亦為100億元，試求該經濟社會之消費函數式及儲蓄函數式，並以圖形表示之。

8. 平均消費與儲蓄傾向之間有何關係? 邊際消費與儲蓄傾向之間有何關係? 試舉數字例證說明消費與儲蓄函數的觀念。

9. 消費量的改變與消費的改變有何不同? 儲蓄量的改變與儲蓄的改變有何不同? 各受那些因素的影響?

10. 在其他情況不變下,人們所擁有的流動資產增加時,對消費與儲蓄函數將有何影響?

11. 何謂投資的邊際效率? 如何計算? 其與利率有何關係? 試舉例說明之。

12. 投資量的改變與投資的改變有何不同? 兩者分別受到那些因素的影響?

13. 自發性投資與誘發性投資有何不同? 試用圖形說明之。

第六章　國民生產與所得
均衡水準的決定

國民生產毛額 (GNP) 的計算有開支法與所得法，前者將整個社會對生產或產出 (output) 的開支予以加總，後者將參與生產之生產要素的所得與非所得項目予以加總，兩種計算方法得到相同的國民生產毛額。因此，生產（或產出）與所得實爲一體的兩面，在只考慮家計與企業兩部門的簡單國民所得分析模型中，企業部門的總產出供給就是家計部門的總所得收入，兩者代表可替代使用的相同經濟觀念。

前面提到，家計部門對於可支配所得，不是用之於消費開支，便是將之儲蓄。我們現在暫時假定家計部門是唯一的儲蓄者，企業部門是唯一的投資者，本章將在這些假定下討論消費、儲蓄與投資三種因素如何決定國民生產與所得的均衡水準，這一探討就是當代就業、所得理論的核心。

第一節　國民生產水準

短期間內，假設社會的四大生產要素勞動 (N)，資本 (K)，土地 (L)及企業家精神(E)，除勞動外均是固定不變的。如此，代表全社會投入與產出關係的總合生產函數 (aggregate production function) 可以寫成 $Y = f(N, \overline{K}, \overline{L}, \overline{E}) = f(N)$，$f' > 0$。英文字母上帶一橫的表示固定不變，這生產函數可以圖 6-1 表示，顯示在短期間，國民生產或所

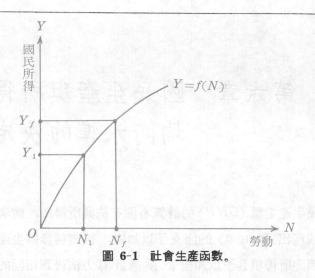

圖 6-1 社會生產函數。

得 (Y)，完全決定於社會的就業水準 (N)。一旦就業水準決定時，國民所得就隨著決定；反之，如果知道國民所得，透過生產函數，也就知道就業水準，國民所得與就業水準兩者之間有著增函數的關係存在。依古典學派社會經常處於充分就業 (ON_f) 的假定，則社會必然經常保持充分就業的產出與所得水準 (OY_f)，而沒有所謂失業與低產出水準的問題存在。可是，凱恩斯學派否認經濟自動存在充分就業，認為如何促使經濟達到並維持於充分就業的水準，乃是當代總體經濟學所要討論的主題。

一、均衡水準

均衡是不同方向的力量達於平衡，不再變化的一種狀態。因此，當社會的總供給等於總需求時，是國民生產均衡水準的達成。假若沒有外來干擾的影響，這種均衡的產出水準將繼續維持下去。事實上，經濟有關變數非常多，不斷在變化，不斷在求平衡，不可能有靜態均衡存在，經濟現象只可說是一種追求動態均衡的過程。

根據賽伊法則，古典學派認為經濟將自動地達到充分就業產出的均衡結果。凱恩斯學派卻認為經濟很難自動達成充分就業，在低於充分就

業之前，只要總供給等於總需求，均衡狀態仍然存在，只不過是一種非充分就業的均衡罷了。至於低於充分就業情況下的總供給等於總需求，是否可視為真正均衡，現仍為一般學者所爭議。

二、充分就業水準

依照社會總合生產函數 $Y = f(N)$，國民生產與就業水準呈增函數關係，就業水準的增加必然同時表示產出水準的增加，充分就業所對應的生產就是充分就業的產出水準， $Y_f = f(N_f)$。在此水準下，社會資源獲得充分及最有效的使用，生產落於生產可能曲線上，社會有著最大的產出。人類在追求其無窮慾望獲致最大滿足的動機下，首要的是使產出最大，這就須以追求充分就業為目標，所以充分就業是總體經濟研究的主題。但是，由於產出與就業之間有著增函數的關係存在，且兩者是同時決定的，因此，對產出水準的研究，也就是對就業水準的研究；反之亦然。

第二節　均衡產出水準的決定

為何一個社會在不同時期有著不同的就業與產出水準，其均衡值究竟如何決定呢？對這問題，古典學派由供給面，根據賽伊法則，認為是自動達成的；凱恩斯學派則由需求面，根據凱恩斯法則，主張是由有效需求所決定的，其過程就是以下所討論的。

一、總需求與總供給平衡法

在只考慮私經濟部門的基本模型中， **社會的總需求** （aggregate demand）是由家計消費和企業投資所構成， 即整個社會對消費財和投資財的總開支(total expenditures)，總需求就是總開支。為分析方便，

　　基本模型假定投資函數是與國民所得水準無關的定量自發性毛投資。企業部門的各種可能實質產出水準——實質國民生產毛額，構成了**社會的總供給**（aggregate supply）。因為總需求和總供給分別是由各種不同財貨與勞務所構成，為了能夠相互比較，兩者均以實質的貨幣單位來表示。

　　按國民生產均衡水準的意義，總需求等於總供給時，國民產出水準達於均衡。這種均衡過程可以表或圖來加以說明。 首先， 就表 6-1 來

表 6-1　均衡國民所得與就業水準的決定

單位: 十億元

(1) 就業水準 （單位: 百萬人）	(2) 總供給＝ 實質國民 生產毛額	(3) 消費 (C)	(4) ＝(2)－(3) 儲　蓄 (S)	(5) 毛投資 (I)	(6) ＝(3)＋(5) 總需求	(7)＝(2)－(6) 或(4)－(5) 非意願存貨 變動	(8) 國民所得與 就業的變動
30	$100	$140	－$40	$40	$180	－$80	↑
35	200	220	－20	40	260	－60	↑
40	300	300	0	40	340	－40	↑
45	400	380	20	40	420	－20	↑
50*	500*	460*	40*	40*	500*	0*	均衡
55	600	540	60	40	580	＋20	↓
60	700	620	80	40	660	＋40	↓
65	800	700	100	40	740	＋60	↓
70	900	780	120	40	820	＋80	↓

　　註:　↑代表提高或增加，↓代表下降或減少， ＊代表均衡。

看， 在各種就業水準下 （(1)欄）， 有不同的產出水準 （(2)欄）， 這是總供給， 等於總所得。在各種可能的產出（所得）水準下，有著不同的消費 （(3)欄）、 儲蓄 （(4)欄） 與相同的自發性毛投資量 （(5) 欄），消費與自發性毛投資相加等於總需求（(6)欄）。如果總需求大於總供給，非意願存貨 （(7)欄） 減少 （－） ——即負存貨投資， 企業部門因此增

加僱用勞工，擴充生產，就業與所得水準提高（↑）；如果總需求小於總供給，非意願存貨增加（＋），企業部門因此裁減勞工，減少生產，就業與所得水準下降（↓）。唯有總需求等於總供給時，企業部門非意願存貨等於零，沒有進一步改變生產的計畫，社會的產出水準達於不再變動的均衡。

再以圖6-2說明上述情形。仍藉助45°指引線，使兩軸所測度的能夠相互比較，由於 45°線上任何一點至兩軸的垂直距離相等，表示總供給(GNP)等於總需求（$C+I$），故線上任何一點均代表均衡的國民產出水準。總需求曲線（$C+I$）是不同產出水準下，企業部門所計畫的自發性毛投資與家計部門所計畫的消費開支的加總，假設其與 45°線交於E點，總需求等於總供給（$EY_e - OY_e$），國民產山達到均衡水準 OY_e。因為產出是就業的函數，故同時也達到就業的均衡水準。如果國民產出水準為 OY_1，小於均衡產出 OY_e，總需求（FY_1）將大於總供給（$OY_1 = Y_1E_1$），就業與產出水準將提高。如果國民產出水準為 OY_2，大於均衡產出 OY_e，總需求（GY_2）將小於總供給（$OY_2 = Y_2E_2$），就業與產出水準將下降。唯有產出為 OY_e 時，總需求等於總供給，生產者沒有變動產量的誘因，故國民產出水準達到均衡。

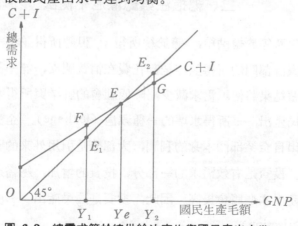

圖 6-2　總需求等於總供給決定均衡國民產出水準。

　　要是消費或投資發生改變，將使總需求發生改變，總需求的變化，將使均衡的就業與產出水準跟著發生改變。圖 6-3，總需求增加，總需求曲線由 $(C+I)$ 升至 $(C+I)'$，均衡產出水準增爲 OY_e'；總需求減少，總需求曲線降至 $(C+I)''$，均衡產出水準降爲 OY_e''。這就是凱恩斯學派所主張的有效需求決定就業、產出水準的理論。

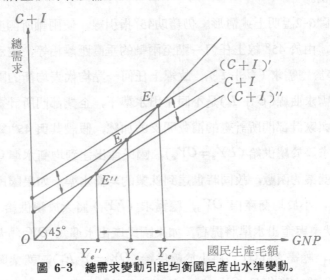

圖 6-3　總需求變動引起均衡國民產出水準變動。

二、總挹注與總漏卮平衡法

　　國民生產等於總供給，等於總所得，但總所得並不一定等於總需求。因爲家計部門的所得並非全部花費在消費開支，有一部分是被儲蓄起來，儲蓄結果將使總需求減少，降低社會的就業與所得水準。因此，儲蓄是國民產出 —— 所得水準的一種漏卮 (leakage)。企業部門的投資並非完全出自企業部門本身的利潤，大部分是引用外來的資金，用以購買投資財。投資是有效需求的一部分，投資的增加，總需求提高，社會的就業與產出水準將會提高。因此，投資是國民產出 —— 所得水準的一種挹注 (injection)。

　　依據上述關係，國民所得等於消費開支與儲蓄之和（$Y = C + S$），國民產出等於消費財價值與投資財價值之和（$GNP = C + I$）。要經濟能够達到均衡，必須總供給等於總需求。在這裏企業部門的產出——即國民產出——代表總供給，家計部門的所得——即國民所得——代表總需求，因此，均衡條件爲 $GNP = C + I = C + S = Y$，中間等式兩邊同消去 C，結果 $I = S$，表示只要家計部門所發生的需求漏巵(儲蓄)由企業部門的需求挹注（投資）所彌補且相等，總供給又將等於總需求，國民產出一所得水準重新達到不再變動的均衡水準。總挹注與總漏巵平衡法的均衡產出水準決定過程，可由表 6-1 的投資等於儲蓄表示出來。另從圖 6-4 來看，自發性毛投資曲線（I）與儲蓄函數（S）交於 E 點，代表企業投資等於家計儲蓄，總供給等於總需求，廠商沒有非意願的存貨變動，雙方均滿意於目前情況，投資與儲蓄行爲繼續維持不變，故就業、產出與所得決定於 OY_e 均衡水準。如果產出水準小於 OY_e，總需求的挹注（投資）大於漏巵（儲蓄），總需求大於總供給，非意願存貨減少，廠商增加生產，就業一產出水準提高；如果產出水準大於 OY_e，總需求的挹注（投資）小於漏巵（儲蓄），總需求小於總供給，非意願存貨增加，廠商減少生產，就業一產出水準降低。

　　任何不同於 OY_e 的產出水準，終將透過儲蓄、投資與存貨的調整，

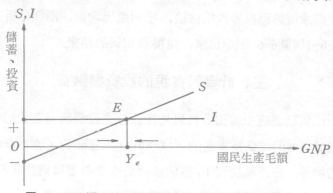

圖 **6-4**　總挹注等於總漏巵決定均衡國民產出水準。

向 OY_e 均衡產出水準收斂。這種總挹注與總漏巵平衡法，有時又被稱爲「浴缸定理」(bathtub theorem)。 產出水準猶如浴缸裏的水量，要是流入缸裏的水（投資）等於從缸裏漏出的水（儲蓄）， 浴缸的水量將保持不變，代表均衡的國民產出水準。如果挹注的水大於漏出的水，浴缸的水量將增加，代表產出水準的提高；挹注的水小於漏出的水，浴缸的水量將減少，代表產出水準的降低。如果漏巵不變，當挹注發生變化時，均衡產出水準將發生改變（圖 6-5）。

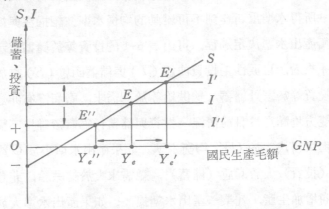

圖 6-5 投資的變動引起均衡國民產出水準的變動.

明顯地，總挹注與總漏巵平衡法是由總需求與總供給平衡法衍生而來， 目的在於以企業的投資需求來彌補家計儲蓄所引起的消費需求不足，使總需求能夠回復等於總供給， 達到產出均衡，兩種分析方法的關係可由表6-1與圖6-6 顯示出來，並得到相同的結果。

三、計畫與實現的投資與儲蓄

總挹注與總漏巵平衡法分析裏均衡條件之投資與儲蓄的均等，是指計畫的 (planned) 〔又稱事前的 (ex-ante) 或意願的 (intended)〕投資與儲蓄的均等。在這種情況下，整個經濟的生產計畫與消費計畫相符合，沒有改變生產計畫的誘因，是一種均衡產出狀態。事實上，計畫儲蓄與

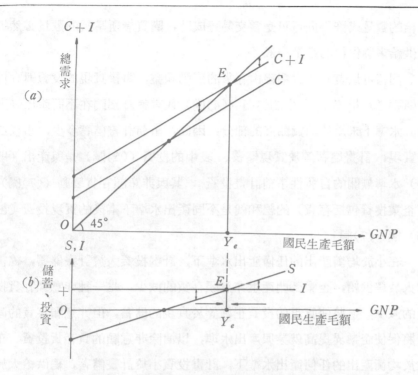

圖 6-6　兩種方法的均衡國民產出水準決定。

計畫投資，分別由不同的儲蓄者與投資者在不同動機、受不同因素的影響下進行，實無法確保兩者在任何產出水準時均能相等。如果兩者正好均等，表示國民產出達到均衡，否則，存貨會發生變動，生產調整，國民產出水準於是改變。

　　雖然只在均衡產出時，計畫投資才等於計畫儲蓄，可是，在任何產出水準下，**已實現的**（realized）〔又稱事後的（ex-post）或實際的（actual）〕**投資與儲蓄**必然均等。因為計畫投資與計畫儲蓄是在不同產出（所得）水準變化前的一種意願行為，實現的投資與儲蓄則是產出（所得）水準發生變化後，實際發生的結果。事前之計畫的投資與儲蓄或許不盡相同，但經過調整之後的事後已實現的投資與儲蓄則必相等。這現象正如某種產品尚未發生交易前，購買者與供給者雙方所計畫購買與

供給的數量或許不同，可是當交易達成時，購買者所購買的數量必然等於供給者所供給的數量一般。

同樣可以表 6-1 說明經由存貨的變動調整，事後實現的投資與實現的儲蓄必然相等。表中的儲蓄（(4)欄）代表家計部門在不同產出（所得）水準下未用於消費開支的部分，因此，事前計畫儲蓄多少，事後必能實現，計畫儲蓄等於實現儲蓄。表中的投資（(5)欄）是與產出（所得）水準無關的自發性事前計畫投資，其與非意願存貨變動（(7)欄）（企業投資包括存貨）的總和就是不同產出水準下事後的實現投資〔即(5) 欄＋(7)欄〕。

在小於均衡產出的任何產出水準下，計畫投資大於計畫儲蓄，總需求大於總供給，企業部門產生非意願存貨的減少，是一種非意願存貨投資的減少，這將使實現的投資正好等於實現的儲蓄，但非意願存貨的減少將促使企業界提高就業與產出水準，以消除非意願的負存貨投資。在大於均衡產出的任何產出水準下，計畫投資小於計畫儲蓄，總供給大於總需求，企業部門發生非意願存貨的增加，是一種非意願存貨投資的增加，這將使實現的投資與實現的儲蓄相等，增加的存貨投資。唯有在均衡產出時，計畫投資與計畫儲蓄相等，總供給等於總需求，非意願存貨等於零，因此實現的投資與實現的儲蓄也相等，國民就業與產出水準不再變動。

再以 圖6-7 說明計畫與實現的投資與儲蓄的關係。圖 6-7 (a) 中消費曲線與 45° 線間的距離是不同產出水準下的計畫儲蓄，等於實現儲蓄。消費曲線與總需求曲線（$C+I$）間的距離是不同產出水準下的計畫投資；在圖6-7 (b) 中，計畫儲蓄與計畫投資就是由儲蓄與投資曲線所代表。在均衡產出 OY_e，計畫與實現投資（$AE=Y_eE'$）等於計畫與實現儲儲（$AE=Y_eE'$）。如果產出為 OY_1，小於均衡產出水準，計畫投資 $JB(=Y_1B')$ 大於計畫儲蓄 $JD(=Y_1D')$，總需求（Y_1B）大於總供給

(Y_1D), 非意願存貨投資減少 $DB=D'B'$, 而使實現投資（$JB-DB$
$=JD$）就業產出與所得水準升高至 OY_e 等於實現儲蓄（JD）。如果產
出為 OY_2, 大於均衡產出, 計畫投資 $HG(=Y_2G')$ 小於計畫儲蓄 HF
$(=Y_2F')$, 總需求（Y_2G）小於總供給（Y_2F）, 非意願存貨投資增加
$GF(=G'F')$, 而使實現投資（$HG+GF=HF$）等於實現儲蓄（HF）,
就業產出與所得水準降低至 OY_e。

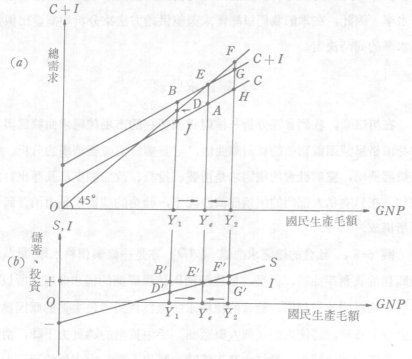

圖 6-7 計畫與實現的投資與儲蓄。

總挹注與總漏巵平衡法裡, 曾經證明均衡產出所需條件為計畫投資
與計畫儲蓄的均等（$I=S$）。同樣地, 對於任何已確定實現的產出（所
得）水準, 從所得支配方式分析, 所得是由消費與儲蓄所構成（$Y=C$
$+S$）, 從對產品開支分析, 所得來自消費與投資兩種開支（$Y=C+I$）,
因此 $C+S=C+I$, $S=I$, 此處的 S 與 I 分別代表實現的儲蓄與實

現的投資，表示所得實現後，事後的儲蓄與事後的投資必然相等。

第三節　均衡產出與價格水準的同時決定

　　總體經濟學所最關心的兩個經濟變數爲產出（或就業）與物價水準。上一節的45度線分析法只能決定均衡實質產出水準，但卻忽略了價格水準。因此，在本節我們以總需求與總供給方法來分析均衡產出與價格水準的同時決定。

一、總需求曲線

　　在第二章，我們曾經分析一種財貨或勞務的市場總需求曲線爲與其本身價格呈減函數關係的負斜率曲線，這是屬於個體經濟學的分析。在總體經濟學，整個社會的總需求是消費、投資、政府開支，及淨出口的總和。在只有私人部門的閉鎖經濟假設下，社會的總需求是由消費與投資所構成。

　　圖 6-8，社會的總需求曲線 （AD）亦是一條與價格水準 呈減函數關係的負斜率曲線。但是，個體經濟與總體經濟的需求曲線之所以爲負斜率的原因並不相同。社會的總需求曲線爲負斜率最主要的原因爲價格水準上升時，將使人們（個人與廠商）手中貨幣的購買力下降，消費與投資開支因此減少；價格水準下降時，將使人們手中貨幣的購買力上升，消費與投資開支因此增加❶。是故，社會的總需求曲線是一條與價格水準呈減函數關係的負斜率曲線。如果價格水準以外的變數發生改變，則整條社會總需求曲線將發生往外或往內的移動。例如，貨幣供給增加、減稅、對未來經濟情況預期樂觀等因素，將使社會總需求曲線往

---

❶　這種價格水準變動影響貨幣購買力，進而影響消費與投資開支，稱之爲**實質餘額效果**（real balance effect），或皮古效果（Pigou effect）。

外移；反之，將使社會總需求曲線往內移。

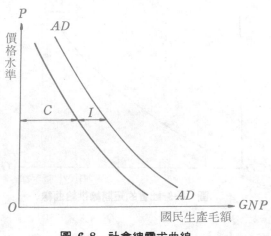

圖 6-8　社會總需求曲線。

二、總供給曲線

　　整個社會的總供給 曲線亦如同 個別財貨或 勞務的市場 供給曲線一般，是一條與價格水準呈增函數關係的正斜率曲線，但兩者之所以為正斜率的原因並不相同。

　　社會的總供給曲線與時間的長短有密切的關係。短期間，社會的總供給數量將隨技術水準、資源稟賦及勞動力的利用狀況而定。在技術水準及資源稟賦一定下，短期間社會的總供給因此決定於勞動力的利用（即就業）狀況。如果我們假設工資在短期間具有僵固性，或是工資的調整落在價格水準的調整之後，則價格水準上升將使廠商的利潤提高，廠商將增加雇用勞工，社會的總產出因此增加。是故，短期的社會總供給曲線是一條與價格水準呈增函數關係的正斜率曲線——圖 6-9。

　　但是，在長期間工資將隨價格水準的變動完全調整，而沒有僵固性存在。例如，價格水準上升10%，長期間工資水準亦將上升10%。在此情況下，價格水準雖然上升但廠商的利潤並沒有增加，廠商因此不會增

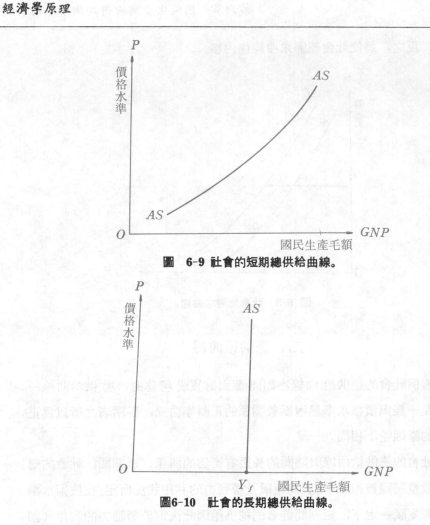

圖 6-9 社會的短期總供給曲線。

圖6-10 社會的長期總供給曲線。

加雇用勞工，社會的總產出因此不變。是故，長期的社會總供給曲線將
如同圖 6-10 中的 *AS* 一般，是一條與價格水準無關的垂直線。至於
垂直線與橫軸交於何處──即長期的社會總供給量，則由社會的技術水
準、資源稟賦，及勞動力數量所決定的潛在產出 (potential output) 來
決定。假設社會的技術水準與資源稟賦不變，則社會的潛在產出完全決
定於勞動數量。因此，社會的長期總供給數量其實也就是勞動力充分就
業時的產出水準(OY_f)。

三、均衡產出與價格水準的決定

　　將社會的總需求曲線與總供給曲線畫在同一圖形上即可決定社會均衡的產出與價格水準。圖6-11，社會的總需求曲線與總供給曲線相交於 E_0 點，決定社會均衡的產出水準 OY_e 與價格水準 OP_e。 若社會總需求增加，則總需求曲線由 AD 外移到 AD'，社會的均衡產出水準提高為 OY_e'，價格水準升高為 OP_e'；若社會總需求減少， 則總需求曲線由 AD 內移到 AD''， 社會的均衡產出水準降低為 OY_e''， 價格水準降低為 OP_e''。這正是凱恩斯的有效需求決定產出水準理論。

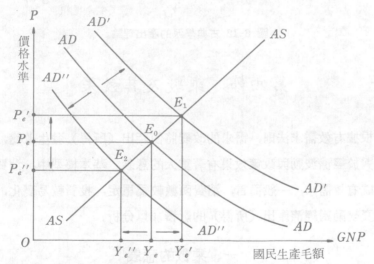

圖6-11　均衡產出水準與價格水準的決定與變動。

　　不同於凱恩斯的有效需求理論，古典學派認為經濟經常處於充分就業狀態， 社會的產出因此經常維持於充分就業的產出水準。 在此情況下，社會總需求的變動將只有改變社會的價格水準，而對社會的產出水準沒有影響——圖6-12。

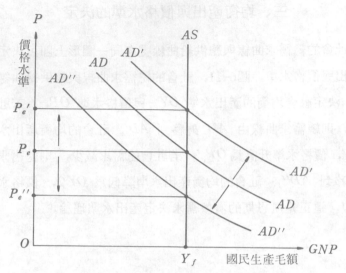

圖 6-12 古典學派的產出理論。

第四節 乘數及其效果

根據有效需求法則，需求的改變將使產出（所得）發生改變，這種
關係對於經濟波動與政策效果有著重大的意義。基本模型中，消費與投
資構成有效需求，一般而言，消費函數較爲穩定，投資較易變化，本節
就投資變動對經濟產出（所得）的影響加以分析。

一、乘數的意義

在均衡產出水準下，投資增加，提高有效需求，引起產出與所得水
準的升高；投資減少，降低有效需求，促使產出與所得水準降低，而產
出（所得）的變動將是投資變動的倍數，這倍數稱之爲乘數（multiplier），
這種投資改變對經濟活動所產生的擴張效果稱之爲乘數原理（multiplier
principle）。

一般而論，凡影響總需求的改變，均會產生乘數作用，若祇考慮投資改變所產生的倍數作用又稱**簡單乘數** (simple multiplier)。如將消費、儲蓄、進出口或租稅等影響有效需求的因素均加以考慮，所產生的倍數作用稱爲**複雜乘數** (complex multiplier)。

既然需求變動有著乘數效果存在，所以構成需求的投資與消費如有少許的變動，就可能使產出水準發生很大的改變，這一事實說明了一國的經濟爲何會時常波動，也說明政府的財政、貨幣政策，爲何會受到重視的原因。

二、乘數效果的幾何表現

圖 6-13，在儲蓄不變下，自發性投資由 I 增爲 I'，均衡產出由

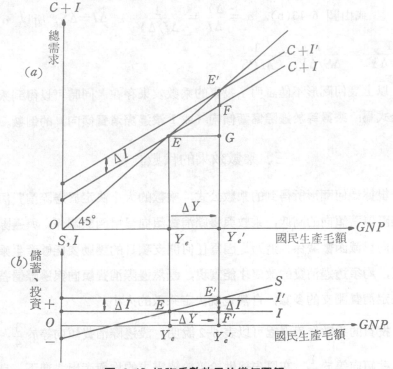

圖 6-13 投資乘數效果的幾何圖解。

OY_e 增至 OY_e'，投資增加 ΔI，產出增加 ΔY，圖形很明顯地表示 $\Delta Y > \Delta I$，表示投資乘數效果的產生。這事實可以幾何圖形證明如下：

設 α 代表乘數，由圖 6-13(a)，依定義 $\alpha = \dfrac{\Delta Y}{\Delta I} = \dfrac{OY_e' - OY_e}{E'F} =$

$\dfrac{EG}{E'G - FG}$。因為三角形 $E'EG$ 為等腰直角三角形，所以 $EG = E'G$，α

$= \dfrac{EG}{EG - FG}$。分子、分母同除以 EG，得到 $\alpha = \dfrac{1}{1 - FG/EG}$。因為

假定投資只有自發性的，所以 $\dfrac{FG}{EG}$ 是消費曲線的斜率，即邊際消費傾向

(MPC)。因此，$\alpha = \dfrac{1}{1 - MPC}$。又 $MPC = 1 - MPS$，所以 $\alpha =$

$\dfrac{1}{1 - (1 - MPS)} = \dfrac{1}{MPS}$。一般假設 $0 < MPS < 1$，結果 $\alpha = \dfrac{1}{MPS}$

> 1。或由圖 6-13(b)，$\alpha = \dfrac{\Delta Y}{\Delta I} = \dfrac{1}{\Delta I / \Delta Y}$，$\Delta I = \Delta S$，所以 $\alpha =$

$\dfrac{1}{\Delta I / \Delta Y} = \dfrac{1}{\Delta S / \Delta Y} = \dfrac{1}{MPS}$。

以上幾何圖形不僅證明了投資的乘數效果存在，同時可以得到乘數的公式為：**乘數等於邊際儲蓄傾向（或 1 減邊際消費傾向）的倒數。**

三、乘數效果的代數詮釋

根據幾何圖形所得到的乘數公式，乘數的大小決定於邊際消費傾向或邊際儲蓄傾向的高低，乘數與邊際消費傾向呈增函數關係，與邊際儲蓄傾向呈減函數關係。這乃是因為任何開支項目的變動要能夠產生乘數作用，均須透過消費的改變才能實現，既然邊際消費傾向與邊際儲蓄傾向決定消費開支的多寡，自然也就決定乘數的大小。

投資的乘數作用過程可以表 6-2 說明。設邊際消費傾向等於 $\dfrac{3}{4}$，邊際儲蓄傾向等於 $\dfrac{1}{4}$。在原先總供給等於總需求的均衡產出水準下，自發

表 6-2　乘數效果產生的過程

單位：億元

項目 回合	(1) 投資增量 （ΔI）	(2) 需求增量 （ΔD）	(3) 國民生產毛額增量 （$\Delta GNP = \Delta Y$）	(4) 消費增量 （ΔC）	(5) 儲蓄增量 （ΔS）
第一回合	$5	$5	$5	$3.75	$1.25
第二回合		3.75	3.75	2.81	0.94
第三回合		2.81	2.81	2.11	0.7
第 n 回合		≈0	≈0	≈0	≈0
總　　計	$5	$20	$20	$15	$5

性的投資增加了 5 億元──我們稱之爲第一回合，總需求因而增加 5 億元。爲因應總需求的增加，總供給產出增加 5 億元，所得因此增加 5 億元，所增加的所得按邊際消費與儲蓄傾向分割，使消費增加3.75億元，儲蓄增加1.25億元。增加的3.75億元消費，形成第二回合的開支增加。總需求再增加3.75億元，產出再增加3.75億元，所得再增加3.75億元。如果邊際消費傾向不變，上述過程將繼續下去，一個人的消費開支構成另一個人的所得，所得乘上邊際消費傾向又形成另一回合的消費增加。每一回合所增加的消費開支、所得與儲蓄將愈來愈小，直到最後收斂至零爲止。將表中每一回合所增加的所得加總，等於20億元，與原來增加的 5 億元投資比較，所得增加是投資增加的 4 倍，乘數因此等於 $\frac{1}{MPS} = \frac{1}{1/4} = 4$ 。

　　累積增加的20億元產出（所得），表示增加的總供給（20億元）等於增加的總需求（增加 15 億元的消費與 5 億元的投資），增加的儲蓄（ 5 億元）等於增加的投資（ 5 億元），經濟又重新達於另一均衡產出

水準。表6-2的關係可以代數式表示：

$$\sum \Delta Y = \Delta I + b \Delta I + b^2 \Delta I + \cdots\cdots + b^{n-1} \Delta I, \qquad (1)$$

式中 b 代表邊際消費傾向。(1) 式中，除第一項代表原來所增加的投資外，其餘每一項分別表示每一回合所增加的消費或所得。

(1)式兩邊乘以 b，得到：

$$b\sum \Delta Y = b \Delta I + b^2 \Delta I + b^3 \Delta I + \cdots\cdots + b^n \Delta I。 \qquad (2)$$

(1)式減(2)式，得到：

$$\sum \Delta Y - b\sum \Delta Y = \Delta I - b^n \Delta I。$$

因為 $0 < b < 1$，當 $n \to \infty$ 時，$b^n \approx 0$，$b^n \Delta I = 0$。所以：

$$\sum \Delta Y - b\sum \Delta Y = \Delta I,$$

$$(1-b)\sum \Delta Y = \Delta I,$$

$$\frac{\sum \Delta Y}{\Delta I} = \frac{1}{1-b} = \frac{1}{1-MPC} = \frac{1}{MPS}。 \qquad (3)$$

(3) 式表示累積所得的增加是投資增加的倍數，此倍數卽乘數 $\dfrac{1}{1-MPC}$ $\left(\text{或 } \dfrac{1}{MPS}\right)$。

乘數的代數詮釋，我們可以更加簡明的方式導出如下：

根據供給等於需求的均衡條件：

$$Y = C + I。 \qquad (1)$$

對 (1) 式兩邊取變化量，得到：

$$\Delta Y = \Delta C + \Delta I，或 \qquad (2)$$

$$\Delta I = \Delta Y - \Delta C。 \qquad (3)$$

(2)式除以(3)式，得到：

$$\frac{\Delta Y}{\Delta I}=\frac{\Delta C+\Delta I}{\Delta Y-\Delta C}=\frac{\Delta Y}{\Delta Y-\Delta C}。 \tag{4}$$

（4）式右邊分子、分母同除 ΔY，得到:

$$\frac{\Delta Y}{\Delta I}=\frac{1}{1-(\Delta C/\Delta Y)}=\frac{1}{1-MPC}=\frac{1}{MPS}。 \tag{5}$$

乘數作用在總體經 濟分析上是一 應用很廣的工具， 對於投資乘數有幾點值得我們注意。首先，投資乘數可按投資增加的性質區分爲恒常（permanent）投資增加乘數與一次（once for all ）投資增加乘數兩類。所謂**恒常投資增加乘數**是指: 定額投資的增加是繼續維持的，結果使所得水準達到另一較高水準，新的所得水準與原先所得水準兩者之間的差額是所增加投資的倍數。這情況如圖6-14所示，每期投資均連續增加 ΔI，均衡國民所得水準最後由 OY_e 提高至 $OY_e{}'$，這也就是圖6-13

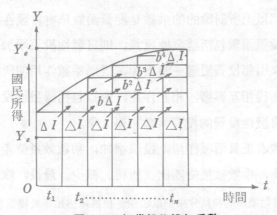

圖6-14　恒常投資增加乘數。

之乘數效果的幾何表現。所謂**一次投資增加乘數**是指: 投資只增加一次後， 便回復到原來水準，結果經過一段時間後（至第 n 回合），所得水準將回復到原來的均衡水準，但這過程中全部累積的所得增加是投資增加的倍數。這情況如圖 6-15 所示，第一期投資增加 ΔI 後，即告停止投

資,國民所得暫時由 OY_e 提高至 $OY_e + \Delta I$, 但至最後, 均衡國民所得水準又下降至 OY_e, 這也就是表 6-2 之乘數效果的代數詮釋所舉的例子。

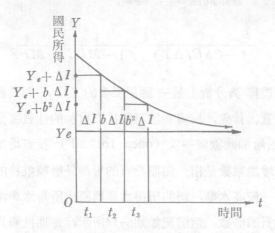

圖6-15　一次投資增加乘數。

其次, 我們以上所討論的的乘數是投資函數只有自發性投資所產生的結果。如果投資函數包括誘發性投資, 則自發性投資增加引起所得增加, 所得增加又引起投資更進一步增加, 透過乘數作用使所得因而更為提高, 投資與所得相互影響, 相互作用, 所以包括誘發性投資的投資乘數必然較只有自發性投資的投資乘數來得大❷。

第三, 乘數有正負兩種作用, 投資增加, 乘數效果使產出(所得)增加; 投資減少, 乘數效果使產出(所得)減少。最後, 除投資外, 凡

❷　這可以應用簡單的微積分來加以證明。根據總供給等於總需求的均衡產出條件:

$$Y = C + I,\tag{1}$$
$$C = b_0 + b_1 Y,\tag{2}$$
$$I = i_0 + i_1 Y,\tag{3}$$

以上式中, b_0 與 i_0 分別代表維持最低生活水準的自發性消費與自發性投資, b_1 與 i_1 分別代表邊際消費傾向與邊際投資傾向。將(2)、(3)式代入(1) 式, 得到:

$$Y = b_0 + b_1 Y + i_0 + i_1 Y 。\tag{4}$$

(轉下頁)

是能够影響總需求之任何自發性開支項目的改變均會產生乘數效果。

四、節約的矛盾

　　個別的家庭，克勤克儉則財恆足，是興旺的來源；寅吃卯糧，會使富變窮，窮者無立錐之地。因此，節約對個別家庭而言是一種美德，可是經濟上適用於個體的觀點並不一定就適用於總體。在祇是儲蓄而不投資的情況下，就社會觀點而論，儲蓄就會成爲促進生產的障碍，使社會發生失業、所得水準下降。這種個體與總體之間儲蓄的作用相反的情形，稱之爲**節約的矛盾**（paradox of thrift）。具體而言，個別家庭祇要節約，便可達成增加儲蓄與財富的目標，使家庭由窮轉富；但是，如果社會所有的人均屬行節約而不用於投資，在經濟衰退的情況下，有效需求將更加減少，這將使經濟狀況更加惡化，就業、產出與所得水準更進一步降低，最後個人與整個社會的儲蓄量將維持不變，甚或反而減少，這就是節約的矛盾。

　　圖 6-16(a)，只包括自發性投資的投資曲線與儲蓄曲線相交於 E 點，投資等於儲蓄（EY_e），均衡產出 OY_e。如果社會的投資意願維持不變，儲蓄意願增強——卽消費意願減弱，則儲蓄函數由 S 往上移到 S'。此時在 OY_e 的均衡產出水準，計畫儲蓄等於 AY_e，大於計畫投資 EY_e，總供給大於總需求，經由乘數作用，產出水準倍數地降低至另一均衡水

　　（接上頁）

　　將(4)式移項合倂，得到：

$$(1-b_1-i_1)Y=b_0+i_0,$$

$$Y=\frac{b_0+i_0}{1-b_1-i_1}。 \tag{5}$$

假設 b_0 不變，i_0 變動對 Y 所產生的影響等於 Y 對 i_0 的偏微分（partial-derivative）

$$\frac{\partial Y}{\partial i_0}=\frac{1}{1-b_1-i_1}。$$

因爲 $i_1>0$，所以 $\frac{1}{1-b_1-i_1}>\frac{1}{1-b_1}$。

證明了包括誘發性投資的投資乘數大於只有自發性投資的投資乘數。

準 OY_e'。因爲儲蓄是所得的增函數〔$S=S(Y)$，$S'>0$〕，所以儲蓄將隨所得減少而減少。在 E' 點，計畫儲蓄又回復等於計畫投資，原先想增加儲蓄（$AY_e>EY_e$），結果儲蓄不變（$EY_e=E'Y_e'$），是一種矛盾。

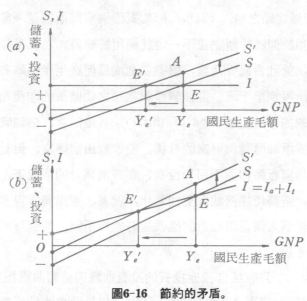

圖6-16　節約的矛盾。

如果投資函數包括誘發性投資——如圖 6-16(b)，則儲蓄函數由 S 往上移到 S' 的結果，透過乘數作用，產出（所得）水準減少更多，導致投資減少，儲蓄減少（$E'Y_e'<EY_e$）。如此，每個人想減少消費，增加儲蓄的結果，導致社會產出（所得）水準的降低，個人所得跟著降低，透過儲蓄與所得之間的增函數關係，個人與社會的儲蓄最後將反而減少。

節約矛盾之應用有其時空性。經濟時機不同（繁榮或衰退），節約與消費的取捨不同；經濟環境不同（已開發或開發中國家），所要求的情形也不一樣。一般而言，當已開發國家的經濟處於衰退時，儲蓄的增加將會產生節約的矛盾。至於開發中國家，亟需資本累積，提倡節約，

鼓勵儲蓄，同時使儲蓄轉爲投資，則有助資本形成，促進經濟發展，所以另當別論。

第四節　差距（或缺口）的分析

一、差距的意義

在總供給 (GNP) 與總需求（$C + I$）圖形上，45° 線上任何一點代表總供給等於總需求，總需求曲線可與 45° 線上任何一點相交，故均衡點可有無限個。可是均衡所得並不見得就是充分就業所得，充分就業的均衡所得只有一個。凱恩斯學派並非如同古典學派一般認爲市場經濟存在自動機能，能够隨時確保總需求等於充分就業的總供給。事實上，凱恩斯學派認爲現實的經濟，時常是處於總需求與充分就業的總供給並不均等的狀態。

在任何產出（所得）水準之下，祇要實際總需求與該水準下的總供給產出不均等，兩者之間便有差距或缺口（gap）存在。可是，經濟學上所關心的是充分就業的產出（所得）水準，因此總需求開支應該與充分就業所得水準的總供給相比較才有意義。是故，所謂的**差距**是指：**在充分就業的所得水準之下，實際的總開支與維持充分就業產出水準所需要的總開支（卽充分就業下的總供給），兩者之間的差額。**

二、收縮差距與膨脹差距

在充分就業的所得水準之下，實際的總開支小於維持充分就業所得水準所需要的總開支，其不足的差額，稱之爲收縮差距（deflationary gap）。圖 6-17，在充分就業所得水準 OY_f 下，若總需求函數爲（$C + I$）′，則實際總開支 $Y_f F$ 小於維持充分就業所得水準所需的總開支

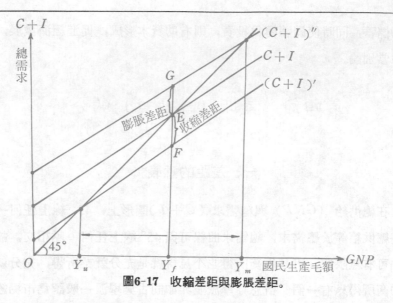

圖6-17 收縮差距與膨脹差距。

$Y_f E$，兩者之間的差額 EF 就是收縮差距。

收縮差距的存在，表示有效需求不足，會產生失業，實際產出（所得）水準會降低（從 OY_f 降爲 OY_u）。根據乘數作用，所減少的產出是收縮差距的倍數。

在充分就業的所得水準之下，實際的總開支大於維持充分就業所得水準所需要的總開支，其超出之差額，稱之爲膨脹差距（inflationary gap）。圖6-17，在充分就業所得水準 OY_f 下，若總需求函數爲（$C+I$）''，則實際總開支 $Y_f G$ 大於維持充分就業所得水準所需的總開支 $Y_f E$，兩者之間的差額 EG 就是膨脹差距。

膨脹差距的存在，表示有效需求過多，在充分就業下，社會產出能量已達於最大，供給不能再增加，因此將發生需求拉升的通貨膨脹。雖然實質所得（real income）水準維持在 OY_f 不變，但由於物價水準的上升，將使名目的貨幣所得（money income）水準增加到 OY_m。

無論是收縮或膨脹差距的存在，均將使社會發生失業或通貨膨脹的經濟波動，兩者都是人們所不願意見到的。理想的經濟目標是達成沒有

通貨膨脹的充分就業境界，這有賴於設法使實際總開支經常維持等於充分就業所得水準所需的總開支，此一工作如果民間不能達成，則有賴於政府運用各種政策來負責實現。

摘　　要

1. 古典學派認爲經濟能夠自動達成充分就業，經常有著充分就業的均衡產出，因此並沒有國民就業與產出不足的問題存在。凱恩斯學派認爲經濟不能自動達成充分就業，非充分就業才是常態，祇要總供給等於總需求，經濟仍然是處於均衡的狀態，但大都是充分就業之前的均衡。

2. 古典學派由供給面，根據賽伊法則，認爲產出水準自動達於充分就業均衡。凱恩斯學派由需求面。根據凱恩斯法則，認爲有效需求的多寡決定了均衡國民產出水準。

3. 當總供給等於總需求，或總挹注（投資）等於總漏巵（儲蓄）時，經濟社會的產出便達到一種均衡狀態。

4. 祇有事前的計畫投資等於計畫儲蓄，經濟才能達成均衡的產出狀態。但是，經由存貨變動的調整，在任何產出水準下，事後實現的投資必然總是等於實現的儲蓄。

5. 社會的總需求曲線是一條與價格水準呈減函數關係的負斜率曲線，社會的短期總供給曲線是一條與價格水準呈增函數關係的正斜率曲線，社會的長期總供給曲線則是一條與價格水準無關的垂直線。

6. 總需求曲線變動，根據凱恩斯理論，將使均衡產出與價格水準發生改變；根據古典學派理論，將只有使價格水準發生改變，產出水準將維持不變。

7. 有效需求的變動將引起國民產出（所得）變量成倍數的變動，這個倍數稱爲乘數，這種關係稱爲乘數原理。在簡單的模型裏，自發性投

資變動所產生的乘數等於 1 減邊際消費傾向的倒數 $\left(\dfrac{1}{1-MPC}\right)$，或邊際儲蓄傾向的倒數 $\left(\dfrac{1}{MPS}\right)$。

8. 恒常性定額投資的增加，使所得水準提到較高的水準，新的所得水準與原先所得水準的差額是所增加之定額投資的倍數。一次投資增加，所得水準最後回復到原來的水準，但其過程間累積的所得增加是投資增加的倍數。

9. 個別家庭只要節約，必能使儲蓄增加；但是，在經濟衰退時，整個社會同時節約的結果，將使得有效需求更加減少，所得水準更加下降，最後儲蓄不僅不能增加，反而減少。這種個體儲蓄與總體儲蓄的後果不協調的情形，稱為節約的矛盾。

10. 在充分就業所得水準下，若實際的總開支小於維持充分就業所得水準所需要的總開支，其不足差額，稱為收縮差距，會產生失業，國民所得水準下降；反之，若實際的總開支大於維持充分就業所得水準所需要的總開支，其超出的差額，稱為膨脹差距，會使物價上漲，貨幣所得提高，但實質所得不變。

重 要 名 詞

總挹注	總漏巵
浴缸定理	計畫投資
計畫儲蓄	實現投資
實現儲蓄	乘數原理
簡單乘數	複雜乘數
恒常投資增加乘數	一次投資增加乘數
節約的矛盾	收縮差距
膨脹差距	

問　題　練　習

1. 甚麼是國民生產（所得）均衡水準？古典學派與凱恩斯學派對其有何不同的看法？

2. 試以圖形剖析總需求對總供給法與總挹注對總漏卮法之均衡國民產出（所得）的決定，並證明總需求變動將使均衡國民產出水準發生改變。

3. 計畫的投資與儲蓄和實現的投資與儲蓄有何不同？爲何只有在均衡國民產出時，計畫投資等於計畫儲蓄？爲何在任何國民產出水準，實現投資總是等於實現儲蓄？

4. 試以社會的總需求曲線與總供給曲線分析凱恩斯學派與古典學派關於總需求變動對均衡產出與價格水準變動的看法。

5. 在所得分析中有所謂「乘數效果」，試述其意義，並就你所知，列述求算此「乘數」的方法。

6. 恒常投資增加乘數與一次投資增加乘數有何不同？爲何誘發性投資乘數大於自發性投資乘數？

7. 甚麼是節約的矛盾？其在應用時，有那些限制？

8. 試用圖形剖釋收縮差距與膨脹差距的意義，並闡釋其經濟後果。

9. 設邊際消費傾向爲0.75，若投資增加10億元，國民所得水準會增加多少呢？若經濟存在20億元的收縮差距，國民所得水準會增加或減少多少呢？

第七章　經濟波動：失業與膨脹

總需求等於總供給、或投資等於儲蓄，決定一個經濟均衡的國民產出（所得）水準。隨著時間的推進，如果經濟不斷成長，均衡國民產出水準將逐漸提高。若一切進行順利，國民產出將如圖 7-1 中的**潛能國民生產毛額**（potential GNP）的軌跡一般趨勢❶。可是，經濟總是經常伴隨收縮差距與膨脹差距的存在，使**實際國民生產毛額**（actual GNP）沿著潛能國民生產毛額趨勢直線不穩定地上下波動，實際與潛能國民生產毛額間產生差距，因而發生失業與通貨膨脹，這種經濟波動的現象稱之為**商業循環**（business cycle）——又稱**貿易循環**（trade cycle）或**經濟循環**（economic cycle）。

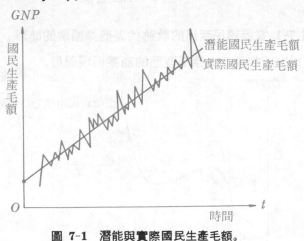

圖 7-1　潛能與實際國民生產毛額。

---

❶　潛能國民生產毛額決定於一個國家要素稟賦的數量、品質與技術水準。

第一節　商業循環

一、意　　義

　　所謂商業循環是指：**在某一段期間內（通常在幾年以上），一般經濟活動發生非定期但重複出現的波動現象**。經濟波動的結果，將使就業、產出、所得與物價水準等總體經濟變數大略成同方向，但不同比率的變動。

　　根據定義，經濟活動的季節性波動與長期趨勢變動應排除於商業循環之外。因為前者是每一年定期發生的現象，如我國的農曆新年，歐美的耶誕節使經濟活動特別旺盛；後者是一種持續而非重複現象，如經濟成長。因此，商業循環是一種經濟波動，經濟波動則不一定屬於商業循環。

二、四個階段

　　圖 7-1 實際國民產出的軌跡代表商業循環的雛形，如果將其具體化，可以繪成如圖 7-2 標準型態的商業循環圖形。

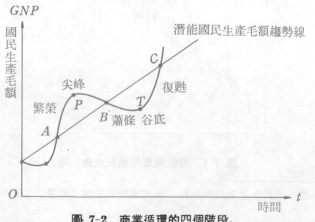

圖 7-2　商業循環的四個階段。

　　依據標準化的商業循環，經濟波動可劃分爲四個傳統的商業循環階段:

　　(一) **繁榮** (prosperity) 指循環位於趨勢直線上面上升的部分──*A*至*P*，表示經濟處於充分就業狀態，人們對於未來充滿樂觀，投資與消費活動旺盛，就業、產出、所得與價格水準均處於相當高的水平。繁榮至*P*點達於最高，稱爲**尖峯** (peak)，這是經濟活動將走下坡的轉捩點 (turning point)。

　　(二) **衰退** (recession) 指循環位於趨勢直線上面下降的部分──*P*至*B*，表示經濟活動開始收縮 (contraction)，漸漸離開充分就業，人們對於未來持不甚樂觀的看法，投資與消費活動減緩，就業、產出、所得與價格水準的水平下降。

　　(三) **蕭條** (depression) 指循環位於趨勢直線下面下降的部分──*B*至*T*，表示經濟遠離充分就業，人們對於未來持恐慌悲觀的態度。投資與消費活動低落，就業、產出、所得與價格水準的水平下降。蕭條至*T*點達於最低，稱爲**谷底** (trough)，這是經濟活動將走上坡的轉捩點。

　　(四) **復甦** (recovery) 指循環位於趨勢直線下面上升的部分──*T*至*C*，表示經濟活動開始**擴張** (expansion)，人們對於未來逐漸恢復信心與樂觀，投資與消費活動逐漸增加，就業、產出、所得與價格水準的水平回升。

　　標準型態商業循環的四個傳統階段劃分是爲了便於分析說明，在應用時有幾點值得我們注意:

　　1. 並非任何商業循環的四個階段所涵蓋的時間或程度均相同，亦卽有的階段時間長、程度深，有的階段時間短、程度淺。

　　2. 商業循環並非一定按四個階段依序發生，如可能在衰退後馬上緊接爲復甦，而沒有經過蕭條的階段。

3. 通常從一個階段移轉到另一個階段是漸進而難以察覺的，無法明顯確定一個階段的結束或開始。

事實上，眞實經濟社會很難有如此標準型態的商業循環。現代商業循環一般通常只將經濟波動劃分爲包括復甦與繁榮的**高盪面**（upswing）及包括衰退與蕭條的**低盪面**（downswing）兩種型態而已。

三、量度與預測

要了解經濟是處於商業循環的那一階段，我們可透過對就業、產出、所得與價格水準的量度得到答案。由這些變數量度所顯示出的數值，再與所訂定的標準相比較，雖不能很準確，亦可大略判定經濟是屬於那一個循環階段。

對有關總體經濟變數的量度，是對商業循環的一種事後證實與瞭解，但卻必須接受其已經造成的後果。經濟學的研究，不僅在於察覺目前的經濟狀況，更重要的是希望能够掌握未來的發展，預測未來的變動，事先採取措施，防患於未然，或將可能的災害減輕至最小的程度。有許多經濟學家因此分別提出不同預測商業循環的方法，可歸納爲:

（一）**機械推論法**（mechanical extrapolations）祇是根據失業率、物價指數、工業生產指數、存貨變動、利率變動、貨幣供給量變動、稅前公司利潤、每週工作時數、股票價格指數、新建房屋或機器設備與耐久消費財新訂單等統計資料所顯示的**趨勢變動**，來對未來經濟活動加以把脈預測。

（二）**意見調查**（opinion polling）由公私機構對消費者與企業家進行意見調查，了解其對未來的經濟情況所持的看法與消費、投資的意願，據以預測未來的經濟活動。

（三）**計量模型**（econometric models）將各種經濟活動的關係以聯立數學方程式表示，建立包含眾多方程式的計量模型，利用統計或

計量方法將適量參數值與資料代入方程式中, 藉助現代電腦工具, 可以得到所要預測變數的數值。

(四) **經濟指標** (economic indicators) 凡是能够顯示總體經濟活動狀況的時間數列 (time series) 資料均可做爲經濟指標。 可充做經濟指標的時間數列很多, 一般將其區分成:

1. 同時性指標 (coincident indicators) 與總體經濟活動之變化幾近一致的時間數列。 例如, 物價指數、工業生產指數、及用電量等, 可用以量度現期經濟活動的盛衰。

2. 領先指標 (leading indicators) 發生在總體經濟活動變化之前的時間數列。 例如, 機器設備與耐久消費財的新訂單、利率的變化、及新建房屋的多少等, 均可顯示未來經濟活動的可能變化趨勢, 可做爲預測商業循環的經濟指標。 圖 7-3, 虛線代表領先指標, 由其變化, 大略可以預先測得商業循環卽將來臨的頂點或谷底。

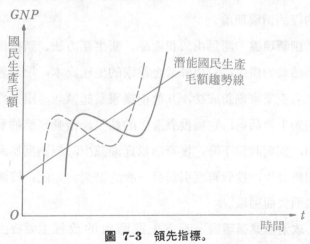

圖 7-3 領先指標。

3. 落後指標 (lagging indicators) 總體經濟活動變化之後所產生的時間數列。 例如, 失業率、稅前公司利潤等, 是一種事後的經濟活動度量。

四、主要理論

對於經濟活動何以會產生商業循環波動，有許多不同的理論提出解釋，這些理論大概可歸納為**外部理論** (external theory)——又稱**外生理論** (exogenous theory)，與**內部理論** (internal theory)——又稱**內生理論**(endogenous theory)兩類。外部理論認為商業循環是由於經濟體系外的因素發生變化所引起——例如：氣候、戰爭、政治事件、人口增減、新資源發現、能源危機、科學發明與技術創新等變化。主要理論有：

（一）**太陽黑子** (sunspots)**說** 十九世紀英國學者傑方茲觀察每當太陽表面的黑子活動頻繁，容易有旱、水災或冰雪的氣候變化，影響農業生產，農業又影響到一般經濟活動，因此太陽黑子循環與農業生產及經濟活動的循環有著密切的關係。這種說法以今日眼光看似天真，但在經濟活動以農業為主的社會，不失為一種經濟觀察的結果，可說是早期農業社會的經濟循環理論。

（二）**創新理論** 認為由於新產品、新生產方法、新技術與新市場發現等創新活動的產生，可以降低企業家的生產成本，增加收入，提高利潤。一旦有企業家創新成功，其他企業家羣起做效，跟進投資於相同或類似的創新生產活動，這種投資叢生的結果，帶動經濟的繁榮。隨著投資的增加，創新利潤下降，投資活動逐漸減少，經濟開始衰退，直到另一次的創新發生，投資再度引起另一次的繁榮。如此，經濟活動隨創新的發生與消失而循環。

（三）**政治商業循環說** 西方先進國家的政權主要經由選舉而產生，而選舉的勝負與經濟狀況有相當密切的關係。為了贏得選舉、繼續執政，西方先進國家的政府剛贏得選舉時，通常採取緊縮的經濟政策（如增稅、減少貨幣供給）以減少通貨膨脹壓力。但是，到了選舉屆近時，為了討好選民，通常採取寬鬆的經濟政策（如減稅、增加貨幣供

給）， 以刺激經濟繁榮。如此， 經濟活動隨著選舉而波動。

（四）**實質商業循環** （real business cycle） 理論　認為只有非貨幣或實質因素——如技術、生產力變動， 才會導致經濟循環波動。此一理論完全由產出供給面來解釋經濟波動，這與傳統上著重於從貨幣因素或需求面解釋經濟波動有很大的不同。

內部理論認為商業循環是由於經濟體系內的因素發生變化所致。此一理論認為每次經濟活動擴張， 經濟體系內部必將同時滋生未來經濟收縮與衰退的力量； 同樣地， 每次經濟活動收縮也必將同時滋生未來經濟復甦與擴張的力量， 經濟體系本身有著自我循環的因子存在， 構成生生不息的商業循環。主要理論有：

（一）**心理循環**　人們受經濟與非經濟因素的影響， 產生悲觀與樂觀交替的預期心理狀態， 對於未來經濟時則持悲觀， 時則持樂觀的不同看法， 經濟活動也隨心理預期的交替變化而波動。預期樂觀時， 消費、投資增加， 經濟活動上揚；預期悲觀時， 消費、投資減少， 經濟活動低盪， 全然以心理因素解釋經濟循環波動的產生。

（二）**政策變動循環**　政府利用財政與貨幣政策得宜， 有穩定經濟的功能， 但若是運用不當反而造成經濟的波動， 經濟活動因此隨政府政策時鬆、時緊的變化而產生波動。貨幣論者更認為商業循環是一種貨幣的現象， 政府貨幣政策執行不當， 導致貨幣數量的波動是商業循環的根源。

（三）**耐久財貨更替循環**　大量地更新購買資本財或耐久消費財， 將導致經濟的繁榮； 隨著購置活動的逐漸完成， 經濟活動將逐漸衰退， 直至蕭條。待所有耐久消費財完全折舊， 再次重新更換， 又產生另一次的經濟繁榮。如此， 經濟活動隨耐久財貨的更替而循環。

（四）**有效需求循環**　消費與投資不足或過多， 終將使實際總需求不等於維持充分就業所需的總需求， 而產生收縮或膨脹差距， 引起經濟活動收縮與膨脹的波動， 波動的程度視差距大小而定。 根據凱恩斯理

論，商業循環最主要是由有效需求循環所引起的。

（五）**均衡商業循環**（equilibrium business cycle） 這是理性預期（rational expectations）學派對於商業循環的看法，其認為由於人們（勞工與廠商）對於經濟訊息（價格）的認知偏差（misperception），因此導致勞動與產品供需的增加或減少，而肇致經濟循環波動（詳細分析請參閱第十四章第二節）。

就以上各種不同的循環理論而言，任何外部或內部理論均無法單獨對商業循環提出令人滿意的解釋。大部分的經濟學家均認為商業循環的產生是由經濟體系本身（內部）與外部的因素共同作用所引起，應同時以內部與外部理論來加以說明。無論長期或短期的經濟波動，每一個完整商業循環（從一循環的頂點至另一循環的頂點）持續的時間，短者數年，長者數十年，這種長時間的特性，應與經濟活動的資本財變化有密切關係。資本財的投資活動，本質上具有很高的變異性，這是由於受到外部因素——如技術創新、人口成長、資源發現，與內部因素——如經濟政策、所得水準、未來預期等的影響。因此，凱恩斯學派主要以投資變動來分析經濟波動的現象❷。

五、加速原理

商業循環主要是一種國民產出（所得）波動的現象，一般咸認這種波動與投資的變動有密切的關係。因此，聯結國民產出（所得）變動與投資變動的加速原理經常被用以解釋商業循環的發生。

在前面（第五章第四節之四）我們曾經提到**加速原理**，它是指**在沒有閒置資本設備的情況下，國民產出（所得）的變動將導致淨投資成倍數的變動，此一倍數稱為加速因子——即為資本─產出比率，這種關係**

---

❷ 目前經濟學界解釋經濟循環波動的兩個新興理論為實質商業循環與均衡商業循環理論。

稱為**加速原理**，深入而言，若國民所得提高，根據消費函數，消費需求
將增加，在沒有剩餘之閑置資本設備存在的情況下，為應付消費需求增
加所導致的銷售增加，唯有增加機器設備的淨投資以擴充生產能量。在
實際的經濟社會裏，平均每生產一單位的產出（消費財），需要的資本
量大於一單位。因此，淨投資（或資本存量的變化）的增加將是消費財
產出增加的倍數❸。

　　根據加速原理，消費財產出)或國民產出)的增加，將使淨投資成倍
數的增加。但是，為了確保投資能夠持續增加，不僅是消費財產出（或
國民產出）須有絕對的增加，更要求消費財產出相對增加率的遞增（卽
加速度），否則投資將減少甚或發生負投資。換句話說，**加速原理表示
祇要消費財產出(或國民產出)的增加速率減緩，淨投資也將隨之減少。**

　　茲以表 7-1 中的數據闡釋加速原理。設令經濟的資本—產出比率
（卽加速因子）為3：1，每一年資本的折舊固定為$15。如果第 1、2 兩
年消費維持不變，產業只需進行更換折舊資本的**替換投資**（replacement
investment），以維持生產能量不變。如果第 3 年至第 6 年消費增加，
在沒有閑置資本設備的假設下，所需資本存量增加，卽除了固定替換投
資外，另須增加淨投資。比較第 3 年與第 4 年，消費增加至10%（$100
至$110），淨投資增加 100%（$15至 $30）。比較第 4 年與第 5 年，消費
增加至20%（$110 至 $132），淨投資增加至120%（$30 至 $66）。比較第
5 年與第 6 年，雖然消費仍有增加，但其祇增加14%（$132 至$150），
這使淨投資祇增加$54,與第 5 年比較，這表示淨投資減少了18%（$66至
$54）。比較第 6 年與第 7 年，消費沒有增加，淨投資馬上成為零，增加
率為負100%（$54 至 $0）。比較第 7 年與第 8 年，消費減少，所需資本
存量減少，發生資本過多現象，這將導致任由機器設備折舊、毀壞，毛

---

❸　消費財產出也是國民產出（所得）的一部分，因此一般稱加速原理為淨
　　投資變化與國民產出（所得）變化之間的關係。

投資等於零〔所以淨投資等於 －$15(＝0－15)〕，只要消費減少的情況繼續，毛投資將恆等於零。

表 7-1　加速原理，資本—產出比率＝ 3：1

年次	(1) 消費（產出）	(2) ＝(1)×3 資本存量	(3) 折舊（替 換投資）	(4) 消費（產 出）變量	(5) ＝(4)×3 淨 投 資	(6) ＝(3)＋(5) 毛 投 資
1	$95	$285	$15	$0	$0	$15
	＞0%					
2	95	285	15	0	0	15
	＞5%					
3	100	300	15	5	15	30
	＞10%				＞100%	
4	110	330	15	10	30	45
	＞20%				＞120%	
5	132	396	15	22	66	81
	＞14%				＞－18%	
6	150	450	15	18	54	69
	＞0%				＞－100%	
7	150	450	15	0	0	15
	＞－3%					
8	145	435	15	－5	－15	0
	＞－3%					
9	140	420	15	－5	－15	0

　　以上說明了消費（產出）增加率由遞增而至減少，結果使淨投資由增加、減少，最後甚至爲負，淨投資的變化率遠大於消費（產出）的變化率。本例中由於假設折舊爲固定的數量，因此無論每期消費減少多少，理性的生產者所採取的對策至多是對於折舊的資本不予更新，而不致於將過剩的資本設備毀壞，故淨投資的減少——即負投資，至多等於折舊的資本量，這是每期資本減少的高限，毛投資充其量只能對折舊的發生不加理會，等於零.

六、乘數原理與加速原理的交替作用

　　至此，值得我們把容易混淆的乘數原理與加速原理加以比較澄清。乘數原理是指在均衡國民所得情況下，投資的變動使所得變量成倍數的

變動, 是一種投資──→所得的關係; 加速原理是指在沒有閑置資本設備
的情況下, 消費 (或所得) 的變動使投資成倍數的變動, 是一種消費 (
或所得) ──→投資的關係, 兩者宜加區別。乘數原理的投資──→所得與
加速原理的消費 (或所得) ──→投資之關係可加以聯繫, 形成解釋商業
循環的主要理論之一。

假設經濟正處於衰退之中, 由於內部或外部因素觸發所得水準的提
高, 所得提高使消費隨著增加, 由於假設沒有閑置資本設備存在, 透過
加速因子, 淨投資增加, 淨投資的增加經由乘數作用, 使所得更進一步
的提高, 消費更為增加, 再度重複上述的過程。因此, 一觸動所得增加
的按鈕, 產出即可確保自我成長, 所得不斷提高, 經濟加速邁向繁榮之
途。這種經濟的自我擴張並非沒有限制。在技術不變、資源一定的情況
下, 經濟的擴張以充分就業為其界限, 是經濟繁榮的頂點。經濟的擴
張, 充其量只能沿著充分就業的高限碰撞波動而已 (圖 7-4)。

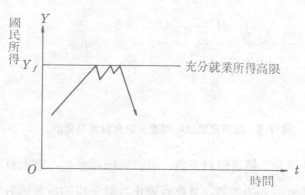

圖 7-4 經濟繁榮以充分就業所得為高限。

當經濟擴張沿著充分就業界限碰撞時, 若產出突然受任何因素影響
而減少, 經濟體系將如同皮球彈到頂點而後垂直下降一般, 由繁榮開始
急速衰退以致蕭條。因為產出由高水準一下降, 所得與消費也隨之減
少, 根據加速原理, 淨投資將成倍數減少──即機器設備與存貨的投資

減少，透過乘數原理，所得變量將成倍數減少，消費更進一步減少，再依加速原理，淨投資更進一步減少，如此下去，經濟終將達到衰退底谷。

　　事實上，經濟的衰退過程並不同於擴張時乘數原理—加速原理交替作用一般。理論上，根據加速原理，產出減少應發生倍數的負投資，但表 7-1 的說明已提到，負投資最多只能等於折舊，折舊率因此是負投資速度所可能產生的界限。職是之故，經濟由繁榮頂點開始低盪的過程中，只有乘數原理發生作用，加速原理則因受限於折舊率而失去作用。既然如此，經濟衰退如圖 7-5 所示，至多以經濟可能產生折舊的負投資

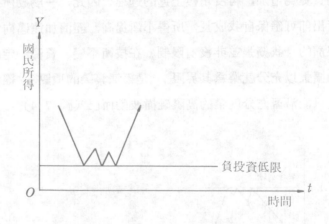

圖 7-5　經濟衰退以可能產生之負投資爲低限。

爲低限而反彈波動。隨著經濟衰退，負投資繼續發生，直到資本存量等於低所得水準所需要的水準，負投資停止，進一步的折舊將有替代投資發生。至此，經濟停止衰退而回升，另一新的循環再度展開，並繼續重複上述之過程。

　　從以上分析可以看出，乘數與加速因子不僅是經濟不穩定的主要因素，更使商業循環的程度加深，速度加快，產生螺旋式收縮或膨脹的累積作用。同時，由於不同的乘數與加速因子係數，將會產生不同型態的

商業循環❹。

第二節 失業及其後果

一、失業的意義

在統計就業和失業人口數量時，未達一定年齡之人口通常不被考慮在內。 例如， 我國在民國57年以前， 未滿12歲的人口是被認爲不適於工作的人口，因此在統計就業和失業人口時，他（她）們是不在考慮以內的。自民國57年將國民義務教育延長爲 9 年以後，不適於參加生產的人口年齡限制提高爲15歲，凡年滿15歲及以上之人口，才被認爲是適於參加經濟活動的人口。在達到適於參加經濟活動年齡的人口中，有的因爲體能上或精神上的缺陷，喪失了工作能力，有的則未具備尋找工作的意願，凡屬這一類的人口通稱爲非勞動力 (non-labor force)， 其他則稱爲**勞動人口或勞動力**。勞動力對 15 歲以上人口的相對比率稱之爲勞動力參與率 (labor force participation rate)， 其值愈大，表示勞動供給潛能愈大; 其值愈小， 表示勞動供給潛能愈小。勞動力中有的正在軍中服役,經濟學上對這一部分人口不予考慮, 祇就平民勞動力 (civilian labor force) 來加以討論。

在勞動力中，擁有工作者稱爲就業 (employment)，未擁有任何工作者稱爲**失業**(unemployment)。就業人口與勞動力的相對比率，稱爲就業率 (employment rate); 失業人口與勞動力的相對比率，稱爲失業率 (unemployment rate)。**經濟學上所謂的失業是指: 在現行工資水準之**

---

❹ 根據企業經營的存貨與銷售間維持一定比例關係，亦可應用加速原理以
 解釋短期存貨循環波動的現象。

下，凡有能力而且願意工作的健全勞動人口，找不到適合其專業訓練之工作的情況。根據以上失業的涵意，凡自己不願意工作或要求較市場現行工資水準更高的待遇而失業者，稱之為**自願性失業** (voluntary unemployment)，經濟學上將其視為非勞動力的一部分。社會所真正關心的是失業涵意所指的**非自願性失業** (involuntary unemployment) ❺。

二、失業的種類

按失業形成的原因，可將失業分為以下幾類：

（一）**摩擦性失業** (frictional unemployment) 是指一位勞動者辭去原有的舊工作而另行尋找新的工作，在新舊工作交替之間，由於勞動的缺乏流動性與就業市場訊息的不完全等因素，所發生的短期失業現象。這是一種過渡的現象，因此摩擦性失業又稱之為過渡性失業（transitional unemployment）。這種失業是自由市場經濟所不能避免的，其發生通常代表低所得或低生產力的勞工轉業到較高所得或高生產力的工作，故這種短期的摩擦性失業甚至是社會所希望的。

（二）**結構性失業** (structural unemployment) 是指任何一個社會（尤其是開發中的國家），經濟結構改變的結果，使部分勞動者無法很快或完全適應新的經濟結構變化所發生的失業。例如，一個國家經濟結構由農業逐漸進步到工業，對農產品需求並沒有增加，甚或減少，若農業勞動者無法順利轉到工業部門就業，則將發生結構性失業。

（三）**技術性失業** (technological unemployment) 與產業結構有關的失業，亦有人將其歸併為結構性失業。當生產技術改變，原有生產技術不能適應新的產業結構需要所發生的失業現象。例如，交通運輸業

---

❺ 我國行政院主計處定義就業者：年滿15歲，從事有酬工作者，或工作在15小時以上之無酬家屬工作者；失業者為：年滿15歲，正在找工作，隨時準備工作，但目前無工作者（包括等待恢復工作者及已找到職業而未開始工作亦無報酬者）。

由三輪車進步為計程車，原先的三輪車伕因沒有具備開計程車的技術而失業。

　　結構性、技術性與摩擦性失業有時很難加以區分，只能說結構性與技術性失業的期間較長，需要接受新技術的再訓練才能獲得新工作；摩擦性失業的期間較短，很容易獲得新的工作而再就業。

　　（四）循環性失業（cyclical unemployment）　　因經濟不景氣、有效需求不足而產生收縮差距所引起的普遍失業，是經濟社會最重要、也是最需避免的失業。國民所得理論所指的失業主要係針對此而言。

　　（五）季節性失業（seasonal unemployment）　　有些就業人口的工作是季節性的，過了某一季節便要失去工作，是為季節性失業。例如，農業社會的秋收後到春耕之間，或工業生產的旺季與淡季之間所發生的失業。

　　（六）隱藏性失業（disguised unemployment）　　一個人表面上雖有一份工作，但此工作並不適合其本身所受的專業訓練，或工作時間比一般正常工作時間來得短，結果是生產力偏低——甚至為零，所得偏低。如果生產力偏低，則稱為低度就業（under-employment）；如果生產力為零（即邊際產出為零）即成為隱藏性失業。這種低度就業及隱藏性失業在落後國家的農業部門普遍存在，是人力運用的嚴重問題。

　　除循環性失業外，摩擦性、結構性、技術性與季節性失業是任何自由經濟社會，於任何時候，所不能避免的正常現象。因之，這些失業的總和又稱之為**自然失業**（natural unemployment）。自然失業人口與勞動力的相對比率稱之為**自然失業率**（natural unemployment rate）。在1970年代之前，大部分歐美經濟學者認為一個經濟社會的失業率若在 4 ％以下，即可稱之為**充分就業**（full employment）。至於失業率到底多少才能視之為充分就業，由於各國經濟環境的不同，其標準也就不一。但是，各先進工業國家有一共同的**趨勢**顯示，由於經濟結構轉變的加速、

技術變革的快速、市場不完全力量（獨佔及工會）的增大、勞動力結構的轉變（年輕及年老勞動力的相對增加）、最低工資的提高、自動化程度的加深（或機器人的操作）及都市化程度的普及，均使得一個國家自然失業的人數增加。因此，自1970年代起，歐美各國充分就業時失業率的標準有逐漸放寬的趨勢，目前 5 ～ 6 ％的失業率即被認爲已經達到充分就業的境界。

三、失業的損失

勞動力之成爲經濟資源是因爲它可以用來生產財貨與勞務，沒有被用來增加財貨與勞務生產的勞動力，對國家與社會來說是一種資源的浪費和生產的損失。

失業所產生的損失可分成兩方面：

（一）**有形財貨與勞務的損失** 失業導致目前財貨與勞務生產的減少，使實際的國民生產毛額小於潛能的國民生產毛額。圖 7-1 中，潛能國民生產毛額趨勢直線與其以下之實際國民生產毛額的差距，即是失業所肇致的有形財貨與勞務的損失。歐肯(Arthur Okun)研究美國失業與國民產出之間的關係發現，失業率每高出自然失業率 1 ％，實質國民生產毛額將低於潛能國民生產毛額 3 ％〔這種現象稱之爲**歐肯法則** (Okun's law)〕。例如，設自然失業率爲 6 ％，若實際失業率爲 7 ％，則實際的實質國民生產毛額將低於潛能國民生產毛額 3 ％。

（二）**無形的社會成本** 失業除了導致目前財貨與勞務的生產減少外，尚可能引起下列各項不良的後果：

1. 失業往往會使生產技能退化，待失業者往後再就業參加生產行列時，其生產力將會受到損害。

2. 對個人及家庭來說，失業是所得來源的中斷或減少，失業者可能因此失去生活的憑依，至少將被迫降低生活水準。

3. 失業使當事人感到沮喪，信心受損，養成一種自卑的心理。

4. 失業容易使社會的道德墮落，犯罪增加，因而造成政治的動亂和社會的不安。

鑑於失業可能對社會產生這些嚴重不利的後果，各國政府因此莫不設法儘量維持經濟隨時達於充分就業的狀態。

第三節　通貨膨脹及其後果

一、通貨膨脹的意義

通貨膨脹（inflation）**是指：社會全面物價水準持續上漲的現象**[6]。這通常都是由於太多的貨幣追求過少的財貨與勞務所引起的一種貨幣現象，結果使得每一單位貨幣的購買力減少，貨幣的購買力與物價水準之間有著反變的關係存在。

通貨膨脹並不是指社會上每一種財貨與勞務的價格都上漲，其間或有價格下跌者，但只要社會全面的物價指數上升，或一般所稱的物價水準上漲，即是通貨膨脹發生。另外，通貨膨脹是指物價水準持續上漲的現象，如果物價水準只是暫時上漲而後隨即回跌，不算是通貨膨脹的發生。

與通貨膨脹相對的是**通貨緊縮**（deflation），**是一種社會全面物價水準持續下跌的現象**。現代經濟社會，可說只見通貨膨脹，通貨緊縮的情形少之又少。

---

[6] 就字面意義而言，通貨膨脹一詞是指貨幣數量增加。就理論而言，貨幣數量增加社會物價水準並不一定上升，因此將 inflation 一詞譯為通貨膨脹並非十分妥當。但是，一方面是此一用語已成習慣，另一方面是理論與實證上均顯示貨幣數量增加往往導致物價上漲。因此，將inflation一詞譯為通貨膨脹亦無不可。

通常我們以通貨膨脹率 (rate of inflation) 來表示通貨膨脹的程度，通貨膨脹率 ($\dot{P}$) 的計算爲：

$$\dot{P} = \frac{P_t - P_{t-i}}{P_{t-i}} \times 100$$

上式中，P_t 與 P_{t-i} 分別代表 t 期與 $t-i$ 期的物價水準。由於通貨膨脹率係以百分比表示，所以乘以 100。由計算通貨膨脹率的公式可知，通貨膨脹率不等於物價水準，它是物價水準的變化率。因此，高通貨膨脹率並不等於高物價水準，這是一般人很容易混淆的。最常用以代表通貨膨脹率的爲消費者物價指數變化率，但有時亦以批發（或生產者）物價指數變化率，或國民生產毛額平減指數變化率充當之。

二、通貨膨脹的性質

根據物價上漲的速度，通貨膨脹可以區分爲以下三類：

1. 爬升式膨脹 (creeping inflation) 又稱溫和膨脹 (moderate inflation)。每年物價水準大約以 10％以下的速度慢性膨脹。有人認爲這種慢性膨脹，給予企業家利潤誘因，可以促進投資，對經濟成長很有幫助。但是，也有人認爲慢性膨脹會如滾雪球一般，容易失去控制，而一發不可收拾。持此論者根據**加速假說** (acceleration hypothesis) 認爲只要通貨膨脹存在，即使是溫和的，人們將預期通貨膨脹率遞增上升，這將導致實際的通貨膨脹率遞升，爬升式膨脹因此將演變成快速的惡性膨脹。觀之史實，除在戰時外，在現代政府之經濟政策的運作下，物價水準加速上升的情況很少會發生，通貨膨脹加速假說因此很難成立。

2. 奔馬式膨脹 (galloping inflation) 每年物價水準以兩位或三位數字──如 20％，50％，100％或 200％的速度上漲。在 1970 與 1980年代，許多拉丁美洲國家──如阿根廷、智利，每年即有過 50～

700％ 的通貨膨脹率。如果奔馬式膨脹持續下去，貨幣的購買力將迅速下降，人們將不願意保有貨幣，經濟活動的效率將大幅降低。

3. **超級（或惡性）膨脹**（hyper inflation）奔馬式膨脹雖使經濟活動效率降低，但經濟活動尚能運行自如。但是，如果奔馬式膨脹進一步淪爲超級（或惡性）膨脹，使物價每天、每小時都在上漲，則爲經濟災禍的來臨，經濟將面臨瓦解的命運。德國與我國均曾遭遇過這種通貨膨脹。第一次世界大戰之後，從1922年1月至1923年11月，德國的物價指數由 1 上升至10,000,000,000。第二次世界大戰之後，我國大陸物價飛漲，類似上述德國情形。就臺灣而言，在民國38年之前，每年物價上漲亦達16倍以上，因此迫使政府不得不於民國38年6月15日實施幣制改革，規定以舊臺幣 4 萬元兌換新臺幣 1 元，這意謂從民國35年5月18日至民國38年6月14日在舊臺幣發行、流通期間，臺灣地區的物價已經上漲了 4 萬倍左右。

此外，弗瑞德曼根據政府是否干預而將通貨膨脹區分爲開放性膨脹（open inflation）與抑制性膨脹（repressed inflation）。前者是指政府對物價上漲不加任何干預而任其上漲至使市場達於供給等於需求之均衡的水準；後者是指政府採取政策阻止物價上漲至使市場達於供給等於需求之均衡所需的水準。弗氏認爲，在溫和通貨膨脹下，開放性膨脹將較抑制性膨脹對社會產生較小的不利影響。

三、通貨膨脹的成因

對於通貨膨脹的發生，主要有以下幾種不同的說法：

（一）**需求拉升**（demand-pull）**理論**　認爲通貨膨脹乃因總需求大於總供給，發生需求過多所導致，是過多的貨幣追求太少之財貨與勞務的結果。以圖 7-6 說明這種通貨膨脹的特性。橫軸代表社會產出（所得），縱軸代表物價水準。社會總供給曲線 *AS* 可按社會就業的情況，

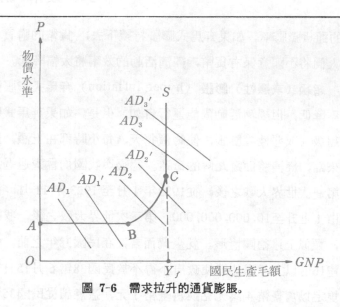

圖 7-6 需求拉升的通貨膨脹。

分成 *AB*、*BC* 與 *CS* 三個階段。*AB* 階段的總供給曲線成水平狀態，彈性無限大，表示社會存在大量失業與過剩資本設備，總供給增加的能力很大，故總需求由 AD_1 增至 AD_1'，完全反映在產出的增加，並不會引起物價水準的上漲，這是傳統凱恩斯理論關於有效需求變動對物價與產出變動之影響的看法。*BC* 階段的總供給曲線表示社會逐漸接近充分就業，生產要素價格上升，效率較差的生產要素也投入了生產，生產成本因而提高，總供給增加的速度減緩，當總需求由 AD_2 增至 AD_2'，產出增加不多，物價水準溫和的上漲。*CS* 階段的總供給曲線成垂直狀態，彈性等於零，表示社會達於充分就業境界，沒有剩餘閒置的資源，生產能量達於極限，產出不能再增加，總需求由 AD_3 增至 AD_3'，並沒有使產出增加，而只反映在物價水準的大幅上漲，這是傳統古典理論關於有效需求變動對物價與產出變動之影響的看法。一般所指的需求拉升的通貨膨脹主要係針對 *CS* 階段的情況，代表有效需求過多肇致膨脹差距而發生的通貨膨脹。

(二) 成本推動 (cost-push) **理論** 假設總需求不變，凡生產要

素價格的增加大於其生產力的增加，將使生產成本增加，總供給曲線往上移，發生如圖 7-7 產出減少，物價水準上漲的現象。按理說，原料價格、工資、租金、利率與利潤的報酬提高均會產生成本推動的通貨膨脹，可是近代由於市場獨佔力量的興起與壯大，工會不斷要求提高工資，獨佔廠商無饜地追求更高的利潤，工資與利潤的提高被認為是推動成本上升的主因，故通常以「**工資推動**」與「**利潤推動**」為成本推動之通貨膨脹的代表。嚴格地說，「利潤推動」的通貨膨脹要單獨論列。

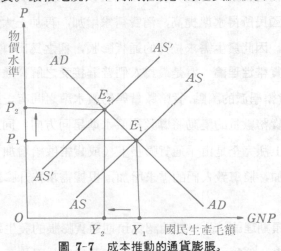

圖 7-7 成本推動的通貨膨脹。

　　需求拉升與成本推動的通貨膨脹之間具有連貫性，很難劃分兩者發生次序的先後。有人認為需求拉升膨脹發生在先，生產要素為維持實質所得，要求提高報酬，進而引起成本推動膨脹；有人認為成本推動膨脹在先，生產要素所得提高，需求增加，而後引起需求拉升膨脹。

　　（三）**結構因素** 由於經濟某一部門發生瓶頸，引起該部門物價上漲，進而擴散到經濟全面物價水準的上升。例如，單只對某一部門的需求過多，致其產品價格上升，產生示範作用，其他部門跟進提高價格，全面物價水準因而上升；能源危機引起石油價格上漲，石油化學產品價格上漲，帶動全面物價水準的上升；生產要素缺乏流動性，供需失調，

價格上升，導致某一產業發生生產瓶頸，產量無法增加，生產成本提高，進而帶動全面物價水準的上漲。

（四）**進口或出口因素** 在一個開放程度很高的經濟社會——卽進口或出口佔 *GNP* 之比例很高的社會（例如，臺灣），當進口機器、設備與原料的價格上漲，使國內生產成本提高，發生成本推動的通貨膨脹；或進口產品的價格上漲帶動國內產品的售價隨著提高，引起物價水準上升，均稱之爲進口膨脹。當出口大量擴張，造成貿易順差，貨幣供給量增加，國民所得水準提高，消費需求增加，再加上大量出口使國內總供給減少，因此發生需求拉升的通貨膨脹，稱之爲出口膨脹。

（五）**貨幣性理論** 這是最爲人們普遍接受之解釋通貨膨脹發生的說法。根據貨幣學派的論點，貨幣數量與物價水準之間有一對一的增函數關係——卽貨幣數量的變動將導致物價水準呈同方向、同比例的變動。因此，物價上漲完全是由「通貨膨脹」（或貨幣供給增加）所引起的。貨幣供給增加，將導致人們的需求增加，根據需求拉升膨脹，物價水準因而上漲。

（六）**預期理論** 此一理論認爲預期通貨膨脹的發生將肇致通貨膨脹的眞正發生。例如，勞工預期物價將上漲10%，因此要求增加工資10%，這將導致物價水準眞的上升10%。

四、通貨膨脹的後果

通貨膨脹的發生，促使我們對於貨幣所得——以貨幣單位表示的所得，與實質所得——貨幣所得所能購買到的財貨與勞務或是以實物表示的所得，應該詳加區分。若是單以貨幣所得的增加卽認爲是實質所得的增加，將是一種**貨幣幻覺** (money illusion)，唯有把貨幣所得經物價指數平減爲實質所得再作比較，才有意義。

要評估通貨膨脹所造成的後果，應視通貨膨脹的發生是否可以事先

預期得到 (anticipated)，是否平衡 (balanced) 而定。如可以事先預期通貨膨脹的發生，任何與未來有關的經濟活動均可透過**物價伸縮條款** (escalator clause) 的訂定，把通貨膨脹可能造成的損害——所得與財富重分配，予以消除。例如,工會可要求雇主工資隨物價水準的變動而自動調整，以維持實質所得不變; 債權人要求放款利率隨通貨膨脹率而調整，以確保名目利率扣除通貨膨脹率後，能夠維持實質利率不變。如通貨膨脹是平衡的，則經濟體系的相對價格 (relative price) 將維持固定不變，經濟活動的效率因此不受影響。例如, 所有財貨與勞務的價格均上漲 10%，所有要素的價格與名目利率均上漲 10%，則經濟體系所有的相對價格與實質利率均將維持不變，經濟活動效率因此不受影響。

　　如果通貨膨脹的發生無法事先預期得到，將會發生**所得與財富重分配效果**。固定收入者 (領取薪資、退休金與社會福利金等固定所得者)、債權人與儲蓄者， 將因通貨膨脹降低其 所得與財富的 購買力而蒙受不利; 相反地，所得具有靱性者 (如利潤所得者)、 投機者與債務人，將因通貨膨脹，增加其所得或減少其債務負擔而蒙受其利。這種通貨膨脹所導致的所得與財富重分配，對儲蓄者猶如課以重稅處罰一般，對奢侈浪費與囤積投機者反而無形中予以實際的鼓勵，喪失了社會的公平。

　　如果通貨膨脹是不平衡的 (unbalanced) ——卽有的產品或生產要素的價格上漲幅度大， 有的產品或生產要素的價格上漲幅度小， 將使經濟體系的相對價格發生不當的改變，因而**降低經濟活動 (生產) 的效率**。在此情況下，有些人的精力、資源投於應付通貨膨脹並囤積居奇，圖謀暴利，而不願進行正當的生產活動，扭曲了生產資源的使用，降低了生產效率。

　　除了所得與財富重分配 、 經濟活動 (生產) 效率降低的不利後果外， 一般而言，通貨膨脹尚可能對經濟產生以下的不利後果:

　　1. 削弱國際貿易競爭能力　假如外國物價相對本國較爲穩定，通

貨膨脹結果使本國產品相對於外國產品的價格上升，將削弱本國產品在國際市場上的競爭能力。

2. 阻礙經濟成長　通貨膨脹使個人所得與財富的購買力降低，人們的儲蓄意願因而降低，資本累積因而減緩，經濟成長因此受到阻礙。

3. 幣制崩潰　長期通貨膨脹結果，一般人對本國貨幣喪失信心，嚴重者將導致一國幣制的崩潰，而不得不花費鉅大成本進行幣制改革。

4. 強迫儲蓄效果　如果通貨膨脹是由政府有意或無意的貨幣供給量過多所致，個人手中貨幣的購買力將因通貨膨脹而降低，使得消費減少，部分原先可用於消費的資源（購買力）因而移轉到政府用於公共投資，這種現象稱之為強迫儲蓄 (forced saving)。

5. 稅負加重　通貨膨脹使得人們的名目（貨幣）所得增加，若免稅額與扣除額沒有對應的提高，在累進所得稅制下，將使政府的稅收增加，人們的稅負加重 ❼。

6. 價格機能削弱　在物價變動快速的情況下，價格給予人們（消費者與生產者）決策參考的訊息價值減少，甚至會誤導人們做出錯誤的決策。

鑑於通貨膨脹的這些不良後果，任何國家的政府莫不致力於對抗通貨膨脹，維持物價水準的穩定，務期使貨幣發揮正面積極協助經濟運行的功能，避免其發生反面破壞性的膨脹後果。

第四節　經濟波動的容受與防範

一、可容受程度——菲力普斯曲線

充分就業與物價穩定是任何一個經濟社會所追求的理想經濟目標，

---

❼　目前世界上許多國家的稅法均有考慮通貨膨脹因素，而使免稅額與扣除額隨物價指數的變動而調整。

但兩者往往猶如魚與熊掌一般不可兼得。在充分就業與物價穩定之間如何抉擇, 一直是社會與經濟學家們所共同關心的問題。

英國經濟學者菲力普斯 (A. W. Phillips) 觀察自1861迄 1957 年之英國失業率與貨幣工資增加率之間的關係, 發現每當經濟逐漸接近充分就業, 失業率減少時, 總需求的增加或進一步追求失業率的降低, 將導致貨幣工資的上升。如果貨幣工資上升的幅度大於勞動平均生產力的提高, 平均生產成本將會提高, 物價水準因而上漲, 這種失業率與貨幣工資增加率之間的減函數關係, 在圖形上可以一條負斜率的曲線表示, 稱之爲**菲力普斯曲線** (Phillips curve)。 後來一般人在應用時通常以物價上漲率來代替貨幣工資增加率——物價上漲率等於貨幣工資增加率減去勞動平均生產力增加率, 菲力普斯曲線因此成爲通貨膨脹與失業之間相互抵換 (trade-off) 的關係曲線。

圖 7-8, 橫軸代表失業率, 左邊縱軸代表物價上漲率, 右邊縱軸代

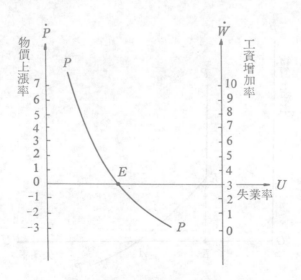

圖 7-8　傳統的菲力普斯曲線。

表貨幣工資增加率；兩邊縱軸座標值對應的差額代表所設定的平均勞動生產力增加率——卽爲 3 ％。菲力普斯曲線由左上方向右下方傾斜與橫軸相交於 *E* 點所決定的失業率又稱爲 **自然失業率**，表示一個經濟於任何時候所無法避免的摩擦性、 結構性、 技術性與季節性失業的總和， 此失業率事實上代表著充分就業，其數值的高低視個別經濟結構之不同而定。若欲進一步的減少失業率於自然失業率之下，唯有付出工資與物價上漲的代價。若是社會的失業率大於自然失業率，同時工資與物價具有靭性，則物價水準上漲率將爲負，表示物價水準下跌。

事實上， 傳統的菲力普斯曲線與歐美各先進工業國家1960年代末期之後現實的經濟情況並不相符。因爲一方面各國雖然經常處於通貨膨脹之中，但失業率還是經常大於自然失業率；另一方面，若想以經濟政策使失業降低至自然失業率以下，徒然導致物價水準的上升而無法使就業水準進一步提高。因此，與現時經濟情況較爲接近的菲力普斯曲線應如同圖7-9的 *PKAP'* 曲線一般，其與橫軸的交點不再是自然失業率 *OE*

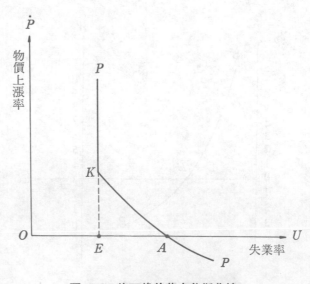

圖 7-9　修正後的菲力普斯曲線。

的 E 點，而是 A 點。顯示若要獲得完全的物價穩定（卽通貨膨脹率等於零），唯有付出 OA 大量失業的代價。 $PKAP'$ 曲線中的 KAP' 才是一個經濟社會所眞正面臨的失業與通貨膨脹之間抉擇的階段，而吾人目前通常所稱的菲力普斯曲線卽針對此一階段而言❽。

　　菲力普斯曲線告訴我們高度就業與物價穩定不能兼得的觀念，但社會所希望的是能够同時避免失業與通貨膨脹。在這種情況下，經濟學家只能客觀地向社會大眾與政府當局提出菲力普斯曲線上各種可能失業率與通貨膨脹率的組合(這屬實證經濟學)；至於實際選擇曲線上那一點，則端賴社會大眾與政府當局對失業與膨脹不同的容受程度而定（這屬規範經濟學）。

二、能防範限度

　　如果我們的社會確實存在菲力普斯曲線，則短期間政府當局所面對的問題，就是根據社會大眾對失業與通貨膨脹的不同容受程度，選擇曲線上一點作為政策目標。對失業容受程度大的社會，選擇點將靠近橫軸——如圖7-10中 A 點，對通貨膨脹容受程度大的社會，選擇點將遠離橫軸——如同圖 B 點。

　　長期間，經濟社會在於防範失業和通貨膨脹，使之處於最小的限度內，這也就是儘可能設法使菲力普斯曲線的位置移向原點。比較圖7-10中菲力普斯曲線 PP 與 $P'P'$ ，任何同樣的失業率， PP 較 $P'P'$ 曲線的物價上漲率大；任何同樣的物價上漲率， PP 較 $P'P'$ 曲線的失業率

---

❽　根據自然失業率假說 (natural rate hypothesis)，在長期間經濟將達於自然失業率的均衡狀態，因此，長期的菲力普斯曲線為一與自然失業率相垂直的直線。但是，在短期間，失業率與物價上漲率之間仍然存在抵換的關係，所以，短期的菲力普斯曲線為一負斜率的曲線。因之，圖7-9 中的菲力普斯曲線實際上為長期與短期菲力普斯曲線的綜合。

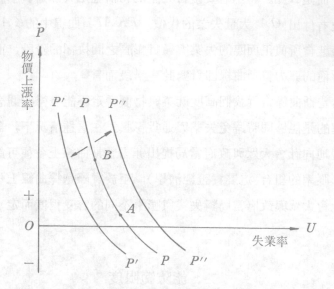

圖7-10　失業與通貨膨脹的容受與防範.

大。因此菲力普斯曲線愈近原點表示經濟結構愈好，愈有同時獲得充分就業與物價穩定雙重目標的可能。民國 50 年代臺灣地區的經濟情況，正符合這種靠近原點的菲力普斯曲線特性。

爲了追求就業與物價同時穩定的目標，各國政府無不採取各種措施——如財政與貨幣政策或工資與價格管制的所得政策等，試圖使菲力普斯曲線往左下方原點移動，或防範其遠離原點向右上方移動。事實上，1973年10月石油危機發生後，代表世界各國的菲力普斯曲線普遍往右上方移動——如圖7-10中 $P''P''$ 曲線。可以發現，$P''P''$ 曲線上任何一點均較 PP 曲線上相對應之點所顯示的失業與通貨膨脹率同時增加，這種情形稱之爲停滯性膨脹 (stagflation)。

摘　　要

1. 在一段期間內，一般經濟活動發生非定期但重複出現的波動，

稱爲商業循環。這種經濟波動通常是由於收縮或膨脹差距存在而引起的失業或通貨膨脹的結果。

2. 傳統上，根據就業、產出、所得與物價等經濟活動指標的水準，將商業循環劃分爲繁榮、衰退、蕭條與復甦四個階段。但現代通常只將商業循環劃分爲高盪面與低盪面兩個型態而已。

3. 預測未來經濟活動的循環階段通常有機械推論、意見調查、計量模型與經濟指標等方法。經濟指標可分爲同時性、落後與領先指標三種，同時性與落後指標是對當期與前期經濟活動的量度，領先指標則用於預測未來的經濟活動。

4. 解釋商業循環產生的理論可分爲外部理論與內部理論，前者主要有太陽黑子說、創新理論、政治商業循環說及實質商業循環理論，後者主要有心理說、政策變動說、耐久財貨更替說、有效需求變動說及均衡商業循環說等。

5. 現代商業循環理論主要是根據投資的高度變異性而產生。在沒有閒置資本設備的情況下，消費（或所得）變動將引起淨投資成倍數的變動——加速原理；在均衡國民所得水準下，投資的變動將使國民所得變量成倍數的變動——乘數原理，加速與乘數原理交替作用的結果，將引起經濟活動擴張或收縮的波動循環。

6. 失業是指，在現行工資水準下，凡有能力且願意工作的健全勞動人口，找不到適合其專業特長工作的情況。根據產生的原因可將失業區分爲摩擦性（或過渡性）失業、結構性失業、技術性失業、季節性失業、循環性失業與隱藏性失業等幾類。

7. 失業除了肇致有形財貨與勞務的損失外，尚會引起技能退化、生活水準降低、信心受損與社會動亂等無形的社會損失。

8. 通貨膨脹是指，社會全面物價水準普遍且持續上漲的現象。根據物價上漲的速度，通貨膨脹可區分爲爬升式、奔馬式、及惡性膨脹；

根據形成的原因，可將通貨膨脹區分為需求拉升、成本推動、結構性、進口或出口因素、貨幣因素、預期因素等類型。

9. 對可預見的通貨膨脹，若干經濟契約可透過物價伸縮條款的訂定，避免其可能造成的損害；平衡的通貨膨脹不會改變相對價格，因此不會影響經濟活動效率。但是，不可預見的通貨膨脹將產生所得與財富重分配後果，不平衡的通貨膨脹將使相對價格發生不當的改變，而降低生產效率。其他諸如：削弱國際貿易競爭能力、阻礙經濟成長、導致幣制崩潰、強迫儲蓄、稅負加重及價格機能削弱等，均是通貨膨脹可能產生的不良經濟後果。

10. 菲力普斯曲線是一條表示通貨膨脹與失業之間抵換變動關係的曲線。政府根據社會對通貨膨脹與失業兩者可能容受的程度，選擇曲線上一點所代表的通貨膨脹率與失業率的組合作為政策目標，而以政策工具來達成此一目標。

11. 短期間，政府選擇菲力普斯曲線上的一點作為追求的政策目標；長期間，政府應設法使菲力普斯曲線儘可能往靠近原點方向移動，以使社會同時享有較低的通貨膨脹率與失業率。

重 要 名 詞

潛能國民生產毛額	商業循環
繁榮	衰退
蕭條	復甦
高盪面	低盪面
結構性失業	技術性失業
季節性失業	循環性失業
隱藏性失業	充分就業
通貨膨脹	通貨緊縮

同時性指標	領先指標
落後指標	外部理論
內部理論	加速原理
邊際資本產出比率	勞動力
自願性失業	摩擦性失業
需求拉升膨脹	成本推動膨脹
結構性膨脹	爬升式膨脹
奔馬式膨脹	惡性膨脹
開放性膨脹	抑制性膨脹
進口膨脹	出口膨脹
伸縮條款	強迫儲蓄
菲力普斯曲線	停滯性膨脹

問 題 練 習

1. 甚麼是經濟波動? 吾人通常根據什麼標準將經濟活動劃分爲那
   幾類不同型態的商業循環階段?

2. 有那幾種方法可用以預測商業循環階段的來臨? 有那些重要理
   論解釋商業循環的發生?

3. 甚麼是加速原理? 如何利用乘數原理與加速原理解釋商業循環
   的形成?

4. 何謂失業? 主要的失業情況有那幾種? 試分別說明之。

5. 甚麼是充分就業? 其與自願失業有何關係? 一個社會如果不能
   維持充分就業, 將有怎樣的後果?

6. 何謂通貨膨脹? 通貨膨脹可根據成因與性質區分爲那些類型?
   試簡述之。

7. 通貨膨脹對貨幣所得有何影響? 無法事先預期與不平衡的通貨

膨脹，將產生那些不利的經濟後果？

8. 何謂菲力普斯曲線？如何利用它分析經濟目標與政策？

附錄： 停滯性膨脹的成因及
其解決之道

一、停滯性膨脹的意義

傳統的經濟波動結果使就業、產出、所得及物價水準成同方向的變動，表示物價水準隨就業的增加而上漲；又根據菲力普斯曲線，可知失業率的減少是以物價上漲爲代價所獲得。以上乃表達了一個意念，即傳統的經濟現象是失業與通貨膨脹兩者之間呈減函數關係的變動，就業、產出的增加，總是伴隨著物價水準的上漲。

自1973年10月首次世界能源危機發生以後，在整個1970年代，世界各國的經濟情況普遍發生一反凱恩斯學派就業與物價呈增函數關係的變動，而呈現物價水準持續上漲，就業、產出反而減少，這種新的經濟事實，經濟學家給予一個旣停滯（表示失業）又膨脹的名詞，稱之爲**停滯性膨脹❶**。

二、停滯性膨脹發生的背景

1973年10月發生中東戰爭，阿拉伯產油國家在一年之間將油價抬高爲原來的4倍以上，並且對某些親以色列的國家實施禁運。石油價格一漲，進口石油的國家除工業原料及燃料成本增加外，並且發生國際收支

---

❶ 停滯性膨脹一詞的英文 stagflation 爲停滯（stagnation）與膨脹（inflation）兩字所合成。

赤字，導致其本國貨幣貶值，造成國內物價的上漲。國際收支有盈餘的國家則因貨幣供給量增加，所得提高，需求增加，亦引起本國的通貨膨脹。在這些情況下，可說世界上大部分的國家不是發生進口類型便是出口類型的通貨膨脹。

在國際貿易方面，石油爲石化工業及化學肥料的主要原料，石油價格一上漲，石化原料和化學肥料的價格隨之上漲，使石化工業及農業生產成本提高，加上當時各國對石化原料及農產品的搶購，促成石化產品及農產品價格的大幅上漲。石油除了是許多產業的主要投入要素，也是主要運輸燃料，油價上漲使得國際貿易的運費增加，更加助長國際物價的上升。除產油國外，大部分的國家由於石油支出的驟增，發生巨額國際收支赤字，紛紛設限以求減少輸入，國際貿易受到阻礙。輸出減少，生產減少，失業隨之增加，在這些因素交錯作用下，終於爆發了停滯性膨脹。

三、停滯性膨脹成因的探討

停滯性膨脹的發生，油價之上漲只可說是導火線，其眞正的原因根源於各國政府受凱恩斯理論的影響，長年競相利用財政與貨幣政策追求充分就業與快速經濟成長所造成的後果。因此，我們歸納以下三點作爲停滯性膨脹形成原因的探討：

(一) 貨幣幻覺

圖 7-A-1，產品市場的 AD 與 AS 分別代表社會的總需求與總供給曲線，當 AD_0 曲線與 AS_0 曲線相交時決定了社會的均衡物價水準 OP_0 與產出水準 OY_0。接著，我們以圖 7-A-2 的勞動市場與圖 7-A-3 的總合生產函數來說明物價水準、就業與產出之間的關係。在物價水準爲 OP_0 時，勞動需求曲線 N_0^d 與勞動供給曲線 N_0^s 相交決定了均衡就業量 ON_0 與均衡貨幣工資 OW_0。均衡就業量 ON_0 決定後，透過總合生產函數 $Y(N, \bar{K})$，N 爲勞動投入，$\bar{K}$ 爲固定資本投

入，決定了社會的均衡就業產出量 OY_0，這勞動市場與生產函數所決定的均衡產出量 OY_0 等於產品市場所決定的均衡產出量 OY_0。

現假設某種因素引起社會的總需求增加，使得產品市場的總需求由圖 7-A-1 的 AD_0 上升至 AD_1，物價水準上漲到 OP_1，因而在現行貨幣工資 OW_0 下，實質工資由 $\dfrac{OW_0}{OP_0}$ 降為 $\dfrac{OW_0}{OP_1}$。在勞動需求與實質工資呈減函數關係的假設下，勞動需求因而增加，圖 7-A-2 的勞動需求曲線因此由 $N_0{}^d$ 移到 $N_1{}^d$。此時，由於物價上漲，利潤提高，企業家因而願意支付較高的貨幣工資 OW_1，雇用更多的勞工 ON_1，生產更多的產出 OY_1。於此，由於勞工存在貨幣幻覺，其勞務的供給與貨幣工資呈增函數關係，卽 $N^s = N^s(W)$，$N^s > 0$。是故，當企業家支付較高的貨幣工資 OW_1 時，勞工便願意提供更多的勞務 ON_1。因此，在勞工具有貨幣幻覺下，物價上漲，產出也增加，正與傳統通貨膨脹的情況相符合，卽就業與產出增加時，常導致物價水準與其成同方向的變動。

事實上，情況可能並非如此樂觀。經過一段時間後，勞工將會發現，雖然他（她）的貨幣工資收入較以前為多，但所能買得到的財貨與勞務反而減少，貨幣幻覺因而消失，從而要求進一步提高貨幣工資，使得勞動供給曲線由圖 7-A-2 的 $N_0{}^s$ 移到 $N_1{}^s$，名目工資將上漲至 OW_2，以使原來的實質工資維持不變，均衡就業量由 ON_1 回到原來的水準 ON_0，產出水準由 OY_1 降到原來的 OY_0 水準。因為工資上漲使得生產成本提高，所以總供給曲線由圖 7-A-1 的 AS_0 往上移至 AS_1，使物價水準由 OP_1 上漲到 OP_2，在 OP_2 的物價水準下，總供給與總需求又回復到原來均衡產出水準 OY_0。雖然至終產出回復至原來的均衡產出 OY_0，但此時物價水準已經上漲，產出也由 OY_1 減至 OY_0，這正是停滯性膨脹所指的現象。

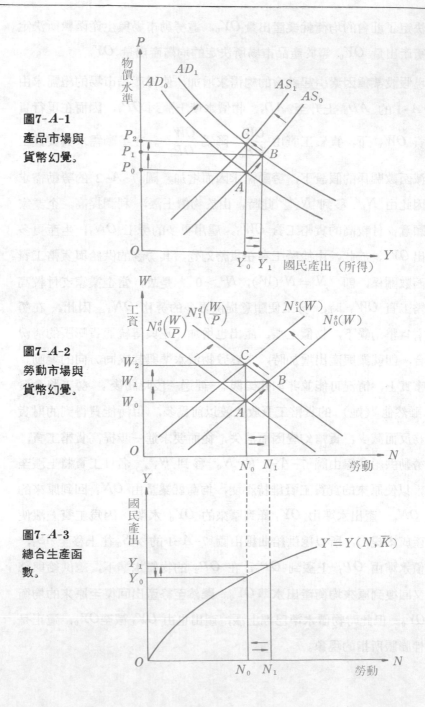

圖7-*A*-1
產品市場與
貨幣幻覺。

圖7-*A*-2
勞動市場與
貨幣幻覺。

圖7-*A*-3
總合生產函
數。

（二）預期的不同

因自1960年代以來，物價水準的持續往上調整（通貨膨脹）已是一種習以爲常的現象，故在一般人的心目中總是存在著物價將會進一步上漲的預期。但是，預期是一種心理狀態，不可能每個人的心理狀態都一樣，因此所產生的預期也就不同。吾人要問當企業家與勞工對未來物價上漲的程度有著不同的預期時，將會產生怎樣的經濟後果呢？

首先，我們假設企業家與勞工對物價上漲的預期程度相同。在圖 $7-A-4$ 的產品市場，總需求曲線往上移 (AD_1) 與總供給曲線往上移 (AS_1) 的幅度將相同，均衡產出因此維持於 OY_0 不變而物價水準上漲

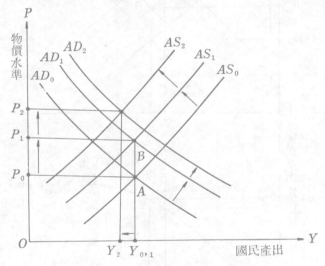

圖 $7\text{-}A\text{-}4$　預期對產品市場的影響。

至 OP_1。在圖 $7-A-5$ 的勞動市場，由於勞資雙方對物價上漲的預期一樣，勞動供給曲線往上移 (N_1^s) 與勞動需求曲線往上移 (N_1^d) 的幅度相同，所以均衡就業量與產出維持不變，而工資水準上漲至 OW_1。於此情況下，只是物價與工資的上漲，但就業與產出量並沒有減少。

然而，長期物價上漲的結果，使得工會在談判工資時預期物價將會

更進一步上漲，因而將未來物價上漲的預期包含於現行工資之中，要求較高的工資以保護勞工。因之，勞工對未來物價上漲的預期將大於企業家的物價上漲預期，其結果，從產品市場分析，圖 7-A-4 的總供給曲線往上移（AS_2）的幅度將大於總需求曲線往上移 （AD_2）的幅度，兩

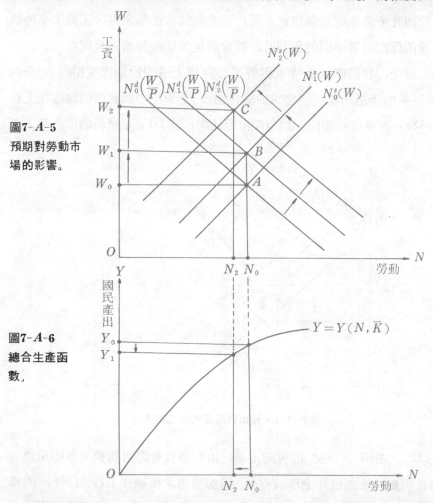

圖7-A-5
預期對勞動市場的影響。

圖7-A-6
總合生產函數。

線相交所決定的均衡產出量 OY_2 較 OY_0 為小，而物價卻大幅上升至 OP_2；從勞動市場分析，圖7-A-5 的勞動供給曲線往上移（N_2^s） 的幅度將大於勞動需求曲線往上移 （N_2^d） 的幅度，兩線相交所決定的均衡

就業量減少爲 ON_2，產出減少爲 OY_2，而工資卻高漲至 OW_2（AS 與 N^s 往上移乃勞工預期物價上漲，提高工資所致；AD 與 N^d 往上移乃企業家預期需求將增加，物價將上漲所致）。由勞動及產品市場所顯示的就業、產出減少，物價上漲，即爲停滯性膨脹。

（三）生產投入的減少

石油於當今工業社會爲一項非常重要的生產投入要素，由於石油價格的上漲與禁運的結果，使其需求遽減，生產投入減少，社會的總產出高限因此由圖 7-A-7 目前的 OY_0 減至 OY_1。此外，由於油價的上漲，使得總供給曲線由 AS_0 往上移至 AS_1，最後均衡產出與物價水準決定於 OY_1 及 OP_1，顯示產出的減少與物價水準的上升，停滯性膨脹於焉發生。

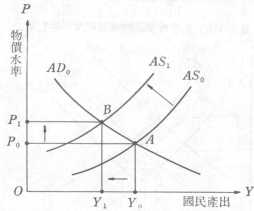

圖7-A-7　生產投入減少使產出水準下降。

四、停滯性膨脹解除之道

依凱恩斯學派的見解，有效需求不足會引發失業，使產出水準下降。例如，圖7-A-8，總需求由 AD_0 降爲 AD_1，產出由 OY_0 減至 OY_1。此時政府應採擴張性之財政政策或貨幣政策以提高有效需求，使產出得以增加，就業能夠回升，以降低失業率。但是，此種提高有效需

求的方法，在停滯性膨脹的情況下，將使物價更進一步上漲，通貨膨脹預期的不利後果更加嚴重。圖 7-A-9，原來的停滯膨脹均衡爲 OY_1 及 OP_1，政府若採提高有效需求的擴張性政策而使物價更加上漲，產生總

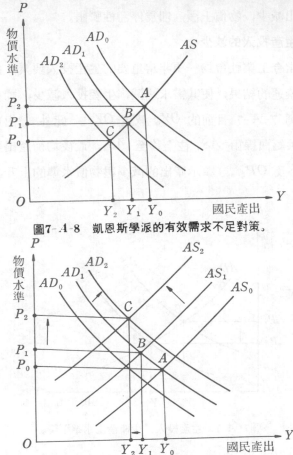

圖7-A-8 凱恩斯學派的有效需求不足對策。

圖7-A-9 擴張性政策無法解決停滯性膨脹的難題。

供給曲線與總需求曲線因進一步的物價上漲預期而更往上移，而 AS_2 上移的幅度大於 AD_2 上移的幅度，經濟情況因而陷入更深的停滯膨脹泥沼之中，產出更減至 OY_2，物價更進一步上漲至 OP_2。

相反地，如果政府的目標在於降低通貨膨脹率而採緊縮政策，總需求將如圖 7-A-8 的 AD_1 減爲 AD_2，使得產出更形減少，失業情況

更加嚴重，這種現象往往是民主國家所不能容忍的。

　　經由以上的分析，得知在停滯性膨脹的情況下，政府採擴張或緊縮的財政或貨幣政策均不能解決此經濟難題，那麼政府到底應採何種有效的政策以挽救此種經濟困境呢？理論上，根本解決之道還是要減少總需求（尤其是政府的開支），使得物價下跌，而後透過價格下跌的預期使得總供給曲線往下移的幅度大於總需求曲線往下移的幅度，而使物價水準繼續下降，產出逐漸增加，最後回復至原來的物價與產出水準，此種調整過程如圖 7-A-10。當政府減少支出或採緊縮政策使得總需求由 AD_2 降為 AD_1，此時若全國民眾均深信政府此種緊縮措施將會持續下去，物價水準將會繼續的往下降，將會產生物價下跌預期。如同物價上漲的預期作用一樣，吾人假設總供給曲線往下移的幅度大於總需求曲線往下移的幅度，最後整個經濟將會回復到原來低物價、高水準產出的均衡。

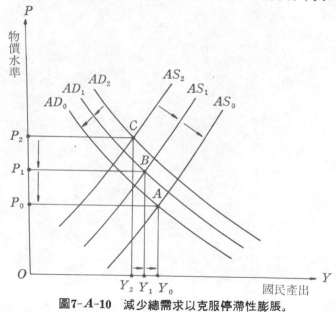

圖7-A-10　減少總需求以克服停滯性膨脹。

　　再者，為了克服停滯性膨脹，應該配合總需求的削減，致力於生產力的提高、技術的創新、資源的探勘與開採、發展替代石油的新能源與

加速投資等，以使總供給增加。如此，雙管齊下，停滯性膨脹的難題將可有效獲得解決。

在當前的經濟體制下，理論上的緊縮總需求政策很難實現，增加總供給也不是短期間可以實現的，而且個別國家單獨的國內措施也發生不了解決停滯性膨脹問題的決定性效果。因此，這種國際性的經濟困局，要靠國際間長期的合作，採取共同協調的措施，才可望脫離停滯膨脹的困境，走上正常發展的坦途，這是國際經濟的範疇，不是基本的經濟學所宜探討的範圍。

第八章 財政政策：政府的
開支與租稅

截至目前為止，我們所討論的只限於包括家計與企業的私經濟部門，對於政府部門一直未作深入考慮。本章開始探討政府部門參與經濟活動所產生的影響與其所扮演的角色。

第一節 政府經濟活動的範圍與效能

一、適當範圍

任何有組織的社會均應賦予政府某種的經濟角色，政府在社會中所扮演的角色主要反映於預算之上，經由預算的執行，政府可以實現所要追求的目標。

社會大眾——尤其是經濟學家們——對於政府在經濟活動中應該扮演怎樣角色的看法不一。古典學派主張政府的經濟活動愈少愈好，一切經濟活動在市場機能之下，任由私人自由放任的去競爭，無需政府干涉，社會經濟福利將自動達於最大，而政府所需擔任的經濟活動應限於私人部門不願意或無力承擔的範圍之內。例如，法國經濟學者賽伊認為「稅收最少、開支最少的政府就是最好的政府」；巴斯提特 (F. Bastiat) 更主張「除了維護個人的權利外，政府不應有任何其他的國家功能」。英國的學者亦認為公共支出不具生產性，而主張公共開支應減至最少的程

度，古典學派的經濟學者因此力倡自由市場經濟與租稅中性化。例如，史密斯在他的名著 《國富論》 裏主張政府只應扮演三個基本功能：（1）維護國家免受外力的侵犯，（2）保護社會每一成員免於遭受社會其他成員的侵犯或不公平待遇，（3）建立與維護有利於社會成長的公共設施。

但是，到了近代，對於政府在社會中所應扮演角色的看法有了很大的轉變。凱恩斯在其1936年所發表的《一般理論》一書中特別賦予政府穩定經濟活動的新任務。其後，美國學者馬斯格瑞夫（R. Musgrave）在其名著《公共財政理論》（*The Theory of Public Finance*）一書中，更進一步將現代政府的功能擴大，包括：（1）有效派用資源，（2）穩定經濟活動，及（3）所得重分配，等三大類，這與凱恩斯心目中的政府角色比較，顯然更加廣泛了。美國國會更於1946年通過「**就業法案**」（ The Employment Act 1946 ），明白揭示聯邦政府有責任創造並維持充分就業與物價穩定。此法案的用意在於要求政府利用各種可能的政策，來達成沒有膨脹的充分就業與經濟成長的目標。

馬氏的有效派用資源功能可說含蓋了古典學派所主張之政府的各項功能，但他又賦予政府兩項新的功能──穩定經濟及所得重分配。因此，自馬氏之後，擴大政府開支逐漸成為一種財政思潮。除了財政思潮的轉變外，兩次的世界大戰、1930年代的世界經濟大恐慌與社會主義的盛行，亦使得西方各國的公共支出不得不大幅增加。在1950與1960年代對公共支出能夠有效達成資源有效分派、穩定經濟、及所得重分配持樂觀看法的人愈來愈多，學術界也提出各種理論來支持這種看法，這也導致許多開發中國家以大量公共投資來促進經濟發展，1960年代中期許多著名的美國經濟學者也相信可以依賴財政政策解決經濟波動的問題，許多西方先進國家不斷以提高邊際稅率及各種社會福利措施來進行所得重分配。

隨著公共支出快速的增加，到了1960年代末期及1970年代，西方先進國家原先對以政府預算達成以上所列各種經濟目標持樂觀看法的人漸漸

產生懷疑的態度。加上自1970年代起,許多西方先進國家面臨長期、鉅額財政赤字。因此,削減政府支出、縮減政府經濟活動範圍之議不絕於耳。

　　對於政府活動範圍的論點有如此截然不同的轉變, 乃是由於構成古典學派自由競爭的一些完美的前提條件不復存在, 政府所需擔負的經濟任務遂有增加的必要。但是, 政府經濟活動的擴展必然使私人經濟活動相對地減少, 任何一個經濟社會, 公共部門經濟活動所佔的比重增加, 必然使私人部門經濟活動所佔的比重相對地減少, 正如圖 8-1, 生產可能曲線上的生產點由A點移到B點, 必然是公共財生產的增加, 私有財生產的減少。無限制的政府經濟活動擴張是自由民主的市場經濟社會所不容許的, 因此, 政府的經濟活動終須以社會全體所認定的適當範圍為限。下列幾項通常被認為是現代政府所應擔任的經濟角色:

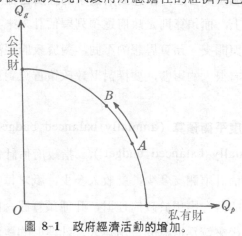

圖 8-1　政府經濟活動的增加。

　　（一）擔任私人部門不願或無法從事的生產活動　諸如國防 、 道路、橋樑與港口等,這類財貨與勞務的生產與價格,無法或不能由市場來決定,或所需投資過於龐大,致私人不願或無力承擔其生產。同時, 這些生產又是社會經濟活動所不可或缺的,於是,政府須得擔負其生產供給。

　　（二）協助與限制私人經濟活動　政府應 該提供健 全的法律 、 司法、警察、度量衡與貨幣等制度,以利私經濟活動的進行。對於有益社

會的生產活動應予補助或獎勵，以扶持其發展，增加社會福利；對於有害社會的生產活動應予禁止或課以重稅，以限制其發展，減輕其可能產生的災害。此外，更應以各種政策來彌補私經濟的缺失，達成所得與財富重分配，保障經濟公平競爭與促進經濟穩定發展。

（三）**舉辦社會福利事業** 對於無法參與經濟活動的人——如殘障、疾病、年老與失業者，政府基於社會人道的立場，應予以妥善照顧，以確保社會的安定與公平。

二、預算思想

政府的經濟活動主要表現於財政的收入與支出，而**所謂的財政政策是指：政府透過預算管理，來達到所追求的經濟目標**。財政政策的執行體現於預算之上，而預算則是政府逐項列舉估計未來某一期間（通常是一年）的收入與開支。預算思想的不同，對於政府經濟活動與財政政策的釐訂與執行有很大的影響，要探討財政政策首應對預算思想的演變有一瞭解。

（一）**年度平衡預算**（annually balanced budget） 又稱**連續平衡預算**（continually balanced budget），指政府估計每年收入多少，就開支多少；或估計須開支多少，就收入多少，祇求每年的預算平衡。這是將家庭理財的觀念應用於政府理財，此種預算觀念由最早消極的量入為出，轉變到後來較為積極的量出為入。就理財的觀點，這種預算觀念很健全，但在經濟觀點，將會產生加深經濟波動的反穩定效果。因為現行累進稅制，經濟繁榮，政府稅收自動增加，若採年度平衡預算，政府開支勢必也增加，這將加深了膨脹壓力；經濟衰退，政府稅收自動減少，若採年度平衡預算，政府開支隨之減少，勢將加深經濟萎縮。因此，這種預算現在祇成為財政史上的一個觀念而已。

（二）**週期平衡預算**（cyclically balanced budget） 指政府應該

隨著商業循環的波動，在經濟衰退時產生預算赤字，在經濟繁榮時產生預算盈餘，以繁榮盈餘彌補衰退赤字，使每一循環週期終了時，赤字與盈餘抵銷而達平衡。這種預算觀念在理論上很完整，但在實行上有以下的困難：

1. 繁榮與衰退的時間不一定相等。

2. 繁榮與衰退的程度不盡相同。

3. 難以預知經濟膨脹或衰退何時開始，無法事先確定預算政策。

4. 民主政治，政權時常因選舉而改變，難於一致有效地執行週期平衡預算。

基於以上的原因，事實上很難也不可能執行週期的平衡預算。

（三）**功能理財** (functional finance)　根據經濟情況的需要採機動預算理財，機動目的在於達成經濟穩定與成長。經濟衰退時機動增加開支、減少稅收，繁榮時機動增加稅收、減少開支，運用預算工具達成所追求的經濟目標。

功能預算是一種前進的理論，需要理財的人眼光能夠看得遠、看得準且行動迅速。事實上應用時也有以下的困難：

1. 很難有完整的資料對未來的經濟情況作準確的預測。

2. 政策採行與效果發生之間有時間落後 (time lag)，可能衰退或膨脹已經發生，而事先採行的預防政策尚未產生效果。

3. 財政政策的採行須經立法程序，通常費時甚長，甚至未能通過，錯失政策採行的適當時機。

（四）**充分就業或高就業水平預算** (full or high employment budget)　近代政府理財的觀念不重平衡，而重充分或高就業、物價穩定與經濟成長等目標的追求。因此，政府可事先估計達成這些經濟目標所需的預算開支，決定開支多少，稅收多少，預算一經決定之後，就由經濟體系的內在自動穩定機能去操作，確保充分或高水平就業水準的達

成。這種建立在自動穩定機能之上的預算，有以下的缺點:

1. 自動穩定機能的力量有限，不足以應付重大的經濟波動或私經濟部門開支的變動，以確保充分或高水平就業水準的達成。

2. 在累進稅率下，隨著經濟成長，所得增加，稅收自動增加，於充分或高水平就業預算下，將發生**充分就業預算盈餘** (full employment budget surplus)，雖有抑制物價膨脹的功能，但另一方面卻阻礙了經濟的成長。相反地，如果充分或高水平就業預算一經決定後，經濟活動無法順利擴張或甚至衰退，則在累進稅率制下，政府稅收自動減少而無法產生預算所需的收入，這種情況稱之為**充分就業預算赤字** (full employment budget deficit)。

根據華格納法則 (Wagner's law)，隨著所得水準提高，政府支出 (預算) 將擴大，而使政府開支在整個經濟活動中所佔的比重提高。事實顯示，西方先進國家的公共支出不斷增加，導致政府支出佔國民生產毛額的比重逐年提高。每一個國家開支增加的原因各有不同，但歸納而言不外乎以下幾點:

1. **野心過大的資本開支計畫** 許多國家 —— 特別是開發中國家 —— 政府開支過度的原因往往是在釐訂公共投資計畫時未取得財政當局的充分合作或同意，致使公共投資計畫超過政府可用的資源(或稅收)。在此情況下，財政當局若無法經由增稅或借貸籌措到足夠的資金，政府財政必然惡化。

2. **公共計畫的繁衍** 許多西方民主國家政權交替頻繁，執政時間長則數年，短則數月，因而肇致施政只顧短期利益而忽略了長期的不良後果。許多的公共計畫一開始成本可能很低，但隨人口的增加，利益團體的壓力，這些計畫往往如雪球般滾大而難以節制。社會安全保險、失業救濟即是很好的例子。

3. **薪資支出的膨脹** 有些國家以擴充政府部門的就業，作為解決

失業問題的一種手段，公共部門的就業因此過於龐大而缺乏效率。這些
國家中，有的是以低薪資來擴充公共部門的就業，這導致優秀人才不願
留在政府部門而流向薪資較高的私人部門；有的是政府雇員形成力量雄
厚的政治壓力團體要求政府不斷調升薪資超過合理的水準。兩者均使國
家資源派用扭曲，政府薪資支出增加。

4. **對消費者的補貼** 基於所得重分配與社會公平的考慮，政府對
消費者進行選擇性的補貼被認為是合理的。但是，許多國家對消費者補
貼的範圍往往過於廣泛，甚至浮濫。這樣的補貼方式並不能使真正需要
幫助的窮人得到大部分補貼的受益，但卻使政府的財政支出大幅增加。

5. **對公營企業的補貼** 基本上，對公營企業補貼的性質與對消費
者補貼相同。各國政府或為了穩定通貨膨脹時期的物價，或基於政治考
量而以公營企業作為解決失業問題的手段，或為了進行野心過大的公共
投資計畫，而對公營企業進行補貼。這往往導致公營企業的營運缺乏效
率，而致政府的財政負擔加重。

6. **缺乏有效的開支管制** 有些國家公共支出的快速增加並非政治
因素而是各級政府之間的行政溝通不良所致。例如，中央政府有意縮減
開支，但地方政府不予理會而繼續增加支出，這樣仍然造成全體政府公
共開支的增加。

政府功能（角色）擴充的結果導致許多國家的公共開支快速成長。
在某些國家追求福利社會所產生的示範效果壓力與選舉時所開出解決社
會問題支票的政治壓力下，各國政府往往無法抗拒增加開支的壓力，公
共支出增加成為第二次世界大戰後國際間的一種趨勢。

第二節 權衡性財政政策

所謂**權衡性財政政策**(discretionary fiscal policy)是指: **政府主動**

採取有意的開支與租稅措施，以達成消除經濟波動與促進經濟成長的目標。因此，要瞭解權衡性財政政策，應從政府開支與租稅的活動着手。

一、政府開支的特性與種類

個人在所得的限制下，開支在於追求獲得最大的慾望滿足；企業的開支在於追求獲得最大的利潤，兩者皆以私利爲出發點。政府的開支是依社會需要而定的一種政策，目的在於追求社會利益的最大與理想目標的達成。除少部分用於移轉支付外，政府的公共支出主要用於購買公共財貨與勞務。公共財（public goods）不同於私有財（private goods），通常具有以下的特性：

1. 集體消費性（collective consumption） 又稱爲**無排他性**（nonexcludability）。於政府開支所提供的公共財，不排斥或禁止眾人同時享用它。社會的任何成員對於公共財都有均等共享的權利，此種特性正好與私有財的個別消費性或排他性相反。

2. 不可分割性（indivisibility） 又稱**整體性**。表示政府開支所提供的財貨與勞務無法以物理的方法予以分割，此不同於私人開支能够視個人的需要而購買不同的數量。因此，一個人對公共財的消費，並不會使其他的人對公共財的消費減少， 此又稱之爲**無敵對性**（nonrivalness）● 。

3. 邊際成本等於零 不管原先消費或得到好處的人多少，政府開支一經決定後，額外增減一個人消費，對政府的開支並無影響，故邊際成本等於零。

4. 外部性 公共財的生產或消費，往往具有外部經濟或不經濟的特性，而使得私人生產或消費活動受到有利或不利的影響。

● 公共財消費人數的增加雖然不會使一個人對公共財的消費量減少，但卻將使得公共財的消費品質下降。

政府開支可分為對私經濟部門的災害救濟、社會福利等的片面無償移轉支付與購買財貨勞務的支付兩大類。移轉支付雖非國民所得的一部分，但卻屬於個人所得，可以增加個人的購買力，提高個人福利；財貨與勞務的開支又可按其性質區分為消費開支與投資開支，兩者同樣使社會的總需求增加，國民就業、所得水準提高，但前者使社會大眾直接馬上受益，後者累積社會經常資本，擴充社會生產能量，可以降低私人生產成本，提高私人生產效率，增加社會未來的生產。

公共財與私有財之產量與價格的決定並不相同。對私有財而言，在完全競爭市場下，每位消費者消費不同的數量但付出相同的價格；但對公共財而言，每位消費者消費相同的數量但所願意支付的價格卻不同。公共財不像私有財那般有具體的市場來決定價格與產量，但我們可以為公共財設定一「**虛擬市場**」（pseudo market），來決定公共財的數量與每人必須支付的價格──這樣的市場解稱之為**林達均衡**（Lindahl equilibrium）。

但是，理論與實際終究有段差距，林達均衡要能成立必須社會上每個人均有正確顯示他（她）們對公共財所願意支付價格的誘因。事實上，這是很難實現的。人們將希望能夠免費享用公共財而不願主動表示支付公共財費用的意願，這種**免費享用問題**（free-rider problem）的存在，使得林達均衡無法成立，因而導致公共財的供給量無法達於最適。例如，如果人們相信租稅是根據個人對公共財願意支付的價格課徵，則低估公共財價格的誘因將會產生，而致公共財的供給過少；如果人們相信租稅的高低與個人對公共財願意支付的價格無關，則又會產生高估公共財價格的誘因，而致公共財的供給過多。兩者均將使公共財的供給無法達於最適。

由於公共財具有重大的外部經濟效果，因此若完全由私人市場價格機能決定，私人不僅不願（或不能）生產足夠數量的這種財貨，甚至完

全不願生產。在此情況下，除非政府干預，否則社會公共財的供給必然
不足，社會的福利水準必將無法達到最大。

二、政府開支與國民生產之均衡水準

如果不考慮國外部門，根據國民生產毛額恒等式，$GNP \equiv C + I + G$，GNP 代表總供給，C、I 與 G 分別代表家計、企業與政府三個部門的開支，其總和代表總需求，兩者相等時，國民生產達於均衡水準。政府在經濟活動中所扮演的角色是以財政政策補私經濟活動的不足，恒等式右邊的 G 爲大於零的任何數值，其大小將影響總需求，進而決定國民產出均衡水準。

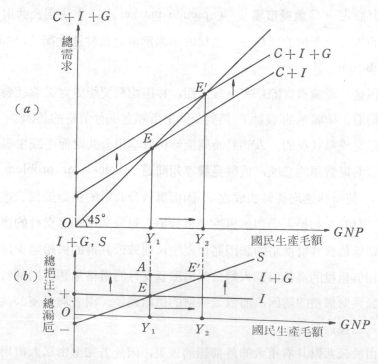

圖 8-2　政府開支與國民生產均衡水準。

假設沒有政府租稅存在，只考慮政府開支對國民生產均衡水準的影響，可以總需求對總供給及總挹注對總漏巵平衡法分析政府開支的效果。圖 8-2，表示政府開支的存在如同民間開支增加一般，使得總需求曲線由原來的 $C+I$ 升爲 $C+I+G$，透過乘數作用，國民產出由 OY_1 增爲 OY_2。再者，假設總漏巵（儲蓄）不變，政府開支後的總挹注曲線由 I 升爲 $I+G$，在 OY_1 產出水準下，總挹注 (AY_1) 大於總漏巵 (EY_1)，透過乘數作用國民產出 OY_1 增爲 OY_2，總挹注 $AY_1(=E'Y_2)$ 再度等於總漏巵 $(E'Y_2)$，國民產出達於較高的均衡水準。

三、租稅與國民生產之均衡水準

其次，假設沒有政府開支，只考慮租稅對國民生產均衡水準之影響，仍以總需求對總供給及總挹注對總漏巵分析租稅效果。

假設投資是不受租稅影響的自發性投資。任何國民產出水準下，對民間課稅，將使可支配所得減少，消費量減少，所減少的消費量等於邊際消費傾向乘以減少的可支配所得（卽租稅）。圖 8-3，租稅使消費函數由 C 降爲 C'，C 與 C' 之間的垂直距離便是邊際消費傾向與租稅的乘積，總需求曲線因此由 $C+I$ 降爲 $C'+I$，在原來 OY_1 產出水準下的總需求，由 EY_1 減爲 AY_1，小於總供給 $OY_1(=EY_1)$，經由乘數作用，國民均衡產出水準由 OY_1 減爲 OY_2。

假設總挹注（投資）不變，任何國民產出水準下，對民間課稅，可支配所得減少，儲蓄量減少，減少的儲蓄量等於邊際儲蓄傾向乘以所減少的可支配所得，儲蓄函數因而往下移，由 S 降爲 S'。雖然儲蓄漏巵因租稅而減少，卻增加新的國民所得漏巵——租稅，而在任何國民產出水準之下，租稅使儲蓄漏巵的減少（等於邊際儲蓄傾向乘以租稅），小於租稅本身漏巵的增加。因此，在任何國民產出水準下，課稅後總漏巵曲線還是由 S' 升爲 $S'+T$，$S'+T$ 與 S 曲線之間的垂直差距等於所減少

的民間消費開支〔$T - T \times MPS = T(1 - MPS) = T \times MPC$〕，$S$ 與 S' 曲線之間的垂直差距等於所減少的民間儲蓄，$S' + T$ 與 S' 曲線之間的垂直差距就是所課的租稅 $T(= A'B)$。課徵租稅使總漏巵曲線由 S 降為 S'，而後增至 $S' + T$，$S' + T$ 與橫軸交點 F'，對應於 C' 與45°線交點 F。在原來 OY_1 之均衡產出水準下，租稅後的總漏巵（$A'Y_1$）大於總挹注（EY_1），經由乘數作用，國民產出水準降至較低的均衡產出水準 OY_2。

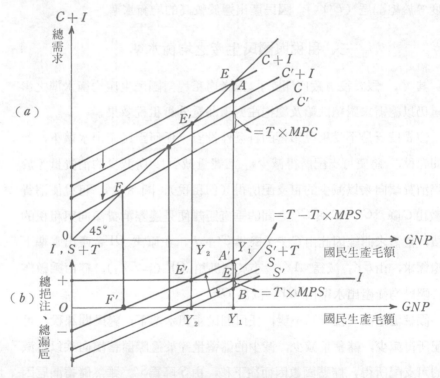

圖 8-3　租稅與國民生產均衡水準。

四、平衡預算乘數

經由以上分析，可知國民生產均衡水準因政府開支而增加，因租稅

而減少。如果我們考慮政府的開支與租稅同時存在，而且是採開支等於租稅收入的平衡預算，此對國民生產水準是否沒有影響呢？答案是否定的。事實上，**平衡預算對國民生產水準仍具有與政府開支或租稅等量增加或減少的影響，其乘數因此等於 1，稱之為平衡預算乘數** (balanced-budget multiplier)。

　　圖 8-4，政府一加入經濟活動後，便採開支與租稅相等的平衡預算。如果只有政府租稅 (T)，總需求曲線降為 $C'+I$，現加上政府開支 (G)，總需求曲線升為 $C'+I+G$。租稅所減少的消費量等於邊際消費傾向乘以可支配所得的減少（等於租稅），所增加的政府開支等於租稅收入，故 $C'+I+G$ 曲線高於原來民間之總需求曲線 $C+I$，其差額等

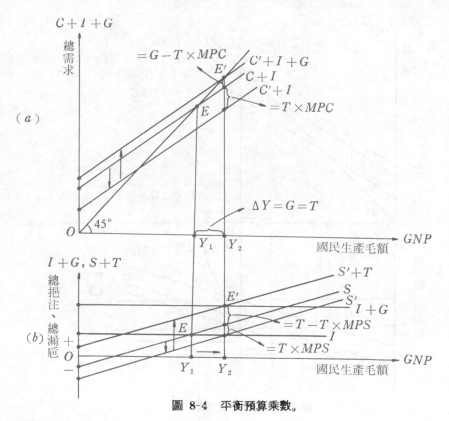

圖 8-4　平衡預算乘數。

於政府開支的增加減去民間消費的減少，表示總需求的淨增加量，透過乘數作用，在 E' 點總需求又等於總供給，均衡產出由 OY_1 增至 OY_2。在總挹注與總漏巵方面，政府開支使總挹注曲線由 I 升爲 $I+G$，總漏巵曲線由 S 升爲 $S'+T$，總挹注增加等於政府開支，等於租稅，總漏巵的增加等於租稅乘以邊際消費傾向。因此，總挹注之增加大於總漏巵之增加，在 E' 點總挹注（$I+G$）再度等於總漏巵（$S'+T$），均衡產出由 OY_1 增至 OY_2，增加的產出 OY_2-OY_1 與政府開支（G），或租稅（T）的相對比率 $\dfrac{OY_2-OY_1}{G}$ 或 $\dfrac{OY_2-OY_1}{T}$，等於 1。

　　平衡預算的乘數等於 1，其關鍵在於政府對民間課稅所減少的民間

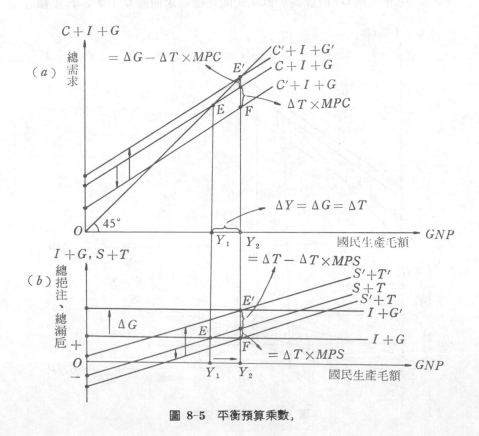

圖 8-5　平衡預算乘數。

可支配所得等於租稅，而所減少的可支配所得是由消費與儲蓄所構成，租稅的變動使得消費與儲蓄同時發生改變，以致產生平衡預算乘數的值等於1的現象。以數字爲例，設邊際消費傾向爲 0.8，政府增加1元的稅，使民間可支配所得減少1元，其中消費減少 0.8 元，儲蓄減少 0.2 元，故總需求減少 0.8 元，但政府支出增加1元，故總需求淨增加 0.2 元，透過乘數效果，國民產出(所得)增加1元，平衡預算乘數等於1。

以上是假設原來政府部門並不存在，加入政府部門後卽採平衡預算所產生的結果，這種平衡預算乘數可以一般化推論到如果政府部門已經存在，**政府同時對開支與租稅作等額的增加或減少，仍將使國民產出發生與開支或租稅等額的增加或減少， 平衡預算的乘數仍等於 1**。在圖 8-5，政府支出增加 $E'F$，等於租稅增加 $E'F$（卽$S'+T'$ 與 $S'+T$ 曲線之間的垂直差額）， 均衡國民產出 （所得） 水準增加 $Y_1Y_2 = E'F$（平衡預算乘數的代數證明請參閱本章附錄）。

經由以上平衡預算乘數的討論，我們可以得到均衡國民產出分析的一個重要概念，就是根據國民生產毛額恒等式$C + I + G + (X - M) \equiv GNP \equiv C + S + T + R_f$，只考慮私經濟部門時，總挹注與總漏巵的均衡國民產 出條件 爲意願投 資等於意 願儲蓄 （$I = S$）； 考慮政府部門後，假設國外部門不存在或淨出口 （$X - M$） 等於對外移轉支付 （R_f），總挹注與總漏巵的均衡國民產出條件爲意願投資與政府開支之和等於意願儲蓄與政府租稅之和 （$I + G = S + T$）。

五、財政政策與經濟穩定

財政政策的實行是經由政府開支與租稅的搭配，以影響總需求，達到穩定經濟，促進成長的目標 。 如果經濟存在膨脹差距， 發生通貨膨脹，政府應採取預算盈餘的反膨脹政策——卽減少開支，或增加租稅；或是雙管齊下，既減少開支，又增加租稅，以減少總需求，緩和膨脹壓

力。例如，圖8-6，在 $C+I+G$ 的總需求曲線下，產生膨脹差距EF。如果政府採減少開支與增加租稅的政策，政府與民間開支的減少將使總需求曲線降為 $C'+I+G'$，在 E 點，經濟重新回復沒有膨脹的充分就業均衡 OY_f。另一方面，政府開支減少，總挹注曲線由 $I+G$ 降為 $I+G'$；增加租稅，儲蓄減少，但其減少的幅度小於租稅的增加，因此總漏巵曲線由 $S+T$ 升為 $S'+T'$，在 E 點，$I+G'$ 與 $S'+T'$ 相交，表示總挹注等於總漏巵，經濟又回復充分就業產出均衡。

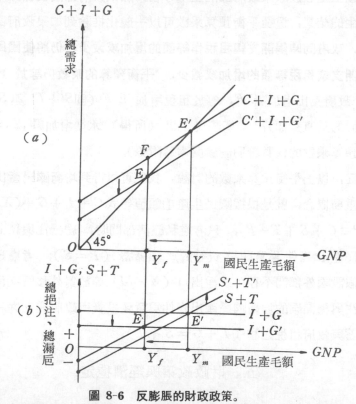

圖 8-6　反膨脹的財政政策。

如果經濟存在收縮差距，發生失業，政府應採預算赤字的反衰退政策——卽增加開支，或減少租稅；或是旣增加開支又減少租稅，以增加總需求，促進經濟復甦，回復充分就業產出水準。例如，圖8-7，在 $C+I+G$ 的總需求曲線下產生收縮差距 EF。如果政府採增加開支與減

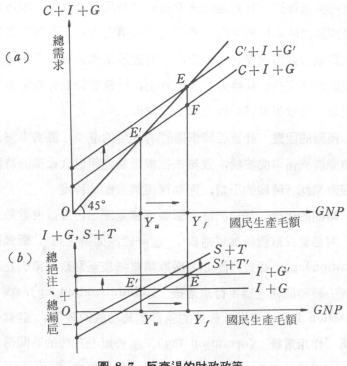

圖 8-7 反衰退的財政政策。

少租稅政策, 政府與民間開支均將增加, 總需求曲線升爲 $C'+I+G'$, 在 E 點, 經濟重新回復充分就業產出均衡 OY_f。 又政府增加開支, 總挹注曲線由 $I+G$ 升爲 $I+G'$; 租稅減少, 可支配所得增加, 儲蓄增加, 但其增加幅度小於租稅的減少, 因此總漏巵曲線由 $S+T$ 降爲 $S'+T'$, 在 E 點, $I+G'=S'+T'$, 經濟回復充分就業產出均衡。

　　經濟如果處於充分就業 均衡的穩定狀態, 政府是否應採平衡預算呢? 答案是否定的。因爲平衡預算乘數等於 1, 具有擴張的效果, 在此情況下, 政府應採微量的盈餘預算以維持沒有膨脹的充分就業均衡產出。

六、效果評估

　　羅斯福總統的「新政」 (New Deal), 運用財政政策, 挽救當時陷

於大蕭條的美國經濟。甘迺迪總統更加充分利用財政政策，創造1960年代初期美國經濟的高度繁榮與成長。這種經濟史實，正是西方工業化國家受到凱恩斯有效需求理論的影響，以財政政策改變有效需求達到穩定經濟、促進經濟成長的具體表現。事實上，財政政策並非經常有著如此巨大的成效，其效果常遭到以下因素的障礙：

1. 預測的困難 計量經濟學儘管有長足的進步，經濟學家目前仍難準確預測經濟循環的波動，致無法把握適當運用財政政策的時機，甚至可能因政策採行時機的不當，而加深經濟波動的程度。

2. 時間的落後 從經濟發生膨脹或衰退開始，至政府意識到問題的存在，有必要採取對策加以補救，這一段期間稱之爲「**認知落後**」（recognition lag）；從政府認知要採取補救措施至財政政策的立法手續完成，這一段時間稱之爲「**行政落後**」（administration lag），或「**行動落後**」（action lag）；從財政政策的執行至其功效的發生，這當中的時間稱之爲「**作用落後**」（operation lag）。基於以上三種的時間落後，財政政策是否能够發揮及時穩定經濟的效果，頗值得考慮。

3. 政策的抗拒 政府增加開支或減少租稅，人民歡迎；可是減少開支或增加租稅，往往受到人民的反對，這種抗拒使民主國家的政府難以順利使用減少開支或增稅的手段，作爲對抗通貨膨脹的工具。

4. 政策的不協調 理論上中央與地方政府應採一致的行動，以加強反循環政策的效力。實際上，由於租稅結構與制度的特性，地方政府的收入與支出與一般經濟活動的榮衰成正相關的變化，致使地方政府的收支情形每每削弱或抵銷了中央政府財政政策的效果。

5. 政策工具的效果不同 雖然政府開支與租稅的改變均可用來對抗經濟波動，但開支的變動馬上就引起總需求的改變，開支變動對經濟所產生的影響是直接的、確定的，其效果較強，且可預料。可是，租稅的變動須透過消費的變動，才能改變總需求，對經濟所產生的影響是間

接的、不穩定的，其效果較弱，且難以預料。再者，租稅的效果也將視
其變動爲暫時性或永久性而定。如果租稅變動是暫時而非永久的，則人
民的消費行爲可能不會改變（或變動相當小），租稅變動影響經濟的效
果也就相當有限（甚至沒有）。

6. 排擠效果　如果政府自金融市場取得開支增加所需的資金，這
將使民間可用資金減少，所以政府的開支雖增加，民間的開支卻將減
少；或是，政府的投資增加，可能減少了民間的投資機會，因而抵銷
部分財政政策的擴張效果，這種現象稱之爲**排擠效果**（crowding-out
effect)❷。

基於以上的認識，財政政策並非對抗經濟波動的萬靈藥，其產生的
效果也非立竿見影，要能達到預期的效果，有賴各種政策的妥善配合。

第三節　自動性財政政策：內在穩定因子

與權衡性財政政策相對的是**非權衡性財政政策**（nondiscretionary
fiscal policy)，這是指：**無需政府特意採取政策行動，經濟體系存有自
動的機能，能夠在經濟繁榮時使政府的預算盈餘增加或赤字減少，防制
膨脹，經濟衰退時使政府的預算赤字增加或盈餘減少，防制蕭條。** 具
有這種功能的制度安排又稱爲經濟體系的「**內在穩定因子**」（built-in
stabilizer) 或「**自動穩定因子**」（automatic stabilizer)，主要有：

（一）累進所得稅　經濟繁榮，國民所得提高，透過所得稅累進稅
率，政府稅收增加得更多，緩衝民間可支配所得快速增加，產生緩和開
支增加的制衡功能，使經濟不致於過分膨脹；反之，經濟衰退，國民所

---

❷　與排擠效果相對的爲誘導效果（crowding-in effect)，這表示政府的開
　　支（尤其是資本開支）增加，將使得社會經常資本的存量增加，而使私
　　人的生產成本降低，因而誘導私人進行更多的投資。

得減少，經由所得累進稅率，政府稅收減少得更多，防制民間可支配所得快速減少，產生緩和開支減少的制衡功能，使經濟免於過度衰退。

（二）**社會安全保險** 經濟繁榮，失業率低，政府的社會安全稅收自動地增加，失業補貼及其他救助支出則隨同減少，減輕膨脹壓力；經濟衰退時，失業率高，政府的社會安全稅收自動地減少，失業補貼及其他救助支出則增加，有刺激經濟復甦的功能。

以非權衡性財政政策作為穩定經濟的工具，有以下兩點應該注意：

1. 自動穩定機能的穩定力量有限，不足以應付重大的經濟波動。因此，充其量只能作為輔助，而不能取代權衡性財政政策。

2. 內在穩定因子中的累進所得稅制度，使國民產出（所得）增加的同時，稅收的增加較支出來得快，自動發生預算盈餘，致使充分就業無法維持，可能妨礙經濟成長，或阻礙經濟的復甦。這種自動穩定因子於充分就業或經濟復甦的過程中所產生的預算盈餘困擾，稱之為**財政拖累** (fiscal drag)。在此情況下，為促進經濟的健全發展，政府應宣布減稅或增加支出，以消除財政拖累，這種措施稱之為**財政花紅** (fiscal dividend)。

第四節 公 債

一、公債的發行

一個國家有緊急危難——如戰爭、天災人禍，或要進行重大建設，而國內資金不足等情況發生時，政府要籌措所需的資金，通常有三種可行的途徑：(1) 增加租稅，(2) 發行通貨，與(3) 發行公債 (governmen or public debt)。最健全的理財方式是以租稅收入來支付開支，但在以上情況下，不是國民付稅能力低，便是課稅會抵銷政府增加開支的效

果。最簡單快速且有效的資金籌措方式是增加通貨發行，一方面可以增加政府開支，另方面民間消費與投資不受影響，可以有效達成就業、生產與所得增加的目的。可是，經驗顯示，以增加通貨發行來支付開支所需，其流弊往往是一發卽不可收拾，很容易引起通貨膨脹。因此，除非經濟處於嚴重失業而無計可施時才採此策外，在一般情況或經濟接近充分就業時，實不宜採用增加通貨發行的方式來籌措資金。

最後，也是最保守可靠的籌款方式是由政府舉債，發行債券——公債，由本國人民承購——內債 (internal debt)，或由外國人承購——外債 (external debt)，將國外或國內民間閑置資金移轉到政府手中使用。對於政府公債的發行，古典學派的學者持反對的態度，認爲政府公債的發行是一種罪惡，將使後代國民的負擔加重，是一種對後代不公平的措施。另外，有人更認爲政府公債不斷增加的結果，將使國家債信動搖，甚至破產；也有人認爲政府公債對社會的淨財富 (net wealth) 並沒有影響，因此政府以發行公債增加開支將被家計部門減少開支所抵銷，以發行公債來挹注預算赤字將無法改變社會的總開支。這些論點是否正確呢？值得我們深入探討。

二、公債的負擔

下面從不同角度，討論以上提出公債發行所可能產生的後果。

（一）**後代負擔問題**　對私人而言，父債子還，上一代的負債構成下一代的負擔。對社會全體而言，只要國家存在，每代都可以舉新債還舊債，一直延續下去到永遠，誰也不負擔。而且，若政府於經濟衰退時發行公債，增加開支，不只使當代社會得到產出增加的利益，後代也因此可以享受到資本累積增加、生產能量提高的好處，並不會眞正加重其負擔。其次，如果戰爭致使公債增加，當代的人也是節衣縮食，並非完全由下一代的人所承擔。最後，如果公債的期限不長，則公債的利息是

以當代人的納稅來支付，利息收入也是同代的人得到，不會發生後代負擔公債的問題。

（二）政府債信與破產問題　個人無法償付其債務，則宣告破產，債信喪失。這種個體的觀點並不能適用於總體，只要國家存在，可以增稅、發行通貨或舉新債等方式來償還舊債，無限期以債養債。因此，就經濟的觀點而言，不會引起國家財政破產，其憂心純屬心理因素所使然。

（三）淨財富問題　公債是一種金融資產，因此有人認為公債的發行使社會金融資產的數量增加，社會的淨財富因此增加，而使私人部門的開支增加。但是，有人認為這種看法，忽略了一個事實，那就是目前公債的數量增加必然導致未來租稅的提高以支付公債還本付息的開支。而未來所增加之租稅的折現值將等於目前所發行之公債的價值❹，兩者相互抵銷的結果，公債的發行並不會使得社會的淨財富增加，社會的總開支因此維持不變（即政府以公債收入融資預算赤字增加的開支，正好被私人部門開支的減少所抵銷）。這種以公債融資政府預算赤字不會影響社會總開支（或公債不具淨財富效果）的看法被稱為李嘉圖中性論點（Ricardian neutrality proposition）❺。

最近美國經濟學家貝羅（Robert Barro）又再度以不同的觀點闡釋李嘉圖中性論點。他假設人們在決定目前的消費時考慮到子孫的幸福，而計畫遺留某一數量的遺產給子孫。當政府發行公債時，人們將預期到後代子孫的稅負會增加，遺產的淨值將減少。因此，人們將減少消費，以遺留更多的遺產給後代子孫，所減少的消費等於未來後代子孫所增加

---

❹　例如，今年（民國80年）五月初政府發行100億元的公債，在其餘的幾年政府為了這些公債的還本付息勢將提高租稅，所增加之租稅的折現值將相當於100億元。

❺　這種稱呼事實上並不很妥當，因為李嘉圖（David Ricardo）本人並不認為以公債融資政府預算赤字不會影響社會的總開支。

之稅負的折現值，亦等於其所承受增加的遺產。如此，政府以發行公債來融資預算赤字、增加開支，將被私人部門的消費減少、遺產增加所抵銷，公債因此沒有任何淨財富效果存在。

根據公債中性論，政府目前發行公債，而於未來提高租稅，實無異於目前提高租稅一般。但事實上，對經濟活動的影響，折現值 1 元的未來租稅將不等於目前 1 元的租稅，可能的原因有：

1. 私人借貸的利率高於政府借貸的利率　未來租稅的折現值是以政府借貸的利率來折現，因此，若私人借貸的利率高於政府借貸的利率（事實上通常如此），則對私人而言，折現值 1 元的未來租稅實際上小於 1 元。在此情況下，政府以未來租稅代替目前租稅將使人們的稅負減輕，而使社會的開支增加。

2. 人們短視　如果人們對於 未來租稅不 予考慮或只予以部分考慮，則對經濟活動的影響未來租稅將不等於目前租稅──即使折現值相同。

3. 生命有限　由於生命有限，人們可能預期未來的租稅不必由自己來承擔。在此情況下，若人們不重視未來子孫的幸福或無法改變遺產的數量（若原來遺產為零，則不可能減至零以下），則未來租稅的經濟效果將不等於目前租稅。

在後代負擔、國家債信與破產及淨財富等問題的爭論之外，一般相信公債可能產生以下的經濟後果：

1. 外債負擔　如果外債是用之於增加消費，以本國稅收支付外人公債利息，其利息開支的收入發生於外國，對本國生產沒有幫助，是本國納稅人的一種負擔。可是，如果外債是用之於增加投資，而使本國產出的增加大於或等於所支付外人的公債利息，這並不會構成本國人民的實際負擔。

2. 資本消耗負擔　若政府以公債增加消費開支，將促使生產增

加，資本折舊加速，如果不予補充，資本存量將減少，使後代承受的生產能量降低，這對後代將是一種負擔。

3. 通貨膨脹後果　政府以公債增加開支，或民間因持有公債資產而增加消費（卽公債具有淨財富效果），均可能引起需求拉升的通貨膨脹，對社會造成不利的影響。

4. 所得重分配後果　公債持有者與納稅者並非均是相同的人羣，通常持有公債的人大都是高所得者，而政府以取自一般人民的稅收充當公債利息，支付給高所得者，對一般所得較低而未擁有公債的人，是一種移轉支付負擔，因而產生不利的所得重分配後果。有人認爲此種說法只適用於稅制不健全的社會。因在健全的累進稅率制度下，高所得者納的稅也多，其本身旣是公債利息的所得者，也是公債利息稅付的負擔者，並不會發生移轉支付負擔與所得重分配的後果。

5. 公債操作負擔　社會必須花費一部分的資源用於舊債還本付息與銷售新債的活動，這是實質的社會成本負擔。

6. 政策的牴觸　財政當局爲了減輕公債利息負擔，必然主張維持較低的利率水準，這在通貨膨脹時期將與貨幣當局主張提高利率對抗通貨膨脹的政策相衝突。

7. 減少民間投資　假設民間資金不用於購買公債，將用之於其他投資用途而不致於閒置，在此情況下，民間資金用於購買公債，將減少投資，除非政府將公債收入用之於投資性開支，否則社會的資本存量將會減少。

8. 政府開支的浪費　公債的發行，可能導致政府開支沒有節制，養成浪費的習慣，而使人民的租稅負擔日漸加重，通貨膨脹的壓力日增。

　　縱使公債沒有嚴重的後代負擔與國家破產的問題，但鑑於以上公債可能發生的不良經濟後果，對於公債的發行應有遵守的準則：

1. 公債增加的速度不宜大於實質國民生產毛額增加的速度，卽公債對國民生產毛額的比率不宜提高，以免人民負擔加重，導致人民對公債的抗拒。

2. 公債的利息負擔只能佔實質國民生產毛額很小的比例。

3. 外債不同於內債，風險較大，應隨時具有償還外債的國際準備能力，以維持國際的債信。1980年代，許多開發中國家——如智利、墨西哥、阿根廷——積欠鉅額的外債而無力償還，不僅影響本身的經濟穩定與成長，也造成重大的國際金融問題，隨時有演變成國際金融風暴的可能。這值得今後各國借舉外債時引為殷鑑。

三、公債的優點與穩定效果

雖然公債所受到的批評，貶多於褒；可是，以現代經濟的眼光來衡量，公債的存在對經濟有著正面的積極效果，其優點有：

1. **提供民間良好的儲蓄工具**　公債以政府為擔保，本金安全可靠，利息收入穩定，又具有容易變現的高度流動性，是民間儲蓄投放的良好對象，對於吸收民間資金、建立金融市場有很大的貢獻。

2. **作為經濟政策的工具**　財政當局在預算赤字時可以發行公債，預算盈餘時收回公債，以公債的增減達到財政政策的目標。貨幣當局可以在金融市場買賣公債，進行公開市場操作，以控制貨幣供給量，兩者均以公債為政策工具來達到穩定經濟的目標。

3. **創造經濟的穩定與成長**　權衡性的財政與貨幣政策因有公債工具的存在才得以順利執行，因而能夠動用民間儲蓄，有效改變總需求，以達到經濟穩定與成長的目標。

摘　　要

1. 政府於現代經濟活動中所扮演的角色雖日益增加，但一般人均

認爲政府的活動應限於擔任私人部門不願或無力從事的經濟活動、協助民間有利社會的經濟活動、限制民間有害公眾的經濟活動及舉辦社會福利事業等方面。

2. 近代咸認政府應具有有效派用資源、穩定經濟活動及重分配所得的功能。美國國會更於1946年通過就業法案，正式賦予政府穩定經濟的新使命，政府經濟活動的範圍因而更加擴大。

3. 在不同的時期，曾有不同的預算思想指導政府財政政策的執行，最初著重的是年度平衡預算，依次演變爲週期平衡預算、功能理財，及充分就業或高就業水準預算等。

4. 政府的開支具有集體消費、不可分割、邊際成本等於零及外部經濟或不經濟等特性；政府開支的種類可分爲片面移轉支付及消費與投資支出。

5. 政府購買財貨與勞務的開支是國民所得的一種挹注，在其他情況不變下，國民所得水準與政府開支呈增函數的關係。政府租稅是國民所得的一種漏巵，在其他情況不變下，國民所得水準與政府租稅呈減函數的關係。

6. 政府採取開支等於租稅的平衡預算，將使國民所得水準與開支或租稅成等量的變動，稱之爲平衡預算乘數，此乘數之值等於1。

7. 爲了達到沒有膨脹的充分就業國民產出目標，經濟存在膨脹差距時，政府應採減少開支、增加租稅，或既減少開支又增加租稅的緊縮財政政策。經濟存在收縮差距時，政府應採增加開支、減少租稅，或增加開支與減少租稅雙管齊下的擴張財政政策。經濟處於充分就業產出均衡時，政府應採微量盈餘預算以維持沒有膨脹的充分就業均衡產出。

8. 以財政政策改變有效需求來達成經濟穩定與成長，確實有過重大的成效，但其實行時常遭遇到預測困難、時間落後、政策抗拒、中央與地方政府政策不協調、不同政策工具效果差異與公私開支發生排擠效

果等困境。

9. 除政府有意採行的權衡性財政政策外，經濟體系存在的累進所得稅與社會安全保險制度，具有自動穩定經濟的功能，是一種非權衡性的財政政策，又稱內在穩定因子或自動穩定因子。

10. 發行公債是政府籌措財源的手段之一，公債雖然沒有一般人所耽心的後代負擔、政府債信與破產的問題發生，但卻可能產生外債負擔、資本消耗負擔、通貨膨脹、所得重分配、公債操作負擔、民間投資減少與政府開支浪費等不利的經濟後果。

11. 公債的發行應有所限制，有其遵循的準則。適當的公債發行，具有提供民間良好儲蓄工具、作為財政與貨幣政策工具及輔助經濟穩定與成長的優點。

重 要 名 詞

年度平衡預算	週期平衡預算
功能理財	充分就業或高就業預算
權衡性財政政策	無排他性
不可分割性	平衡預算乘數
公債	認知落後
行政落後	作用落後
排擠效果	非權衡性財政政策
內在穩定因子	財政拖累
財政花紅	李嘉圖中性論點

問 題 練 習

1. 財政政策的主要工具是預算控制，關於預算的運作哲學，過去已有很多轉變，試評述之。

2. 政府開支與私人開支有何不同？各具有那些經濟特性？

3. 試就總供給對總需求及總挹注對總漏厄平衡法，以圖形剖析政府的開支與租稅對均衡國民所得水準的影響。

4. 何謂平衡預算乘數？設某經濟的邊際消費傾向為0.75，現如政府減少開支 5 億元，同時減少租稅 5 億元，對該國的所得水準將有何影響？試剖析之。

5. 假定某國經濟有收縮差距20億元存在，其邊際儲蓄傾向為0.25 此差距將對該國所得水準發生什麼影響？政府宜採何種財政對策？政府開支或租稅應變動多少才能消除此差距？

6. 試就財政政策的經濟效果評論之。

7. 權衡性與自動性財政政策有何不同？近代的經濟體系內主要有那些內在的穩定因子？試扼要列述之。

8. 政府為何有必要發行公債以籌措資金？對於公債的發行，你的看法如何？

9. 試論公債是否為社會的一種淨財富。

附錄: 平衡預算乘數的代數證明

政府開支經由乘數作用使國民產出（所得）增加 ΔY_G 的過程爲:

$$\Delta Y_G = \Delta G + \alpha \Delta G + \alpha^2 \Delta G + \alpha^3 \Delta G + \cdots\cdots + \alpha^{n-1} \Delta G, \quad (1)$$

上式中，α 表邊際消費傾向，ΔG 表政府支出增加所引起第一回合的國民所得增加。(1) 式可化爲:

$$\Delta Y_G = \Delta G (1 + \alpha + \alpha^2 + \alpha^3 \cdots\cdots + \alpha^{n-1}), \quad (2)$$

上式中，括弧內爲幾何級數，其值等於 $\dfrac{1-\alpha^n}{1-\alpha}$，所以:

$$\Delta Y_G = \Delta G \left(\frac{1-\alpha^n}{1-\alpha} \right)。 \quad (3)$$

假設 $0 < \alpha < 1$，當 n 趨近於無窮大時，α^n 趨近於零，所以:

$$\Delta Y_G = \Delta G \left(\frac{1}{1-\alpha} \right)。 \quad (4)$$

由 (4) 式得到政府開支乘數等於 $\dfrac{\Delta Y_G}{\Delta G} = \dfrac{1}{1-\alpha}$。

政府租稅經由乘數作用，使國民產出（所得減少）ΔY_T 的過程爲:

$$-\Delta Y_T = -\alpha \Delta T - \alpha^2 \Delta T - \alpha^3 \Delta T - \cdots\cdots - \alpha^n \Delta T, \quad (5)$$

上式中，第一項表示政府租稅使第一回合的民間開支減少了 $\alpha \Delta T$，國民所得也因此減少了 $\alpha \Delta T$。(5) 式可化爲:

$$-\Delta Y_T = -\alpha \Delta T(1 + \alpha + \alpha^2 + \cdots\cdots + \alpha^{n-1}),$$

$$= -\alpha \Delta T\left(\frac{1-\alpha^n}{1-\alpha}\right),$$

$$= -\alpha \Delta T\left(\frac{1}{1-\alpha}\right)。 \qquad (6)$$

由(6)式得到政府租稅乘數等於 $-\dfrac{\Delta Y_T}{\Delta T} = -\dfrac{\alpha}{1-\alpha}$ ，負號代表租稅乘數為負。將(4)與(6)式合併為最後國民產出（所得）的改變 ΔY 為：

$$\Delta Y = \Delta Y_G + (-\Delta Y_T) = \Delta G\left(\frac{1}{1-\alpha}\right) - \alpha\Delta T\left(\frac{1}{1-\alpha}\right)。 \quad (7)$$

因政府採開支與租稅同時等額改變的平衡預算，$\triangle G = \triangle T$，故可以 ΔG 代替 ΔT。(7)式成為：

$$\Delta Y = \Delta G\left(\frac{1}{1-\alpha}\right) - \Delta G\left(\frac{\alpha}{1-\alpha}\right),$$

$$= \Delta G\left(\frac{1}{1-\alpha}\right)(1-\alpha),$$

$$= \Delta G。 \qquad (8)$$

(8)式兩邊同除 ΔG，得到 $\dfrac{\Delta Y}{\Delta G} = 1$，證明了平衡預算乘數等於 1。

第九章　貨幣與金融市場

　　貨幣是一個國家最重要的金融資產，了解貨幣是了解一個國家經濟活動所不可或缺的。本章主要在於介紹有關貨幣的性質、種類與價值，及貨幣的共給與需求等基本概念。

第一節　貨幣的性質、種類與價值

一、貨幣、信用與債

　　貨幣是一個經濟社會大眾所共同接受的支付工具，是人類適應經濟活動需要的重要發明之一。貨幣與經濟活動的關係正如潤滑油與機器的關係一樣，適量的貨幣，可以促進經濟活動順利運行，提高經濟活動效率，有促進就業、產出、物價穩定，及加速經濟成長的作用；不適量的貨幣，則將妨礙經濟活動的運行，導致就業、產出及物價的嚴重波動，並減緩經濟的成長。因此，如何使貨幣在經濟活動中扮演積極有益的角色，是經濟學主要的研究課題之一。

　　作貨幣用的物體稱為幣材，良好的的幣材須具有很高的價值、可耐久使用、不易毀損、容易分割與携帶方便等條件，但是很難有一種幣材能够完全符合這些條件。貨幣的演進可按幣材的性質分為：（1）**商品貨幣**（commodity money）。多為貴重金屬,如金、銀、銅、鐵〔因此又稱為金屬貨幣(metallic money)〕；或牛、羊、豬、石頭、骨頭等❶。這些

---

❶　戰時集中營裏以香煙為貨幣的情形很普遍，中國古時曾以布、貝、刀等物品作為貨幣。

物品既可作爲商品交易，亦被有些社會當作貨幣用來作爲交易的媒介，在這情況下，貨幣的幣值與幣材本身的價值相近，因此又稱之爲**實體貨幣** (full bodied money)。這種貨幣不易分割，且携帶不方便，隨著經濟的發展，逐漸被淘汰。(2) 紙幣 (paper money)。晚近作爲幣材的條件已放寬，特別著重在携帶方便，成爲代表性的物品，只是一種符號、表徵，其作商品的價值小，作貨幣的價值高，現代世界各國的通貨均以紙幣爲主❷。(3)**銀行貨幣**（bank money），又稱存款貨幣 (deposit money)。在高度商業化的經濟社會，爲應付鉅額交易及頻繁的支付之需，以對銀行所存的活期存款 (demand deposit) 或支票存款(checking deposit) 開發支票作爲支付的工具，這種活期或支票存款卽爲銀行貨幣或存款貨幣，已成爲近代工商社會最普遍使用的支付工具。現在美國十分之九以上的交易活動均以支票支付，商業銀行所發行的活期存款貨幣佔歐美各國貨幣供給的絕大比例❸。

　　信用 (credit) 是指一方答應償還另一方所借的貨幣或財貨與勞務的行爲。向他人借得貨幣或財貨與勞務有償還的義務，是一種**債** (debt)，當事人稱爲借方或債務人；將貨幣或財貨與勞務借予他人則有收回的權利，是信用的放出，當事人稱之爲貸方或債權人。因此，信用與債是一體的兩面，債是以信用爲基礎而發生，故西方稱**信用爲貸方** (credit)，**債爲借方** (debit)；**貸方主體爲債權人** (creditor)，**借方主體爲債務人** (debtor)，明顯地表示信用與債的不可分離的關係，這種關係也就是近代貨幣發行的基礎。

　　理論上，任何物品只要具有貨幣的功能就是貨幣，不管政府是否承認或規定。但是，近代的貨幣之所以具有爲大眾所共同接受的力量，完

---

❷　根據大陸學者李千與周祉征的考證，世界上最早的紙幣出自中國元朝（西元1279年至 1368 年）。波斯大約於 1294 年發行紙幣，其款式是模仿中國的；美國在 1692 年，法國在1716 年，英、俄兩國則在更晚才發行紙幣。

❸　目前臺灣地區存款貨幣佔狹義貨幣供給的比例約爲83%。

全是由政府所賦予。 政府並不需用強制的命令， 只要規定其為納稅與解決債務糾紛的合法工具， 只承認這種媒介具有無限支付能力的 **法償** (legal tender) 地位， 它就能成為社會大眾所共同接受的貨幣❹。

政府規定作為法償的貨幣，其本身不見得一定具有價值，只要是經政府認定發行的就可以。政府發行貨幣，自民間取得資源的使用權；人民接受政府所發行的貨幣，將原先自己可使用的資源交予政府，這是一種人民將資源借予政府而取得政府償還憑證——貨幣——的信用關係。因此， 由政府所發行的貨幣是政府欠人民的債。 現代的貨幣主要由通貨 (currency) 與活期存款所構成， 前者代表中央銀行的負債， 後者代表商業銀行的負債。

二、貨幣與近似貨幣

要對貨幣定下一個確切的界限並不容易，經濟學家們對於一個經濟社會的貨幣內涵往往有著不同的意見，以下我們特就三種最基本的貨幣供給範圍加以介紹。

（一）**狹義的貨幣**　傳統上經濟學者將流通中的通貨 (currency in circulation) **與活期 （或支票） 存款視為貨幣， 這是最狹義的貨幣供給， 以** M_1 **表示之。**政府發行的通貨， 並不全是社會上有效的貨幣供給， 銀行中庫存的通貨並未在市面上流通， 不包括在貨幣供給的範圍內。 一個國家的通貨只有中央銀行可以發行❺， 通貨包括紙幣與鑄幣 (coin) 兩種， 通常紙幣為主幣， 鑄幣為輔幣。輔幣是為了便利找零之用而發行的金屬貨幣， 是一種代用貨幣 (token money)， 其面值 (par

---

❹　我國中央銀行法第13條卽明訂中央銀行發行之貨幣為國幣，對於中華民國境內之一切支付，具有法償效力。

❺　我國中央銀行係於民國17年11月根據「中央銀行條例」設立，但在民國31年6月「統一發行辦法」公佈前，所謂四行（中央、中國、交通、中國農民）分享銀行券發行權。實際的統一發行權是到對日抗戰勝利（34年）後才由中央銀行所獨享。

or face value) 必定大於其幣材之內在價值 (intrinsic value)，否則將被民眾熔化當作金屬出售。商業銀行可以通貨作為存款準備，進而創造活期存款貨幣，故通貨又稱之為**强力貨幣** (high-powered money) 或**準備貨幣** (reserve money)，或**貨幣基礎** (monetary base)。

活期存款是人們存於商業銀行、低利率，但在需要時可以立即提取的存款❻。實際上，存戶顧客並不一定要自己存錢於銀行裏，商業銀行可以對顧客放款的方式來創造活期存款，只要商業銀行答應放款，就等於顧客自己已有對等的金額存在銀行。因為活期存款是可以開發支票作為支付工具的即期存款，其功能與一般的通貨並無不同，因此，它又被稱為**支票存款貨幣** (checkbook money) 或銀行貨幣。金融市場發達的國家，人們多以活期存款開發支票進行交易，這樣可以節省交易時間，增進經濟效率。因此，隨著一個國家經濟發展程度的提高，活期存款佔貨幣供給的**比重愈見增加**。

(二) **近似貨幣** 有些金融資產具有貨幣的大部分功能，但不完全等於貨幣，這種具有**貨幣性** (moneyness) 的資產，在必要的情況下可以很快地轉換成通貨或活期存款，一般稱之為**近似貨幣或準貨幣** (near or quasi-money)。 具有這種高度流動性的資產主要有：(1) **定期存款** (time deposit)。早先定期存款的提領須事先通知銀行，且非到期不能提款；否則取消利息，現在的定期存款可以扣除不足期的利息而提早提領。(2) **儲蓄存款**。商業銀行或各種金融中介的儲蓄存款，在通常的情況下與定期存款的性質非常類似，可以扣除不足期的利息後提領。(3) **流動性短期資產** (liquid short term assets)。例如，短期 (18個月及以下) 國庫券 (treasury bills)、儲蓄債券 (saving bonds)、商業本票 (commercial paper)，及銀行承兌匯票 (bankers' acceptance)等屬之。

---

❻ 在臺灣地區，支票存款是無息的；美國從1980年起准許對活期存款給付利息。

這幾種資產因爲具有高度變現的能力，人們擁有近似貨幣的金融資產愈多，愈感到富有，其消費傾向因而提高，而使社會的消費增加。

目前我國有三種不同內涵的貨幣供給（money supply）——M_{1A}、M_{1B} 及 M_2。M_{1A} 包括貨幣機構以外各部門持有之通貨〔卽通貨發行額減去庫存現金（cash in vaults）後的餘額〕、支票存款，及活期存款；M_{1B} 爲 M_{1A} 再加上活期儲蓄存款（passbook savings deposits）；M_2 爲 M_{1B} 再加上由郵匯局轉存款、定期存款與定期儲蓄存款，及外幣存款所構成的準貨幣❼。這種貨幣供給的範圍我們可以再繼續擴大下去，但是貨幣的範圍太泛濫，就如同沒有定義一般。不同範圍之貨幣定義的應用，完全視所研究的問題性質而定，有的問題適於用較廣義的貨幣定義，有的則否，須憑研究者的判斷而定。再者，一方面各國的金融市場不斷快速發展，新的金融資產或儲蓄工具不斷出現；一方面各國對金融信用工具的管制寬嚴不一，貨幣供給的內涵也就因時、因地而異。但是，各國有一共同的趨勢，那就是愈來有愈多的金融資產具有與 M_1 更加相似的特性，因此要嚴格區分 M_1 與近似貨幣也就愈加困難。

三、貨幣本位

早先的時候，任何物品均可作爲貨幣，而依幣材來決定貨幣的價值。由於使用、携帶的不方便，於是演進到本位貨幣（ standard money ）制度，**以法令規定一個國家的貨幣單位與品質，並且建立通貨與其本位之間的最後兌換條件，不再依幣材決定貨幣的價值，稱之爲貨幣本位**（monetary standard）**制度**。

任何經濟社會在不同的時期，通常有著不同的貨幣本位制度，以下

---

❼ 1980年起，美國的貨幣供給定義主要爲：M_1＝流通中通貨＋活期存款；M_2＝M_1＋小額（10萬美元以下）定期存款（包括貨幣市場共同基金）與儲蓄存款；M_3＝M_2＋大額（10萬美元及以上）定期存款。

就歷史上各種曾經實施的貨幣本位加以介紹。

(一) **金幣本位**(gold coin standard) 指一個國家根據其黃金數量決定貨幣供給，並規定通貨與黃金之間的兌換關係。此制度盛行於19世紀至20世紀30年代初期（約自1880年至1933年之間）西方各國，而後不復有任何國家採行。其基本的特性為：

1. 以法律規定每單位通貨的金含量，而流通中的貨幣是由金幣、百分之百黃金準備的**金元券**（gold certificates），及部分黃金準備的貨幣〔紙幣、其他金屬合金的鑄幣，或活期存款〕所構成。

2. 金幣可以自由鑄造或熔燬。

3. 金幣與其他通貨一樣，對所有債務均具有無限法償。

4. 金幣與其他通貨（金元券或中央銀行所發行的通貨）之間，可按規定比率自由兌換。

5. 黃金可以自由且無限制地流進或流出本國。

根據以上的特性可知，在金幣本位制度下，由於金幣與其他通貨之間的自由兌換關係，所以一個國家的貨幣供給量，受其黃金存量的限制，兩者之間並有著密切的正相關存在。**由於金幣與其他通貨之間可以完全自由地兌換，因此金幣本位又稱之為完全的或無限的金本位**（full or unlimited gold standard）。

金幣本位制的國家因為貿易順差或資金流入，黃金存量增加，貨幣供給因而增加，投資、就業與產出水準提高，經濟活動擴張，但是國內物價水準將隨貨幣供給的增加而上漲，削弱本國產品在國際市場的競爭能力，出口因而減少，黃金流入減少，貨幣供給量減少，防制經濟過度的繁榮而導致膨脹；相反地，金幣本位制的國家因為貿易逆差或資金外流，黃金存量減少，貨幣供給減少，投資、就業與產出水準降低，經濟活動收縮，但是國內物價水準將隨貨幣供給的減少而下降，增強本國產品在國際市場的競爭能力，出口因而增加，黃金流入增加，貨幣供給增

加，　刺激經濟復甦，　避免經濟過度衰退。　這種貨幣供給隨黃金存量變動而自動增減，達到穩定經濟功能的過程，稱之爲**價格—硬幣流通機能** (price-specie flow mechanism)。因此，古典學派認爲金幣本位制是最好的貨幣本位制度。

1930年代西方世界發生經濟大恐慌，當時的金幣本位制並未能發揮預期自動穩定經濟的功能，甚至有加重經濟惡化的反作用發生。自此而後，世界各國紛紛放棄以黃金爲主的金幣本位制度（英國於1931年，美國於1933年廢止此一制度，而後不復有任何國家採行）。

（二）**金塊本位**（gold bullion standard）　在金幣本位制度下，貨幣供給隨黃金存量自動變化，　政府對貨幣的管理處於被動的地位。　因此，廢棄金幣本位後有些西方國家改採金塊本位，希望能夠對貨幣供給取得積極主動的節制地位。

在金塊本位制度下，一個國家的通貨單位仍以固定的黃金含量來表示，但黃金是以金塊（條）而不再是金幣的形式出現。因之，此一制度的特點爲：

1. 規定每單位通貨的金含量。

2. 黃金以金塊（條）形式出現，不再鑄成金幣。

3. 貨幣由紙幣、硬幣，及活期存款構成，黃金不再於交易中流通。

4. 除特准外（如工業、藝術用途的黃金需求），　對內通貨與黃金之間不再自由兌換。

5. 黃金在國際私人之間不再作爲交易的清算工具，但仍以之作爲異國政府之間交易的清算工具。

金塊本位與金幣本位最大的差別在於將**黃金非貨幣化**（demone-tized）❽，除作爲政府間的國際清算工具外，黃金在貨幣體系中所扮演的

---

❽　黃金非貨幣化是指黃金不再於交易中流通。

積極角色已不復存在。**由於對內通貨與黃金之間無法完全自由地兌換，因此金塊本位實際上是一種有限的金本位制度** (limited gold standard)。美國自 1933 年起採行金塊本位，直到1971年 8 月15日尼克森政府宣佈中止美元與黃金之間的官方兌換關係，此一制度才告廢止。

（三）**金匯兌本位**（gold exchange standard）　在金幣本位盛行的同時，缺乏黃金或政治上附屬於他國的國家，可將本國通貨的單位以外國通貨來表示，根據外國通貨與黃金之間的兌換關係，本國貨幣可以間接地與黃金聯繫，此稱之為金匯兌本位。

隨著 1930 年代初期金幣本位的廢止，金匯兌本位也不復存在。但是，第二次世界大戰末期，為了重建戰後國際金融秩序，促進各國間的國際貿易與經濟成長，非共產主義國家於1944年建立新的國際金匯兌本位制度，具有以下兩點特性：

1. 由於第二次世界大戰後，自由世界大部分的黃金集中於美國，於是美國財政部依據國際協議，訂定一盎斯黃金等於35美元的兌換率，准許外國中央銀行自由地以35美元向美國財政部兌換一盎斯的黃金。

2. 戰後大多數的非共產國家，都缺少黃金或只握有很少量的黃金，於是經由國際協議，她們的中央銀行將其本國通貨單位的面值與美元釘住，維持固定的匯率關係，在公開市場互相買賣。

第二次世界大戰結束後，國際間的金匯兌本位制度確實發揮了促進國際貿易與經濟成長的功能。但是，1960 年代開始，美國大量美元外流、國內持續通貨膨脹與其黃金存量的減少，導致各國對美元信心的動搖，屢次發生各國中央銀行向美國擠兌黃金的風潮。至 1971 年 8 月15日，尼克森總統宣布美國財政部不再對外國中央銀行兌換黃金，此一以美國為首的國際金匯兌本位制度終告結束，黃金在國際金融中所扮演的角色被貶至最低的程度。至此，黃金的貨幣功能完全喪失。

（四）**複本位制**(bimetallic standard)　一個國家的通貨單位分別

以固定重量的兩種金屬來表示時（通常是金與銀），稱之為複本位制。在一個同時盛產金與銀的國家——如美國，或銀與銅的國家——如中國，有可能採行這種複本位制度❾。但是，金融史實證明，這種制度往往產生不能令人滿意的結果，英國財政家葛萊興(Sir Thomas Gresham)便是首先提出複本位制可能發生不利結果的第一人，而建立起所謂**葛萊興法則** (Gresham's law)。

葛萊興法則指出: 若一個國家採用複本位制度，同時有兩種具有相同法償能力的不同金屬貨幣流通，當兩種金屬的市場價比與法定價比不同時，市場上較貴金屬的貨幣將被窖藏、熔燬，或輸出，直到完全從市場流通中消失，而只剩較便宜金屬的貨幣存在市面，成為流通交易的媒介為止。因此，便宜的貨幣〔劣幣(bad money)〕驅逐了較貴的貨幣〔良幣(good money)〕，這種情形稱之為葛萊興法則，又稱劣幣驅逐良幣法則。

例如，在一個實行複本位制的國家，政府規定金與銀的法定鑄比 (mint ratio) 是 1 比15，表示 1 個金幣可以換得 15 個的銀幣，或 1 單位重量的金，可以換15單位重量的銀，金與銀的比價是 1 比 15。設金與銀的市場比價 (market ratio) 為 1 比16，不同於 1 比 15 的法定鑄比。在此情況下，人們可依鑄幣自由熔燬權，將定值過低的金幣熔燬成金塊而後在自由市場上換得16單位重量的銀塊，再將銀塊鑄16六個的銀幣，以15個的銀幣向政府換得 1 個金幣，淨賺 1 個銀幣。將所換得的金幣再予熔燬，重複上述過程，可以獲利無窮。最後，與政府法定鑄比相比較，在市場上較貴的貨幣——金幣，將被窖藏或熔燬，市場上只剩較

---

❾ 中國在清朝時即曾實施銀、銅併存的複本位制度。銀有銀圓、銀角。銀圓為主，一銀圓折合十銀角。銅有銅元與制錢，制錢為最小單位，銅元對制錢有當二十、當十、當五、當二等四種。銀圓開鑄時規定為每一銀圓對一百枚當二十銅元，實際比率隨銀、銅市價而有高低。

便宜的貨幣——銀幣——流通，而成爲眞正的銀幣本位制。如果金與銀的市場比價爲 1 比14，與政府法定鑄比 1 比15相比較，市場上較貴的銀幣將從流通中消失，最後成爲金幣本位制。因此，只要政府所規定的金銀鑄比與市場金銀價比不同，經由葛萊興法則，複本位制將成爲單一本位制度。

（五）**不兌換紙幣本位**（inconvertible paper or fiat money standard）一個國家的紙幣通貨單位仍以金屬單位來表示，但不允許人民以紙幣向政府兌換等量金屬，稱之爲不兌換紙幣本位。1940 年代開始，西方國家爲國際貿易清算的目的，在國與國之間實行金塊或金匯兌本位，但爲了應付必要的經濟情況，使貨幣供給免於受到黃金數量的限制而有更大的控制力量，以加速本國經濟復甦，遂於國內採行不兌換紙幣本位制度，在國內黃金不再與本國通貨相互兌換，本國的貨幣供給因此得以更具伸縮性。自1940年代而後，不兌換紙幣本位制度成爲世界各國國內通行的貨幣本位制度。

我國行政院依「動員戡亂時期臨時條款」於民國38年制定「銀元及銀元兌換券發行辦法」，明訂中華民國國幣以銀元爲本位，新臺幣爲記帳單位，並訂定新臺幣對銀元兌換率爲 3 比 1 。因此，過去40年臺灣地區實施的爲雙軌貨幣制度。民國80年 4 月30日午夜12時正動員戡亂時期終止後，臺灣地區貨幣本位與記帳單位分離的現象卽告結束，新臺幣由記帳單位成爲貨幣本位。

四、貨幣的功能

就經濟的觀點而言，人之所以爲萬物之靈，乃在於發明貨幣，貨幣發揮其功能，使人類可以互通有無，進而提高物質生活，促進經濟繁榮，發展文明。經濟學家一般認爲貨幣具有四個基本的功能：

（一）**交易的媒介**（medium of exchange）不透過貨幣而進行直

接的以物易物交易活動，須要交易雙方的**慾望雙重一致**（double coincidence of wants）並相互達到妥協，才能完成交易。在**物物交換經濟**（bater economy），人們須生產大部分自己需要的財貨，並且要花費很多的時間進行交易，故生產力低落，經濟很難發展。貨幣的使用，人們先將自己生產的財貨與勞務換取貨幣而後購買自己所需要的 財 貨 與 勞務，貨幣成爲交易的媒介，使物與物之間的交易間接發生。於此**貨幣經濟**（money economy）興起，經濟活動簡化，物物交換的困擾得以避免，個人與地區得以進行專業與分工合作，生產力提高，交易活動增多，市場擴大，經濟得以發展。因此，經濟學家們認爲作爲交易媒介是貨幣所具有之最重要的功能❿。

（二）**價值的標準**（standard of value）物物交換經濟，一種財貨與勞務的價格須由其他各種財貨與勞務來加以表示。因此，在有 n 種產品的社會裏，將產生 $\dfrac{n(n-1)}{2}$ 個的交換比率。但是，貨幣可用以作爲不同財貨與勞務之間相對價值的測量尺度，成爲社會共同的**記帳單位**（unit of account）。不受地域的限制，任何財貨與勞務的價格均可以共同的貨幣單位表示。如此，方便財貨與勞務價值的比較，減少了交換比率（有了貨幣之後，n 種產品只有 $n-1$ 個交換比率），便利交易活動的進行。

（三）**遞延支付的標準**（standard of deferred payments）在物物交換經濟，很難有一定的標準來表示債權與債務的量與質。有了貨幣，任何債權與債務的契約行爲，均可以共同的貨幣單位記載，借貸與償付均以貨幣爲工具，可以避免許多無謂的糾紛。因此，貨幣便利了契約行爲的發生，對於交易的進行、公司的組織、與投資的進行有莫大的幫

---

❿ 除通貨與活期存款外，其他的金融資產（如定期存款）並不具有交易媒介的功能，這是爲何經濟分析著重於 M_1 的原因之一。

助。

（四）**價值的貯藏** (store of value) 以實物形式保存財富，不僅受到時間與地域的限制，更有腐壞、變質的缺點。因此，儲蓄難以發生，資本累積不易，而使生產技術無法進步，生產無法擴大。以貨幣作爲價值貯藏的工具，不受時間與地域的限制。在物價穩定的情況下，以貨幣作爲保有財富的工具，雖不若以債券、股票等資產作爲保有財富的工具能有生息或增值的收入，但卻享有財富價值穩定與擁有完全流動性的優點[11]。

五、貨幣的價值

如果是商品貨幣，貨幣的價值等於幣材商品本身內在的價值。在可兌換的金本位或其他貴金屬本位貨幣制度下，貨幣的價值決定於所能兌換之貴金屬的價值。可是，在現代信用紙幣貨幣制度下，貨幣本身只是一張紙，亦不能向政府兌換金銀等貴金屬，爲何人們還是希望擁有貨幣，而貨幣的價值到底如何決定呢？

事實上，貨幣爲一綜合財貨（composite commodity）的化身，不兌換紙幣之所以有價值而爲人們所接受，乃在於它能夠被用來購買財貨與勞務及償付債務。貨幣的價值並不在於其單位（或面值）的大小，因爲這只是一種**名目價值**(nominal value)，貨幣的**實質價值** (real value) 在於它的購買力——所能購買的財貨與勞務的多少。一單位貨幣所能購買的財貨與勞務的數量愈多，貨幣的價值愈大；反之，則愈小。因之，貨幣的購買力決定於物價水準，兩者並呈減函數的關係，即物價水準愈高，貨幣購買力愈低；反之，則愈高。因此，一單位貨幣的價值等於物

---

[11] 信用卡（credit card）本身不具任何實質價值——即不具價值貯藏的功能，因此它並不是貨幣（信用卡之所以具有交易媒介的功能乃是因爲其背後有活期存款支持）。

價水準的倒數（$V = \dfrac{1}{P}$，V表示一單位貨幣價值，P表示物價水準），

貨幣價值與物價水準兩者呈減函數的關係。

貨幣的功能是否能够發揮，端賴於貨幣價值是否穩定，這就是為何物價水準的穩定普遍受到關心的原因。此外，由於貨幣價值決定於實質購買力而非名目單位，因此人們之希望擁有的並非貨幣本身，而是貨幣背後所具有的對財貨與勞務的購買力。

第二節　貨幣的供給與需求

一、通貨的發行制度

一般而言，一個國家的通貨發行制度不外乎以下三種：

1. 百分之百準備原則 (100 percent-reserve principle)

根據此一原則，一個國家的通貨數量等於準備 (reserves) 數量，通貨數量的變動與準備數量的變動之間有完全的對應關係存在。在此情況下，一個國家的通貨有百分之百的準備支持。目前我國新臺幣的發行以金銀、外匯、合格票據及有價證券折值為百分之百（或十足）準備，但硬幣免提發行準備。

2. 信用（或無準備）發行原則 (fiduciary-issue principle)

在此一原則下，一個國家的通貨發行沒有任何的準備支持，貨幣當局可以隨意發行任何數量的通貨而不受任何限制。採行此種發行原則，通貨發行量容易流於沒有節制而肇致通貨膨脹。因此，在正常的情況下，很少有國家採行這種發行原則。

3. 部分準備原則(fractional-reserve principle)

根據此一原則，一個國家的通貨發行準備只佔通貨發行數量的某一

比例而已。在此情況下，準備數量的變動必然肇致通貨發行數量作更大
比例的改變。

二、貨幣的供給

　　貨幣的發行與供給，並不是相同的一件事。因爲政府所發行的通貨
數量與其流通數量並不一致，有一部分的通貨被金融機構用來作爲庫存
準備金，此一部分的貨幣在市場上不發生作用，是一種**閑置貨幣**（idle
money）。只有在市場上流通、發生作用的**活動貨幣**（active money），
才是有效的貨幣供給（effective money supply）。因此，**貨幣供給的
定義是指：任何一個經濟社會，
在一定的時點，市面上流通的通
貨及活期存款兩者的總量**。此處
所稱的貨幣供給當指狹義的貨幣
定義 M_1 而言。

　　貨幣供給量的多寡，攸關國
計民生，一般經濟學的討論，通
常均假定它不受經濟體系內在因
素的影響，而是一種由貨幣當局
所決定的**外生政策變數**（exoge-
nous policy variable）。因此，

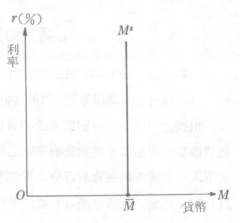

圖 9-1　貨幣供給量爲一種不受利
率影響的外生政策變數。

在縱軸代表利率，橫軸代表貨幣數量的圖形上，貨幣供給曲線爲一與橫
軸垂直的直線。圖 9-1，M^s 代表貨幣供給曲線，其與橫軸交於 $\bar{M}$ 點，
表示政府決定貨幣供給量爲 $O\bar{M}$，而不受利率的影響。

　　貨幣供給爲一存量的觀念，這表示談到貨幣供給時，是指到某一時
點爲止之所有貨幣數量的累積總額。

三、貨幣的需求

任何資產轉換爲貨幣（通貨或活期存款）的難易程度稱爲**流 動 性**（liquidity）。貨幣本身就是貨幣，因此具有完全且充分的流動性。是故，對貨幣的需求也就是對流動性的需求，人們願意或偏愛將其部分所得或財富以貨幣形態來保有就是**流動性偏好**（liquidity preference）。

貨幣需求可區分爲實質餘額（real balance）與名目餘額（nominal balance）。名目貨幣餘額（M）經物價指數或水準（P）平減後，即得到實質貨幣餘額$\left(\dfrac{M}{P}\right)$。經濟學上假設人們所關心的是貨幣的購買力而非貨幣的名目數量，因此在一般的情況下，貨幣需求是一種實質而非名目的概念。但在物價水準不變的情況下，實質貨幣需求餘額將等於名目貨幣需求餘額。

爲何人們願意或偏愛將部分的所得或財富，以貨幣的形態來保有呢？凱恩斯對於人們這種貨幣需求的行爲，提出了三個理由解釋。

（一）**交易動機**（transaction motive）　家計或企業單位通常是在相隔一段時間（如一星期或一個月）才取得所得或收入，但其購買財貨與勞務的交易行爲卻可能隨時發生。爲應付這種收入與支出時間的不一致，遂有保留貨幣的需要，以應付交易的開支。這種基於交易需要而保有貨幣，稱之爲交易動機的貨幣需求。

保有貨幣沒有利息收入，這與保有其他資產不同，利息的損失是貨幣需求的機會成本。可是，交易動機的貨幣需求乃是日常經濟活動所不可或缺，其與利率水準的關係至爲微小。隨著所得水準的提高，交易量愈大，貨幣需求也就愈多，因此交易動機的貨幣需求與所得水準呈增函數的關係，以數學式表示爲 $M_t^d = k(Y),\ k' > 0$。

（二）**預防動機**（precautionary motive）　無論家計或企業，均可

能遭遇天災、人禍、失業或罷工等意外情況。由於這些臨時事故的發生
不能事先預知，保有若干貨幣以備不時之需，可免於以其他資產變現應
付急需時所可能招致的資本損失，因此社會大眾有基於預防動機而保有
貨幣的必要。預防動機的貨幣需求仍有利息損失的機會成本，因此與利
率水準亦有關係，但預防動機貨幣需求的大小，主要決定於實現這種動
機能力的大小——所得水準的高低。所得水準愈高，愈有能力準備更多

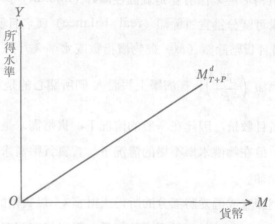

圖 9-2　交易與預防動機的貨幣需求與所
　　　　得水準呈增函數關係。

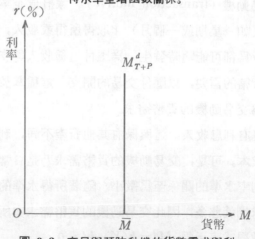

圖 9-3　交易與預防動機的貨幣需求與利
　　　　率水準無關。

的貨幣作爲預防之用途，故可以假設預防動機的貨幣需求（M_P^d）與利率水準無關而與所得水準呈增函數的關係。以數學式表示爲：$M_P^d = k(Y)$, $k' > 0$。

　　總合交易與預防動機的貨幣需求（M_{T+P}^d）與所得水準呈增函數關係，而與利率水準無關，故其需求曲線在圖 9-2 爲正斜率的需求曲線，表示隨著所得的增加，這兩種動機的貨幣需求也隨之增加；在圖 9-3 爲與橫軸垂直、斜率無限大的需求曲線，表示在一定所得水準下，這兩種動機的貨幣需求爲 $O\overline{M}$ 之量，而與利率水準的高低無關。

　　(三) 投機動機 (speculative motive)　經濟情況經常會有變動，市場隨時可能出現有利的交易機會（如大減價，或債券、股票價格下跌），爲圖利用這種有利的交易機會而保有貨幣，是爲投機動機的貨幣需求。此種動機的貨幣需求，屬可有可無的投機性而非必要性的貨幣需求，與所得水準無多大的關係，但與利率水準有密切的關係。

　　爲投機而保有貨幣，須放棄利息收入，當利率水準低時，利息收入少，機會成本低；而且，此時之股票及債券之市價高（股票、債券價格與利率呈減函數關係），預期其價格將下跌，故必趁高價賣出，保留貨幣，以待價格下跌時買進，故此時投機動機的貨幣需求增加，而其他資產（股票、債券）的需求減少。當利率水準高時，保有貨幣所放棄的利息收入多，且此時股票及債券之價格必低，預期其價格將上升，故必趁低價買入，以待價格上升時賣出，所以此時投機動機的貨幣需求減少，而其他資產（股票、債券）的需求增加。這種投機動機的貨幣需求（M_S^d）與利率（r）呈減函數的關係，以數學式表示爲：$M_S^d = l(r)$, $l' < 0$。圖 9-4，在一定所得水準（$\overline{Y}$）下之投機動機的貨幣需求曲線爲負斜率的曲線，它表示利率愈高，貨幣需求量愈小，利率愈低，貨幣需求量愈大，隨著利率的下降，貨幣需求量的增加依次遞增。如果利率下降至很低的水準，投機動機的貨幣需求曲線甚至將成水平狀態，而陷入於流動

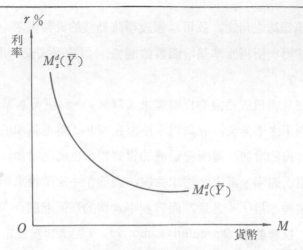

圖 9-4 投機動機的貨幣需求與利率水準呈減函數關係

性偏好陷穽之中。

　　將交易、預防與投機動機的貨幣需求彙總，是爲與所得水準呈增函數關係， 與利率水準呈減函數關係的貨幣總需求 （M^d）。以數學式表示，貨幣總需求函數〔或**流動性偏好函數** (liquidity preference function)〕 $M^d = k(Y) + l(r), k' > 0 , l' < 0$ 。 在所得水準一定下， 交易與預防動機的貨幣需求數量一定，貨幣需求總量完全決定於利率水準的高低──卽 $M^d = l(r), l' < 0$ 。 是故，在所得水準一定下，圖 9-5 中的貨幣需求曲線──又稱**流動性偏好曲線** (liquidity preference curve) 的形態， 與圖 9-4 之投機動機的貨幣需求曲線的形態完全相同，是與利率呈減函數關係的負斜率曲線。所得水準提高或流動性偏好增強，總貨幣需求曲線往上移 （由 $M^d \longrightarrow M^{d'}$）， 稱之爲 「**貨幣需求**」 的增加，表示任何利率水準下的貨幣需求量增加；反之，所得水準下降或流動性偏好減弱，曲線往下移 （由 $M^d \longrightarrow M^{d''}$）， 稱之爲 「**貨幣需求**」 的減少， 表示任何利率水準下的貨幣需求量減少，這兩種改變統稱之爲「**貨幣需求**」 **的改變**。在一定的流動性偏好與所得水準之下，隨著利率的改變， 「貨幣需求量」沿著貨幣需求曲線而改變，如由 E 點移至 A 點和 B

點，稱之爲「**貨幣需求量**」的改變。圖9-5，一定的貨幣需求曲線(M^d)
與一定的貨幣供給存量（M^s），相交於 E 點，決定了市場的均衡利率
（Or^*）。在此利率水準下，貨幣的總供給（$O\bar{M}$）等於貨幣的總需求

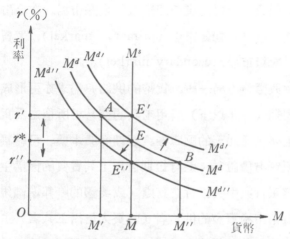

圖 9-5　貨幣需求的改變與均衡利率的決定。

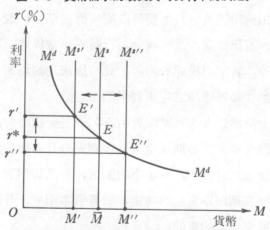

圖 9-6　貨幣供給的改變與均衡利率的決定。

（r^*E），貨幣市場達於供需的均衡。貨幣需求的改變（圖 9-5）或貨幣
供給的改變（圖 9-6），終將使得均衡利率發生如 Or' 或 Or'' 的改
變。這種由貨幣需求與供給共同來決定均衡的利率水準，是爲凱恩斯學

派的**流動性偏好利息理論** (liquidity-preference theory of interest)。

四、貨幣市場與資本市場

貨幣市場與資本市場構成一個國家的金融市場。在金融市場上買賣新發行的有價證券是爲**初級市場** (primary market)，買賣已經存在之有價證券是爲**次級市場** (secondary market)。

如同財貨與勞務市場一般，貨幣的供給與需求亦可形成一種市場。因此，買賣短期（一年以下）信用工具的交易場所稱之爲**貨幣市場**。短期信用工具主要包括90天的國庫券、短期商業本票、可轉讓定期存單與銀行承兌匯票等有價證券。進行短期信用工具買賣的機構主要有票券金融公司、商業銀行與中央銀行業務處（或美國的聯邦準備銀行公開市場委員會）。貨幣市場資金的供給者（卽買入信用工具者）主要是中央銀行、大的商業銀行與其他的金融機構（如保險與信託公司）等；資金的需求者（卽賣出信用工具者）主要是政府（財政部）、證券經紀商、政府公債經銷商、進出口商，及一般公司行號等。當貨幣市場資金的供給與需求達於均等，貨幣市場達於均衡，此時所決定的均衡利率，也就是凱恩斯學派流動性偏好理論之均衡利率的決定。

當今世界上兩個最大的貨幣市場中心，一是美國紐約，一是英國倫敦。健全的貨幣市場使得短期資金能夠得到充分且有效的運用。短期資金過多者可以賺取利息收入，資金不致閒置；缺乏短期資金者可以借得所需資金。這種調劑短期資金的功能，對於資本市場、外匯市場與財貨市場的健全發展有很大的幫助。

臺灣地區貨幣市場遲至民國65年5月才成立，目前市場僅由中興、國際及中華等三家票券金融公司組成，交易的信用工具有商業本票、國庫券、銀行承兌匯票，及可轉讓定期存單。由於我國的貨幣市場成立不久，因此一般中小企業利用貨幣市場籌措短期資金尚未普遍，市場規模

還是相當的小。

　　資本市場是指買賣長期（一年以上或無限期）信用工具的交易場所。長期信用工具主要有政府債券、公司債券、抵押單據、沒有期限的公債（consols）與公司股票等有價證券。資本市場資金的供給主要來自家計與企業的儲蓄及儲蓄機構（如保險公司、儲蓄信託公司、共同基金與退休基金會）的資金，資金的需求主要來自工商企業與政府的長期固定投資需求。當資本市場可貸資金（loanable fund）的供給，等於可貸資金的需求時，資本市場達於均衡，此時所決定的均衡利率，也就是可貸資金利息理論之均衡利率的決定。

　　資本市場中有價證券的買賣時有盈虧，若賣出時的價格大於買進時的價格，盈餘的部分稱之為**資本利得**（capital gain）；若賣出的價格小於買進時的價格，虧損的部分稱之為**資本損失**（capital loss）。持有債券的利息收入稱為**孳利**（yield）。任何時候，資本市場中不同的債券各有不同的孳利，孳利的高低主要視風險的大小、期限的長短、稅付的規定與其他許多因素所決定。一般而言，在同一時間內各種債券的孳利大致成同方向的變動。債券的風險愈小，期限愈短，債券收入稅付愈低，其孳利較低；相反地，債券的風險愈大，期限愈長，債券收入稅付愈高，其孳利較高。至於如何在風險與孳利之間作取捨，端視個人主觀價值而定。

　　臺灣地區資本市場始於民國51年2月臺灣證券交易所成立，至民國78年底止，股票上市公司由18家增至181家，股票總面值也由新臺幣55億元增至 61,741 億元，上市債券餘額在民國78年底也達新臺幣 2,196 億元。這對企業長期資本的籌措、企業規模的擴充及經濟成長的促進，均有相當的貢獻。

　　大部分已開發國家之間均已建立健全熟練與相互關係密切的資本市場，對於投資資金的取得與運用有很大的幫助，是企業與政府投資資金

的主要來源。開發中國家缺乏資本市場，是其投資進行與經濟發展的障礙之一。貨幣市場提供短期資金，資本市場提供長期資金，兩者相輔相成，對於一個國家資金的運用與經濟的發展，必然有著莫大的貢獻。

摘　　要

1. 人們接受政府所發行的貨幣，等於將自己可支配的資源借予政府而取得政府償還的憑證——即貨幣。因此，貨幣是政府所發行的一種信用，是政府欠負人們的一種債務。

2. 流通中的通貨與活期存款構成最狹義的貨幣，又稱 M_1。定期存款、儲蓄存款、及流動性短期資產等具有貨幣性的金融資產，在必要的情況下，可以很快地轉換成通貨或活期存款，故稱為近似貨幣。狹義的貨幣供給再包括不同的近似貨幣而使貨幣供給的範圍不斷地擴大。

3. 貨幣本位的實行至今曾有金幣本位、金塊本位、金匯兌本位、複本位與不兌換紙幣本位等制度。

4. 在不同的社會裏，凡具有充當交易媒介、價值標準、遞延支付標準與價值貯藏等四種貨幣基本功能的物品，均可作為貨幣。

5. 在不兌換紙幣本位制下，貨幣的價值決定於其所能購買之財貨與勞務的數量，貨幣價值因此與價格水準呈減函數關係。

6. 經濟分析時，通常假設貨幣供給是由貨幣當局決定的一種外生政策變數，是一種存量的觀念。

7. 貨幣需求又稱流動性需求，對保有貨幣的喜好程度就是流動性偏好。凱恩斯認為人們基於交易動機、預防動機與投機動機而產生對貨幣的需求。

8. 金融市場包括貨幣市場與資本（或證券）市場，各有其交易的主體與不同的供需者。健全的金融市場使得一個國家長短期資金隨時能

够獲得最有效的利用而不致於閑置，對於經濟發展能够發生很大的貢
獻。

重 要 名 詞

商品貨幣	實體貨幣
銀行貨幣	強力貨幣
狹義貨幣	近似貨幣
貨幣本位	金幣本位
價格—硬幣流通機能	金塊本位
金匯兌本位	複本位
葛萊興法則	不兌換紙幣本位
名目價值	實質價值
流動性偏好	交易動機
預防動機	投機動機
貨幣市場	資本市場
資本利得	資本損失

問 題 練 習

1. 試述貨幣、信用與債之間的關係。現代貨幣發行的基礎是甚
   麼？爲何貨幣是政府對人民的一種負債？

2. 甚麼是貨幣？何謂近似貨幣？活期存款爲何是屬於 M_1 呢？

3. 何謂貨幣本位制度？試扼要列述主要的貨幣本位制度。

4. 何謂葛萊興法則？試舉例說明之.

5. 貨幣的功能有那些？貨幣的價值如何決定？

6. 貨幣發行與貨幣供給有何不同？貨幣供給爲何是一種存量的觀
   念？

7. 何謂流動性偏好? 凱恩斯認爲貨幣需求爲何發生? 其與利率及所得水準有何關係?

8. 貨幣需求量的改變與貨幣需求的改變有何不同? 決定兩者的因素是甚麼?

9. 貨幣市場與資本市場有何異同? 兩者交易的信用工具與買賣雙方的參與者主要是那些?

第十章 銀行與貨幣創造

一個國家的貨幣在經濟活動中功能的發揮與其銀行（或金融）制度有密不可分的關係。本章即在於介紹一個國家的銀行制度的安排，著重於了解商業銀行的運作，及其如何創造與收縮存款貨幣。

第一節 銀行制度

貨幣的發行，必須經過銀行才能順利運行於經濟社會之中，故每個國家均有其銀行或金融制度（ banking or financial system）。一般而言，任何一個國家的金融制度有中央銀行、商業銀行與其他金融中介(financial intermediaries) 三大類。

一、商業銀行

商業銀行是一個國家最重要的金融機構，以從事各種存款及貸款的存放業務為主。商業銀行通常屬於私人銀行，亦有少數是官方資助而成立。目前臺灣地區主要的商業銀行均是由私人與政府合資組成，但政府股份佔較大的比例，因此大多屬公營銀行的性質。臺灣地區的商業銀行由兩大系統組成，一是規模較大的一般商業銀行——如臺灣、交通、第一、彰化、華南及其他等16家商業銀行，一是規模較小的中小企業銀行——如臺灣、臺北區、臺南區、高雄區及其他等 8 家中小企業銀行，及

信用合作社與農漁會信用部（即將有新的私人商業銀行加入）。

美國的商業銀行可按其取得許可證的方式分類爲**國民銀行**(national banks)，是向聯邦政府註册取得許可證的銀行；**州銀行**(state banks)，是向州政府註册取得許可證的銀行，無論是國民銀行或州銀行，均不准跨州營業。國民銀行依法律規定爲**聯邦準備制度**（Federal Reserve System）的當然會員銀行（member banks），州銀行可自由決定是否參加爲聯邦準備制度的會員銀行，但除了較小的州銀行外，一般較大的州銀行均是聯邦準備制度的會員銀行。由於國民銀行與州銀行的同時並存，因此美國的銀行制度稱之爲**雙軌銀行制度**(dual-banking system)。

由於商業銀行具有經由放款與購買有價資產而創造活期存款貨幣的功能，故其對於貨幣的供給，扮演著相當重要的角色。一般而言，商業銀行的業務主要有：

1. 存款　接受個人、企業或政府的活期、定期與儲蓄存款，視情況按市場利率給付利息。

2. 放款　在中央銀行的限制下，對個人、企業或政府機關放款，按放款時間的長短、金額的大小、借款人的信用與市場的利率，對放款收取不同的利率。存、放款之間的利息差額是商業銀行最主要的收入。商業銀行之所以爲金融中介，即指接受存款與放款而言。

3. 匯兌　商業銀行從事異地間資金調撥的匯兌業務，一方面減少商業交易的不便，對商業活動有很大的幫助；一方面可以收取手續費與賺取時間差距的利息收入，增加銀行的收入。

4. 承兌　顧客可持商業匯票或信用狀請求商業銀行承兌（acceptance），由承兌銀行保證該票據於到期日時兌現，商業銀行並因此取得手續費的收入。

5. 貼現　以未到期的票據向商業銀行貸款，商業銀行可以取得貼現日與票據到期日之間的利息收入及手續費。

6. 代理收款與付款　商業銀行爲擴張業務，對個人或機關提供免費的收、付款服務，其目的在於吸收存款與建立良好的社會聲譽。

7. 金融投資　商業銀行的資金主要用之於放款業務，但亦有部分資金投資於購買國庫券、公債與公司債券等有價證券及不動產，以賺取資本利得與利息收入。

除商業銀行外，另有以從事專門特定業務爲主的**專業銀行** (special banks)——例如土地銀行、交通銀行、農民銀行與輸出入銀行等，其性質與功能和一般的商業銀行相近，但有法定的特種業務對象，故可視爲特種的商業銀行。

二、其他金融中介

推動貨幣與資本市場交易活動運行的機構，稱之爲**金融中介**。商業銀行接受活期與定期存款，而後利用這些存款進行放款或購買生利資產，爲儲蓄者與投資者之間金融活動的媒介，故爲金融中介。除了商業銀行外，尚有許多金融機構進行資金收授與買賣信用工具，執行儲蓄者與投資者之間金融交易的功能，這些金融機構是商業銀行以外的其他金融中介。

目前臺灣地區的信託投資公司、郵政儲金匯業局、人壽保險公司、產物保險公司及票券金融公司等，均是商業銀行以外的其他金融中介，它們主要接受顧客的退休金、保險金或信託金等作爲定期存款，而後將所收得的資金用作消費者抵押貸款，或用於購買股票、政府債券、公司債券與期票等流動性較低的有價證券，或用於購買不動產。

這些金融機構雖與商業銀行同屬金融中介，但是兩者有著重要的功能差異存在。商業銀行有著其他金融中介沒有的獨特功能，卽經由對個人或企業授予或收回活期存款的信用貸款，因而創造或消減貨幣的供給，其亦可經由買賣信用工具而創造或消減活期存款貨幣。由於商業銀

行具有創造存款貨幣的功能，因此對於總需求、產出、就業與物價水準有很大的影響，其在經濟活動中所扮演的角色遠較其他金融中介來得重要。

三、中央銀行

中央銀行 (central bank) 是全國金融中介的控制中心。各國的中央銀行制度並不一致，大部分的國家採行單一中央銀行制度，亦有少數國家採行複式中央銀行制度，美國則採聯邦準備制度。各國成立中央銀行的目的主要在於提供有利的貨幣環境，以協助高度就業、物價穩定、經濟成長與國際收支平衡等經濟目標的達成。中央銀行對銀行業者主要是控制、監督與協助的關係，其與一般商業銀行最大的不同在於商業銀行對個人進行存放款營業，而中央銀行並不對個人進行存放款營業，只是對商業銀行與政府進行存放款的業務，故稱之為**銀行的銀行** (bankers' bank)，是商業銀行的「最後奧援」(last resort)。

中央銀行主要的功能（或責任）有下列幾項：

1. **發行通貨** 近代國家只有中央銀行有通貨的發行權，提供社會適量的通貨供給也是中央銀行的責任。目前我國的通貨是由中央銀行委託臺灣銀行發行。

2. **金融督察** 檢查全國的商業銀行是否按銀行法交易，準備金是否足夠，是否依規定利率與法規進行存放款，俾以維持全國的金融穩定，不致發生混亂。

3. **代理國庫** 中央銀行是政府的銀行，代理國庫的收支，所有稅收須繳到中央銀行，國庫支票也須向中央銀行提領，但這些業務中央銀行亦可委託商業銀行或其他金融中介辦理。

4. **管理與執行金融政策** 中央銀行最主要的任務在於配合經濟情況的需要，制定適當的金融政策。透過金融督察，限制存、放款或進行

公開市場操作，變更存款準備及利率等方法，以維持適量的貨幣供給。

　　5.　管理外匯　各國對外匯市場的管制或外匯政策的釐訂均由中央銀行執行，藉以便利國際資金的融通及國際貿易的拓展。

　　6.　保管存款準備　商業銀行對於規定的法定存款準備，依法須存放於中央銀行，俾便中央銀行控制信用貨幣的發行數量，保證金融的安全。

　　7.　票據交換　由於大部分的商業銀行在中央銀行均有存款準備，中央銀行於是成爲各商業銀行票據清算的中心，但此一業務亦可委託商業銀行辦理。

　　8.　票據貼現　商業銀行資金不足時，可持本身或顧客未到期的票據向中央銀行請求貼現，以取得準備資金。

　　我國中央銀行於民國50年7月在臺灣復業（在這之前由臺灣銀行代理中央銀行業務），設有理事會、監事會，總裁1人，副總裁2人，任期均爲5年，期滿得續加任命。理事會由理事11至15人組成，由行政院報請總統派充之，並指定其中5至7人爲常務理事，組成常務理事會，這是中央銀行最重要的決策機構。中央銀行總裁、財政部長及經濟部長爲理事會的當然理事，並爲常務理事，理事中有實際經營農業、工商業及銀行業者至少各1人。除當然理事外，理事任期5年，期滿得續派連任。總裁爲理事會及常務理事會的主席，理事會主要職權爲審議有關貨幣、信用及外匯之政策。

　　監事會由監事5至7人組成，由行政院報請總統派充之，行政院主計長爲當然監事。除當然監事外，監事任期爲3年，期滿得續派連任。監事會主席1人由監事互推之。監事會主要負責中央銀行之資產、負債、帳目、貨幣發行準備、及貨幣發行數額之查核。目前我國中央銀行設有業務局、發行局、外匯局、國庫局、金融業務檢查處、經濟研究處、秘書處及會計處，以辦理各項業務。

我國中央銀行原先隸屬於總統府，民國68年11月中央銀行法修正，中央銀行改爲隸屬於行政院。

美國的中央銀行採聯邦準備制度由12個分佈於全美各地地位平等的**聯邦準備銀行**（Federal Reserve Bank）組成，另外有25個分行，聯合執行中央銀行的任務，並以國民銀行(當然參加)與州銀行（自由參加）共約5,700家爲其會員銀行。另設**聯邦存款保險公司**（Federal Deposit Insurance Corporation, FDIC），對顧客在商業銀行的存款提供兌現的保險，確保存款的安全❶。

美國12個聯邦準備區中，每一區均設一聯邦準備銀行，全國另有25個分行。各準備銀行雖帶有地方色彩，但聯合發揮中央銀行的功能，以公衆利益而非追求利潤爲目標。聯邦準備制度設有**理事會**（Board of Governors），由理事7人組成，皆由總統任命，理事候選人皆是全國工商企業、財政金融或經濟學界很有名望的人。理事任期14年，不得連任，採用輪廻制，即每兩年有一理事任期屆滿，此作用乃使總統在其任期內最多只能更換三至四位理事，期使政治對貨幣政策的影響減至最小。理事會是聯邦準備制度的最高權力機構，負責決策與監督聯邦準備體系，理事會主席由總統從7位理事中選任之，任期4年。

聯邦準備制度理事會下設：(1)**聯邦公開市場委員會**（Federal Open Market Committee），由12位委員組成，包括理事會7位理事與12個聯邦準備銀行中的5位總裁（president），是一個執行性質的委員會，其主要功能是對於聯邦準備銀行在紐約公開市場進行證劵的買賣，作政策性的決定，俾達到控制貨幣供給的目的。(2)各種委員會——如**聯邦諮詢委員會**（Federal Advisory Council），其成員由代表不同經濟利益團體的傑出人士組成，是一個顧問性質的委員會，其功能在提供實際問題的

❶ 我國亦於民國74年1月9日公佈實施「存款保險條例」，而於同年9月27日成立中央存款保險公司，接受金融機構要保，以保障存款人權益。

建議，給理事會作爲決策的參考。

第二節　商業銀行的運作

一、基本原則

活期存款的存放是商業銀行的主要業務，而此種活期存款貨幣的創造功能，使得商業銀行不同於其他的金融中介。商業銀行依據**金匠法則**(goldsmiths' principle)，創造銀行信用，該法則是古時英國專門代人保管黃金的金匠，根據日常黃金存取的情況所發現的部分準備的經驗法則。如以現代的商業銀行比作古代的金匠，金匠法則的含意爲：在任何一定的時日，任何一家商業銀行的所有顧客，不可能同時提取他（她）們的存款，在有些顧客提取現金，減少存款的同時，必然有其他的顧客存入現金，增加存款。在一般的情況下，通常在一段時間內提取與存入現金的數量約略趨於相等，商業銀行對其存款因此只須保留部分準備，以備存戶提款之需，其餘部分則可以貸款方式放出，以求利息收入。

商業銀行根據金匠法則作爲其營運作業的基本原則，只要一段期間內，提取與存入現金的數量大致相等，銀行則無需將全部的現金存款作爲提款的準備，只需保有部分的現金準備便足以應付日常的提款需要。因此，由金匠法則衍生了近代商業銀行存放業務所依據的部分準備原則。

依據金匠法則，通常商業銀行的資產負債表中之現金準備資產只佔活期與定期存款負債的一小比例而已，這種商業銀行實際營運作業的作法稱之爲部分準備原理（fractional reserve principle）。現金準備並不能帶給商業銀行任何收入，因此除非是受到法令的限制或基於安全的理由，商業銀行都將其現金準備減到最少的程度，它們瞭解到只須持有相

當於存款負債之一部分的現金準備，便足以應付通常的提款需要，將其餘大部分的現金存款加以運用，可爲其帶來收益。

二、資產負債表

如同一般企業組織，商業銀行亦有表示其財務營運狀況的資產負債表。根據此表可以對商業銀行的作業有更進一步的瞭解。

表10-1 簡化的商業銀行資產負債表

資 產	負 債 與 淨 值
現 金 準 備	活 期 存 款
放 款	定 期 存 款
投 資	淨 值

一般而言，簡化的商業銀行資產負債表（如表10-1）中的資產主要有現金準備、放款與投資三項。其中以對顧客的放款（loan）佔資產的比例最大；投資是指所購買的政府或企業的證券或不動產；現金準備是庫存現金或存於中央銀行的存款準備，由於不能產生任何收入，故通常佔資產的比例最小。活期與定期存款是商業銀行的主要負債，資產與負債的差額是淨值（net worth），包括資本額與未分配盈餘兩部分。

三、法定準備之意義與作用

爲健全商業銀行的營運與確保顧客存款的安全，通常政府對於銀行的存款負債都規定必須保有準備，以達到穩定金融的目的。存款準備有各種不同的準備觀念：

（一）**合法準備**（legal reserves）凡是法令准許作爲商業銀行存款負債準備的資產均爲合法準備，包括商業銀行在中央銀行的準備存款、

商業銀行本身的庫存現金及商業銀行之間的同業存款。此外，商業銀行所擁有的短期金融資產，如國庫券、短期政府公債或銀行承兌票據等，雖非合法準備之一部分，但因其在必要時能夠迅速變現，因此有商業銀行的**第二準備**（secondary reserve）之稱。

（二）**法定準備**（required reserves）　這是法令規定商業銀行對其存款負債必須保有的最低合法準備數量，必須按規定提存於中央銀行。法定準備對存款負債的比例稱之為**法定準備率**（required reserve ratio）。

（三）**超額準備**（excess reserves）　商業銀行所保有的合法準備超過法定準備的餘額部分稱之。超額準備可由商業銀行自由使用，作為對顧客放款或投資於購買證券。商業銀行所持有的合法準備數額不能低於法定準備額，如有此種情況發生，它將受到中央銀行的處分❷。超額準備與法定準備之和等於合法準備。

（四）**借入準備**（borrowed reserves）　為商業銀行向中央銀行的**貼現窗口**（discount window）以貼現率（低於市場利率）所借入的準備。商業銀行的超額準備扣除借入準備後的餘額稱為**自由準備**（free reserve）。在有借入準備的情況下，商業銀行所保有的合法準備等於借入準備與非借入準備（unborrowed reserve）之和。初級經濟學通常假設商業銀行沒有向中央銀行借入準備，因此超額準備等於自由準備。

最初，中央銀行規定商業銀行對其存款負債至少必須保有法定準備的數量，其作用乃是在於消極的保障顧客的存款安全與避免銀行一時無法應付提現而倒閉的風險。晚近，中央銀行對商業銀行法定準備的規定，其作用乃是在於積極的透過法定準備率的改變，以達到控制貨幣供給數量的目的。因此，法定準備的規定成為現代貨幣政策的重要工具之

---

❷　我國中央銀行法第23條規定，中央銀行對於繳存存款準備不足之銀行，得就其不足部分予以短期融通，但得加收中央銀行所訂之重貼現率及其他融通利率一倍以下的利息。

一。由於活期存款的提存較定期存款來得頻繁，流動性也較大，因此法令所要求的法定準備率，對活期存款也就較對定期存款的爲高❸。

第三節　存款貨幣之創造與收縮

一、個別銀行的存款擴張與收縮

商業銀行與其他金融中介不同之處在於其有創造活期存款貨幣的功能。這種功能源於商業銀行對於存款負債只須保留部分的法定準備，所剩的超額準備全部可自由使用，作爲放款或投資購買有價證券，而創造活期存款貨幣。這種存款貨幣創造的過程可用個別銀行的資產負債表說明。（凡有＊或※號者，表示每筆登錄中所牽涉的兩項對應變動的科目，＋表示增加，一表示減少，以下各表均同。）

表10-2　個別銀行（甲）的存款貨幣創造

資　　　　　産		負 債 與 淨 值	
＊合法準備	＋$100	＊活期存款	＋$100
法定準備	＋$20		
超額準備	＋$80		
※放　　款	＋$ 80	※活期存款	＋$ 80
（投資）			
總　　　　計	＋$180	總　　　　計	＋$180

---

❸ 目前我國中央銀行對各種存款所規定的法定準備率上下限爲：支票存款15％至40％，活期存款10％至35％，儲蓄存款５％至20％，定期存款７％至25％，外幣定期存單７％至25％。

　　爲了分析簡便起見，我們假設個別銀行（甲）原先的資產、負債與
淨值處於平衡，均予省略，不在資產負債表的帳面上表現。現有顧客存
入甲銀行現金100元，甲銀行帳上立刻增加100元的合法準備資產，增加
100元的活期存款負債。現假定法定準備率是 20％，100 元的合法準備
中，20元須作爲法定準備金，剩餘80元爲超額準備金，可以悉數用來對
顧客放款（或投資），甲銀行因此增加了80元的放款（或投資）資產，
同時增加了80元的活期存款負債（放款仍以活期存款方式存入本銀行），
資產負債表兩邊同時達於 180 元的平衡（表10-2）。因此，甲銀行吸收
了 100 元的現金存款——貨幣供給的減少，但增加了 180 元的活期存款
——貨幣供給的增加，最後整個社會貨幣供給淨增加了80元，這是甲銀
行利用其超額準備所額外創造的存款貨幣。如果甲銀行一開始被提領現
金100元，其資產負債表上將減少100元的合法準備現金，減少 100 元的

表10-3　個別銀行（甲）的存款貨幣收縮

資　　　　　產		負　債　與　淨　值	
＊合法準備	－$100	＊活期存款	－$100
法定準備	－$20		
超額準備	－$ 80		
※放　　款	－$ 80	※活期存款	－$ 80
總　　　計	－$180	總　　　計	－$180

活期存款負債。所減少的合法準備中，20元是法定準備的減少，80元是
超額準備的減少，因此減少了 80 元的放款，減少了 80 元的活期存款貨
幣，社會的貨幣供給淨減少了80元，這是存款貨幣的收縮（表10-3）。

二、全銀行體系之存款貨幣創造與收縮

　　將個別銀行之存款貨幣創造與收縮的過程加以推廣，可以得到全銀行體系的存款貨幣創造與收縮。首先，我們假設全銀行體系由單獨一家銀行（甲）所構成──即獨佔銀行體系，那麼全銀行體系存款貨幣的創造與收縮，只是上例個別銀行存款貨幣創造與收縮過程的延續。假設甲獨佔銀行接受了個人Ａ的100元現金存款，法定準備率仍為 20%，第一階段甲銀行可以超額準備80元放款給個人Ｂ，因此創造了80元的存款貨幣。接著，個人Ｂ以80元的活期存款支票向個人Ｃ購買財貨，個人Ｃ持支票向甲銀行兌現，由於整個社會只有甲銀行一家，假設個人Ｃ將得到的現金仍然存入甲銀行，因此在第二階段甲銀行有合法準備80元，扣除16元的法定準備，尚餘64元的超額準備，可將其放款給個人Ｄ，又創造了64元的存款貨幣。同樣地，個人Ｄ持64元的活期存款支票向個人Ｅ購買財貨，重複上述過程，在第三階段甲獨佔銀行可創造額外的存款貨幣

表10-4　獨佔銀行體系的存款貨幣創造

第　一　階　段

資　　　　　　　產		負　債　與　淨　值	
＊合法準備	＋$100	＊活期存款（Ａ）	＋$100
法定準備　＋$ 20			
超額準備　＋$ 80			
※放　　款（Ｂ）	＋$ 80	※活期存款（Ｂ）	＋$ 80
總　　　　計	＋$180	總　　　　計	＋$180

第 二 階 段

資　　　　　　　　產		負　債　與　淨　值	
*合法準備	＋$ 80	*活期存款（B）	$ 0
法定準備	＋$ 16	*活期存款（C）	＋$ 80
超額準備	＋$ 64		
∵放　　款（D）	＋$ 64	※活期存款（D）	＋$ 64
總　　　　計	＋$144	總　　　　計	＋$144

第 三 階 段

資　　　　　　　　產		負　債　與　淨　值	
*合法準備	＋$ 64	*活期存款（D）	$ 0
法定準備	＋$12.8	*活期存款（E）	＋$ 64
超額準備	＋$51.2		
※放　　款（F）	＋$51.2	※活期存款（F）	＋$51.2
總　　　　計	＋$115.2	總　　　　計	＋$115.2

　　　　　⋮　　　　　　　　　　　　　　　⋮

第 N 階 段

資　　　　　　　　產		負　債　與　淨　值	
*合法準備	$ 0	*活期存款	$ 0
法定準備	$ 0		
超額準備	$ 0		
※放　　款	$ 0	※活期存款	$ 0
總　　　　計	$ 0	總　　　　計	$ 0

51.2元。如此繼續下去，甲獨佔銀行在每階段皆可創造與超額準備數量相等的存款貨幣，直到最後，甲銀行不再有超額準備存在，再無放款能力，原先 100 元現金存款所引起的存款貨幣創造過程停止。將每一階段所創造的存款貨幣彙總 （100元＋80元＋64元＋51.2元＋…＋0元）， 其總額將是原先銀行體系所增加現金存款的倍數，這是全銀行體系的存款貨幣創造（表10-4）。 相反地， 如果一開始甲獨佔銀行現金被提出而不再存入銀行，每一階段存款貨幣的減少將等於超額準備的減少，最後所有存款貨幣的減少將爲原先銀行體系現金存款減少的倍數，這是全銀行體系的存款貨幣收縮。

　　如果全銀行體系是由許多家的商業銀行構成，任何一家銀行增加或減少現金存款，亦將使全銀行系統產生與獨佔銀行體系相同結果的存款貨幣創造與收縮。同樣地， 假設每一家銀行原先的資產、負債與淨值均不表現在其個別的資產負債表帳面上，法定準備率仍爲 20%。首先，甲銀行收到個人A的100元現金存款，合法準備增加100元，將80元的超額準備放款給個人B， 創造存款貨幣80元，個人B持80元的活期存款支票向個人C購買財貨，個人C持支票向甲銀行兌現，而後將所得現金存入乙銀行，乙銀行增加80元的合法準備現金存款，將64元的超額準備放款給個人D， 創造存款貨幣64元，個人D持64元的活期存款支票向個人E購買財貨， 如同上述，丙銀行可以創造51.2元的存款貨幣，繼續上述過程， 每家銀行皆可創造其超額準備的額外存款貨幣。將每家銀行所創造的存款貨幣彙總，其總額將是原先銀行體系所增加之現金存款的倍數，這是全銀行體系的存款貨幣創造 （表10-5）。反之， 若從開始有一家銀行被提領現金，全銀行體系存款貨幣的收縮將爲原先銀行體系現金存款減少的倍數。因此， 無論是獨家或多家銀行的銀行體系，其存款貨幣創造與收縮的原理均相同。

　　觀察多家銀行體系的存款貨幣創造過程，可以得到商業銀行創造存

款貨幣的重要法則，即：**在全銀行體系中，任何個別銀行最多只能額外創造與其超額準備相等數量的存款貨幣；全銀行體系則能額外創造其超額準備之倍數的存款貨幣。**

表10-5 全銀行體系的存款貨幣創造

甲 銀 行

資　　　產		負 債 與 淨 值	
─ ＊合法準備	＋$100	＊活期存款（A）	＋$100
法定準備 ＋$ 20			
超額準備 ＋$ 80			
※放　　款（B）	＋$ 80	※活期存款（B）	＋$ 80
總　　計	＋$180	總　　計	＋$180
→ ＊合法準備（−$80）	$ 20	活期存款（A）	$100
法定準備 　$ 20			
超額準備 　$ 0			
放　　款（B）	$ 80	＊活期存款（B）（−$80） $ 0 ─	
總　　計	$100	總　　計	$100

乙 銀 行

資　　　產		負 債 與 淨 值	
─ ＊合法準備	＋$ 80	＊活期存款（C）	＋$ 80 ←
法定準備 ＋$ 16			
超額準備 ＋$ 64			
※放　　款（D）	＋$ 64	※活期存款（D）	＋$ 64
總　　計	＋$144	總　　計	＋$144

資　　　產		負　債　與　淨　值	
→＊合法準備（−$64）	＄16	活期存款（C）	＄80
法定準備	＄16		
超額準備	＄0		
放　　款（D）	＄64	＊活期存款（D）（−$64）	＄0—
總　　　計	＄80	總　　　計	＄80

丙　銀　行

資　　　　産		負　債　與　淨　值	
—＊合法準備	＋＄64	＊活期存款（E）	＋＄64←
法定準備	＋$12.8		
超額準備	＋$51.2		
※放　　款（F）	＋$51.2	※活期存款（F）	＋$51.2
總　　　計	＋$115.2	總　　　計	＋$115.2
→＊合法準備（−$51.2）	$12.8	活期存款（E）	＄64
法定準備	$12.8		
超額準備	＄0		
放　　款（F）	$51.2	＊活期存款（F）（−$51.2）	＄0
總　　　計	＄64	總　　　計	＄64

<u>餘　類　推</u>

三、存款擴張乘數

獨佔或多家銀行的銀行體系皆可由現金（通貨）存款的增加而創造

倍數的存款貨幣，這過程如表 10-6 所示。

表10-6　銀行體系存款貨幣的創造過程──法定準備率 20%

銀　　行	新 存 款	法定準備	超額準備	新 放 款
甲	$100.00	$20.00	$80.00	$80.00
乙	80.00	16.00	64.00	64.00
丙	64.00	12.80	51.20	51.20
丁	51.20	10.24	40.96	40.96
戊	40.96	8.19	32.77	32.77
己	32.77	6.55	26.22	26.22
庚	26.22	5.24	20.98	20.98
辛	20.98	4.20	16.78	16.78
壬	16.78	3.36	13.42	13.42
癸	13.42	2.68	10.74	10.74
以上十家銀行	$446.33	$ 89.26	$357.07	$357.07
所有其他銀行	$ 53.67	$ 10.74	$ 42.93	$ 42.93
整個銀行體系	$500.00	$100.00	$400.00	$400.00

　　根據表 10-6 可知，整個銀行體系增加 100 元的現金（通貨）存款，在法定準備率爲 20%下，最後將導致整個銀行體系的存款貨幣增加 500 元，其中 400 元爲各銀行利用其超額準備進行放款所額外創造的存款貨幣，100 元爲最初所增加的現金（通貨）存款。由表 10-6 可知，直到所增加的現金（通貨）存款均充作法定準備之用時，整個銀行體系

的存款貨幣創造過程才停止。

根據表 10-6 可以得到銀行體系的存款貨幣創造為:

存款貨幣變動＝最初現金（通貨）存款變動×$\dfrac{1}{法定準備率}$,

額外創造（或縮減）的存款貨幣＝最初超額準備變動×$\dfrac{1}{法定準備率}$**❹**。

以上法定準備率的倒數——即 $\dfrac{1}{法定準備率}$，稱之為存款擴張乘數 (deposit expansion multiplier) 或貨幣供給乘數 (money supply multiplier)，表示銀行體系的通貨存款增加或減少，將使準備金增加或減少，而引起存款貨幣變量成倍數的增加或減少。以文中（或表10-6）數字為例，銀行體系增加 100 元的通貨存款，導致存款貨幣增加等於 100元×$\dfrac{1}{0.2}$＝500 元; 導致額外創造的存款貨幣增加等於（1－0.2)×100元×$\dfrac{1}{0.2}$＝400 元，存款擴張乘數為$\dfrac{1}{0.2}$＝5。存款擴張乘數的產生是因部分準備制度所致，這與國民所得乘數產生的過程相類似，不同的是此處

---

❹ 設 ΔC 為銀行體系最初通貨存款變動，R為法定準備率，ER 為超額準備，等於 $\Delta C(1-R)$，則整個銀行體系的存款貨幣變動（ΔD）為:
$$\Delta D = \Delta C + (1-R)\Delta C + (1-R)[(1-R)\Delta C] + (1-R)[(1-R)^2 \Delta C] + (1-R)[(1-R)^3 \Delta C] + \cdots,$$
$$= \Delta C[1+(1-R)+(1-R)^2+(1-R)^3+\cdots],$$
$$= \Delta C \frac{1}{1-(1-R)},$$
$$= \Delta C \frac{1}{R}。$$

整個銀行體系額外創造的存款貨幣（ΔAD）為:
$$\Delta AD = (1-R)\Delta C + (1-R)[(1-R)\Delta C] + (1-R)[(1-R)^2 \Delta C] + (1-R)[(1-R)^3 \Delta C] + \cdots,$$
$$= (1-R)\Delta C[1+(1-R)+(1-R)^2+(1-R)^3+\cdots],$$
$$= (1-R)\Delta C \frac{1}{1-(1-R)},$$
$$= ER \frac{1}{R}。$$

係以法定準備率而非以儲蓄傾向作爲分析的依據。將法定準備率視爲儲蓄傾向，將可發現存款貨幣乘數產生的過程與國民所得乘數產生的過程完全相同。

根據存款貨幣創造公式，法定準備率的改變將使超額準備與存款擴張乘數兩者同時發生改變，而使存款貨幣創造與收縮的程度加強。因此，法定準備率是執行貨幣政策的強有力工具之一。

四、三重限制

通貨存款增加乘以存款擴張乘數，是理論上銀行體系通貨存款增加時可能創造的最大存款貨幣數值。但由於受到下列三種因素的限制，銀行體系增加通貨存款實際上所能創造的存款貨幣，經常是小於理論上的值。這三重的限制是：

（一）**現金的外流** 並非每一位收受支票的人在提領現金之後，都會再全數以活期存款方式存入另外一家銀行之中。可能有部分提領的現金被支用或留作備用金，而不再存入銀行。因此，現金提領後再存入銀行成爲合法準備的金額，可能小於理論上存款貨幣創造過程中每次合法準備增加的數值。現金外流的結果，合法準備減少，超額準備隨之減少，全銀行體系可能創造的存款貨幣因而減少。

（二）**額外的準備** 除法定準備外，商業銀行可能基於流動性安全或呆帳風險的考慮，未必經常把超額準備全數貸出，而願意保有額外的準備。如此，自然降低銀行體系創造存款貨幣的能力。

（三）**借貸的意願** 當經濟衰退時，人們對未來遠景持疑慮或悲觀態度，卽使銀行降低放款利率，放鬆銀根，民間因恐冒風險而不願向銀行借款進行投資；另一方面，此時銀行對放款的歸還沒有信心，又恐怕發生擠兌，因此寧願保有較多的額外準備或持有較爲可靠的證券，而不願積極進行放款。此種借貸意願的低落，減少了存款貨幣可能創造的數

量。

以上這些因素均使得銀行體系的存款貨幣創造能力降低，實際的存款貨幣創造因此也就小於理論的存款貨幣創造❺。

摘　　要

1. 一個國家的金融機構大致可分爲中央銀行、商業銀行與其他金融中介三大類。

2. 商業銀行的業務主要有存款、放款、匯兌、承兌、貼現、代理收付款與金融投資等。

3. 商業銀行是一種金融中介，能够經由放款與證券投資而創造活期存款，但其他金融中介則不具此種功能。

4. 中央銀行是全國金融中介的控制中心，只對商業銀行而不對私人營業，故又稱銀行的銀行，是商業銀行的最後奧援者。

5. 中央銀行的功能主要有發行通貨、金融督察、代理國庫、管理

---

❺ 假設銀行體系每一家銀行所發生的現金外流、額外準備及不願放款或民間不願借款三者金額的加總，佔原先增加之合法準備或通貨存款（ΔC）的比例爲定數 α，則全銀行體系的存款貨幣創造（ΔD）須修正如下：

$$\Delta D = \Delta C + (1-R-\alpha)\Delta C + (1-R-\alpha)[(1-R-\alpha)\Delta C] + (1-R-\alpha)[(1-R-\alpha)^2 \Delta C] + \cdots\cdots,$$
$$= \Delta C[1 + (1-R-\alpha) + (1-R-\alpha)^2 + (1-R-\alpha)^3 + \cdots\cdots],$$
$$= \Delta C \frac{1}{1-(1-R-\alpha)},$$
$$= \Delta C \frac{1}{R+\alpha}。$$

上式表示由於 α 的存在，一方面使得每次實際用於放款的超額準備由理論上的 $(1-R)\Delta C$ 減爲 $(1-R-\alpha)\Delta C$〔因爲 $0<\alpha<1$，所以 $(1-R)>(1-R-\alpha)$〕；一方面存款擴張乘數由理論的 $\frac{1}{R}$ 降爲 $\frac{1}{R+\alpha}$（因爲 $0<\alpha<1$，所以 $\frac{1}{R}>\frac{1}{R+\alpha}$）。這兩種因素均使存款貨幣創造的能力降低，實際的存款貨幣創造因此也就小於理論的存款貨幣創造。

與執行金融政策、管理外匯、保管存款準備、票據交換與貼現等。

6. 美國的中央銀行稱爲聯邦準備制度，由12個地位平等的聯邦準備銀行與其25個分行所組成，國民銀行與州銀行爲其會員銀行，並設聯邦存款保險公司。

7. 聯邦準備制度的權力中心爲 7 人組成的理事會，理事會下設有聯邦公開市場委員會與聯邦諮詢委員會。

8. 商業銀行存、放業務所根據的基本原則，乃是由古時金匠法則所衍生而來的部分準備原理，因而利用法定準備以外的餘額，乃有創造活期存款的功能產生。

9. 商業銀行的資產負債平衡表中，資產主要有現金準備、放款與投資，負債主要是活期存款、定期存款，資產與負債的差額是淨值。

10. 在實際營運作業中，商業銀行的現金準備資產只佔其活期與定期存款的一小比例而已，這稱爲部分準備原理。

11. 合法準備與法定準備之間的差額稱爲超額準備。法定準備與存款負債的相對比率稱爲法定準備率。法定準備規定的最初作用在於保障顧客存款的安全，晚近則成爲中央銀行控制貨幣供給量的有力工具。

12. 根據部分準備原理，商業銀行可經由放款或投資購買有價證券而創造活期存款貨幣。對個別銀行而言，每家銀行只能創造與其超額準備等量的活期存款；對整個銀行體系而言，則能創造相當於銀行體系最初所增加之通貨存款倍數的活期存款，倍數的大小視法定準備率(R)而定，且與之呈減函數（或反變）的關係。

13. 銀行體系通貨存款（或準備）的改變，將使其創造活期存款的數量成倍數的改變，此倍數稱之爲存款擴張乘數，等於法定準備率的倒數。

14. 最初所增加的通貨存款（或準備）乘以存款擴張乘數，是全銀行體系所能創造之活期存款的最大理論數值。但是，由於受到現金外

流、額外準備與借貸意願的三重限制，銀行體系實際上能創造的活期存款數量通常較理論數值爲小。

重 要 名 詞

金融中介	專業銀行
銀行之銀行	聯邦準備制度
金匠法則	部分準備原理
合法準備	法定準備
法定準備率	超額準備
借入準備	自由準備
個別銀行存款貨幣創造	銀行體系存款貨幣創造
存款擴張乘數	三重限制

問 題 練 習

1. 商業銀行主要從事那些業務？其與其他金融中介在功能上有何差異存在？

2. 中央銀行與商業銀行有何不同？中央銀行主要的功能（或任務）有那些？

3. 何謂部分準備原理？其與金匠法則有何關係？其對商業銀行的營運作業有何影響？

4. 試述合法準備、法定準備與超額準備之間的關係。政府規定商業銀行必須保有法定準備的用意何在？

5. 商業銀行如何創造信用貨幣？在全銀行系統中個別單獨的銀行創造信用貨幣的極限爲何？全銀行系統創造信用貨幣的極限又如何？試舉數字例證說明之。

6. 設法定準備率爲 0.2，全銀行體系共有 A、B、C 三家商業

銀行，現 A 銀行增加 100 元的現金存款，試問 A 銀行可因此經由放款而創造多少活期存款？全銀行體系可共同創造多少活期存款？若每一家銀行於收到存款時，均增加 0.05 的額外準備，則全銀行體系所能額外創造的活期存款為多少？

第十一章　中央銀行與貨幣政策

財政政策與貨幣政策是一個國家最重要的兩種經濟政策，前者主要由行政當局執行，後者主要由貨幣當局——卽中央銀行執行❶。本章旨在介紹中央銀行如何執行貨幣政策，並探討其可能的成效。

第一節　貨幣政策的執行

一、貨幣政策的意義與目標

貨幣政策是指：一個國家透過中央銀行，視全國的經濟情況，調節其全國的貨幣供給量或利率水準，以達到維持經濟穩定與促進經濟成長的目標。更具體地說，短期間，貨幣政策的執行要在經濟衰退之時，增加貨幣供給量、降低利率，**採擴張性或放寬性貨幣政策**（exponsionary or easy money policy），以刺激總需求，達到提高就業、增加產出的目標；在經濟膨脹之時，減少貨幣供給量、提高利率，**採收縮性或緊縮性貨幣政策**（contractionary or tight money policy），以抑制總需求，達到穩定物價、避免膨脹的目標。長期間，中央銀行應該採行穩定成長的貨幣政策，維持適度增加的貨幣供給量與適當的利率水準，以利經濟

---

❶　在我國，財政政策是由行政院透過政府的預算執行之。目前我國中央銀行雖隸屬於行政院，但對貨幣政策有其獨立行使的權力。

活動的進行，達成促進經濟成長的目標。

以貨幣政策達成經濟目標，其過程是中央銀行斟酌現實情況，利用各種適當的貨幣政策工具，藉以影響商業銀行超額準備的數量，改變其創造信用的能力，因而改變貨幣供給量，使利率水準發生改變；或是直接改變利率水準，以影響人們借貸意願，改變總需求，使就業、產出、所得及物價水準跟著調整。

二、貨幣政策指標

一般而言，對於貨幣當局所採行的貨幣政策究為放寬，抑為緊縮，有兩種不同的判斷標準。一為**利率指標**，一為**貨幣數量指標**，前者為凱恩斯學派所主張，後者為古典學派或貨幣學派所主張❷。事實上，在貨

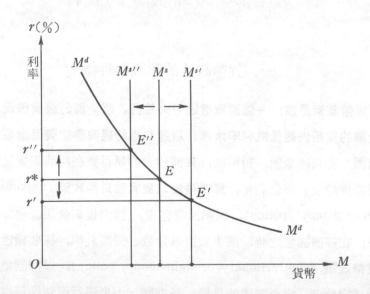

圖11-1　在貨幣需求不變下，以貨幣數量或利率作為貨幣政策鬆
　　　　緊指標是一致的。

---

❷ 準確而言，貨幣學派主張以實質而非名目貨幣餘額作為貨幣政策指標。
　但是，在物價水準不變的情況下，實質貨幣餘額將等於名目貨幣餘額。

幣需求不變的情況下，兩種指標是相一致的，即貨幣供給增加，利率下降，是為擴張性貨幣政策；貨幣供給減少，利率上升，是為緊縮性貨幣政策。圖11-1，在貨幣需求不變下，貨幣供給由 M^s 增加為 $M^{s'}$，利率由 Or^* 下降至 Or'。貨幣供給增加，利率下降，均顯示貨幣政策是擴張的；貨幣供給由 M^s 減少為 $M^{s''}$，利率由 Or^* 上升為 Or''，貨幣供給減少，利率上升，均顯示貨幣政策是緊縮的。

　　但是，在貨幣需求變動下，利率指標與貨幣數量指標所顯示之貨幣政策的鬆緊並不一致，即可能貨幣數量增加，但利率卻上升，在此情況下，以貨幣數量為指標，貨幣政策是擴張的，以利率為指標，貨幣政策是緊縮的；或可能貨幣數量減少，但利率卻下降，在此情況下，以貨幣數量為指標，貨幣政策是緊縮的，以利率為指標，貨幣政策是擴張的。圖11-2，貨幣需求由 M^d 增加至 $M^{d'}$，貨幣供給由 M^s 增加至 $M^{s'}$，結果是貨幣數量增加，但利率卻由 Or^* 上升至 Or'。在此情況下，以

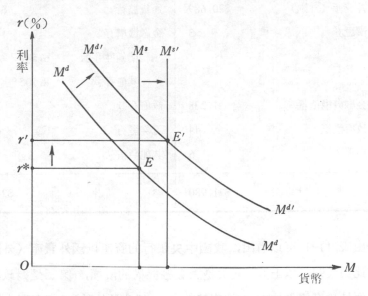

圖11-2　在貨幣需求變動下，以貨幣數量或利率作為指標，將顯示貨幣政策為鬆為緊的不一致結果。

貨幣數量或利率作為指標所顯示的貨幣政策，鬆緊就不一致了。

通常在分析貨幣政策時，均假設貨幣需求不變，因此以貨幣數量或利率作為貨幣政策鬆緊的指標，其顯示的變向則屬一致。

三、中央銀行的資產負債表

一個國家的貨幣政策由中央銀行負責執行，分析中央銀行的資產負債表將可以了解中央銀行執行貨幣政策的情形。我國中央銀行簡化的資產負債表如表11-1所示（－表示減少）。

表11-1 我國中央銀行簡化的資產負債表——民國78年12月

單位: 新臺幣億元

資　　　　　產		負　債　與　淨　值		
國外資產（外匯）	$20,689	通貨發行		$4,253
有價證券	3	金融機構存款		14,646
		準備性存款	6,541	
		其他存款	8,105	
對金融機構債權	1,238	政府存款		2,794
對政府債權	44	證券發行		4,149
庫存現金	6	其他負債		－3,862
總　　　　計	$21,980	總　　　　計		$21,980

由表 11-1 可以看出，我國中央銀行的資產以國外資產（外匯）佔絕大比例（94％以上），其次是對金融機構的債權，第三是對政府債權（主要是政府債券持有、國庫墊款，少部分是放款），庫存現金及有價證券所佔比例很小。由中央銀行的資產結構可知，臺灣地區的通貨發行

準備主要來自國外資產（外匯）。我國中央銀行的負債以金融機構存款
（包括存款貨幣機構的準備性存款與金融機構的國庫存款、定期存款等
轉存款）所佔比例爲最大，其次是通貨發行與證券發行（包括乙種國庫
券、定期存單及儲蓄券），第三是政府存款（主要是國庫存款，其次是
機關存款，第三是中美發展基金存款）。

中央銀行採行貨幣政策的結果最後必然反映於其資產負債表上。改
變法定準備率將使金融機構的準備性存款發生改變，改變貼現率將使對
金融機構的債權發生改變，進行公開市場操作將使得有價證券發行與持
有的數量發生改變。這些措施均將使得銀行體系的合法準備數量發生改
變，因而影響整個社會的貨幣供給數量。

第二節　一般性的政策工具（量的控制）

中央銀行在執行貨幣政策時，有許多的政策工具可加採用，其中法
定準備率、貼現率與公開市場操作等三種政策工具的運用，對全面的銀
行信用量與經濟活動有很大的影響。因此，它們的付諸實施稱之爲**一般
性的控制**（general controls）或**量的控制**（quantitative controls）。

一、調整法定準備率

個別商業銀行需有超額準備才能放款，整個銀行體系的存款貨幣創
造能力視超額準備的數額與存款擴張乘數的大小而定，超額準備與存款
擴張乘數的大小，又同時取決於法定準備率的高低。因此，中央銀行若
要對抗經濟衰退，可以降低法定準備率，採放寬信用政策，使銀行體系
的超額準備與存款擴張乘數同時提高，增強存款貨幣的創造能力，因而
增加銀行信用（或存款貨幣）供給，以增加貨幣供給量，使利率降低，
促進投資，增加有效需求，激發經濟的繁榮。相反地，中央銀行若要對

抗經濟膨脹，可以提高法定準備率，採緊縮信用政策，使銀行體系的超額準備與存款擴張乘數同時下降，降低存款貨幣的創造能力，因而減少銀行信用（或存款貨幣）供給，以減少貨幣供給量，使利率升高，投資水準降低，減少有效需求，抑制經濟的膨脹。

例如，銀行體系增加 100 元的合法準備現金存款，如果法定準備率為20％，額外創造的存款貨幣等於（ 1 − 0.2)×100元× $\frac{1}{0.2}$ = 400 元。

在這式中，超額準備是（ 1 − 0.2)×100元，等於80元，擴張乘數是 $\frac{1}{0.2}$，等於 5。如果法定準備率提高為25％，額外創造的存款貨幣減為（ 1 − 0.25)×100元× $\frac{1}{0.25}$ = 300 元，其中超額準備降至75元，擴張乘數降至 4，可見法定準備率的改變，使超額準備和擴張乘數兩者都受影響，其改變存款貨幣的效果是雙重的。

二、調整貼現率

如同社會大眾向商業銀行借款一般，商業銀行可以向中央銀行借款並給付利息。兩者不同之處，商業銀行借給社會大眾活期存款貨幣而很少提領現金，但中央銀行借給商業銀行的是可全部充作合法準備的強力貨幣，因而增強了銀行體系的存款貨幣創造能力。

商業銀行可以本身持有的未到期票據向中央銀行請求貼現，根據規定的**貼現率**，扣除應給付中央銀行票據貼現日與到期日之間的利息，取得存在中央銀行的準備存款（reserve deposits）的增加，故貼現率是商業銀行的利息成本費率。此外，商業銀行亦可持顧客向其貼現的未到期票據，轉向中央銀行請求重貼現（rediscount），支付中央銀行按貼現率——此情況以下稱之為**重貼現率**（rediscount rate）——計算的利息，

而增加在中央銀行的準備存款❸。

表11-2　商業銀行向中央銀行貼現

中　央　銀　行	
資　　　產	負債與淨值
對商業銀行放款　＋X	商業銀行準備存款　＋X

商　業　銀　行	
資　　　產	負債與淨值
中央銀行準備存款　＋X	中央銀行借款　　＋X

　　假設商業銀行持票據向中央銀行貼現，兩者的資產負債表將發生如表11-2的變化。表中（＋）表示增加，商業銀行增加了在中央銀行的準備存款資產，但同時也增加了對中央銀行的借款負債，借貸雙方依然平衡。中央銀行增加了對商業銀行的放款資產，但也增加對商業銀行的準備存款的負債，借貸雙方同樣保持平衡。商業銀行對於向中央銀行借得的準備存款並不需要保有法定準備，所有的借入準備存款等於超額準備的增加，均可用以創造存款貨幣，增加貨幣供給量。

　　因爲貼現率是商業銀行向中央銀行借款的利息成本費率，貼現率的改變將間接地使其對社會大眾放款的利率發生改變。因此，中央銀行如要放寬信用，可以降低貼現率，降低商業銀行的貼現成本負擔，就會間接降低商業銀行的放款利率，使其可以增加放款。如要緊縮信用，中央

---

❸　根據中央銀行法第 19 條，我國中央銀行得對銀行辦理以下各項融通：（1）合格票據之重貼現，期限爲工商票據不得超過90天，農業票據不得超過 180 天；（2）短期融通，期限不得超過10天；（3）擔保放款之再融通，期限不得超過360天。

銀行可以提高貼現率，提高商業銀行的貼現成本負擔，間接提高商業銀行的放款利率，放款將會減少。放款的增加或減少，使貨幣供給同時發生改變，故貼現率的調整可作爲對抗經濟波動的工具。

三、公開市場操作

中央銀行在證券公開市場進行政府證券的買賣，以影響商業銀行的超額準備，達到改變貨幣供給量與利率水準的目的，稱之爲公開市場操作 (open market operation)❹。 在這三種貨幣數量控制的工具之中，以此種操作運用最爲迅捷、簡便，且效果最爲直接可靠，晚近成爲中央銀行最常使用的貨幣政策工具。

如爲對抗通貨膨脹，而執行緊縮信用，中央銀行可在證券公開市場賣出政府證券。若是商業銀行買進政府證券，中央銀行與商業銀行的資

表11-3　商業銀行買進中央銀行賣出的政府證券

中　央　銀　行

資　　　產	負債及淨值
政　府　證　券　$-\$X$	商業銀行準備存款　$-\$X$

商　業　銀　行

資　　　產	負債及淨值
政　府　證　券　$+\$X$ 中央銀行準備存款　$-\$X$	

❹　公開市場意指任何人（包括金融機構）均能自由參與買賣的市場。我國中央銀行在公開市場進行買賣的政府證券主要有乙種國庫券、定期存單、儲蓄券、及公債。

產負債表，將發生如表11-3的變化。

　　若是私人而非商業銀行買進政府證券，私人可以活期存款支票給付中央銀行，經由票據清算，中央銀行的資產負債表的變化仍與表11-3一樣，但個人及商業銀行的資產負債表的改變將如表 11-4 。

表11-4　個人以活期存款支票買進中央銀行賣出的政府證券

個	人
資　　　　　産	負 債 及 淨 值
政 府 證 劵 ＋X 活 期 存 款 －X	

商 業 銀 行	
資　　　　　産	負 債 及 淨 值
中央銀行準備存款 －X	活 期 存 款 －X

　　表中（－）與（＋）分別表示減少及增加。因此，無論是商業銀行或私人買進中央銀行出售的政府證券，均使商業銀行減少與政府證券價值相等的準備存款，超額準備隨之減少，存款貨幣創造能力減弱，因而達到緊縮信用的目的。

　　如為對抗經濟衰退而執行放寬信用，中央銀行可在證劵公開市場買進政府證券。如所買進的政府證券是由商業銀行賣出，則將使中央銀行與商業銀行的資產負債表發生如表 11-5 的變化。

　　如買進的政府證券是由個人賣出，中央銀行以本票支付個人，個人再將本票存入其往來的商業銀行，經由票據清算，中央銀行的資產負債

表11-5 中央銀行買進商業銀行賣出的政府證券

中 央 銀 行	
資　　　　　產	負 債 及 淨 值
政 府 證 券　$+\$X$	商業銀行準備存款　$+\$X$

商 業 銀 行	
資　　　　　產	負 債 及 淨 值
政 府 證 券　$-\$X$ 中央銀行準備存款　$+\$X$	

平衡表仍與表 11-5 一樣，而商業銀行與個人的資產負債表則變化如表
11-6。

表11-6 中央銀行買進個人賣出的政府證券

個　　　　　人	
資　　　　　產	負 債 及 淨 值
政 府 證 券　$-\$X$ 活 期 存 款　$+\$X$	

商 業 銀 行	
資　　　　　產	負 債 及 淨 值
中央銀行準備存款　$+\$X$	活 期 存 款　$+\$X$

由表 11-5 與 11-6 可知，中央銀行不論買進商業銀行持有或個人手中的政府證券，均將使商業銀行在中央銀行的準備存款增加與政府證券價值相等的數量，超額準備隨之增加，存款貨幣創造能力增強，因此可以達到放寬信用的目的。雖然中央銀行兩種不同來源的政府證券買進，最後均使貨幣供給增加的數量相等，但其過程則有所不同，舉例說明如下：

設法定準備率爲20％，當中央銀行向商業銀行買進 100 元的政府證券時，商業銀行的準備存款與超額準備均增加 100 元，其額外創造的存款貨幣等於 $100 元 \times \dfrac{1}{0.2} = 500 元$。當中央銀行向個人買進100元的政府證券時，商業銀行在中央銀行的準備存款增加 100 元，但其超額準備只增加80元（因爲須對個人 100 元的存款提存20元的法定準備），其額外創造的存款貨幣等於$80元 \times \dfrac{1}{0.2} = 400元$。但是，在中央銀行向個人買進 100 元政府證券的同時，已經額外增加了 100 元的貨幣供給（將個人手中100元的政府證券轉變爲 100 元的活期存款），故總的貨幣供給仍然是增加 500 元（＝400元＋100元）。同理，商業銀行或個人買進中央銀行出售的政府證券而使貨幣供給緊縮的過程可依上述情形類推。

總之，中央銀行如果在證券公開市場賣出政府證券，這將減少商業銀行的合法及超額準備，透過存款貨幣擴張乘數，使存款貨幣成倍數的減少，因而緊縮了信用；如在證券公開市場買進政府證券，這將增加商業銀行的合法及超額準備，透過存款貨幣擴張乘數，使存款貨幣成倍數的增加，因而放寬信用。職是之故，中央銀行可以隨時視經濟情況的需要，迅速有效地進行公開市場操作，控制貨幣供給量，以達成政府當局所希望的經濟目標。

我國由於受到經濟結構與金融制度的限制，長久以來中央銀行主要

以調整重貼現率、存放款利率，及存款準備率作爲調節信用的工具。民國65年，我國貨幣市場成立，信用工具數量逐漸增加，中央銀行於民國68年1月起才正式進行公開市場操作。在當時，公開市場操作主要係爲調節銀行準備部位之季節性變動而進行的防禦（或調節）性操作。近年來，公開市場操作已爲我國控制貨幣供給的一種主動性操作。此外，爲加強重貼現率之運用，中央銀行於民國69年3月建立貼現窗口制度，凡合格票據均可自動獲得貼現。

第三節　選擇性的政策工具（質的控制）

如果要對特定的經濟對象實行信用控制，中央銀行可以採行**選擇性的控制**（selective controls）——又稱之爲**質的控制**（qualitative controls），對某些信用的供給訂定不同的條件，以影響資金流向，並藉以達到影響貨幣供給與經濟活動的目的。這種政策對銀行信用與經濟活動的影響不像一般性的控制來得廣泛，通常都是用以補充量的控制之不足，主要有下列幾種政策工具:

（一）**證券交易保證金率**　中央銀行規定證券交易中必須付現(down payment)的最低比例，稱之爲**保證金率**(marginal requirement rate)。證券交易的保證金率愈高，證券交易付現的金額愈大，因此減少證券交易的信用貸款，有抑制證券市場買賣活動的作用；證券交易的保證金率愈低，證券交易付現的金額愈小，因此增加證券交易的信用貸款，有促進證券市場買賣活動的作用❺。

（二）**消費信用分期付款率**　中央銀行規定消費者購買耐久消費財時，第一次的最低付現額與最長的分期付款期限，可以改變消費需求，

---

❺　我國中央銀行法第30條即明訂，中央銀行就銀行辦理對證券商或證券金融公司之融通，訂定辦法管理之。

以對抗經濟循環。當經濟膨脹時，提高第一次付現額與縮短分期付款期限——即提高消費分期付款率，可以緊縮消費信用，減少消費支出；經濟衰退時，降低第一次最低付現額與延長分期付款期限——即降低消費分期付款率，可以放寬消費信用，增加消費支出❻。

（三）**道義性規勸**　中央銀行並不採取直接的行動，而由總裁口頭或書面發表政策性的談話，陳述對當前經濟情況與信用的看法，暗示未來可能的政策方向，以影響銀行的放款活動，達到改變貨幣供給量的目的，這種作法稱之為道義性規勸 (moral suasion)。在膨脹時，中央銀行提出信用過度擴張的警告，要求各商業銀行自行抑制放款數量，以免中央銀行實行量的控制政策，商業銀行將會重視中央銀行的規勸而減少信用擴張；反之，在衰退時，中央銀行將鼓勵各商業銀行增加放款，擴張信用，達到增加貨幣供給的目標。

（四）**選擇性的利率或信用額度控制**　為促使社會資源作最有效的利用與改變產業結構，中央銀行可以對不同產業的投資訂定不同的放款利率與信用額度，以使資金由某種投資轉移到其他投資。例如，對紡織業的投資提高放款利率、降低信用額度，對機械工業的投資降低放款利率、提高信用額度，資金將由紡織業移轉到機械業，以促進機械業的發展❼。

我國選擇性的信用控制主要表現於各種政策性放款，例如，外銷貸款、特專案進口融資、進口機器設備外幣融通、中小企業週轉金專案貸款、中長期信用特別基金放款等。這些質的信用控制與臺灣地區的經濟發展有相當密切的關係。

---

❻　我國中央銀行法第29條即明訂，中央銀行於必要時，得就銀行辦理購建房屋及購置耐久消費品貸款之付現條件及信用期限，予以規定，並管理之。

❼　我國中央銀行法第28與31條即分別明訂，中央銀行於必要時，得對擔保放款規定最高貸放率及對各類信用規定最高貸放限額。

第四節 貨幣政策效能評估

一、貨幣政策的優點

贊成以貨幣政策對抗經濟波動的人，認為貨幣政策有以下的優點：

1. **快速且富於彈性** 不同於財政政策的採行需要經過一段時間的立法程序，貨幣政策的運用可以隨時很快地執行，能夠及時有效地應付經濟情況的改變。

2. **不受政治的干擾且政治上易於接受** 貨幣政策是依據銀行法而執行，銀行法早經訂立，不能隨時改變，不受黨派的控制（美國的聯邦準備制度理事會的 7 位理事，是每兩年改選一位，因此任一現任總統無法控制過半數的理事，故理事會有其超然的地位❽。財政措施則須經國會的審議，易受到政黨的阻力與影響。此外，由於貨幣政策對人民的影響是間接的，不易為個人所察覺，而且對全社會產生相同的影響，因此較易為大眾所接受，遭遇到的阻力也就較小。

3. **中立性** 中央銀行實施一般性的控制政策，對全社會的信用量與經濟活動有相同的影響，並沒有對特定對象或部門有差別待遇，故量的控制本身是一種中立的貨幣政策。至於政策實行後，某些產業或個人感受到特別的影響，乃是自由市場競爭的結果，不應認為貨幣政策本身具有差別性。相對地，財政政策的執行、租稅及支出的改變對不同的經濟對象或部門產生不同的影響，因此為非中立性的。例如，政府在某一地區從事公共建設，對該地區的發展有很大的幫助，對其他地區則無同

---

❽ 民國 68 年中央銀行法修訂，將中央銀行由隸屬於總統府改為隸屬行政院受到強烈的反對，理由即為擔心貨幣政策受到立法院的干預而喪失其客觀性。目前我國中央銀行隸屬行政院，但其總裁由總統而非由行政院長任命。

等的利益；對進口品課徵關稅，消費者必須負擔較高的價格，而生產者則受到保護的利益，所以是非中立性的。

二、貨幣政策的限制

貨幣政策雖有上述優點，但其實施仍受若干的限制，其主要者如下：

1. 政治的干擾仍然存在 表面上中央銀行不受政治的干擾，但實際上總統仍可利用理事會理事與總裁（或理事會主席）的選派及透過國會的關係，間接影響理事會或總裁的決策，因而影響貨幣政策。

2. 缺乏準確性 對抗經濟循環，貨幣政策工具調整的程度及數量都不易準確的測度，而財政政策則可以準確地控制預算。例如，利率的調整幅度不夠，無法達到預期的效果；調整得太過分，經濟情況則將產生逆轉。

3. 預測與時間落後 貨幣政策雖然可以快速的採行，但與財政政策一樣，仍面臨不能事先準確預測經濟情況的改變與以下的各種時間落後：

（1）認知的時間落後：經濟情況已經改變，但未能馬上認知，以致未能及時採行適當的貨幣政策。

（2）管理或行動的時間落後：政策的決定到付諸實行，有著時間落後。如中央銀行採放寬銀根措施，商業銀行或採觀望的態度，或工商企業界仍無投資的積極意願，均將發生管理或行動上的時間落後。

（3）效果的時間落後：政策付諸實行到產生效果，中間必須經過一段時間，這一時間落後很可能會使政策產生反穩定的效果。例如，在通貨膨脹時採取緊縮信用政策，待政策發生效果時，經濟情況可能已轉變為走向衰退，如此，緊縮的政策不但未能及時阻止膨脹，反而加深了後來發生的衰退。

4. 與政府理財政策每相牴觸　在物價高漲時期，爲抗拒通貨膨脹，中央銀行主張採行高利率政策以緊縮銀根，但財政當局適需發行新公債以收回到期的舊公債，爲減輕公債的利息負擔，恒希望利率愈低愈好，因此與貨幣政策反膨脹的作法相牴觸，兩者每難協調兼顧。

5. 非眞正中立性　表面上中央銀行提高利率，社會全體都面對高利率，貨幣政策因此沒有差別性。但事實上對生產者、投資者及債務人不利（須支付較高的利息成本），而對儲蓄者及債權人有利（有較多的利息收入）。相反地，降低利率對債權人與儲蓄者不利，而對生產者、投資者與債務人有利。此外，若是提高利率，對借款投資的產業——如建築業，與投資孕育期很長的重工業，將有特別不利的影響，妨礙此等產業的發展。因此，對於面臨產業轉型期的發展中國家，高利率的政策是不宜輕率使用的。

6. 不宜用以對抗成本推動的通貨膨脹　因生產要素價格上升而產生的成本推動通貨膨脹與因貨幣供給過多所導致的需求拉升通貨膨脹的性質不同，前者是總供給曲線往上移的結果，後者則是總需求曲線往上移的結果。在成本推動的通貨膨脹情況下，以緊縮信用、減少總需求來對抗通貨膨脹，雖然也能使物價下降，但造成失業的增加，產出的進一步減少。

圖 11-3，總供給曲線往上移，物價水準由 OP^* 上升至 OP'，國民所得由 OY^* 下降至 OY'。若以緊縮信用、減少總需求來對抗通貨膨脹，物價水準將回降至 OP^*，但國民所得卻進一步下降至 OY''。因此，除非社會能夠忍受產出與就業的進一步減少，否則對成本推動的通貨膨脹不宜以貨幣政策作爲對抗的工具。

7. 無法預知大眾的反應　貨幣當局提高利率欲使大眾減少借款，但大眾如對未來經濟情況抱樂觀的預期，他們將不會減少借款；降低利率欲使人們增加借款，但人們如對未來經濟景氣持疑慮的態度，他們將

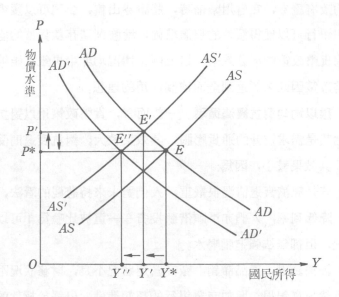

圖11-3　貨幣政策不宜用以對抗成本推動的通貨膨脹。

不會增加借款。此外，凱恩斯學派認為貨幣政策主要是經由改變利率，影響投資而產生經濟效果，如果投資缺乏利率彈性——卽投資者對利率的改變缺乏反應，貨幣政策的效果將非常地有限。

　　8. 貨幣流通速度發生改變　中央銀行以緊縮銀根政策對抗通貨膨脹，信用量與貨幣供給量雖然減少，但貨幣流通速度可能提高，總開支可能因此不變或減少有限，抵銷了信用緊縮的部分效果。相反地，以放寬銀根政策對抗衰退，信用量與貨幣供給量雖然增加，但貨幣的流通速度可能降低，總開支因此不變或增加有限，抵銷了信用擴張的部分效果。

　　9. 未能全面控制信用　除商業銀行外，尚有許多不受中央銀行約束的其他金融中介，它們雖然不能創造存款貨幣，但可以進行投資或對顧客放款，因此在中央銀行緊縮信用時，它們的放款可能反而增加，抵銷了中央銀行緊縮貨幣政策的部分效果。其次，商業銀行或大公司均持

有大量的政府證券，在信用緊縮時，將證券出售，公司可以獲得投資所需資金，銀行可以獲得額外的超額準備，增強創造存款貨幣的能力，抵銷了緊縮貨幣政策的部分效果。以上兩種情況均非中央銀行能夠有效控制，貨幣政策因此未能達到全面控制信用的理想。

10. 難以均勻對抗經濟循環 一般而言，貨幣政策用以對抗通貨膨脹——尤其是需求拉升的通貨膨脹，其效果較大；對抗衰退則受到相當的限制，其效果較小，因為：

(1) 若是經濟衰退情況很嚴重，人們對未來持悲觀的看法，縱然放寬信用，降低利率，人們亦不願借款投資——這被比喻為「可以把馬兒牽到河邊，但卻無法強迫牠喝水。」

(2) 經濟衰退，產品滯銷，廠商營運狀況不良，財務狀況不佳，中央銀行縱然放寬銀根，增加商業銀行的超額準備，但鑑於放款的呆帳風險很大，商業銀行亦不願增加放款。

(3) 嚴重的經濟衰退，貨幣市場可能陷於凱恩斯的流動性陷穽之中，人們對現金的需求彈性為無限大，信用放寬，增加的貨幣供給均被人們所持藏，無法使利率水準再下降，因此無法刺激投資增加，提高有效需求。

摘　　要

1. 貨幣政策是指政府透過中央銀行，視全國的經濟情況，調節貨幣的供給數量或利率水準，以求達到維持經濟穩定與促進經濟成長的目標。

2. 顯示貨幣政策鬆緊的有貨幣數量與利率兩種指標。在貨幣需求不變下，貨幣數量與利率兩種指標所顯示的貨幣政策鬆緊是一致的。但在貨幣需求變動下，兩種指標所顯示的貨幣政策鬆緊可能不相一致。

3. 中央銀行執行的貨幣政策有一般性控制（量的控制）和選擇性控制（質的控制）兩大類，前者有改變法定準備率、改變貼現率與從事公開市場操作等三種主要的政策工具，後者有改變證券交易保證金率、改變消費信用分期付款率、道義性規勸與選擇性利率與信用額度控制等政策工具。

4. 法定準備率的調整會使超額準備與存款擴張乘數同時發生改變，貼現率的調整會使放款利率改變而影響企業界的借款意願，公開市場操作直接改變商業銀行體系的超額準備，因而使商業銀行創造存款貨幣的能力發生改變，影響貨幣的供給數量。

5. 贊成貨幣政策者認爲其具有快速且富於彈性、不受政治干擾且政治上易於接受與中立性等優點；反對者認其仍不免受政治干擾、缺乏準確性、預測困難、非眞正中立性、不宜用以對抗成本推動的通貨膨脹、與政府理財政策時相牴觸、無法預知大眾反應、貨幣流通速度發生改變、未能全面控制信用與無法均勻對抗經濟循環等缺點。

重　要　名　詞

擴張性貨幣政策	緊縮性貨幣政策
一般性控制	貼現率
重貼現率	公開市場操作
選擇性控制	保證金率
道義性規勸	認知的時間落後
行動的時間落後	效果的時間落後

問　題　練　習

1. 何謂貨幣政策？一般性的控制與選擇性的控制各有那些政策工具可以運用？試列述之。

2. 試以圖形說明如何以貨幣數量或利率水準來顯示貨幣政策的鬆緊情況。

3. 何謂法定存款準備率? 中央銀行改變法定存款準備率爲何會影響到貨幣的供給量? 試以簡單的數字例證說明之。

4. 設法定準備爲 0.2 , 當中央銀行在公開市場買進 100 元的債券，對貨幣供給量的可能最大影響如何? 試剖述之。

5. 試述貨幣政策的優點與限制。

第十二章
貨幣、利息與總體經濟的均衡

在前面幾章，我們討論了貨幣的性質、貨幣供給與商業銀行之間的關係、以及中央銀行如何執行貨幣政策。在本章，我們將深入探討貨幣在經濟活動中所扮演的角色及其產生的影響。

第一節　貨幣數量、產出與價格水準

根據前面一章的分析，我們知道，貨幣當局採取放鬆銀根政策，增加貨幣供給，可使利率降低，促進投資，提高國民生產水準；採取緊縮銀根政策，減少貨幣供給，可使利率升高，減少投資，降低國民生產水準。據此而言，貨幣數量與國民產出水準有著密切的關係。

另一方面，古典學派認為貨幣數量的改變，對於國民產出水準並無影響，所引起變化的只是價格水準，貨幣數量與價格水準有著密切的關係。因此，我們有必要對於各種的貨幣理論加以探討，俾瞭解不同理論對於貨幣數量、產出與價格水準三者之間的關係有何不同的看法。

一、交易方程式

關於貨幣數量與價格水準之間的關係，美國耶魯大學已故經濟學教

授費雪(Irving Fisher), 首先提出了 **交易方程式**(equation of exchange)
——又稱爲**費雪方程式**（Fisher equation）——來加以闡釋，此方程式
的原式爲：

$$MV_t = P_t T,$$

式中M代表包括通貨及活期存款的貨幣供給量，V_t代表貨幣的**交易**流
通速度(transaction velocity of money)，P_t代表全部交易物品（包
括生產要素、中間財貨、及最後財貨與勞務）的平均價格水準，T代
表實質交易量。經修正後，現代一般所熟悉的交易方程式爲：

$$MV_y = P_y Y,$$

式中M代表包括通貨及活期存款的貨幣供給量，V_y代表貨幣的所得流
通速度（income velocity of money），P_y代表全部交易之最後財貨與
勞務的平均價格水準，Y代表實質國民生產毛額（real GNP）。由於國
民生產毛額只計算最後財貨及勞務的市場價值，而交易量則包括生產要
素、中間財貨及最後財貨與勞務的市場交易價值，因此Y的值小於T。

所謂貨幣的交易流通速度（V_t）是指：一單位的貨幣於一段時間之
內用以交易的平均次數。其測度的公式爲：

$$V_t = \frac{P_t T}{M}。$$

由於 V_t 是表示貨幣供給量 （M） 與交易總值——卽名目交易量
（$P_t T$）之間的關係，因此稱之爲貨幣的交易流通速度。

**所謂貨幣的所得流通速度（V_y）是指：一單位的貨幣 於一 段 時 間
（通常是一年）之內用以購買最後財貨與勞務的平均次數**。其測度的公
式爲：

$$V_y = \frac{P_y Y}{M}。$$

由於V是表示貨幣供給量 （M） 與國民生產毛額總值——卽名目國

民生產毛額（$P_y Y$ 亦卽 GNP）之間的關係，故稱之爲貨幣的所得流通速度。

在一般的經濟分析中，通常將 $MV_y = P_y Y$ 寫成 $MV = PY$ 來表示交易方程式。根據交易方程式可知，一個經濟社會的名目國民生產毛額等於貨幣數量與貨幣所得流通速度的乘積（MV），也等於平均價格水準與最後產出的乘積（PY）。

在交易方程式 $MV = PY$ 中，MV 代表社會的總開支，等於總需求；PY 代表社會的總產出，等於總供給，亦卽等於生產的總收入。交易方程式所表示的因此是一種古典學派恒等式的觀念——社會的總開支恒等於總收入，總需求恒等於總供給 $MV \equiv PY$，這是一種不證自明的定義恒等式，所以早期的經濟分析家並未予以理論上的重視。

二、劍橋現金餘額方程式

交易方程式以強調貨幣具有的交易媒介功能爲出發點。另有以英國經濟學家馬歇爾爲首的劍橋學派（Cambridge School），強調貨幣所具有的價值儲藏功能，提出與交易方程式相類似的**劍橋現金餘額方程式**（Cambridge cash balance equation）：

$$M^d = kPY,$$

式中 M^d 代表貨幣需求量，P 代表平均價格水準，Y 代表實質國民產出（所得），k 代表貨幣需求佔貨幣所得（PY）的比例。當貨幣市場均衡時，貨幣需求等於供給，等於貨幣存量——$M^d = M^s = M$，故現金餘額方程式可以寫成：

$$M = kPY。$$

與交易方程式 $MV = PY$ 相比較，明顯地 $k = \dfrac{1}{V}$。表示貨幣需求（現金餘額）佔貨幣所得的比例等於貨幣所得流通速度的倒數——卽 $\dfrac{M}{PY} =$

$k=\dfrac{1}{V}$，V 的值愈大，k 的值愈小，兩者呈反變的關係。

三、貨幣數量學說

古典學派的經濟學者認爲，交易方程式 （$MV=PY$） 中的貨幣所得流通速度（V），與現金餘額方程式 （$M=kPY$） 中貨幣所得內保有現金餘額的比例（k），均是決定於一個社會長期的支付習慣、金融（銀行）制度、與人們保有貨幣的態度（卽流動性偏好）， 其值相當穩定，短期間不可能有所變動。因此，可以假設 V 與 k 在方程式中的值固定不變。又因古典學派認定價格自動伸縮的機能確保經濟充分就業，全經濟長保充分就業的產出，因此亦可假設 Y 在方程式中的值固定不變。既然 V、k 與 Y 的值均固定不變，很明顯地可以看出，當 M 發生改變時，爲維持等式兩邊的相等， P 必然隨之發生對應的改變。這種關係可用式子清楚顯示。

交易方程式可以改寫爲:

$$P=\frac{MV}{Y}=\left(\frac{V}{Y}\right)M。$$

劍橋現金餘額方程式可以改寫爲:

$$P=\frac{M}{kY}=\left(\frac{1}{kY}\right)M。$$

由以上兩式可知，在 V 與 k 固定不變，及 Y 爲固定充分就業產出的假設下， M 的變動必然導致 P 呈同方向、 同比例的變動。 根據這種關係，古典學派提出**貨幣數量學說** （quantity theory of money） 來闡述貨幣在經濟活動中所扮演的角色。**所謂貨幣數量學說是指: 貨幣供給量發生改變時，價格水準將隨之發生同方向、同比例的變動。**例如，貨幣供給量增加50％，整個價格水準也將隨之升高50％；貨幣供給量減少50

％，價格水準也將隨之降低50％**❶**。

　　古典學派的貨幣理論是以從交易方程式或現金餘額方程式引申出來的貨幣數量學說爲重心。據此，古典學派經濟學家認爲貨幣並不能影響到經濟體系內的任何實質變數〔如產量、相對價格（包括實質利率）〕，其所能影響的只是名目的價格水準變數，貨幣在經濟活動中所扮演的角色猶如幛眼的面紗一般（money is a veil）。如果人們沒有**貨幣幻覺**——即經濟行爲只受經濟體系內之實質變數而不受貨幣名目變數的影響，貨幣數量的變化對實質的經濟活動並不能產生影響。因之，古典學派提出**貨幣中性**（neutrality of money）與二分 （dichotomy） 之論。所謂**貨幣中性論**是指，貨幣供給變動只影響價格水準而對實質經濟變數沒有影響， 貨幣在經濟活動中所扮演的角色是中性的 。 所謂二分論是指，將整個經濟二分爲實質部門與貨幣部門，實質部門的需求與供給只受相對價格的影響，而與貨幣供給及絕對價格水準無關，由實質部門決定經濟體系的相對價格，進而決定經濟體系的其他實質變數，貨幣部門則決定經濟體系的絕對價格水準。

　　總結以上所論，我們可以將古典學派的貨幣理論歸結爲:

---

❶ 我們可以簡單的微積分運算，證明貨幣數量學說如下。

對交易方程式 $MV=PY$ 兩邊同時取自然對數，得到

$lnM+lnV=lnP+lnY$。

上式對時間（ t ）微分，得到

$$\frac{1}{M}\frac{dM}{dt}+\frac{1}{V}\frac{dV}{dt}=\frac{1}{P}\frac{dP}{dt}+\frac{1}{Y}\frac{dY}{dt},$$

根據定義 $\frac{1}{X}\frac{dX}{dt}$ 代表變動率，以 $\dot{X}$ 表示，所以

$$\dot{M}+\dot{V}=\dot{P}+\dot{Y}。$$

由於假設 V 與 Y 固定不變，所以 $\dot{V}=\dot{Y}=0$ ，因此

$$\dot{M}=\dot{P},$$

上式表示貨幣的變動率等於價格水準的變動率。

同樣地， 對現金餘額方程式 $M=kPY$ ，可以上述的方法求得 $\dot{M}=\dot{k}+\dot{P}+\dot{Y}$ 。由於假設 k 與 Y 固定不變，所以 $\dot{k}=0$ 及 $\dot{Y}=0$ 。因此，同樣是 $\dot{M}=\dot{P}$ 。

貨幣數量增加（減少）──→價格水準提高（下降）。

四、凱恩斯學派的貨幣理論

在凱恩斯的理論模型裏，綜合交易、預防與投機動機的貨幣總需求（M^d）是利率（r）與所得（Y）的函數──$M^d = f(Y, r)$。如果貨幣供給由 M^s 增加至 $M^{s'}$，根據圖 12-1（a），在目前的利率（Or^*）、所得水準（Y^*）、及已知之流動性偏好程度之下，貨幣供給超過貨幣需求 EF 的數量，超額的貨幣供給將使貨幣市場的利率降至 Or'，貨幣

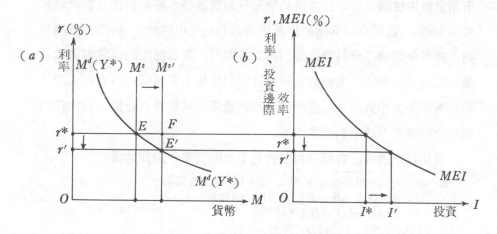

圖12-1 凱恩斯學派貨幣理論的圖解。

市場才又重新回復均衡。利率的下降，將刺激投資的增加──圖 12-1（b），而使有效需求提高，透過乘數效果，就業與產出均將增加──圖 12-1（c）。由於凱恩斯討論的是低於充分就業的經濟情況，故就業與產出的增加在接近充分就業之前，並不刺激物價水準的上漲。

根據上述的推理，凱恩斯認爲在一般的情況下，貨幣對經濟活動確

能發生實質的影響，其過程為:

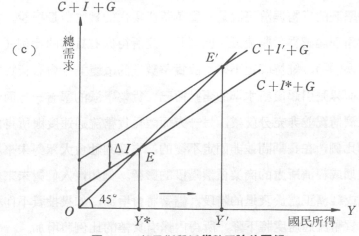

圖12-1　凱恩斯學派貨幣理論的圖解。

　　貨幣↑──→利率↓──→投資↑──→乘數效果──→產出與就業↑，

內中↑號表示增加，↓號表示下降。

　　但是，如果經濟情況嚴重蕭條而有流動性陷穽存在時，貨幣供給的增加將無法使利率下降，投資與需求將無法增加，就業與產出的水準也就無法提高。在此情況之下，貨幣政策無以奏效，而應採財政政策以挽救經濟的危機。因此，本質上凱恩斯學派的貨幣理論是重視貨幣的，但在實際政策的採行上，凱恩斯學派反而重視財政政策。

五、貨幣學派的貨幣理論

　　1936年凱恩斯發表《一般理論》之後，凱恩斯理論風行一時，各國政府也以凱恩斯所主張的財政政策作為對抗經濟循環的主要工具，貨幣政策所扮演的角色被貶至最低的程度。自1950年代中期，以芝加哥大學弗瑞德曼教授為首的一些經濟學家，開始對財政政策展開攻擊，重新認定貨幣在經濟活動中的重要性，並主張以貨幣政策作為對抗經濟循環的主要工具，這種論點稱之為**貨幣主義**（Monetarism），持此論者被稱之

為**重貨幣論者**（Monetarist）。

貨幣學派的貨幣理論可說是一種革新或現代的貨幣數量學說。古典學派的貨幣理論認為貨幣流通速度（V）或所得保有貨幣的比例（k）與產出水準(Y），維持固定不變，故貨幣數量的改變並不會影響實質的經濟變數而只是引起價格水準的變動而已。貨幣學派的學者一方面承認現實的經濟情況並非充分就業，另一方面認為貨幣流通速度與所得內保有貨幣的比例，在長期間並非固定不變的，它受到社會大眾對未來經濟情況的預期或經濟所處的商業循環階段的影響。例如，人們對未來經濟情況悲觀或經濟正處於衰退的階段，儲蓄將會增加，如果投資不作相對的增加，貨幣流通速度將下降，所得內保有貨幣的比例將增加。

雖然長期間貨幣流通速度或所得內保有貨幣的比例可能發生改變，但是短期間而言，其變動是相當有限，而且目前有足夠的經濟知識來預測它的變動。因此，假設貨幣流通速度在短期間固定是合理的。在此情況下，貨幣數量的改變除了會引起物價水準的變動外，亦將使產出發生改變。貨幣數量的波動因此是導致經濟波動的主要原因。但是，只要貨幣供給維持適度穩定的成長率，將可確保經濟的穩定與成長。

貨幣學派認為貨幣對經濟活動產生影響的過程如下。根據現金餘額方程式 $M = kPY$，人們（包括消費者與廠商）心目中有一理想的 k——即所得內希望保有實質現金（或貨幣）餘額（real cash or money balance）的比例。當經濟衰退時，貨幣當局採放鬆銀根政策，增加貨幣供給，結果使人們手中實際的貨幣餘額大於希望保有的貨幣餘額，為了減少手中過多的貨幣餘額，人們因此增加支出（包括消費與投資），增加需求，刺激了就業、產出與物價水準的上升。在這過程中，人們手中原本過多的實質貨幣餘額，將會由於物價水準的上升而逐漸下降，最後必然達到一新的物價水準，使得人們手中的實質貨幣餘額等於希望保有的實質貨幣餘額，貨幣需求的增加等於貨幣供給的增加，就業、產出

與物價達於新的不再變動的穩定水準。 至於產出與物價增加的程度孰
大，將視經濟情況而定，經濟愈接近充分就業，貨幣供給的增加，反映
於產出增加者愈小，反映於物價上漲者愈大；經濟距離充分就業愈遠，
貨幣供給的增加，反映於產出增加者愈大，反映於物價上漲者愈小。因
此，貨幣學派對貨幣在經濟活動中所扮演的角色給予積極的肯定。上述
的貨幣作用過程可以表示爲：

$$\text{貨幣}\uparrow \longrightarrow \text{實質貨幣餘額}\uparrow \longrightarrow \text{支出}\uparrow \quad \begin{cases} \text{就業與產出}\uparrow \\ \text{價格水準}\uparrow, \end{cases}$$

內中↑號表示增加或上升。

　　雖然貨幣學派認爲貨幣數量變動在短期間對產出與價格水準均有影
響，但由於他們認爲產出在長期間必然達於充分就業的水準，是故，與
古典學派的論點相同，貨幣學派亦認爲貨幣數量變動在長期間只影響物
價水準而無法改變產出水準。

第二節　利率的決定

　　使用貨幣或資金一段期間後所支付的代價稱之爲**利息**，利息對所使
用的貨幣或資金數額的比率稱之爲**利率**，故利息等於借貸資金的數量與
利率的乘積。在一定數量的資金借貸與期限一定下，利息與利率兩者成
正比例的關係。

　　在實際的經濟社會裏，不同期限或風險的資金借貸與有價金融證
券，各有不同的利率，但爲理論分析方便起見，我們通常以「單一利
率」(the interest rate) 一詞代表全社會唯一的平均利率水準，以下要
討論的是這單一的利率水準是如何決定的（另有關利率決定的分析，請
參閱第二十六章，第一節之三）。

一、古典學派理論

一般人通常傾向於偏重可以確定把握的目前，而不喜歡充滿風險及不確定的未來，這種把目前置於未來之上的行爲傾向稱之爲**正的時間偏好**（positive time preference）。古典學派的經濟學家認爲人們有偏重目前消費的時間偏好，要人們忍慾（abstinence），犧牲目前的消費而從事儲蓄，必須給付報酬，利息就是給予放棄目前消費的報酬。利率的高低與儲蓄的多少決定於時間偏好的程度，愈重視目前的時間偏好，要求的利率報酬愈高，儲蓄意願愈低；較重視未來的時間偏好，要求的利率報酬較低，儲蓄意願愈高。因此，就消費者（或家計部門）而言，時間偏好是影響儲蓄與利率的最主要因素。在一定的時間偏好下，利率水準愈高，儲蓄愈多，利率與儲蓄兩者呈增函數的關係。

縱使資本市場已有儲蓄資金的供給，若是沒有可賺取利潤的投資機會，企業家亦不願借款進行投資。古典學派認爲，投資是否能够賺取利潤，在於**資本邊際生產力**（marginal productivity of capital）──即每增加一單位資本所增加的產出──的高低。資本的邊際生產力愈高，在資本供給價格一定下，**資本的邊際效率**（marginal efficiency of capital, *MEC*）愈高，投資愈有利，投資將愈多；反之，投資愈少。在完全競爭下，廠商必然投資至市場利率等於資本邊際效率的均衡水準，而資本的邊際效率隨投資增加而遞減（此乃投資增加引起資本邊際生產力遞減及資本供給價格上升所致），故利率與投資呈減函數的關係。

儲蓄主要發生於家計部門，是投資的主要資金來源，是資本市場主要的資金供給；投資主要發生於企業部門，大部分需向資本市場借得資金，是資本市場主要的資金需求。古典學派認爲利率最主要的功能在於決定所得中多少應作爲儲蓄，並使之等於投資。

圖12-2，橫軸代表儲蓄與投資，縱軸代表利率。*II* 表示投資的資

金需求曲線，*SS* 表示儲蓄的資金供給曲線。古典學派認為利率具有靱
性，　能够使資本市場資金的供給（儲蓄）等於資金的需求（投資），　靱

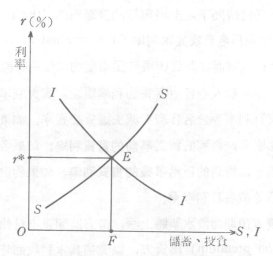

圖12-2　古典學派均衡利率之決定。

性利率將確保充分就業所得未用之於消費的剩餘儲蓄資金，完全轉化為
資本財的投資，　總供給因此永遠等於總需求。　圖中，　兩條曲線交於 *E*
點，　決定均衡利率水準 *Or**，投資等於儲蓄之均衡資金量為 *OF*。

　　古典學派的利息理論，到費雪時形成完整的體系，故又稱為**費雪利**
息理論 (Fisher's theory of interest)。由於決定儲蓄與投資的時間偏
好及資本邊際效率兩者均為實質而非貨幣因素，因此這學說又稱為**非貨**
幣性的利息理論。

　　古典學派將利率區分為**實質利率** (the real rate of interest) 與**市**
場利率 (the market rate of interest) 兩種。實質利率是以財貨與勞
務為測度的利率，　即本利與本金分別所能購買的財貨與勞務的比率減
去 1。例如，可購買 100 單位財貨與勞務價值的本金借出，一年後收回
可購買 105 單位財貨與勞務價值的本利，實質利率等於 5%，圖 12-2
中，受實質因素影響的儲蓄與投資所決定的利率 *Or**，稱之為**均衡的實**

質利率 (the equilibrium real rate of interest)，又稱**自然或純利率** (the natural or pure rate of interest)。

市場利率指任何時間下，市場現行的**實際利率** (the actual rate of interest)——通常稱爲**名目或貨幣利率**（the nominal or monetary rate of interest)，是以貨幣而非財貨與勞務爲測度的單位——卽不考慮本利購買力的高低，是一般人心目中存在的利率觀念。實質利率與名目利率之間的關係爲實質利率等於名目利率減去通貨膨脹率。如果名目利率減去預期的通貨膨脹率，得到的稱爲**事前的實質利率**；如果名目利率減去實際的通貨膨脹率，得到的稱爲**事後的實質利率**。如果物價水準維持不變，則實質利率等於名目利率 ❷。

如果借貸雙方預期物價水準將上漲，借方將願意支付額外的**通貨膨脹貼水** (inflation premium) 給貸方，以彌補其本利收回時購買力的損失，名目利率將高於實質利率；如果借貸雙方預期物價水準將下跌，貸方將願意給予借方**通貨緊縮折扣** (deflation discount) 的減讓，以減輕其本利歸還時的額外負擔，名目利率將低於實質利率。因此，名目利率與實賣利率的差異是由物價上漲或下跌引起貨幣購買力變動而產生的。據此，古典學派（或現代的貨幣學派）認爲貨幣供給增加不僅導致物價的上漲，並將促使市場名目利率上升，但其對實質利率並不發生影響，當最後均衡達成時，實質利率與貨幣數量的變動無關。

---

❷ 實質利率（r）與名目利率（R）之間的關係爲：
$$1 + r = \frac{1 + R}{1 + \pi},$$
上式中 π 爲通貨膨脹率。兩邊同乘 $1 + \pi$，得到：
$$(1 + r)(1 + \pi) = 1 + R,$$
$$1 + \pi + r + r\pi = 1 + R。$$
在 r 與 π 的值均不大的情況下，$r\pi$ 的值將很小而可予以忽略。因此：
$$r = R - \pi，$$
上式表示實質利率等於名目利率減去通貨膨脹率。

二、凱恩斯學派理論

凱恩斯學派認爲利率是由貨幣的需求與供給所決定。**貨幣具有完全的流動性，人們希望或願意以貨幣保有所得或資產的態度稱爲流動性偏好，這也就是人們對貨幣的需求**。貨幣供給是貨幣當局於某一時點所決定的存量。貨幣需求與供給共同決定利率之說稱爲流動性偏好利息理論。由於貨幣需求與供給均是貨幣現象，故又稱爲**貨幣性的利息理論**。

個人因爲交易、預防與投機的動機而產生貨幣需求——即對流動性的需求。既然人們有流動性的偏好，故要其放棄具有完全流動性的貨幣，必須給予報酬，利息就是對於人們放棄具有完全流動性的貨幣而取得較低流動性之債權的報酬。

在所得水準與流動性偏好程度一定下，交易、預防與投機動機的貨幣需求與利率水準呈減函數的關係；貨幣供給是政策決定變數，與利率

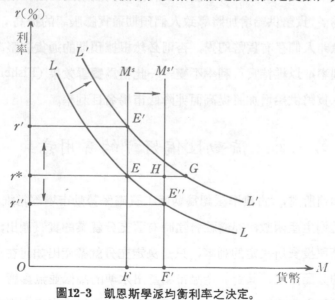

圖12-3　凱恩斯學派均衡利率之決定。

水準無關，所以在圖 12-3 中，貨幣需求曲線（*LL*）是條負斜率的曲

線，貨幣供給曲線（M^s）則是條定量的垂直線，兩者相交於 E 點，決定均衡利率水準 $Or*$，貨幣需求 $r*E$ 等於貨幣供給 OF，貨幣市場達於均衡。

如果貨幣供給不變，貨幣需求增加（$L'L'$），在 $Or*$ 利率水準下，產生 EG 數量的超額貨幣需求，利率水準上升至 Or'；反之，貨幣需求減少，將使利率水準下降。如果貨幣需求不變，貨幣供給增加（$M^{s'}$），在 $Or*$ 利率水準下，產生 EH 數量的超額貨幣供給，利率水準降至 Or''；反之，貨幣供給減少，將使利率水準上升。這種貨幣供給變動導致利率水準變動，稱之為**凱恩斯效果**（Keynes effect）。

貨幣學派與凱恩斯學派對於貨幣供給變動能否有效改變市場名目利率的看法有很大的不同。凱恩斯學派認為在貨幣需求不變下，貨幣當局採放鬆銀根、增加貨幣供給的政策，將可使市場名目利率下降，進而使實質利率下降，以達到增加投資、刺激經濟活動的目的。但是，貨幣學派認為，貨幣供給增加將導致人們預期通貨膨脹率的提高，在此情況下，除非人們存有貨幣幻覺，否則必然根據預期的通貨膨脹率調高市場名目利率，以維持實質利率不變——此稱為**費雪效果**（Fisher effect）。因此，貨幣供給增加將提高而非降低市場名目利率。

第三節　流動性偏好說的實用意義

如前所述，古典學派認為靱性工資確保勞動市場經常維持充分就業，透過生產函數，經濟社會隨時有著充分就業的實質產出；資本市場之儲蓄與投資所決定的利率，只是決定充分就業產出如何在消費與儲蓄之間的分配而已，其對於產品市場產出水準的高低並無影響。

雖然古典學派時間偏好利息理論下的利率對於產出水準沒有影響，但凱恩斯學派流動性偏好利息理論下的利率卻是影響產出水準很重要的

因素。利率可說是凱恩斯學派總體經濟模型的樞紐，它影響了投資行為，進而決定產出水準的高低。因此，在目前所得水準與貨幣供給一定的情況下，流動性偏好的強弱決定了利率水準，影響投資，改變產出水準。

一、利率與投資邊際效率

投資的邊際效率是投資計畫的預期報酬率，投資的邊際效率曲線代表廠商在不同利率水準下的投資需求曲線，直到利率等於投資的邊際效率，廠商才停止其投資活動。圖 12-1(a) 是流動性偏好的利率決定，圖 12-1(b) 是投資邊際效率曲線，如果均衡利率為 Or^*，對應的投資等於 OI^*。若政府認為目前的投資不足以達成充分就業，貨幣當局可以增加貨幣供給，降低利率為 Or'，使投資增加到 OI'，透過乘數效果，所得變量將成倍數的增加。

凱恩斯學派的貨幣政策是以上述利率與投資邊際效率的關係，達到促進投資，提高所得的目標，但其效果的大小則決定於以下的三種因素：

1. **貨幣需求的利率彈性**　一定量的貨幣供給變動，貨幣需求的利率彈性愈小，貨幣需求曲線將愈陡，利率的改變愈大，對投資的影響亦愈大；反之，利率的改變愈小，對投資的影響亦愈小❸。

2. **投資的利率彈性**　一定的利率改變，投資的利率彈性愈大，投資邊際效率曲線將愈平滑，投資的改變愈大；反之，投資的改變愈小❹。

3. **乘數的大小**　一定量的投資改變，邊際消費傾向愈大，乘數將愈大，所得水準的改變也愈大；反之，所得水準的改變愈小。

---

❸ 貨幣需求的利率彈性是指貨幣需求變化的百分比對利率變化的百分比的相對比率。例如，利率上升 1 ％，貨幣需求減少 0.5%，則貨幣需求的利率彈性等於 $-\frac{1}{2}$。

❹ 投資的利率彈性是指投資變化的百分比對利率變化的百分比的相對比率。例如，利率上升 1 ％，投資減少 1 ％，則投資的利率彈性等於 -1。

因此，由圖 12-4 可知，一定量的貨幣供給增加 $(M^s \rightarrow M^{s\prime})$，貨幣需求的利率彈性愈小——即貨幣需求曲線愈陡 $(L'L')$，投資的利率彈性愈大——即投資邊際效率曲線愈平滑 (MEI')，邊際消費傾向愈大 $(C+I+G)'$，產出與所得的增加效果愈大 $(\triangle Y*Y'' > \triangle Y*Y')$。

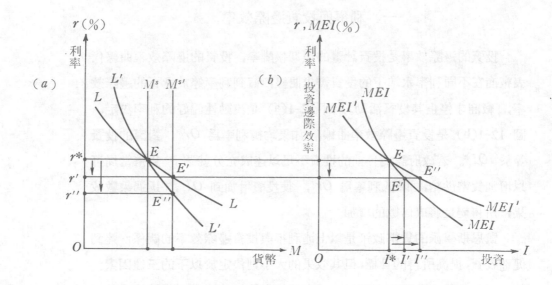

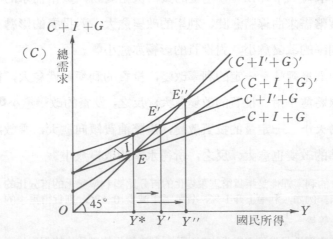

圖12-4　貨幣供給變動對所得影響大小的決定因素。

二、流動性偏好陷穽

買一張永久的（perpetual）債券，每年有一塊錢的利息收入，這張債券的價格應該是多少？將上面的問題寫成數學式：$P \times r = 1$，P表示債券價格，r表示利率。可知$P = \dfrac{1}{r}$，表示債券價格為利率的倒數，與利率水準呈減函數的關係❺。

當利率水準很低時，一方面放款的風險大，保有貨幣的機會成本

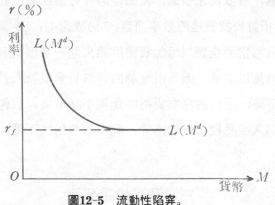

圖12-5　流動性陷穽。

---

❺　設持有永久債券的每年利息收入為D元，市場利率為r%，則債券市場達於均衡時，債券的價格（P）將等於債券利息收入的折現值（PV），即$P = PV$，而

$$PV = \frac{D}{(1+r)} + \frac{D}{(1+r)^2} + \cdots\cdots + \frac{D}{(1+r)^n},$$

$$= \frac{D}{1+r}\left(1 + \frac{1}{(1+r)} + \frac{1}{(1+r)^2} + \cdots + \frac{1}{(1+r)^{n-1}}\right),$$

$$= \frac{D}{1+r}\frac{1}{1 - \dfrac{1}{1+r}},$$

$$= \frac{D}{1+r}\frac{1+r}{r},$$

$$= \frac{D}{r}.$$

所以$P = PV = \dfrac{D}{r}$。證明了債券（或證券）的價格與利率呈減函數的關係。

低；一方面利率水準低，表示債券價格高，人們預期債券價格即將回跌，不願購買債券以免損失，寧願保有貨幣，準備債券跌價時買進。在此情形下，流動性偏好將非常強。**圖 12-5，在很低的利率 Or_f 時，流動性偏好（貨幣需求）曲線成完全水平的狀態，貨幣的需求彈性為無限大，不論貨幣的供給如何增加，均將為大眾所容受，利率水準不再下降，此情形稱之為流動性陷穽。**

在嚴重的經濟衰退（如1930年代的經濟大恐慌）情形下，人們對於未來充滿悲觀，有效需求很低，流動性陷穽可能存在，此時儘管利率水準很低，但相對於投資邊際效率而言，仍嫌偏高，企業家不願進行投資。此時，貨幣當局企圖以增加貨幣供給來進一步壓低利率，藉以刺激投資的政策將無以奏效。因為所增加的貨幣將悉數被人們持藏——即貨幣流通速度下降，所得內保有貨幣的比例不斷增高，貨幣需求利率彈性為無限大，陷入流動性偏好的陷穽，利率水準無法下降，貨幣政策因而無效。

三、利率的重要性

凱恩斯理論中的利率，影響投資，決定有效需求水準，進而決定就業與產出水準，利率將貨幣市場與產品市場聯繫起來，貨幣當局因此可以經由貨幣政策影響利率而左右經濟活動。但是，利率影響經濟活動並非單向的，利率的改變引起就業與產出水準的改變；反過來，國民所得水準的改變將影響交易與預防動機的貨幣需求，貨幣需求的改變又決定另一新的利率水準。

圖 12-6，最初貨幣供給與需求決定均衡利率 Or^*。設貨幣當局增加貨幣供給至 $M^{s'}$，使利率降為 Or'。利率下降結果，促進投資，增加就業與產出，國民所得增加的結果，貨幣需求增加為 $L'L'$。最後，在 Or'' 的利率水準，貨幣市場達於另一均衡。因此，凱恩斯理論模型

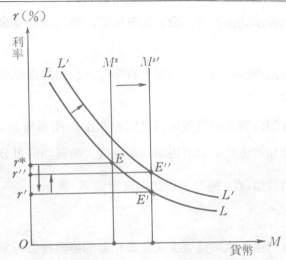

圖12-6　凱恩斯模型中利率使產品與貨幣市場聯繫起來。

中，以利率為中介，使貨幣與產品市場交互作用，相互影響，兩者的關係可以表示為：

貨幣供給(↑↓)──→利率改變(↓↑)──→影響投資(↑↓)──→影響總需求

(↑↓)──→影響產出與就業(↑↓)──→貨幣需求發生改變(↑↓)──→貨幣

與產品市場到達最後均衡，

上式中↑號表示增加或上升，↓號表示減少或下降。

第四節　總體經濟均衡

一、所得決定的理論綱要

至此，我們可將前面介紹過的凱恩斯學派總體經濟理論作簡括的歸納。現代的凱恩斯總體經濟理論探討的內容以國民所得的決定為主，故又稱之為所得決定理論，其架構是由以下幾個重要的論點所組成：

1. 在一個不考慮政府部門的閉鎖經濟，國民所得水準決定於有效

需求，而有效需求是由消費與投資開支組成，故所得水準決定於消費與投資開支。

2. 所得水準與消費傾向決定消費開支；投資的邊際效率與利率水準決定投資開支。

3. 消費傾向表示消費與所得之間的關係。所得增加，消費也增加，但消費增加的速度小於所得增加的速度。消費傾向可分爲平均消費傾向與邊際消費傾向，邊際消費傾向決定開支乘數 $\left(\dfrac{1}{1-MPC}\right)$ 的大小。

4. 投資的邊際效率是企業家主觀預期的邊際投資報酬率，而利率是客觀地由貨幣市場流動性偏好（或貨幣需求）與貨幣供給所決定。

5. 投資的變動，透過投資乘數，使所得變量成倍數的變動。

6. 流動性偏好就是由交易、預防與投機動機所構成的貨幣需求。在所得水準與流動性偏好程度一定下，流動性偏好（貨幣需求）與利率水準呈減函數的關係；貨幣供給量則是由貨幣當局的政策決定的。

以上的凱恩斯理論綱要，可以再濃縮成爲決定所得水準的四個關鍵變數:

(1) **流動性偏好**(L)，(2)**貨幣供給**(M^s),(3) **投資的邊際效率**(MEI)，與 (4)**消費函數** (C)。可以圖 12-7 說明這四個變數決定所得水準的過程。

圖 12-7 (a)，貨幣市場的流動性偏好與貨幣供給決定均衡利率 Or^*；圖 12-7 (b)，根據貨幣市場的均衡利率 Or^* 與投資的邊際效率，決定投資量 OI^*；圖12-7 (c)，投資量 ($I=OI^*$) 與消費函數決定的消費量 C，構成總需求 $C+I$，其與 45° 線——即總供給曲線，交於 E 點，決定了均衡國民所得水準 OY^*。

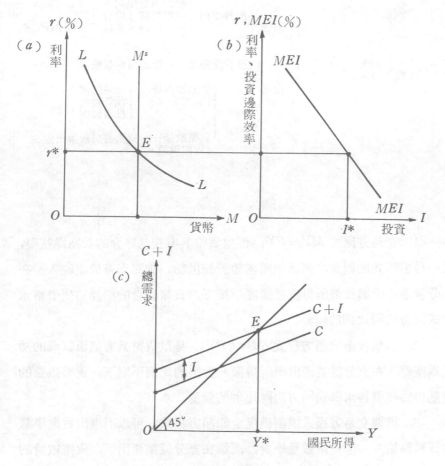

圖12-7 均衡國民所得水準的決定過程。

二、基本關係的圖解分析

所得決定理論中各個變數的關係可以圖表方式加以表示，以增進對於凱恩斯學派總體經濟理論架構的瞭解，以下就是各個變數基本關係的圖解分析。

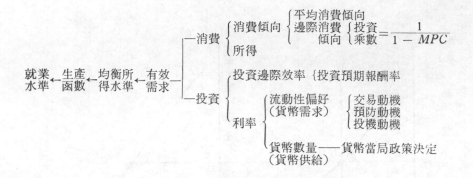

摘　　要

1. 交易方程式 $MV=PY$，係以貨幣具有交易媒介的功能爲基礎，是一種恒等式的觀念，表示總需求等於總供給，總開支等於總收入。在充分就業產出與貨幣所得流通速度不變下，貨幣數量的變動將使價格水準成同方向同比例的變動。

2. 劍橋現金餘額方程式 $M=kPY$，是以貨幣具有價值儲藏的功能爲基礎。在充分就業產出與所得保有貨幣的比例不變下，貨幣數量的變動仍將使價格水準成同方向同比例的變動。

3. 根據交易方程式或劍橋現金餘額方程式，可以引申出古典學派的貨幣理論——即貨幣數量學說，認爲在充分就業產出下，貨幣數量的變動只能使價格水準成同方向同比例的變動而不會影響到經濟體系內任何的實質變數。因此，古典學派的貨幣理論只是一種貨幣數量增加——價格水準上升的關係，而將經濟活動劃分爲實質與貨幣兩個部門。

4. 凱恩斯學派的貨幣理論是一種貨幣數量增加——利率下降——投資增加——總需求提高——乘數效果——產出與就業增加的關係。但是，由於可能存在的流動性陷穽與投資缺乏利率彈性，故凱恩斯學派理論上雖然重視貨幣，但實際政策上反而重視財政政策。

5. 貨幣學派認爲在貨幣流通速度或所得保有貨幣的比例相當穩定

且可預測的情況下，貨幣數量的改變短期間必然會同時影響經濟體系內實質與名目的變數，其理論是：貨幣數量增加──→實質貨幣餘額增加──→支出增加 $\Big\langle$ 就業與產出增加水
價格水準提高 。但是，貨幣學派認爲貨幣數量的改變長期間只能影響價格水準而無法改變經濟體系內的任何實質變數。

6. 古典學派認爲利率是由資本市場的資金需求（投資）與資金供給（儲蓄）所決定，稱爲費雪或非貨幣性利息理論。由於資金的供給與需求分別是受時間偏好與資本邊際效率等實質因素的影響，利率因此是一種實質變數。如果考慮物價的因素，利率可區分爲實質利率與市場（名目）利率。

7. 凱恩斯學派認爲利率是由貨幣需求與貨幣供給所決定，稱爲流動性偏好利息理論，利率因此是一種貨幣而非實質的變數。

8. 古典學派認爲充分就業自動達成，貨幣數量對於產出水準並無影響，貨幣市場所決定的只是價格水準，因此將整個經濟二分爲產品市場與貨幣市場。凱恩斯學派認爲貨幣數量與流動性偏好決定利率水準，影響投資，改變總需求，從而決定產出水準，因此經由利率將貨幣市場與產品市場聯繫起來。

9. 根據凱恩斯理論，貨幣政策對於產出與就業的影響決定於：(1) 貨幣需求的利率彈性，(2) 投資的利率彈性，及 (3) 投資乘數等三個因素的大小。

10. 如果對貨幣需求發生流動性陷穽，所增加的貨幣供給將悉數被人們所持藏，利率無法進一步下降，貨幣政策因而失效。

11. 在凱恩斯理論裏，以利率爲中介，將產品與貨幣市場之間的關係，經由貨幣供給增加──→利率下降──→投資增加──→總需求增加──→產出與就業增加──→貨幣需求增加──→貨幣與產品市場達於最後均衡的變化關係予以聯繫起來。

12. 整個現代總體經濟理論，是建立於凱恩斯的三大心理法則——消費傾向、投資邊際效率與流動性偏好——之上。消費傾向與所得水準決定消費量，流動性偏好與貨幣供給決定利率後，再與投資邊際效率決定投資量，消費量與投資量決定私經濟部門的有效需求，從而決定社會的產出就業水準。

重 要 名 詞

交易方程式	貨幣所得流通速度
劍橋現金餘額方程式	所得保有貨幣比例
貨幣數量學說	貨幣中性
費雪利息理論	實質利率
市場利率	通貨膨脹貼水
通貨緊縮折扣	流動性偏好利息理論
流動性陷穽	

問 題 練 習

1. 何謂交易方程式？何謂現金餘額方程式？試用此二式說明貨幣數量學說的意義，並闡釋貨幣數量變動對於物價水準與產出水準的影響。

2. 簡述古典學派、凱恩斯學派與貨幣學派對貨幣數量、產出與價格水準的看法。

3. 試述古典學派與凱恩斯學派之利息理論的要旨，並述兩者對利率的看法有何不同。

4. 何謂流動性陷穽？其產生的原因為何？

5. 在流動性陷穽不存在的情況下，凱恩斯學派認為貨幣政策的採行將對國民所得產生影響，試以圖形闡釋其過程。

6. 古典學派如何將產品市場與貨幣市場二分呢? 凱恩斯學派又如何將產品市場與貨幣市場結合在一起呢?

7. 試以圖表及幾何圖形概述凱恩斯學派的總體經濟理論架構。

第十三章　經濟穩定政策

　　任何一個經濟社會，對於經濟目標的追求可以歸爲兩大類，卽短期
間追求經濟穩定，長期間追求經濟成長。本章目的在於介紹經濟穩定的
內涵及有關達成經濟穩定的政策爭論。

第一節　經濟穩定的中心問題

　　充分就業、價格穩定、經濟成長、國際收支平衡與經濟自由等目
標，一直是自由經濟社會所追求的理想經濟境界。可是，在某些情況
下，這些經濟目標每每相互衝突而不能同時兼顧。因此，經濟學者莫不
竭盡智慮，研究如何利用各種政策工具，以求經濟情況的全盤協調而能
同時達成上述的經濟目標。

一、充分就業與經濟穩定

　　古典學派認爲靱性工資可以使經濟經常處於充分就業，產品市場隨
時保有充分就業的產出。而且，根據貨幣數量學說的理論，只要政府能
够適當地控制貨幣數量，價格水準可以維持穩定。因此，除了遭遇重大
動亂，或發生戰爭，引起貨幣供給過多，導致通貨膨脹外，充分就業與
價格穩定是可以同時存在的。

　　凱恩斯學派否定了古典學派樂觀的看法，認爲經濟常處於非充分就

業的狀態,獨佔與工會力量使價格與工資缺乏向下調整的靱性;再者,縱使它們能夠向下調整,亦未必能刺激有效需求,增加就業,充分就業與價格穩定可能均不存在。充分就業無法像古典學派主張的那樣能夠自動達成,而須經由政府協助才能實現。在政府以財政政策增加有效需求,提高就業的同時,除非經濟是處於嚴重失業的狀態,否則隨著就業、所得水準的提高,將會產生需求拉升的通貨膨脹,使物價水準逐漸上漲。

各國通貨膨脹的性質已逐漸由過去的需求拉升傾向,轉變爲晚近的成本推動傾向。卽使在大量失業的情況下,獨佔與工會組織仍然要求價格與工資的上漲,而引起成本推動的通貨膨脹。無庸置疑地,當經濟接近充分就業時,成本推動之外再加上需求拉升的壓力,物價水準必然上漲得更快。因此,在充分就業並非常態的現代經濟社會,成本推動可說是物價上漲的主因,只有經濟接近充分就業之際,需求拉升的膨脹壓力才會發生作用。

物價穩定與充分就業之所以很難同時達成,主要原因在於:

1. 資源供需失調 接近充分就業時,有些資源(包括勞動力)發生短缺,有些資源可能還有剩餘。由於資源的缺乏流動性與價格的僵硬性,資源無法由過剩的市場移轉到短缺的市場或降低價格,而資源短缺的市場則要素價格上升,促使生產成本提高,帶動物價水準的上漲。

2. 工會的力量 在經濟邁向充分就業時,全面失業的情形減少,工會要求提高工資的誘因增強,並且容易實現。在工資增加大於生產力提高的情況下,於是促使全面物價水準的提高。

3. 要素報酬的轉嫁 當經濟接近充分就業,企業家往往以提高產品價格作爲實現增加工資與提高利潤盈餘的手段,物價水準因此上漲。

理想的經濟境界是價格穩定的充分就業。但是,以上的分析與菲力普斯曲線告訴我們這是無法同時達成的目標。政府當局面對的問題是如何有效利用各種政策工具,在長期間使菲力普斯曲線的位置儘可能移近

原點及曲線愈平滑——因爲離原點愈近菲力普斯曲線表示可以實現愈低之失業率與通貨膨脹率的組合，曲線愈平滑表示減少失業必須增加的通貨膨脹代價愈小。 在短期間， 政策的重點是要在已知的菲力普斯曲線上，選擇一點能爲社會大眾接受的失業與膨脹率的組合，並以適當的政策工具促使實現。

　　由左上方往右下方傾斜的菲力普斯曲線所顯示的失業率與通貨膨脹率之間的抵換關係，正是凱恩斯學派所得就業理論所假說的就業與價格

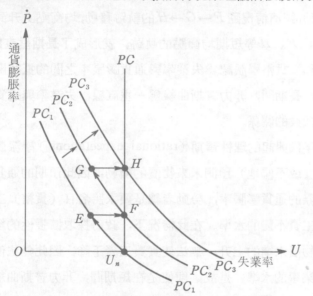

圖13-1　失業率與通貨膨脹率之間抵換關係之消失，

水準之間的關係。但是，貨幣學派的學者認爲這種失業率與通貨膨脹率之間的抵換關係，只存在於短期之間。長期間，由於勞動者貨幣幻覺的消失及對通貨膨脹的預期，將使失業率與通貨膨脹率之間的抵換關係消失，菲力普斯曲線成爲一條與自然失業率相交的垂直線。

　　圖13-1，設目前經濟情況處於 U_n 點，自然失業率 OU_n，通貨膨脹率爲零。若政府認爲目前的失業率偏高而採擴張性政策，導致實際的通貨膨脹率大於人們預期的通貨膨脹率，這將使實質工資水準下降，而使

就業增加，失業率下降，經濟情況移到 E 點。但是，實際的通貨膨脹率大於預期的通貨膨脹率的結果，勞動者將提高對通貨膨脹率的預期，因此要求進一步提高工資以維持其實質工資購買力不變，這將使就業水準下降，而使失業率恢復到原來的自然水準。如此，勞動者將預期通貨膨脹率提高至等於實際通貨膨脹率的結果，將使菲力普斯曲線由 PC_1 往上移至 PC_2，經濟情況處於 F 點。結果是失業率不變，但物價水準上升。若政府仍再想進一步使失業率低於 OU_n，徒然使菲力普斯曲線更往右上方移動，經濟情況隨 $F \rightarrow G \rightarrow H$ 的軌跡移動，均衡點上升到 H 點 ❶。是故，U_n、F、H 等短期均衡點的軌跡，就形成了**長期垂直的曲線** U_n PC。因此，貨幣學派認為失業率與通貨膨脹率之間的抵換關係只存在於短期間，長期間，菲力普斯曲線為一垂直線，失業率與通貨膨脹率之間不再有抵換的關係。

1970年代興起的**理性預期**（rational expectations）學派認為人們能够準確地（或不偏地）預測未來物價的變動，因此預期的通貨膨脹率總是等於實際的通貨膨脹率，勞動者總是要求將名目（貨幣）工資提高至維持實質工資不變的水準。在此情況下，政府採取擴張性的經濟政策將徒然導致物價水準的上升，無法使實質工資下降，因此無法使失業率低於自然失業率的水準。是故，即使是在短期間，菲力普斯曲線亦將是一條與自然失業率相交的垂直線，失業率與通貨膨脹率之間在短期間亦無相互抵換的關係。

二、經濟成長與價格穩定

任何經濟社會，短期間追求的是充分就業與價格水準的穩定，長期間追求的是經濟成長。如何在穩定中求成長，成長中求穩定，亦是經濟

---

❶ 這種因為通貨膨脹預期而導致菲力普斯曲線不斷往右上方移動的現象稱之為**預期擴大的菲力普斯曲線**（expectations-augmented Phillips curve）。美國的經濟學者研究發現，美國之菲力普斯曲線的變動與這種情況相符合。

政策的重大挑戰。

　　投資具有構成有效需求與增加生產能量的雙重特性。因此，爲了促進經濟成長，提高國民所得水準，最重要的是增加投資，累積資本。如此，一方面可以增加有效需求，刺激生產；一方面可以擴大生產能量，增加產出。投資的增加需要以放鬆銀根、降低利率與增加公共投資來達成，但這又時常引起需求快速增加而導致物價的上漲。反之，要抑制通貨膨脹，維持價格的穩定，往往需要緊縮銀根，提高利率，減少公共支出，以免需求過多，但這又不利於促使投資的增加，以致阻礙經濟的成長。因此，加速經濟成長與價格穩定時常是相互衝突而難以抉擇的目標。

三、充分就業與國際收支平衡

　　一個國家財貨與勞務的出口收入與資本流入的貨幣總值等於財貨與勞務的進口支出與資本流出的貨幣總值，稱爲**國際收支平衡**（balance of payments）。前者大於後者，稱爲**國際收支順差**（ favorable balance ）**或盈餘**（ surplus ）；前者小於後者，稱爲**國際收支逆差**（ unfavorable balance）**或虧差**（deficit）。

　　爲了達到充分就業，貨幣當局通常採取低利率政策來刺激投資，增加就業。但是，較低的利率水準往往使國內資金流到國外，以尋求較高的利息報酬。再者，充分就業之際，一方面國民所得水準提高，進口能力增強，進口增加；一方面物價水準上漲，本國產品在國際市場上的相對價格提高，競爭能力減弱，出口減少。這些因素均不利於國際收支而可能發生逆差。

　　爲了改善國際收支，減少逆差，貨幣當局將採緊縮的貨幣政策。如此，首先會產生全面的緊縮效果，抑制國內需求與進口需求；其次，減少膨脹壓力，降低國內產品價格，增強本國產品在國際市場的競爭力；最後，利率提高，使資金從國外回流。雖然利用緊縮銀根的貨幣政策能

够改善充分就業所引起的國際收支逆差，但這又往往肇致經濟衰退的後果。因此，充分就業與國際收支平衡亦是難以同時並存的經濟目標。

四、市場自由與節制

如前所述，古典學派認為一切經濟活動無須政府干涉，只要任由市場價格機能自由發揮，便能自動達於理想的經濟境界。在完全競爭的自由市場，靱性價格機能確保充分就業；適量的貨幣供給可以維持價格穩定；國際金本位制度可以自動達成國際收支平衡。因此，古典學派認為自由市場不僅使個人經濟活動免於受到政府管制而致福利受損，同時也自然達成社會全體共同希望的各項經濟目標。

完美的自由市場是建立於完全競爭的基礎之上，唯有完全競爭的情況確立，自由市場的價格機能才能充分發揮，經濟理想的目標才能實現。但是，現實的經濟社會，知識訊息不完全，獨佔、工會與利益團體等不完全競爭的力量普遍存在，完全競爭只是一種理想而無法實現；而且，真實的經濟社會並非如古典學派所說的處於充分就業、價格穩定與國際收支平衡的狀態，相反地，經濟波動與國際收支失衡屢有發生。凡此，均需要在以自由市場為主之下，政府對經濟活動加以必要的節制，以對抗不完全競爭的力量，防止經濟的波動與國際收支失衡的發生，並以各種政策工具節制經濟活動，將其納入正軌，使其步向持續經濟成長的坦途。

第二節　經濟穩定的政策

一、穩定政策論戰

無論是理論或實證上，對於如何穩定經濟，貨幣學派和凱恩斯學派

各有不同的政策主張。根據貨幣學派，無論政府執行盈餘或赤字預算，若非貨幣數量變動的配合，將無法對國民產出有永久的影響。例如，政府由民間借得資金以執行赤字預算，如此貨幣數量不變，但政府支出增加的效果，將被利率提高導致民間支出減少的效果所抵銷（即排擠效果），這樣的赤字預算將無以產生所得擴張效果。相反地，假如政府是以增加貨幣來融資赤字，國民產出將會增加，但這增加應歸於貨幣擴張而非財政赤字的效果。

貨幣學派認為由於對未來經濟情況預測的困難，與貨幣數量變動的效果存有長期與多變的時間落後，權宜性的貨幣政策時常導致並加深經濟的不穩定。因此，主張以**貨幣法則**（monetary rule）代替權宜性貨幣政策，即貨幣數量每年按一定的百分比增加，而非由貨幣當局作權宜的改變，如此可以確保經濟的穩定與成長。關於此點，凱恩斯學派批評貨幣學派過分簡化了影響經濟的因素，只重貨幣數量，而忽略了許多其他因素。例如，開支的增加，可能是受到預期因素的影響而與貨幣數量無關。凱恩斯學派承認貨幣當局難免也會犯錯，但以固定的法則代替權宜的機變，將使得貨幣當局的功能無法發揮，貨幣數量無法視經濟情況（或貨幣需求）的變動而調節，這將導致利率大幅波動，而使經濟情況的波動可能更加惡化。

凱恩斯學派又認為貨幣學派有時混淆了因果關係。開支意願的改變將導致對貨幣需求的改變，因而引起貨幣數量的改變。在這情況下，貨幣數量的變動是開支意願變動的結果，而非其原因，這正與貨幣學派所主張的因果關係相反。

對於利率，凱恩斯與貨幣學派各有不同的看法。根據凱恩斯學派，貨幣數量改變對國民產出的影響是透過利率對開支的影響而達成。要是流動性陷穽存在，利率無法降低，或投資缺乏利率彈性，縱然貨幣數量

增加，亦無法影響國民產出水準。因此，凱恩斯學派較貨幣學派傾向於以利率作爲銀根緊鬆的指標。對貨幣學派而言，影響就業、產出與物價的重要因素是貨幣數量，更準確而言，應爲實質貨幣餘額，而非利率水準。

貨幣學派認爲由貨幣需求函數導出的貨幣流通速度，較所得乘數（或消費傾向）穩定且可加預測。因此，貨幣數量改變對總開支的影響效果，較財政政策更穩定有效。凱恩斯學派認爲貨幣流通速度受到利率與預期的影響，是不穩定的，貨幣數量改變的效果可能被貨幣流通速度的改變所抵銷，而所得乘數（或消費傾向）較貨幣流通速度更穩定，政府租稅或開支的改變，較之貨幣數量的改變，對總開支有著較爲穩定且可預測的效果，因此財政政策較貨幣政策有效。

二、財政政策

財政政策的利用在於改變政府的支出或租稅，影響總需求，以消除膨脹或收縮差距，達到充分就業與價格穩定的目標。

在一定的潛在生產能量下，實際的國民產出決定於開支水準。當國民產出小於充分就業水準時，增加政府開支或減稅，可以增加總開支、增加產出、減少失業；當需求過多的通貨膨脹壓力存在時，減少政府開支或增稅，可以減少總開支，抑制膨脹。改變政府開支或租稅的不同之處，在於政府開支的改變使政府部門在整個經濟活動中所佔的比重發生改變；租稅因改變可支配所得而影響消費支出，使私人消費在整個經濟活動中所佔的比重發生改變。究竟以改變政府開支或租稅或兩者兼用的手段來達成經濟目標，應視社會對於政府參與經濟活動容忍的程度與資源在公私經濟部門間派用的效率而定。

就政策效果而言，政府開支改變較租稅改變的效果來得直接穩定。因爲政府支出改變多少，總需求就馬上改變多少，而租稅的改變，須先

影響可支配所得，再透過邊際消費傾向改變消費數量，才能使總需求發生改變。在現實生活裏，也可能政府在增加租稅之時，人們減少儲蓄，政府在減少租稅之時，人們增加儲蓄，以維持消費水準的不變。如此，租稅改變的效果將被儲蓄的改變所抵銷。

政府以發行公債來融通開支增加，將導致利率水準提高，而使私人的開支減少，這種排擠效果的存在，可能使財政政策無法發揮改變總需求，影響產出的功效。但是，政府開支（尤其是資本開支）的增加，可以使社會的經常資本存量增加，而使私人生產成本降低，因此刺激私人投資的增加，這種誘導效果的存在，將加強財政政策改變總需求，影響產出的功效。是故，政府支出增加對總需求、產出影響程度的大小；視排擠效果與誘導效果的相對大小而定。

三、貨幣政策

貨幣政策是由中央銀行改變貨幣供給數量或利率水準以影響經濟活動，追求沒有通貨膨脹的充分就業。經濟發生膨脹差距時，貨幣當局應緊縮銀根，以減少總需求，抑制通貨膨脹；經濟發生收縮差距時，則應放鬆銀根，以增加總需求，提高就業、增加產出。

貨幣數量對國民產出的影響，凱恩斯學派的主張是經由利率的改變，影響投資，改變總需求，而決定國民產出水準。他們並認為貨幣政策如果發生作用，將使投資佔總需求的比重發生改變。貨幣學派認為貨幣數量的變化，使消費者與廠商持有的**實質現金餘額**發生改變，消費與投資開支因此改變，進而影響產出與價格水準。

四、所得政策

針對日益普遍之成本推動的通貨膨脹，有些經濟學家建議以直接的工資與價格管制作對策，但是實際施行的經驗顯示，其效果並不顯著，

而且產生許多的流弊。 經濟學家們有鑑於此， 另建議以**所得政策** (income policy) 來對抗成本推動的通貨膨脹。

一般而言，所得政策包含三個意義。首先，對整個經濟的工資或其他形式的所得 (如利潤 、 利息與地租) 與物價的上漲率制訂一定的目標。例如，允許物價水準每年增加的程度不超過 5 ％，或每年工資的增加不超過某一定的比率。第二，對於工會和廠商的工資 (或其他形式所得) 與價格決策，訂定詳細的**指導綱領** (guidelines)， 以期整體的經濟目標能够達成。例如，爲了達成穩定物價的目標，這些綱領將告訴廠商與工會，如何的價格與工資決策是可以容忍的。第三、確立誘導機能，使廠商與工會遵循上述的指導綱領。所得政策和直接的工資與價格管制之不同，就在於它著重誘導廠商與工會自動地遵循指導綱領。例如， 政府可以公開指責廠商或工會的決策違反指導綱領，或以給予儲備原料與公共採購之優惠來獎勵或處罰特別的產業與廠商，誘導它們遵循指導綱領。

美國曾經在甘迺迪與詹森總統時代實行所得政策。當時的工資價格指導綱領是: **爲了追求沒有通貨膨脹的工資決策，個別產業工資的上漲率不得高於全經濟生產力的平均增加率**。如此，可以維持全經濟每一單位產出的平均勞動成本不上升，物價因此得以穩定。根據此一綱領，爲了達到全面的物價穩定，生產力增加超過全面平均生產力提高的產業，表示其單位勞動成本下降，應該削減價格;生產力增加小於全面平均生產力提高的產業，表示其單位勞動成本提高，允許其適當的提高價格;個別產業與全面生產力的提高相等時，其價格應該維持不變。

指導綱領另外允許勞工短缺的產業，其工資上升可以較全面平均數爲高，藉以吸引勞工;又利潤不足以吸引投資或工資以外之其他成本大幅上升的產業，其產品價格上升可以高於全面平均數，藉以激勵投資。

所得政策一方面違反市場經濟自由的精神;另一方面，除非其實施

是永久性的，否則往往無法達到抑制通貨膨脹的目的。再者，廠商可以職位升遷提高工資，將產品稍爲改變而以新產品提高價格出售等方法來規避所得政策的管制。因此，所得政策實施的成效相當有限，目前世界上已很少有國家採行這種經濟政策。

第三節　政策的協調

一、能否協調

凱恩斯學派主張，只有計畫（或事前）的儲蓄等於計畫（或事前）的投資，經濟才能達到均衡。貨幣學派主張，只有消費者與廠商實際保有等於意願保有的實質貨幣餘額，經濟才能達到均衡。事實上，必須這兩個條件同時滿足，經濟才能達到均衡。

凱恩斯學派認爲經濟可能存在流動性陷穽或投資缺乏利率彈性，因此捨棄貨幣政策而主張以財政政策來穩定經濟活動。相反地，貨幣學派認爲排擠效果將使財政政策無法改變總開支，因此主張以貨幣政策來穩定經濟活動。事實上，這兩種論點均爲極端、特殊的情況，實際的經濟社會大都介於這兩種情況之間。因此，財政政策與貨幣政策通常均能對經濟活動產生某一程度的影響，在實際的運作上，兩種政策尚能搭配協調，以對抗經濟波動，達成目標。

例如，經濟發生收縮差距時，政府應採增加開支、減稅與增加貨幣供給的共同協調政策，使圖 13-2 中的總需求曲線由 $(C+I+G)'$ 升爲 $(C+I+G)$，經濟回復穩定的充分就業水準；經濟發生膨脹差距時，政府應採減少開支、增稅與減少貨幣供給的共同協調政策，使總需求曲線由 $(C+I+G)''$ 降爲 $(C+I+G)$，經濟回復穩定的充分就業水準。

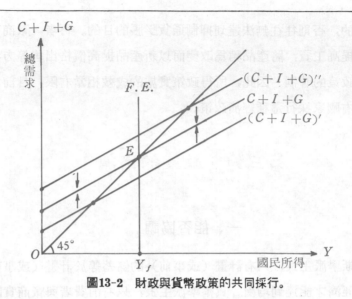

圖13-2 財政與貨幣政策的共同採行。

二、如何協調

適當的政策搭配，可以使原本相互衝突的經濟目標相互協調，而同時適度達成。例如，採取放鬆銀根—緊縮財政的政策搭配，可以達成沒有膨脹的經濟成長。為了達到預期的投資水準並且避免引起通貨膨脹，可以採取減少政府開支、提高租稅的緊縮財政政策，配合擴張性的貨幣政策的誘導，使充分就業水準下的投資等於充分就業水準下的儲蓄，而使生產能量不斷增加，經濟因此能夠持續成長。但是，投資的增加必須來自儲蓄的增加，所以追求沒有膨脹的經濟成長必須以減少消費為代價。

緊縮銀根—放鬆財政的政策搭配，可以使充分就業與國際收支平衡同時達成。緊縮貨幣使利率水準上升，外國向本國籌募的借款與本國人民購買外國的證券減少，資金外流減少，有利於國際收支的平衡。為了抵銷緊縮貨幣對國民所得與就業引起的不利影響，可以同時採取擴張的財政政策，增加政府開支、降低租稅，以彌補可能的投資減少。這種的政策搭配將因緊縮的貨幣政策，提高利率，導致投資減少，付出長期間

經濟成長減緩的代價。

三、待決問題

充分就業與價格穩定是任何自由經濟社會夢寐以求的經濟目標。理論上，膨脹或收縮差距均可以財政或貨幣政策加以消除，以達到穩定的充分就業目標。但是，菲力普斯曲線告訴我們在眞實的經濟社會裏，兩者難以同時達成，如何抉擇確實是個經濟難題。財政與貨幣政策對於穩定經濟到底應該扮演怎樣的角色，仍然在經濟學界受到爭論。雖然有跡象顯示兩種政策的採用正日趨協調，但是有效的政策搭配尙待進一步的研求。

雖然適當的貨幣與財政政策搭配，可以幫助經濟達到充分就業，但是不完全競爭的市場因素卻使價格難以穩定，傳統的貨幣或財政政策難以對抗這種成本推動的通貨膨脹。以工資—價格管制或所得政策來對抗這種不完全競爭所產生的通貨膨脹，又將導致資源分派的扭曲，生產力的降低，經濟自由的損害與其他種種的困難，這些社會成本甚至大過通貨膨脹的損害。

以上只是我們面對許多難以解決的經濟問題當中的一小部分，經濟社會的情況日益複雜，我們面臨的難題將日益增多。針對現實和未來的發展，經濟學家仍須作不斷的努力，面對新的挑戰，謀求困難問題的解決。

摘　　要

1. 不同的經濟目標之間往往相互衝突而難以同時兼得，政府應尋求各種可能的政策來協調，以求儘可能兼顧這些經濟目標。

2. 古典學派認爲只要價格具有靱性並控制適當的貨幣數量，可以同時達成充分就業與價格穩定。凱恩斯學派認爲由於價格缺乏向下調整

的靱性，再加上資源供需失調、工會把持的力量及要素報酬的轉嫁，經濟無法同時達成充分就業與價格穩定。

3. 降低利率並增 加公共投 資以追求 經濟成長， 將使有效需求過多，物價難以穩定。提高利率並減少公共投資以追求物價穩定，將使投資減少，經濟難以成長。

4. 充分就業之際，往往由於通貨膨脹，利率水準低、所得與價格水準高， 而導致國際收支逆差。採緊縮貨幣政策， 提高利率， 降低物價，雖可改善國際收支，但這又難免導致經濟衰退的後果。

5. 古典學派認爲在自 由競爭市場下， 經濟可以自 動達到充分就業、價格穩定與國際收支平衡的美好境界。但在自由競爭的基本條件並不存在、理想目標無法自動達成的情況下，政府就須對經濟活動加以調劑。

6. 凱恩斯學派主張以財政政策，貨幣學派主張以貨幣政策來穩定經濟。兩者並對於貨幣權宜政策與貨幣法則政策、貨幣數量與價格的因果關係、利率與貨幣數量的作用、及所得乘數（或消費傾向）與貨幣流通速度的穩定程度， 各有著不同的看法。

7. 財政政策的執行在於改變政府開支或租稅，影響總需求，藉以達到充分就業與價格 穩定的目標。 一般而言， 政府開支直 接影響總需求，租稅則先影響可支配所得， 再透過邊際消費傾向， 才能影響總需求，政府開支因此較租稅的效果來得直接可靠。

8. 貨幣政策是由中央銀行控制貨幣數量，以影響經濟活動。凱恩斯學派認爲貨幣政策改變利率，影響投資，改變總需求，而決定國民就業產出水準。貨幣學派認爲貨幣政策改變人們手中的實質貨幣餘額，影響消費支出，進而決定產出與價格水準。

9. 所得政策是根據工資價格指導綱領，要求個別產業的工資應隨經濟社會生產力的改變而調整，再根據單位勞動成本的變動來調整產品

價格，這樣將可維持物價水準的穩定。

10. 凱恩斯學派主張必須計畫的投資等於計畫的儲蓄，貨幣學派主張必須意願保有的實質貨幣餘額等於實際保有的實質貨幣餘額，國民所得水準才能達於均衡。事實上，唯有這兩個條件同時滿足，經濟才能達到全面的均衡。

11. 採取放鬆銀根—緊縮財政的政策搭配，可以達成沒有膨脹的成長；採取緊縮銀根—放鬆財政的政策搭配，可以使充分就業與國際收支平衡同時實現。因此，適當的政策搭配，可以協調經濟目標並使其有限度的同時實現。

重 要 名 詞

貨幣法則　　　　　　　　　　所得政策

問 題 練 習

1. 試就充分就業與經濟穩定 、 經濟成長與穩定 、 充分就業與國際收支 、 及自由市場與節制等經濟目標能否協調與同時達成 ， 陳述己見。

2. 凱恩斯學派與貨幣學派對經濟穩定政策爭論的要點何在? 你個人的看法如何?

3. 試述在理論與實際上 ， 凱恩斯學派與貨幣學派能否協調? 如何協調?

4. 假定經濟有膨脹或收縮差距存在，試問該國當局宜採何等財政與貨幣政策消除該差距，以求恢復沒有膨脹的充分就業?

附錄: IS 與 LM 曲線分析

在本附錄，我們將簡要介紹在較深一層之總體經濟理論與政策分析上應用相當廣泛的工具——$IS-LM$ 曲線。利用此一分析工具，可以使我們對於總體經濟理論與政策能有更深入的瞭解。

一、IS 曲線

凱恩斯理論認定投資主要受利率的影響，兩者呈減函數的關係（$I=I(r)$，$I'<0$），儲蓄主要受所得的影響，兩者呈增函數的關係（$S=S(Y)$，$S'>0$）。當計畫的投資與政府支出的總挹注等於計畫的儲蓄與租稅的總漏巵，產品市場達於供給等於需求的均衡。圖 13-A-1，根據均衡國民所得分析，利率水準等於Or_0時，均衡國民所得等於 OY_0。假設儲蓄與租稅維持不變，利率水準由 Or_0 下降為 Or_1，總挹注曲線將由 $I(r_0)+G$，升為 $I(r_1)+G$，均衡國民所得水準提高為 OY_1。

產品市場這種利率與國民所得之間變動的關係，可以表示在圖 13-A-2，當利率水準下降，投資增加，透過乘數效果，國民所得水準提高。因此，利率與國民所得的組合構成一條負斜率的曲線。據此，我們可以將 IS 曲線定義為：**凡利率與實質國民所得水準之組合能使產品市場達於供需均衡者，其軌跡即為 IS 曲線。或是，凡利率與實質國民所得水準之組合能使計畫總挹注（$I+G$）等於計畫總漏巵（$S+T$）者，**

其軌跡稱之爲 *IS* 曲線❶。

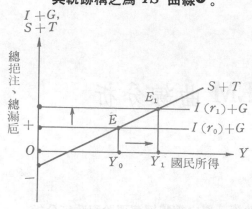

圖13-A-1 總挹注的變動與均衡國民
所得——產品市場之均衡。

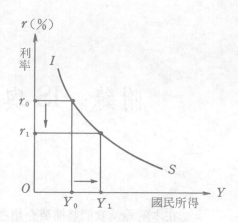

圖13-A-2 *IS* 曲線。

當利率水準下降時，投資將增加，總需求因此增加。在此情況下，實質國民產出（所得）——即總供給——必須增加，產品市場才能够重新達於總供給等於總需求的均衡。因之，利率與實質國民所得之間呈減函數的關係，*IS* 曲線的斜率因此爲負。

圖 13-A-3，在一定的利率水準下，投資維持不變（$I(r_0)$），政府

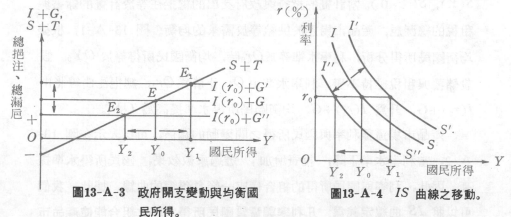

圖13-A-3 政府開支變動與均衡國
民所得。

圖13-A-4 *IS* 曲線之移動。

---

❶ *IS* 曲線之 *I* 卽指投資，*S* 卽指儲蓄，當計畫投資等於計畫儲蓄時，產品市場達於均衡，故稱 *IS* 曲線。

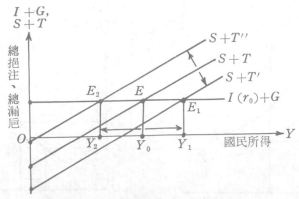

圖13-A-5　租稅變動與均衡國民所得。

開支增加──由 G 增至 G'，將使均衡國民所得水準提高 ($OY_0 \longrightarrow$
OY_1)；政府開支減少──由 G 減至 G''，將使均衡國民所得水準下降
($OY_0 \longrightarrow OY_2$)。因此，在圖 13-A-4，政府支出增加，使 IS 曲線往
上移 ($I'S'$)，政府支出減少，使 IS 曲線往下移 ($I''S''$)。

　　同樣地，根據圖 13-A-5，在一定利率水準 (r_0) 下，假設儲蓄、
投資與政府支出維持不變，減少租稅，總漏巵曲線由($S+T$)降至 (S
$+T'$)，均衡國民所得水準上升($OY_0 \longrightarrow OY_1$)，因此圖 13-A-4 的 IS
曲線往上移至 $I'S'$；增加租稅，總漏巵曲線由($S+T$)升至 ($S+T''$)
均衡國民所得水準下降 ($OY_0 \longrightarrow OY_2$)，因此圖 13-A-4 的 IS 曲線
往下移至 $I''S''$。

二、LM 曲線

　　凱恩斯理論認定在一定的物價水準下，貨幣需求與利率呈減函數的
關係，貨幣供給則是政策決定的一定數量。圖 13-A-6，貨幣供給與需
求曲線相交於 E 點，決定均衡利率 Or_0，使貨幣供給等於貨幣需求，貨
幣市場達於均衡。在貨幣供給不變下，國民所得水準下降，交易與預防
動機的貨幣需求減少，貨幣需求曲線由 $L(Y_0)$ 往下移至 $L(Y_1)$，在原

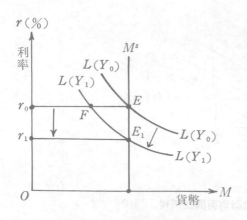

圖13-A-6 貨幣需求的變動與均
衡利率——貨幣市場
之均衡。

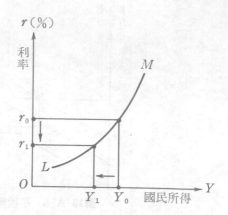

圖13-A-7 *LM*曲線。

來 OY_0 的利率水準，將產生 FE 數量的超額貨幣供給，此一部分的貨
幣將轉移購買生利的證券，直降到 Or_1 的利率水準，貨幣供給再度等於
貨幣需求，貨幣市場重新恢復均衡於E_1。貨幣市場這種利率與國民所得
之間的關係，可以表示在圖13-A-7，當國民所得水準下降，利率也隨著
下降，兩者組合成一條正斜率的曲線。 因此， 我們可以定義 *LM* 曲線
為: **凡利率與實質國民所得水準之組合能使貨幣市場之需求（L）等於
供給（M）均衡者，其軌跡即為 LM 曲線❷。**

在貨幣供給不變下，當實質國民所得水準下降而使交易與預防動機
的貨幣需求減少時，利率水準必須下降以使投機動機的貨幣需求增加，
這樣才能夠使貨幣需求等於不變的貨幣供給。因之，利率與實質國民所
得之間呈同方向的變動，*LM* 曲線的斜率因此為正。

圖 13-A-8，在一定國民所得水準下 (Y_0)，貨幣需求 $L(Y_0)$ 維持
不變，貨幣供給由 M^s 增加為 $M^{s'}$，將使利率由 Or_0 下跌至 Or_1；貨幣

---

❷ *LM* 曲線之*L*即指貨幣需求（或流動性偏好），*M*即指貨幣供給，當貨
幣供給等於貨幣需求，貨幣市場達於均衡，故稱*LM*曲線。

供給由M^s減少至 $M^{s''}$，則利率將由 Or_0 上升至 Or_2。因此，在圖13-A-9，擴張的貨幣政策使 *LM* 曲線往下移至 *L'M'*; 緊縮的貨幣政策使 *LM* 曲線往上移至 *L''M''*。

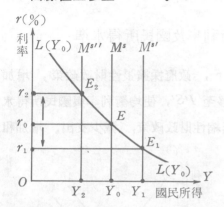

圖13-A-8　貨幣供給的變動與均衡利率。

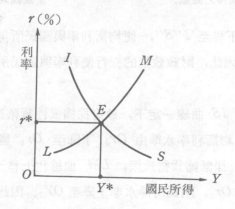

圖13-A-9　*LM*曲線之移動。

三、產品市場與貨幣市場的均衡

　　IS 曲線是使產品供給等 於需求的所有利率與國民所得水準組合的軌跡，*LM* 曲線是使貨幣供給等於需求的所有利率與國民所得水準組合的軌跡。因此， *IS* 與 *LM* 曲線相交所決定的利率與所得水準——圖

圖13-A-10　產品與貨幣兩市場的同時均衡。

13-A-10 的 Or^* 與 OY^*，能够同時使產品與貨幣的供給等於需求，產品與貨幣市場同時達到均衡，經濟達於全面的均衡，Or^* 與 OY^* 分別代表經濟均衡的利率水準與國民所得水準。

四、經濟政策與均衡利率及國民所得水準

圖 13-A-11，LM 曲線一定下，政府採擴張性財政政策，增加支出、減少租稅，IS 曲線將往上移至 $I'S'$，使均衡利率與國民所得水準分別上升至 Or_1 與 OY_1；採緊縮性財政政策，減少支出、增加租

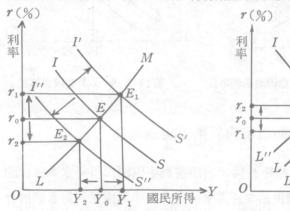

圖13-A-11 財政政策與均衡利率及
國民所得之變動。

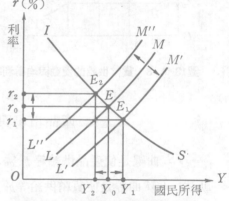

圖13-A-12 貨幣政策與均衡利率
及國民所得之變動。

稅，IS 曲線將往下移至 $I''S''$，使均衡利率與國民所得水準分別下降至 Or_2 與 OY_2。因此，財政政策的採行使利率與國民所得水準呈同方向的變動。

圖 13-A-12，IS 曲線一定下，政府採擴張性貨幣政策，LM曲線往下移至 $L'M'$，均衡利率水準由 Or_0 下降至 Or_1 國民所得水準由 OY_0 提高至 OY_1；採緊縮貨幣政策，LM 曲線往上移至 $L''M''$，均衡利率水準提高至 Or_2，國民所得水準下降至 OY_2。因此，貨幣政策的採行使利率與國民所得水準呈反方向的變動。

圖 13-A-13，如果政府認爲目前的所得水準令人滿意，但是利率水準太高，影響投資，不利於未來的經濟成長，可以採取放鬆銀根——*LM* 曲線往下移至 *L'M'*，緊縮財政——*IS* 曲線往下移至 *I'S'* 的政策搭配。最後，均衡國民所得水準 *OY*₀ 保持不變，但使利率水準由 *Or*₀ 降至 *Or*₁。因此，吾人可作不同的財政與貨幣政策的協調搭配，移動 *IS* 與 *LM* 曲線，以達到理想的利率與所得水準的組合。

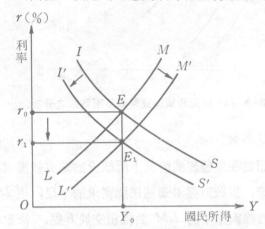

圖13-A-13　財政政策與貨幣政策的搭配。

五、財政政策與貨幣政策有效性評估

利用 *IS＝LM* 曲線，可以適當地分析凱恩斯學派與貨幣學派對於財政或貨幣政策何者有效的爭論。圖13-A-14，凱恩斯學派認爲經濟嚴重衰退時，失業普遍存在，利率水準很低，人們對貨幣需求的利率彈性無限大，由貨幣市場引申出的 *LM* 曲線亦成彈性無限大的水平狀態——*LT* 線段部分，稱之爲**凱恩斯階段**（Keynesian range）或**流動性陷穽階段**（liquidity-trap range）。此時爲了挽救經濟，如果採放鬆銀根的貨幣政策，增加的貨幣供給將全部被人們所保留，*LM* 曲線水平的部分不再下降。*LM* 與 *IS* 曲線仍相交*A*點，均衡利率與所得水準仍然維持不

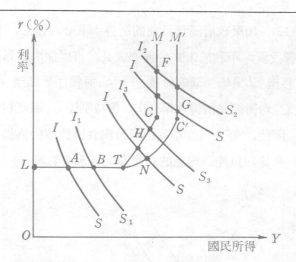

圖13-A-14 財政政策與貨幣政策有效性之分析。

變，貨幣政策因此無效。

　　凱恩斯學派認為在這種經濟情況下所缺少的是有效需求，唯有採取擴張性的財政政策，以政府需求彌補民間需求的不足，使 *IS* 曲線往右移至I_1S_1，I_1S_1 曲線與水平的 *LM* 曲線相交於 *B* 點，決定的均衡國民所得水準顯著的增加，而利率水準維持不變，財政政策因此有效解決經濟衰退的問題❸。

　　貨幣學派認為隨著國民所得水準的提高，貨幣需求不斷增加，在貨幣供給不變的情況下，由貨幣市場引申出來的 *LM* 曲線愈來愈陡，當經濟達到充分就業時，*LM* 曲線成垂直的狀態──*CM* 線段部分，稱之為**古典階段** (classical range)❹。當經濟接近充分就業、所得水準很高時，

---

❸　即使流動性陷穽不存在，*LM* 曲線均為正斜率的曲線，唯財政論者 (fiscalist) 認為投資與利率水準無關，*IS* 曲線因此是一條與橫軸國民所得水準相垂直的直線。在此情況下，只有財政政策才能移動 *IS* 直線，才能改變國民所得水準。

❹　貨幣學派根據交易方程式 $MV = PY$ 或現金餘額方程式 $M = kPY$，在貨幣所得流通速度 (V) 或所得中保有貨幣的比例 (k) 固定的假設下，認為貨幣需求只與所得有關而與利率水準無關，*LM* 曲線因此是一垂直線。

如果想要進一步增加就業、提高所得，採擴張性的財政政策，使 *IS* 曲線往上移至 I_2S_2，而與 *CM* 階段的 *LM* 曲線相交於 *F* 點的結果，利率水準大幅的上升，投資因此減少，抵銷了財政政策擴張的效果，均衡的國民所得水準將維持不變，財政政策因此無效。

貨幣學派認為在這種經濟情況下，所得的增加受到貨幣數量的限制（因為此時利率水準相當高，投機貨幣需求餘額等於零，所有貨幣均已充作交易之用），因此要進一步提高所得水準唯有採取擴張性的貨幣政策，使 *LM* 曲線由 *CM* 往外移至 $C'M'$，而與 *IS* 曲線相交於 *G* 點，均衡的利率水準下降，所得水準顯著地提高，貨幣政策因此有效地使高水準的國民所得進一步的提高。但是，若於古典階段經濟已是充分就業（通常均作此假設），則財政擴張政策使利率水準進一步升高，實質所得水準不變；貨幣擴張政策使利率水準下降，實質所得仍然維持不變；但根據貨幣數量學說，物價水準將與貨幣供給同比例的提高。雖然於此充分就業的情況下，兩種政策均無法改變實質所得水準，但卻使整個經濟的開支結構有著不同的改變。財政政策使政府開支所佔比重提高，私人投資所佔比重下降；貨幣政策則可以使私人投資所佔之比重提高，因此，雖其有使物價水準上漲之不利後果，但對於促進經濟成長則有助益❺。

嚴重衰退或高度（充分）就業均非是經濟社會的常態，而是一種特殊的經濟狀況。事實上，經濟情況大部分是處於 *LM* 曲線的 *TC* 階段——稱之為**中間階段** (intermediate range)，這時無論是財政政策或貨幣政策均能有效地改變均衡利率與所得水準的組合——如 *H* 點或 *N* 點。視經濟情況，兩種政策適當地搭配，更能達到預期的經濟目標。有此認識，可知政策有效性的爭論，是不同特殊經濟情況假設的結果。

---

❺　這是基於政府開支為消費性而非投資性所得的論點。

第十四章　總體經濟理論的最近發展

　　1970年代世界經濟動盪不安，許多先進工業國家深受停滯膨脹的困擾，在此一經濟難題的衝擊下，總體經濟理論有了許多新的發展，其中以供給面經濟學、新的古典總體經濟學、及新的凱恩斯總體經濟學最受到重視。這些新的理論已成為研究總體經濟理論不可或缺的一環，因此有必要瞭解這些理論的要旨所在。

第一節　供給面經濟學

一、產生的背景

　　自1940年代之始迄1960年代之末，30年之間，西方各工業先進國家的經濟活動經常處於繁榮與物價穩定同時並存的局面。是故，在1960年代裏，絕大多數的經濟學家們深信在政府權衡性財政與貨幣政策這兩帖萬靈丹之下，經濟循環已被控制住，任何可能發生的經濟波動，在強有力的經濟政策干預下，均將藥到病除，霍然而癒。然而，正當多數經濟學家們沈醉於此美夢的同時，正是往後另一重大經濟問題——停滯性膨脹的潛伏與醞釀的時期。1970年代西方經濟社會所面臨的經濟問題一反過去30年的型態，不再是傳統凱恩斯學派經濟理論所能解釋，這情況正如1930年代的經濟問題，不是當時古典學派經濟理論所能解釋與解決的情形一樣。

　　凱恩斯學派認爲物價變動率與失業率之間存在著明顯的相互抵換的關係，亦卽要減少失業就必須容忍較高的物價上漲率；反之，要降低物價上漲率就得忍受較高的失業率，這正是菲力普斯曲線所描述的情況。但是，事實上1970年代的經濟現象卻是失業率與物價上漲率同時並存且居高不下的停滯膨脹局面。在此情形下，傳統上由左上方往右下方傾斜的菲力普斯曲線逐漸變成一條垂直線，也就是說不管物價水準上漲多少，都不能降低失業率。因而，以往被視爲萬靈藥的財政政策與貨幣政策開始受到懷疑，其效果也不若過去那般有效。因之，要解決此一新的經濟問題，就必須要尋求新的解決方法，所謂的「**供給面經濟學**」(supply-side economics) 遂應運而生。

　　1970年代的世界經濟，尤其是執世界經濟牛耳的美國，飽受著通貨膨脹、失業增加、生產力減退及成長緩慢等病症的痛苦。在 1971-1981 年之間，美國經歷了三次嚴重的經濟衰退——1974、1975與1980年，這三年的經濟成長率均呈負數；1973年後，失業率最高時達 8.5%，從未低於5.6%；消費者物價上漲率最高時達13.5%，從未低於5.8%，其中四年有所謂「雙位數字」(double digit)的物價上漲率，而「**痛苦指數**」(discomfort index)——失業率與物價上漲率的總和，最高時達20.6%，未低於13.5%。根據實證研究，在 1945-1968 年之間，美國經濟所顯示的失業與物價之間相互抵換關係，清晰可見。但是，到了 1975-1981 年，物價與失業之間失去了相互抵換的關係，前者平均每年上升9.2% 後者平均每年爲7.1%❶。

　　在此環境下，凱氏學說無力振衰起敝，因而美國總統雷根於1981年 1月上臺之後，聲言要降低租稅、減少政府對經濟活動的干預與削減政

---

❶　以上各資料係來自1981年的《美國總統經濟報告》，並參考行政院主計處，《中華民國臺灣地區國民經濟動向統計季報》，17 期，民國71年 5 月，重新計算而得。

府支出，以民間的力量來重振美國經濟雄風，這正是「供給學派」理論思想的具體政策表現。然而供給學派的理論基礎爲何？其實行策略是什麼？實施的可能結果如何？這都是我們所關心的問題。

二、供給面經濟學的理論基礎

本質上，供給面經濟學可說是古典經濟理論的更新與復興。遠在18世紀，亞當史密斯即認爲，在自由主義之下，過高的租稅，有時會使商品消費減少，有時會促使人們走私或逃稅，而使政府稅收減少。又1940年代後期，澳洲計量經濟學家克拉克 (Colin Clark) 曾撰文指出，超過25%稅率的租稅負擔，將會產生抑制儲蓄與工作意願的不利後果。但是，由於當時凱氏學說正大行其道，故此種說法並未受到重視。直到1970年代，停滯性膨脹發生，世界各國經濟學者苦無良策之際，這種過高租稅會對經濟活動產生不利影響的說法，才再由美國南加州大學的一位經濟學教授拉佛爾 (Arthur Laffer) 予以重視，並依據此種概念而產生了供給面經濟學。拉氏於1974年即以租稅爲分析的重點，繪出所謂的**拉佛爾曲線** (Laffer curve)，而成爲供給面經濟學主要的理論依據。

供給面經濟學強調高**邊際稅率**可能存在之**反誘因效果** (disincentive effect)。圖14-1，橫軸代表稅率，縱軸代表租稅收入，OF 曲線即是拉佛爾曲線。若現行稅率超過 OA，落於斜線禁區之內，表示稅率過高致使人民工作意願低落，工作時間減少，可課稅所得減少，致使政府稅收反而減少，故應降低稅率。如此，一方面人們因可支配所得得以增加，而提高工作意願，勞動供給因而增加，進而使得產出的總供給增加；另一方面，降低稅率的結果，可使所得水準提高，稅基因而擴大，將使政府稅收增加。由此我們可以看出，高稅率之反效果即指因稅率過高而對工作所產生的懲罰效果，將會對產出供給與政府稅收產生不利的後果。

圖14-1的拉佛爾曲線乃是基於以下兩項重要假設：

1. 現行稅率高於最適稅率 (optimum tax rate)

所謂最適稅率，在此是指能使稅收達到最大的稅率，如圖14-1中 A 點所表示的稅率即是。當稅率為 0％時，稅收亦為零；若稅率高至 F 點的100％，稅收亦為零。依拉佛爾的看法，他認為 1970 年代美國的稅率已大於 A 點，因稅率過高，使工作與投資相對於休閒與消費比較不利，因此應當減稅，以提高工作意願，促進投資，並可增加政府稅收。當然，稅率是否過高乃見仁見智、受到爭論的議題。設若現行稅率在 C

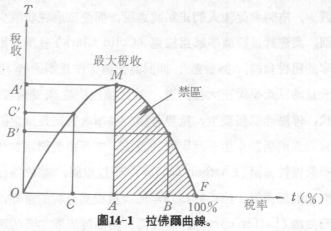

圖14-1 拉佛爾曲線。

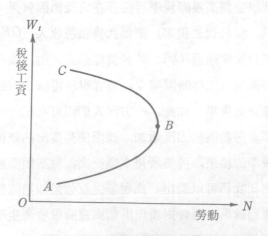

圖14-2 租稅與後彎勞動供給曲線。

點,則減稅結果反使稅收減少,政府預算赤字更加擴大,更助長了通貨膨脹。這也就是說,除非現行稅率眞的已超過最適稅率,減稅才能對勞動供給、投資、與政府稅收產生有利的後果,否則將導致不利的反效果。

2. 拉佛爾曲線暗示美國勞動市場的供給曲線在高工資水準時是後彎式的

個體的勞動供給分析顯示,如果工資提高對勞動供給所產生的負所得效果大於正的代替效果,則勞工將隨工資的提高而減少工作時間,勞動供給曲線因此將產生後彎的現象。同理,減稅的結果,個人可支配所得將會增加,購買力因而提高,因此減稅將促使人們增加工作時間。但是,如果減稅致使稅後工資超過圖14-2的B點,則人們將較喜歡休閒而不願多工作。如此,減稅將減少而非增加勞動供給,這種情形以圖14-1的拉佛爾曲線表示,就是當減稅超過A點時,政府的稅收反而減少的情況。

雖然每個人,甚至每位經濟學家,都同意拉佛爾曲線上的最適稅率這一點是存在的,但是爭議的重點則在美國租稅制度是否眞的已超過這一點而呈稅收遞減了?許多的跡象顯示1970年代美國的租稅水準已超出拉佛爾曲線的臨界點A。例如,爲尋求租稅逃避而產生的非法地下經濟活動日益增加,愈來愈多的薪資收入者尋求合法的租稅規避,如果沒有租稅減免的優惠,許多的投資活動不會發生,這些事實均反映出可能由於租稅負擔過重而導致人們尋求合法或非法的租稅規避與逃避。因此,如果稅率能夠適當降低,逃稅與避稅的誘因將會減少,反而會使政府的租稅收入增加,預算赤字縮小。

三、供給面經濟學的經濟策略

由以上的分析可知,供給面經濟學的理論是復古性的,「回歸亞當

史密斯」(Back to Adam Smith) 是其理論的精神所在。但是，這僅止於經濟理論的推理過程，而其在經濟策略上並非回復古典學派純粹的完全自由競爭，而是主張政府在財政政策上——尤其是租稅政策，應有所作為，改弦易轍。

　　供給面經濟學與凱恩斯學派解釋經濟活動最主要的不同點在於誘因 (incentive) 的問題。供給面經濟學將誘因—— 一種人類與生俱來不滿經濟現狀而有改善生活狀況的衝動力量，視為經濟活動及經濟成長的泉源。一個社會如果缺乏誘因，其經濟將難以成長。由過去的歷史及目前共產主義國家的經濟史實可以證實，一旦社會內部的誘因受到宗教或政治力量的打擊，其人民將長久生活於匱乏的邊緣，經濟活動將難以有效開展。唯有在自由市場制度之下，自利性交易行為在道德上和政治上廣被認同後，誘因才成為西方世界自工業革命以來推動經濟成長的原動力。但是，此一主導自由市場成長的力量，目前正受到過高租稅負擔的打擊，這是許多經濟學家，包括凱恩斯學派學者在內，偶爾也會同意的事實。

　　總體生產函數的生產要素投入以資本與勞動為主，因此國民總生產之變化主要受這兩種要素投入變化的影響。勞動投入主要決定於工作或休閒之間的抉擇，工作時間愈長，休閒就愈少，產出會呈現遞減的增加；資本投入主要決定於目前或未來消費之間的抉擇，若犧牲目前消費，增加目前儲蓄，投資將會增加，未來生產亦會增加。而這兩種影響勞動與資本投入抉擇的，顯然都與邊際稅率的高低有關。

　　就勞動投入而言，若所得增加，邊際稅率亦提高，致使可支配所得增加相當有限時，人們將偏好於休閒而厭惡工作。如此，儘管稅前所得減少，但稅後所得並不見得會減少多少，因此過高的累進稅率將對勞動供給與國民產出，發生不利的影響。

　　就資本投入而言，目前消費與未來消費之間的取捨主要受時間偏好

的影響，若目前消費增加，則目前儲蓄將減少，投資將減少，未來所得將會降低，故目前消費增加的代價，可以未來所減少的所得來表示。但是，未來所得並不可能無限地減少，由於經濟循環與人們有維持生存之基本消費的需要，所得水準的降低，會有一最低限度，亦即增加目前消費的最大代價是以此未來所得的低限爲度。若此代價太大，目前消費自然不會增加太多，因爲人們總不希望未來的生活水準降得太低，而其所預期的未來所得水準的高低，又受邊際稅率高低的影響。若邊際稅率太高，則人們自不願放棄目前消費，以提高未來所得。要使未來可課稅所得提高以產生更多的租稅收入，必須降低稅率，才不致使人們認爲高所得的未來不見得能使可支配所得、消費增加，而產生不如目前多消費以求生活得更佳的想法。換句話說，減稅可以提高人民的儲蓄傾向，增加資本累積，自然對生產有利。

　　由以上分析可知，供給面經濟學對儲蓄的重視，不同於凱恩斯學派著重需求面而把儲蓄視爲影響經濟活動的無關緊要的殘差項 (residual term)。供給面論者認爲儲蓄是美德，只有減稅才能激勵人們多工作、多儲蓄、多投資，總生產才會增加，進而使可課稅所得增加，稅源充足，政府稅收才會增加，預算赤字才不致擴大，通貨膨脹才能緩和下來。如此，工作意願增強配合儲蓄增加所產生的投資增加，將可降低失業率；另一方面，儲蓄與投資的增加，將可使產出增加，稅收增加，預算赤字縮小，通貨膨脹率下降，停滯膨脹的問題才能逐漸獲得解決。是故，調整稅率，是供給面經濟學的政策核心所在。供給面經濟學健將之一的羅拔茲教授 (P. C. Roberts) 曾謂：供給面經濟學的本質，是把稅率變動當作影響勞動供給、儲蓄與投資等經濟活動的重要因素。但是，至目前爲止，凱恩斯學派的總體經濟模型對財政政策中稅率變動的此一因素，幾乎已予完全忽略。

　　有一點值得我們注意，那就是供給面經濟學所強調的是經濟成長，

而不重視所得重分配。其目標在於改善每個人的經濟狀況，但不一定要以相同的速度或在同一期間內達成。就供給面經濟學來看，經濟活動所創造出來的總需求的大小與所得分配是否平均並無關聯。因此，供給面經濟學偏向於贊成以自由市場的力量來推動經濟活動，認爲自由市場對投資、創新與成長提供了最有力的誘因。相反地，將經濟公平的重要性認爲至少應與經濟成長並列的人們，總希望透過政府的所得重分配措施以調整總需求結構，藉以影響經濟活動，而對經濟活動的誘因並不予重視。

供給面經濟學者這種重成長而不重分配的觀點，甚至連美國的社會學家基勒德（George Gilder）在其著作《**財富與貧窮**》（*Wealth and Poverty*）中亦有相同的看法。他認爲高度的累進稅與龐大的政府組織實在是「財富」不能增多、「貧窮」繼續存在的根源。要解決這一問題，應從減稅著手，尤其是高所得者的稅。他認爲要幫助低所得者與中產階級，必須減低高所得者所須繳納的稅率。因爲只有富人才能有足夠的資金去促進經濟的成長，只有較低的稅率才能誘使他們去從事投資，而不會將資金消耗於非生產性的途徑上。果能如此，則經濟自會加速成長，

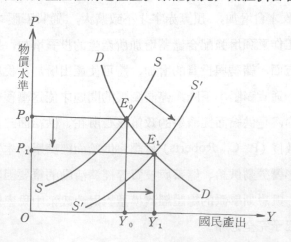

圖14-3　供給曲線往右下方移動，可以降低物價、增加產出。

工作機會自會不斷增加，這樣，最後對低所得者與中產階級都將有很大
的裨益，這是無庸置疑的。

　　如果減稅的效果能完全如供給學派所預料的那般有效，那麼在解決
停滯性膨脹的問題上，從理論觀點來看，減稅必然是可行的。由圖14-3
最基本的供需模型可知，要降低物價（解決通貨膨脹）與增加產量（促
進充分就業），唯有移動供給曲線才能實現。但是，長期間，總需求並
非固定，而是持續增加的。在此情形下，供給學派能否解決物價膨脹與
失業的問題，必須同時考慮需求的因素。

　　圖14-4，上半圖表示總供需的變動，下半圖表示生產函數、就業與

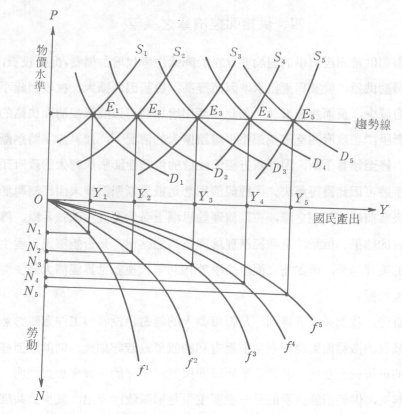

圖14-4　總供需變動與就業、產出及生產函數變動之間的關係。

產出的變動。在長期間，投資會增加，生產技術會進步（表現於生產函數往上移），生產能量因而提高，就業也會隨之增加，總供給因而增加。根據消費與所得之間的關係，總需求在長期間必然也會增加，如果總供給的增加能够完全配合總需求的增加，則物價水準將會如圖 14-4 趨勢線所示的一樣，維持於一種相當穩定的水準。如果總供給的增加大於總需求的增加，物價水準甚至會下跌；反之，物價水準會上漲，但上漲的幅度必然相當有限，所以供給相對於需求的變動，與物價水準能否穩定有直接的關係。此外，在總供給與總需求不斷增加的情況下，必然促使就業與產出水準的提高。如此，停滯性膨脹的困境卽可迎刃而解。

四、供給面經濟學之展望

整個供給面經濟學的理論要旨在於降低稅率以增加儲蓄,促進投資,增加勞動供給，就業與產出水準因而提高，稅基因而擴大，稅收因此不僅不會減少，反而將會增加。如此，產出增加將可以降低或消除快速的通貨膨脹，在政府開支縮減或不再繼續擴大的情況下，預算赤字將逐漸縮小，終至預算平衡，困擾西方經濟社會的停滯性膨脹與龐大的政府預算赤字將可因此獲得解決。這種經濟思想是凱恩斯學派需求面經濟學無法解決當前經濟難題之際，在經濟理論思潮上必然要發生改弦易轍，轉而復古的結果。但是，這種經濟理論與政策的轉變，是否能够眞正產生預期的美好結果，而如需求面經濟學於1930年代挽救世界經濟大恐慌而立下大功呢？

首先，我們必須考慮到，是否每個人的儲蓄、投資與工作意願必然受到減稅的激勵而對經濟產生積極有利的效果。若非如此，則供給面經濟學的根基就會動搖，當然這需要時間與實證研究的事實來加以證明。

其次，供給面經濟學的另一重要主張是縮減政府支出，減少公共經濟活動，重視私人經濟活動的潛能。如此，公共財貨必然相對於私人財

貨的產出成長緩慢，這就牽涉到價值判斷的問題，到底公共財貨產出減緩對社會福利的影響如何？如果政府支出減少，那麼為因應經濟成長所需的公共財貨（包括社會經常資本、福利支出）到底要由誰來有效地生產呢？因為目前的租稅畢竟是提供公共財貨的主要財源，而且公共財貨確實也是日常經濟活動順利運行所不可或缺的。

　　第三，在累進所得稅制下，減稅的結果高所得者必較低所得者來得有利，亦即前者較後者減少較多的租稅負擔，如此將對目前的所得分配產生不利的影響。就此而言，社會福利水準將會降低，預期未來所得的提高並趨於更平均的分配所增加的社會福利，是否足以彌補甚至超過目前所減少的社會福利呢？

　　第四，就政策執行而言，一般人或許會同意供給面經濟學的論點，但該理論一旦作成政策來執行時，吾人不禁要感到懷疑，如果供給面經濟學的實行是這麼容易，經濟理論與政策又有什麼好研究與爭論的呢？我們雖然不贊成將經濟理論與政策予以過度複雜化與玄秘化，但亦不敢苟同其是如此的簡單易行。

　　1970年代全球面臨了停滯性膨脹，使得風行一時的凱恩斯理論受到挫折，復古的供給面經濟學遂應運而生。但是，此一理論能否擊敗停滯性膨脹此一頑強的對手而有凱恩斯理論於1930年代那般的成就，是舉世所關切的問題。持平而論，吾人認為凱氏理論能夠成功，在本質上較供給面經濟學具有優勢。因為凱氏的有效需求理論，經由政府介入經濟體系，可以直接改變總需求，影響經濟活動，因而能夠在短期間就有成效顯現。但是，供給面經濟學的作用發生必須透過私人儲蓄與投資的增加及工作意願的提高才得以實現，而此三者的決定又受到租稅以外的許多因素所影響，因此未必能產生如供給面經濟學所預期般的美好結果。是故，供給面經濟學在政策執行的成敗上顯較凱氏理論有較大的不確定性。

　　美國總統雷根是供給面經濟學的信徒，在他競選總統時即主張實行

供給面經濟學的經濟政策。因此，在雷根主政的 8 年期間，美國曾進行兩次重大的租稅改革。一是 1981 年的經濟復甦法案 (The Economic Recovery Tax Act of 1981)，個人所得稅稅率平均降低約 25%；一是1986年的租稅改革法案 (The Tax Reform Act of 1986)，一方面消除租稅優惠 (tax preferences) 與租稅庇護 (tax shelters)——即允許高所得者租稅減免的各種法令規定——以擴大稅基，一方面簡化稅距並大幅降低稅率，個人與公司所得稅的最高稅率均大幅調低。美國經濟自1982年起開始復甦，至1980年代結束，美國的經濟一直維持低失業率與低通貨膨脹率的穩定局面。對於這段期間良好的經濟表現，是否應歸功於供給面經濟政策的採行，頗受到許多經濟學者的爭論❷。

第二節　新興古典總體經濟學

　　失業與通貨膨脹是經濟波動最重要的兩種現象。凱恩斯學派認爲失業與通貨膨脹兩者之間存在著相互抵換的關係，菲力普斯曲線因此是一條負斜率的曲線。貨幣學派本著古典學派的精神，認爲失業與通貨膨脹兩者之間相互抵換的關係只存在於短期間，長期間經濟必然達於充分就業的均衡，因此長期間失業與通貨膨脹之間的抵換關係消失，菲力普斯曲線爲一與自然失業率垂直的直線。1970年代停滯性膨脹的產生，導致有些經濟學者認爲即使在短期間，失業與通貨膨脹兩者之間相互抵換的關係也未必存在，菲力普斯曲線爲一與自然失業率垂直的直線。持此論者主要有路卡斯 (Robert Lucas)、沙金特 (Thomas Sargent)、華理士 (Neil Wallace) 及貝羅等經濟學者，他們同樣本著古典學派的精神，

---

❷　降低稅率，可支配所得增加，消費、總需求因而提高。是故，許多美國經濟學者認爲雷根政府的經濟政策事實上只是一種披著供給面外衣的需求面政策。

但提出較貨幣學派更爲激進的論點; 而形成了所謂**理性預期學派**, 又被稱爲**新興古典總體經濟學**（new classical macroeconomics）, 以別於傳統的古典總體經濟學❸。

新興古典總體經濟學已成爲瞭解現代總體經濟理論不可或缺的一環, 本節因此簡要地介紹此一理論的要旨及其政策含意。

一、基本假設

新興古典總體經濟利用古典的總體經濟模型來解釋總體的經濟波動, 其基本假設主要爲:

1. 人們充分利用所有可獲得的訊息來作預測　在此情況下, 預期不再像被傳統經濟理論那般視爲外生變數, 而是一與經濟體系內其他變數有密切關係的內生變數。根據此一假設, 理性預期論者提出所謂的**理性預期假説**（rational expectations hypothesis）, 卽人們充分利用所有可獲得之訊息所作的預測, 將是一中正、不偏（unbiased）的。中正、不偏的預測是指人們不會犯了持續性、系統的預測誤差——卽產生持續高估, 或持續低估的預測偏差, 因此理性預期並不是指預測隨時均是準確的, 而是指預測平均而言是準確的。理性預期假説無異於假設人們具有準確的前瞻（forward looking）能力。例如, 只要人們知道貨幣當局增加貨幣供給, 將理性地預期物價上漲發生; 只要人們知道貨幣當局減少貨幣供給, 將理性地預期物價下跌發生。

2. 價格與工資富於伸縮靱性　此一假設與古典總體理論相同, 因此所有的市場將隨時維持供給等於需求的均衡, 新興古典總體經濟學因此是一均衡模型。

---

❸ 傳統的古典總體經濟學一般稱爲**新古典總體經濟學**（neoclassical macroeconomics）。 new 與 neo 兩字在中文的譯意上均相同, 這裏我們將 new 譯爲「新興」, neo 譯爲「新」以示區別。

　　新興古典總體經濟學的這兩個假設受到相當強烈的批評。在現實的社會，訊息的取得是需要付出代價(成本)的，訊息的流傳並不完全，人們可能無法分辨各種不同訊息對於決策的有用性(或重要性)，因此理性預期假說實際上無法成立。價格與工資富於靱性只是一種理論的理想，價格與工資具有無法向下調整的僵固性似乎更符合眞實的經濟情況，因此價格機能也就難以確保所有的市場隨時均保持供需均等的平衡。

二、理性預期與勞動市場

　　理性預期學派假設價格與工資富於靱性，因此所有市場隨時均維持於供需均等的均衡，勞動市場自然也不例外。在此情況下，如果勞動市場有失業發生，必然是一自願性的失業，非自願性的失業只有在工資缺乏向下調整靱性的情況下才會發生。

　　圖14-5，勞動供給 (N^s) 與實質工資 $\left(\dfrac{W}{P}\right)$ 呈增函數關係，當勞動供給達於最大時(等於全社會的勞動力)，勞動供給曲線呈垂直線狀，OM 因此是全社會的勞動力；勞動需求 (N^d) 與實質工資呈減函數關係。當勞動供給曲線與勞動需求曲線交於 E 點時，勞動市場達於均衡。此時，勞動市場的實質工資 Ov_0 並不足以誘使所有的勞動力參與工作，在這實質工資水準下，勞動供給只有 OF 數量，有 $EG(=FM)$ 數量的勞動力選擇失業，這些是屬自願性失業。若勞動需求由 N^d 降爲 $N^{d\prime}$，如果實質工資維持於 Ov_0 而無法下降，則在這實質工資水準下，勞動供給 OF 數量，但勞動需求只有 OF'' 數量，因此將有 $HE(=F''F)$ 數量的勞動力想工作但是找不到工作，這一部分的人是屬非自願性的失業。但是，如果實質工資能夠降到 Ov_1，則勞動供給 OF' 數量，勞動需求亦爲 OF' 數量，勞動市場重新恢復均衡，$E'G'(=F'M)$ 仍屬自願性失業。

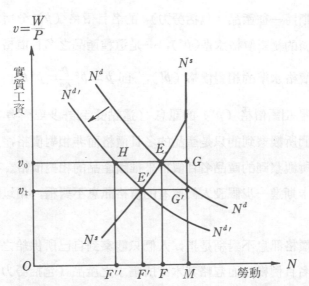

圖14-5 理性預期學派認為在靭性工資下,失業是一種自願性的選擇。

　　由以上分析可知,理性預期學派根據價格與工資靭性的假設,認為所有市場隨時都會維持供給等於需求的均衡。在此情況下,失業乃是勞動者衡量市場現行實質工資所作的一種選擇,所有的失業因此均屬自願性失業,可以視為是一種休假。勞動者作這樣的選擇只不過將未來的休假挪為現在之用,待未來實質工資提高時,再多工作、少休假。因之,在勞動具有高度**跨時替代性** (intertemporal substitutability)——即目前多休假、少工作而於未來少休假、多工作,或目前少休假、多工作而於未來多休假、少工作——的假設下,理性預期學派認為自願性失業假說是合理的

三、經濟波動的原因

　　經濟為何會波動呢?凱恩斯學派認為是因有效需求變動所致,貨幣學派則認為是因貨幣數量變動所致,理性預期學派的主要倡導者路卡斯

則認爲是因人們所擁有的價格訊息不對稱（asymmetry）所致❹。

路卡斯將一種產品（包括勞力）的名目價格（p）分解成兩部分，一是全經濟的絕對價格水準（p^a），一是這種產品之名目價格相對於全經濟之絕對價格水準的相對價格（p^r），即 $p = p^a \dfrac{p}{p^a} = p^a p^r$。他認爲人，們缺乏有關相對價格（$p^r$）的訊息（這點受到許多經濟學家嚴厲的批評），人們所觀察到的只是產品的名目價格而非相對價格，人們將根據他（她）所觀察到的產品名目價格來推斷產品的相對價格。在這前題假設下，路卡斯進一步假設人們擁有的價格訊息不對稱，用以闡釋經濟波動的發生。

所謂價格訊息不對稱是指，人們只觀察到自己所供給之產品（包括勞力）的名目價格，而忽略其本身所需求之產品（包括勞力）的名目價格（假設所需求之產品的名目價格繼續維持於其平均值不變）。對廠商而言，只觀察到其產品（產出）的名目價格，而忽略了投入要素的價格，因此當產品的名目價格上升時，廠商將認爲產品的相對價格亦上升，因而增加產品的生產（供給），對投入要素的需求隨之增加。對勞動者而言，只觀察到名目工資，而忽略了財貨的名目價格，因此當名目工資上升時，勞動者將認爲實質工資提高，因而增加勞動供給，對財貨的需求也隨之增加。如此，名目價格與名目工資上升（全經濟的價格水準也因此上升），導致產出與就業增加；反之，名目價格與名目工資下降（全經濟的價格水準也因此下降），導致產出與就業減少。這正與經濟繁榮時物價水準高，產出與就業水準亦高；經濟衰退時，物價水準低，產出與就業水準亦低的實際經濟波動情況相符合。

新興古典總體經濟學根據理性預期假設，認爲經濟社會眞正的菲力

---

❹ 路卡斯根據價格訊息不對稱來解釋經濟波動，這種論點與理性預期假說並不相違背。

普斯曲線是一條與自然失業率垂直的直線。但是，由於價格訊息的不對
稱，導致人們對於工資與價格的變動產生錯覺，而改變勞動供給與財貨
生產。因此，經濟社會所觀察到的短期菲力普斯曲線是一條負斜率的曲
線。

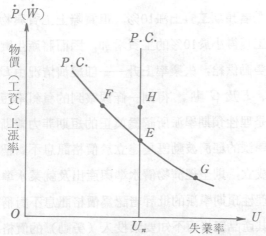

圖14-6 理性預期學派認爲眞正的菲力普斯曲線爲一垂直線，但
觀察到的短期菲力普斯曲線是負斜率的。

　　圖14-6，假設物價上漲率等於名目工資上漲率（即勞動生產力固定
不變），如果勞動者對於工資變動的預期是理性的（即價格訊息不對稱
之情形不存在），則實際的工資變動將等於預期的工資變動，物價的變
動率等於實際與預期的工資變動率，勞動者知道自己的實質工資並沒有
改變，因此不會變動勞動供給。在此情況下，名目工資上漲徒然導致物
價上漲，失業率並沒有改變——即經濟情況由E點移到H點，理性預期
的菲力普斯曲線因此是一條垂直線。如果勞動者對於價格變動的訊息是
不對稱的，則實際的工資變動將不等於預期的工資變動，物價上漲率等
於實際的工資上漲率，但不等於預期的工資上漲率。在此情況下，名目
工資率的變動將導致勞動者產生實質工資也發生改變的錯覺，而改變勞
動供給，失業率因此發生改變，短期的菲力普斯曲線因此是條負斜率的

曲線。例如，勞動者預期工資上漲10％，但實際工資與物價均上漲大於10％。在此情況下，雇主給付勞動者大於10％的工資，勞動者由於不知實際工資與物價的上漲率均已大於 10％， 因此將產生實質工資增加的錯覺，而增加勞動供給，失業率下降——即經濟情況由 E 點移到 F 點。反之，如果勞動者預期工資上漲10％，但實際上工資與物價的上漲率均小於10％，勞工獲得小於10％的工資增加，因而將產生實質工資減少的錯覺，而減少勞動供給，失業率上升——即經濟情況由 E 點移到 G 點。如此，連接 E、F 及 G 點， 得到一條觀察到的負斜率短期非力普斯曲線，但它並不是理性預期學派所認為真正的短期非力普斯曲線。

理性預期學派的經濟波動既是建立於價格訊息不對稱的假設之上，若此一假設不成立，則全經濟物價水準與產出及就業水準之間的波動關係不再存在。理性預期學派的批評者認為價格訊息不對稱並不存在，廠商不可能只知其產品價格而不知要素投入（勞動）的價格，勞動者亦不可能只知其名目工資而不知產品（財貨）的價格。因此，以價格訊息不對稱來解釋經濟波動實難以讓人信服。

四、理性預期與金融市場

自1970年代理性預期理論興起之後，金融市場的效率性(efficiency)成為金融理論的熱門研究課題之一❺。 所謂**效率市場**(efficient market)**是指: 無法利用已存在的訊息以賺取超額經濟利潤的市場; 或資產價格包含所有已經存在的訊息，唯有當新訊息出現時，資產的價格才會發生改變。**

將效率市場理論應用於金融（證券）市場，意謂過去的資產價格是已經存在的訊息，其對預期未來資產價格的變動並無任何的幫助。在此情況下，任何時點對未來資產價格變動的預期值將等於零（即價格上升的機率為50％，價格下跌的機率亦為50％）。這意謂金融資產價格的變動

---

❺ 金融理論上所謂的效率性是指訊息能夠很快地被吸收。

猶如隨機漫步（random walk）一般，無法預測。圖14-7，設 t_0 時某一金融資產的價格爲 OP_0，在下一期 t_1 時，此一金融資產的價格上升至 OP_2 的機率爲50％，下降至 OP_1 的機率亦爲 50％（預期上升與下降的幅度相同，卽 $P_0P_2 = P_0P_1$），因此預期資產價格變動等於零（ $\frac{1}{2}P_0P_2 + \frac{1}{2}P_0P_1 = 0$ ），此卽金融資產價格變動的隨機漫步理論。

　　根據效率市場理論，唯有新的訊息出現時，金融資產（證券）的價格才會發生改變。在現實的經濟社會，隨時隨刻均有新聞或令人驚奇的事件發生，因而導致金融資產的價格變動猶如隨機漫步，而無法準確預測。

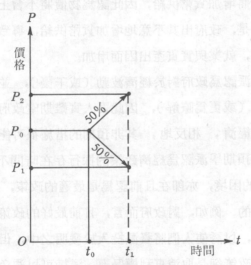

圖14-7　金融資產價格的隨機漫步變動。

五、政策含意

　　古典學派認爲經濟經常處於充分就業狀態，因此經濟政策將對產出沒有任何影響，貨幣政策的產出效果是中性的，貨幣數量的變動將只影響物價水準而無法改變產出水準。理性預期學派認爲經濟狀態平均而言

是充分就業的——即有時低於充分就業，有時高於充分就業，但平均等於充分就業。因此，在某種情況下，經濟政策將可以對產出與就業發生影響。

理性預期學派將經濟政策區分爲預期的（anticipated）與非預期的（unanticipated）兩種。人們對於預期的經濟政策將事先防範，因此，預期的經濟政策將無法影響實質的產出與就業。例如，人們預期政府將增加貨幣供給，物價將上漲，因此要求提高工資以維持實質工資不變。如此，預期的貨幣供給增加只影響物價水準，對於實質產出與就業並無任何影響。相反地，非預期的經濟政策將影響實質產出與就業。例如，人們沒有預期政府將增加貨幣供給，因此認爲物價將不會上漲，而沒有要求提高工資。但是，政府出其不意地增加貨幣供給，導致物價上漲，而使實質工資下跌，就業與實質產出因而增加。

理性預期學派認爲政府對於經濟波動（或干擾），並不比私人部門擁有更多的訊息（或更爲瞭解），因此吾人實難期望政府能以非預期的經濟政策來穩定經濟，相反地，其非預期的措施很可能加深經濟的波動。再者，理性預期學派認爲經濟政策的探行存在時間不一致性（time inconsistency）的困境，亦即在目前認爲是最適的政策，到了未來某一點時不再是最適的。例如，對政府而言，目前最好的政策是宣佈對發明給予專利權保護，以誘使人們將資源投入於發明之中，但等到發明成功後，政府的最適政策卻是取消專利權保護，這樣可以避免獨佔的發生，社會又可享有新發明產品競爭生產的好處。因此，時間不一致性的存在將會誘使政府改變最初承諾（或執行）的政策。基於以上這兩點原因，理性預期學派主張以政策法則代替權宜政策，這樣人民才有確定的經濟政策可以遵循，經濟才能夠穩定。

政府於宣布實施政策法則後，若任意更改將失信於民，而導致較原來政策更爲不好的後果。例如，企業家如果預期政府會取消專利權保護，

將可能導致他們不投資於研究發展的後果。是故，爲了避免更不好的結果出現，政策法則宣布實施後應堅定實行不變。

理性預期學派認爲預期的政策無法改變實質產出與就業的論點，在有工資契約（wage contract）存在的情況下不再成立。因爲在這種情況下，即使勞動者能够準確預期到政府政策的改變，但由於受到工資契約的限制，而無法要求改變工資以維持實質工資不變，預期的政策因此可以對實質產出與就業發生影響。

第三節　新興凱恩斯總體經濟學

一、產生的原因

傳統的凱恩斯總體經濟理論假設在短期間價格與工資缺乏向下調整的靱性，因此當總需求發生改變時，就只有以調整產出與就業來因應之。古典總體經濟理論將消費者追求最大效用，生產者追求最大利潤的個體經濟觀點應用到總體經濟之上，因而假設當總需求發生改變時，消費者（家計）與生產者（廠商）將變動工資與價格，而非變動產出與就業來因應之。因之，基於工資與價格靱性假設的古典總體經濟理論被認爲具有個體經濟的基礎，基於工資與價格缺乏向下調整靱性的凱恩斯總體經濟理論則被認爲缺乏個體經濟的基礎。

理性預期學派興起之後，有些學者〔如布蘭查德（Olivier Blanchard）、菲爾普斯（Edmund Phelps）、哈特（Oliver Hart）、及曼揆（N. Gregory Mankiw）〕將理性預期的觀念加入凱恩斯學派之中，但仍假設工資與價格缺乏向下調整的靱性（或調整緩慢），以解釋經濟的波動，並主張政府的經濟政策可以有效改變就業與產出水準，這種論點被稱爲**新興凱恩斯總體經濟學**（new Keynesian macroeconomics）。新興

凱恩斯總體經濟學提出各種不同的理論來解釋工資與價格僵固（或緩慢調整）的合理性，以彌補凱恩斯學派缺乏個體經濟基礎的不足。

二、工資與價格僵固的原因

新興凱恩斯學派的學者提出各種不同的理論來辯護其工資與價格僵固性假設的合理性，這些理論主要有：

1. **菜單成本（menu cost）理論** 所謂菜單成本是指廠商變動其產品價格所發生的成本。這是將餐廳改變餐飲售價時，必須重印菜單而增加固定成本的觀念應用到廠商的生產之上。廠商改變其產品價格，必須調整會計記錄與印製新的產品目錄，這均需增加成本支出。因此，在不完全競爭之下，如果菜單成本不小，則廠商面對數量不大的需求改變時，將以變動產量而非改變價格因應之。

2. **隱含契約（implicit contracts）理論** 如果工資隨廠商面對的需求變動而變動，工資將可調整至維持勞動市場均衡的水準，但這將使工資波動不定。如此，勞動者必須承擔工資波動的風險。基於風險規避的心理，隱含契約理論認為勞動者與雇主之間將有默契，工資隨長期經濟情況而非隨短期經濟波動而調整。因此，總需求的變動並不會影響工資，但將導致就業與產出的波動。

3. **效率工資（efficiency wage）理論** 此一理論認為雇主給付勞工較市場均衡工資為高的工資，將可提高勞工的生產力，改善勞工的素質，每一塊錢的工資可以獲得更多的產出，並且可以節省監督勞工績效的大量開支。因此，當總需求發生變動時，根據效率工資理論，廠商將減少產出與就業，而不會降低工資。

4. **多重均衡（multiple equilibria）理論** 此一理論認為經濟體系的均衡不只一個，有的是高產出、高就業均衡，有的則是低產出、低就業均衡。勞動市場之工會與產品市場之外部性的存在，使得經濟體系

可能處於低產出、低就業的均衡，原因如下：

(1) 圈內者—圈外者假說（insider-outsider hypothesis）此一假說認為工會會員（圈內者）於工資談判時只顧自己的利益而忽略失業者（圈外者）的利益。因此，當總需求減少時，工會會員仍堅持原有的就業與實質工資水準，失業者並無法以工會的工資獲得工作，工資水準不變，產出與就業減少的現象因而發生。

(2) 稀薄市場外部性假說（thin-market externality hypothesis）此一假說認為，如果財貨與勞動市場是稀薄的（即參與交易的人數不多），則供給者的生產決策對於需求者的人數變動將會很敏感。而且，勞動市場的供給者為財貨市場的需求者，因此財貨市場與勞動市場之間高度互賴，一個市場的需求變動將會傳遞到另一個市場。例如，如果勞動者認為勞動需求將減少，因而減少對財貨的需求；面對財貨需求的減少，廠商將減少勞動需求。如此，透過市場間的相互傳遞，總需求水準下降，經濟體系將達於低產出、低就業的均衡。

以上這些理論均試圖為新興凱恩斯總體經濟學建立個體經濟的基礎，但尚屬早期的發展階段，距離成為一致、成熟的理論還需要一段時日。

摘　　要

1. 西方經濟社會於1970年代面臨停滯性膨脹的困難，從需求面着眼的權衡性財政與貨幣政策不能解困，於是轉向產出着眼，所謂「供給面經濟學」應運擡頭。

2. 早期經濟學者曾注意到過高的邊際稅率可能對工作意願、儲蓄傾向等經濟行為存有反誘因效果。1974年美國經濟學者拉佛爾更據以為分析重點，得出拉佛爾曲線，成為供給面經濟學的理論依據。

3. 拉佛爾曲線表明最適稅率是使政府稅收達到最大的稅率，實際

税率如高於此税率，將使勞動意願降低，產出與所得水準降低，政府税收減少；因此，在政策上主張減税以提高經濟誘因，促進就業，增加產出與所得，因而提高税基，增加供給而降低價格，於是解決停滯性膨脹及財政赤字的困局。

4. 供給面經濟學偏重經濟成長，忽視所得分配，其觀點是：祇有富人才有資金促進經濟成長，祇有經濟成長才能幫助中、低收入階級，因此必須減税，才能使高所得者有更多資金與更大意願從事投資，促進經濟成長。

5. 供給面經濟學的兩項主要政策措施是：（1）減税以激發人們的儲蓄、投資與工作意願，藉以促進經濟成長；（2）節縮政府支出，減少公共經濟活動，既以降低政府預算赤字，並以激發私人經濟活動潛能。

6. 新興古典總體經濟學闡述經濟波動的基本理論架構，其主要假設爲：（1）人們充分利用一切可獲得之訊息作預測，因此將「預期」視爲經濟體系中之內生變數，且爲中正不偏而無持續性、系統性誤差的確切變數；（2）價格與工資富於伸縮靭性，因此，所有各市場均將隨時維持供需均衡。

7. 新興古典學派認爲在靭性工資下，勞動市場如有失業均爲自願性失業，可視爲是一種休假的選擇，非自願性的失業不存在。勞動者之現時多休假與將來多工作，或作相反的選擇，乃是「跨時替代性」的選擇決定，是合理的行爲假設。

8. 理性預期學派的路卡斯認爲：人們所擁有的價格訊息不對稱——人們祇注意到自己所提供之產品（及勞力）的名目價格，忽略自己所需之產品（及勞力）的名目價格，因而導致經濟波動。

9. 理性預期理論在金融市場引發效率市場觀念的應用。效率市場是指：金融資產（證券）的價格已包含所有現存訊息的考慮在內，唯有新訊息出現時資產價格才會變動的市場。由於現實的經濟社會裡隨時有

新聞或驚人事件發生，其對金融資產的價格變動，漲跌機率各半，無法準確預測。

10. 理性預期學派，區分經濟政策爲可預期與非預期的兩種，前者不能影響實質的產出與就業，因人們可予事先防範，冲銷其作用；後者則可影響實質產出與就業，因人們無法事先防制其作用。

11. 新興凱恩斯總體經濟學將理性預期的觀念引進到凱恩斯理論裡，但仍假設工資與價格缺乏向下調整的靱性，以使凱恩斯理論在解釋經濟波動時具個體經濟基礎，同時確認政府的經濟政策可有效地改變就業與產出水準。

重 要 名 詞

痛苦指數	拉佛爾曲線
反誘因效果	最適稅率
理性預期假說	跨時替代性
效率市場	菜單成本
隱含契約理論	

問 題 練 習

1. 甚麼是拉佛爾曲線，其與供給面經濟學有何關係？

2. 供給面經濟學的理論重點爲何？ 其與凱恩斯經濟學的主要差異何在？

3. 供給面經濟學的主要政策措施爲何？ 美國雷根政府時代1981與1986兩項租稅改革法案的成效爲何？ 是否可作爲供給面經濟理論運用成功的佐證？

4. 理性預期學派──新興古典總體經濟學的基本假設爲何？ 是否與現實情況相符？

5. 理性預期學派認爲在靭性工資情況下，非自願性失業不存在，其理論基礎爲何？試以其「跨時性替代」假設解說之。

6. 何謂價格訊息不對稱？其對經濟波動作何解釋？

7. 理性預期學派對經濟政策的看法如何？試簡要評述之。

8. 簡述新興凱恩斯總體經濟學的要點。

第十五章　經濟成長概要

　　所得就業理論是一種**靜態均衡**的探討，屬於短期的分析。假設資源或投入要素的數量固定，所得就業理論研究的中心是如何使現有的可能生產能量作最充分及有效的利用，使實際產出儘可能接近或等於潛能的充分就業產出。因此，所得就業理論是以固定生產能量或充分就業產出爲前提，著重總需求變化的調整，以尋求最大均衡的就業、產出水準。

　　經濟成長是一種**動態均衡**的分析。從長期推進的觀點，探討提高社會生產能量的力量與決定社會經濟成長的因素，著重於實質產出擴張或供給增加的分析。

　　古典學派雖有經濟成長的看法，但傾向於悲觀、黯淡的結論，而將經濟成長附在市場成長中分析。當代經濟成長理論之被重視，乃在1940年代以後，各發展中國家向先進國家看齊，盡力追求人民生活的改善，因而引起經濟學家對經濟成長的探討。

第一節　經濟成長的意義與性質

一、不同定義與測量

　　要對經濟成長下一個確切的定義並不容易。較爲一般所接受的**經濟成長定義爲：一個經濟社會，隨著時間的推進，其實質充分就業產出或**

所得水準不斷提高的一種現象; 亦卽一個社會的生產可能曲線不斷向外推移的現象。更深入而言, 經濟成長應有以下幾點的內涵:

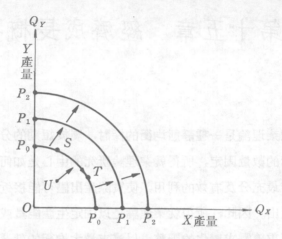

圖15-1 生產可能曲線往外移代表經濟成長。

(一)**實質國民生產毛額不斷增加** 從國民生產毛額的觀點來看, 經濟成長表示每一期實質的國民生產毛額均大於前一期實質的國民生產毛額——卽 $GNP_1 < GNP_2 < \cdots < GNP_n$, 1 至 n 代表時間。這種現象就圖 15-1 來看, 表示社會的生產可能曲線不斷地往外移。值得注意的是, 由 U 點移到生產可能曲線上, 只是原先未加利用或低度利用的資源重新獲得充分利用而已; 由 S 到 T 點的移動亦只表示生產組合的改變, 兩者在經濟理論上均不能視之爲經濟成長。但是, 在現實的經濟社會, 一個經濟社會卽使處於失業或低度就業的狀態, 只要其產出增加, 卽算是經濟成長發生。

(二)**平均每人實質所得提高** 實質國民生產毛額的增加並不能眞正代表國民生活水準的提高。因爲在談論經濟成長時, 除了實質國民生產毛額的增加外, 尚要考慮到人口因素, 亦卽要使每一個人的生活獲得改善。因此, 就國民福利的觀點而言, **平均每人實質所得**(per capita real income) 逐年的增加，才是經濟成長——即 $\dfrac{Y_1}{H_1} < \dfrac{Y_2}{H_2} < \dfrac{Y_3}{H_3}$

$< \cdots < \dfrac{Y_n}{H_n}$，$Y$ 代表實質國民所得，H 代表人口，1 至 n 代表時間。

（三）**人口至少不減少**　就經濟的觀點而言，經濟成長的目的在於養民，且使每個人的生活更富庶。倘若實質國民生產毛額不變，而人口減少，平均每人實質所得亦將增加，但這有失養民之旨，故經濟成長尚須滿足不是因人口減少而得——即 $H_1 \leq H_2 \leq \cdots\cdots \leq H_n$，$H$ 代表人口，1 至 n 代表時間。雖然經濟成長的目的在於增進人們的生活水準，與維持人口持續的存在——即不以人為的手段使現有的生命人口減少，但是人口的成長亦須有所限制。早期的經濟觀念，由於是地廣人稀的農業社會，故將人口的增加，視為促進經濟成長的重要因素。晚近工業社會逐漸感受到人口膨脹的壓力，社會政策著重於降低人口增加的速率，以求達到改善人們生活的目的。

以平均每人實質所得的高低，作為衡量一個社會經濟成長的標準，最為普遍接受。但是除了物質外，人類的生活尚包括藝術、文化、休閒等精神生活，故有不少的經濟學者另以各種的標準，作為衡量一個社會經濟成長的指標。例如，休閒時間的增加、產品品質的改善、產業結構的改變等；或從經濟福利的觀點看全國國民攝取營養的增加、用電量的增加；或由社會觀點看全國平均多少人有一張病床、多少學生有一位老師……等等不同的標準來衡量經濟成長。

二、成長的重要

經濟成長之所以成為當今世界各國熱烈追求的經濟目標，乃是因其能夠帶給個人與社會以下的好處：

1. **提高生活水準**　經濟成長使總合與平均每人實質產出增加，提供經濟社會更多的生活資料，除了使人們現有的慾望獲得更大的滿足，

並得以有能力進一步從事新的計畫，追求新的慾望滿足。食衣住行育樂各方面均能獲得改善，貧窮髒亂得以消除，物質消費的增加，顯示人們生活水準的提高。

2. 減輕稀少性的壓力 一個動態成長的經濟總較靜態停滯的經濟，有著更多財貨與勞務的產出，相對於人們的慾望，這表示社會所面對的稀少性壓力減輕，人們並有更多的消費選擇機會。

3. 所得重分配與均富 原來是大窮小窮，分配不均，動亂不安的社會。經濟成長使社會能夠不降低某些人的生活水準而提高其他人的生活水準。並非以現有的財貨進行重分配，而是在創造增加財貨的過程中進行分配。如果貧窮者分得較多，富有者分得較少，則經濟成長有縮小貧富差距，消滅貧窮的作用。

4. 國家安全與榮譽 成長增加一個國家的經濟力量，提高國力，使其有能力負擔更多的國防支出，增進國家的安全。成長使一個國家處於更強有力的地位來處理國內外的經濟問題，並由於國民生活水準的提高，更會受到其他國家的尊重，提高其國際地位。

5. 提升文化水準 文化必須在起碼的生活水準下才能產生。經濟成長更深一層的轉變在於文化方面，亦即育樂方面與生活素質的改進。因此，經濟發展非但有益於物質生活，而且在精神生活方面亦有重大影響。

三、成長的性質

經濟成長具有不斷累積效果（cumulative effect）的特性。如果經濟連續不斷以 $g\%$ 的速度成長，則經濟成長的結果可以寫成 $Y_t = Y_0 e^{gt}$，Y_0 表示基期（或最初）的實質國民所得，Y_t 表示 t 年後的實質國民所得，$e = 2.71828$)[1]。如果要使 Y_t 是 Y_0 的兩倍——即 $\dfrac{Y_t}{Y_0} = 2$，必須

---

[1] 這個公式其實也就是連續複利（compound-interest）的公式。

$g \times t = 0.69$, $t = \dfrac{0.69}{g}$, 此式稱之爲「**法則69**」(rule of 69), **表示**一個國家的實質國民所得要提高一倍所需的年數爲 0.69 除以連續成長率 g。

如果我們假設經濟不是 連續而是每 年一次以 g ％的速度 成長, 那麼實質國民所得成長 一倍所需的時間 可以根據複利 的公式計算, $t = \dfrac{0.72}{g}$, 稱之爲「**法則72**」(rule of 72)。 由於累積效果的特性, 因此兩個社會雖然同時以相差有限的成長率進步, 但經過一段時間後, 實質國民所得水準將產生很大的差距。

第二節 古典派成長理論

史密斯、李嘉圖、 馬爾薩斯 (Thomas Robert Malthus) 與彌勒 (J. S. Mill) 等古典派經濟學者對於經濟成長持悲觀的看法, 認爲經濟成長終將遲緩而至停滯, 人們的生活水準最後只能維持在生存水準而無法提高, 這種論點稱之爲**古典派的生存水準成長理論**(subsistence theory of growth)。

史密斯的成長理論著重於分工專業, 認爲分工後可以促進專業, 改進生產技術, 擴大生產規模, 提高生產力, 經濟因此可以成長, 每人所得能够提高。但是, 經濟成長的結果, 人口亦隨之增加, 每人所得於是降低, 生活又恢復到僅足維持生存的水準, 如此循環下去。 繼承史密斯這種悲觀的成長看法, 古典派的學者偏重於所得分配中的工資理論──即**維持生存的工資理論** (subsistence theory of wage), 認爲每個人的工資 (所得) 只在足够維持生存的水準上, 超過此一水準時, 會使人口膨脹, 而工資也因之降低; 低於生存水準時, 會使人口減少, 工資 (所

得）因而隨之增加。這種生存水準的經濟成長理論，主要是由以下幾個古典學派的基本假說所形成。

一、報酬遞減與生存水平論

史密斯認爲經濟可以發展，主要靠市場的擴大，發生分工專業，使生產技術改進，生產力提高，生產範圍擴大，產量增加，經濟得以成長。但是，資源的限制使經濟成長到達某一程度後自然停頓。

除了承受史密斯的資源限制成長外，古典派的學者又根據**報酬遞減法則**來說明經濟成長爲何終將停頓❷。李嘉圖的成長理論著重於以技術進步與機器設備的累積來增加生產。機器是一種資本，要發展經濟，則需要儲蓄，進行投資，累積資本。但是，資本累積的結果，也將受到報酬遞減法則的限制，經濟因此無法持續的成長。因爲，在農業生產方面，將不斷增加的人口，投入到固定的土地上，必將發生報酬遞減；在工業生產方面，資本累積愈多，生產增加得愈慢，資本的報酬率愈低，儲蓄與投資也就愈來愈少。如此，經濟成長逐漸緩慢下來而至停頓，最後人們的生活仍舊維持在最低生存的生活水準上。

二、馬爾薩斯人口論與工資鐵律

對於經濟成長，馬爾薩斯特別重視人口因素，其發表的《人口論》(*An Essay on the Principle of Population*)，認爲人口的增加較維持生存所需之產出的增加爲快，亦卽人口成幾何級數的增加，而糧食只成算術級數的增加。在固定數量的土地上，人口不斷增加的結果，終將

---

❷　報酬遞減法則是指在其他情況不變下，每額外增加一單位的生產投入（如勞動），所增加的產出愈來愈少。此法則之所以成立，主要是生產過程中有：（1）可隨產量變化而變化的可變生產要素（如肥料。種子或勞工）；（2）不能隨產量改變而改變的固定生產要素（如土地、廠房、機器設備在短時間內不能改變）。

導致勞動的報酬遞減，除非有效地阻止人口的成長，否則人類的命運終將註定是悲慘與貧窮的。

　　對於遏阻人口快速成長，**馬爾薩斯提出的方法**有：（1）**自動的限制**──如道德的約束、晚婚與獨身生活；要是效果不彰，則將不可避免地遭遇，（2）被動的限制──如戰爭、疾病與饑荒等非道德的外力，來減少人口。

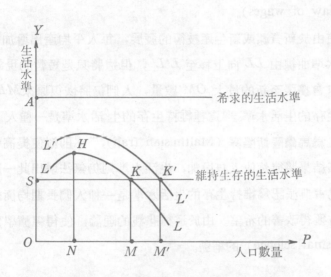

圖15-2　生存生活水準與馬爾薩斯陷穽。

　　生活水準與人口有密切的關係。圖15-2，*LL* 代表實際生活水準曲線，即每人平均產出線。在人口少時，平均產出隨人口的增加而增加，但增加到某一限度後，報酬遞減開始發生作用，平均產出反而隨人口的增加而減少。圖中，在*ON*人口時，每人平均產出 *NH* 達於最大，代表實際生活水準達於最高，此時的人口數量即為**最適度的人口量**（optimum population）。古典派學者認為只要平均每人產出（工資）超過生存水準時，人們將生育更多的子女，人口繼續增加，由於土地的固定不變，報酬遞減將發生作用，每人平均產出（工資）因而下降，直到實際生活

水準下降到僅只維持生存水準爲止。因此，每人平均產出線與維持生存的生活水準線相交之點K所對應的 *OM* 爲最大人口數量。超過此一人口數量，人們的生活水準將低於維持生存的生活水準，饑饉、死亡增多，人口將減少，平均每人產出（工資）將回升，直到恢復維持生存水準爲止。是故，人口數量調整的結果，人們的生活水準或工資最高只能維持在生存水準，這種論點稱之爲**生存工資理論或工資鐵（銅）律**（iron or brazen law of wages）。

即使由於新資源或新生產技術的發展，每人平均產出增加，而使實際生活水準曲線由 *LL* 向上移至 *L'L'*，但這將只是短暫的現象。到最後，人口會擴張至新的最大 *OM'* 數量，人們仍將恢復原來 $MK = M'K'$ 的維持生存的生活水準。這種維持生存的生活水準是一種人口的陷穽——稱之爲**馬爾薩斯陷穽**（Malthusian trap），亦卽縱使提高每人平均產出，其結果將徒然使人口增加，生活水準則仍無法跳出此一陷穽。

因爲古典派認爲維持生存的生活水準是一種人們長期均衡的生活水準，沒有獲得改善的希望。由於這種悲觀的理論，使得經濟學蒙上**黯淡科學**（dismal science）的稱號。

三、利潤剩餘理論與工資基金

古典工資理論是由集古典學派理論之大成的經濟學者彌勒，提出系統的**工資基金理論**（wages-fund theory）來加以說明。由於工業生產過程具有迂迴（roundabout）生產的特性，資本家從投資生產到產品銷售而有收入，需要一段很長的時間。在這一段期間，工人需要工資以維持生活，故在投資中，須有一部分的資本作爲雇用工人所需的資金，稱之爲工資基金。隨著投資賺取利潤，再繼續擴大投資，資本不斷累積，工資基金也就不斷增大。工資基金與工人的數量，決定工資水準，而古典派理論認爲這一工資水準，終將僅够維持生存。

至此，我們可以圖15-3，將上述幾個古典派的基本假說加以結合，對於整個古典派成長理論的架構，作更明確的剖示。圖中，橫軸表示勞動人口(P)，其與總人口成正比例的關係；縱軸測度總工資(TW)與減

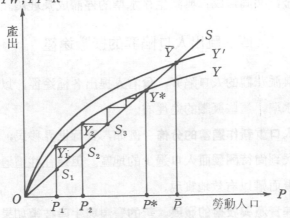

圖15-3 古典派沒有成長的停滯狀態均衡。

除地租後的總產出（$TP-R$）；曲線 OY 表示減除地租後的總產出，由原點出發的射線（OS）代表生存水準的工資水準。首先，假設人們生活於生存水準，勞動人口為 OP_1，資本家投資生產，扣除地租後的總產出為 P_1Y_1，總工資為 S_1P_1，剩餘利潤為 Y_1S_1。根據工資基金學說，利潤的累積導致對工人需求的增加，假設所增加的投資全數充作工資基金，將促使總工資提高為 Y_1P_1，而使利潤消失。但是由於 Y_1P_1 的總工資高於生存水準的總工資 S_1P_1，勞動人口因此增加到 OP_2，總工資又恢復到生存水準 S_2P_2。OP_2 只是暫時均衡的勞動人口，因為這水準的勞動人口使產出由 P_1Y_1 增加到 P_2Y_2，而產生 Y_2S_2 的利潤，這又將使工資與勞動人口增加。由於報酬遞減，投資的利潤愈來愈小，因此圖15-3產生收縮的階梯式途徑。在 OP^* 的勞動人口時，利潤消失，投資停止，工資維持在生存水準，大部分的產出成為土地的地租報酬，經濟處於一種沒有成長的**停滯狀態均衡**（stationary-state equilibrium）。

如果 技術進 步或資 源增加，使減除 地租 後的總產 出線向 上移到OY'，但是如同上述一般，最後經濟仍處於 $O\bar{P}$ 勞動人口的停滯狀態均衡。職是之故，馬爾薩斯的人口論、報酬遞減、生存工資理論、剩餘利潤與工資基金，共同形成古典派生存水準的停滯成長理論。

四、跳出人口陷穽的擬議途徑

對於古典派悲觀的人口陷穽，曾有人提出各種途徑，以求脫離維持生存的生活水準。這些擬議的途徑有：

1. 將人口重新作適當的分佈　例如，實行世界移民，人口過多的地區大量移民到尚待開發而人口過少的地區。但這往往遭遇到政治及社會因素的障礙而難以有效地實現。

2. 加速資源與技術的發展　新的資源與生產技術如果能够快速的發展，而且領先人口的成長，將使每人平均產出的增加較人口的成長來得快，人們的生活水準因此能够繼續提高。

3. 升高維持生存的生活水準　將生存的生活水準升高——即把生活水準的標準提高，這將產生示範作用，激勵人們努力達到心目中**希求的生活水準** (aspiration level of living)，人口陷穽得以擺脫。圖 15-2 的 OA 表示較 OS 爲高的生活水準，爲了達到此一生活水準，人們將努力於新資源的發現，改進生產技術，並自動減少人口，以使整個平均產出曲線往上移。

悲觀的古典成長理論，認爲生活水準的提高會使人口增加，即生活水準與人口成長率成同方向 、同比例的變動。但以經濟發展的事實 來看，在經濟發展的初期，生活由貧苦而升高，會使人口快速增加，但隨著經濟發展程度的提高，人們習於優裕生活，並追求更高生活水準，則將自動節制生育，人口成長率將逐漸降低，而至不再繼續增加。這種現象乃是由於人們瞭解在生活資料有限的情況下，要提高生活水準，就必

須使消費人口減少。這種觀念產生一種自動抑制的作用，使人口減少，生活水準乃逐漸提高至依次上升的希求水準。此種論點，在經濟發展文獻上被稱之為「**熱水浴假説**」(hot-bath hypothesis)。

隨著人們經濟觀念的改變，更由於新資源的不斷發現，快速的研究、發明、與創新的活動，引起生產技術與生產力的不斷提高，許多已開發國家人們的生活水準一直往上調整，馬爾薩斯的預言並未成為事實。但是，馬爾薩斯人口陷穽的警語，在若干低度開發中國家裏仍然靈驗，能否跳出此一陷穽，成為這些國家尋求發展的最大考驗。

第三節　決定成長的重要因素

一、人力資源的量與質

人口的因素對於經濟成長有正、反兩方面的效果。正的方面，人口愈多，勞動的供給愈多，生產能力也就愈大。反的方面，人口亦有其維持生存的成本存在，人口愈多，所需的投入成本愈多，消費需求也愈大，因而成為經濟成長的障礙。第二次世界大戰後，經濟學者在對落後國家的經濟分析中，發現其落後的主因乃是人口過多。此外，在不同環境、不同時期中，相同數量的人口可能產生不同的經濟結果，以致人口結構的問題逐漸受到重視。醫藥發達與生活條件改進後，現代人的平均壽命與退休年齡延長，人口結構發生變化，不再像以往平均壽命短、兒童數量多的金字塔似的人口結構，而是老人逐漸增多的圓柱式（甚至是倒金字塔式）的人口結構。如此，依賴豢養的人愈多，壯年人相形減少，同樣可能對經濟發展產生不利的影響。

勞動產出的多寡決定於勞動的量與質，勞動生產力的高低決定於勞動品質的優劣。體弱多病、缺乏技術訓練與知識等，勞動的品質必然很

低，平均每人產出很少，這樣的人口勢將成爲經濟發展的阻礙。惟有具備健康良好、體力充沛、教育程度高、技術訓練多等條件的高品質勞動力， 人口才是經濟成長的動力。 一個社會的人力資源愈豐富， 品質愈高，經濟成長也就愈快。因此，追求經濟成長的國家無不投入鉅資於營養、健康、教育與研究的人力資本 （human capital） 形成之上。

二、自然資源的量與質

有投入才有產出，投入愈多，產出也就愈大。在生產過程中，最基本的主要投入爲原料，也就是附屬於土地的自然資源。這是上天給予人類維持生存、帶動經濟成長的天然稟賦。一個國家能夠投入生產的天然資源越充裕，品質愈高，經濟發展愈容易。

任何社會的自然資源， 就其**物理的存量** （physical stock） 而言，是固定不變的， 但就**經濟的流量**（economic flow） 來看， 是會改變的。因爲: (1) 科學愈發達，新資源會陸續被發現，已知而前此無法開採的也能因技術進步而加以開採; (2) 已發現但被視爲無用的資源，當科學發達後，也可加以利用; (3) 已被利用，但沒能有效利用的資源，在高度技術下，不僅使其效用發揮至最大，甚至可以改變用途，使其應用在最適當的用途上。 因此， 一個社會自然資源的量與質， 就經濟的觀點而言，並非固定不變，而是與科技水準成正相關。就某一時點而言，自然資源的量與質可視爲不變; 但就長期而言， 由於科學與技術的進步，自然資源的可用度提高， 或因需求與成本的條件發生改變，使資源的經濟效益增加，這些因素均將提高自然資源的量與質。

有的自然資源使用後，可以再生——如水，因此不慮以後生產投入的缺乏。但是，大部分的自然資源使用後卽形消失，不能再生——如石油，故隨着生產的增加，這種資源逐漸的耗竭。是故，爲了確保經濟的成長與人類生活的方便，對於自然資源應作最有效率的利用，並妥爲保

存維護。

三、資本累積的速度

假設其他因素不變，一個社會經濟成長的速度與其資本存量的多寡呈增函數關係。資本累積主要靠儲蓄，儲蓄是將可供目前消費的資源節省而作為未來生產之用。任何國家為了追求經濟成長，無不設法提高儲蓄傾向，其方法有：**(1) 直接強迫儲蓄**，在集權國家或極端軍國主義的國家（如戰前的日本、德國、義大利）均採直接強迫儲蓄，以限制人民生活需要，減少消費，達到資本的累積增加；**(2) 間接強迫儲蓄**，以增加通貨發行融通政府的開支增加，使物價上漲，民間實質所得減少，消費減少；或增加租稅，減少民間消費，而達到資本累積的目的。一般民主國家都不採用強制手段來增加資本累積，而採取鼓勵方式——如制定獎勵投資條例、儲蓄利息收入免稅、創新企業的利潤免稅，來加速資本累積。

資本累積不僅是資本量而已，亦包括資本品質——機器設備生產效率的高低。一個國家的研究、發明與創新的活動愈多，技術進步將愈快，資本的品質也就提升愈快。

機器設備需要有人來操作，因此資本的擴充需要有人力資源與之配合，才能積極發揮促進經濟成長的作用。一個國家資本累積的速率愈快，資本存量愈多，不但能使**資本增廣**（capital widening）——更多的勞工能夠得到資本配備，而且能使**資本加深**（capital deepening）——每位勞工能夠得到更多、更新的資本配備。兩者均能使勞動生產力提高，促進經濟的成長。

許多落後國家，由於所得低，儲蓄少，投資少，資本累積少，生產力因此無法提高，所得亦無法提高，儲蓄無由增加，形成一種**貧窮的惡性循環**（vicious circle of poverty）。能否以本身或外在的力量促成資

本累積，突破惡性循環，是決定落後國家經濟能否成長的關鍵。

四、專業與技術進步

分工合作愈細密，專業化程度愈深，生產規模愈能擴大，生產力愈能提高，則產出能够快速增加，工資提高，每人所得提高。如此，一方面消費可以增加，一方面儲蓄與財富累積可以增加。儲蓄轉化爲資本累積增加的結果，能有更多的機器設備，能够雇用更多的勞工，進行更精細的分工合作，生產規模再擴大，形成一種良性的循環，經濟得以不斷的成長。

熟能生巧，專業化程度愈深，愈能推動一個國家的技術進步。資本只是一種體現技術進步的憑藉，技術愈進步，資本的累積也就愈多。除了資本外，技術進步亦可以反映在勞動方面。因此，技術進步不僅是出現在更新而且效能更好的機器設備方面的增加，也出現在管理、銷售、研究、創新等人力資源的提高方面❸。

新技術會使原有的資本更有效利用，使新的資本累積增加。要提高一個國家的技術水準，除了加強科學技術教育、職業訓練、鼓勵研究發明創新外，直接由國外引進適合本國環境的新技術，更能加速經濟成長，並節省研究資源的投入。

五、市場需求

人力、自然資源、資本累積、與技術水準，只是推動經濟成長的供

---

❸ 技術進步可以分爲體現的技術進步（embodied technical progress）與非體現的技術進步（disembodied technical progress）兩種。體現的技術進步是指：以更新、更有效率的資本財或勞工體現（表現）出進步的技術；非體現的技術進步是指：隨著時間的推進，技術進步以全面性的方式發生，即現存早先所建造或接受教育與訓練之資本設備與勞工的生產力均同時提高。

給面因素，著重於經濟生產能量的決定。但是，在一個自由市場經濟制度下，除非增加的產出能够被社會大眾所需要，否則生產將無以繼續。在需求小於供給時，生產將減少，發生失業，減少技術進步與開採資源的誘因。在此情況下，需求不能配合，縱然具有成長的供給因素，亦無法產生推動經濟成長的力量，經濟終將無法發展。

因此，有供給面的容許因素尚須配合有需求面的促動因素，才能充分刺激經濟成長。需求的大小，決定於市場的大小、消費者的嗜好與所得水準的高低。如國內市場需求不足，亦可以藉由突破貿易障礙，增進國際貿易，以擴充本國產品市場。總之，擴大市場，增加需求，是刺激投資，促進經濟發展的重要途徑。

六、環境因素

容許成長的經濟因素之存在，並不確保一個社會的經濟一定成長，還要有非經濟的環境因素的配合，才能使經濟成長得以實現。一個國家的政治不穩定，法令規章不健全，治安情況不佳，公用設施欠缺或是民風保守，人民缺乏冒險犯難、擔負風險的精神，均將使投資者裹足不前，企業難以推展。唯有政治、社會、文化與制度能够提供良好的投資環境，再配合有利經濟成長的供給與需求因素，經濟才能順利發展。

第四節　經濟成長的障礙

無論是開發中或已開發的國家，在追求經濟成長的過程中總會遇到許多的障礙。就開發中國家而言，成長主要的障礙是文化、宗教、社會風俗習慣等非經濟因素，對於創新的經濟活動與制度的排拒，這是屬於價值觀念而非利益衝突的成長障礙。就已開發國家而言，成長的主要障礙是勞動與資本的缺乏流動性，及資本財貨的生產受到限制等經濟因素，

是屬於利益衝突而非價值觀念的成長障礙。以下我們只就阻礙經濟成長的經濟因素加以探討。

一、勞動的缺乏流動性

勞動的流動性，不僅是地區與地區間的移動，更包括工作與職位之間的轉變。缺乏流動性使得勞動力不能獲得充分及有效的利用，是一種人力資源的浪費，導致財貨與勞務生產減少的損失。而勞動缺乏流動性的主要原因是勞動市場的就業機會訊息不完全，與勞動者無力負擔流動的成本所致。

晚近，由於政府就業輔導機構的普遍設置，交通與通訊設備的改進，傳播媒介的發達，大大減少了勞工對就業機會存在的無知，因而提高勞動的流動性。勞動流動的成本並不只是交通成本，主要是指流動期間所得的減少、退休金、年資與其他福利的喪失、長期的學徒低收入、進入新工作的執照費或加入工會的費用、與離家外出所造成的精神苦悶等成本。就某種程度而言，勞動移動的成本可經由政府的職業訓練、失業津貼與其他的社會福利措施而減輕，以提高勞動的流動性。但是，勞動流動過份容易的結果，將肇致轉業過於頻繁而導致廠商缺乏安定性、勞動者個人的生產技術無法提高、與社會實質資源的浪費。

在許多開發中國家的農村，存在大量 隱藏性失業 的農業就業人口──即表面上是在就業，但將其從現在的生產活動中移出，總產量將不會減少，表示這些人的邊際生產力等於零。因此，農業部門人口過多而形成的隱藏性失業，成為開發中國家經濟發展的障礙。但是，在工業生產不發達，工業部門就業機會缺乏，思想閉塞的農業社會，勞動的流動性必然很低。如何增進這些勞動的流動性，使其由農業部門移轉到工業生產，成為生產性的勞動力，是開發中國家面對的重要發展策略。

二、資本的缺乏流動性

訊息的缺乏 與流動成本的 高昂亦是造 成資本缺乏 流動性的主要原因。開發中國家由於新市場、技術改變、新的生產、分配與融資等訊息的不完全與金融市場 的不健全， 使得實體資本 與金融 資本均缺乏流動性。不過，晚近由於許多公私訊息與諮詢機構的快速成長，大大減少了由於訊息缺乏所引起的資本缺乏流動的障礙。

一般機器與設備均具有特殊的專業用途而難以移作他用，因而資本流動需要重大的流動成本。不過， 政府可以採取租稅、關稅、配額、補貼與價格支持等保護政策， 使某些產業免於感受到國內外激烈競爭所產生的不利影響， 而蒙致重大的資本流動成本損失。然而， 以保護政策使得產業免於遭受競爭，雖可減除目前的流動成本，但卻招致未來競爭能力減弱、經濟成長減緩的不利後果，故設法提高資本的流動性、忍受目前資本流動成本的損失，才是長久的發展之計。

三、生產資本財的資源限度

資本存量不斷累積， 每年的折舊愈來愈大，需要更多儲蓄以替換折舊的機器設備；人類生活水準提高的結果，要求再更進一步的提高，這又需要增加儲蓄以累積更多的資本，擴充更大的生產能量來達成， 兩者均需要我們犧牲更多目前的消費，增加巨額的儲蓄才能實現。

但是， 一個國家經濟發展的程度愈高，結果是：（1）每人實質資產的累積愈增加，財富愈多；（2）政府提供預防意外的社會福利支出──如失業、年老津貼──增加；（3）消費的示範效果使社會的消費傾向提高。這些因素均使得一個國家的平均儲蓄傾向下降， 可是資本的需求增加，以致儲蓄供給相對短絀。因此， 在現有的定額社會資源之下，儲蓄的減少，表示生產資本財的資源受到限制，資本財因而無法跟隨實際需

求的增加而快速擴充，經濟成長因此受到障礙。

第五節 簡單成長模型

一、經濟成長的格式化事實

許多經濟學者──如顧志耐 (Simon Kuznets)❹、肯瑞克 (John Kendrick)、卡爾德 (Nicholas Kaldor)、丹尼森 (Edward Denison)──研究美國與其他先進國家長期的經濟成長歷程後，發現先進國家的經濟成長顯示以下幾點格式化的事實 (stylized facts)：

1. 產出成長率相當穩定。

2. 勞動力成長率相當穩定。

3. 勞動生產力成長率相當穩定。

因為勞動生產力等於產出除以勞動力，所以以上三個格式化事實乃相互依存而非獨立的，即任何兩個格式化事實成立，則另一個格式化事實也必然成立。

4. 資本─產出比率相當穩定。

5. 實質利率相當穩定。

6. 勞動與資本的所得份額 (income share) 相當穩定。

因為勞動的所得份額等於實質工資乘以勞動數量而後除以實質產出而得的商數，資本的所得份額等於實質利率乘以資本數量而後除以實質產出而得的商數，所以以上三個格式化事實亦為相互依存而非獨立的。在只有勞動與資本兩種生產投入的假設下，勞動的所得份額與資本的所得份額之和等於 1 。

---

❹ 顧志耐因為研究國民所得帳及經濟成長的傑出成就，而得到1971年的經濟學諾貝爾獎。

有鑑於此，經濟成長模型必須能够合理地解釋這些格式化的成長事實才是有意義的模型。

二、哈羅德—多瑪成長模型

假設其他因素都能配合，而視資本是決定經濟成長的唯一要素，則充分就業經濟的成長率 (G_f) 等於平均儲蓄傾向 (APS) 除以資本產出比率 $\left(\dfrac{K}{Y}\right)$，即 $G_f = \dfrac{APS}{K/Y}$。這個簡單的成長公式是依下面的推理導引出來的。

資本由儲蓄而來，儲蓄量 (S) 等於平均儲蓄傾向 (APS) 乘以所得 (Y)，即 $S = APSY$。令 $APS = \alpha$，得到

$$S = \alpha Y 。 \tag{1}$$

儲蓄必須投資才能累積資本，假使沒有資本折舊，則毛投資 (I) 等於淨投資 (I_n)，等於資本增加量 (ΔK) 即

$$I = I_n = \Delta K 。 \tag{2}$$

經由資本產出比率，可以算出資本增加量對產出增加的貢獻。假設技術不變，則資本—產出比率 (β) 等於平均資本—產出比率 $\left(\dfrac{K}{Y}\right)$ 等於邊際資本—產出比率 $\left(\dfrac{\Delta K}{\Delta Y}\right)$。資本增加量因此等於資本—產出比率乘以產出增加量，即

$$\Delta K = \beta \Delta Y 。 \tag{3}$$

要經濟達到均衡，必須投資等於儲蓄，即

$$I = S 。 \tag{4}$$

將(1)、(2)、及(3)式代入(4)式，得到

$$\beta \Delta Y = \alpha Y。 \tag{5}$$

由(5)式可以得到

$$G_f = \frac{\Delta Y}{Y} = \frac{\alpha}{\beta} = \frac{APS}{K/Y}。 \tag{6}$$

將 (6) 式兩邊同乘以 $\frac{K}{Y}$，即 $G_f \frac{K}{Y} = APS$，表示經濟達到成長的均衡時，資本的需求 $\left(G_f \frac{K}{Y}\right)$ 等於資本的供給 (APS)。充分就業成長率是根據凱恩斯學派的理論架構所導出，因此有**凱恩斯學派經濟成長模型** (Keynesian economic growth model) 之稱。又此一模型首先由哈羅德 (R. F. Harrod) 與多瑪 (E. D. Domar) 兩位學者所提出，故又稱之為**哈羅德—多瑪成長模型** (Harrod-Domar growth model)。

由哈羅德—多瑪成長模型可知，一個國家的經濟成長率與其儲蓄率呈增函數關係，與資本—產出比率呈減函數關係。在資本—產出比率固定下，一個國家只要能夠提高儲蓄率就可以加速其經濟成長。一般而言，一個國家愈工業化，其資本—產出比率愈高，而開發中國家的資本—產出比率則較低。重工業較輕工業的資本—產出比率高，因之，相同的資本投入，輕工業的產出較重工業成長快，這也是開發中國家在發展經濟時，通常都從輕工業著手的理由之一。

三、新古典經濟成長模型

古典派經濟學者強調土地在生產中的重要性與報酬遞減法則的存在，因而得到一個黯淡的結論，即人們終將陷入恰足維持生存的生活水準，經濟在長期間將處於沒有成長的停滯狀態均衡。但事實上，西方各先進國家自18世紀工業革命之後，生產型態有了很大的改變。農業社會

裏，土地是最為重要的生產要素，但在工業社會裏，土地的重要性則遠不如資本與技術。經濟學家梭羅（Robert Solow）因此提出**新古典成長模型**（neoclassical growth model）——又稱為**梭羅成長模型**（Solow growth model），強調資本累積與技術進步對於經濟成長的重要性❺。簡化的新古典成長模型可以導引如下。

一個國家的資本存量（K）等於資本—勞動比率 $\left(k=\dfrac{K}{L}\right)$ 與勞動量（L）的乘積，卽

$$K=\left(\dfrac{K}{L}\right)L,$$
$$=kL。 \tag{1}$$

（1）式化為變動量為❻：

$$\Delta K=\Delta kL+k\Delta L,$$
$$=\Delta kL+\dfrac{\Delta L}{L}kL,$$
$$=\Delta kL+nkL。 \tag{2}$$

（2）式中，n 為勞動力成長率。假設沒有資本折舊發生，則資本變動量（ΔK）等於毛投資，亦卽等於儲蓄 sY（s 為平均儲蓄傾向，Y 為實質國民所得），因此（2）式可以改寫為

$$sY=\Delta kL+nkL。 \tag{3}$$

將（3）式兩邊同除以勞動量（L），得到

---

❺ 梭羅因為這方面的貢獻，而得到1987年的經濟學諾貝爾獎。

❻ （1）式兩邊對時間（t）微分，得到
$$\dfrac{dK}{dt}=\dfrac{dk}{dt}L+h\dfrac{dL}{dt}。$$
假設時間變量為一單位，卽 $dt=1$，則在間斷變動（discrete change）下，上式成為：
$$\Delta K=\Delta kL+k\Delta L。$$

$$\frac{sY}{L} = \Delta k + nk。 \tag{4}$$

（4）式中，$\frac{Y}{L}$ 爲平均每人產出（y），假設其爲資本—勞動比率的函

數——即 $\frac{Y}{L} = y = f(k)$，則（4）式可以改寫爲：

$$\Delta k = sf(k) - nk。 \tag{5}$$

（5）式即爲新古典成長模型的基本方程式，它表示資本加深（Δk）
等於每人儲蓄（$sf(k)$）與資本增廣（nk）的差額。將（5）式以圖形表
示，得到圖15-4。圖中，如果每人儲蓄額大於資本增廣所需的資本額，
則每人資本加深（$Ok_0 \longrightarrow Ok^*$）；反之，則每人資本變淺（減少）（$Ok_1$
$\longrightarrow Ok^*$）。 只有每人儲蓄額等於資本增廣所需的資本額時， 資本—勞

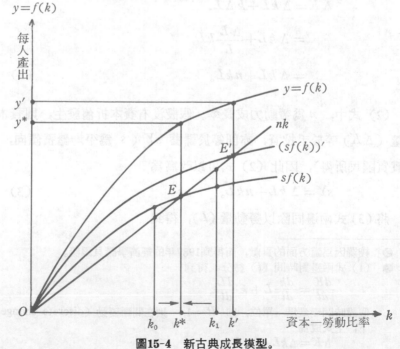

圖15-4 新古典成長模型。

動比率（或每人資本額）才達於均衡不再變動的狀態（Ok^*）。因此，每人儲蓄線與資本增廣線相交之點決定經濟達於長期穩定狀態（steady state）時的資本—勞動比率（Ok^*）與每人產出 Oy^*。

由圖 15-4 可以看出，在勞動力成長率（n）不變下——或資本增廣線固定不變，如果儲蓄率（儲蓄傾向）提高，資本累積增加，或是技術進步——反映在 $f(k)$ 往上移，均將使每人儲蓄線往上移〔$sf(k)$ ⟶ $sf(k)'$〕，而使長期穩定狀態的資本—勞動比率提高 （Ok^* ⟶ Ok'），每人產出增加（Oy^* ⟶ Oy'），經濟發生成長。

四、技術進步的測度

許多研究經濟成長的學者均認爲，第二次世界大戰之後，先進國家的經濟之所以能夠長期持續成長，技術進步的貢獻相當大。例如，丹尼森與美國勞工部的研究發現，1948～1986年之間，美國的每年平均經濟成長率爲3.2%，其中歸之於生產要素使用增加的爲1.8%（佔 56%），歸之於技術進步的爲1.4%（佔44%）。因此，要瞭解一個國家經濟成長的來源必然不可忽略技術進步此一重要的因素。技術進步是一相當抽象的觀念，它並不同於其他的生產投入之具體存在，可觀察得到。是故，如何測度技術進步成爲研究經濟成長的重點之一。對於如何測度技術進步，梭羅提出以下的公式[7]：

---

[7] 假設生產只需勞動（L）與資本（K）兩種投入，而且有技術進步發生，則生產函數可以寫成 $Y = F(K, L, t)$，Y 爲實質產出，t 爲時間，代表技術進步。生產函數對時間全微分，得到

$$\frac{dY}{dt} = \frac{\partial F}{\partial K}\frac{dK}{dt} + \frac{\partial F}{\partial L}\frac{dL}{dt} + \frac{\partial F}{\partial t}\frac{dt}{dt},$$

上式中 $\frac{\partial F}{\partial K}$ 爲資本的邊際生產力，等於實質利率；$\frac{\partial F}{\partial L}$ 爲勞動的邊際生產力，等於實質工資率。上式可進一步化爲：

$$\frac{dY/dt}{Y} = \frac{K\partial F/\partial K}{Y}\frac{dK/dt}{K} + \frac{L\partial F/\partial L}{Y}\frac{dL/dt}{L} + \frac{\partial F/\partial t}{F},$$

$$g = s_K g_K + s_L g_L + g_t 。$$

$$g = s_K g_K + s_L g_L + g_t。$$

上式中，g 爲實質產出成長率——卽經濟成長率，s_K 爲資本所得份額，g_K 爲資本成長率，s_L 爲勞動所得份額，g_L 爲勞動力成長率，g_t 爲技術進步率。上式又被稱爲**成長計算的基本方程式**（fundamental equation of growth accounting），由此一公式可以得到技術進步率的測度爲

$$g_t = g - s_K g_K - s_L g_L。$$

由於對經濟成長的貢獻除了資本成長與勞動力成長外，其餘的均歸之於技術進步，因此，技術進步有時又稱爲**總要素生產力成長**（total factor productivity growth）。以一實例說明技術進步率的計算。設 $g = 3.2\%$，$s_K = \frac{1}{4}$，$g_K = 2.5\%$，$s_L = \frac{3}{4}$，$g_L = 1.5\%$，則

$$g_t = 3.2\% - \frac{1}{4}2.5\% - \frac{3}{4}1.5\%，$$
$$= 1.45\%。$$

這表示 3.2% 的經濟成長率中，有 45% 強來自技術進步的貢獻。

摘　　要

1. 經濟成長是指：一個經濟社會，隨著時間的推進，實質充分就業產出不斷增加的一種現象，亦卽生產可能曲線不斷往外推移的一種現象。深入而言，經濟成長的含意包括實質國民生產毛額不斷增加、平均每人實質所得提高及人口至少不減少。

2. 經濟成長之所以重要並成爲各國熱烈追求的目標，在於其能够提高生活水準、減輕稀少性壓力、促進所得重分配與均富、增加國家安

全與榮譽及提升文化水準等。

3. 經濟成長具有不斷累積的性質，可以根據「法則69」或「法則72」來計算一個社會，在一定的經濟成長率下，產出增加一倍所需的時間。

4. 亞當史密斯對經濟成長持悲觀的看法，古典派的學者繼承此種看法，提出邊際報酬遞減法則與生存水平、人口論與工資鐵律、及利潤剩餘與工資基金等理論，構成古典派生存水準的停滯成長理論。

5. 擺脫古典派悲觀人口陷穽的可能途徑有世界人口重新分佈、加速資源開發與技術發展、及提高希求的生活水準等可能途徑。馬爾薩斯人口陷穽雖然沒有在已開發國家出現，但仍是眾多開發中國家追求經濟發展的重大考驗。

6. 決定一個社會經濟成長的因素，主要有人力資源的量與質、自然資源的量與質、資本累積速率、專業與技術進步、市場需求及環境因素等。

7. 經濟成長的障礙主要在於勞動與資本的缺乏流動性，及生產資本財的資源限度。

8. 假設資本是經濟成長的唯一因素，在其他因素都能配合下，根據哈羅德─多瑪成長模型，一個社會的充分就業產出成長率等於平均儲蓄傾向除以資本─產出比率，即 $G_f = \dfrac{APS}{K/Y}$。在資本產出比率一定下，充分就業產出成長率與儲蓄率呈增函數的關係。

9. 西方先進國家的經濟成長歷程顯示產出成長率、勞動成長率、勞動生產力成長率、資本─產出比率、實質利率、及勞動與資本的所得份額等經濟變數均相當穩定的特性。

10. 新古典（或梭羅）成長模型強調資本累積與技術進步對經濟成長的重要性。在勞動力成長率不變下，儲蓄傾向提高，資本累積增加；

或技術進步，將使資本—勞動比率提高——即資本加深，而使每人產出增加，經濟成長。

11. 技術進步在先進國家的經濟成長過程中扮演相當重要的角色。根據成長計算的基本方程式，只要知道經濟成長率、資本所得份額、資本成長率、勞動所得份額、及勞動成長率，即可估算出技術進步率。

重要名詞

經濟成長	平均每人實質所得
法則69	法則72
生存水平	人口論
工資鐵律	最適人口
馬爾薩斯陷穽	新古典成長模型
黯淡科學	工資基金
停滯狀態均衡	希求生活水準
資本增廣	資本加深
貧窮惡性循環	資本產出比率
哈羅德—多瑪成長模型	成長計算的基本方程式

問題練習

1. 何謂經濟成長？其內涵爲何？

2. 經濟成長對個人及社會有何重要性？ 如果經濟成長率每年爲 8％，試問需要多少年國民所得才能提高一倍？

3. 試以圖解剖述馬爾薩斯陷穽的意義，如何跳出此陷穽？

4. 試以圖解剖述古典學派的經濟成長理論概要。

5. 決定一個國家經濟成長的重要因素有那些？試簡述之。

6. 試述西方先進國家的經濟成長歷程顯示出那些特性？

7. 假定資本是決定經濟成長的唯一要素，則在無外援的情況下，一國的充分就業成長率如何測定？試以簡單模型剖述之。

8. 試以圖解剖述在新古典成長模型下，資本累積與技術進步如何促進經濟成長。

9. 試舉例說明技術進步如何衡量。

第十六章　落後經濟與經濟發展

　　人類自古以來，大部分時間是處於貧困、匱乏的狀態。但到今日，經濟先進國家——如經濟合作暨發展組織 (Organization for Economic Cooperation and Development, *OECD*) 的會員國，　卻已有很大的改變。這些國家的人民已享受一種富裕、豐饒的生活，過去貧困、匱乏的現象業已一掃而空。在美國、加拿大、西歐、日本等地，人民因為饑餓而死亡的現象可說已近絕跡，　代之而起的卻是因為脂肪過多、高血壓等營養過多的病症死亡的激增。但我們能夠僅以這些經濟發展的局部情形而宣稱人類的經濟情況已經發展到了普遍富足的境界嗎? 如果詳細地觀察世界各地的經濟情況，我們可以發現仍然存在著廣大低度開發的經濟地區。

　　在世界各國，約有全世界三分之二人口的國家，她們的人民仍生活於最低生存水準邊緣，這些地區包括經濟落後的亞洲、非洲、及拉丁美洲。這些地區很多的人民時常饑饉、營養不良、平均壽命短、國民所得低，不若先進國家的人們於豐衣足食之餘，能夠有多餘的時間、精力、財富來追求更高層的人生享受。但是歷史告訴我們，人類並不是經常沈默地忍受貧窮的痛苦，落後國家的人民在第二次世界大戰之後，由於受到先進國家生活水準的「示範作用」，形成一股要求經濟發展的強烈意念。可是由於要求的迫切，反而很少人能夠徹底地認清自己所處的落後環境。

在世界的經濟發展紀錄裏，我國已同南韓、新加坡、香港被列爲新興工業化國家或地區，目前我國政府正大力推動國家建設六年計畫（民國80年至85年），期望六年之後，我國能由目前的新興工業化國家而躍入已開發國家之林。際當我國經濟邁進成熟階段的過渡時期，讓我們冷靜、客觀地探討落後經濟的情況，將會驚訝地發現，在經濟發展的過程中，我們業已走過一段漫長、艱難的道路。

第一節　落後經濟主要的共同特性

一、落後經濟的含意

落後經濟（under-developed economies）或**落後國家**（under-developed countries）又稱之爲**次開發國家**（less developed countries）。晚近這些國家大都在力求經濟發展，有些國家已有相當顯著的發展成就，所以被共同改稱爲**開發中國家**（developing countries），或被統稱爲**第三世界國家**（the third world countries），是相對於經濟**已開發國家**（developed countries）而言的。一般而言，**經濟成長**（economic growth）是對已開發國家而言，主要是指國民生產毛額的實質產出增加；**經濟發展**（economic development）是對開發中國家而言，不僅要國民生產毛額實質產出的增加，更包括文化、政治、法律等制度與經濟結構的轉變爲現代化。不過，經濟學者通常將兩個名詞替代使用而不予區分。

已開發或開發中國家是由經濟的觀點來區分的，主要是採用每人平均實質所得爲標準。大致而言，開發中國家是指其人民的每人平均實質所得，低於今日美國、加拿大、西歐、澳洲、日本等已開發國家每人平均實質所得的四分之一。從樂觀的方面說，開發中國家是被視爲有能力而且也正在從事提高其人民所得水準的國家。當然，後一說法係相對於

先進開發國家而言，否則每一個國家均可視爲次開發或開發中國家。因爲截至目前爲止，還沒有一個國家已經發展到不能再更進一步改善其人民的生活水準，也沒有一個國家不仍在繼續發展之中。

二、可能的原因

在經濟發展理論中，有將經濟落後的原因歸之於：

（一）**地理位置**　一個國家所處的地理位置不同，對經濟發展的關係很大，所有先進國家幾乎均位於溫帶，而每一熱帶或酷寒地方的國家均較貧窮，所以氣候爲主要的經濟開發決定因素之一❶。此說初看似乎眞實，但由歷史得知，最初人類的文化發源於近東與地中海沿岸；當希臘文明光芒四射時，日耳曼與撒克遜民族還正過著漁獵的生活。再者，現代科學技術可以克服熱帶及寒帶地方的許多疾病與生產障礙；自然資源的地理分佈——土壤、雨量、石油、礦砂與可供灌溉、發電的水力雖然重要，但在世界貿易發達的今日，可以彼此互通有無，自然資源的缺乏至少可以部分因貿易而抵銷，例如日本、瑞典、瑞士、荷蘭、新加坡、臺灣所表現的就是很好的例子。

（二）**種族**　也有人從人種的差異來說明經濟發展的情形。由於先進國家絕大部分爲白種人，所以認爲富裕與種族有密切的關係，白種人的生產力較大，所以較富，有色人種的生產力較低，所以貧窮。但我們亦可由目前日本的經濟發展成功與古代中國、埃及的強盛而加以反駁。

三、共同的特性

雖然經濟落後與地理位置及種族沒有一定的因果關係存在，但開發

---

❶　另一地理現象是，大部分先進已開發國家位於北半球地帶，大部分開發中國家位於赤道及南半球地帶。因此，國際經濟問題上的所謂南一北問題也就是指開發中國家與先進國家之間的經濟問題。

中國家之間卻有許多下列的共同特質存在:

（一）**貧窮** 總國民所得小，人民都很貧窮。直到1987年，有些國家的每人平均實質所得尚不到 500 美元，所以國民食、衣、住、行的條件都很差，更談不上育與樂的追求。

（二）**人口多、智能低** 相對於可耕地或產出而言，人口的量多而質差，出生率很高，死亡率也高，平均壽命短。人口的結構不好，兒童多，成年工作者少，食之者眾，生之者寡，每一成年人的生活負擔很重。國民受教育者少，文盲多，教育程度低，知識與技術缺乏，少數受過高級教育的知識分子，並不是爲國家創造事業，服務社會，而是替外國人做買辦。

（三）**資本缺乏** 資本的來源 是儲蓄，落後國家 本身的生活水準低，每人平均所得只够糊口，沒有餘力儲蓄，故無法累積資本；政府的收入也很少，因此無力進行公共資本投資，社會經常資本的供給嚴重不足。

（四）**雙元經濟** （dualistic economy） **甚至 三 元經濟** （triplistic economy） **的存在** 落後國家的產業結構以傳統自給自足的農業——即勞力多、資本少的耕作爲主，多數勞力從事缺乏效率的農業，因沿舊習而不改進耕種方法，故平均每人產出很低。但在這自給自足的經濟外，同時又有新興城市的市場經濟或外人特權經濟的存在，其生產和消費的型態與傳統農業經濟有天壤之別。

（五）**貧窮的惡性循環** 落後國家貧窮的原因就是貧窮，落後的本身旣是貧窮的原因，亦是貧窮的結果。圖16-1，由於人口眾多，素質差，缺乏資本，知識技術水準低，生產力低，每人平均所得低，故儲蓄爲零或接近於零，無法投資，沒有資本累積，無法採用新的機器設備，也無力進行教育與訓練的投資，每人的生產力無法提高，因此低所得再產生低所得，形成一種貧窮的惡性循環。

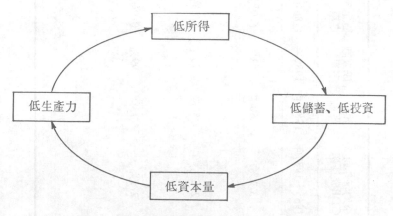

圖16-1 貧窮的惡性循環。

（六）**制度的落後** 除經濟落後外，落後國家的政治、法律、社會等制度也粗略而僵化，無法因人、因時、因地與因事而作彈性適當的改變，不合理地限制個人創業的衝力、創新與冒險的意念。

根據以上的這些特性，再參酌表16-1中的數據，可以發現開發中國家（卽低、中所得國家）確實存在所得低、就業以農業為主、人口多、產出少、預期壽命短、識字率低、及嬰兒死亡率高等共同的特性。

第二節　經濟發展的障礙

每個國家在追求經濟發展的過程中，總是會遇到障礙的，但有的障礙除去的快，有的障礙除去的慢。當阻礙經濟成長的因素大都消除後，可以說這個國家已經不再是落後國家了。這些阻礙落後國家經濟發展的因素主要有以下各項。

（一）**人口過多**

經濟發展中的國家，阻礙最大的是人口過多，致使每人平均產出偏低，有些勞動的邊際產出接近於零。人口結構中，最大部分是消費而不生產的人口，兒童死亡率高，成年人營養健康不良，未老先衰，退休年

表16-1　不同經濟發展程度國家的重要指標

	每人GDP (美元)	都市化人口比重	佔世界GDP比重	佔世界人口比重	平均每年每人GDP成長率	預期壽命	成人識字率	嬰兒死亡率
	1987年	1987年	1987年	1987年	1965~1987年	1986年	1980年	1986年
低所得國家（如印度、多數非洲國家）	$ 290	30%	5%	60.8%	3.1%	60歲	52%	6.9%
中所得國家（如南韓、多數中南美洲國家）	$1,810	57%	13%	22.4%	2.5%	57歲	76%	6.5%
高所得國家（如美國、日本、西歐及石油輸出國家）	$14,430	77%	82.0%	16.7%	2.3%	73歲	99%	0.9%
			100%	100%				

資料來源：World Bank, *World Development Report*, 1988年及1989年。

註：表中數據係原資料加以適當地歸併而得。

齡太早等現象。社會上，尤其是農村，普遍發生隱藏性失業，很多人表面上有工作，實際上邊際產出等於零，看起來一家人都在從事農業活動，但每個人的勞力都沒有充分發揮，產出都很小。

歐洲在十四世紀黑死病流行，人口大量減少，對當時實為時代的慘劇，但在慘劇中解決了人口過剩的問題。由於人口的大量減少，勞工的供應不足，促使研究發明節省勞力的生產工具，生產技術因而快速進步，隨後發生了產業革命，帶動了歐洲經濟的發展。至今，過多的人口，實在是印度及中國大陸經濟難以成長的最大障礙。由此可知，家庭計畫與節育對經濟發展的重要性。

(二) 就業低，人力資本缺乏

落後國家的經濟活動以傳統的農業為主，絕大部分的勞力是在農業部門就業，工業部門尚未發達，很少有增加就業的機會。在固定面積的耕地上，人口不斷增加，如只須三個人做的工作，卻由十個人來做，透過邊際報酬遞減法則，使農業勞動的邊際生產力接近或等於零，形成低度就業或隱藏性失業。

人口多，但生之者寡，食之者眾，經濟發展的成果容易很快地被增加的人口所吞噬。如能發展勞力密集的輕工業，將農村隱藏性失業的過剩勞力，由農業部門移至輕工業部門，使農民每人平均所得提高，使原來在農業部門不生產的勞力，得以成為工業部門生產的勞力。利用農業部門充沛的過剩勞動供給來發展工業，不僅能夠發展落後國家的經濟，促進工業化，而且能夠解決農村隱藏性失業的問題。如此，人口將由阻礙而變成推動經濟成長的因素。臺灣經濟發展之所以順利迅速，主要的因素之一就是土地改革方案與勞力密集輕工業有效地利用農村過剩勞力策略的成功。

隱藏性失業不只會發生在農業部門，若一個國家只有少數工業吸收勞力的話，也會有隱藏性失業存在，不過仍以農業部門較為嚴重。因

此，唯有大量且快速發展勞力密集的輕工業，再逐步發展到重工業，工業化才能成功。若一開始就發展資本密集的重工業，反而會加深（隱藏性）失業的程度。

經濟落後國家的人力資本(受過高深教育及科技訓練的高級人力)，面臨**人才外流**（brain drain）的嚴重問題。落後國家一方面雖感人力資本的缺乏，另一方面人才卻大量外流或無法加以有效利用。這是因為社會未能提供足夠適當的就業機會給高級人力，以致人才外流；或因教育措施與社會發展未能配合，造成國內高級人力的供需失調而產生學非所用，大才小用的現象，矯正之道，在注重全國人力規畫。

（三）自然資源貧乏或低度利用

經濟落後國家大多集中在熱帶地區，而熱帶地區的天然資源大都比較貧乏，天氣燠熱，土地不是貧瘠沙漠就是潮濕沼澤，不利農業發展。有些經濟落後國家雖然有相當豐富的天然資源（礦產），但由於缺乏資本及技術，自己苦於無力開採，故一個國家的天然資源稟賦豐富與否，不能用絕對的概念來測度，因為天然資源的稟賦只意謂著與目前資本、技術水準的相對關係。同樣的資源稟賦在技術進步的國家卻可提供社會更大程度的利用靱性與擴張途徑。例如，一個社會燃料木材缺乏，可由使用煤來克服，煤稀少可由使用水力發電來克服，水力資源缺乏，更可由原子能提供新的解決途徑。這點說明了落後國家的資源情況，應由它們現在與未來的潛力來衡量。當我們由此觀點來看時，將明顯地發現落後國家的資源大部分還沒使用，或低度使用，甚或低效率地錯誤使用。這些落後國家有的還蘊藏著巨量低度開發的土地、礦產、水力資源等等。

適當的技術智識、資本、熟練勞力與企業家精神的結合，將使得落後國家的資源能量大大的提高。無可否認的，也有許多落後國家的天然資源像少數已開發國家如日本、荷蘭般的匱乏，但貧窮國家的有效資源

大部分尚未被開發，則是為無可置疑的事實。假若這些資源能夠有效地被利用，則其人民的生活水準必可大幅地提高。此外，落後國家擁有的天然資源種類往往也很少，專靠利用一種自然資源來謀求發展，往往是相當不可靠的。如巴西的咖啡或智利的銅礦，國際價格高時，自然能帶動經濟的發展，但是一旦國際價格下跌，則會嚴重影響經濟的發展。

（四）技術問題

國民生產的多寡，一方面決定於生產要素投入的多少，一方面決定於生產效率的高低──即技術的水準。在這方面，落後國家共同面臨以下的問題：

1. 落後國家缺乏資本，無充足財力進行研究發展，技術無法迅速進步。

2. 沒有技術進步，就沒有資本的累積，因為技術是由機器設備等資本財貨體現出來的，因此形成一種資本無法累積與技術無法進步的惡性循環。

3. 先進國家大量投資於研究與發展，技術遙遙領先落後國家，故落後國家可以不必自己投資於技術的研究與發展，可以由國外引進技術以求發展，模倣先進國家的技術，輸入先進國家的資本設備，如此可以加速經濟發展的步調。但是，這必須考慮到技術適應（adaptation）的問題，即所引進的外國技術必須能適應本國的國情，而不能毫無選擇地採用外國的技術。技術必須與人配合，才能發生作用，有新技術改進，就必須有人能操作運用新的機器設備，否則只是徒然進口一批機器廢鐵。因此，要設法使外國技術在本國生根，而不是盲目的移植。

（五）社會經常資本的不足

社會經常資本或公共基礎設施的直接投資報酬雖然看不出來，但卻可以使私人的生產成本降低、投資報酬提高。落後國家的公共基礎設施──如道路、港口、機場等，極為缺乏，投資環境不佳，私人投資裹足

不前，產業無法發展。

（六）缺乏有效的行政組織

一般認爲落後國家的政府動亂無常， 腐敗無能， 行政效率非常低落。因此，落後國家要求發展，必須要有一個誠實、穩定、健全的政府組織，制定完善的法律、規章、制度，使人們的經濟活動有一定的準繩可以遵循，才能鼓勵人們投資，創造事業。

（七）缺乏資本累積能力

資本累積靠儲蓄，儲蓄則靠所得剩餘。落後國家一般人民的生產力低，所得低，故沒有累積資本的能力。而少數富有的地主，並不把他們的儲蓄投資在生產性的事業上，而把儲蓄浪費於土地投機、建築豪華的別墅，甚至將資本流出而從事國外投資，或盡情地享受先進國家的高級奢侈品。因此，即使有儲蓄，也無法化成有益經濟發展的生產性資本累積。可是，這也可能是由於落後國家缺乏有利的投資機會與市場，致使有錢人把儲蓄花費在奢侈、浪費的用途上。

（八）國際貿易的問題

許多落後國家因其生產集中於某些原料或農產品，所輸出的多爲初級產品，進口的多爲國內不能製造的工業產品，因此在對外貿易上時常處於不利的地位，初級產品的供給彈性甚低，在國際市場上其需求彈性亦低，因此其國際市場價格波動甚大。此種現象對開發中國家造成若干不利於經濟發展的因素。

當初級產品的國際價格上漲時，國際收入增加，可有足夠的外匯收入，供資本形成以發展工業，但此時往往是工業投資誘因最低的時候。因爲輸出增加的刺激，國內發展的重點可能一窩蜂地移向初級產業的擴張，在其熱衷獲利之時要求其轉變產業結構，是不太可能做得到的。反之，當初級產品的國際價格下跌時，外匯收入減少，此時產業界自覺而迫切想發展工業，無奈由於外匯收入減少，資本形成的能力已經減低，

遂致力不從心。再者，由於進行國際貿易，落後國家許多國內工業非藉
保護便無法生存，其影響所及，常使原已稀少的資本財被用在生產力較
低的途徑，不能做最適當有效的利用，因而導致資源的浪費。

(九) 落後的意識形態與制度

落後國家廣大羣眾的無知及營養不良，使勞動沒有效率。有些落後
的社會宗教觀念甚至由稱頌苦行生活而阻礙人們改善物質生活的期望。
安貧樂道、知足常樂的修身觀念，每使社會缺乏朝氣，降低經濟發展的
衝力。社會階級制度與其他形式的社會約束，限制了人們冒險創業與職
業選擇的機會。一個人的社會地位由封建繼承與傳統習俗而定，而非由
個人的努力與能力來決定，個人想要創業革新，時常受到多方的阻礙。
在落後國家，具有經驗、教育、進取精神而從事企業計畫的企業家，通
常是少之又少，這是落後國家經濟發展的最大障礙之一。

第三節　促進經濟發展的途徑

雖然落後經濟存在許多成長的障礙，但這些障礙可能意味著經濟發
展的最大缺陷，也可能意味著經濟發展的最佳契機。譬如，有些落後國
家的最大成長障礙係制度（不健全的政府、不合理的法律），祇要對這
制度有所改革，立即可以引起大量資金與技術的投入發展。有些地區，
其成長的契機，可能在於農業生產的引進新技術，例如利用化學肥料與
優良種子。

雖然落後經濟同時存在著許多障礙，但有時針對某一問題的解法，
遠比對所有問題同時解決爲上策 ❷。不過，這種著重打破某一顯著障

---

❷　這牽涉到所謂平衡成長（balanced growth）與不平衡成長（unbalanced
　　growth）發展策略的爭論。前者是指將有限的資源均勻地投入於經濟的
　　各部門來求同步一致的發展，後者是指將有限的資源集中投入於經濟的
　　少數部門以求突出領先的發展。

礙，祇可說是短期暫時的策略。因爲一種障礙獲得解決後，其他障礙立即變得重要。例如，當農民已掌握新技術後，跟著而來的是如何取得資本以增加產量。爲了取得資本，貸款與有關融資的法律必須配合，因而制度也要跟著改進，其他成長的障礙也就逐漸顯露出來。因此，一個問題的解決，可先自某一因素開始，但它的成功與否又視其他許多因素而定，所以最後還是要將所有的成長障礙克服，才能克竟全功。以下我們就落後國家解決這些成長障礙的可能途徑加以探討。

（一）人口問題

產量的增加，並不一定意味著成長，落後國家的人口快速成長，吞沒了技術改進、產量增加的果實。現代科學於克服疾病方面的成功，遠勝於促進糧食的增產，所以現代落後地區的人民，因糧食不足而受到的死亡威脅較病菌的威脅爲大❸。勞力爲生產投入的重要因素，落後地區人口在量的方面已不成問題，主要是如何提高這一豐富的人力資源的效率，那就是改進人力素質。沒有優良的人力素質，就不可能成功地使用現代生產技術與採用現代商業組織。改善人力資源的計畫主要有：

1. 控制人口的成長——提倡家庭計劃，設立節育指導中心，提高結婚最低年齡的限制，以解決人口過分膨脹的危機。

2. 控制疾病、推行健康與營養計劃——如此人們便可身體健康，精神愉快，促使這些人成爲更具有生產力的勞動者。

3. 進行教育、訓練投資——掃除文盲，訓練人們使用新的農工業技術、培養具有現代管理、行政技術的經理人員、企業家。雖然這是一種無形的人力資本投資，但其效果卻是重大深遠的。

4. 解決隱藏性的失業——爲了更有效地使用人力資源，提高農業

---

❸ 1960 年代國際間曾大力推動所謂的「綠色革命」（Green Revolution）以增加農業生產，此一活動對某些國家產生良好的成效，但對全世界而言，其效果則相當有限。

生產效率，加速工業成長，應將農業部門所蘊藏的隱藏性失業的人力善加利用。

（二）資本形成

當先進國家憂慮著儲蓄過多（oversaving）使有效需求不足而導致大量失業之際，落後國家正因儲蓄不足（undersaving）而著急。由於儲蓄不足而導致投資不足（underinvestment），經濟成長無以發生。落後國家的儲蓄與投資，不僅在量的方面不足，而且由全國經濟發展的觀點來看，其投資結構的品質亦不佳。例如，在許多落後國家，可見豪華別墅的建立，而工廠和公共設施卻少有人投資。落後國家大部分的人民既然生活於最低生存水準的邊緣，那麼資本如何形成呢？大體上這可由兩方面進行：

1.本身的力量，即國內資本形成。經由政府對所得、財產、消費財貨加重課稅而進行強迫儲蓄。如此，抑制消費，形成政府資本，將資源由消費財貨的生產移轉成資本財貨的生產。或政府藉由發行通貨來融通公共投資計畫，以通貨膨脹來達到強迫儲蓄的目的。

2.外在的力量，即國外資本的流入。經由貸款、援助或外國的投資，落後國家能夠獲得擴大生產的資金與設備。國外資本的流入是基於互利的原則，因為當富有國家的大部分高利潤投資機會枯竭時，其資金移轉到落後國家的高利潤投資機會，這對於兩方面均有好處。由外國的投資除了可以獲得資本外，尚有：（1）引進新技術，（2）增加就業機會，及（3）帶進新觀念的優點。但是，外國的投資亦有其缺點：（1）外國投資大多是在初級產業上，會使本國人民感覺到外國在剝削本國勞工，榨取本國資源，而產生抗拒。外國為了抵制這種民族性的反抗，就有干涉本國內政的可能。（2）外國私人投資在於謀求利潤，故基於外國私人利益的觀點，不一定會投資在本國急需發展的產業上。職是之故，在經濟民族主義高漲的今日，如何訂立合理互惠的外人投資法規，確保外資免於

政治風險，以吸引外資的流入，實爲落後國家資本形成的重大關鍵。

　　事實上，各開發中國家莫不設法引進外資，能否獲得足够的外資，成爲經建計畫能否順利推動、經濟能否成長的關鍵因素。自第二次世界大戰之後，眾多的開發中國家向已開發國家及國際金融組織借入了龐大的資金，自1973年能源危機之後，更透過歐洲金融市場借入石油輸出國家組織（*OPEC*）會員國鉅額的油元收入。有些國家（如我國）確實得外資之助，而有顯著的經濟成長績效，國際收支漸趨改善、穩健，債信與債務負擔的問題並不存在。但是，大部分的國家借得外資之後，並沒有妥善、有效地將這些資金用於生產性的用途上，而是將其用於消費、缺乏效率的用途上，因此無法促使經濟順利成長，國際收支反而日益惡化，債務負擔遂成爲其經濟成長、以至國際金融穩定的一大障礙。

　　根據世界銀行（World Bank）的估計，至1989年底，第三世界國家總共積欠了 12,000 億美元的外債，其中主要國家爲智利欠 1,130 億美元，墨西哥1,030億美元，阿根廷620億美元，印尼 530 億美元。對開發中國家而言，外資的引進若能促使其經濟快速成長，則外債累積問題將不致於發生。若經濟成長遲緩，外債將會形成累積問題，進而對長期的經濟發展產生不利的影響。開發中國家債務危機對國際社會的影響是既廣且深的。就廣度而言，其影響波及全世界各國的經濟、政治、及社會發展；就深度而言，其後遺症將拖延長久，非短期所可消除。

　　（三）技術進步與創新

　　技術與創新是離不開資本的，資本財爲技術的具體表現。由於大部分的技術具有可移植性，落後國家大可不必從頭摸索起技術的發明，她們可以模倣先進國家的技術，可以輸入先進國家的資本設備。如此，自可加速經濟發展的步調。日本、德國、蘇聯在經濟發展初期，派遣優秀學生到外國學習科學技術，便是一良好的例子。但是，爲鞏固、加強經濟發展的基礎，社會上應具有刺激技術進步的環境，諸如：普及的教

育、思想交流的自由、企業的競爭與進取精神、提供充裕的研究資金、設有研究部門的大規模企業等。

　　為了使資源更有效地運用，技術發明的成果能够付諸實用，加上先進技術需要有特殊的條件來配合，所以須要生產手段的新結合——創新。具體地說，創新卽是新財貨的創造，新生產方法的採行，新市場的開闢，新資源的開發，新產業組織管理的形成。當少數企業家推動創新開始後，一般人就起而仿效，出現所謂「**創新的叢生**」(clustering of innovation)，這種創新活動的成群出現，便能造成經濟的繁榮。落後國家的技術進步與創新，應吸收先進國家的經驗，由個人、企業與政府共同合力來進行，如此才能開創出一條適合於自己環境的發展途徑。

（四）自然資源的使用

　　貧窮國家雖然典型的為自然資源的貧乏，但資源低度利用卻比資源分配不平均更為嚴重。自然資源、資本累積、技術、與人力構成了經濟成長的界限，如果自然資源能够有效地運用，仍可達到目前的生產可能界限之上。雖然有人譏諷說：石油的發現並不能治療好落後，但我們可見到石油開採幫助了資本的形成，加速了中東地區走向開發之途。因之，落後國家應該對於不合理的土地分配，從事土地改革，對於水力、森林、礦產等自然資源採取有效運用與保護措施。

（五）擴展國際貿易

　　並非所有開發中國家都像中東產油國家那般幸運有豐富的石油蘊藏，絕大部分的開發中國家都是同時處於資源稟賦貧乏、需求慾望只能獲得低度滿足的狀態。因此，在追求經濟發展的過程中，根本無法採取自給自足、閉關自守的策略，而唯有走上藉助外力、以貿易促進成長的途徑。

　　雖然有些經濟學家認為開發中國家與已開發國家進行貿易的結果，由於貿易條件 (terms of trade) 不利於開發中國家，貿易利得因此大部

分歸已開發國家享有。在極端的情況下，貿易的結果，不但不會提高開發中國家的實質所得，反而使得她們的福利水準下降。但是，更多的經濟學家認爲，國際貿易至少可使開發中國家獲得無形有利的**學習效果**(learning effect)，即使開發中國家輸出的大多是初級產品，但在與先進國家不斷交往與競爭的過程中，可以獲得新的觀念、新的生產方法及新的技術，而使經濟與社會結構不斷的更新、改良。因此，國際貿易對開發中國家經濟發展的貢獻，可以分爲直接利益與間接利益兩種。直接利益包括：（1）經由國際專業分工，可使生產效率提高、國民所得增加，（2）經由貿易的誘導，生產結構將會發生有利的改變。間接利益包括：（1）國際貿易提供經濟發展工業化所需的資本財及中間產品，（2）國際貿易是技術移轉、觀念現代化、管理知識及企業家精神引進的媒介，（3）貿易之門一開，可以促進國際資本移動，使更多的資本財經由直接外國投資，從先進國家移轉至開發中國家，（4）自由貿易可以打破開發中國家普遍存在的獨佔情況，提高競爭的程度，增進資源有效的派用。職是之故，近代許多國家都是經由國際貿易作爲促進經濟發展的手段，並且獲致良好的績效。

（六）文化制度的改進

先進國家雖可幫助落後國家的資本形成、技術革新，但落後國家若一味迷信外來的經濟援助，反而會延緩自身的發展。因爲資本、技術、自然資源是由人來支配的，落後國家經濟發展之所以緩慢，部分係種因於根深蒂固的傳統文化與經濟制度的剛性，使得企業缺乏有效吸收勞力、資本與技術的潛力。就亞當史密斯而言，他以自由主義經濟思想家的立場，力主經濟成長端賴合理的制度，在一合理制度下，經由「看不見的手」的引導，經濟成長自然可以發生。若社會制度富於靱性，人們的努力自可提高，更多的智慧與資本將用之於生產。

經濟的發展，是一種舊社會解體而新社會重組的過程，但這必是徐

緩漸進的過程。在社會的發展過程中，我們必須破舊立新，視時代環境的需要，形成適宜的政策、制度，並且透過宣傳與實際行動，改變社會的價值觀念，打破阻礙成長的意識形態，使其有利於現代化的推展。

落後國家可以期望由他人的幫助來進行經濟發展，但是基本的成長動力必須來自其本身。除非希求物質生活改善的慾望覺醒，否則其經濟是不可能起飛的。成長的過程是需要付出相當代價的，必須有新的制度、價值標準與意識形態來引導成長的進行，否則社會必動盪不安而解體。為了帶動成長的進行，首先必須建立一有效率、開明的政府組織，當這個神經中樞意識到成長的需要時，其他的組織單位便會跟著配合活動起來。

事實上，大部分落後國家的政府於經濟發展過程中，扮演著極為重要的角色。因為：(1) 幾乎所有的落後國家均缺乏企業經驗，所以政府須承擔起企業家的功能；(2) 政府必須大量投資於社會經常資本的建立，且必須負責全面的經濟規劃；(3) 落後國家的市場組織大都是原始型態且價格機能缺乏效率，無法自動有效地執行資源的派用，這種缺陷必須由政府來彌補。雖然走向開發國家的路程遙遠而艱難，但在全國人民共同的努力、奮鬥下，終必能享受到經濟成長的果實。再者，落後國家的經濟發展，可以先進國家的經濟發展為借鏡，能夠作正確的選擇，去蕪存菁，塑造出一適合自己環境的理想、完美的經濟社會。

第四節　經濟發展階段

歷史經濟學家羅斯托 (W. W. Rostow) 曾由歷史的觀點，將一個社會的經濟發展過程，劃分為以下幾個階段：

(一) 傳統的社會

是一個以傳統農業生產為主，生產力低，生活水準低，市場經濟不

發達，人們安於現狀不求改變的自給自足社會。這是人類社會最早而延展最久的經濟生活階段，是經濟環境所自然形成的。在早期，地廣人稀，只要有一塊土地，就可以取得生活資料活下去。由於土地多，人們不講究農耕技術，不願深耕定居，而採游耕的方式，故長久以來使用簡單的生產工具，也不需資本，每人產出很低，社會生活方式簡單保守，難以進展。

（二）起飛前的階段

一個社會要從傳統的社會到經濟起飛，必須經過起飛的過渡階段。此階段的特色是打破傳統社會的習俗，農業生產力的提高較人口的增加爲快，有農產剩餘產生，於是有儲蓄、投資發生，資本逐漸累積，技術亦隨之進步而形成經濟起飛前的階段。

在這個階段，由於農業技術進步，生產力提高，使得農業人口過剩而移向城市，這些由農業部門移出來的人力，遂成爲工業發展所需人力的主要來源，而帶動整個經濟的發展。

（三）起飛階段

此階段乃是由開發中經濟邁入開發經濟的初期。特色是勞動的生產力快速提高，儲蓄大幅增加，投資旺盛，資本快速累積，技術進步迅速，舊的社會、文化、制度瓦解，新的社會、文化、制度逐漸建立起來。有人認爲，由這個階段邁入經濟成熟階段，約需要二十至三十年的時間。

起飛階段是由傳統社會進展到高度經濟發展階段的過程中，最重要的階段。依據羅斯托的定義，經濟起飛是指，一個貧窮低度開發的國家，逐漸突破平均所得甚低的停滯困境，而產生使其人民的生活水準持續成長的動力，此種轉變的過程即爲經濟起飛。若起飛前的衝力不夠，則經濟無法起飛，又會回復到原來的經濟狀況；若起飛前的衝力足夠，則經濟可以順利起飛，而使經濟達於自我持續成長 (self-sustaining growth)

的境界。通常一個經濟的起飛，是由幾種**領先產業** (leading industry) 帶動而起的，這些領先產業是最適合該經濟社會發展的產業，在起飛前的階段已經奠定了良好的基礎。

（四）成熟階段

經濟由起飛而變成壯大，工業結構由勞力密集的輕工業提升爲資本、技術密集的重工業，一切的生產都是機械化、自動化。電腦、太空、快速通訊運輸等高科技產業相繼出現，人們的所得、財富快速增加，生活水準不斷提高，同時還有大量的儲蓄剩餘。

（五）大量消費階段

經濟發展的目的在於提高所得，滿足大量消費的慾望需求。在這個階段，一切的生產以提供人們高度的消費滿足爲主，一切的經濟活動均服務化，故此時以服務業最爲發達，甚至家庭用餐都改成在餐館用餐。目前的美國、日本及西歐諸國，可說正處於這種經濟發展階段。

人類經濟發展到了大量消費階段後，繼續推展而進入豐裕社會階段，入於大同盛世。一方面，「老有所終，壯有所用，幼有所長，矜寡孤獨廢疾者，皆有所養。男有分，女有歸。貨惡其棄於地也，不必藏於己；力惡其不出於身也，不必爲己。」同時，社會福利安全設施普及周全，人民各安其業，各適其所，生活無慮匱乏，教化復四野昌明，人民從物質享受的追求轉化到精神文化的追求。「是故，謀閉而不興，盜竊亂賊而不作，故外戶而不閉。」進入眞正的安和樂利的民生主義大同世界，是爲**大同社會階段**。

摘　要

1. 經濟成長通常是對已開發國家而言的，主要是指實質國民生產毛額的增加；經濟發展通常是對開發中國家而言的，不僅指實質國民生

產毛額的增加，更包括文化、政治、法律等制度與經濟結構的轉變爲現代化。不過，經濟學者通常將兩個名詞替代使用而不予區分。

2. 地理位置與種族雖然與經濟落後沒有一定的因果關係，但開發中國家卻有地區在寒熱帶、貧窮、人口眾多、人力資本少、資本缺乏、多元經濟、貧窮惡性循環與制度落後等共同的特點。

3. 人口過多、就業低、人力資本缺乏，自然資源貧乏或低度利用、技術落後、社會經常資本不足、缺乏有效的行政組織、缺乏資本累積與投資、國際貿易不利、及落後的意識型態與制度等，均是開發中國家追求經濟發展所面臨的主要障礙。

4. 開發中國家要能促進經濟發展必須由解決人口問題、促進資本形成、技術進步與創新、自然資源使用、擴展國際貿易、與文化制度的改進等途徑著手，才能實現。

5. 歷史經濟學家羅斯托將一個社會的經濟發展過程劃分爲傳統社會、起飛前階段、起飛階段、成熟階段及大量消費階段。

6. 從歷史的觀點來分析，經濟發展有不同的階段，最高理想的階段將是民生主義的「大同社會階段」。

重 要 名 詞

落後經濟	經濟發展
經濟成長	雙元經濟
三元經濟	貧窮惡性循環
經濟發展階段	領先產業

問 題 練 習

1. 低度開發國家通常具有那些共同的特性？爲什麼有人說「落後是貧窮的原因，亦是貧窮的結果」？

2. 阻礙落後國家 經濟發展的 障礙主要有那些？ 如何去除這些障礙？

3. 試討論落後國家如何提高技術水準及累積資本。

4. 羅斯托將經濟發展劃分爲那幾個階段？ 每一階段的特性如何？
   你認爲目前我國的經濟發展是處於那一階段呢？ 爲什麼？

附錄: 經濟發展模型簡介

　　由於先進開發國家與開發中國家的經濟，無論在結構上或是特性上均有著根本的差異存在，因此，若以先進開發國家的經濟情況爲背景所產生的成長模型——如哈羅德—多瑪模型與梭羅模型，來作爲解釋及指引開發中國家經濟發展的依據，都將是行不通的。爲供開發中國家的經濟發展做參考，我們將在本附錄簡單介紹兩個著名的經濟發展模型，它們都是針對開發中國家的經濟特性所發展出來的。

第一節　路易士模型 (Lewis Model)

　　首先針對開發中國家特殊經濟情況而提出的經濟發展理論，以路易士 (W. A. Lewis) 的**兩部門模型** (two-sector model)最爲著名[1]。根據路易士模型 (Lewis model)，許多開發中國家的經濟具有截然不同的兩個部門的特色，一是**傳統部門** (traditional sector)，又稱**農村生存部門** (rural subsistence sector)，其特徵是存在著大量的生產力非常低、甚至接近於零的**剩餘勞動** (surplus labor)，在現行工業部門的工資水準下，這些剩餘勞動力成爲工業部門彈性無限大的勞動供給來源；一是**現代部門** (modern sector)，又稱**都市工業部門** (urban industrial sector)，

---

[1] 路易士因爲研究經濟發展的傑出成就而獲得1979年的經濟學諾貝爾獎。

其特徵為勞動生產力遠較農業部門為高，是吸收由農業部門移出的剩餘勞動力與帶動經濟發展的部門。

剩餘勞動能否由農業部門移轉到工業部門，與工業部門的就業能否繼續成長，是路易士模型認為開發中國家經濟發展成敗的關鍵所在。要能順利進行農工部門間的勞動移轉與增加工業部門的就業，必須工業部門的生產擴大。工業部門生產增加的快慢，視其資本累積的速度而定，而資本累積的速度則決定於工業生產者的剩餘利潤與再投資的大小。只要工業部門能夠不斷累積資本，其工資固定且較農業部門的固定工資高出一定的比例，在此情況下，較高的工業工資足以誘使農業部門的剩餘勞動移出，而為工業部門所吸收。

路易士認為農工部門之間的勞動移轉，在下列三種情況下才會停止：

1. 工業部門快速擴張到足以使農業部門就業人口的絕對數量減少，因而提高農業部門的生產力。只要整個社會的人口不再快速增加，工業及農業部門原先固定的工資均將上漲。

2. 農業部門由於技術進步而提高生產力，因而提高工業及農業部門原先固定的工資。

3. 由於糧食及原料的價格提高，致使國內貿易條件不利於工業部門，而提高農業與工業部門之間的原先固定工資。

在工業及農業部門的工資水準仍然保持固定的比差下，農業部門的剩餘勞動即將成為工業部門的無限勞動供給泉源。在吸收農業部門剩餘勞動的過程中，工業部門的生產與就業將不斷地擴張，直到農業部門的剩餘勞動消失為止。到達此一轉捩點後，工業部門的勞動供給曲線由水平成為正斜率的曲線，工業與農業部門的工資均將開始上漲，但工業就業仍將繼續增加。此時，經濟結構已由農業生產為主、工業生產為輔的農業經濟，轉變為工業生產為主、農業生產為輔的工業經濟。

路易士的成長模型可用圖形來說明。在圖 16-A-1 中，縱軸代表實

質工資（在完全競爭的假設下等於勞動邊際生產力）， 橫軸代表工業部
門的就業量。OA 代表農村部門維持生存的工資水準， OW_i 代表工業
部門的實質工資水準， 在此工資水準下， W_iT 水平線代表農業部門對
工業部門無限的或完全彈性的勞動供給曲線。

設工業部門的資本存量爲 K_1， 則其勞動需求曲線爲 D_1D_1——即
爲遞減的勞動邊際生產力曲線， 根據最適勞動雇用法則——勞動的邊際

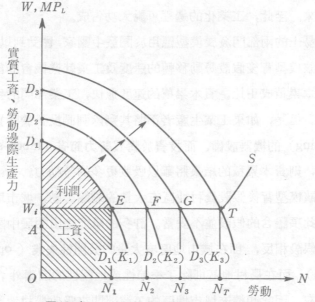

圖16-A-1 路易士兩部門經濟發展模型。

生產力等於實質工資， 則工業部門的勞動雇用量爲 ON_1。 此時工業部
門的總產出等於 OD_1EN_1， 其中 OW_iEN_1爲勞動的工資所得，W_iD_1E
爲工業生產者(即資本家)的利潤所得。設此利潤所得全部用於投資， 則
工業部門的資本存量由 K_1 增加至 K_2， 勞動的邊際生產力因而提高，
工業部門的勞動需求曲線因此由 D_1D_1 往上移至 D_2D_2 ， 均衡的勞動雇
用量增至 ON_2， 總產出增加爲 OD_2FN_2， 總工資所得爲 OW_iFN_2， 總
利潤所得爲 W_iD_2F， 再用於投資，資本累積至 K_3， 就業量增至ON_3。

如此，上述過程不斷反覆進行，工業部門的就業量增至 ON_T 時，農業部門的剩餘勞動已完全由工業部門所吸收。工業部門的資本若再進一步的累積，則其就業量還是會再增加，但其工資水準不再固定而會上漲，工業部門的勞動供給曲線因此不再是水平線而是正斜率的曲線（如 TS 線段）。此際，農業部門的剩餘勞動已經完全消失，農工兩部門的勞動生產力趨於均等，因此唯有工業部門提高工資才能誘使勞動力由農業部門移轉出來。至此，工業化的過程可說大功告成。

將路易士的兩部門發展模型應用於開發中國家，曾受到以下的批評：

1. 該模型背後假設勞動移轉的速度及工業就業機會的創造與工業部門的資本累積成正比。資本累積的速度愈快，工業部門的生產與就業成長愈快。但是，如果工業生產者不將其剩餘利潤投資於購買**勞力增用**（labor-using）的機器設備，而投資於購買**勞力節省**（labor-saving）的機器設備，則資本累積的結果將難以吸收更多的勞動力。

2. 該模型背後假設農村地區有大量的剩餘勞動，城市地區則為充分就業，此項隱含的假設並不妥當。許多的研究指出開發中國家的情況恰好與此假設相反，即在城市地區有大量的**公開性失業**（open unemployment），而在農村地區則除了季節性或地區性的因素外，很少有剩餘勞動存在，因此想擴充城市地區的工業部門來吸收農村地區的剩餘勞動，以發展經濟是不可能的。唯有對農業部門進行大規模的投資，提高農業生產力，促使農業機械化，而後農業部門才能節餘大量的勞動力移往工業部門，但這結果往往只是將隱藏性失業由農村地區移到城市地區而已。

3. 在農村剩餘勞動的供給消失以前，工業實質工資將維持固定的假設亦不真實。許多開發中國家的城市地區雖然面臨公開性失業的不斷增加，但實質工資水準亦不斷地往上調升，甚至於比農村地區的實質工資水準上升得更快。

　　總而言之，當考慮到大部分開發中國家有著勞力節省的投資偏向、農村剩餘勞動的有限、城市地區隱藏及公開性失業的日增與工資水準的上漲等現象存在時，路易士兩部門模型的應用便受到相當的限制。雖然如此，此模型所強調的農、工部門之間結構的差異與勞動的移轉，仍是開發中國家經濟發展的關鍵因素。

第二節　托塔諾模型 (Todaro Model)

　　在1960年代，大部分開發中國家的城鄉之間確實發生大量的勞動移轉，其結果是城市人口急速的增加，城市失業及低就業的情況日益嚴重，並沒有產生如路易士的兩部門模型所預期般的美好結果。對於這種城鄉之間勞動加速移轉而產生的城市人口與失業增加的現象，托塔諾 (M. P. Todaro) 提出了**城鄉勞動移轉模型** (rural-urban migration model) 予以解釋。

　　托塔諾模型 (Todaro model) 是從經濟的觀點來解釋開發中國家農村人口大量移到城市的現象。假設每一位勞動者均想在勞動市場尋求一段時間內的預期所得達到最大，則城鄉之間的勞動移轉是由城鄉之間的**預期所得**(expected income) 而非**實際所得** (actual income) 差異所引起。預期由農村移到城市可能得到的收益是由：(1) 城鄉之間的實質工資差異，及(2) 獲得城市工作的機率所決定。只要預期獲得城市工作的預期所得折現值大於留在農村工作預期所得的折現值，即使城市地區存在大量的失業，農村勞動力還是會繼續移到城市地區。在城市工業部門的就業機會未能增加或增加的速度趕不上農村勞動力移出的情況下，農村勞動力大量移到城市，不僅使城市地區產生嚴重的社會經濟問題，更可能使農村地區發生勞動力短缺，而使農業生產萎縮，經濟發展因此更加困難。

　　根據托塔諾模型，一個開發中國家若存在就業與所得條件截然不同的城鄉兩個部門，其發展的策略應該注意以下幾點：

　　(一) **減少城鄉之間就業機會與所得的差距**　如果農村人口大量移到城市會對經濟發展產生不利的影響，應該設法緩和此種城鄉部門之間的大量勞動移轉。既然城鄉之間的勞動移轉取決於城鄉之間預期而非實際所得的差距，則應該設法使城鄉兩部門間的就業機會與工資水準趨於均等，以減少此種勞動移轉的誘因。

　　(二) **城市就業機會的增加並不能解決城市的失業問題**　如果以補貼、租稅減讓或政府直接雇用的方式來增加城市的就業機會，不僅不能減少反而將增加城市地區的失業。因為就業機會一增加，城鄉之間的預期所得差距更大，將吸引更多的農村勞動者移到城市，結果是就業機會增加的速度趕不上勞動移出增加的速度，城市失業更加嚴重，農業部門的就業與產出水準更加降低。

　　(三) **教育的推廣將導致更嚴重的勞動移轉與失業**　大量農村勞動力湧到城市的結果，由於工作機會有限，雇主將對學歷較高、就學年限較長的人予以優先錄用，其結果是受教育愈多，愈容易在城市找到工作，其預期所得愈高，愈容易移到城市。如此，每個人為了獲得城市現代部門的工作機會，將會尋求接受更多的教育，政府如果配合擴充教育，結果是教育結構與經濟結構配合不上，將會產生大量的大才小用、學非所用、或學而無用等**教育性失業** (educated unemployment) 的現象。這將是開發中國家一種實物資源——教育投資與人力資源——的浪費，社會問題與經濟發展將會遭遇到更大的阻力。

　　(四) **推動鄉村整體發展計畫**　由於鄉村勞動力大量移入而造成的城市失業問題，並不能單由需求面——增加城市就業機會——可以獲得解決，應同時由供給面——減少鄉村勞動力的移出——著手才能奏效。因此，開發中國家致力於城市部門推動小規模或中型規模勞力密集工業

的發展，以增加就業機會的同時，更應重視鄉村部門公共設施（如水電、馬路等）、醫療衛生與教育活動的推廣與改善，才可以減少城鄉之間在社會與經濟建設上的差距。這樣自可減少鄉村勞動力外移的誘因，甚至可以吸引城市的企業家設廠於鄉村之間，就地利用廉價豐富的勞動力。如此，不僅可以增加鄉村部門的就業機會，亦可減少鄉村勞動力外移到城市所造成的社會問題與就業壓力。是故，根據托塔諾模型，健全的均衡發展策略應該是尋求城鄉部門之間平衡的發展，或使其不平衡的程度減至最小，以使豐富的勞動力獲得有效的利用。若以人為力量加重城鄉之間原本不平衡的狀況，徒然導致城鄉之間勞動力過度的移轉，造成農業產出的減少，城市失業的增加，經濟發展因此更加困難。

第十七章　經濟成長與生態環境

經濟成長並非只是正產出的增加而已，它往往伴隨著生態破壞，環境污染等負產出的增加。正產出是人們所喜好的，而負產出卻是人們所厭惡的。如何在經濟成長與生態環境的維護之間，尋求一平衡點，以使人類的物質享受與生活品質能够同時提升，是人類所應努力追求的正確目標。

第一節　成長的代價

如果經濟成長永遠是代表人類幸福的增加，那麼成長有百利而無一弊，愈快速的成長愈好。事實上，經濟成長使人類物質產出的增加，是否卽代表人類幸福的增加，頗受許多人的懷疑。他們瞭解到，成長是需有犧牲代價換取的，有時付出的代價甚至較成長產出的利益來得大。縱然成長給予社會的利多於弊，但利益可能將是一時的，而害處卻是後代長遠的，屆時曾經努力追求成長而享受其果實的人可能已經死亡，而由後代承受成長所遺留的禍害。而且，人類生活的改善應是物質與精神兩方面同時並進的，若追求物質享受的增加是以精神生活品質的降低爲代價，是否值得，能否表示幸福的增加，均值得吾人深思。

一、休閒與工作

所得與休閒同樣能够帶給人們效用滿足。在每一個人一天24小時固定的時間下，可以選擇多工作少休閒，以增加所得，亦可以多休閒少工作，寧願賺取較少的所得，而有充足的休息。因此，休閒也是一種選擇，視個人的工作意願與價值觀念而定。

充分就業的經濟成長經常表示勞動生產力的提高、技術的改進、效率的增進與資本的累積等事實，但也經常表示勞動人數的增加與工作時間的延長，在追求個人所得增加之際，同時達到經濟成長的目標。個人所得的增加，除了部分歸於生產力的提高外，也可能表示個人工作時間的延長，休閒的減少。因此，快速的經濟成長經常是社會人們更加辛勤工作的結果，休閒的減少成爲追求經濟成長的代價。

雖然休閒的效用難以金錢估計，但經濟發展程度愈高，人們工作愈忙碌，愈覺得它的珍貴。是故，忽略了休閒的減少，祇以國民生產毛額增加的經濟成長來表示社會福利的提高，未免有所偏失。

二、消費與投資

社會生產能量不斷擴大，經濟才能成長。爲達此目的，人們必須忍受目前消費的減少，增加儲蓄，進行投資，累積資本，擴大生產能量，以增加未來的產出。因此，未來生產的增加，經濟的成長，是以增加投資，犧牲目前的消費滿足爲代價。

通常簡單的成長模型，以投資量除以資本—產出比率，便決定了成長率。事實可能並非如此單純，因爲：

（1）投資並不限於機器設備等有形的生產資產，亦包括人力資源、技術訓練、與研究發展等無形生產資產的投資。這些無形的投資對社會

生產的貢獻非常重要，但一時卻無法作準確的估計。

（2）無形的投資無法以資本——產出比率來計算其對 GNP 的貢獻。例如，教育投資對社會、文化的貢獻，無法反映在 GNP 之中。

（3）投資生產增加的 GNP，其內涵若非人們需要的產出，則此種成長並不能代表社會福利的增加。

基於以上的認識，我們知道追求成長需以犧牲目前的消費爲代價，且亦不能太過急切盼望投資增加能夠對於物質生活的改善有著迅速顯著的效果。

三　現時成本與未來受益

人們通常有偏重現時消費與休閒的時間偏好，因此，犧牲愈多的現時休閒與消費以換取更高的經濟成長率，並不一定代表經濟福利的增加。要評估某一經濟成長率的經濟福利效果，必須對追求成長所付出之現時消費與休閒減少的代價，與將來經濟成長可能得到的受益，加以比較才能確定。

在比較現時成本與未來受益時，我們必須考慮以下的問題。首先，現時消費與休閒的減少，能夠換取多少將來消費與休閒增加的受益。其次，這種未來的受益，需要多少時間才能實現。最後，現時的成本如何與未來的受益相比較。關於第三點，我們可以時間偏好率，將未來可能得到的受益加以折現，求其折現值，而後與現時成本相比較。

四、環境品質與財貨生產

目前經濟學對於經濟成長的測量，普遍以祇包含財貨與勞務的國民生產毛額的增加爲計算的標準。但是，在增加財貨與勞務生產的同時，

空氣、水污染、噪音、擁擠、垃圾等負國民生產毛額不斷地增加，山、川、湖、澤等自然景觀與生態不斷受到破壞，人類生活環境的品質下降，喪失農業社會田園生活的那種閒情逸緻，造成人們生活極大的不適與精神的苦悶。若就這些負的因素加以考慮，可知追求財貨生產的增加，所付出的環境品質惡化的代價未免太大，吾人不應予以忽視。有人因此認為追求國民生產毛額的更佳組合與更好的品質，可能較之追求國民生產毛額數量的增加更為重要。

五、經濟安全與進步

德國經濟學家熊彼德 (J. A. Schumpeter) 認為經濟成長主要是由於創新帶動投資活動而產生。創新是一種偶然突發而非經常順利發生的事件，創新的出現，必定會使經濟活動產生波動，引起結構性與技術性的失業、原有資本與技術的過時，導致新的投資活動，以新的生產方法來取代原有的生產方法。職是之故，自由市場經濟的經濟成長存在安全與進步相互衝突的特性，在一個動態成長的社會裏，某種程度的經濟不安全是無可避免的。要追求經濟成長、進步，唯有承擔風險、從事冒險的企業創新活動才能達到。因之，安全與進步雖非對立的兩個極端，但需要社會大眾作某種程度的協調與抉擇。

第二節　生態環境與自然資源

一切生產活動的根本在於原料的投入，勞動、資本、土地、及企業家精神等生產要素投入均只是針對投入的原料來創造附加價值。假設一個國家沒有對外進行貿易，則其可採取之原料投入數量的多寡決定於其自然資源稟賦的豐吝。但是，任何一個國家的自然資源稟賦數量並非絕對的，它必須視資源的性質與人們如何採取、保存而定。

一、自然資源的性質

一般而言，我們可以將自然資源按其性質的不同分類如下：

1. 免費資源與稀少性資源　免費資源是指供給無限，不必付出任何代價（成本）即可取得的資源。目前世界上屬於這類的資源相當的少，通常以空氣（一般天然存在非經淨化的空氣）爲例。稀少性資源是指供給有限，必須付出代價（成本）才可取得的資源。就全世界一體的觀點而言，世界的自然資源應都屬於稀少性資源。

2. 可再生資源與非再生資源　可再生資源(replenishable resources)是指經採收之後，過一段時間，能够自然再生產，再創造的資源。大體而言，世上的動、植物均屬可再生的資源，可以世代無限延傳重生。非再生資源（nonreplenishable resources）是指地球表面上供給數量固定，經採收之後，在可見的未來供給無法獲得補充的資源。例如，地球上大部分的礦藏屬之。

3. 可回收資源與無法回收資源　非再生資源又可分爲可回收（recyclable）與無法回收（nonrecyclable）兩種。前者是指經利用後，可以花費成本予以再處理，而供未來世代再利用的資源，例如金、銀、銅、鐵、鋁等金屬礦產屬之；後者是指經利用後，無法予以再處理而供未來世代再利用的資源，例如煤、石油、天然氣等燃料屬之。

二、可再生資源的利用

就總體的觀點而言，可再生資源——如魚產、木材、牲畜——爲社會全體所共同享用，屬於社會全體所有，因此經濟學家又稱它爲共同財產資源（common property resource）。由於可再生資源具有共同財產的特性，因此如同公共財一樣，可再生資源的利用將會有外部性產生，主要的外部性有下列兩種：

1. 排擠外部性（congestion externality） 在現有的可再生資源存量下，一個人對於可再生資源採收（或收穫）的數量愈多，將使其他的人能夠採收的數量愈少，取得的成本愈高，這種現象稱爲排擠外部性。例如，一位漁人捕撈愈多的魚，則其他的漁人所能捕撈的魚量將愈少，捕撈成本也將愈高。

2. 世代間外部性（intergenerational externality） 雖然可再生資源是能夠再生產、再創造的，但這可能需要很長的一段時間才能夠完成。因此，這一代的人採收愈多的可再生資源，下一代能夠採收的可再生資源的數量也就愈少，所需付出的成本也愈高，這種現象稱爲世代間外部性。例如，樹木的成長需要很長（幾十年）的時間，這一代的人砍伐愈多的樹木，下一代的人所能利用的樹木將愈少，取得的成本也將愈高。

因此，即使某些資源是可再生的，但如果對其採收沒有任何管制，必然產生很大的排擠與世代的外部性，而使得實際存量小於最適存量，肇致社會其他的成員與下一代可採收的資源減少、成本提高。是故，對於可再生資源的採收（獲取）也是應有所節制的。

大地環境對於廢棄物的處理可以視爲是一種再生的過程。大地環境如同一個巨槽一般，它將人類所遺留的廢棄物予以生化分解而後吸收，使這些廢棄物成爲對人類無害之物。但是，這種過程可能相當緩慢，耗時相當長久，而且如果廢棄物的數量太大，大地環境的這種功能也將大大地受到傷害。

三、非再生資源的利用

根據非再生資源的特性可知，即使每年的需求數量固定不變，非再生資源的存量將每年遞減。因此，非再生資源的採收（獲取）較之可再生資源存在更大的排擠與世代間外部性。由於非再生的特性，因此可以預料得到，若對非再生資源的開採沒有任何限制，則在其他情況（如科

技、偏好）不變下，非再生資源的價格將隨時間而遞增，下一代因此必須付出比較高的價格才能享用這些非再生的資源。

雖然非再生資源的價格可能與時俱增，但後代子孫的生產力與所得水準均將提高，而有能力負擔更高價格之非再生資源的消費。因此，對於非再生資源的利用不在於其未來價格的提高，而是各代不應過度耗用，而應保存、遺留適量的非再生資源以供下一代使用。

第三節　公害與生態環境

經濟成長與環境污染 (environmental pollution) 兩者有密切的正相關。無論是在增加財貨生產的過程或財貨消費使用之後，均增加生態環境受到污染的公害，故隨著產出、消費的增加，環境污染的程度也就愈來愈嚴重。這種事實各國普遍存在，日漸受到人們的關心，並尋求各種途徑來改進日益惡化的環境污染問題。

有些人為了維持生態環境的完善，反對一味地追求快速的經濟成長，更因此主張**零經濟成長** (zero economic growth)，認為社會應該尋求更有效率的生產方法，來改善產品品質，使產出作更佳的組合，以減少環境的污染。如此，實質的產出縱然沒有增加，人類生活的福祉仍可獲得提高。

為何許多國家環境污染、生態惡化的問題日趨嚴重呢？一般認為是以下兩個原因所致。

一、過多人口論

過多的人口通常被認為是環境污染增加、生態惡化的主要原因。人口增加，一方面需要增加生產以維持生活水準，生產活動所產生的空氣、水、噪音、化學物品的污染因此增加；另一方面，人口增加、消費

增加，產生大量消費後的廢物——垃圾，再加上大量使用清潔劑、殺蟲劑與塑膠製品，使得自然環境原有自淨的能力無法消融這些大量生產與消費後的負產出，生態環境因而受到嚴重的破壞。

人口增加而集中，都市化程度加深的結果，產生擁擠、噪音、水土流失、生活緊張等。職是之故，如何保持一個最適人口水準，使空氣、水、化學物品、垃圾、擁擠、噪音、水土流失等社會公害減少，以維持生態環境的平衡，是值得吾人關切的。

二、私人成本與社會成本失衡論

廠商或個人在生產與消費的過程中，產生環境污染的公害，使其他的人遭到損害而沒有獲得適當的補償，這種外部不經濟的產生使市場價格機能因此失其功效，而無法發生正確的資源派用功能。

價格機能是建立在一項基本假設上，即吾人對於個人或廠商使用資源的成本能够準確計算。當外部不經濟的公害發生時，個人或廠商使用資源所支付的私人成本，不再等於社會成本，此時包含公害損失在內的社會成本高於私人成本。由於價格祇反映私人成本，因此價格機能不再能够引導社會資源作最有效的利用。譬如，河川上游的紙漿工廠免費使用河川的水，但其生產過程排出大量廢水，使水資源受到污染，造成水中生物的死亡，下游的居民需要花費大量的開支才能恢復水的清潔品質，但紙漿工廠在計算生產成本時，並未把水中生物的死亡與淨水的開支予以考慮，因此紙漿生產的社會成本大於廠商的私人成本。

當個人或廠商使用資源而使其他的個人或廠商增加額外的開支時，私人成本就不等於社會成本。在此情況下，唯有讓因生產而引起公害的個人或廠商負擔消除該公害的費用時，私人成本與社會成本才相等，產量才能達到社會的最適水準。例如，如果紙漿工廠對其生產所排出的大量污水，不必支付任何代價，則生產的私人成本小於社會成本，成本低

估的結果會使產量過多。從社會的觀點來看，這表示社會過多的資源使用於紙漿生產，價格機能未能發揮誘導資源獲致最適分派的功能。如果能夠讓紙漿工廠負擔水的污染成本——這種作法稱爲外部性內部化 (internalize)，則生產成本提高，紙漿的產量將減少而達於社會的最適水準。

由以上的分析可知，當某種產品的生產或消費產生外部不經濟公害，致使私人成本小於社會成本時，將導致該產品的生產或消費過多，而使社會的污染公害增加。

第四節　改善環境的可能途徑

一、污染防治的得失

資源的使用產生環境污染，使得私人成本小於社會成本，而且經濟成長得愈快，環境污染有愈嚴重的趨勢。因此，需要由政府，或是利用政策措施，使私人承擔污染的成本，以改進日漸惡化的生態環境。環境的改進必須動用資源，付出代價。要將公害完全消除，使環境維持最理想（零污染）的境界，這將需要極爲鉅大的花費，這種花費與所得到的收益相比較，是否值得，不無懷疑。因此，對於公害的問題吾人應存一個基本的認識，即改進環境並不是將公害完全消除，達於零污染，而是將其減輕到人們所能容忍的程度。

一般而言，經濟分析上有三種方法用以衡量改進環境污染的得失，這三種方法是：邊際分析法、成本—效益分析法 (cost-benefit analysis)、與成本—效果分析法 (cost-effectiveness analysis)，簡述如次。

（一）邊際分析

環境的改善需要付出成本，但也將產生收益。當改善環境額外增加

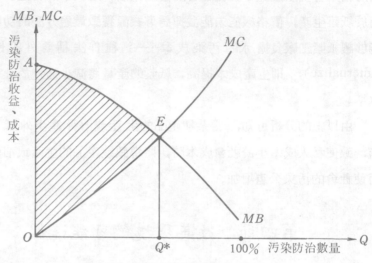

圖17-1　最適污染防治數量。

的邊際成本等於其所增加的收益時，污染防治的數量達於最適，改進環境的淨得（net gain）達到最大。

　　圖17-1，縱軸代表污染防治的邊際收益(marginal benefit, *MB*)，及邊際成本 (marginal cost, *MC*)，橫軸代表污染防治數量 (*Q*)。污染防治的邊際收益曲線為一負斜率的曲線，表示隨污染防治數量的增加，所產生的社會邊際收益愈來愈小；污染防治的邊際成本曲線為一正斜率的曲線，表示隨污染防治數量的增加，所需增加的成本愈來愈多。兩條曲線相交於 *E* 點， 決定社會的最適污染防治數量為 *OQ**，在此一污染防治數量下，環境污染的改進使社會福利增加達到 *OAE* 的最大水準。由圖形可以看出， 如要達於 100% 的污染防治數量（即零污染）， 則污染防治所需的邊際成本遠大於邊際收益。對於社會全體而言，是不值得這樣做的。

　　例如， 河川上游紙漿工廠排放廢水， 污染河川。 假如每增加一塊錢的改進設備開支，河川污染因此降低，使下游的居民增加大於一塊錢

的漁獲量或減少一塊錢以上的淨化河水的開支，表示社會福利有淨的增加。這一塊錢的改進設備開支是值得花費的，如此繼續進行，直到最後一塊錢的污染改進開支，只能使下游的居民剛好增加一塊錢的漁獲量或是剛好減少一塊錢的淨化水開支，此時社會福利的淨增加達到最大，改進設備的投資卽應終止。

邊際分析法是理論上的理想。但在實際的社會，由於污染防治的邊際效益與邊際成本難以量度，因此要決定最適的污染防治數量也就相當困難。

（二）成本—效益分析

對於改進環境污染，可以有各種不同的計畫方案，評估各個計畫可能產生的所有預期成本與預期效益的折現值，而後決定採行的計畫，這稱之為成本—效益分析。通常對於效益與成本的差距或效益與成本之比率愈大的計畫，應愈優先採行。據此原則的改進環境計畫，將使社會的福利增加最大。

這種分析方法，時常遭遇到無法對各個計畫的效益與成本給予正確的定義與測度，且有時基於其他因素的考慮而很難單純由成本—效益的分析確定計畫的優先次序（priority）。

（三）成本—效果分析

如果一個環境改進的目標已經確定——例如，空氣污染或噪音要減少到某種程度——所需考慮的只是成本，那麼成本—效果分析將告訴我們選擇成本最小的用作改進環境計畫，其效果卽是最好的。因此，成本—效果分析並非用以決定進行何種目標的環境改進，而是目標決定後再用以確定執行的計畫。

這種分析方法，其中成本的多寡與污染防治目標的高低有密切的關係。目標定得低，縱使成本小，對於污染防治並無多大助益；目標定得高，成本可能相當鉅大，而使得污染防治計畫難以執行。

二、可能途徑

當代的人們對於經濟發展所產生的環境污染與生態破壞，已有深刻的認識，並體驗到其嚴重的後果。因此，有識之士與專家學者們，提出各種主張，期能制訂有效的政策，以改進生態環境，提高人類生活的品質，恢復自然界的平衡，確保未來經濟發展的持續。

一般而言，對於如何改進與防止環境的污染與生態的破壞，有以下幾個可能的途徑：

（一）對產生污染者徵稅

許多經濟學者主張製造污染的人，應該負擔污染的成本。當經濟主體在從事經濟活動時，產生的污染超過正常界限，應對其產生的污染予以徵稅，而使其成爲經濟活動成本的一部分。如此可以使污染成本內部化，而藉由價格機能來達到污染管制的目的。

對此主張，贊成者認爲有幾點好處：（1）經由污染稅的徵收，可以對污染的產生有某種程度的管制作用；（2）將人口較密地區徵收較高的污染稅，人口較疏地區徵收較低的污染稅，可以鼓勵工廠遷出城市，有均勻分散污染，使其不致過於集中而產生災害的作用；（3）污染稅成爲廠商生產成本的一部分，將影響生產與價格的決策，可以刺激生產方法的改進以減少污染。

反對者認爲：（1）並不是任何的污染均能予以發現測度，因此對有些污染無法徵稅；（2）除了污染稅外，勞工、原料的供給與市場等因素，更是影響廠商設廠位置的重要因素；（3）改進污染的收益與成本難以估計，無法對廠商的生產決策產生作用；（4）最適污染稅稅率難以決定。因此，徵收污染稅對社會產生的效益有限，執行上也相當困難。

（二）出售污染權利

如同產品在自由市場藉由價格機能決定價格一般，可以在一定時間，

一定的地方，出售定量的污染許可權利，以管制污染。在出售的污染權利之數量一定下，需求愈多，價格愈高，需求愈少，價格愈低。如此，經由價格機能，由供需決定污染權利的價格，可以達到以價制量的目的。如果價格很高而使得財力較弱的廠商無法負擔時，為防止財力雄厚的廠商形成寡佔或獨佔，可採融資或某種形式的輔助措施，以使其有能力購買污染權利。

如果技術上的問題能夠克服（如污染的測度，約束廠商污染排放量不超過所購買的權利），出售污染權利被認為是解決環境污染問題最有效率的方法。

（三）對改進污染予以補貼

對於進行改進污染的廠商，政府可以給予直接或間接的不同形式的補貼，例如，直接給付減少污染的支出，補貼污染防治設備，對改進污染設備免稅，對購買污染控制設備給予**租稅扣抵**（tax credit）——即政府准許某項支出之全部或部分得以抵減應繳稅額的一種制度，並准其加速折舊等。這幾種補貼方案有幾點值得考慮：

1. 要減少污染至某一程度，直接給付補貼較之給予污染設備投資租稅扣抵為佳。因為前者能使廠商尋求最低成本的防治污染方法，後者則無此種誘因。

2. 如果對於廠商的污染防治投資給予補貼，應該特別針對能夠增加收入或減少成本之可能提高利潤的設備予以補貼。如此，可以增加利潤，提高廠商改進污染的誘因。

3. 補貼給付應與正常的污染標準相聯繫，亦即接受補貼的污染者，應將污染減少至正常的標準以下，這樣的標準雖然難以訂定，但卻關係著補貼計畫能否有效執行。

4. 防治污染補貼給付，違反公平的受益原則（fair benefit principle）——尤其是以一般性的租稅收入支付補貼。雖然全社會由防治污

染補貼得到受益，但是有人認為防治污染開支應是生產成本的一部分，應由購買此種產品的消費者負擔防治污染成本，而不應由社會全體負擔。

5. 如果對於廠商的防治污染投資設備予以間接租稅扣抵補貼，將違反公平的原則。因為這樣的租稅扣抵，意謂著有些納稅人（非污染排放者）較其他的人（排放污染者）必須繳納更多的稅，這將使租稅制度受到扭曲，導致資源的錯誤分派。

基於以上的種種考慮，防治污染補貼計畫雖然常被建議，但不見得是最好的政策方針。

（四）直接管制

政府可以訴諸於立法的權力，訂定法令，使用許可證、區域管制、註冊登記、與強迫污染維持在某一標準內等方法，將公害、污染置於直接管制之下。對於違反者予以法律的制裁，以確保人們的健康與安全。

對於污染防治採取直接管制，有人認為將流於僵硬與缺乏效率的形式管制，污染防治成本無法達於最小，更須付出重大的監控與執行成本，因而肇致更嚴重的資源錯誤分派。例如，對污染徵稅同樣可以達到減少污染的目的，但與直接管制比較，前者讓廠商能有更大的自由來調整其生產。因此，在自由經濟的社會，應待一切**市場取向機能**（market-oriented mechanism）的措施均告失效後，才值得考慮採取直接管制措施。

污染稅、污染權利、補貼、或直接管制，何者是防治污染最有效的對策呢？污染有各種不同的種類與來源，應視污染的性質，對不同種類的污染，採取不同防治污染的政策措施，以達到最有效改善環境品質的目的。

摘 要

1. 增加產出是要付出代價的。在追求經濟成長的過程中,一個社會必須付出增加工作減少休閒、減少消費增加投資、犧牲目前等待未來、環境品質惡化及犧牲安定等代價。

2. 自然資源按其性質可分為免費資源與稀少性資源、可再生資源與非再生資源,非再生資源又可分為可回收資源與無法回收資源。

3. 無論是可再生或非再生資源,對其採收具有排擠外部性與世代間外部性。因此,基於資源共享的理念,任何人、任何世代對於自然資源均不應過度耗用,而應保存、遺留適量的資源供其他的人及世代使用。

4. 由於人口不斷增加且集中、與生產時只計私人成本而不計社會成本,乃在經濟成長的過程中導致環境污染與公害的問題日益嚴重。

5. 遵循邊際成本對邊際收益、或成本對效益、或成本對效果的分析,可以使改善環境污染或公害的成本最小,而獲得的利益最大。

6. 為了改進或防止環境的污染與生態的破壞,曾經提出的政策建議有:(1)課徵污染稅,(2)出售污染權利,(3)對改進污染予以補貼,及(4)直接管制。每一種政策均有利弊得失,至於何種政策最為有效,應視污染的種類與來源而定。

重 要 名 詞

環境污染	零經濟成長
非再生資源	無法回收資源
世代間外部性	成本—效益分析
公害	可再生資源

可回收資源　　　　　　　　排擠外部性

邊際成本—邊際收益分析　　成本—效果分析

問 題 練 習

1. 在追求成長的過程中，吾人必須付出那些代價？ 對於經濟成長
   與人類幸福你的看法如何？ 對於「零經濟成長」的主張，你的
   看法如何？

2. 按性質的不同，資源可分爲那幾類？ 你對於不同資源的採收利
   用看法如何？

3. 經濟成長與環境污染有何關係？ 你認爲如何才能有效改善日益
   惡化的生態環境呢？

附錄: 臺灣經濟發展的回顧與展望

　　個人努力奮鬥，克勤克儉，要由貧窮走向富裕之路並不難。但是，一個國家或社會的經濟發展並不如個人追求致富般容易，必須克服許多的困難與障礙，才得以走向成長之路，逐漸達到富裕強盛的境界。自第二次世界大戰後，世界各落後國家無不在自力與外力的支援下，積極追求經濟發展。但是，經過40年，到了1990年代的今天，眞正能够脫離惡性貧窮循環，達到自立成長的國家，猶如鳳毛麟角，屈指可數，中華民國便是這少數經濟發展成功的國家之一。我們經濟發展的成就，被讚爲世界經濟發展的奇蹟，我們成功走向經濟發展的過程，則成爲許多落後國家追求經濟發展的借鏡。現在，讓我們來回顧臺灣經濟發展的過去歷程，瞭解現在的情況，並展望未來的前途。

第一節　經濟發展階段

　　依時間的先後次序及各時期經濟活動的特性，臺灣的經濟發展過程，大致可劃分爲: (1) **戰後重建**，(2) **進口替代**，(3) **出口擴張**，及(4) **第二次進口替代**等不同的階段。

　　自民國34年臺灣光復，民國38年中央政府自大陸播遷來臺，以至民國40年，可說是臺灣經濟發展的戰後重建階段。第二次世界大戰期間，臺灣飽受盟軍的轟炸，泰半的公共設施及生產設備俱燬於炮火之中。日

本投降，政府接收臺灣之時，滿目瘡痍，百廢待舉。接著，中共叛亂，大陸形勢逆轉，政府於民國38年播遷來臺，大量的技術人力、管理人才及資本也隨著政府撤退到臺灣，這些由大陸撤退來臺的人力與資本，注入了臺灣經濟發展的動力。初期積極從事戰後的重建工作，以戰前民國26年的臺灣生產淨額爲基準，民國35年只及民國26年生產淨額的 55%，但到了民國39年便達到了 105%，恢復了戰前生產的最高水準。至民國41年，臺灣的生產淨額更高達民國26年的 119%，由此開始邁向新階段的經濟成長之路。

民國41至49年可以說是臺灣經濟發展的進口替代階段。在戰後重建時期，大部分的公共設施及生產設備不但均已重建，而且更替換新，生產能量提高，同時國內的有效需求市場也隨著復原而擴大。因此，原本由國外大量進口的非耐久消費財，藉由保護政策的施行，便改由國內自行生產以減少進口，這就是所謂的進口替代。其結果是民國41年至47年間消費財進口佔總進口的比率，持續地由19.9%降爲 6.4%。進口替代的成功，一方面不僅可以創造國內的就業機會，增加生產，又可以減少當時極爲匱乏的外匯支出。同時，更由於紡織、食品加工、塑膠、成衣、橡膠、鞋類及木材製品等進口替代產業的發展成功，而使得工業產品佔出口的比重，由民國41年的 8.1%增加爲民國49年的32.3%。

臺灣是一個海島型經濟，幅員狹小，天然資源貧乏，國內市場的吸納力有限。由於進口替代產業的快速擴張，至民國40年代的末期，進口替代產業的國內市場已漸趨飽和，而必須另外尋求其他的市場。在此情況下，臺灣以其在進口替代階段已經建立的良好輕工業基礎，加上數量充沛、素質優良的便宜勞工，所生產的輕工業產品遂在國際市場上逐漸取得競爭的優勢，打開了國際市場，創造了大量勞力密集輕工業產品出口的局面，這一時期大致從民國50至62年，通常稱之爲出口擴張階段。

至民國62年，工業產品佔出口的比重達到84.6%，出口佔國民生產毛

額的比重由民國41年的8.51％提高爲民國62年的47.22％。出口快速擴張
的結果，使得經濟成長率由民國40年代的平均每年8.07％提高爲民國50
年代的9.63％，每人實質所得成長率由民國40年代的平均每年4.27％提
高爲民國50年代的7.30％，工業部門的成長率也相對的由平均每年11.86
％提高爲 16.47％。由於平均每人所得不斷的提高，相對地個人的平均
儲蓄傾向也由民國41年的 3％提高爲民國62年的24％，資本形成毛額佔
國民生產毛額的比重則由民國41年的15.3％提高爲民國62年的29.1％。

　　在出口快速擴張階段，進口以原料、零件及機器設備爲主，出口則
以勞力密集的輕工業產品爲主。這一階段工業生產的特色是投入大量非
技術工人，創造大量的就業機會，但產品的附加價值卻很低。經過十年
餘的快速出口擴張帶動全面的經濟成長，整個經濟同時處於充分就業與
物價穩定的狀態。但到了民國60年代初期，國內外的經濟情勢發生重大
的改變，臺灣的經濟受到很大的衝擊，而必須改弦易轍，另謀長期發展
的途徑。

　　這些重大的變化，首先是長期勞力密集輕工業快速發展的結果，不
斷吸收大量農業部門的剩餘勞力，而使工業部門的勞力供給逐漸感到短
缺，工資因而不斷上漲，勞力密集的輕工業產品在國際市場上的競爭優
勢逐漸喪失，這種情況更由於許多其他開發中國家開始積極利用其廉價
的勞力，推動勞力密集出口產業而更顯得嚴重。其次，民國62（1973）年
10月中東戰爭爆發，引起石油危機，石油價格暴漲，導致世界經濟處於
停滯膨脹的狀態，各先進工業國家爲了彌補其大量石油進口而產生的國
際收支逆差，遂採取限制國際貿易的措施，這也使得臺灣的勞力密集產
品出口遭受極大不利的影響。在此情況下，爲了提升我國經濟發展的程
度，加強我國產品在國際市場的競爭能力，增加出口產品的附加價值，
減輕對外貿易依賴的程度，提高經濟的自立性，繼續創造就業機會，工
業發展的方向因而逐漸由勞力密集產品出口擴張的生產，轉移到原本進

口的中間生產投入、零組件、基本原料、資本財及耐久消費財的生產，稱爲第二階段進口替代，以別於民國41至49年第一階段的非耐久消費財進口替代。在實施第二階段進口替代（約自民國63年開始）的同時，我們更致力於資本及技術密集工業的發展，推動資本及技術密集產品的出口，以實現第二階段的出口擴張。

第二節　經濟結構的轉變

過去40年來（民國41年至80年）臺灣經濟發展的成果，可由表1顯示出來。在這40年間，除少數幾年外，臺灣的實質國民生產毛額增加率（經濟成長率）與每人實質國民所得增加率均相當高，失業率自民國54年開始便一直低於4％而處於充分就業的狀態，物價水準除了少數幾年超過兩位數字外，大多數的年份均保持於相當穩定的水準，貿易餘額（出口減進口的差額）從民國60年起，除民國63及64年外，均爲順差。這些經濟指標所顯示的經濟發展成果，與世界其他各國比較起來，均有過之而無不及。

以下，我們要進一步由各種經濟統計資料的觀察，來證實臺灣的經濟由落後、低度開發的狀態，轉變爲進步、工業化的現代經濟結構。首先，由表2觀察生產結構之轉變。臺灣的經濟成長與生產結構的轉變有著密切的正相關，快速的經濟成長伴隨著迅速的生產結構轉變。爲便於觀察起見，我們將全經濟劃分爲農業、工業及服務業三個部門。在民國41年，各部門對國內生產淨額的貢獻爲：農業佔36.0％，工業佔18.0％，服務業佔46.0％。至民國78年，農業、工業及服務業對國內生產淨額的貢獻分別爲5.9％，43.5％及50.6％，農業比重顯著下降，工業比重迅速上升，表示我國的經濟結構已由農業生產爲主、工業生產爲輔的農業經濟，轉變爲工業生產爲主，農業生產爲輔的工業經濟。

表 1　臺灣經濟發展之重要指標

單位: %; 百萬美元

年度（民國）	（1）經濟成長率	（2）失業率	（3）平均每人實質所得增加率	（4）消費者物價上漲率	（5）貿易餘額（百萬美元）
41	12.0	4.37	9.2	——	－ 71
42	9.3	4.20	5.7	18.79	－ 64
43	9.5	4.00	5.4	1.67	－ 118
44	8.1	3.81	4.6	9.91	－ 78
45	5.5	3.64	1.2	10.51	－ 76
46	7.4	3.73	3.9	7.53	－ 64
47	6.7	3.80	3.7	1.27	－ 70
48	7.7	3.88	3.4	10.57	－ 74
49	6.3	3.98	2.1	18.44	－ 133
50	6.9	4.10	3.3	7.83	－ 127
51	7.9	4.17	5.4	2.34	－ 86
52	9.4	4.26	7.6	2.24	－ 30
53	12.2	4.34	10.1	0.20	＋ 5
54	11.1	3.34	5.3	−0.08	－ 106
55	8.9	3.12	6.2	1.99	－ 86
56	10.7	2.29	8.0	3.35	－ 105
57	9.2	1.72	6.7	7.92	－ 114
58	8.9	1.88	7.5	5.04	－ 164
59	11.4	1.70	8.7	3.58	－ 43
60	12.9	1.66	10.2	2.83	＋ 216
61	13.3	1.49	11.2	3.01	＋ 474
62	12.8	1.26	10.1	8.17	＋ 691
63	1.2	1.53	−3.1	47.47	－ 1,327
64	4.9	2.40	1.8	5.24	－ 643
65	13.9	1.78	12.8	2.50	＋ 567
66	10.2	1.76	7.3	7.04	＋ 850
67	13.6	1.67	9.8	5.77	＋ 1,660
68	8.2	1.28	6.3	9.75	＋ 1,329
69	7.3	1.23	2.8	19.01	＋ 78
70	6.2	1.36	2.5	16.34	＋ 1,411
71	3.6	2.14	2.7	2.96	＋ 3,316
72	8.4	2.71	7.4	1.35	＋ 4,836
73	10.6	2.44	10.4	−0.02	＋ 8,497
74	5.0	2.91	4.1	−0.17	＋10,624
75	11.6	2.66	15.4	0.70	＋15,684
76	12.3	1.97	12.2	0.52	＋18,655
77	7.3	1.69	6.1	1.28	＋10,929
78	7.4	1.56	7.2	4.41	＋13,952

資料來源: 失業率來自行政院主計處,《中華民國臺灣地區國民經濟動向統計季報》, 51期, 民國79年11月; 其餘來自行政院經建會, *Taiwan Statistical Data Book* 1990。

表2 各產業對國內生產淨額的貢獻

單位: %

業別\年度(民國)	總計	農業	工業				服務業				
			次總	製造業	營造業	水燃氣電業	次總	商業	運倉及輸儲及通信業	政府服務	金融、保險及工商服務業
41	100.0	36.0	18.0	10.8	4.4	0.6	46.0	18.7	3.9	10.9	9.0
42	100.0	38.3	17.7	11.3	3.9	0.7	44.0	18.4	3.5	10.0	9.1
43	100.0	31.7	22.2	14.5	5.3	0.5	46.1	17.5	3.7	12.1	9.4
44	100.0	32.9	21.1	13.8	4.9	0.7	46.0	16.8	4.1	13.0	9.5
45	100.0	31.6	22.4	14.5	4.9	0.8	46.0	17.0	4.0	12.7	9.8
46	100.0	31.8	23.9	15.7	4.6	1.0	44.3	15.2	4.4	11.7	10.6
47	100.0	31.1	24.0	15.5	4.3	1.2	44.9	15.5	4.1	12.5	10.7
48	100.0	30.5	25.7	17.7	4.4	1.1	43.8	14.8	3.9	12.7	10.0
49	100.0	32.9	24.9	16.8	4.5	1.3	42.2	14.3	4.1	12.6	9.0
50	100.0	31.6	25.0	17.0	4.4	1.6	43.4	15.2	4.8	13.4	8.7
51	100.0	29.4	25.7	16.9	4.5	1.8	44.9	15.7	4.6	13.5	9.4
52	100.0	26.8	28.1	19.7	4.7	1.7	45.1	16.1	4.4	13.1	9.7
53	100.0	28.3	28.9	20.9	4.4	1.8	42.8	15.1	4.4	12.4	9.1
54	100.0	27.4	28.6	20.1	4.7	1.9	44.0	16.4	4.8	12.1	9.2
55	100.0	26.3	28.8	20.4	4.7	1.8	44.9	15.0	5.4	13.2	9.3
56	100.0	23.9	30.8	22.2	4.9	1.7	45.3	15.2	5.2	13.6	9.6
57	100.0	22.1	32.5	24.0	5.1	1.7	45.4	15.1	5.4	13.8	9.6
58	100.0	18.9	34.6	26.1	5.0	2.0	46.5	15.1	5.9	13.8	10.5
59	100.0	18.0	34.5	26.2	4.6	2.2	47.5	15.3	5.9	14.2	10.5
60	100.0	14.9	36.7	28.7	4.5	2.2	48.4	16.4	6.1	14.0	10.2
61	100.0	14.2	40.3	32.3	4.6	2.1	45.5	14.9	6.1	12.6	10.2
62	100.0	14.1	43.8	36.2	4.7	1.7	42.1	13.1	6.0	11.5	10.4
63	100.0	14.5	41.2	32.7	5.2	2.0	44.3	15.0	5.8	11.1	11.1
64	100.0	14.9	39.1	29.2	6.2	2.4	46.0	14.2	6.0	12.7	11.5
65	100.0	13.4	42.7	32.5	6.2	2.1	43.9	13.5	5.9	11.8	11.6
66	100.0	12.5	43.4	32.7	7.1	2.4	44.1	13.4	5.9	11.6	11.8
67	100.0	11.3	44.9	34.1	7.2	2.4	43.8	13.3	5.9	11.7	12.4
68	100.0	10.4	45.1	34.6	7.4	2.1	44.5	13.6	6.0	11.8	13.8
69	100.0	9.2	44.7	34.0	7.3	2.3	46.1	14.6	6.2	11.6	14.3
70	100.0	8.7	44.4	33.7	6.6	3.1	46.9	15.1	5.8	12.5	15.0
71	100.0	9.2	42.9	33.4	5.8	2.8	47.9	15.1	5.7	13.0	14.8
72	100.0	8.7	43.6	34.2	5.4	3.3	47.7	14.7	5.8	12.6	14.1
73	100.0	7.5	45.4	36.5	4.9	3.3	47.1	14.7	5.9	12.1	14.4
74	100.0	6.8	45.3	36.6	4.7	3.4	47.9	15.0	5.8	12.1	14.8
75	100.0	6.4	47.1	39.5	4.4	2.8	46.5	15.4	5.6	10.9	14.0
76	100.0	6.2	47.1	39.4	4.4	2.9	46.7	15.3	5.6	10.5	14.7
77	100.0	6.0	45.5	37.8	4.8	2.5	48.5	15.7	5.7	11.2	16.3
78	100.0	5.9	43.5	35.6	5.2	2.3	50.6	16.4	5.7	11.9	17.6

資料來源: 行政院經建會，*Taiwan Statistical Data Book* 1990。

　　其次，由表3觀察勞動力就業結構之轉變，亦可以反映出臺灣經濟發展的特性。表內資料顯示，農業就業人口的比重，由民國41年的56.1％降至民國78年的12.9％，工業及服務業的就業人口比重，則分別由民國41年的16.9％及27.0％提高爲民國78年的42.2％及44.9％。第二級與第三級產業就業人口比重的提高，表示一個國家的就業結構愈現代化，農業部門存在勞動力過剩或隱藏性失業的情形愈少。

　　值得注意的是，臺灣農業就業人口的絕對數量於民國 54 年首次減少，根據兩部門發展模型，這表示臺灣的經濟發展於此之際到達了轉捩點。由表 3 可知，無論是生產或就業結構的轉變，均以工業部門製造業的成長最爲迅速。

　　再者，由表 4 可觀察臺灣對外貿易結構的改變。在民國47年之前，臺灣的出口主要以農產品及農產加工品爲主，其佔出口的比例達80％以上。至民國78年，臺灣的出口中，農產品及農產加工品所佔的比例只有4.6％，而工業產品所佔的比例則高達 95.4％。這種資料顯示，臺灣已不同於一般開發中國家以初級產品及其加工品的出口爲主，而是以工業產品出口爲主的國家。過去臺灣出口的工業產品，主要是由國外進口原料、半製成品、零件，然後經過簡單裝配、加工而成的產品，是一種勞力密集而附加價值低的輕工業產品，這使得臺灣出口或進口總值佔國民生產毛額的比例偏高（很長一段時間達 50％ 以上），顯示臺灣的經濟與國際貿易有極爲密切的關係，並容易受到國際經濟情勢變動的感染與衝擊。近年來，由於經濟發展層次的提高、工資快速上漲、勞動力短缺，臺灣的出口產品已加速地由勞力密集轉變爲資本、技術密集。

　　就進口產品結構觀察，在民國41年進口產品中資本財佔14.2％，農工原料佔 65.9％，消費財佔 19.9％，至民國78年進口產品中資本財佔16.4％，農工原料佔72.1％，消費品只佔11.5％。資料顯示在民國50年代及60年代初期，由於出口擴張的順暢，資本財進口的比例有顯著提高

表3　各產業的就業人口比重

年度（民國）業別	總計	第一類行業 農、林、漁、牧業	第二類行業					第三類行業			
			次總	礦業及土石採取業	製造業	營造業	水電燃氣業	次總	商業	運輸業	其他服務業
41	100.0	56.1	16.9	1.9	12.4	2.4	0.2	27.0	10.6	3.4	13.0
42	100.0	55.6	17.6	2.0	12.8	2.5	0.3	26.8	10.4	3.6	12.8
43	100.0	54.8	17.7	1.9	12.9	2.6	0.3	27.5	10.2	3.8	13.5
44	100.0	53.6	18.0	1.8	13.2	2.7	0.3	28.4	10.1	4.0	14.3
45	100.0	53.2	18.3	2.0	13.2	2.8	0.3	28.5	10.0	4.1	14.4
46	100.0	52.3	19.0	2.3	13.4	3.0	0.3	28.7	10.0	4.1	14.6
47	100.0	51.1	19.7	2.3	14.1	3.0	0.3	29.2	10.0	4.3	14.9
48	100.0	50.3	20.3	2.3	14.6	3.1	0.3	29.4	10.0	4.4	15.0
49	100.0	50.2	20.5	2.3	14.8	3.1	0.3	29.3	10.0	4.4	14.9
50	100.0	49.8	20.9	2.4	15.0	3.1	0.4	29.3	9.9	4.5	14.9
51	100.0	49.7	21.0	2.3	15.1	3.2	0.4	29.3	9.8	4.5	15.0
52	100.0	49.4	21.3	2.3	15.3	3.3	0.4	29.3	9.7	4.6	15.0
53	100.0	49.5	21.3	2.2	15.4	3.3	0.4	29.2	9.6	4.6	15.0
54	100.0	46.5	22.3	2.2	16.3	3.4	0.4	31.2	10.3	4.8	16.1
55	100.0	45.0	22.6	2.2	16.4	3.6	0.4	32.4	10.8	4.7	16.9
56	100.0	42.5	24.6	2.1	18.2	3.9	0.4	32.9	11.7	4.8	16.4
57	100.0	40.8	25.4	2.0	18.6	4.4	0.4	33.8	13.0	4.8	16.0
58	100.0	39.3	26.3	1.8	19.1	5.0	0.4	34.4	13.3	4.8	16.3
59	100.0	36.7	28.0	1.6	20.9	5.1	0.4	35.3	13.6	5.4	16.3
60	100.0	35.1	29.9	1.4	22.2	5.9	0.4	35.0	13.3	5.3	16.4
61	100.0	33.0	31.8	1.2	24.6	5.6	0.4	35.2	14.0	5.2	16.0
62	100.0	30.5	33.7	1.1	26.6	5.6	0.4	35.8	14.4	5.6	15.8
63	100.0	30.9	34.3	1.1	27.0	5.8	0.4	34.8	14.3	5.3	15.2
64	100.0	30.4	34.9	1.1	27.5	5.9	0.4	34.7	14.1	5.7	14.9
65	100.0	29.0	36.4	1.2	28.7	6.1	0.4	34.6	13.7	5.7	15.2
66	100.0	26.7	37.6	1.0	29.5	6.7	0.4	35.7	14.5	5.7	15.5
67	100.0	24.9	39.3	1.0	30.4	7.5	0.4	35.8	14.8	5.5	15.5
68	100.0	21.5	41.8	0.9	32.5	8.0	0.4	36.7	15.3	5.9	15.5
69	100.0	19.5	42.4	0.9	32.6	8.5	0.4	38.1	16.0	5.9	16.2
70	100.0	18.8	42.2	0.8	32.2	8.8	0.4	39.0	16.6	5.8	16.6
71	100.0	18.9	41.2	0.8	31.8	8.2	0.4	39.9	17.0	5.7	17.2
72	100.0	18.6	41.1	0.6	32.6	7.4	0.5	40.3	17.4	5.4	17.5
73	100.0	17.6	42.3	0.6	34.1	7.1	0.5	40.1	17.5	5.2	17.4
74	100.0	17.5	41.4	0.5	33.5	7.0	0.4	41.1	18.0	5.2	17.9
75	100.0	17.0	41.5	0.4	33.8	6.8	0.4	41.5	17.9	5.2	18.4
76	100.0	15.3	42.0	0.4	35.0	6.9	0.4	42.0	17.9	5.3	18.8
77	100.0	13.7	42.6	0.3	34.5	7.3	0.4	43.7	19.0	5.3	19.4
78	100.0	12.9	42.2	0.3	33.9	7.6	0.4	44.9	19.5	5.4	19.9

資料來源：同表2。

表4　貿易結構之轉變

單位: %

項目　年度（民國）	輸　　　　　　出				輸　　　　　　入		
	總計	農產品	農產加工品	工業產品	資本財	農產及工業原料	消費財
41	100.0	22.1	69.8	8.1	14.2	65.9	19.9
42	100.0	13.8	77.8	8.4	15.6	67.1	17.3
43	100.0	13.3	76.1	10.6	15.1	72.3	12.6
44	100.0	28.1	61.5	10.4	16.5	74.7	8.8
45	100.0	18.5	64.5	17.0	18.7	73.9	7.4
46	100.0	15.9	71.5	12.6	20.6	72.5	6.9
47	100.0	23.7	62.3	14.0	21.8	71.8	6.4
48	100.0	23.6	52.8	23.6	25.1	67.5	7.4
49	100.0	12.0	55.7	32.3	27.9	64.0	8.1
50	100.0	14.8	44.3	40.9	26.4	63.5	10.1
51	100.0	11.9	37.6	50.5	23.4	68.3	8.3
52	100.0	13.5	45.4	41.1	21.4	72.1	6.5
53	100.0	15.0	42.5	42.5	22.1	71.8	6.1
54	100.0	23.6	30.4	46.0	29.3	65.6	5.1
55	100.0	19.8	25.1	55.1	29.4	65.5	5.1
56	100.0	15.2	23.2	61.6	32.1	63.2	4.7
57	100.0	11.1	20.5	68.4	32.5	62.9	4.6
58	100.0	9.3	16.7	74.0	34.7	60.8	4.5
59	100.0	8.6	12.8	78.6	32.3	62.8	4.9
60	100.0	7.9	11.2	80.9	32.0	62.9	5.1
61	100.0	6.8	9.9	83.3	31.1	63.2	5.7
62	100.0	7.5	7.9	84.6	28.6	65.8	5.6
63	100.0	4.8	10.7	84.5	30.7	62.4	6.9
64	100.0	5.6	10.8	83.6	30.6	62.6	6.8
65	100.0	5.0	7.4	87.6	29.1	64.7	6.2
66	100.0	5.4	7.1	87.5	25.8	66.4	7.8
67	100.0	5.0	5.8	89.2	24.7	68.5	6.8
68	100.0	4.4	5.1	90.5	24.6	69.0	6.4
69	100.0	3.6	5.6	90.8	23.4	70.8	5.8
70	100.0	2.6	4.6	92.8	16.2	76.9	6.9
71	100.0	2.0	5.1	92.9	16.3	75.5	8.2
72	100.0	1.9	4.8	93.3	13.9	78.3	7.8
73	100.0	1.7	4.3	94.0	13.6	78.6	7.8
74	100.0	1.6	4.5	93.9	14.1	76.9	9.0
75	100.0	1.6	4.9	93.5	15.0	75.6	9.4
76	100.0	1.3	4.8	93.9	16.1	74.1	9.8
77	100.0	1.4	4.1	94.5	14.9	73.7	11.4
78	100.0	0.7	3.9	95.4	16.4	72.1	11.5

資料來源: 同表2。

的趨勢，至民國60年代中期後，由於我國第二次進口替代政策的推行，可以看出資本財進口的比例有下降的趨勢。農工原料進口的比例一直維持在60～70％之間，顯示臺灣自然資源稟賦的貧乏，因此，唯有進口大量的原料、中間投入，生產活動才能順利進行。消費財的進口比例在民國40年代初期有非常顯著的下降，而後一直維持相當平穩的水準。近年來，由於政府推動產業國際化與貿易自由化，關稅水準不斷降低，消費財的進口遂有增加的趨勢。由於國民所得水準的提高，臺灣消費財的進口結構，必然由早期的以進口生活必需品爲主轉變到目前的以進口高級耐久消費財爲主的情況，這正是臺灣消費水準在質的方面提高的必然結果。

最後，由表 5 及表 6 可以看出臺灣人口結構的現代化與人力素質的提高。表 5 顯示，自民國41年開始，臺灣人口的出生率、死亡率及自然增加率分別由4.66％、0.99％及3.67％不斷地下降。至民國78年，出生率爲1.57％，死亡率爲0.51％，人口自然增加率爲1.06％。15～64歲適於參加經濟活動之人口佔總人口的比重也由民國41年的55.1％提高爲民國78年的66.5％。這種人口結構的轉變，乃是一個國家經濟與社會結構現代化的必然趨勢。

由於15～64歲人口在總人口中的比重持續提高，使得臺灣的**依賴人口指數** (dependent population index) ——15歲以下及65歲以上人口數佔15至64歲工作年齡人口數的比例——從民國41年的81.3％下降至民國78年的50.2％，顯示工作人口生活負擔的減輕，儲蓄能力得以提高，人口結構漸趨健全。

表 6 顯示，臺灣地區 6 歲以上的人口中，接受大專及高中以上教育人口所佔的比例，由民國41年的10.2％，提高爲民國78年的55.4％；文盲所佔的比例由民國41年的42.1％，持續下降爲民國78年的 7.1％。這種現象顯示我國教育普及，專門及技術人力供給持續增加，人力資源的素質不斷提高，快速的經濟成長與經濟結構的改變因而得以實現。

表5　人口結構之轉變

單位: %

年度 (民國)	出生率	死亡率	人口自然 增加率	15~64歲 人口佔 總人口的 比　例	依賴人口 比　例
41	4.66	0.99	3.67	55.1	81.3
42	4.52	0.94	3.58	54.8	82.5
43	4.46	0.82	3.64	54.4	83.6
44	4.53	0.86	4.67	54.1	84.7
45	4.48	0.80	3.68	53.8	86.4
46	4.14	0.85	3.29	53.3	87.6
47	4.17	0.76	3.41	52.9	88.7
48	4.12	0.72	3.40	52.7	89.6
49	3.95	0.70	3.25	52.1	92.0
50	3.83	0.67	3.16	51.6	93.6
51	3.74	0.64	3.10	51.5	94.1
52	3.63	0.61	3.02	51.6	93.7
53	3.45	0.57	2.88	51.9	92.5
54	3.27	0.55	2.72	52.5	90.6
55	3.24	0.55	2.69	53.3	87.5
56	2.85	0.55	2.30	53.9	85.3
57	2.93	0.55	2.38	54.8	82.6
58	2.79	0.50	2.29	56.7	76.4
59	2.72	0.49	2.23	57.4	74.2
60	2.56	0.48	2.08	58.3	71.6
61	2.41	0.47	1.94	58.9	69.6
62	2.38	0.48	1.90	59.7	67.5
63	2.34	0.48	1.86	60.4	65.4
64	2.30	0.47	1.83	61.2	63.4
65	2.59	0.47	2.12	61.7	62.1
66	2.38	0.48	1.90	62.3	60.7
67	2.41	0.47	1.94	62.8	59.3
68	2.44	0.47	1.97	63.2	58.3
69	2.34	0.48	1.86	63.6	57.2
70	2.29	0.48	1.81	64.0	56.3
71	2.21	0.48	1.73	64.2	55.7
72	2.06	0.49	1.57	64.5	54.9
73	1.96	0.48	1.48	65.0	53.9
74	1.80	0.48	1.32	65.3	53.0
75	1.59	0.49	1.10	65.8	52.1
76	1.60	0.49	1.11	66.1	51.3
77	1.72	0.51	1.21	66.4	50.8
78	1.57	0.51	1.06	66.5	50.2

資料來源: 同表2。

表6 人力素質之轉變

單位: %

項目　　　　　年度（民國）	六 歲 及 以 上 人 口					
	總　計	高等教育	中等教育	初級教育	其　他	文　盲
41	100.0	1.4	8.8	43.5	4.2	42.1
42	100.0	1.4	9.0	44.1	4.0	41.5
43	100.0	1.6	9.3	45.5	3.9	39.7
44	100.0	1.7	9.6	46.9	3.9	37.9
45	100.0	1.7	9.6	47.7	3.9	37.1
46	100.0	1.7	10.8	51.0	4.2	32.3
47	100.0	1.8	11.2	51.4	4.7	30.9
48	100.0	1.8	11.7	53.3	4.3	28.9
49	100.0	1.9	12.4	54.1	4.5	27.1
50	100.0	1.9	13.0	55.0	4.2	25.9
51	100.0	2.0	13.7	55.3	4.2	24.8
52	100.0	2.2	14.5	55.5	4.2	23.6
53	100.0	2.3	15.3	56.0	4.0	22.4
54	100.0	2.3	15.2	55.4	4.0	23.1
55	100.0	2.5	15.8	54.8	3.8	23.1
56	100.0	3.0	18.1	55.8	3.7	19.4
57	100.0	3.2	18.9	56.8	4.7	16.4
58	100.0	3.5	24.5	52.9	3.8	15.3
59	100.0	3.7	26.5	51.8	3.3	14.7
60	100.0	4.1	27.5	51.6	2.8	14.0
61	100.0	4.4	28.5	51.3	2.5	13.3
62	100.0	4.4	27.8	51.1	2.9	13.8
63	100.0	4.8	29.1	49.9	2.9	13.3
64	100.0	5.0	30.4	48.9	2.8	12.9
65	100.0	6.0	31.5	47.6	2.8	12.1
66	100.0	6.4	32.7	46.5	2.7	11.7
67	100.0	6.9	34.1	45.1	2.7	11.2
68	100.0	6.8	35.8	44.0	2.7	10.7
69	100.0	7.1	36.9	43.3	2.4	10.3
70	100.0	7.5	38.3	41.9	2.4	9.9
71	100.0	8.0	39.2	40.9	2.3	9.6
72	100.0	8.4	40.0	40.2	2.3	9.1
73	100.0	8.7	40.9	39.4	2.2	8.8
74	100.0	9.0	41.8	38.8	2.0	8.4
75	100.0	9.4	42.6	38.1	1.9	8.0
76	100.0	9.8	43.3	37.5	1.6	7.8
77	100.0	10.1	44.2	37.0	1.3	7.4
78	100.0	10.5	44.9	36.3	1.2	7.1

資料來源: 同表2。

　　　註: 從58年開始，總人口包括現役軍人。

第三節　經濟發展策略

　　與臺灣具備同樣甚或更好經濟發展條件的國家並不少，但眞正能同臺灣一樣經濟發展成功的國家並不多。因爲經濟成長並非自發而生的，它需要主觀與客觀因素，內在與外在力量的配合，才得以成功。唯有正確經濟發展策略的執行，才能使一個國家原本存在有利的潛在經濟發展因素，發揮積極推動經濟成長的力量，對經濟發展有所貢獻。臺灣所具有的經濟發展條件並非理想，但由於經濟發展策略的正確，彌補了先天的缺陷，形成有利的經濟發展環境，帶動經濟快速的成長。這些經濟發展策略，可以簡述如下:

一、農業政策

　　在民國40年代初期，農業部門無論在生產、就業或對外貿易方面，均佔有很大的比重，但此時農業部門的資源並沒有獲得充分及有效的利用，閑置或低度利用的情況普遍存在。

　　一個長期以農業生產爲主的國家，要想工業化，發展經濟，其所需的資源唯有從農業部門獲得。路易斯的兩部門模型經濟發展理論認爲，一個落後經濟的農業部門往往存在大量剩餘的隱藏性失業勞動力，能否將農業部門這些缺乏生產性的剩餘勞動力移轉到工業部門成爲生產性的勞動力，將是落後國家經濟發展能否成功的關鍵所在。這種利用農業部門剩餘勞動以發展經濟的理論，就是我國在經濟發展過程中所秉持的「以農業培養工業，以工業發展農業」政策的具體化表現。

　　由於許多極爲成功的農業政策的施行,使得戰後臺灣農業穩定成長。民國42年至75年，我國農業生產增加了 2 倍，平均每年增加　3.4%，較

全世界的平均 2.4%高出甚多❶。因此，農業部門得以移轉出大量的人力與資本供工業部門發展之用。這些農業政策主要有：

（一）**土地改革** 從民國38年開始，土地改革分三七五減租（民國38年）、公地放領（民國40年）及耕者有其田（民國42年）三個步驟完成。此舉不僅提高農民生產意願，增加農民所得，更因配合耕者有其田政策的施行，向地主徵收土地是以公營事業股票與實物債券作為補償，因此將農業資金轉化為工業資金，並增進了全面的所得公平分配。

（二）**施行稻穀價格管制** 經由田賦徵實，隨賦收購，肥料換穀等措施，政府以較低價格將農村剩餘稻穀予以收購。如此，一方面政府掌握了糧源，糧食價格得以維持穩定，工資、物價上漲的壓力乃得減輕；一方面以低價收購稻穀，可說是一種隱藏性的稻穀稅 (hidden rice tax)，不僅政府取得大量收入，更使農業部門的剩餘轉移到非農業部門，作為該部門的資本形成。

（三）**成立農復會（即農委會的前身）** 我國政府在美國的協助下於民國37年成立中國農村復興聯合委員會（簡稱農復會），負責農業政策的制訂與執行，輔導農民健全組織，引進新的農業生產技術及品種，推動農業公共基礎建設及改進農產品產銷制度，對於農業的生產與分配有重大的貢獻。

（四）**有效運用美援** 自民國40至54年，臺灣共接受大約14億美元的援助，這筆款項後來成為農復會執行各種農業計畫的主要經費來源。因此，美援對於臺灣農業的 發展及資本形成，扮演一個相當重要 的角色。

二、工業政策

---

❶ 請參閱行政院經建會，《中華民國臺灣地區經濟現代化的歷程》，民國76年8月，第25頁。

工業化與經濟發展往往被用作替代語。因此，進口替代、出口擴張、第二階段進口替代及第二階段出口擴張的臺灣經濟發展階段，也就代表臺灣工業化的過程與策略。

為了吸收農村大量剩餘勞力，節省有限的外匯開支，發展技術簡單、所需資本不多的勞力密集進口替代工業，為起始時最適當的策略。民國40年代初期，成功的農業政策與高度的農業成長，奠定了發展進口替代工業的基礎。由於農業成長使得: (1)糧價穩定，減輕工業部門工資上漲的壓力，(2)農村繁榮，農民所得提高，為非耐久消費財提供了廣大的市場，(3)農業部門有剩餘的資金與勞動力移轉到非農業部門，及(4)地主將其資本與時間投入工業的生產。再加上政府於農村地區大力推行交通、運輸、水、電等公共基礎設施和建設，舉辦各種技術、管理訓練，勞力密集的輕工業因此得以在城市以外的農村地區普遍發展起來。進口替代工業的發展成功，不僅節省當時極為匱乏的外匯支出，解決農村嚴重的剩餘勞動的就業問題，更因工廠普遍分散設於農村地區，開展了農民的非農業所得來源，提高了農民所得，對於平均所得分配有很大的貢獻。

朝野上下深深瞭解到，幅員狹小的臺灣，唯有以出口貿易為導向才能產生足夠的有效需求，經濟才能持續成長、繁榮。因此，在民國40年代末期國內市場漸趨飽和之際，我們便著重出口貿易的擴展，經過一番努力，終於創造民國50年代輝煌的出口擴張時代，使得臺灣的經濟更加快速成長，工業化的基礎更加穩固。基於長久經濟發展的經驗，衡量國內外經濟情勢的變動，政府更於民國60年代開始推動第二階段的進口替代與出口擴張，這種循序漸進的工業化政策，成為眾多開發中國家尋求經濟發展的楷模。

三、財政及金融政策

稟定中求發展，一直是臺灣追求經濟發展所秉持的原則。事實上，在民國40及50年代的快速經濟成長過程中，我們確實同時達到了穩定與成長的雙重目標，而這是一般經濟學家認為不可能實現的。

除了實質部門外，一個經濟社會的穩定與成長，與貨幣部門亦息息相關。此外，政府的財政政策在經濟發展過程中，也扮演著重要的角色。臺灣光復初期，受到大陸動亂的影響，通貨膨脹之風高漲。政府遷臺後，乃於民國38年施行貨幣改革，採行現行的新臺幣制度❷，使得通貨膨脹率由民國40年代的每年平均約為 9.9%，降為民國50年代的每年平均約為3.4%。在這一段期間，平均儲蓄傾向則由每年平均4.1%提高為12.4%，政府預算與國際收支也由赤字轉為日後的持續盈餘（政府預算從民國52至70年均為盈餘，貿易差額由民國60年開始持續順差）。

在民國40與50年代中，臺灣的通貨膨脹率能夠維持相當低的水準，儲蓄率能夠不斷提高，資本形成能夠快速增長，主要得力於下列幾個因素：

1. 新臺幣幣值穩定，利率維持高的水準（中央銀行的重貼現率，民國40年代年息平均24.27%，民國50年代年息平均12.11%，民國60年代年息平均 10.00%）及政府的租稅鼓勵，提高了人們儲蓄的意願❸。

2. 貨幣供給能夠適當的擴充（貨幣供給成長率，民國40年代每年平均 23.77%，民國30年代每年平均19.05%，民國60年代每年平均25.90%），滿足了經濟快速發展所增加的資金需求。

❷ 臺灣省政府於民國 38 年 6 月15日頒佈「新臺幣發行辦法」，實施幣制改革。規定以新臺幣 1 元折合舊臺幣 4 萬元兌換率，並脫離法幣而與美元聯繫，規定每美元兌新臺幣 5 元。請參閱❶一書，第88頁。

❸ 民國39年 3 月25日政府實施優利儲蓄存款辦法，一月期定存款利率提高達月息 7 %，折合年率高達 125%，而將社會上過多的貨幣加以吸收，這對抑制通貨膨脹與穩定金融有很大的幫助。民國41年，社會大眾對新臺幣信心逐漸產生，政府乃逐步降低優利存款利率。民國47年底，優利存款停辦，而將其納入定期存款。以上請參閱❶一書，第88頁。

3. 金融機構快速發展（金融機構於民國41年682家，50年714家，62年 932 家，70年1093家），提供了企業發展所需的資金，並將家計部門的儲蓄資金轉化爲企業資本。

4. 各種有利的租稅獎勵措施，鼓勵資本快速形成。

5. 政府預算與國際收支的轉絀爲盈，亦幫助了資本的形成。

四、貿易政策

資源貧乏、國內市場狹小的國家，唯有藉助國際貿易來擴展市場，才能促進經濟發展。在民國40年代初期，臺灣農村有大量的剩餘勞力，外匯短缺，出口以稻米、蔗糖及農產加工品爲主，進口則絕大部分爲民生必需品的非耐久消費財。爲了解決農村勞動力的就業問題，節省外匯支出，提高經濟的自立性及促進生產的多元化，政府遂於此時採取嚴格的外匯與進口管制，並採高關稅政策，以保護本國勞力密集的非耐久消費財進口替代工業的發展。

至民國 40 年代末期，進口替代工業產品的國內市場已逐漸趨於飽和。爲了經濟能夠持續發展，唯有打開國際市場，政府爲了出口擴張所作的努力計有：

（一）**施行單一匯率**　在民國 40 年代初期，政府爲了節省外匯支出，管制進口，實施了一套極爲複雜的複式匯率制度，對不同的進出口產品分別採用不同的匯率，這對於國際貿易的進行有很不利的影響。因此，要能順利拓展貿易，首先必須劃一匯率，政府乃於民國50年毅然改行單一匯率制度（中央銀行對外匯率掛牌每 1 美元兌換新臺幣40元），舖平了拓展對外貿易的道路。

（二）**建立加工出口區與保稅工廠及倉庫**　政府爲鼓勵出口，凡爲出口生產而在加工出口區設廠者，可以：（1）豁免進出口之數量管制，（2）出口廠商爲購買設備及原料，如自己提供外匯，得免除外匯管制，

（3）豁免進口關稅及有關稅捐，（4）外商利潤和資本可以自由匯出，（5）以低廉的租金提供廠商工廠用地，及（6）廠商可以10年分期付款的方式，向加工區請購標準廠房。

加工區的設置不僅創造大量的就業機會，並吸收大量的外資，提高我國的生產技術水準，對於出口擴張達成相當良好的績效。

（三）**出口低利貸款**　自民國46年6月，臺灣銀行開始執行出口貸款計畫，對外銷廠商提供長期出口低利貸款，融資金額不斷增加，貸款利率亦較一般利率爲低。這種出口低利貸款，是一種出口補貼，降低出口成本，增強出口品在國際市場的競爭力。

（四）**出口退稅**　凡用於生產出口品之進口原料或中間投入的關稅與出口品的國內稅捐（貨物稅），得於產品出口後，辦理退稅。出口退稅減輕生產成本，增加出口商利潤，對於拓展輸出有很大的鼓勵作用。

（五）**其他措施**　諸如成立商品檢驗局，頒佈獎勵投資條例，由政府機構舉辦輸出保險，以及各種租稅減免獎勵措施（如每年出口收入的2％可自課稅所得中扣除，製造業、礦業及手工藝業之產品出口佔其總產量50％以上時，准予減除所得稅10％），均直接或間接降低出口廠商的生產成本，提高出口產品的國際競爭能力，增加其稅後盈餘❹。凡此對於增強投資誘因，加速資本形成與出口擴張，均有很大的激勵作用。

五、教育政策

人力資源不僅決定於數量，素質更爲重要。臺灣之所以能够成功地發展勞力密集輕工業，並使工業逐漸升級，得力於擁有數量豐富、勤奮守紀與素質優良的勞動力。

人力素質的培養，根本在於教育。政府自遷臺以來，對教育的推展，一直不遺餘力。根據統計資料，自民國41年至民國78年，各級公私

---

❹　請參閱❶一書，第56頁。

立學校，從 1,769 所增加爲 6,681 所；在同一期間，在學學生人數由 1,187,858人增加至5,196,743人。快速的教育成長中，又以專科以上的學校擴充特別迅速。在民國41年，臺灣只有 8 所大專院校，該年度在學學生人數只 10,037人。至民國78年，大專院校已增至116所，在學學生人數增加至 535,064人。高等教育的快速擴張，提高了勞動力的素質，使得經濟發展所需的專門技術與管理人才的供應不虞匱乏。

人力資源是臺灣唯一最充沛的重要資源。過去臺灣經濟能够快速發展，與人力資源獲得相當充分而有效的利用具有相當重大的關係，而人力資源的素質優良，又與教育的普及和水準的提高密不可分。今後臺灣經濟能否繼續健全發展，人力資源的充分和有效利用仍將是關鍵之所在。爲了因應臺灣經濟結構朝向資本與技術密集方向的轉變，我們的教育政策應作及時相應的調整，以便受過各種教育的人力供給能够與經濟活動的需要相配合。

第四節　經濟福利與未來展望

經濟發展只是一種手段，其終極目標在於提高人民的經濟福利。如果經濟成長的果實不能爲社會大眾所享有——如共產主義的社會，那麼經濟成長帶給人們的只是犧牲消費、增加工作與生態破壞的痛苦。在本節，我們要以實際的統計資料來顯示臺灣的經濟發展對經濟福利的影響，並展望未來臺灣經濟發展的遠景。

一、生活水準的提升

有各種不同的統計資料可作爲一個社會的福利指標。在此，我們只從經濟的觀點，選擇其中較具代表性的來作比較說明❺。

---

❺　以下資料來自行政院經建會，《社會福利指標》，民國79年10月。

（一）**每人平均所得**　以民國75年幣值計算，從民國41年至民國78年，臺灣平均每人所得由臺幣18,354元增加爲174,347元，平均每人消費由臺幣13,256元增加爲96,624元，平均每人儲蓄由臺幣372元增加爲28,269元，表示在這一段期間，個人經濟福利的提升達6倍以上。

在所得水準不斷提高之際，臺灣的所得分配也日趨平均。在民國55年，臺灣以5分位法（即將地區家庭按所得大小依次排列，分成5個等分，每個等分包括20％家庭，而以收入最高20％家庭的平均每戶所得，與收入最低20％家庭的平均每戶所得之比，代表高低所得的差距，比例愈大表示所得分配愈不平均，比例愈小表示所得分配愈平均）表示的高低所得差距爲5.3倍，至民國74年降爲4.5倍而成爲全世界所得分配最平均的地區。但是，近年來由於股票、不動產價格狂飆，使得臺灣的所得分配急速惡化（民國79年，高低所得差距已回升至5.18倍）。政府應正視此一問題的嚴重性，迅速採取有效的對策改正此一不利的變化。

（二）**食、衣、住、行**　從民國41年至民國78年，平均每人每日消耗熱量由2,078卡路里增加爲3,003卡路里，平均每人每日消耗蛋白質由49公克增加爲90.1公克；以民國75年幣值計算，平均每人一年衣著費用支出由365元增加爲4,730元；平均每人全年居住費用支出由1,958元增加爲21,216元，平均每人居住坪數由2.1坪（民國54年）增加爲7.1坪；自來水供水人口普及率由28.8％增加爲82.7％，供電住戶普及率由72.5％（民國49年）增加爲99.7％，平均每人全年家用電量由23度增加爲786度；每千人汽車由1輛增至128.6輛，每千人機車由0.2輛增至378.8輛，平均每人運程由342.9公里增爲1,203.7公里，每千人電話由3.9具增至389.6具。以上衣與住開支的增加部分或許由於產品價格上漲所引起，但仍足以反映實質消費增加的事實。

（三）**衛生保健**　從民國41年至民國78年，嬰兒死亡率由3.3％（民國45年）減少爲0.57％，預期壽命由58.8歲增加爲73.5歲，產婦死

亡率由0.2％減少爲0.02％，平均每萬人之醫護人員由 11.2人（民國43年）增加爲42.6人，平均每萬人之病床數亦由 3.5床（民國44年）增加爲43.1床，每十萬人法定傳染病患死亡人數由 3.2人減少爲0.01人。這些數字顯示臺灣醫療保健水準提高，人們身心的康寧獲得重大改善。

（四）**社會救助與保險**　社會福利支出佔政府支出的比例，從民國44年的6.0％，增爲民國78年的 11.5％，社會保險支付費用佔國民生產毛額的比例，從民國41年的0.05％增加爲民國78年的1.90％，參加社會保險（即公保與勞保）的人數與國民住宅的興建亦不斷的增加，顯示政府對於老弱殘障與低所得階層的照顧日益重視。

（五）**文化與娛樂**　除了物質生活水準快速提高外，我們的精神生活品質亦有顯著增進。從民國53年至民國78年，每千人報紙雜誌由37.4份增爲210.4份；每千戶電視由14.3架增爲1,127.8架，每人平均每月休閒時數，由民國50年的490小時，增加爲民國78年的526小時。從民國41年至民國78年；6歲以上人口中文盲所佔之比率，由42.1％降爲7.1％，教育支出佔政府支出之比率，由 6.4％增加爲18.7％。以上資料在在顯示，除了有形的國民生產增加外，無形的精神生活品質亦不斷地改善。

二、生活素質的改變

生活水準——尤其是物質生活——的提升並不一定表示生活素質（quality of life）的提高。除物質與精神生活外，生態環境更是決定生活品質高低的重要因素。過去40年，臺灣在追求經濟成長、提高物質享受方面有很好的表現，但這並不表示我們的生活素質亦等比例的提高。在過去的大部分時間，臺灣幾乎以追求快速經濟成長爲唯一的目標，結果是經濟快速成長的目標達到了，但卻付出了生態環境嚴重破壞的鉅大代價。

由於在追求經濟成長的過程中疏於生態環境的維護，導致臺灣地區

空氣污染、水污染、農地污染(毒化)、噪音、擁擠、山坡地濫墾、水土流失、以及垃圾處理、社會秩序與犯罪等方面的惡化。將這些負產出考慮在內，從民國59年至78年這段期間，臺灣地區全面性的生活素質不僅沒有提升，反而有些微的惡化❻。

維護生態環境已成為國際間的共識。臺灣的經濟成長表現受到國際間的讚賞，但其生態環境的破壞卻被國際間引以為戒。目前先進國家時常以臺灣為例，提醒開發中國家不應一味追求實物產出的增加，而應兼顧生態環境的維護。這些先進國家，近年大都能致力於公害的消除與生態環境的維護及改進，而享有良好的生活品質。因此，今後我們應加倍努力改善生態環境，以提高生活素質，並早日進入先進國家之林。

三、未來的展望

過去40年的經濟發展，使得臺灣由落後、貧窮的低度開發狀態，成為舉世矚目、讚賞的經濟發展典範，而被譽為新興工業化代表。可以說，在追求從低度開發到與目前歐美各先進開發國家並駕齊驅的經濟發展過程中，我們已經走完了一大半最艱難困苦的路程。在這期間，不斷地累積經驗、資本與才能，目前我們已經具備有自力成長的信心與基礎。

在經濟發展的過程中，政府根據民生主義實行計劃性自由經濟政策，創造了輝煌的經濟發展成果。但是，經過40年的快速成長，由於若干法令規章未能隨工業化、都市化而適時調整，導致臺灣地區在社會與經濟方面出現若干失調脫序的現象，不僅侵蝕過去已獲致的經濟與社會發展成就，也對未來進一層的開創構成很大的障礙。概括而言，目前我們社會與經濟發展所面對的問題主要有：

❻ 請參閱徐育珠與黃仁德，〈經濟成長、生活素質與公共支出：臺灣地區的實證研究〉，《政大學報》，第66期，第73-128頁，民國82年3月。

1. 社會風氣敗壞 民國76年至79年之間股票與不動產價格狂飆, 養成人們投機狡詐, 不勞而獲的心理, 所得分配均差惡化, 勤奮工作的精神喪失, 經濟犯罪猖獗, 治安秩序與商業道德敗壞, 社會充滿急功近利、浮而不實的想法與作爲。

2. 社會運動失當 生態環境的維護與勞工權利的保障是我們所應重視並盡力追求的。但是, 有些環保與勞工運動過於偏激, 失之客觀理性, 假借環保與勞工福利之名, 逐求少數人金錢與政治的私利之實, 不顧社會公益, 拒絕理性協調, 因而阻礙了許多的經濟與社會建設計劃的進行。

3. 公共基礎設施不足 政府的公共基礎設施未能隨快速的經濟成長而及時擴充, 導致臺灣地區公共基礎設施嚴重的不足, 不僅影響生活素質, 私人投資意願亦因此難以提升。

4. 稅制不合理 重複課稅、租稅逃漏、稅負不公平、公共支出效益低落、稅務風氣不良等現象普遍存在。稅制改革的績效不彰, 以致守法精神與社會公平意識, 未能隨經濟發展而建立, 妨礙進一步發展。

5. 金融市場不健全 無論是貨幣、資本、外匯、或黃金市場的組織與先進國家的市場比較, 均有很大的差距。金融制度與法令, 有些不合時宜, 有些不夠周延。公營銀行的經營難免受政治的干擾而過於保守、缺乏效率。

6. 產業結構不夠健全 對產業的保護、管制措施仍普遍存在, 產業的研究發展風氣仍然很低, 仿冒之風仍然存在, 資本、技術密集產品的成長步伐緩慢。

7. 貿易失衡問題 我國對美國貿易鉅額順差, 對日本貿易鉅額逆差的問題, 長久以來未能有效解決。貿易廠商規模偏小、貿易秩序混亂、國際保護主義再度興起, 這些均是以對外貿易爲主的臺灣經濟所需克服的問題。

　　雖然眼前存在這麼多的問題，但相信以過去經濟發展的經驗及成果，在全體共同的努力下，必能克服這些困難，而使臺灣順利由新興工業化地區過渡到完全開發的先進社會。為了突破這些問題，政府已有具體的作為，即從民國80年開始執行「國家建設六年計畫」。如果此一計劃能夠順利達成預期的目標，屆時我們將是一個完全開發的社會。這種在短短的50年間，完成歐美費時兩百年才實現的工業化目標，將在全世界的經濟發展史上留下不朽的記錄。這是全體國民至高無上的光榮，值得我們珍惜與努力。

第十八章　需求與供給彈性

　　需求法則陳述一種財貨或勞務的需求量與其價格呈減函數的關係，表示消費者在其價格低時，需求量大；價格高時，需求量小。供給法則陳述一種財貨或勞務的供給量與其價格呈增函數的關係，表示供給者在其價格低時，供給量小；價格高時，供給量大。吾人不禁要問，財貨或勞務的價格如果發生一定的變化，到底會使其供需量產生多少相對應的變化呢？這就是供需的價格彈性問題。

　　彈性（elasticity）是一種反應（responsiveness）。如果一個變數發生改變而引起另一個變數隨著發生反應，這種反應就是有彈性，沒有反應就是沒有彈性。彈性有大小，反應大，彈性就大；反應小，彈性就小。換句話說，一個函數關係——$Y = f(X)$，如果解釋變數（X）稍一改變，應變數（Y）就發生劇烈反應，表示彈性大；反應弱，就表示彈性小。供需彈性所探討的就是當影響供給與需求的因素發生一定的改變時，供給量與需求量將會產生多大的對應變動。

第一節　需求彈性

一、需求價格彈性的意義

需求價格彈性（price elasticity of demand）——通稱需求彈性，其

定義爲: 在一定時間內,消費者對一種財貨或勞務的需求量隨其價格變動而發生的相對反應程度,亦卽需求量變動之百分比與價格變動之百分比的相對比率。

不同產品衡量的價格尺度與數量單位各不相同,因此直接比較價格與數量的變化將無意義。例如,米以斤衡量,汽車以輛衡量; 1塊錢的價格變動對 1斤米而言很大,對 1輛汽車而言非常微小。因此,比較 1塊錢價格變動對米及汽車需求的影響將無意義。

由於彈性所測量的是兩個變數之百分比變動的相對比率,因此用不同單位衡量價格與數量的產品之間,可以作彈性大小的比較。例如, 1塊錢的價格變動對於米的需求的影響與 1萬塊錢的價格變動對汽車需求量的影響,唯有兩者均以百分比變化的形式相比較,才可看出它們變動程度的大小。

二、需求價格彈性的測量

根據定義,需求價格彈性是需求量變化之百分比與價格變化之百分比的相對比率,這個比率稱之爲**需求價格彈性係數**(coefficient of price elasticity of demand)。以 ε 代表此係數,則

$$\varepsilon = (-)\frac{需求量變動的百分比}{價格變動的百分比} = (-)\frac{\dfrac{需求量的變額}{需求量的總額}}{\dfrac{價格的變額}{價格的總額}},$$

$$= (-)\frac{\dfrac{\Delta Q}{Q}}{\dfrac{\Delta P}{P}} = (-)\frac{\Delta Q}{\Delta P}\frac{P}{Q}。$$

因爲 $\varepsilon = (-)\dfrac{\Delta Q}{\Delta P}\dfrac{P}{Q}$,而 $\dfrac{\Delta Q}{\Delta P}$ 正好是需求曲線斜率的倒數,所以

需求價格彈性與需求曲線的斜率呈反變關係，即斜率（絕對值）愈大，彈性愈小；斜率愈小，彈性愈大。根據需求法則，$\dfrac{\Delta Q}{\Delta P}$為一負值。因此，在$\dfrac{\Delta Q}{\Delta P}\dfrac{P}{Q}$之前加上負號，需求價格彈性將成為正數；否則，將為負數。

對於需求彈性的測量，通常有兩種計算的方法，一是點彈性（point elasticity），一是弧彈性（arc elasticity）。根據圖18-1，我們說明這兩種彈性如何計算。

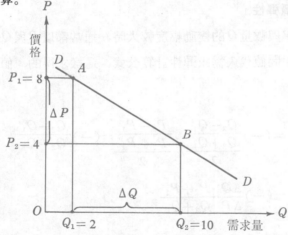

圖18-1　點彈性與弧彈性的計算.

(一) 點彈性

根據需求彈性計算公式，$\varepsilon=(-)\dfrac{\Delta Q}{Q}\bigg/\dfrac{P}{\Delta P}$，如果$P$與$Q$分別以$P_1$及$Q_1$代入，則計算出來為$A$點的彈性；如果$P$與$Q$分別以$P_2$及$Q_2$代入，則計算出來為$B$點的彈性（這是點彈性稱呼的由來）。

如果P與Q在變化前與在變化後的差距很微小，則不論以變化前或以變化後的P與Q的數值代入，得到ε的值不會有多大的偏差，因而可

以不必計較；如果 P 與 Q 在變化前與在變化後的差距很大，則全以變化前或全以變化後的 P 與 Q 的數值代入，求出的 ε 值均將有很大的偏差。在此情況下，需求彈性的計算公式可以適當地修正為：

$$\varepsilon = (-)\frac{\Delta Q/Q_1}{\Delta P/P_2}, \text{ 或 } \varepsilon = (-)\frac{\Delta Q/Q_2}{\Delta P/P_1}。$$

上式 P_1 與 Q_1 代表變化前的數值，P_2 與 Q_2 代表變化後的數值。這樣，價格與數量總額均同時取較大或較小的值，估計偏差將比較小。

（二）弧彈性

當價格 P 與數量 Q 的變動幅度較大時，通常都以 P 與 Q 變化前與變化後數值的中間值代入需求彈性計算公式，這樣求得的 ε 值較為準確，其公式為：

$$\varepsilon = (-)\frac{\dfrac{Q_2-Q_1}{Q_2+Q_1}}{2} \bigg/ \frac{\dfrac{P_2-P_1}{P_2+P_1}}{2} = (-)\frac{Q_2-Q_1}{Q_2+Q_1} \bigg/ \frac{P_2-P_1}{P_2+P_1},$$

$$= (-)\frac{\Delta Q}{\Delta P}\frac{P_2+P_1}{Q_2+Q_1}。$$

根據以上公式計算出來的將是 AB 線段的彈性（這是弧彈性稱呼的由來）。以圖 18-1 說明點彈性及弧彈性的實際計算。假設價格由 8 元（P_1）降到 4 元（P_2），需求量由 2 單位（Q_1）增至10單位（Q_2），則依點彈性計算為：

（1）取 P_1, Q_1 或 P_2, Q_2：

$$\varepsilon = \frac{\dfrac{\Delta Q}{Q_1}}{\dfrac{\Delta P}{P_1}} = \frac{\dfrac{10-2}{2}}{\dfrac{4-8}{8}} = \frac{\dfrac{8}{2}}{\dfrac{-4}{8}} = -8 \cdots\cdots A \text{點彈性，偏高。}$$

$$\varepsilon = \frac{\dfrac{\Delta Q}{Q_2}}{\dfrac{\Delta P}{P_2}} = \frac{\dfrac{10-2}{10}}{\dfrac{4-8}{4}} = \frac{\dfrac{8}{10}}{\dfrac{-4}{4}} = -\frac{4}{5} \cdots\cdots B\text{點彈性，偏低。}$$

(2) 取 P_2, Q_1 或 P_1, Q_2:

$$\varepsilon = \frac{\dfrac{\Delta Q}{Q_1}}{\dfrac{\Delta P}{P_2}} = \frac{\dfrac{10-2}{2}}{\dfrac{4-8}{4}} = \frac{\dfrac{8}{2}}{\dfrac{-4}{4}} = -4 \cdots\cdots\cdots\cdots\text{較適中。}$$

$$\varepsilon = \frac{\dfrac{\Delta Q}{Q_2}}{\dfrac{\Delta P}{P_1}} = \frac{\dfrac{10-2}{10}}{\dfrac{4-8}{8}} = \frac{\dfrac{8}{10}}{\dfrac{-4}{8}} = -1 \cdot 6 \cdots\cdots\cdots\cdots\text{較適中。}$$

(3) 弧彈性計算爲:

$$\varepsilon = \frac{\dfrac{\Delta Q}{(Q_1+Q_2)/2}}{\dfrac{\Delta P}{(P_1+P_2)/2}} = \frac{\dfrac{10-2}{(2+10)/2}}{\dfrac{4-8}{(4+8)/2}} = \frac{\dfrac{8}{6}}{\dfrac{-4}{6}} = -2 \cdots\text{適中。}$$

　　需求彈性的正負符號並不代表大小，只是代表價格與需求量變化的方向。由於需求的價格與數量呈減函數的關係，其價格彈性係數必然爲負，而彈性的大小通常由彈性係數的絕對值比較。只要有實際的價格與數量的變動資料，就可以代入點或弧彈性公式而求得需求彈性。

　　接著，我們探討如何決定需求曲線 圖上任何一點彈性的大小 。 圖 18-2，需求曲線是一條非直線型的曲線，如何求得 P_1 及 Q_1 組合點 E 的需求彈性呢? 首先，劃一條與 E 點相切的直線 AB，設價格由 OP_1 降爲 OP_2，需求量由 OQ_1 增爲 OQ_2。如果 OP_1 與 OP_2 之間的差距非常微小， 則 OQ_3 與 OQ_2 也將非常地接近，因此在計算 E 點彈性時

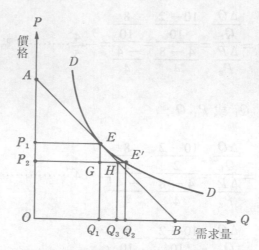

圖18-2　非直線型需求曲線上點彈性之測量。

可以 OQ_3 代替 $OQ_2$❶。

其次，將圖形上的值代入點彈性的計算公式:

$$\varepsilon=\frac{\dfrac{\Delta Q}{Q}}{\dfrac{\Delta P}{P}}=\frac{\dfrac{Q_1Q_2}{OQ_1}}{\dfrac{P_1P_2}{OP_1}}=\frac{\dfrac{Q_1Q_3}{OQ_1}}{\dfrac{P_1P_2}{OP_1}}=\frac{Q_1Q_3}{P_1P_2}\frac{OP_1}{OQ_1}\text{。}$$

因為 $\dfrac{Q_1Q_3}{P_1P_2}=\dfrac{GH}{EG}$ 且 $\triangle EGH$ 與 $\triangle EQ_1B$ 為相似三角形，所以

$$\frac{GH}{EG}=\frac{Q_1B}{EQ_1}=\frac{Q_1B}{OP_1}\text{。 因此}$$

$$\varepsilon=\frac{Q_1B}{OP_1}\frac{OP_1}{OQ_1}=\frac{Q_1B}{OQ_1}\text{。}$$

因為 EQ_1 與 AO 相平行，所以 $\dfrac{Q_1B}{Q_1O}=\dfrac{EB}{EA}=\dfrac{P_1O}{P_1A}$。 因此，估計

❶　這是依據微積分上無限微量變動的觀念。

非直線型需求曲線上 E 點價格微量變動的彈性公式為:

$$\varepsilon = \frac{EB}{EA} = \frac{Q_1 B}{Q_1 O} = \frac{P_1 O}{P_1 A}。$$

同樣地,只要對非直線型需求曲線上任何一點畫一條直線與其相切,而後計算此點到需求量軸之距離與其到價格軸之距離的相對比率,卽可求得此點的彈性。此一彈性計算公式應用到直線型需求曲線,可以準確地判斷該線上任何一點彈性的大小。圖18-3, M 為需求曲線 DD' 的中點,其彈性等於 1 $\left(= \dfrac{MD'}{MD}\right)$; 在 M 點左邊任何一點的彈性均大於 1 $\left(如 R 點 \right.$ 彈性 $= \left.\dfrac{RD'}{RD}\right)$; 在 D 點彈性無限大; 在 M 點右邊任何一點的彈性均小於 1 $\left(如 S 點彈性 = \dfrac{SD'}{SD}\right)$; 在 D' 點彈性等於零。職是之故, 需求曲線上每一點的彈性均不相同, 只有中點的彈性等於 1 , 其以上愈接近價格軸的部分——表示量愈少、邊際效用愈高, 需求彈性愈來愈大; 其下愈接近需求量軸的部分——表示量愈多、邊際效用愈低, 需求彈性愈小。

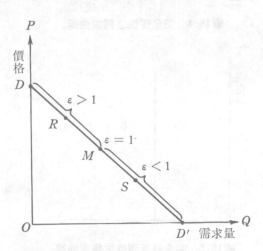

圖18-3　直線型需求曲線上點彈性之測量。

三、彈性係數與彈性分類

根據所計算的需求價格彈性係數的絕對值, 可將彈性程度分類如下:

1. **完全彈性** (perfectly elastic) 即彈性係數為無限大($\varepsilon = \infty$), 表示價格略有下跌, 需求量增至無窮大; 價格略有上升, 需求量減至零。若需求曲線為一條與橫軸平行的直線, 其斜率等於零, 則直線上任何一點的需求彈性均為無限大 (圖18-4)。

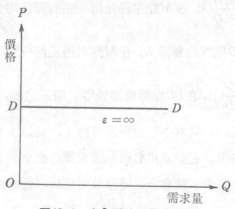

圖18-4 完全彈性之需求曲線。

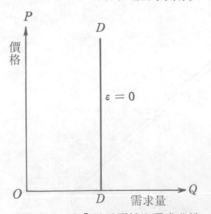

圖18-5 完全缺乏彈性之需求曲線。

2. **完全缺乏彈性**（perfectly inelastic）即彈性係數等於零（$\varepsilon =$ 0），表示無論價格如何變動，需求量始終不變。若需求曲線斜率無限大，則直線上任何一點的需求彈性均爲零（圖18-5）。

3. **中一彈性**（unitarily elastic）即彈性係數等於 1（$\varepsilon = 1$），表示需求量變動的百分比等於價格變動的百分比。若需求曲線爲一條直角雙曲線，則線上任何一點的彈性均等於 1（圖18-6）。

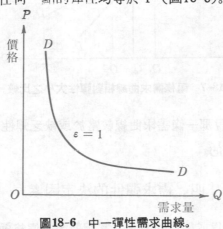

圖18-6　中一彈性需求曲線。

4. **富於彈性**（elastic）即彈性係數大於 1（$\varepsilon > 1$），表示需求量變動的百分比大於價格變動的百分比。

5. **缺乏彈性**（inelastic）即彈性係數小於 1（$\varepsilon < 1$），表示需求量變動的百分比小於價格變動的百分比。

我們知道，任何一條需求曲線均有富於、中一及缺乏彈性的部分，因此兩條需求曲線彈性的比較是相對的。必須兩者的價格與數量的衡量尺度一樣，且價格變化的幅度相同才能進行比較。圖18-7，兩條需求曲線的價格與數量的衡量尺度一樣，價格變化的幅度 P_1P_2 也相同，結果 D_1D_1 的需求增加量爲 Q_1Q_2，D_2D_2 的需求增加量爲 Q_1Q_2'。顯然地，$Q_1Q_2 > Q_1Q_2'$。因此，我們聲稱 D_1D_1 較 D_2D_2 需求曲線**相對富於彈性**（relatively elastic），D_2D_2 較 D_1D_1 需求曲線**相對缺乏彈性**（relatively

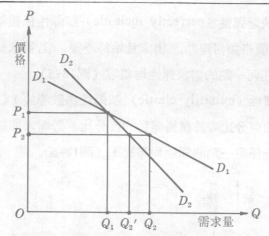

圖18-7 兩條需求曲線相對彈性大小之比較。

inelastic)。 通常說那一條需求曲線較富於或缺乏彈性, 是針對這種相對的比較觀念而言的。

四、需求彈性的決定因素

市場上任何財貨或勞務的需求, 其相對需求價格彈性的大小, 主要受到以下幾個因素的影響:

1. 替代品的數目與替代性的強弱 任何一種產品, 其替代品愈多, 替代性愈強, 表示產品間的競爭愈強, 價格變動所引起需求量變動的反應也就愈強烈, 彈性愈大; 反之, 替代品愈少, 替代性愈弱, 彈性也就愈小。

2. 必需品抑奢侈品 必需品是生活中不可或缺的消費, 縱然價格改變, 需求量也不會有太大的變化, 所以彈性小; 奢侈品是生活中可有可無的消費, 其價格發生改變時, 消費者的需求量將有較大的變動, 所以彈性較大。

3. 佔消費者總開支比例的大小 一種財貨的消費佔消費者總開支的比例愈大, 其價格變動對實質所得的影響愈大, 需求量的改變也就愈

大，故愈富於彈性；反之，一種財貨的消費佔消費者總開支的比例愈小，其彈性也就愈小。

4. **時間的長短**　一個人的消費習慣與偏好在長期間較在短期間容易改變、養成。因此，價格改變的結果，時間愈長，愈能改變消費習慣，彈性也就愈大；時間愈短，消費習慣無法馬上改變，彈性較小。

5. **用途的多寡**　一種財貨的用途愈廣，其價格改變對需求量的影響愈大，彈性將愈大；反之，用途較少的財貨，其價格彈性也就較小。

6. **消費者的人數**　對整個市場而言，一種財貨的消費者愈多，受到價格改變影響的人愈多，彈性愈大；反之，消費者愈少，受到價格改變影響的人愈少，彈性就愈小。

五、需求的交叉彈性與所得彈性

任何財貨的需求量，除本身的價格外，尚受到其他相關物品價格的影響。因此，**在一段時間內，一種財貨的需求量隨另一種相關財貨價格變動而發生的相對反應程度，或一種財貨需求量變動之百分比對另一種相關財貨價格變動之百分比的相對比率，稱之為需求的價格交叉彈性**（price cross-elasticity of demand）。

以 ε_{XY} 代表 X 產品需求量對 Y 產品價格改變的價格交叉彈性，則

$$\varepsilon_{XY}=\frac{\dfrac{X需求量的變額}{X需求量的總額}}{\dfrac{Y價格的變額}{Y價格的總額}}=\frac{\dfrac{\Delta Q_X}{Q_X}}{\dfrac{\Delta P_Y}{P_Y}}=\frac{\Delta Q_X}{\Delta P_Y}\frac{P_Y}{Q_X}。$$

由交叉彈性係數的符號與數值，可以判斷 X 與 Y 兩種產品互為替代品或相輔品與其替代性或相輔性的高低：

1. 如果 $\varepsilon_{XY}>0$，表示 X 產品的需求量與 Y 產品的價格呈增函數的關係（P_Y 上升→Q_X 增加，P_Y 下降→Q_X 減少），則 X 與 Y 互為替代

品，其值愈大，替代性愈大（圖18-8(a)）。

2. 如果 $\varepsilon_{XY} < 0$，表示 X 產品的需求量與 Y 產品的價格呈減函數的關係（P_Y 上升→Q_X 減少，P_Y 下降→Q_X 增加），則 X 與 Y 為相輔品，其值愈大，互輔性愈高（圖18-8(b)）。

3. 如果 $\varepsilon_{XY} = 0$，表示 X 產品的需求量與 Y 產品的價格變動無關，則 X 與 Y 互為獨立品（圖18-8(c)）。

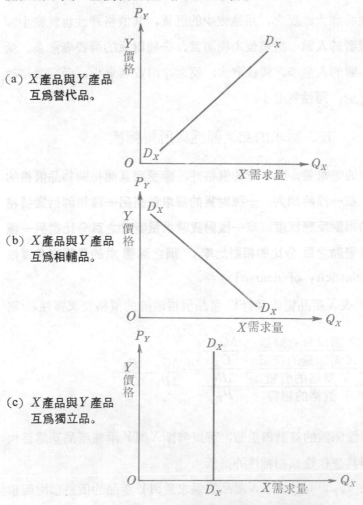

(a) X 產品與 Y 產品互為替代品。

(b) X 產品與 Y 產品互為相輔品。

(c) X 產品與 Y 產品互為獨立品。

圖18-8　X 產品與 Y 產品之間的關係。

除相關財貨的價格外，消費者的所得亦是決定對一種財貨或勞務需求量大小的重要因素。財貨或勞務的需求量隨消費者之所得變動而發生反應的情形，是**需求的所得彈性**（income elasticity of demand）使然。**需求的所得彈性可定義為: 一種財貨或勞務的需求量隨消費者之所得變動而發生的相對反應程度，亦卽一種財貨或勞務之需求量變動之百分比對所得變動之百分比的相對比率。**以 ε_{XM} 代表 X 財貨的需求所得彈性，則

$$\varepsilon_{XM}=\frac{\dfrac{X需求量的變額}{X需求量的總額}}{\dfrac{所得的變額}{所得的總額}}=\frac{\dfrac{\Delta Q_X}{Q_X}}{\dfrac{\Delta M}{M}}=\frac{\Delta Q_X}{\Delta M}\cdot\frac{M}{Q_X}。$$

由需求所得彈性係數的符號與數值，可區分財貨為正常財貨（亦稱高級財貨）或低級財貨:

1. 如果 $\varepsilon_{XM}>1$，表示 X 財貨需求量變動的百分比大於所得變動的百分比，X 為正常財貨的奢侈品，其恩格爾曲線（Engel curve）為一條斜率遞增的曲線（圖18-9(a)）❷。

2. 如果 $0<\varepsilon_{XM}<1$，表示 X 財貨需求量變動的百分比小於所得變動的百分比，X 為正常財貨的必需品，其恩格爾曲線為一條斜率遞減的曲線（圖18-9(b)）。

3. 如果 $\varepsilon_{XM}<0$，表示所得增加，X 財貨的需求量反而減少; 所得減少，X 財貨的需求量反而增加，X 為低級財貨，其恩格爾曲線為一條負斜率的曲線（圖18-9(c)）。

---

❷　所謂恩格爾曲線是一條表示財貨需求量與所得之關係的曲線。

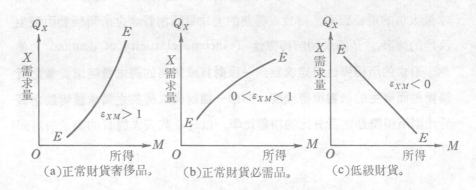

圖18-9　需求所得彈性與產品分類。

第二節　需求價格彈性與銷貨收入

需求的價格彈性表示需求量變動的百分比與價格變動的百分比之間的關係，銷貨總收入或購貨總支出的增減，亦是價格與數量之間互變關係的結果。需求價格彈性的大小決定產品價格改變後引起需求量成反方向改變的大小，進而決定總收入（或總支出）的增加或減少。因此，需求價格彈性與銷貨收入或購貨支出之間有著密切的關係。

一、需求價格彈性與總收入

價格與數量的乘積（$P \times Q$），從銷售者的觀點來看是一種**總收入**（total revenue, TR），從消費者的觀點來看則是一種**總支出**（total outlay），因此銷售者的總收入等於消費者的總支出。

對一條負斜率的需求曲線而言，總收入是由兩個力量相反的因素所決定。因為 $TR = P \times Q$，價格下降使總收入減少，但價格下降所引起銷售量的增加卻使總收入增加；價格上升使總收入增加，但其所引起之銷售量減少卻使總收入減少。比較數量與價格的變化程度——即彈性的

大小，即可知道總收入的增減。為使總收入增加，銷售者可根據其產品的需求價格彈性的大小，來決定究應採取漲價、跌價或不變的價格策略。

1. **需求彈性大於**1 價格若上升，需求量減少的百分比將大於價格增加的百分比，總收入會減少；價格若下跌，需求量增加的百分比將大於價格下降的百分比，總收入會增加，故宜採跌價政策。

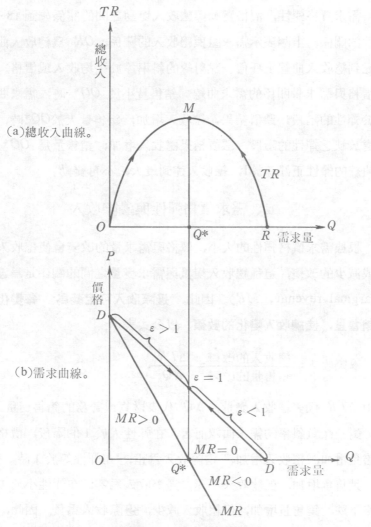

(a)總收入曲線。

(b)需求曲線。

圖18-10 價格變動、需求彈性與總收入。

2. **需求彈性小於**1　價格若上升，需求量減少的百分比將小於價格增加的百分比，總收入將增加；價格若下跌，需求量增加的百分比將小於價格下降的百分比，總收入會減少，故宜採漲價政策。

3. **需求彈性等於**1　無論價格上升或下跌，需求量變動的百分比將等於價格變動的百分比，總收入不變，宜採價格不變的政策。

需求價格彈性，價格變動與總收入變動之間的關係如圖 18-10 所示彈性的關係。上圖表示需求量與總收入的關係，OR 為總收入曲線，從原點到總收入曲線上任何一點射線的斜率等於平均收入或價格。下圖表示價格與需求量關係的需求曲線。銷售量小於 OQ^* 時，需求曲線處於富於彈性的階段，跌價結果，總收入增加；銷售量大於OQ^*時，需求曲線處於缺乏彈性的階段，漲價結果總收入增加；銷售量為 OQ^* 時，需求曲線的彈性正好等於1，總收入達到最大，不再變動。

二、需求價格彈性與邊際收入

根據需求價格彈性的大小，價格與需求量的改變會使總收入發生增加或減少的改變，這種總收入變量與需求變量之間的關係是為**邊際收入**(marginal revenue, *MR*)。因此，**邊際收入可定義為：每變化一單位的銷售量，使總收入變化的數額**。以公式表示：

$$邊際收入 = \frac{總收入的改變}{銷售量的改變} = \frac{\Delta TR}{\Delta Q},$$

式中 ΔTR 代表總收入變量，ΔQ 代表財貨或勞務的銷售變量。

對一條負斜率的需求曲線而言，在彈性大於 1 的階段，價格下降，銷售量增加，總收入增加，邊際收入為正；在彈性等於 1 時，價格下降，銷售量增加，但總收入不變，邊際收入為零；在彈性小於 1 階段，價格下跌，銷售量增加，但總收入減少，邊際收入為負。因此，圖 18-10中的邊際收入曲線是一條由大於零，至等於零，而後為負的直線。價

格下跌時，需求價格彈性、總收入與邊際收入三者的關係如下：

$$\varepsilon > 1，MR > 0，總收入上升。$$

$$\varepsilon < 1，MR < 0，總收入下降。$$

$$\varepsilon = 1，MR = 0，總收入不變。$$

在總收入曲線上升的部分，其斜率爲正但遞減，故邊際收入爲正但遞減；在總收入達到最大時，其斜率爲零，故邊際收入爲零；在總收入下降的部分，其斜率爲負，故邊際收入爲負❸。

第三節　供給彈性

供給是指在一定的時間內，生產者對於一種產品，在其不同價格時所願意且能夠提供銷售的對應數量。供給法則所陳述的是：在其他情況不變下，任何一種財貨的供給量與其價格呈增函數的關係。這種供給量

---

❸ 需求價格彈性與邊際收入的關係另可以微積分證明如下：

以反函數的形式表示需求函數爲：

$$P = f(Q), \quad f'(Q) = \frac{dP}{dQ} < 0。$$

總收入爲：

$$TR = PQ = f(Q)Q。$$

邊際收入爲：

$$MR = \frac{dTR}{dQ} = \frac{d[f(Q)Q]}{dQ} = f(Q) + Qf'(Q) = P + Q\frac{dP}{dQ},$$

$$= P\left(1 + \frac{Q}{P}\frac{dP}{dQ}\right)。$$

因爲需求彈性 $\varepsilon = -\frac{dQ}{dP}\cdot\frac{P}{Q}$，所以邊際收入與價格之間的關係爲：

$$MR = P\left(1 - \frac{1}{\varepsilon}\right)。$$

因爲 $P > 0$，所以：

$$\varepsilon = 1, MR = 0；\varepsilon > 1, MR > 0；\varepsilon < 1, MR < 0。$$

隨價格變化而發生反應的關係就是供給彈性。

一、供給價格彈性的意義

供給價格彈性（price elasticity of supply）——簡稱供給彈性，表示在一定時間內，一種財貨或勞務的供給量隨其價格變動而發生的相對反應程度，亦卽供給量變動之百分比對其 價格變動之 百分比的相對比率。以 η 代表供給的彈性係數，則

$$\eta = \frac{\text{供給量變動的百分比}}{\text{價格變動的百分比}},$$

$$= \frac{\dfrac{\text{供給量的變額}}{\text{供給量的總額}}}{\dfrac{\text{價格的變額}}{\text{價格的總額}}} = \frac{\dfrac{\Delta Q}{Q}}{\dfrac{\Delta P}{P}} = \frac{\Delta Q}{\Delta P}\frac{P}{Q}。$$

因爲 $\dfrac{\Delta Q}{\Delta P}$ 爲圖形上供給曲線斜率的倒數，故供給曲線的彈性亦與其斜率成反變的關係。由於供給量與價格呈增函數的關係，所以供給彈性的係數爲正。

二、供給價格彈性的測量與分類

供給彈性的大小——卽彈性係數的大小，可由下式測量之:

$$\eta = \frac{\Delta Q}{Q} \Big/ \frac{\Delta P}{P} = \frac{\Delta Q}{\Delta P}\frac{P}{Q}。$$

因爲供給中的價格與數量是同方向變化的，所以上式中所取的 P 與 Q，不論同是變化前或同爲變化後的值，所求得的彈性係數值都不致有過分的偏高或偏低。

根據供給彈性係數的大小，可將供給價格彈性的變化分類爲:

1. **富於彈性** 卽彈性係數大於 1（$\eta > 1$），表示供給量變動的百

分比大於價格變動的百分比。

2. **缺乏彈性** 即彈性係數小於 1（$\eta < 1$），表示供給量變動的百分比小於價格變動的百分比。

3. **中一彈性** 即彈性係數等於 1（$\eta = 1$），表示供給量變動的百分比等於價格變動的百分比。

4. **完全彈性** 即彈性係數爲無限大（$\eta = \infty$），表示價格略有下跌，供給量減至零；價格略有上升，供給量增至無窮大。

5. **完全缺乏彈性** 即彈性係數等於零（$\eta = 0$），表示無論價格如何變動，供給量始終不變。

對於價格與數量的測量尺度相同的兩條供給曲線，可根據相同價格變化所引起之供給量變化的大小，而指出那一條供給曲線相對較富於彈性，那一條供給曲線相對較缺乏彈性。

前面討論到，任何一條直線型或非直線型的需求曲線，均可分成富於、中一及缺乏彈性三部分。但是，任何一條直線型供給曲線，在所有價格變動範圍內，都屬於同樣的彈性分類——即一開始富於彈性者，則整條供給曲線一直保持富於彈性而不變。

在圖 18-11，對整條直線型供給曲線而言，S_1 與橫軸垂直，表示供給量與價格無關，其彈性等於零；S_2 與橫軸平行，其彈性爲無限大；S_3 先與縱軸相交（延長線與負的橫軸相交），其彈性大於 1；S_4 爲從原點開始的射線，其彈性等於 1；S_5 先與橫軸相交（延長線與負的縱軸相交），其彈性小於 1。這種關係可以圖 18-12 證明如下。

圖 18-12，當價格由 OP_1 上升至 OP_2 時，供給量由 OE 增加至 OF。根據供給彈性的計算公式：$\eta = \dfrac{\Delta Q}{\Delta P} \dfrac{P}{Q}$，可知 A 點的彈性爲：

$$\eta_A = \frac{\Delta Q}{\Delta P} \frac{P}{Q} = \frac{EF}{P_2 P_1} \frac{OP_1}{OE} = \frac{AC}{BC} \frac{AE}{OE} \text{。}$$

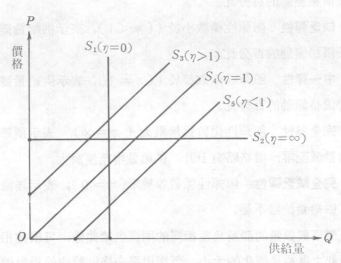

圖18-11 直線型供給曲線的彈性分類。

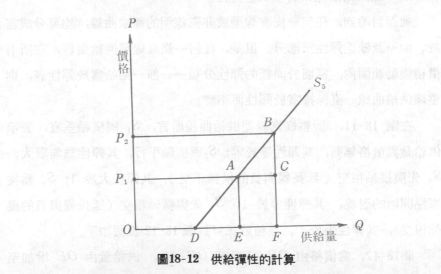

圖18-12 供給彈性的計算

$\triangle ABC$ 與 $\triangle DAE$ 爲相似三角形，所以 $\dfrac{AC}{BC} = \dfrac{DE}{AE}$，因此

$$\eta_A = \frac{AC}{BC} \ \frac{AE}{OE} = \frac{DE}{AE} \ \frac{AE}{OE} = \frac{DE}{OE}。$$

$DE<OE$，所以 $\eta_A<1$。

B 點的彈性（η_B）為：

$$\eta_B=\frac{\Delta Q}{\Delta P}\frac{P}{Q}=\frac{EF}{P_2P_1}\frac{OP_2}{OF}=\frac{AC}{BC}\frac{BF}{OF}。$$

$\triangle ABC$ 與 $\triangle DBF$ 為相似三角形，所以 $\frac{AC}{BC}=\frac{DF}{BF}$，因此

$$\eta_B=\frac{AC}{BC}\frac{BF}{OF}=\frac{DF}{BF}\frac{BF}{OF}=\frac{DF}{OF}。$$

$DF<OF$，所以 $\eta_B<1$。

在計算 η_A 與 η_B 時，$\frac{\Delta Q}{\Delta P}$ 均相同，但 $\frac{P}{Q}$ 的比率前者為 $\frac{OP_1}{OE}=\frac{AE}{OE}$（即為 A 點射線的斜率），後者為 $\frac{OP_2}{OF}=\frac{BF}{OF}$（即為 B 點射線的斜率）。由於 $\frac{BF}{OF}>\frac{AE}{OE}$，所以 $\eta_B>\eta_A$，但兩者均小於 1，S_5 線上任何一點的彈性均小於 1。同樣地，可以證明圖 18-11 中 S_4 線上任何一點的彈性均等於 1，S_3 線上任何一點的彈性均大於 1❹。

圖 18-13，為一非直線型的供給曲線，根據其線上任何一點的切線與橫軸相交的情形，AF 供給曲線可分成 5 個不同彈性的部分，即：（1）

---

❹ 設供給方程式為：$Q=a+bP$，其中 a 代表供給曲線與橫軸的截距，b 代表供給曲線斜率的倒數。供給彈性為：$\eta=\frac{dQ}{dP}\frac{P}{Q}$，但 $\frac{dQ}{dP}=b$，所以 $\eta=b\frac{P}{Q}=\frac{bP}{a+bP}$。

如果：（1）$a<0$，$\eta>1$。
　　　（2）$a=0$，$\eta=1$。
　　　（3）$a>0$，$\eta<1$。

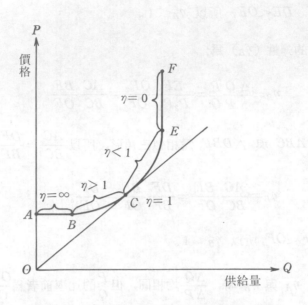

圖18-13 非直線型供給曲線上點彈性之分類。

AB 水平線段彈性無限大；(2)BC 線段彈性大於 1；(3)C 點彈性等於 1；(4)CE 線段彈性小於 1；(5)EF 線段彈性等於零。

　　以圖 18-14證明供給曲線上任何一點彈性的測量方法。依公式 $\eta = \dfrac{\Delta Q}{\Delta P}\dfrac{P}{Q}$，表示供給彈性等於圖形上供給曲線上任何一點切線斜率的倒數與該點所對應的價格與數量之比率（即該點射線的斜率）的乘積。在圖形上，R 點的切線斜率等於 $\dfrac{RE}{EF}$，倒數等於 $\dfrac{EF}{RE}$，R 點所對應的價格與數量比率等於 $\dfrac{RE}{EO}$，故 R 點彈性等於 $\dfrac{EF}{RE}\dfrac{RE}{EO} = \dfrac{EF}{EO}$。由此可知，供給曲線上任何一點的點彈性，是由該點切線所形成之直角三角形的底邊（如 $\triangle REF$ 之 EF）與該點和原點所形成之直角三角形的底邊（如 $\triangle REO$ 之 EO）的線段比率來量度的，這與直線型之供給曲線上任何一點彈性的計算是一樣的。

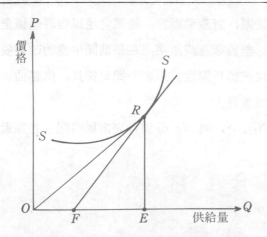

圖18-14　非直線型供給曲線上點彈性之測量。

三、供給彈性的決定因素

影響市場財貨或勞務相對供給彈性大小的因素主要有下列幾項：

（一）**時間**　由於生產要素的流動性、生產規模的大小與過程的長短，在短期內是無法馬上改變的，所以任何一種財貨與勞務的供給，在短期間比較缺乏彈性，在長期間比較富於彈性。

在經濟分析上，馬歇爾將時間分成三種長短：

1. 市場時間（market time）。例如，正在拍賣的成衣生意，早晨的果菜市場。時間非常的短，其供給只能由現有的存貨來供應，而無法改變產量，故供給完全缺乏彈性。

2. 短期（short run）。較市場時間為長，可以在現有的設備下增加生產，但對廠商而言，短期的時間太短，以致不能改變生產能量（設備），而只能改變可變生產要素雇用量；對產業而言，短期的時間太短，以致不能改變廠商數目。無論廠商或產業，在短期間產量的改變受到相當的限制，其供給曲線也就較缺乏彈性。

3. 長期（long run）。對廠商而言，時間之足以容許改變生產能量

（設備）者，爲長期；對產業而言，時間之足以容許改變全產業廠商的數目者，爲長期。無論廠商或產業，在長期間生產的改變較不受限制，其供給曲線也就比較富於彈性。只要時間足夠長，供給曲線的彈性可以逐漸增加以至達到無限大。

圖 18-15，S_M、S_S 與 S_L 分別代表市場時間、短期與長期不同彈性的供給曲線。

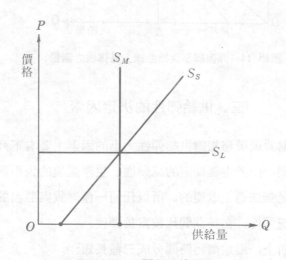

圖18-15　時間與供給彈性。

（二）**技術**　可區分爲科學與技能兩方面的技術：

1. 科學方面——指發明與創新的技術。此方面的技術進步愈快、愈容易，則產品能够生產得愈多、愈快，供給彈性愈大；此方面的技術進步愈慢、愈難，產品的供給彈性也就愈小。

2. 技能（skill）方面——指勞工的工藝（art）技術。有些財貨與勞務的生產需要特殊的技能，而此種技能需要長期訓練與經驗累積的專業人才，其供給較缺乏彈性。例如，精巧的手工藝品、高水準的音樂演奏會、繪畫等屬之。

（三）**預期**　產量是否改變，完全是由生產者所決定，而生產決策受到對未來價格預期的影響很大。有價格上升與下降兩種情況的預期：

1. 當產品價格上升時，生產者若預期價格的上升會持續下去，且市場看好，則供給會大幅增加，彈性大；若預期目前的價格上升只是短暫的，價格即將回跌，則供給增加有限，彈性小。

2. 當產品價格下跌時，生產者若預期跌價只是短暫的，價格即將回升，則供給減少有限，彈性小；若預期價格的下跌會持續下去，則供給會大幅減少，彈性大。

因此，生產者對未來的預期，可以決定供給量是否改變及其改變的大小。對整個產業而言，若生產者之間的預期不同，有的預期價格會上升，有的預期價格會下降，則相互抵銷的結果，供給量的改變小，供給缺乏彈性；反之，若生產者之間的預期相同，供給量的改變大，則供給彈性大。

（四）**資源的流動性**　當產品的價格發生改變時，其產量是否能夠馬上且大量的改變，決定於資源流動性（mobility）的大小，而資源流動性的大小又與時間成正比。一般而言，時間愈長、資源的流動性愈大，產量的改變也就愈大，因此供給彈性也就愈大；反之，則愈小。

（五）**生產者多寡**　對整個產業而言，某種產品的生產者愈多，競爭愈激烈，價格改變所引起供給量的改變也就愈大，故供給彈性愈大；反之，生產者愈少，競爭弱，供給彈性也就較小。

第四節　供需彈性的應用

需求與供給價格彈性的大小，對於消費者的利益、生產者價格與產量的決策、以及政府干預政策的考慮，均有很大的影響。以下我們就供需彈性在價格設限、與政府課稅及補貼方面的應用，加以討論。

一、價格高限與低限

任何一種財貨或勞務的供給彈性的大小，會影響到消費者的利益。一般而言，供給彈性大，價格穩定，對消費者有利；供給彈性小，價格不穩定，對消費者不利。在已知的需求下，供給富於彈性，則價格小幅度上升，會引起供給量大幅度增加，消費者因價格上升而受的損害將愈小；價格小幅度下跌，供給量大幅度減少，消費者因價格下跌而獲利的程度也就減少。圖 18-16顯示，在需求一定下，不同彈性的供給曲線對均衡價格與數量有著不同的影響。供給愈缺乏彈性，則價格愈高而數量愈少；供給愈富於彈性，則價格愈低而數量則愈大。

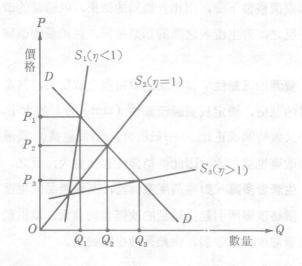

圖18-16　供給彈性對均衡價格與數量的影響。

就市場結構而言，競爭性愈高，愈接近完全競爭，供給彈性愈大；反之，競爭性愈小，供給愈缺乏彈性。因此，政府為了提高供給彈性，可以設法改變市場結構，使之愈接近完全競爭，俾使消費者因價格變動而受不利的影響減至最小。另一方面，若一種產品的供給與需求均缺乏

彈性，市場決定的價格可能偏低或偏高，而且供給或需求少許的變動，往往導致價格大幅地波動，致使生產者或消費者蒙受重大的損失，因此，政府爲了確保經濟的穩定、提高生產的誘因、與保障廣大消費者的利益，有時必要干預自由市場決定的價格，而採取管理價格（administered price）政策。通常政府所採取的管理價格有兩種情況：

（一）**價格高限**（price ceiling）　當社會經濟處於通貨膨脹或因戰時而財貨供給缺乏，政府爲了抑制價格的上升而採取價格高限政策。採此政策必然發生供給短缺的現象，必須配合增加進口或實行配給（ration）的措施。

圖 18-17 爲某一產品市場供需決定的均衡價格爲 OP_e，均衡量爲

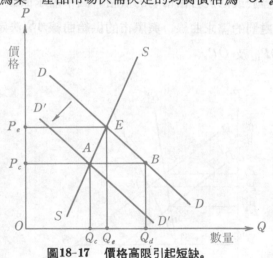

圖18-17　價格高限引起短缺。

OQ_e。如政府認爲此一價格過高，不利於消費大眾，故訂定價格高限於 OP_c。在此價格下，需求量爲 OQ_d，供給量爲 OQ_c，產生 AB 或 Q_cQ_d 的供給短缺。假設該社會正處於戰時，產品無法進口，爲了消除供給短缺，只有採取配給政策，希望使需求由 DD 減少到 $D'D'$，以達到設限後的供需平衡。

由於配給政策的實施，使得有能力購買的人買不到或買不足其想要

的產品，於是會有非法的黑市（black market）產生。 以下我們以圖
18-18 分析黑市的經濟後果。 黑市交易是在限價 OP_c 之上才有供給，
所以黑市供給 曲線由 A 點開始。 如果政府在限價後 只處罰黑市的銷售
者，則黑市的銷售須冒風險，銷售商必然提高供給價格作為承擔風險的
代價，供給曲線因此由自由市場的 AS 往上移為黑市的 AS'， 與原來
需求曲線 DD 相交所決定的價格 OP_b 必然高於自由市場價格 OP_e。
如果政府在限價後，不僅處罰黑市的銷售者，也處罰黑市的購買者，甚
至對購買者處罰得更重，這會使購買者不敢買黑市的產品，需求因而減
少，需求曲線往下移的幅度視政府對黑市購買者處罰的輕重而定，最後
黑市價格將等於或低於自由市場的價格。圖中需求曲線 $D'D'$ 代表黑市
購買者亦受處罰的需求曲線，與黑市的供給曲線 AS' 決定的價格 OP_b'，
小於價格 OP_b 及 OP_e。

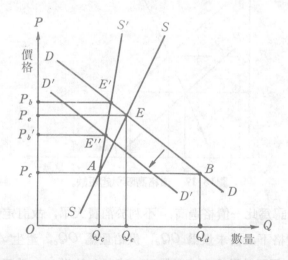

圖18-18 黑市的經濟後果。

由於黑市價格高於價格高限，甚至高於自由市場價格，銷售者因此
可能將愈多的產品移轉到黑市出賣，致而在公開市場上發生囤積，市面

上產品愈來愈少，於是高所得者有能力在黑市多買，而低所得者則買不
到限價的產品，歪曲了政府原來實行價格高限的用心。黑市除了使不法
商人獲得暴利外，價格高限並導致消費者很費時間於排隊購買，產品與
銷售服務的品質也可能下降，這等於是一種變相的價格提高。

（二）**價格低限**（price floor）　由於農產品缺乏需求彈性——除了
人口的增加外，每人對糧食的需求大致一定，不會因價格變動而有多大
變動；同時農產品也缺乏供給彈性——在耕作面積與農業技術一定下，
除非氣候有重大變化，每年農產品的收穫大致一定，故需求或供給的些
微變動往往會使農產品價格發生激烈的波動，政府因此對農產品價格有
加以管制的必要。價格低限通常是政府為了確保國家糧食供應的安全、
提高生產誘因與農民所得、及穩定經濟，對農產品所採取的保護政策。

圖 18-19 表示，當農產品自由市場決定的均衡價格 OP_e 過低時，
政府為保障農民生活而實行價格低限政策，規定價格不能低於 OP_f，即
將價格由 OP_e 提高到 OP_f，結果必然產生 $AB=Q_dQ_s$ 數量的供給過剩。
為解決價格低限可能導致的剩餘供給，政府可以採取以下的配合措施：

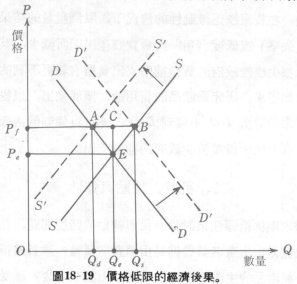

圖18-19　價格低限的經濟後果。

1. 全部剩餘由政府按低限價格收購，政府的補貼支出等於 $OP_f \times$ $(OQ_s - OQ_d) = Q_d ABQ_s$。採這種對策將使政府負擔的補貼支出 最大，無法長期負擔，同時並將發生收購後的運輸、貯藏及管理的問題，這又要付出很大 的費用。通常政府將收購的 農產品用以援助 糧食不足的國家，或準備將來當農產品的 價格因歉收而 上升超過價格高 限時予以拋售，俾以平抑糧價，達到穩定經濟的目的——這稱為常平計畫 (buffer program)。

2. 政府雖設定價格低限，但市場上仍以自由均衡價格 OP_e 為交易價格，再由政府補貼價格低限與均衡價格差額的部分，即（$OP_f - OP_e$）$\times OQ_e = P_e P_f CE$。這樣，一方面保持了市場的價格機能，可以免除政府收購剩餘供給後所需的貯藏費用支出，一方面將部分租稅收入移轉給農民，有所得重分配的作用。

3. 限制產量。限制耕種面積、採輪耕、或輔導農民轉業，以減少農業生產，使供給曲線由 SS 往上移到 $S'S'$，同樣可以使市價達到價格低限的目標。如此，不僅農民所得可以提高，也可以減少政府的補貼支出。但是，在資源缺乏流動性的情況下，限制產量的結果，將會導致資源閒置（失業）或低度利用，社會實質產出因而減少，其結果是實質的社會成本損失或較政府的貨幣補貼支出負擔有著更不利的經濟後果。

4. 增加需求。研究農產品的新用途，擴展輸出，以提高農產品的需求，使需求曲線由 DD 上移到 $D'D'$，亦可以達到價格低限的目標，同樣可以提高農民所得並減少政府的補貼支出。

二、租稅、補貼與彈性

利用需求與供給彈性來討論租稅與補貼的歸屬問題，是討論對一種產品課稅究竟是由生產者負擔抑是由消費者負擔？誰負擔得大，誰負擔得小？對一種產品的生產予以補貼究竟是由誰來受益？誰受益得多，誰

受益得少？從財政學的觀點來看，貨物稅表面上是可以完全轉嫁的，屬於一種間接稅；但以經濟學的觀點來分析，貨物稅由生產者繳納後表面上雖然可以提高價格，全部轉嫁給消費者來負擔，但事實上，貨物稅並非一定能夠完全轉嫁，而在某些特殊情況下根本不能轉嫁，完全是由生產者負擔，或是祇能部分轉嫁，由雙方共同負擔，其轉嫁的程度要視供給與需求雙方相對彈性的大小而定。

　　與租稅相對的，是政府的補貼。在某種情況下，政府對某種產品非但不課稅，並且予以補貼，如採價格低限就是一種變相補貼方式。表面上看來，補貼是由生產者獲得，但由經濟學的觀點分析，補貼可能是由生產者完全獲益，也可能是由消費者完全獲益，或由生產者與消費者共同受益，其獲益的程度要視供給與需求雙方相對彈性的大小而定。

　　(一) 租稅　尤其是貨物稅，對生產者而言，無異是一種額外的負擔，它使財貨的成本提高，因而使生產者提高供給價格，這種租稅成本表現在供給曲線上，代表供給曲線往左上方移動。貨物稅因課稅的方式不同，又可分為兩種:

　　1. 從量稅(specific tax)。每一單位的產品課徵一定量的稅額，如500元一雙的皮鞋課 5 元的稅，1,000元一雙的皮鞋也課 5 元的稅，這 5 元的稅額是按貨品單位而固定的。

　　2. 從價稅 (ad valorem tax)。稅額隨產品價格的高低而不同，價格高的稅額大，價格低的稅額小，但通常採比例稅的方式，即稅額與產品的價格成一固定的比例徵收。

　　圖 18-20，左圖代表課徵從量稅的情形。SS 與 $S_t'S_t'$ 分別代表稅前與稅後的供給曲線，兩者中間的垂直距離代表從量稅額(T)。由於從量稅額固定，所以 $S_t'S_t'$ 與 SS 相平行，兩者之間的垂直距離始終不變。右圖代表課徵從價稅的情形。SS 與 $S_t'S_t'$ 分別代表稅前與稅後的供給曲線，兩者之間的垂直距離代表從價稅額，由於從價稅額隨售貨價

格的提高而增加，所以 $S_t'S_t'$ 與 SS 之間的垂直距離隨銷售價格的提高而擴大。爲了分析方便，我們以下祇就從量稅進行討論，其道理同樣適用於從價稅。

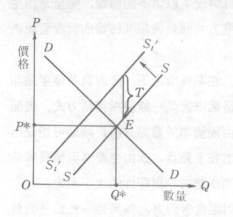

圖18-20　(a) 從量稅之課徵。　　(b) 從價稅之課徵。

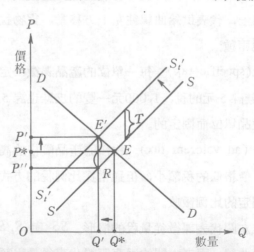

圖18-21　需求與供給相對彈性相同，消
費者與生產者的租稅負擔均等。

租稅究由生產者或需求者負擔，誰負擔多少，這須由各種不同的需求及供給彈性情況來決定：

　　1. **需求彈性等於供給彈性的情況**　如圖 18-21，當市場需求與供給彈性相同時，消費者與供給者負擔的稅額相等。稅後均衡價格 OP' 高於稅前均衡價格 OP^* 的部分（P^*P'）是消費者負擔的稅額，而生產者實際收入價格 OP'' 低於稅前收入價格 OP^* 的部分（P^*P''）是生產者負擔的稅額，兩者負擔的稅額之和等於貨物稅（$P^*P'+P^*P''=T$）。

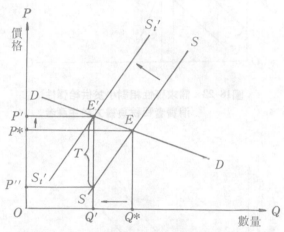

圖18-22　需求彈性相對大於供給彈性，
生產者租稅負擔大於消費者。

　　2. **需求彈性相對大於供給彈性的情況**　由圖 18-22 分析，可知當需求彈性大於供給彈性時，課貨物稅使生產者的負擔（P^*P''）大於消費者的負擔（P^*P'），$P^*P'+P^*P''$ 之和即為課稅總額 T。

　　3. **需求彈性小於供給彈性的情況**　由圖 18-23 分析，可知當需求彈性小於供給彈性時，課貨物稅使消費者的負擔（P^*P'）大於生產者的負擔（P^*P''）。

　　4. **需求曲線為完全彈性的情況**　圖 18-24，當需求曲線為完全彈性時，貨物稅完全由生產者來負擔。因為稅前及稅後消費者所負擔的價格一樣（$Q'E'=Q^*E$，即 $OP'=OP^*$），但生產者必須繳納租稅 $T=AE'$，其實際單位收入等於價格 $Q'E'$ 減去 AE' 租稅以後的 $Q'A$。

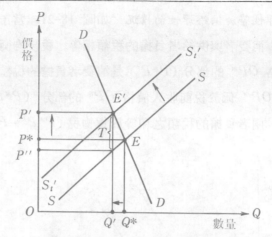

圖18-23　需求彈性相對小於供給彈性，
消費者租稅負擔大於生產者。

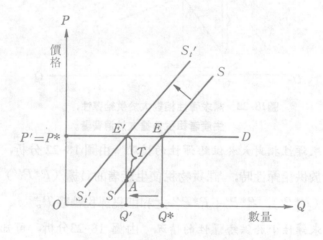

圖18-24　需求曲線完全彈性，租稅完全由
生產者負擔。

5. 需求曲線完全缺乏彈性的情況　圖 18-25，當需求曲線完全缺乏彈性時，貨物稅完全由消費者負擔。因為需求完全缺乏彈性，價格再升高也不影響需求量。因此，消費者負擔的價格由稅前的 OP^* 提高到 OP'，所提高的價格等於所課的貨物稅； 生產者稅前及稅後的實際收入

價格皆爲 Q^*E（卽 OP^*），而將貨物稅完全轉嫁給消費者。

　　6. 供給完全彈性的情況　由圖 18-26分析，可知當供給爲完全彈性時，貨物稅完全由消費者負擔。消費者在稅前付 OP^* 的價格，稅後付 OP' 的價格，兩者之差（$OP'-OP^*=P^*P'$）爲稅的全部。

　　7. 供給完全缺乏彈性的情況　　圖 18-27，當供給完全缺乏彈性時，供給價格的提高，反映在需求的減少上面，卽需求曲線往左下方

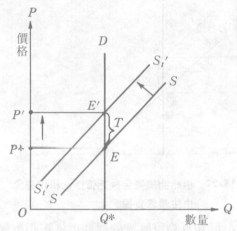

圖18-25　需求曲線完全缺乏彈性，
租稅完全由消費者負擔。

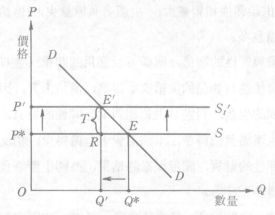

圖18-26　供給曲線完全彈性，租稅全部
由消費者負擔。

移，稅後均衡點爲 E'，生產者的稅後實際收入價格爲 OP''。在課稅移動需求曲線的情況下，稅後生產者的實際收入價格加上稅額爲稅後均衡價格（$OP^*=OP''+T$），故稅後均衡價格與稅前相同（$OP^*=OP'$），貨物稅完全由生產者負擔（$OP'-OP''=T$）。

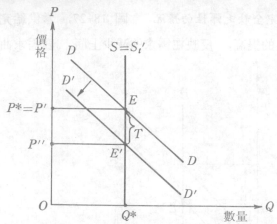

圖18-27　供給曲線完全缺乏彈性，租稅完全
由生產者負擔。

　　根據以上的分析，可知貨物稅轉嫁的程度由供需相對彈性的大小來決定。需求彈性相對愈大，消費者負擔愈少，需求彈性相對愈小，消費者負擔愈多；供給彈性相對愈大，生產者負擔愈少，供給彈性相對愈小，生產者負擔愈多。

　　貨物稅負擔與彈性的關係，同樣可以應用到關稅（進口稅）方面。政府課關稅，會使進口物品的供給成本提高，價格上升，因而使進口減少，以保護本國的生產。對進口供給相對缺乏彈性的財貨，關稅課徵的結果，外國的生產者負擔得多，本國消費者負擔得少；相反地，對進口供給相對富於彈性的財貨，關稅課徵的結果，外國生產者負擔得少，本國消費者負擔得多。

　　（二）補貼　補貼等於一種負的租稅。通常一個國家對於新興的產業，都會採取補貼政策。因爲新產業的技術與資本均不夠完備，產品的

成本高，價格高，無法與國外產品競爭，難以繼續發展。因此，需要政府予以補貼，俾以降低價格，得以確保本國市場，進而爭取國際市場。有了市場，才能發展，擴大生產規模，慢慢地降低其生產成本。

　　表面上，補貼好像完全由生產者獲得，其實並不然，補貼的受益可能是消費者與生產者雙方的，因此在採取補貼政策時，必須考慮到社會大眾的受益。對奢侈品而言，因為生產與消費雙方都是高所得者，政府若予以補貼，會使有錢人更有錢，形成不利的所得重分配效果，使社會更不公平。因此，奢侈品是不須補貼的。另一方面，補貼政策的實行，若能發展產業、增加就業機會，降低產品價格，增進社會大眾福利，則補貼是值得實行的。消費者與生產者雙方由補貼得到受益的多少，亦由供需相對彈性的大小所決定。以下我們專就**從量補貼**（specific subsidy）分析，其過程與結果正好是貨物稅課徵分析的對稱。

　　圖 18-28，原來市場需求與供給曲線決定均衡價 格 OP^*， 數量 OQ^*。補貼使私人生產成本下降，供給價格因此可以降低，供給曲線由 SS 往右下方移為 $S_S'S_S'$， SS 與 $S_S'S_S'$ 之間的垂直距離代表從量補貼額。補貼後的均衡價格為 OP'，但生產者的收入價格為OP''，$P'P''$

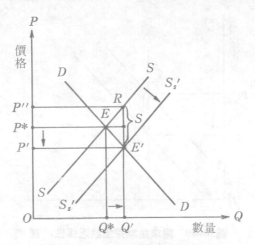

圖18-28　補貼的受益分配。

的差距就是補貼。表面上補貼全由生產者獲得，實際上，補貼後均衡價格 OP' 低於補貼前均衡價格 OP^* 的部分 (P^*P')，是由政府補貼給消費者的，補貼後供給者收入價格 OP'' 高於補貼前均衡價格 OP^* 的部分 (P^*P'')，才是政府補貼給生產者的。消費者與生產者所得到的補貼收益之和等於從量補貼額 ($P^*P' + P^*P'' = S$)。

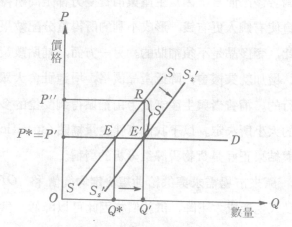

圖18-29　需求曲線完全彈性，補貼受益完全由生產者獲得。

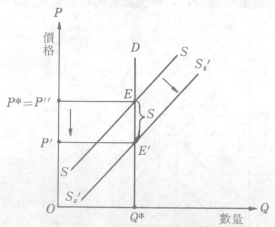

圖18-30　需求曲線完全缺乏彈性，補貼受益完全由消費者獲得。

　　圖18-29 表示，當需求爲完全彈性時，補貼後與補貼前消費者所支付的價格相同（$OP'=OP*$），　補貼受益因此完全由生產者獲得。圖 18-30 表示，當需求完全缺乏彈性時，補貼後與補貼前消費者所支付的價格差額（$P*P'$）等於從量補貼全額，　補貼受益因此完全由消費者獲得。圖 18-31 表示，當供給爲完全彈性時，補貼後與補貼前消費者所支付的價格差額（$P*P'$）等於從量補貼全額，補貼受益因此完全由消費者獲得。

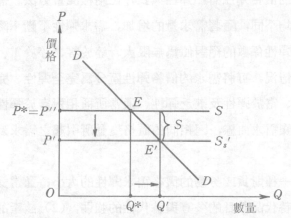

圖18-31　供給曲線完全彈性，補貼受益完全由消費者獲得。

　　根據以上的分析，可知消費者與供給者得到補貼受益的大小與供需彈性的關係是：相對彈性愈大者受益愈小，相對彈性愈小者受益愈大。

　　總結租稅、補貼與供需彈性的關係，可以得到以下的結論：當需求或供給相對愈富於彈性時，消費者或生產者負擔的稅愈少，補貼受益的程度也愈小；當需求或供給相對愈缺乏彈性時，消費者或生產者負擔的稅愈多，補貼受益的程度也愈大。之所以如此，乃是需求彈性愈大時，價格稍微上升，需求量將減少很多，生產者因此不會將價格提高太多，消費者的租稅負擔也就愈小；需求彈性愈大時，價格稍微下跌，需求量將增加很多，生產者因此不會將價格降低很多，消費者的補貼受益也就愈小。

摘　要

1. 需求的價格彈性是指：在一定時間內，一種財貨或勞務的需求量隨其價格變動而發生的相對反應程度，亦卽需求量變動之百分比與價格變動之百分比的相對比率。

2. 需求的價格彈性有點彈性與弧彈性兩種測量方法。需求曲線上每一點的彈性均不同，隨著需求量的增加，需求彈性不斷下降。

3. 根據彈性係數的絕對值爲無限大、等於零、等於 1、大於 1 或小於 1 等五種情況，可將需求的價格彈性區分爲完全彈性、完全缺乏彈性、中一彈性、富於彈性及缺乏彈性。通常所稱相對富於彈性或缺乏彈性，係針對兩條需求曲線，因相同的價格變動所引起之需求量變動的大小比較而言。

4. 任何一種財貨或勞務的價格需求彈性的大小，通常受下列因素的影響：（1）替代品數目的多寡與替代性的強弱，（2）該產品爲必需品抑爲奢侈品，（3）該產品之消費開支佔消費者總支出的比例，（4）時間的長短，（5）該產品的用途多寡，及（6）消費者人數的多寡。

5. 一種財貨或勞務的需求量對其他相關財貨或勞務價格變動的相對反應程度，稱爲需求的交叉彈性，其值如大於零爲正數，則兩種產品互爲替代品；如小於零爲負數，兩種產品則爲相輔品；如等於零，兩種產品互爲獨立產品。

6. 一種財貨或勞務的需求量因消費者之所得變動而發生的相對反應程度，稱爲需求的所得彈性，如其值大於 1，則該產品爲正常財貨奢侈品；小於 1 而大於零，則該產品爲正常財貨必需品；若小於零，則該產品爲低級財貨。

7. 產品的需求價格彈性大於 1，總收入與價格呈減函數關係的變

動; 小於 1, 總收入與價格呈增函數關係的變動; 等於 1, 總收入不隨價格變動而改變。

8. 在需求曲線富於彈性階段, 降低價格, 總收入增加, 邊際收入為正; 缺乏彈性階段, 降低價格, 總收入減少, 邊際收入為負; 中一彈性時, 價格變動, 總收入不變, 邊際收入等於零。

9. 在一定時間內, 一種財貨或勞務的供給量隨其價格變動而發生的相對反應程度, 稱為供給彈性, 亦即供給量變動之百分比與價格變動之百分比的相對比率。

10. 根據供給彈性係數值大於 1、小於 1、等於 1、無限大與等於零等五種情況, 可將供給彈性區分為富於彈性、缺乏彈性、中一彈性、完全彈性與完全缺乏彈性等五類。直線型供給曲線上每一點的彈性雖然不同, 但整條供給曲線卻均屬於相同的彈性分類; 非直線型供給曲線上任何一點的彈性大小則視其切線與兩軸相交的情形而定, 先交於量軸者彈性小, 先交於價格軸者彈性大。

11. 影響供給曲線彈性大小的因素主要有時間、技術、預期、資源流動性及生產者人數等因素。

12. 為避免缺乏供需彈性的產品, 由於供需的變動而引起價格大幅波動, 政府因此對該產品設訂價格高限或低限, 以穩定其價格, 保障消費者與生產者的利益。

13. 政府對某種產品課徵租稅或給予補貼, 其對消費者與生產者分擔稅負與分享受益的大小, 須視該產品的供需相對彈性大小而定。彈性相對較大的一方, 租稅的負擔較輕, 補貼的受益較小; 彈性相對較小的一方, 租稅的負擔較重, 補貼的受益較大。

重 要 名 詞

需求價格彈性　　　　　　　　點彈性

弧彈性　　　　　　　　　　完全彈性

完全缺乏彈性　　　　　　　中一彈性

富於彈性　　　　　　　　　缺乏彈性

需求交叉彈性　　　　　　　替代品

相輔品　　　　　　　　　　獨立品

需求所得彈性　　　　　　　正常財貨（亦稱高級財貨）

低級財貨　　　　　　　　　邊際收入

供給價格彈性　　　　　　　市場期間

短期　　　　　　　　　　　長期

管理價格　　　　　　　　　價格高限

黑市　　　　　　　　　　　價格低限

從量稅　　　　　　　　　　從價格

補貼

問 題 練 習

1. 甚麼是需求的價格彈性？彈性係數是如何測量的？試舉數字例
   證說明之。

2. 直線型與非直線型需求曲線上任何一點的需求彈性如何測量？
   直線型需求曲線中點的彈性如何？

3. 需求價格彈性爲何爲負？需求價格彈性可以分爲那幾類？試以
   圖形說明之。

4. 如何比較兩種財貨之需求價格彈性的大小？甚麼因素決定這種
   彈性？

5. 何謂需求交叉彈性？如何用以判定兩種產品之間的關係？

6. 何謂需求所得彈性？其與產品的等級分類有何關係？

7. 試以圖解剖述總收入、邊際收入與需求彈性之間的關係？面對

不同的需求彈性，銷售者應採怎樣的價格策略，才能增加收
入?

8. 何謂供給價格彈性? 其值為何是正號? 其彈性係數如何測定?

9. 供給價格彈性可以分為那幾種? 直線型供給曲線與直線型需求
曲線的彈性分類有何不同?

10. 非直線型供給曲線的彈性如何測量? 影響供給彈性大小的因素
主要有那些?

11. 供需彈性與價格高限或低限的訂立有何關係? 訂立價格高限或
低限會產生那些經濟後果? 試討論之。

12. 供需彈性與租稅的負擔及補貼的受益有何關係? 試以圖解說明
需求曲線完全缺乏彈性下的租稅負擔與補貼受益的情形。

第十九章　效用與需求

消費者爲何會對某種財貨或勞務產生需求呢？爲何需求量與價格呈反方向的變動呢？消費者如何支用其有限的所得購買各種財貨與勞務以使滿足達到最大呢？產品的價格發生改變如何影響消費者的需求量呢？這些有關消費者的行爲是本章所要探討的。

第一節　效用與消費者行為

消費者對於財貨與勞務的需求乃是爲了獲得消費的滿足 (satisfaction)，而滿足包括有心理的 (psychological) 及生理的 (physiological) 滿足。因爲財貨及勞務都具有特性 (characteristics)，所以才能使人們產生心理及生理上的滿足，而這種物理的特性一定要與消費者的偏好或嗜好相配合，需求才會發生。例如，人們口渴時對於能够解渴的財貨就會產生偏好，而水具有解渴的物理特性，故對水產生需求，水也就使人們產生滿足的感受。若財貨與勞務具有的特性與消費者的偏好愈相配合，消費者所能獲得的滿足程度愈高，需求也就愈大；反之，財貨與勞務具有的特性與消費者的偏好愈不配合，消費者所能獲得的滿足程度愈低，需求也就愈小。因此，在一定時間內，具有不同偏好的消費者，面對不同特性的各種財貨與勞務，也就產生不同的需求量。

在一般的情形下，消費者通常會選擇最配合其需要、最能滿足其偏

好的財貨與勞務。因此，在探討消費者需求行爲時，必須涉及到**偏好尺
度** (preference scale)，而偏好尺度則是消費者心理上希望擁有或消費一
種財貨或勞務的強弱狀態。消費者的所得高，對各種財貨與勞務的偏好
尺度較大；所得低，對維持生存之財貨與勞務的偏好尺度較大，對奢侈
品的偏好尺度較小，故需求的本質乃是消費者在一定期間內，依其偏好
尺度與其所得預算限制，對各種財貨與勞務作最能滿足其慾望的選擇。
由於個人偏好與所得的不同，對財貨與勞務的選擇也就有所差異，故有
不同的消費者行爲產生。

一、效用的意義

消費者對財貨或勞務發生需求，乃是它們能够滿足慾望，亦即財貨
與勞務對消費者產生了效用 (utility)，而**效用是指財貨與勞務對消費者
產生滿足慾望的一種感受**。滿足慾望的感受愈強，效用愈大；滿足慾望
的感受愈弱，效用愈小。效用是消費者的一種滿足之感，屬於一種心理
狀態，是消費者對任何一種財貨或勞務的主觀 (subjective) 感受。

財貨與勞務的效用與有用性 (usefulness) 須加區別。任何一種財貨
或勞務均具有「**有用性**」，表示每一種財貨或勞務在經濟活動中均可作
爲某種用途，是一種物理特性，是一種客觀存在的事實。財貨與勞務必
先具有客觀的物理有用性，而後才能對消費者產生主觀的心理滿足的效
用感受。財貨與勞務的有用性純粹是一種客觀的物理屬性，始終存在而
不因人而異（如水可止渴，可以灌漑），效用則是因人而異的主觀感受
（如水對口渴的人效用高，對不口渴的人效用低），相同的財貨或勞務
對同一個人在不同的環境也會有不同的效用感受。

二、邊際效用遞減法則

任何一種財貨或勞務對人們所產生的效用，可分爲總效用 (total

utility, *TU*) 及邊際效用 (marginal utility, *MU*)兩種。**總效用是指:
在消費者偏好不變的一段時間內，消費一種財貨或勞務，所得到效用滿
足的總數。** 如果 U 代表效用，$X_1, X_2, \cdots, X_n$ 代表歷次消費某種財貨或勞
務的數量 $U_i(X_i)$ 代表第 i 次消費時產生的效用，則在一段時間內消費
X 財貨或勞務 n 次所得到的總效用可以表示為:

$$總效用 \quad TU = U_1(X_1) + U_2(X_2) + \cdots + U_n(X_n)。$$

**邊際效用是指: 在消費者偏好不變的一段時間內，額外增加一單位
財貨或勞務的消費，使總效用增加的數額。** 以公式表示:

$$邊際效用 \quad MU = \frac{總效用的改變}{消費量的改變} = \frac{\Delta TU}{\Delta Q},$$

式中 ΔTU 代表總效用變動量，ΔQ 代表財貨或勞務之消費變量，邊際
效用是測量這兩個變數改變的一個比率。

由表 19-1 總效用、邊際效用與消費量的關係，顯示總效用隨著財
貨或勞務消費量的增加而增加，但到達某一程度的消費量後，總效用反
而隨消費量的增加而減少。

表19-1　消費量與總效用及邊際效用之關係

(1) 消　費　量 (Q)	(2) 總　效　用 (TU)	$(3) = \dfrac{\Delta (2)}{\Delta (3)}$ 邊 際 效 用 (MU)
0	0	0
1	12	12
2	27	15
3	40	13
4	50	10
5	56	6
6	56	0
7	49	−7

另外，表 19-1 顯示，第 n 單位財貨的邊際效用等於消費 n 單位財貨得到的總效用減去消費 $n-1$ 單位財貨得到的總效用，即 $MU_n = TU_n - TU_{n-1}$。可以看出，隨著消費量的增加，邊際效用起先遞增，而後遞減，最後爲零，甚至爲負數——產生負效用 (disutility)。這種消費量增加到某一額度後發生邊際效用遞減的現象，稱之爲**邊際效用遞減法則** (law of diminishing marginal utility)，是探討消費者行爲所依據的最重要的一個法則。

嚴謹的邊際效用遞減法則是指：一位消費者，在其他情況不變下（包括偏好及其他產品的消費不變），於一段時間內，連續不斷消費一種財貨或勞務，每增加額外一單位的消費，在起初時，總效用增加的速度可能呈遞增的現象——邊際效用遞增，但當達到某一消費量後，繼續增加該財貨或勞務的消費，其使總效用增加的速度呈依次遞減的現象，且遞減的速度依次加快，這種情形稱爲邊際效用遞減法則。

邊際效用遞減法則是一種消費者的心理法則，是人們消費任何財貨或勞務時，心理與生理自然反應的必然結果。在一般經濟分析中，邊際效用遞增的部分通常不予考慮，而只討論邊際效用遞減的現象。可以說，只要本定義所稱的消費期間與數量足夠，我們尙無法舉出一種消費行爲能夠違背此一法則。通常以連續一杯、一杯的喝水作爲這個法則的典型例子，但時下一首流行歌曲，由生疏、排拒、習近、愛好、流行、而至厭惡，亦可反映出這種邊際效用遞減的心理狀態。

圖 19-1 表示總效用曲線與邊際效用曲線的關係。根據總效用的特性，其曲線是一條先凸而後凹向橫軸的曲線，R 爲其反曲點 (reflection point)，M 爲其最高點。邊際效用 $\dfrac{\Delta TU}{\Delta Q}$，即爲總效用曲線上切線的斜率，當消費量及總效用的變動趨近於無限小時（ΔQ 及 ΔTU 趨近於零），總效用曲線上任何一點的切線斜率等於邊際效用。

　　總效用曲線上 0 至 R 點，切線斜率遞增，邊際效用遞增；在 R 點切線斜率最大，表示第 Q_1 單位的消費，其邊際效用達於最大；R 至 M 點切線斜率遞減，邊際效用遞減；在 M 點切線斜率等於零，表示第 Q_2 單位的消費，其邊際效用為零；超過 M 點，總效用曲線上切線的斜率為負，邊際效用為負。據此，可以由總效用曲線導出邊際效用曲線。一般而言，只要產品的邊際效用為正且是遞增的，則消費者將會繼續消費此種產品，

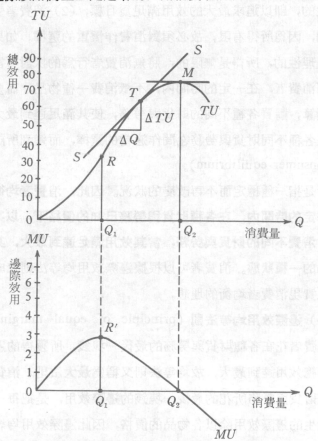

圖19-1　總效用曲線與邊際效用曲線之關係。

只有當產品的邊際效用為正且開始遞減時，消費者才會考慮最適消費量止於何處，而消費者通常是不會消費產品至其邊際效用為負的境界，故

一般的經濟分析只就邊際效用爲正且開始遞減之邊際效用曲線部分——
卽圖 19-1 中的 $R'Q_2$ 線段，予以討論。

三、消費者均衡

一般對消費者行爲的探討，是基於以下兩個假設：（1）消費者的行
爲是理性的，卽以追求最大的效用滿足爲目標；（2）消費者受到所得預
算的限制，因爲所得有限，故必須對消費作愼重的選擇。如果消費者的
行爲不是理性的，所得是無限的，將無消費者行爲的探討可言。

任何消費者，在一定的時間內，不祇消費一種物品，而要以他有限
的所得預算，購買各種不同的財貨與勞務，使其滿足達到最大。這需要
消費者在各種不同財貨與勞務之間作適當的選擇，而達到所謂的消費者
均衡 (consumer equilibrium)。

均衡是指一種穩定而不再改變的狀況。因此，**消費者均衡是指：消
費者在一定的時間內，在各種財貨與勞務已知的價格下，以其有限的所
得預算，消費不同的財貨與勞務，當其效用滿足達到最大，其消費組合
不再變動的一種狀態**。消費者可以根據邊際效用均等法則及成本—效益
分析，來實現消費者均衡的理想。

（一）**邊際效用均等法則** (principle of equal marginal utility)

當消費者花在各種財貨與勞務的最後一塊錢，所獲得的邊際效用均
相等時，總效用達到最大，故均等法則又稱爲**最大法則**。消費者對於各
種不同的財貨與勞務所花的最後一塊錢的邊際效用，是把每一種物品一
單位所產生的邊際效用除以各物品的價格，因此邊際效用均等法則可以
表示爲：

$$\frac{MU_1}{P_1} = \frac{MU_2}{P_2} = \frac{MU_3}{P_3} = \cdots = \frac{MU_n}{P_n},$$

式中 MU 爲邊際效用，P 爲價格，1，2，3，…，n 表示不同種類的物品。

如果這個等式不成立，設 $\dfrac{MU_1}{P_1} > \dfrac{MU_2}{P_2}$，表示花在第一種產品最後一塊錢得到的邊際效用大於花在第 2 種產品最後一塊錢得到的邊際效用。在這種情形下，消費者應該重新調配其所得的支用，減少第 2 種產品的消費，而將其花費轉移用於增加第 1 種產品的支出。這樣調整，可增加消費的總效用，而且根據邊際效用遞減法則，第 1 種產品的消費增加，其邊際效用下降，第 2 種產品的消費減少，其邊際效用上升，如此消費量的改變，直到達於 $\dfrac{MU_1}{P_1} = \dfrac{MU_2}{P_2}$ 爲止。反之，如果 $\dfrac{MU_1}{P_1} < \dfrac{MU_2}{P_2}$，應該增加第 2 種產品的消費而減少第 1 種產品的支出，以使總效用達到最大。職是之故，依據邊際效用遞減法則，對邊際效用高的物品增加消費，邊際效用低的物品減少消費，可以使花在每一種物品最後一塊錢所得到的邊際效用趨於均等，而達到效用滿足最大的目標。

（二）成本－效益分析

上面的邊際效用均等法則是假設消費者把所有的貨幣所得全部用於購買財貨與勞務而沒有儲蓄發生的情況。事實上，貨幣亦是一種財貨，對消費者而言亦同其他財貨一樣有效用產生。貨幣的邊際效用同樣有遞減的現象，高所得者較低所得者擁有較多的貨幣，高所得者之最後一塊錢的邊際效用因此小於低所得者之最後一塊錢的邊際效用。

貨幣支出是購買財貨與勞務的一種代價。由於貨幣本身是一種綜合財貨（因其可用於購買任何的財貨與勞務），同樣具有效用，以貨幣購買財貨，是以一種效益換取另一種較高的效益，而當貨幣的邊際效用與花在其他財貨最後一塊錢所獲得的邊際效用相等時，對消費者而言，購買財貨或保有貨幣就沒有什麼差別了。

如果貨幣的邊際效用小於花在其他財貨最後一塊錢所獲得的邊際效

用，人們會繼續以貨幣換取財貨，而依邊際效用遞減法則，隨著其他財貨消費的增加，其邊際效用逐漸下降，貨幣的邊際效用上升，直到貨幣的邊際效用與花在其他財貨最後一塊錢所獲得的邊際效用相等爲止。是故，當貨幣的邊際效用等於花在其他財貨最後一塊錢所獲得的邊際效用時，消費者的滿足達到最大。這種關係可以寫成：

$$\frac{MU_1}{P_1} = \frac{MU_2}{P_2} = \frac{MU_3}{P_3} = \cdots = \frac{MU_m}{P_m} = MU_m,$$

式中 1，2，…代表貨幣以外的其他財貨，MU_m 代表貨幣邊際效用，P_m 代表貨幣的價格，由於一塊錢的價格等於一塊錢，故 $P_m = 1$，$\dfrac{MU_m}{P_m} = MU_m$。

如果 $\dfrac{MU_1}{P_1} = \dfrac{MU_2}{P_2} = \cdots > MU_m$，表示消費者將一塊錢用於購買財貨或勞務所獲得的邊際效用大於將其留在身邊所獲得的邊際效用，顯示用於購買財貨與勞務的所得過少，而保存的貨幣儲蓄過多，消費需求不足，消費者的滿足未能達到最大。因此，把貨幣當成一種財貨考慮後——卽有儲蓄發生，在儲蓄以外花於各種財貨與勞務最後一塊錢的邊際效用均等時，只是一種貨幣除外之財貨與勞務的最佳消費組合，總效用不一定是最大，唯有在其再與貨幣的邊際效用相等時，才是儲蓄、消費、與消費組合最理想的狀態，消費者的效用滿足才能達於最大。

四、效用與需求曲線

由財貨或勞務的消費可以得到效用滿足，對於效用的探討其目的在於根據效用的資料來導出消費需求曲線。根據所消費的財貨與勞務的邊際效用及貨幣的邊際效用，可以導出消費者對於不同財貨的需求曲線，

並能證明價格高時需求少、價格低時需求多的需求特性。

爲簡化分析，假設消費者祇購買兩種產品，每一塊錢貨幣的邊際效用固定 ($\overline{MU}_m$)。產品消費達於最佳組合的條件爲 $\dfrac{MU_1}{P_1} = \dfrac{MU_2}{P_2}$。如果 P_1 下降至 P'_1，而 P_2 不變，則 $\dfrac{MU_1}{P'_1} > \dfrac{MU_2}{P_2}$，爲了重新恢復均等條件，必須增加第一種產品的購買，而減少第二種產品的購買。如此，根據邊際效用遞減法則， MU_1 將下降， MU_2 將上升，直到 $\dfrac{MU'_1}{P'_1} = \dfrac{MU'_2}{P_2}$ 爲止。因此，第一種產品的價格與需求量呈減函數的關係（圖 19-2）。

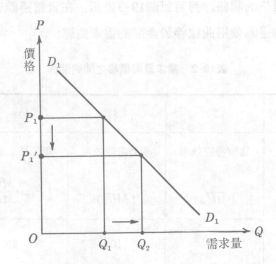

圖 19-2 邊際效用遞減而使需求量與價格呈減函數關係。

再依據消費者最大滿足條件，就第一種產品而言，必須滿足條件：

$$\frac{MU_1}{P_1} = \overline{MU}_m,$$

式中 $\overline{MU}_m$ 代表固定的貨幣邊際效用。上式可化爲：

$$P_1 = \frac{MU_1}{MU_m} \text{。}$$

上式表示消費者對於一種產品所願意支付的最高價格等於該產品的邊際效用除以貨幣的邊際效用。根據此公式，再由表 19-2 的資料，可以求出不同需求量下的產品價格。在貨幣的邊際效用一定下，由於產品的邊際效用遞減，為了維持 $P_1 = \frac{MU_1}{MU_m}$ 或 $MU_1 = P_1 \times \overline{MU}_m$ 等式的成立，當 MU_1 隨 Q_1 消費的增加而遞減時， P_1 也必須隨著下降，消費者才願意購買更多的數量。換句話說，當 P_1 下降時，為了滿足消費者均衡條件， Q_1 的購買量必然增加。表 19-2 中的這種產品需求數量、邊際效用、與價格的關係，另可以圖19-3表示。在貨幣邊際效用一定下，可以說產品的邊際效用曲線等於產品的需求曲線。

表19-2　需求量與價格之間的關係

(1)	(2)	(3)	$(4) = \frac{(3)}{(2)}$
數　量 (Q_1)	貨幣邊際效用 $(\overline{MU}_m)$	產品邊際效用 (MU_1)	產 品 價 格 $\left(P_1 = \dfrac{MU_1}{MU_m}\right)$
1	5	100	20
2	5	90	18
3	5	75	15
4	5	55	11
5	5	30	6

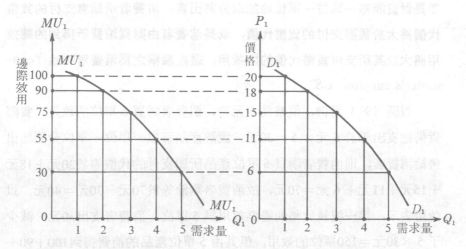

圖19-3　在貨幣邊際效用一定下，由邊際效用曲線可以導出需求曲線。

根據邊際效用的分析，可以求出價格與需求量變化關係的任何一條需求曲線，以表示消費者最佳的消費結構改變。在一般的情況下，價格與需求量呈減函數關係，需求量與邊際效用呈減函數關係，故價格與邊際效用呈增函數關係，即價格低，需求量多，邊際效用低；價格高，需求量少，邊際效用高。也表示需求量少時，邊際效用高，消費者願意支付較高的價格；需求量多時，邊際效用低，消費者只願意支付較低的價格。

五、消費者剩餘

因為財貨或勞務的需求價格（消費者所願支付的最高價格）是根據最後一單位產品消費的邊際效用決定的，故消費者購買任何一種財貨，其獲得的邊際效用，除最後一單位外，其餘每一單位的邊際效用均大於其所花費的代價。消費者對每一單位財貨支付的代價雖然相同，但是財貨的邊際效用卻依次遞減，消費者對財貨的需求，直到由財貨所獲得的邊際效用等於取得財貨的代價——即貨幣的邊際效用——為止。因此，

要是財貨能够一單位一單位地加以分割出售，消費者所願意支付的貨幣代價將大於實際支付的貨幣代價，或是消費者由財貨消費所得到的總效用將大於其所支付貨幣代價的總效用，這差額稱之爲消費者剩餘 (consumer's surplus, CS)。

以圖 19-3 爲例，價格爲 6 元時，消費者購買 5 單位的數量，實際貨幣總支出等於 6 元 × 5 ＝30元。設該產品可以一單位一單位分開地出售給消費者，則消費者購買 5 單位產品所願支付的代價等於20元＋18元＋15元＋11元＋ 6 元＝70元，故消費者剩餘等於70元－30元＝40元。以效用表示，每一塊錢貨幣的邊際效用爲 5 單位，消費者支出30元，減少了 5 ×30元＝150單位的效用，但其由 5 單位產品的消費得到100＋90＋75＋55＋30＝350單位的總效用，故消費者剩餘等於 350－150＝200（＝40元×5）單位的效用。

通常均以貨幣作爲計算消費者剩餘的單位，因此，將總效用除以貨幣的邊際效用，可以得到以貨幣表示的消費總受益，再將其減去總支出 (TE)，卽爲消費者剩餘，故 $CS = \dfrac{TU}{MU_m} - TE$。如上例，$CS = \dfrac{350}{5} -$ 6 元 × 5 ＝40元。若要計算第 n 單位的消費剩餘 (CS_n)，可以第 n 單位產品的邊際效用 (MU_n) 除以貨幣的邊際效用，而後減去對其所支付的代價(P_n)——卽 $CS_n = \dfrac{MU_n}{MU_m} - P_n$。

在產品可以無限微小分割出售的情況下，消費者剩餘的計算如下。圖 19-4 對某一種產品，消費者購買 OQ^* 數量，實際的貨幣支出等於 OP^*RQ^*，願意的貨幣支出等於 $ODRQ^*$，所以消費者剩餘等於$ODRQ^* - OP^*RQ^* = P^*DR$，卽爲圖 19-4 中斜線的三角形部分。

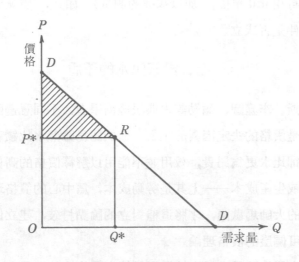

圖 19-4　消費者剩餘。

六、效用理論的限制

消費者均衡是一理想境界，可作爲消費者消費時的一種行爲指標，但由於很多因素的限制，這種理想經常是無法實現的。產品的無法分割及效用的不可測度，可說是效用理論所遭遇到的最大限制。

（一）產品的不可分割性　以上所討論的效用理論，假設所有的財貨與勞務均可以無限制地細分割。但是，在眞實的經濟社會裏，有些產品是可以分割爲很小單位而個別連續消費，例如杯水、塊肉、糖果等。但是，有許多的產品無法加以分割成小單位而連續消費，例如不能買半部車子、半部電視機或半間房子，而獲得最大的滿足。在這種情況下，消費者均衡的條件則無法達到。

（二）效用的無法測度性　效用是消費者一種主觀心理滿足的感受狀態，無法像物品的量度一樣以度量衡的尺度予以基數（cardinal numbers）的測量——例如10公斤、20磅或12公尺（傳統的效用理論假

設效用是可用 util 單位，加以基數的測量）。如此，將無法知道消費者均衡的條件是否成立。

七、鑽石與水的矛盾

史密斯、李嘉圖、彌勒等古典派經濟學者，不同意邊際學派認爲效用與需求是價格的決定因素的主張。他們認爲雖然水比鑽石更爲有用，但是鑽石卻比水更爲昂貴，效用並不能用以解釋價格的高低，因此建立以供給面或生產成本——尤其是勞動成本，爲中心的價格理論。直到新古典學派的大師馬歇爾，才將這種對立的論點打破，建立供給與需求兩種因素不可偏廢的價格理論。

如果有用性祇是表示水較鑽石帶給人類的總效用爲大，則古典派從社會的觀點，根據有用性而稱水較鑽石有用（useful），是可以成立的。但是，總體觀點的有用性對於個別財貨價格的決定並無意義。因爲財貨之所以有價格是由於它們能够滿足人們的慾望，祇要這種財貨能够滿足消費者的慾望，至於其他的人對這種慾望與財貨的看法（他們的道德價值判斷）如何，對於財貨價格的決定並不重要。

古典學派的學者未能將總效用與邊際效用加以區分，才產生價值與價格的矛盾。一種財貨的價值是由總效用所決定，而其價格則由邊際效用決定（任何一種財貨，其消費者所願意支付的最高價格，等於其對消費者所產生的邊際效用除以貨幣對消費者的邊際效用）。因爲鑽石相對於水是稀少的，因此邊際效用較高，所以鑽石的價格比水高。但是，水的消費量遠較鑽石爲大，由消費水所得到的總效用遠較由消費鑽石所獲得的總效用爲大，所以水較鑽石有用。

這種**鑽石與水的矛盾**（diamond-water paradox）——又稱爲**價值的矛盾**（paradox of value），直到1870年代邊際學派的傑方茲、孟格爾及華拉斯等人，提出效用需求理論才得到解決。圖 19-5，MU_W、MU_D

分別代表水與鑽石的邊際效用曲線，鑽石的消費量只有 OD，邊際效用等於 OE；水的消費量爲 OW，邊際效用祇有 OF，因此，鑽石比水貴。但是，由水的消費所得到的總效用（TU_W）等於邊際效用曲線下的面積——即 $OCGW$，由鑽石消費得到的總效用（TU_D）爲 $OABD$。顯然地，$OABD < OCGW$。水較鑽石有用（$TU_W > TU_D$）而鑽石的價格卻較水高（$MU_D > MU_W$，$P_D > P_W$）的矛盾，獲得合理的解釋。

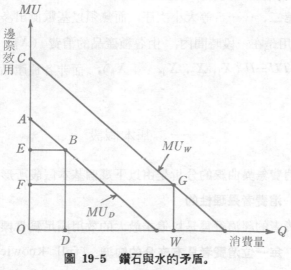

圖 19-5　鑽石與水的矛盾。

第二節　無差異曲線分析

傳統的效用理論，以邊際效用遞減法則來解釋由左上向右下傾斜之需求曲線的存在，其基本前提是：(1) 不同產品消費的效用函數是獨立的——即 X 物品的消費並不影響到 Y 物品消費的效用高低；(2) 效用可用基數測量；(3) 不同產品的效用雖是個別獨立，但可相加——即 $TU = U_1(X_1) + U_2(X_2) + \cdots + U_n(X_n)$，$U_i(X_i)$，$i = 1, 2, \ldots, n$，代表不同產品，$U_i(X_i)$ 代表其消費的各別總效用。

傳統的**基數效用**（cardinal utility）理論的這些假設受到嚴厲的批評：產品消費的效用函數是相關而非獨立的，效用是一種主觀的感受，無法用一種客觀統一的標準加以基數測量，更無法將不同產品消費所得到的效用予以加總。針對這些缺點而產生現代的**序數效用**（ordinal utility）理論——消費無異曲線分析，其基本前提為：（1）效用仍可測量，但祇須以序數（ordinal numbers）來衡量——即用比較的方法判斷其第一、第二、……，等大小次序，而無須以基數測出多大的效用量；（2）總效用是在一段時間內，由各種產品的消費（X_i）所得到的總滿足——即 $TU = U(X_1, X_2, X_3, \cdots, X_n)$，而非各種產品獨立效用的加總。

一、基本假設

整個消費無異曲線的分析是由以下幾個基本假設所形成：

（一）消費者是理性的

即消費者的經濟行為是以追求最大的效用滿足為目標。

（二）每一位消費者具有充分的知識 （full knowledge）

1. 知道某種財貨或勞務的存在。

2. 知道每一種財貨與勞務滿足慾望的能力。

3. 知道每一種財貨與勞務的價格，而這些價格並不會因為消費者的購買行為而改變。

4. 知道在一段時間內其貨幣所得的多少。

（三）偏好函數 （preference function）

每一位消費者面對不同財貨與勞務的消費，能夠建立具有以下特性的偏好函數：

1. 對於兩組不同財貨的組合，消費者主觀的感覺能夠確定兩組財貨的消費對他而言是無差異，或對某一組較為偏好。

2. 若有兩組以上不同的財貨與勞務的組合存在，消費者一定能夠建立無差異或偏好的等級次序 (rank order)。

3. 消費者在兩組或兩組以上的財貨與勞務的組合中，一定偏好較多財貨與勞務的組合，卽對於財貨與勞務的消費或擁有沒有飽和的厭惡感，永遠偏好較多的物品組合。

(四) 無差異與偏好組合的特性

設 A、B、C 代表三組不同的財貨與勞務的組合，I 代表無差異，P 代表偏好，則無差異組合的特性有:

1. 反身性 (reflexive)——卽 AIA，BIB 及 CIC。表示任何產品組合的本身是無差異的。

2. 對稱性 (symmetry)——若 AIB，則 BIA。表示若 A 組合與 B 組合無差異，則 B 組合與 A 組合亦無差異。

3. 遞移性 (transitivity)——若 AIB、BIC，則 AIC。表示若 A 組合與 B 組合無差異，B 組合與 C 組合無差異，則 A 組合與 C 組合亦無差異。

偏好組合的特性有:

1. 無反身性 (irreflexive)——卽 ARA，BRB 及 CRC，R 代表不偏好。表示任何產品組合的本身不能較本身被偏好。

2. 無對稱性(asymmetry)——若 APB，則 BRA。表示若 A 組合較 B 組合被偏好，則 B 組合不能再較 A 組合被偏好。

3. 遞移性——若 APB，BPC，則 APC。表示若 A 組合較 B 組合被偏好，B 組合較 C 組合被偏好，則 A 組合必較 C 組合被偏好。

二、無異曲線的意義與特性

消費無異曲線 (consumption indifference curve)——簡稱無異曲線，是指: 消費者在其已知的偏好下，購買兩種不同的產品，可作不同

組合的選擇而產生相同的效用滿足，此不同組合對消費者將無偏好差異，此對消費者產生相同效用滿足之兩種產品不同組合點的軌跡稱爲**消費無異曲線**，又稱爲等效用曲線（iso-utility curve）。這個定義假設消費者的偏好已知、一定，無異曲線的形狀才能確定；兩種產品的假設是適於用平面幾何圖形分析。

圖 19-6，橫軸代表 X 財貨的需求量，縱軸代表 Y 財貨的需求量，

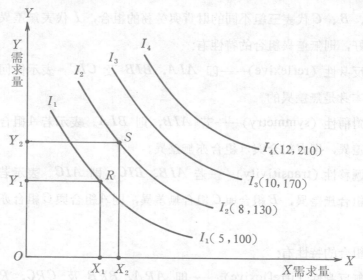

圖 19-6　無異曲線圖。

兩軸所構成的 $X-Y$ 平面稱之爲**產品空間**（commodity space）。在產品空間裏，任何一條由左上向右下傾斜的曲線，代表相同效用水準之兩種產品組合的軌跡，就是消費者的消費無異曲線。許多條形狀相同的無異曲線——表示偏好一定——即構成**無異曲線圖**（indifference map）。

根據圖19-6，無異曲線圖的特性是圖中每一條無異曲線分別代表不同的效用水準，而位置愈高、愈右上方的無異曲線表示產品組合所包含的產品數量愈多，根據偏好函數，其代表的效用水準也就愈大。例如，無異曲線 I_1 的 R 點是 OY_1 與 OX_1 數量的產品組合；無異曲線 I_2 的 S 點是

OY_2 與 OX_2 數量的產品組合，$OY_2 > OY_1$，$OX_2 > OX_1$，所以I_2的效用大於I_1。至於任何一條無異曲線所代表的效用水準到底多少——即基數的效用測量，則無關緊要。祇要無異曲線的偏好次序能夠成立——即以序數大小表之，如 $I_4 > I_3 > I_2 > I_1$，我們可以對任何一條無異曲線給予任何效用的數值。例如，對 I_1、I_2、I_3 及 I_4 等無異曲線給予 5、8、10及12，或100、130、170及210單位的效用並不重要。

一般的無異曲線具有以下的特性：

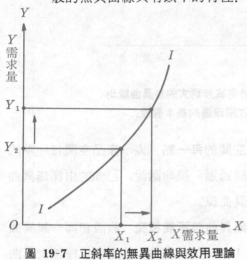

圖 19-7 正斜率的無異曲線與效用理論基本假設不合。

（一）無異曲線是一負斜率的曲線 這表示為了維持消費者效用滿足的一定，一種財貨的消費增加，另一種財貨的消費就必須減少。假設無異曲線的斜率如圖19-7為正，表示X與Y兩種財貨的消費都增加時，其效用水準仍維持不變，這是不合理的。因此，圖中的 I 不是正常的無異曲線，與在正常情況下消費量愈多，效用愈大的道理不符，是不對的。

如果無異曲線的斜率如圖 19-8 分別為零的I_h 或無窮大的I_v，表示在Y財貨的消費量一定下（$\overline{OY}$），增加X財貨的消費，效用水準維持於I_h 的水準不變，所以X財貨的邊際效用為零；在X財貨的消費量一定下（$\overline{OX}$），增加Y財貨的消費，效用水準維持於 I_v 的水準不變，所以Y財貨的邊際效用為零，這兩種情形在效用理論中同樣是不考慮的。因此，無異曲線必然是一條負斜率的曲線。

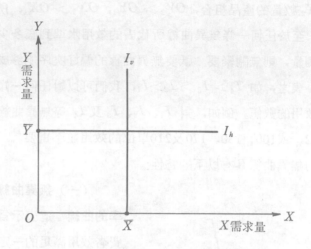

**圖 19-8　斜率等於零或無窮大的無異曲線均
　　　　　不合於效用理論的基本假設。**

（二）**無異曲線密佈於產品空間的每一點**　表示產品空間每一點的
產品組合，都可以有一條無異曲線通過。換句話說，已知的兩條無異曲
線之間，可以再畫無限多條的無異曲線。

（三）**同一無異曲線組中之無異曲線不能相交**　假設在同一無異曲
線組的圖中，兩條無異曲線如圖 19-9 交於 A 點。首先，依據無差異曲
線的定義，在 I_1 上 A 點無異於 C 點，在 I_2 上 A 點無異於 B 點，因此，C
點應無異於 B 點。其次，依據無差異曲線圖的特性，位置愈右、愈高的
無異曲線，效用水準愈大，所以 C 點效用應大於 B 點效用。由以上的推
論，可知無異曲線相交將產生 C 點組合與 B 點組合無差異及 C 點組合較
B 點組合的效用水準高，兩者同時存在，這是矛盾的現象，不能成立，
故同一無異曲線組羣中之無異曲線不能相交。不過，在同一產品空間可
以有不同的無異曲線組羣分別代表不同個人或社會的偏好，這不同組羣
的無異曲線是可以相交的（圖19-10）。

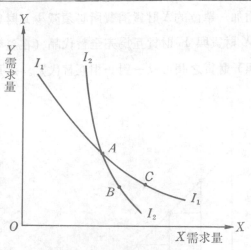

圖 19-9 無異曲線不能相交。

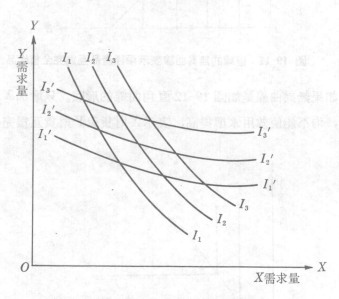

圖 19-10 不同組羣的無異曲線可以相交。

（四）無異曲線是凸向原點的曲線 假設無異曲線不是凸向原點的

曲線，而如圖 19-11 爲一直線，因爲直線的斜率不變——即 $\dfrac{\Delta Y}{\Delta X}$ 不變，

表示每額外增加一單位的 X 財貨消費所必須減少 Y 財貨消費的數量都一樣，這意謂 X 財貨與 Y 財貨互為完全替代品（在斜率等於 -1 的情況下， X 財貨與 Y 財貨之間可以一對一相互替代）。這是一種特例，通常不予考慮。

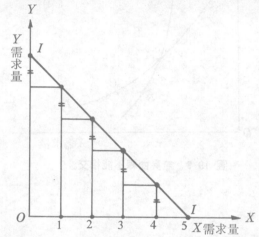

圖 19-11　直線的無異曲線表示兩種產品互為完全替代品。

如果無異曲線是如圖 19-12 直角曲線的形狀。只增加 X 或 Y 財貨的消費，均不能使效用水準提高，表示 X 財貨與 Y 財貨互為完全相輔的產

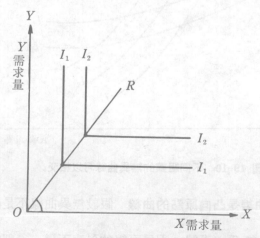

圖 19-12　直角曲線的無異曲線表示兩種產品互為完全相輔品。

品，消費者祇能按產品的固定組合比率（即 OR 直線的斜率）消費，別
無選擇的餘地。這也是一種特例，通常不予考慮。

　　如果無異曲線如圖 19-13 凹向原點，表示額外增加一單位的 X 財貨
消費，所必須減少 Y 財貨消費的數量依次遞增。但是，依據邊際效用遞
減法則，X 財貨的消費量愈多，其邊際效用愈低，Y 財貨的消費量愈少，
其邊際效用愈高，　所以增加額外一單位的 X 財貨消費，消費者所願意
減少 Y 財貨消費的數量應該依次遞減，以維持效用水準的不變，即需滿
足　$MU_X \Delta X = -MU_Y \Delta Y$　的條件。因此，除非對 X 或 Y 財貨有偏好
狂，否則不會產生凹向原點的無異曲線形狀。

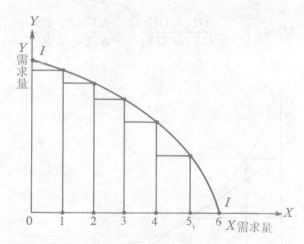

圖 19-13　凹向原點的無異曲線與邊際效用遞減法則不符。

　　由以上的推論，可知無異曲線若不凸向原點，其所代表的若不是眞
實經濟社會的特例，就是不合理的消費行爲。因此，一般的消費無異曲
線是凸向原點的。

三、邊際替代率遞減法則

　　根據無異曲線凸向原點的特性，可以得到相對於邊際效用遞減法則

的**邊際替代率遞減法則** (law of diminishing marginal rate of substitution)。

圖 19-14 消費者的消費組合點若由 R 移到 P 點，在消費者個人主觀上認為以 RS 單位的 Y 財貨來換取 SP 單位的 X 財貨，將使其效用水準維持不變，這種 RS 對 SP 的比率就是 X 財貨對 Y 財貨的邊際替代率。 因此，**X財貨對Y 財貨的邊際替代率可定義: 為了維持一定的效用滿足水準， 每額外增加一單位X財貨的消費，所必須減少Y 財貨消費的數量，兩者之相對比率稱之。** 根據圖 19-14， X 財貨對 Y 財貨的邊際替代率 ($MRS_{X/Y}$)可以寫成:

$$MRS_{X/Y} = -\frac{OY_2 - OY_1}{OX_2 - OX_1} = -\frac{\Delta Y}{\Delta X} = -\frac{RS}{SP} 。$$

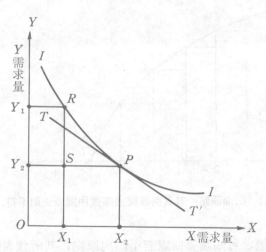

圖 19-14 無異曲線上任何一點切線的斜率等於該點的邊際替代率。

無異曲線上 R 點愈向 P 點接近時， $\dfrac{RS}{SP}$ 的比率愈來愈接近 P 點切線

TT'的斜率。在極限上，對 P 點附近的微量變動，可以 P 點的斜率當作 X 財貨對 Y 財貨的邊際替代率。職是之故，無異曲線上任何一點切線的

斜率就是X財貨對Y財貨的邊際替代率。無異曲線上任何一點的效用水準均相同，這意謂減少Y財貨消費所減少的效用($=-\Delta Y MU_Y$)等於增加X財貨消費所增加的效用（$=\Delta X MU_X$），即$-\Delta Y MU_Y=\Delta X MU_X$，因此邊際替代率$MRS_{X/Y}=-\dfrac{\Delta Y}{\Delta X}=\dfrac{MU_X}{MU_Y}$ ❶。由圖19-15可以看出，隨著 X 財貨消費的增加， Y 財貨消費的減少， 無異曲線上的切線斜率（絕對值）遞減，表示邊際替代率遞減，這種現象稱之為**邊際替代率遞**

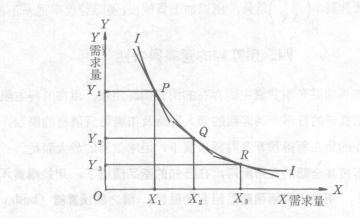

圖 19-15　邊際替代率遞減法則。

❶　可以微積分更嚴謹的證明邊際替代率如下：

設效用函數為 $U(X,Y)$，因此無異曲線可表示為$U(X,Y)=C$，C 是常數，代表一定的效用水準。取全微分，得到：

$$\frac{\partial U}{\partial X}dX+\frac{\partial U}{\partial Y}dY=0。$$

解無異曲線上的切線斜率，得到：

$$-\frac{dY}{dX}=MRS_{X/Y}=\frac{\partial U}{\partial X}\Big/\frac{\partial U}{\partial Y}=MU_X/MU_Y。$$

上式中$\dfrac{\partial U}{\partial X}$代表$X$財貨的邊際效用，$\dfrac{\partial U}{\partial Y}$代表 Y 財貨的邊際效用，故X財貨對Y財貨的邊際替代率等於X財貨與Y財貨的邊際效用之比。隨著X財貨消費的增加，Y財貨消費的減少，X財貨的邊際效用遞減，Y財貨的邊際效用遞增，故邊際替代率遞減。

減法則。表示為了維持效用水準不變，要增加 X 財貨的消費就必須減少 Y 財貨的消費，而每額外增加一單位的 X 財貨消費所必須減少 Y 財貨消費的數量依次遞減。或由無異曲線來看，表示沿著曲線由左上往右下移動，以 X 財貨代替 Y 財貨之消費，Y 財貨的邊際效用遞增，X 財貨的邊際效用遞減，曲線上點的切線斜率（邊際替代率）依次遞減。例如，圖 19-15，$X_1X_2 = X_2X_3$，而 $Y_1Y_2 > Y_2Y_3$，所以 R 點較 Q 點的邊際替代率為小。由於沿著無異曲線移動，增加 X 財貨的消費就必須減少 Y 財貨的消費，故其斜率 $\left(\dfrac{\Delta Y}{\Delta X}\right)$ 為負，所以加上負號後，邊際替代率為一正數。

四、預算線的意義與特性

消費無異曲線是消費者主觀存在的消費偏好曲線。但在所得有限的情況下，消費者的行為受到客觀的個人所得及市場財貨價格的限制，消費者所能作的是在所得預算及財貨市價下，追求效用的最大滿足。

消費者將其全部的貨幣所得，在已知的產品價格下，用於購買 X 與 Y 兩種產品，所能得到兩種產品組合的軌跡，稱之為預算線 (budget line)**，又稱之為消費可能疆界** (consumption-possibility frontier)。由於其斜率等於兩種產品價比的負數，故又稱之為**價格線** (price line)。

圖 19-16，AB 直線就是預算線。消費者的所得預算可以寫成 $M = P_X X + P_Y Y$，M 為貨幣所得 P_X 與 X 分別代表 X 產品的價格與購買量，P_Y 與 Y 分別代表 Y 產品的價格與購買量。若全部所得用於購買 Y 產品，可以買得 OA 數量的 Y 產品，$OA = \dfrac{M}{P_Y}$；若全部所得用於購買 X 產品，可以買得 OB 數量的 X 產品，$OB = \dfrac{M}{P_X}$。AB 的斜率——即預算線的斜率，$-\dfrac{OA}{OB} = -\dfrac{M}{P_Y} \Big/ \dfrac{M}{P_X} = -\dfrac{P_X}{P_Y}$。

由於消費者的所得一定，因此增加 X 產品的消費就必須減少 Y 產品

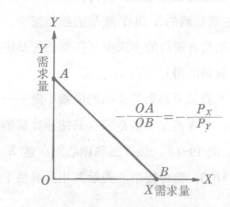

$$-\frac{OA}{OB} = -\frac{P_X}{P_Y}$$

圖 19-16 預算線。

的消費，故預算線的斜率爲負，價比的值須加負號。

在 $X-Y$ 平面的產品空間，預算線 AB 與兩軸所形成的三角形面積 OAB 稱之爲**預算空間** (budget space)，表示消費者花費其全部或部分的貨幣所得，所能購買到的所有產品組合。預算線的特性有：

（一）設 X 與 Y 兩種產品的價格不變（所以價比亦不變），在圖 19-17，當消費者的所得增加時，預算線向外平行移動（A_1B_1），表示

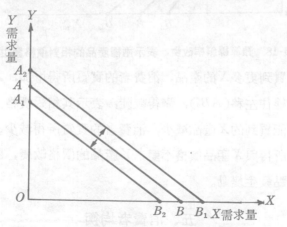

圖 9-17 預算線平行移動，表示兩種產品的
相對價格不變，但消費者所得變動。

所能購買到的X與Y產品的數量增加；所得減少時，預算線向內平行移動（A_2B_2），表示所能購買到的X與Y產品的數量減少。是故，預算線位置的高或低，代表消費者所得的多或少（在兩種產品的絕對價格均不變下，實質所得等於貨幣所得）。

（二）設消費者的貨幣所得與Y產品的價格不變——即所能購買到的Y產品的數量不變，則X產品的價格變動將使預算線的斜率——即相對價格，發生改變。圖 19-18，以A點為軸心點，當X產品的價格下跌，預算線往右移（AB_1），變得較平，表示其相對價格下降，同樣的貨

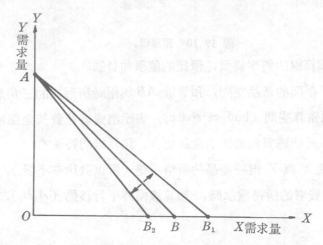

圖 19-18　預算線斜率改變，表示兩種產品的相對價格發生改變。

幣所得可以買到更多X的產品，消費者的實質所得增加；X產品的價格上升，預算線往左移（AB_2），變得較陡，表示其相對價格上升，同樣的貨幣所得所能買到的X產品減少，消費者的實質所得減少。同樣地，當消費者貨幣所得與X產品價格不變，Y產品的價格改變，將使預算線以B點為軸心點發生變動。

五、消費者均衡

消費無異曲線及預算線的探討，目的在於使客觀存在的預算線與主

觀存在的無異曲線相配合，以決定消費者均衡的產品購買組合，亦即在有限貨幣所得及已知的產品價格下，探討消費者如何達到效用最大的消費均衡。

　　假設消費者行為是在有限的貨幣所得下追求效用的最大滿足。圖19-19中 LM 直線代表消費者一定所得的預算線，I_1 至 I_4 代表消費者主觀的無異曲線圖，在什麼樣的情況下，才能使消費者滿足最大呢？預算線 LM 以上的任何產品組合非消費者現有的所得所能負擔，故縱有主觀的無異曲線存在亦無法實現。預算線以下之預算空間的產品組合是消費者的所得所能負擔的，但是購買的產品組合愈接近預算線，可以到達較高的無異曲線，獲得較大的效用滿足。是故整個產品空間與消費者決策有關的產品組合部分，祗是預算線上的任何點。

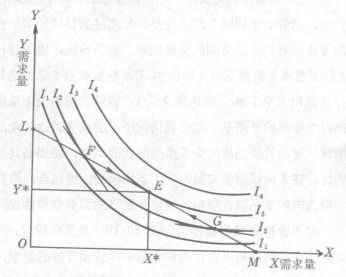

圖 19-19　無異曲線與預算線相切之點是達到消費者均衡的產品消費組合。

　　在預算線上的產品組合有兩種可能，即無異曲線與預算線相交或相切之點:

　　（一）**無異曲線與預算線相交**　圖19-19，無異曲線 I_2 與預算線交於 F 與 G 兩點。在 F 點，無異曲線的切線斜率大於預算線的斜率，表示

邊際替代率大於價比（絕對值）， 而邊際替代率是消費者主觀願意的 X 產品對 Y 產品的交換比率，價比是市場客觀能夠的 X 產品與 Y 產品之間的交換比率。

假設在 F 點的邊際替代率 $\left(-\dfrac{\Delta Y}{\Delta X}\right)$ 爲 3 比 1，表示消費者主觀願意以 3 單位的 Y 產品來替代 1 單位的 X 產品消費而維持其效用水準不變；而價比 $\left(\dfrac{P_X}{P_Y}\right)$ 卻爲 2 比 1，表示在市場上 2 單位的 Y 產品就能夠換得 1 單位的 X 產品。在這種情況下，消費者將以 X 產品代替 Y 產品的消費，增加 X 產品而減少 Y 產品消費的結果， 將提高其效用滿足水準。 相反地， 在 G 點， 無異曲線的切線斜率小於預算線的斜率， 表示邊際替代率小於價比，消費者主觀願意的 X 產品對 Y 產品的替代比率小於市場客觀能夠的 X 產品與 Y 產品之間的交換比率。設在 G 點，邊際替代率爲 1 比 1， 表示消費者主觀願意以 1 單位的 X 產品來換取 1 單位的 Y 產品消費而維持其效用水準不變； 價比爲 2 比 1，表示在市場上 1 單位的 X 產品能夠換得 2 單位的 Y 產品。在這種情況下，消費者將以 Y 產品代替 X 產品的消費，增加 Y 產品而減少 X 產品消費的結果，將提高其效用滿足水準。因此，在 F 與 G 兩個交點，並不是均衡的消費組合，消費者將隨著箭頭所指方向的產品組合變動，以達到更高的消費無異曲線。

（二）**無異曲線與預算線相切** 圖 19-19，無異曲線 I_3 與預算線相切於 E 點。在 E 點，無異曲線的切線斜率等於預算線的斜率，表示邊際替代率等於價比，消費者主觀願意的 X 產品對 Y 產品的替代比率等於市場客觀能夠的 X 產品與 Y 產品之間的交換比率，此時達到了消費者均衡的狀態，是消費者之一定預算 LM 所能達到最大的效用水準 I_3。因爲在切點 E，邊際替代率等於價比，所以 $-\dfrac{\Delta Y}{\Delta X}=\dfrac{MU_X}{MU_Y}=-\dfrac{P_X}{P_Y}$，移項

結果，$\dfrac{MU_X}{P_X}=\dfrac{MU_Y}{P_Y}$，正與前面傳統基數效用理論所討論的消費者均衡條件相符合。職是之故，與預算線相切之無異曲線是消費者的現有所得所能達到的最大效用滿足水準，而其切點所對應的兩種產品消費組合（OY^*，OX^*）是消費者均衡的實現。

六、所得消費曲線與恩格爾曲線

在兩種產品價格不變下，消費者的不同所得水準所達成的消費者均

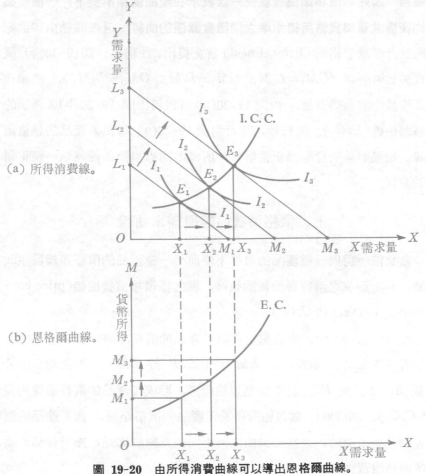

（a）所得消費線。

（b）恩格爾曲線。

圖 **19-20** 由所得消費曲線可以導出恩格爾曲線。

衡——即不同的預算線與無異曲線切點——的軌跡，稱之為**所得消費曲線** (income-consumption curve, *I.C.C.*)。圖 19-20(a) 中，L_1M_1、L_2M_2 與 L_3M_3 相平行，表示 X 產品與 Y 產品的（相對）價格不變，但消費者的所得水準各不相同，連接消費者均衡點水準 E_1、E_2 與 E_3 形成所得消費曲線 (*I.C.C.*)。

在產品的價格不變下，將消費者不同所得水準與其對應的某種產品均衡購買量兩者之間的關係，表示在圖形上所形成的曲線，稱之為**恩格爾曲線。因此，恩格爾曲線就是一條表示在產品價格不變下，一種產品的均衡需求量與貨幣所得水準之間函數關係的曲線。**這種關係由19世紀德國統計學家恩格爾（Ernst Engel）首先提出，故稱之。圖19-20(b) 縱軸代表貨幣所得（$OM_1=L_1M_1$；$OM_2=L_2M_2$；$OM_3=L_3M_3$），橫軸代表 X 產品的均衡購買量，由圖 19-20(a) 可以導出圖 19-20(b) X 產品的恩格爾曲線（*E.C.*）。同樣地，亦可由圖19-20(a) 導出 Y 產品的恩格爾曲線。如果討論的產品為正常財貨，所導出的恩格爾曲線將是一條正斜率的曲線。

七、價格消費曲線與需求曲線

當貨幣所得與一種產品的價格不變而另一種產品的價格連續發生改變時，其所形成之消費者均衡的軌跡，稱之為**價格消費曲線**（price consumption curve, *P.C.C.*）。

圖 19-21(a) 中，當貨幣所得與 Y 產品的價格不變，而 X 產品的價格上升或下降時，預算線由 LM 移至 LM' 或 LM''，消費均衡點分別是 E_1、E_2 及 E_3，將這些點連結起來，形成 X 產品的價格消費曲線 (*P.C.C.*)。同樣地，當貨幣所得及 X 產品的價格不變，而 Y 產品的價格連續發生改變時，連接無異曲線與不同預算線的切點，亦可得到 Y 產品的價格消費曲線。

如同由所得消費曲線導出恩格爾曲線一般，吾人由價格消費曲線亦可導出一種產品的需求曲線。假設圖19-21(a)中 LM、LM' 及 LM'' 線之斜率所代表的 X 產品價格分別爲 $OP_1\left(=\dfrac{M}{OM}\right)$, $OP_2\left(=\dfrac{M}{OM'}\right)$ 及 $OP_3\left(=\dfrac{M}{OM''}\right)$——$M$ 代表貨幣所得，OM 代表全部所得用於購買 X 產品時，所能購買到的 X 產品數量。價格消費曲線所顯示的 X 產品均衡需求量分別爲 OX_1、OX_2 及 OX_3，將這種不同的產品價格與需求量關係表示在圖 19-21(b)，形成價格與需求量呈減函數的關係的 X 產品的需

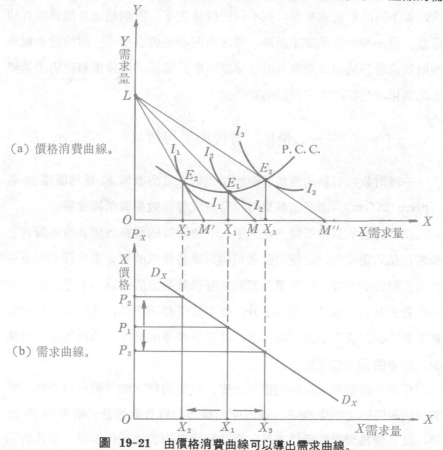

（a）價格消費曲線。

（b）需求曲線。

圖　19-21　由價格消費曲線可以導出需求曲線。

求曲線 $D_X D_X$。同樣地，亦可由 Y 產品的價格消費曲線，導出其需求曲線。因此，縱然沒有可資藉助的基數效用的分析，亦可由序數效用的無異曲線分析導出價格消費曲線，進而導出一種產品的需求曲線。

第三節　價格與需求的變動

無論是傳統的基數效用分析或現代的序數效用無異曲線分析，其目的均在於導出對一種物品的需求曲線。需求表示消費者在一定的時間內，對不同的財貨或勞務，在不同的價格之下，所願意而且能够購買的數量。對一般的產品需求而言，需求法則總是成立的——即消費者對一種財貨或勞務的需求量與其價格呈減函數的關係。這種價格與需求量變化的關係，是探討需求理論的重心之一。

一、價格、替代與所得效果

一種財貨或勞務的價格改變而引起需求量的改變，是爲**價格效果**（price effect），而價格效果可以分解成**替代效果**與**所得效果**。

在消費者的貨幣所得一定之下，一種財貨的價格改變就會影響到它的替代品的需求量，而使消費者以相對價格較低的財貨來代替相對價格較高之財貨的消費，此即**價格變動的替代效果**。假設 A 與 B 是可相互替代消費的財貨，當 A 的價格上升，而 B 的價格不變時，A 對 B 的相對價格上升，在消費者有限的所得下，A 與 B 競爭的結果，A 的需求量會減少，而 B 的需求量將會增加。

任何一種財貨或勞務的價格改變，縱使消費者的貨幣所得不變，其實質所得將因之發生改變，進而使消費者對財貨與勞務的需求發生改變，此爲**價格變動的所得效果**。假設消費者的貨幣所得不變，當 A 物品

的價格上升，同樣的貨幣所能購買的 A 物品減少，表示消費者的實質所得的減少，所以會使消費者對各種物品的需求量減少。

替代效果不因財貨的品級不同而有所不同，它存在於任何可相互替代的物品之間。在消費者的貨幣所得一定之下，凡可相互替代消費的任何物品的相對價格上升，其需求量必然減少；相對價格下降，其需求量必然增加。由於替代效果使財貨的價格與需求量呈減函數的關係，故通常稱之爲負的替代效果。

所得效果則因財貨的品級不同而有所不同。對於高級或正常財貨，當其價格上升時，消費者實質所得減少，對其需求量減少，故高級或正常財貨的需求量與所得呈增函數的關係，因此通常稱之爲正的所得效果。但是，對低級財貨而言，當其價格上升，消費者實質所得減少時，對其需求量反而增加，故低級財貨的需求量與所得呈減函數的關係，而產生負的所得效果。

以下我們利用無異曲線分析上述財貨或勞務價格變動所產生的替代及所得效果。

二、高級或正常財貨的價格變動效果

爲維持效用水準不變，在無異曲線上，兩種產品必然成替代的關係——一種產品的消費增加，另一種產品的消費必然減少，故總有負的替代效果——價格與需求量呈減函數的關係；同時，由於高級或正常財貨均有正的所得效果——所得與需求量呈增函數的關係，故分析這種財貨的價格變動效果須同時分析其所引起的替代與所得效果。

圖 19-22，縱軸與橫軸分別代表同是高級或正常的 X 與 Y 兩種財貨。我們假定貨幣所得與 Y 的價格不變，而分析 X 價格下跌所產生的價格效果。

首先分析價格效果中的替代效果。由於 X 產品的價格下跌，消費者

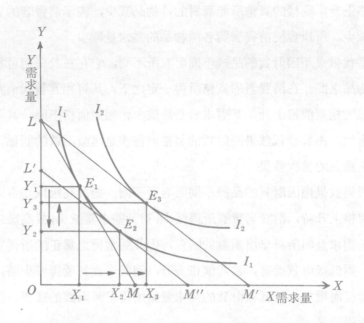

圖 19-22　高級或正常財貨X價格下跌的價格效果分析。

的實質所得因此由LM增至LM'，效用水準由 I_1 提高爲 I_2。爲了祇分
析替代效果，必須將實質所得增加的部分暫時予以擱置，可以當作在新
的價比下， 貨幣所得正好減少到維持實質所得不變的程度。 爲作 此 分
析，吾人可以作一條與 LM' 相平行而與原來無異曲線 I_1 相切的預算
線 L'M''， L'M'' 代表實質所得不變——因與原來的無異曲線相切，
又反應出在新的相對價格——因與新的價格線相平行，之下的預算線。
實質所得不變而祇有價格改變的結果，消費者均衡由 E_1 點移到 E_2 點，
沿著原來的無異曲線從 E_1 移到 E_2，其購買X產品的數量由 OX_1 增加
到 OX_2，而其購買Y產品的數量則由 OY_1，減少到 OY_2，這代表X產品
價格下跌的替代效果。

接著分析價格效果中的所得效果。將X價格下跌所引起的實質所得
增加的部分加回去， 這樣預算線由 L'M'' 平行移到 LM'。LM' 代 表

在新的價比下較高的實質所得，消費者均衡由原來無異曲線 I_1 上的 E_2 點移到較高無異曲線 I_2 上的 E_3 點，購買 X 產品的量由 OX_2 增加到 OX_3，購買 Y 產品的量亦由 OY_2 增加到 OY_3，這種需求量的增加，完全是由於實質所得由 $L'M''$ 增加到 LM' 的結果，代表 X 產品價格下跌的所得效果。

　　正常或高級財貨價格變動所產生的價格效果，就 X 產品而言，是由負的替代效果與正的所得效果相互加強的總結果，卽 $X_1X_3 = X_1X_2 + X_2X_3$。依同樣的推理過程，讀者可以自行練習分析正常財貨價格上升的情況。

三、低級財貨的價格變動效果

　　所謂低級財貨是指所得效果為負——所得與需求量呈減函數關係的財貨。圖 19-23，假設 X 是低級財貨（Y 產品必然為高級或正常財貨）。LM 是原來的預算線，當 X 產品的價格下跌，預算線移為 LM'，消費者

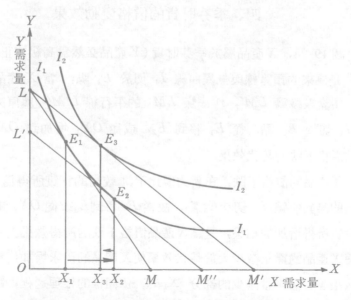

圖 **19-23**　低級財貨價格下跌的價格效果分析。

均衡從無異曲線 I_1 的 E_1 點移到無異曲線 I_2 的 E_3 點，X 產品的需求量由 OX_1 增加到 OX_3。如同上述分析一樣，$L'M''$ 與 LM' 相平行並與原來的無異曲線 I_1 相切，代表新的價比但實質所得不變的預算線，因此從 E_1 移到 E_2 或從 OX_1 到 OX_2，是為 X 財貨價格下跌的替代效果，仍然為負——實質所得不變下，價格與需求量呈減函數的關係。從 $L'M''$ 移到 LM' 代表新的價比而實質所得增加，因此從 E_2 移到 E_3 或從 OX_2 減為 OX_3 完全是實質所得增加的結果，是為 X 財貨價格下跌之負的所得效果。

雖然負的所得效果使 X 產品的需求量減少，但由於替代效果的力量大於所得效果的力量，最後淨的價格效果等於 X_1X_3。是故，X 產品的價格下跌需求量仍有增加，但增加的幅度較小。因此，低級財貨仍然符合需求法則。依同樣的推理過程，讀者可自行練習分析低級財貨價格上升的情況。

四、季芬財貨的價格變動效果

圖 19-24，X 產品屬於季芬財貨（Y 產品必然為高級或正常財貨）。LM 是原來的預算線與無異曲線 I_1 切於 E_1 點，當 X 產品的價格下跌，預算線移為 LM'，作一條 LM' 的平行線 $L'M''$ 與原來的無異曲線 I_1 切於 E_2 點，從 E_1 移到 E_2，或從 OX_1 增加到 OX_2，是為 X 產品價格下跌的替代效果。

X 產品的價格下跌，在新的價比下，較高的實質所得為 LM'，與較高的無異曲線 I_2 切於 E_3 點，故從 E_2 移到 E_3 或從 OX_2 減為 OX_3，是實質所得增加的結果，是為 X 產品價格下跌的所得效果。由於所得效果使 X 產品的需求減少大於替代效果使 X 產品的需求增加，最後的淨價格效果等於需求量減少的部分 X_1X_3。依同樣的推理過程，讀者可以自行練習分析季芬財貨價格上升的情況。

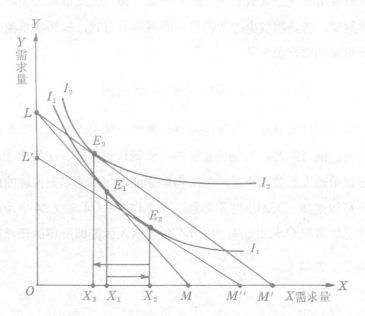

圖 19-24　季芬財貨價格下跌的價格效果分析。

　　由以上的分析可以知道，季芬財貨是一種低級財貨——因其所得效果為負，但是低級財貨並不一定是季芬財貨——因一般低級財貨的所得效果小於替代效果，而季芬財貨的所得效果卻大於替代效果。季芬財貨的需求量與價格呈增函數的關係，違背了需求法則，這種現象有時又稱為**季芬的矛盾** (Giffen's paradox)。

　　季芬財貨是由季芬 (S. R. Giffen) 所提出，是一種特殊的低級財貨。通常是低所得者大量消費的低級財貨，當其價格下降時，需求量減少；價格上升時，需求量增加，是一種需求法則的例外情形。例如，低所得者將大部分所得用於購買季芬財貨以維持生活，當其價格上升，原來所得所能購買的季芬財貨數量就會減少（即實質所得減少），使低所得者更無能力購買其他的正常財貨，於是將更多的所得用於購買季芬財貨，故需求量增加。當季芬財貨的價格下跌時，原來所得所能購買的季

芬財貨數量增加（即實質所得增加），低所得者因此有餘力去購買其他的正常財貨，於是將較少的所得用於購買季芬財貨，故需求量減少，形成一種少見的需求現象[2]。

五、後彎勞動供給曲線

財貨或勞務價格變動所產生的替代與所得效果，可用於勞動供給行為的分析。圖 19-25，縱軸代表所得，橫軸代表休閒。由於休閒同所得一樣可以帶給人們效用滿足，故所得與休閒可以形成無異曲線的組合。一個人可以選擇一天24小時都休息而不工作——OZ，或24小時都工作而不休息以賺取 OA 的所得，故 AZ 代表個人休閒與所得的預算線，其斜率就是工資率 $\left(=-\dfrac{OA}{OZ}\right)$。

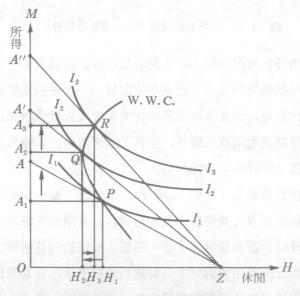

圖 19-25　後彎勞動供給曲線。

---

[2]　西方國家通常以馬鈴薯作為季芬財貨的典型例子，民國40年代，臺灣地區的地瓜（又稱蕃薯）亦可視為一種季芬財貨。

　　預算線AZ與無異曲線I_1切於P點，個人選擇休閒OH_1時間，工作ZH_1時間，所得爲OA_1。工資率上升，預算線移爲$A'Z$，與較高的無異曲線I_2切於Q點，個人選擇休閒OH_2時間，工作ZH_2時間，所得爲OA_2，因此工資率上升使得個人的工作時間增加。如果工資率進一步提高，預算線移爲$A''Z$，與無異曲線I_3切於R點，個人所得仍然增加爲OA_3，但工作時間減爲ZH_3時間。因此，工資率繼續提高的結果，個人願意工作的時間反而減少。連接P、Q及R等均衡點，形成一條與價格消費曲線相同的**工資—工作曲線**（wage-work curve, $W.W.C.$），又稱爲**勞動供給曲線**（labor-supply curve）。

　　圖19-25的勞動供給曲線到Q點後，往後彎，稱之爲　**後彎勞動供給**曲線（backward-bending labor supply curve）。形成這種形狀之勞動供給曲線的原因是由於工資率變動所產生的替代與所得效果相互作用的結果。工資提高的結果產生(1)替代效果：工資是休閒的機會成本，工資上升，表示休閒的價格提高，個人會減少休閒，多工作，以更多的工作代替較少的休閒；(2)所得效果：當工資提高，個人工作與以前相同的時間就能賺取更多的貨幣所得，這將使個人希望消費包括休閒在內的更多高級財貨，因此工資提高的所得效果有使個人減少工作的傾向。

　　在Q點以前的勞動供給曲線，工資提高產生的替代效果大於所得效果，勞動供給增加；到達Q點以後，工資繼續提高所產生的所得效果大於替代效果，勞動供給減少，因此形成一條後彎的勞動供給曲線。一些經濟學家研究的結果，證實後彎的勞動供給曲線在許多落後國家確實存在。

摘　　要

　　1. 消費者主觀的偏好與財貨或勞務客觀存在的物理特性相配合時，就產生了需求。財貨或勞務因爲有特性而存在有用性，但唯有其存

在的特性與消費者的偏好（慾望）相一致，才能對消費者產生主觀的心理效用滿足。

2. 邊際效用是指任何一種財貨或勞務的消費量的改變引起總效用改變的數額。在消費者偏好與其他物品消費不變的情況下，消費者於一段期間內，連續消費一種財貨或勞務，到達某一消費量後，額外增加一單位財貨或勞務的消費，使總效用增加的數量依次遞減，稱之為邊際效用遞減法則。在圖形上，邊際效用遞減由總效用曲線的反曲點開始，總效用達到最大時，邊際效用正好為零。

3. 消費者於一定的時間內，在已知的各種財貨與勞務價格下，以有限的所得預算，購買不同的財貨與勞務，當消費組合使其效用滿足達到最大時，稱之為消費者均衡。為了實現消費者均衡，消費者用作消費決策依循的是：（1）邊際效用均等法則——即在沒有儲蓄的情況下，花在每一種財貨或勞務最後一塊錢所得到的邊際效用均等；（2）成本—效益法則——即在有儲蓄的情況下，花在每一種財貨或勞務最後一塊錢所得到的邊際效用等於貨幣的邊際效用。

4. 效用的探討，目的在於導出需求曲線。在貨幣的邊際效用一定的假設下，根據邊際效用遞減法則與消費者均衡條件，可以導出一條需求量與價格呈減函數關係的需求曲線。

5. 消費者由一種產品消費所得到的總效用減去所支付貨幣代價之總效用，剩餘部分，稱之為消費者剩餘。乃是消費者對於一種產品願意支付的貨幣代價大於其實際支付的貨幣代價的結果。

6. 總效用與邊際效用，可用以解決鑽石與水之間所產生的價值矛盾。鑽石的量少，總效用少，邊際效用高，故價值低，但價格高；水的量多，總效用大，邊際效用低，故價值高，但價格低。

7. 傳統基數效用理論，由於基本假設難以被人接受與遭到產品不可分割及效用無法測度的困難，而為現代序數效用理論的無異曲線分析

所取代。 在嚴謹的前提假設下， 消費者以定額的所得， 在已知的偏 好下， 購買兩種產品，可作不同組合的選擇，而產生相同的效用滿足，對消費者將無偏好差異，此不同組合點的軌跡形成無異曲線。

8. 無異曲線具有負斜率、密佈產品空間的每一點、同一無異曲線組羣中之任兩條曲線不能相交、及凸向原點等特性。

9. 沿著無異曲線，爲了維持一定的效用水準，額外增加一單位 X 產品消費，所必須減少之 Y 產品消費的數量，兩者之相對比率，稱爲 X 產品對 Y 產品的邊際替代率。 由於邊際效用遞減的特性， 沿著無異 曲線， 每增加一單位 X 產品消費， 所必須減少 Y 產品消費的數量依 次 遞減， 稱之爲邊際替代率遞減法則。

10. 消費者將其全部貨幣所得用於購買兩種產品，所能得到兩種產品組合的軌跡，稱爲預算線，或消費可能疆界，又稱爲價格線。預算線平行移動表示貨幣所得發生改變而兩種產品的相對價格不變； 在貨幣所得不變下，預算線的斜率改變， 表示兩種產品的相對價格發生改變。

11. 消費者主觀的無異曲線與其客觀的預算線相切之點，是實現消費者均衡的兩種產品的購買組合。在兩種產品的價格不變下，變動消費者所得而形成的消費者均 衡的軌跡， 稱爲所得消費曲線， 由所得消 費曲線可以導出產品需求與所得變動之間關係的恩格爾曲線。在貨幣所得與一種產品價格不變下，另一種產品價格變動所形成之消費者均衡的軌跡， 稱爲價格消費曲線，由價格消費曲線可以導出產品需求與價格變動之間關係的需求曲線。

12. 利用無異曲線可以分析一種產品價格變動對需求量所產生的影響。價格變動的效果可以分解成替代效果與所得效果兩部分，對任何產品而言，替代效果總是負的——卽一種產品的需求量與其相對價格呈減函數的關係；對高級或正常財貨而言， 所得效果是正的——卽需求量與所得呈增函數的關係，對低級財貨而言，所得效果是負的——卽需求量

與所得呈減函數的關係。

13. 對高級與正常財貨而言，價格變動所產生正的所得效果加強了負的替代效果，需求量因此與價格成較大的反方向變動；低級財貨價格變動所產生負的所得效果抵銷了部分負的替代效果，需求量因此與價格成較小的反方向變動；季芬財貨價格變動所產生負的所得效果大於負的替代效果，需求量因此與價格成同方向的變動，違背了一般的需求法則。季芬財貨是一種低級財貨，但低級財貨並不一定是季芬財貨。

14. 工資變動所產生的替代與所得效果，可用以解釋勞動供給曲線的形狀。如果工資提高所產生的替代效果大於所得效果，勞動供給將會增加，勞動供給與工資呈增函數的關係；工資提高到某一水準後，如果繼續提高工資所產生的替代效果小於所得效果，勞動供給反而減少，勞動供給與工資呈減函數的關係，形成一種後彎勞動供給曲線。

重 要 名 詞

偏好尺度	效用
有用性	總效用
邊際效用	邊際效用遞減法則
消費者均衡	邊際效用均等法則
成本—效益分析	消費者剩餘
鑽石與水的矛盾	基數效用
偏好函數	序數效用
產品空間	無異曲線
無異曲線圖	邊際替代率遞減法則
預算線	預算空間
所得消費曲線	恩格爾曲線
價格消費曲線	價格效果

替代效果　　　　　　　　　　所得效果

季芬財貨　　　　　　　　　　後彎勞動供給曲線

問 題 練 習

1. 試述財貨和勞務的特性與消費者偏好及效用之間的關係。

2. 甚麼是邊際效用遞減法則？爲何會發生這種現象？試根據此一法則畫出總效用曲線及邊際效用曲線。

3. 何謂消費者均衡？試闡釋消費者應如何支用其所得才能達到此目標？

4. 試以圖解闡釋如何由邊際效用曲線導出需求曲線，並說明需求法則成立的原因。

5. 何謂消費者剩餘？試舉例說明如何以效用或貨幣單位計算消費者剩餘。

6. 何謂鑽石與水的矛盾？如何解說此一矛盾的現象？試用圖解剖述之。

7. 何謂消費無異曲線？試述其特性。

8. 何謂邊際替代率遞減法則？其與邊際效用遞減有何關係？

9. 何謂預算線？試述其特性。

10. 試以無異曲線與預算線剖析消費者均衡。

11. 何謂所得消費曲線？試以圖解說明如何由其導出恩格爾曲線。

12. 何謂價格消費曲線？試以圖解說明如何由其導出需求曲線。

13. 試以圖解剖析正常財貨、低級財貨及季芬財貨之價格上升或下降的價格效果。

14. 低級財貨與季芬財貨之價格變動效果有何異同？爲何對季芬財貨的需求違背需求法則呢？

15. 何謂後彎勞動供給曲線？試圖解其形成的原因。

第二十章　產出與成本

在前一章，我們已經對需求背後所隱含的效用，作了扼要的討論。在本章，我們所要探討的就是供給背後的產出與成本問題。

第一節　投入與產出

一、時間與生產要素

前面已經提到，馬歇爾將經濟分析上的時間分成三種概念，一是市場時間，一是短期，一是長期，其中短期與長期對生產與成本的分析尤為重要，值得再加申述。

所謂短期可以從個別廠商和從整個產業兩種觀點來說。就個別廠商而言，是指產量雖可改變，但生產能量（指生產的機器、設備與廠房）卻不能改變，這表示至少有一種或一種以上的生產要素是固定的，廠主只能將現有的機器設備與廠房的使用程度加以調整而改變產量。因此，**對廠商而言，凡時間不足以容許生產能量改變的就是短期**。不過，不同產業中各個廠商的情況並不相同，鋼鐵廠的短期可能是紡織廠的長期，所以不能以絕對的時間長短（如一年，一個月），作為經濟上衡量長期或短期的標準。

就整個產業的觀點而言，所謂短期是指廠商數目無法改變，產量的增加或減少，僅能由原有的廠商加以調整。因此，**對產業而言，凡是時**

間不足以容許新廠商加入或原廠商退出者就是短期。

所謂長期，對個別廠商而言，就是足以容許生產能量完成改變的時間，亦卽所有生產要素的使用都能隨產量的調整而改變的時間。因此，在長期間，一切生產要素都是可變的，沒有固定的。**就整個產業的觀點而言，所謂長期是指時間足以容許改變廠商的數目，也就是指新的廠商有足夠的時間完成建廠，加入生產，或原有的廠商有足夠的時間完成歇業退出。**

勞動、資本、土地與企業家精神，稱爲生產四大要素。生產要素又稱爲**生產投入**，四大生產要素爲任何生產活動的最基本投入，因此又有**基本投入**（primary inputs）之稱。由四大生產要素結合而生產之產出，如其不能直接滿足消費者慾望而作消費之用，但可與四大生產要素配合而作生產投入之用，則稱爲**中間產品**（intermediate products），或稱之爲**中間投入**（intermediate inputs）。一般經濟學上所稱的生產要素卽泛指基本投入與中間投入兩者而言。

根據上述時間的概念，短期間，生產要素可分爲：

1. 可變生產要素（variable factors of production）**或可變投入**（variable inputs）　凡短期間，一種生產要素的使用量能隨產量的改變而改變者，稱之。如勞工、肥料、種籽、原料。

2. 固定生產要素（fixed factors of production）**或固定投入**（fixed inputs）　凡短期間，一種生產要素的使用量不能隨產量的改變而改變者，稱之。如機器、廠房。

在長期間，無可變與固定生產要素之分。因爲只要時間足夠，可以增加或減少機器、廠房的設置數量，所以一切的生產要素都是可變的。

二、生產函數

生產函數（production function）是指：**在一定的技術水準下，不**

同生產要素的組合與其所對應之最大產出之間的一種依存聯變關係。這種關係可用數學方程式、圖形或表列方式來表示。

　　根據生產過程中生產要素之間可否相互替代爲標準，生產函數可分爲兩類：

　　(一) **固定比例生產函數** (fixed proportion production function) 表示生產要素之間的使用量，只有一種固定比例的組合適於從事某種財貨的生產。假設生產 X 產品只須資本 (K) 與勞動 (N) 兩種投入，則生產函數可以寫成 $Q_x = f(K, N)$。若生產過程資本與勞動的組合比例固定爲 3 比 1，表示只有三單位的資本與一單位勞動的組合才可以生產 1 單位的 X 產出。在此情況下，若資本—勞動比例爲 2 比 1，不能生產；4 比 1，資本浪費，惟有 3 比 1 的資本—勞動組合，才是最適當的生產要素組合。這表示在生產過程中，資本與勞動無法相互替代使用，生產函數中之生產要素組合比例是固定的。

　　(二) **可變比例生產函數** (variable proportion production function) 表示生產要素之間的使用量，可以不同的比例組合來從事某種財貨的生產。例如，同樣的生產函數 $Q_X = f(K, N)$，但資本與勞動的組合無論是 2 比 2、3 比 1 或 1 比 4，均可以用以生產 1 單位的 X 產出。這表示在生產過程中，資本與勞動之間可以相互替代使用，生產函數中之生產要素組合比例可以改變。

　　生產要素之間能否相互替代使用與時間的長短有密切的關係。在短期，由於有可變及固定生產要素之分，要增加產量，惟有增加可變生產要素的使用來配合固定生產要素，故生產函數通常屬於可變比例。在長期，由於一切的生產要素都是可變的，廠商可以選擇一最佳的生產要素組合比例而繼續維持，故生產函數通常屬於固定比例。因此，生產函數的型態會受到時間長短的影響。

第二節 產出曲線與生產階段

本節祇就僅有一種可變生產要素——勞動，與一種固定生 產 要 素——土地的短期投入與產出關係，予以討論。

一、總產出曲線

設短期生產函數為：$Q_X = f(N, \overline{L})$，Q_X代表X產品產量，N代表勞動可變生產要素，$\overline{L}$代表土地固定生產要素。勞動可變生產要素與X產品產量之間的關係如表20-1。

表 20-1 可變生產要素勞動投入與產出之間的關係

(1) 勞動數量 (N)	(2) 總　產　出 (TP)	(3) 邊 際 產 出 $\left(MP = \dfrac{\Delta(2)}{\Delta(1)}\right)$	(4) 平 均 產 出 $\left(AP = \dfrac{(2)}{(1)}\right)$
0	0	0	—
1	20	20	20
2	50	30	25
3	90	40	30
4	120	30	30
5	140	20	28
6	150	10	25
7	150	0	21.4
8	140	—10	17.5

註：Δ代表變動量。

　　根據生產函數，在一定技術水準與固定生產要素下，各種不同數量的可變生產要素投入所能獲得的最大產出數量，稱之爲**總產出**（total product, TP）（表 20-1第 2 欄）。這種可變投入與總產出之間的函數關係，表示在圖形上，就是圖20-1的總產出曲線 TP。

　　圖 20-1，橫軸代表可變投入要素（勞動），縱軸代表產量。可變生產要素的使用，在 Ov_1 範圍內，每增加 1 單位可變生產要素投入，總產出的增加遞增，所對應的總產出曲線凸向橫軸；v_1 時，總產出的增加達於最大；所對應的 R 點爲反曲點；在 v_1v_3 範圍內，每增加 1 單位可變生產要素投入，總產出的增加遞減，所對應的總產出曲線凹向橫軸；v_3 時總產出達於最大，所對應的 M 點爲總產量達到最大的點；超過 Ov_3，總產出不僅沒有增加，反而減少。因此，總產出曲線是一條凸向橫軸、反曲點、凹向橫軸、達於最大，而後斜率爲負的曲線。

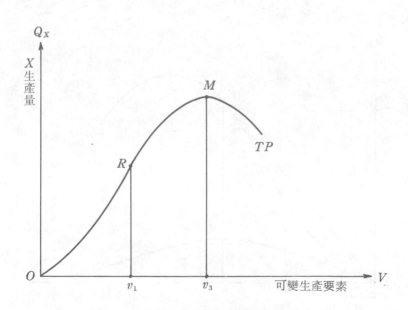

圖 20-1　總產出曲線。

二、平均產出與邊際產出曲線

從總產出與可變投入要素之間的關係，可以引申出平均產出與邊際產出的觀念。

一種可變生產要素（V）的**平均產出**（average product, AP）是指：平均一單位可變生產要素的產出數量，卽總產出除以可變生產要素投入數量所得到的值（表20-1第 4 欄）。以公式表示：

$$平均產出（AP）= \frac{總產出}{可變投入要素數量} = \frac{TP}{V} 。$$

不同可變投入要素水準下，平均產出等於由原點到總產出曲線上射線的斜率。根據圖 20-2， 可變生產要素的使用，由 O 至 v_2，總產出曲線上射線的斜率隨可變投入要素的增加而遞增，卽平均產出遞增；在投入達到 v_2 時，總產出曲線上 T 點的射線也是該點的切線，其時射線的

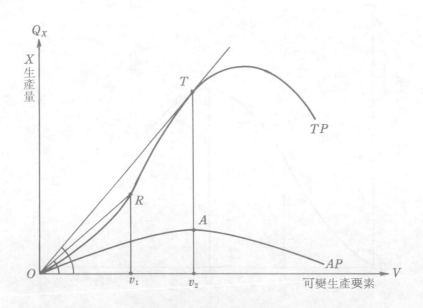

圖 **20-2** 平均產出曲線的導引。

斜率最大，故平均產出最大；在v_2以後的可變投入，總產出曲線射線的斜率隨可變投入要素的增加而遞減，卽平均產出遞減。隨著可變投入要素的繼續增加，只要總產出不等於零，則平均產出不會等於零，但會逐漸接近於零。因此，平均產出曲線由原點遞增至A點達到最高，而後遞減，以至逐漸與橫軸接近。T、A與v_2是垂直相對應的三點。

一種可變生產要素的**邊際產出**（marginal product, MP）是指：在技術水準與固定生產要素一定下，額外變動一單位的可變生產要素的使用所引起總產出改變的數量，卽總產出變量除以可變生產要素變量所得到的值（表20-1第 3 欄）。以公式表示：

$$邊際產出(MP) = \frac{總產出變量}{可變生產要素變量} = \frac{\Delta TP}{\Delta V} 。$$

當生產要素與總產出均爲無限微量變動時，在不同可變投入要素水準下，邊際產出等於總產出曲線上切線的斜率。根據圖20-3，可變生產

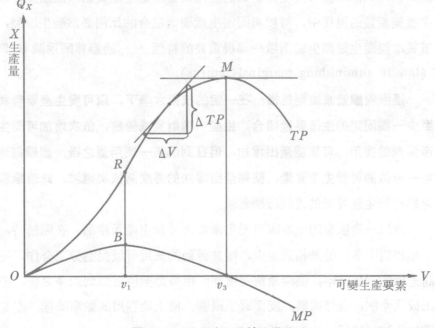

圖 20-3　邊際產出曲線的導引。

要素的使用由 O 至 v_1，總產量曲線上切線的斜率隨可變投入要素的增加而遞增，卽邊際報酬（產出）遞增；在投入到 v_1 時，其所對應的總產出 v_1R 正好落在反曲點 R 處，其切線的斜率爲最大，故邊際產出最大；由 v_1 至 v_3 總產出曲線上切線的斜率隨可變投入要素的增加而遞減，卽邊際產出遞減；在投入到 v_3 時，其所對應的總產出 v_3M 達到最大，而其切線的斜率等於零，故邊際產出等於零；在 v_3 以後的投入，總產出曲線上的切線斜率爲負，卽邊際產出爲負。因此，邊際產出曲線由原點遞增至 B 點達到最高，而後遞減，至 v_3 等於零，而後爲負。R、B 與 v_1 三點垂直相對應，M 與 v_3 垂直相對應。

三、邊際報酬遞減法則

短期間，生產要素有可變與固定之分，要改變產量，透過短期生產函數，只能改變可變生產要素的使用量而固定生產要素無法改變，故在改變產量的過程中，可變與固定生產要素組合的比例必然發生改變，這種改變產生短期生產函數一個很重要的特性 —— 邊際報酬遞減 法 則 (law of diminishing marginal returns)。

邊際報酬遞減法則是指：在一定的技術水準下，以可變生產要素與至少一種固定的生產要素組合，生產一種財貨或勞務，依次增加可變生產要素的使用，可使總產出增加，但在到達某一使用量之後，繼續每增加一單位的可變生產要素，使總產出增加的速度將依次遞減，此現象稱之爲可變生產要素的邊際報酬遞減。

設以一定數量的土地與可變生產要素勞動生產 X 產品。在開始時，土地相對過多，勞動相對過少，增加勞動的使用可以促進分工合作，提高土地的利用效率，使產量快速增加；但勞動繼續增加到過多之後，勞工彼此牽制，合作困難，反而礙手礙腳，使土地利用的效率降低，產量增加的速度減緩，甚至減少。

　　圖 20-3 可變生產要素——勞動使用量在 Ov_1 之前，勞動可變生產要素相對於土地固定生產要素為少，每增加勞動的使用，可使總產出 (TP) 增加的速度遞升——即總產出曲線上的切線斜率 $\dfrac{\Delta Q_X}{\Delta v}$ 遞增，是即勞動的邊際產出 (MP) 遞增；但勞動使用量超過 Ov_1 後，由於土地固定生產要素不變，每增加勞動可變生產要素的使用，使總產出增加的速度遞降——即總產出曲線上的切線斜率 $\dfrac{\Delta Q_X}{\Delta v}$ 遞減，是即勞動的邊際產出遞減；到勞動可變生產要素增加超過 Ov_3，過多的勞動反而使土地固定生產要素不能發揮其功能，總產出反而減少，勞動的邊際產出甚至為負——即總產量曲線上的切線斜率 $\dfrac{\Delta Q_X}{\Delta v}$ 為負。從 Ov_1 開始，總產出變化的現象，即為邊際報酬遞減法則的作用。邊際報酬遞減法則的發生乃由於短期間可變與固定生產要素組合的比例愈來愈不適當的結果，因此邊際報酬遞減法則又稱為**可變比例法則** (principle of variable proportion)。

　　一般而言，只要可變生產要素的邊際產出為正且是遞增的，則生產者將會繼續雇用此種生產要素。只有當可變生產要素的邊際報酬為正且開始遞減時，生產者才會考慮最適要素雇用量止於何處，而生產者通常是不會雇用可變生產要素至其邊際產出為負的程度，故一般的經濟分析只就邊際產出為正且開始遞減之邊際產出曲線部分——即圖 20-3 中的 Bv_3 線段，予以討論。

四、總產出、平均產出與邊際產出曲線

　　平均產出曲線是由原點至總產出曲線上各點射線的斜率所導出。根據圖20-2，總產出與平均產出曲線的關係是，總產出曲線上射線與切線合一之處的 T 點，正與平均產出曲線上最高處的 A 點相對應，在這之前平均產出曲線遞升，其後平均產出曲線遞降。

　　邊際產出曲線是由總產出曲線上各點切線的斜率所導出。 根據圖20-3，總產出與邊際產出曲線的關係是，總產出曲線的反曲點R正與邊際產出曲線上最高處的B點相對應，在這之前邊際產出曲線遞升，其後邊際產出曲線遞降。在總產出曲線的最高點M，對應的邊際產出曲線與橫軸交於v_3，其後總產出曲線下降，邊際產出曲線落於橫軸以下而爲負數。

　　平均與邊際產出曲線之間的關係如下。根據圖20-4，總產出曲線上T點射線的斜率最大，其所對應的平均產出曲線達到最高點A。但是，T點的射線同時又是切線，所以邊際產出Av_2等於最大的平均產出Av_2，邊際產出曲線通過平均產出曲線的最高點，兩者相交於A點❶。

　　在總產出曲線T點之前，取其上任何一點，其射線的斜率小於切線的斜率，表示平均產出小於邊際產出，平均產出因邊際產出之提携而增加，故在平均產出曲線遞升的階段，邊際產出曲線位於平均產出曲線的上方。在總產出曲線T點之後，取其上任何一點，其射線的斜率大於切線的斜率，表示平均產出大於邊際產出，平均產出因邊際產出之拖拉而

---

❶　平均產出最大時與邊際產出相等，可證明如下:
　　根據定義，平均產出爲:

$$AP = \frac{Q}{v} = \frac{f(v)}{v},$$

上式中，因爲固定生產要素不予考慮，故生產函數寫成 $Q = f(v)$。
平均產出極大的必要條件爲其對可變生產要素的一次微分等於零，即:

$$\frac{d(AP)}{dv} = \frac{d\left[\dfrac{f(v)}{v}\right]}{dv} = \frac{vf'(v) - f(v)}{v^2} = \frac{1}{v}\left[f'(v) - \frac{(fv)}{v}\right] = 0,$$

上式中，$\dfrac{1}{v}$不等於零，所以

$$f'(v) - \frac{f(v)}{v} = 0, \quad f'(v) = \frac{f(v)}{v}。$$

因爲 $f'(v) = \dfrac{df(v)}{dv}$ 代表邊際產出，$\dfrac{f(v)}{v}$ 代表平均產出，所以在平均產出最大時，邊際產出等於平均產出。

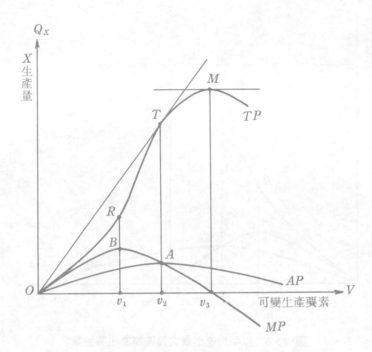

圖 20-4　總產出、平均產出與邊際產出曲線之間的關係。

減少，故在平均產出曲線遞降的階段，邊際產出曲線位於平均產出曲線的下方。

　　事實上，根據數學的觀念可知，邊際產出大於平均產出時，平均產出必然增加；邊際產出小於平均產出時，平均產出必然減少；邊際產出等於平均產出時，平均產出達於不再變動的最大狀態。例如，一個班級平均身高 170 公分，若增加一個身高大於 170 公分的人，則全班平均身高會增加；若增加一個身高低於 170 公分的人，則全班平均身高會下降；若增加一個身高等於 170 公分的人，則全班平均身高不會改變。

五、生產的三個階段

　　根據總產出、平均產出及邊際產出三條曲線，可將生產劃分成三個

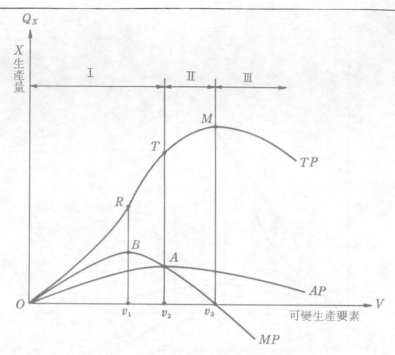

圖 20-5　以平均產出最大與邊際產出等於零之
處為界，可將生產劃分為三個階段。

階段，作為廠商生產決策的參考。

　　首先，在圖20-5以平均產出曲線的最高點為界，可劃出 O 至 v_2 的可
變要素投入使用量為生產的第一階段。其次，以邊際產出曲線與橫軸的
交點——卽邊際產出等於零之處為界，可劃出 v_2 至 v_3 的可變要素投入使
用量為生產的第二階段，v_3 以後的可變要素投入使用量為生產的第三階
段。

　　在生產的第一階段，平均產出遞增。一方面表示增加可變要素使
用，可增加總產量，而平均成本卻遞減——平均產出與平均成本兩者呈
減函數的關係；另一方面在可變生產要素的平均產出遞增的階段，由於
固定生產要素的數量相對於可變生產要素使用量過多，故其邊際產出為
負——圖20-5中未表示出來。因此，追求利潤最大的理性生產者，生產

不會落在第一階段內，而會繼續增加生產。

在生產的第三階段，可變生產要素的邊際產出為負，表示生產者花費代價增加可變生產要素的使用，不僅對生產沒有貢獻，反而使總產出減少，是不合理的生產階段。因此，理性的生產者，生產不會落在第三階段內，而會減少生產。

生產者要獲得最大利潤，必須所使用的可變與固定兩種生產要素的平均產出及邊際產出均為正且不為零。在v_2點及v_3點投入，分別是固定及可變生產要素的邊際產出為零。設勞動為可變生產要素，土地為固定生產要素，v_2點對勞動而言，可稱為**土地粗放** (land extensive) 點，對土地而言，可稱為**土地密集** (land intensive) 點；v_3 點對勞動而言可稱為**勞動密集** (labor intensive) 點，對土地而言，可稱為**勞動粗放** (labor extensive) 點，故生產者的生產不會是 Ov_2 或 Ov_3 投入。因此，生產者最理想的生產階段是在第二階段，亦即在v_2點和v_3 點之間。

第三節　成本的種類與利潤

成本 (cost) 是一種代價。生產者為生產財貨或勞務所必須負擔的代價，稱之為生產成本或生產費用。

利潤是生產者收入與成本的差額。經濟學上所指的成本或利潤與一般人所稱的成本或利潤，在意義與範圍上有很大的不同，在對生產決策進行探討之前，首先應對這兩個觀念有正確的認識。

一、機會成本、社會成本與私人成本

一個經濟社會，在某一時點，其資源是固定有限的，將這些資源作最充分及有效利用所能得到的兩類產品的最大組合量的軌跡，稱之為生產可能曲線。從全社會的觀點來看，由於資源一定，多生產X產品，就

必須減少生產 Y 產品；反之，多生產 Y 產品，就必須減少生產 X 產品。因此，增加生產 X（或 Y）產品一單位所必須減少 Y（或 X）產品生產的數量，就是生產 X（或 Y）產品一單位的**機會成本**，又稱**替代成本**。將此觀念一般化，凡是為了取得 X 所必須放棄的 Y（當面臨多種可能選擇時，以最佳可能替代選擇代表），即是取得 X 的機會成本。對個人而言，機會成本或是可以客觀衡量的**市場價格**（market price），或是無法衡量的個人**主觀價格**（subjective price），在經濟分析上，吾人通常假設機會成本是可以市場價格衡量的。

由於社會資源有限，生產必須有所選擇，而有機會成本發生。但是，就社會整體而言，增加生產 X 產品除了必須減少生產 Y 產品外，在生產 X 產品的過程中，尚有伴隨生產 X 產品而產生的負產出，例如生產 X 產品的工廠，上冒黑煙，中生噪音，下排廢水，而使社會的生態環境受到破壞，社會大眾必須承受這些損害，這是私人於生產 X 產品的過程中，社會所必須額外負擔的代價，此即是私人生產 X 產品所發生的無償外部不經濟。將私人生產 X 產品所支出的私人成本與生產 X 產品所發生的外部不經濟加總，即為生產 X 產品的**社會成本**❷。如何將這種私人生產所發生的外部不經濟予以減除，或由私人生產者合理地負擔，以使產品生產的私人成本等於或儘可能接近社會成本，乃是晚近經濟學者所關切的主題之一。

對個別的生產者而言，其於從事任何財貨或勞務的**生產必須投入生產要素**，購買或雇用生產要素所支付的一切費用，就是生產的**私人成本**。一般所稱的生產成本，係指生產的私人成本而言，在沒有外部不經濟發生下，生產的私人成本等於社會成本；如有外部不經濟發生，則生

---

❷　如果私人於生產 X 產品的過程中對社會產生額外的受益——即私人生產 X 產品對社會發生無償外部經濟，則將私人生產 X 產品所支出的私人成本減除生產 X 產品所發生的外部經濟後，才是生產 X 產品的社會成本。

產的私人成本將小於社會成本❸。按性質的不同，生產的私人成本又有
明顯成本 (explicit cost) 與隱含成本 (implicit cost) 及固定成本
(fixed cost) 與可變成本 (variable cost) 之分。

二、明顯成本與隱含成本

會計學上所指的成本，是指從事任何財貨或勞務的生產所作的一切
帳面的貨幣開支，因為顯而易見，故稱為**明顯成本或會計成本**(account-
ing cost)。如購買原料、機器設備，雇用生產要素的一切開支。換句
話說，明顯成本是生產者雇用他人擁有的生產要素或中間投入所須負擔
的代價，內包括一切設備折舊和租稅等費用。

經濟學上所稱的成本，是一種機會成本的觀念，除了生產者購買各
種生產要素或中間投入而支付的明顯費用外，尚包括生產者自己所提供
的資本及勞務的代價，這部分的代價因無明顯的帳面支出，故被稱為**隱
含成本**。經濟分析注重的是使用成本，故對自有自用之生產要素應該支
付而沒有實際支付代價的隱含成本，仍須包括在生產成本之中。

生產者將自己擁有的生產要素投入生產之中，自己的勞務不需要支
付的薪資、自己的資金不需要支付的利息、自己的土地與房舍不需要支
付的租金，在會計帳務上並不列記在生產成本中，但在經濟分析上這些
都是生產的成本。對於這種隱含成本的估計，可以生產者自己擁有的生
產要素在其他最佳替代用途上所能賺取的報酬，用以設算這些生產要素
如果不自己使用而雇用於他人所能賺取到的報酬，作為自己使用的機會
成本。因此，隱含成本對生產者個人而言就是一種機會成本，而生產的
私人總成本等於明顯與隱含成本之和。

---

❸　如私人於生產的過程中有外部經濟發生，則生產的私人成本將大於社會成
　　本。

三、固定成本與可變成本

按生產能量可否改變，生產時間有短期與長期之分。短期間，生產要素有固定與可變之分；長期間，則一切生產要素都是可變的。因此，在短期的生產，成本有固定與可變之分；在長期的生產，一切成本都是可變的。

固定成本是在短期生產中為使用固定生產要素所必須支付的代價，因此固定成本不隨產量的改變而改變。由於隱含成本投入後，在短期內亦不隨產量之改變而改變，亦屬於一種固定成本。

可變成本是在生產中為使用可變生產要素所支付的代價，可變要素是隨產量之改變而改變的，因此可變成本亦是隨產量的改變而改變的。

依據時間的長短期為標準，私人的總生產成本，在短期是總固定成本與總可變成本之和；在長期則等於總可變成本，因長期間生產要素都是可變的。

四、成本與利潤

利潤（profit）就是銷貨的總收入減去生產該財貨或勞務所需總成本之後的剩餘，同樣有會計帳務上與經濟分析上之利潤觀念的差異。會計帳務上的觀念，利潤等於總收入減去明顯成本之後的剩餘，稱之為**會計利潤**（accounting profit）。經濟分析上的觀念，利潤等於總收入（TR）減去總成本（TC），而總成本是明顯與隱含成本之和。以符號表示：

$$\pi = TR - TC,$$
$$= P \times Q - (EC + IC),$$

式中 π 代表利潤，P 與 Q 分別代表價格與產量，EC 與 IC 分別代表明顯與隱含成本。

若總收入等於總成本（即 $\pi = TR - TC = 0$），表示廠商沒有經濟

利潤,也沒有經濟損失,但獲得**正常利潤** (normal profit)。因為計算利潤時總成本中已包括隱含成本,所以經濟利潤等於零時仍有正常利潤,表示生產者已獲得其自有的生產要素若用在其他用途(產業)上所能獲得的同等報酬。

若總收入大於總成本 ($\pi = TR - TC > 0$),表示廠商獲得超額利潤,稱之為**經濟利潤** (economic profit) **或純利潤** (pure profit)。其所以稱為經濟利潤,是表示生產者將自己擁有的生產要素投入於目前的生產上所獲得的報酬,大於投入在其他的生產上可能獲得的報酬。

若總收入小於總成本 ($\pi = TR - TC < 0$),表示廠商發生負的利潤——即**經濟損失**(economic loss)。其所以稱為經濟損失,是表示生產者將自己擁有的生產要素投入於目前的生產上所獲得的報酬,小於投入在其他的生產上可能獲得的報酬。

因此,經濟學上根據總收入與總成本的差額,依其等於、大於或小於零,而稱廠商賺得正常利潤、經濟利潤、或蒙受經濟損失。

第四節　短期成本理論

根據廠商在短期生產期間有固定與可變生產要素、及固定與可變成本之分的特性,經濟學者研究出一套有系統的短期成本理論,作為分析廠商短期生產行為的準則。

一、短期總成本

從實物面來看,投入與產出之間是一種生產函數的關係;從貨幣面來看,購買投入要素須花費貨幣支出的代價,因而發生成本開支,故成本與產出之間亦可形成一種函數的關係,稱之為**成本函數** (cost function)。以數學方程式表示,短期成本函數可以寫成:

$$C = F + V(Q),$$

式中 C 代表總成本，F 代表固定成本，$V(Q)$ 代表可變成本，是產量 (Q) 的函數。

由成本函數可知，**生產的短期總成本**（total cost, TC）**等於總固定成本**（total fixed cost, TFC）**與總可變成本**（total variable cost, TVC）**之和**。以方程式表示：

$$TC = TFC + TVC。$$

總固定成本又等於短期明顯固定成本（機器、設備、廠房等）與隱含成本（生產者自己擁有的生產要素）之和，總可變成本等於可變生產要素的使用量與其價格的乘積。

根據成本函數，可以將總成本、總固定成本、總可變成本三者與產量的關係表示於圖形上。圖20-6，橫軸代表產量，縱軸代表成本。由於總固定成本不隨產量的改變而改變，故總固定成本曲線與橫軸平行，其與縱軸交點 F 之下的截距 OF，代表產量縱使爲零時固定成本仍然存在。

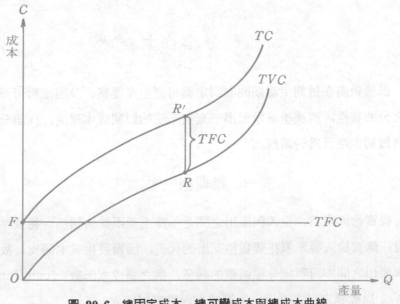

圖 20-6　總固定成本、總可變成本與總成本曲線。

　　總可變成本曲線由原點開始，表示產量爲零時，總可變成本也等於零，其形狀爲一先凹而後凸向橫軸的曲線，R 爲反曲點。總成本曲線由總固定成本曲線與縱軸的交點 F 開始，表示產量爲零時，總成本等於總固定成本，其形狀亦是一先凹而後凸向橫軸的曲線，R' 爲反曲點。總成本與總可變成本曲線之間的垂直距離等於總固定成本。當兩條曲線愈陡時，兩者之間的垂直距離會愈大，爲了使總成本曲線與總可變成本曲線之間保持一定的總固定成本，故兩條曲線在斜率愈來愈大時應愈爲接近。

　　總產出曲線是表示產出與可變生產要素之間關係的曲線，**總可變成本曲線**是表示總可變成本與產出之間關係的曲線。前者是一種實物形態的表示，後者是一種貨幣形態的表示，兩者所表示的均是一種投入與產出之間的關係。由於在圖形上，兩軸所代表的變數正好相反，故總產出與總可變成本兩條曲線正好相互對稱（圖 20-7）。

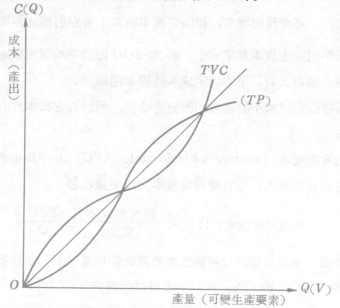

圖 20-7　總產出曲線與總可變成本曲線兩者相互對稱。

二、短期平均成本與邊際成本

由總成本可以導出各種平均與邊際成本的觀念，以作為分析廠商短期生產決策的依據。首先，討論各種平均成本。**平均固定成本**（average fixed cost, AFC）是平均生產一單位產出所需的固定成本，等於總固定成本除以產量，即

$$平均固定成本(AFC) = \frac{總固定成本}{產量} = \frac{TFC}{Q}。$$

因為總固定成本固定，因此隨產量的增加，平均固定成本愈來愈小，表示每單位產量所分攤的固定生產成本愈來愈少。圖 20-8(a)，由原點到總固定成本曲線上各點射線的斜率代表不同產量水準之下的平均固定生產成本（如 OQ_1 產量的平均固定生產成本等於 OA 射線的斜率，即 $\frac{AQ_1}{OQ_1}$）。隨產量的增加，總固定成本曲線上各點射線的斜率愈來愈小，表示平均固定成本愈來愈小。圖 20-8(b) 即為平均固定成本曲線，當產量很小或很大時，平均固定成本曲線向兩軸漸近。

因為總固定成本不隨產量的改變而改變，所以固定成本沒有邊際的觀念存在。

平均可變成本（average variable cost, AVC）是平均生產一單位產出所需的可變成本，等於總可變成本除以產量，即

$$平均可變成本(AVC) = \frac{總可變成本}{產量} = \frac{TVC}{Q}。$$

由於總可變成本等於總可變生產要素的使用量（V）乘以要素價格（P_V），即 $TVC = V \times P_V$，所以上式可以改寫為：

$$AVC = \frac{TVC}{Q} = \frac{P_V \times V}{Q} = P_V \times \frac{V}{Q}。$$

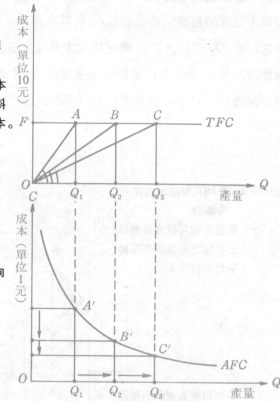

圖 20-8　平均固定成本曲線
　　　　的導引。
（a）由原點至總固定成本
　　曲線上各點射線的斜
　　率等於平均固定成本。

（b）平均固定成本曲線向
　　兩軸漸近。

上式中，$\dfrac{V}{Q}$ 正好是平均產出 $\left(AP = \dfrac{Q}{V}\right)$ 的倒數，所以

$$AVC = P_V \times \frac{V}{Q} = P_V \times \left(\frac{1}{AP}\right)。$$

　　上式表示平均可變成本與平均產出成逆對應的關係。由此可知，在要素價格一定下，平均產出愈大，則平均可變成本愈小；平均產出愈小，則平均可變成本愈大。平均可變成本曲線正好與平均產出曲線相對稱。

　　根據定義，平均可變成本等於原點至總可變成本曲線上各點之射線的斜率。圖20-9(a)顯示在 Q_2 產量之前，總可變成本曲線上各點之射線

的斜率隨產量的增加而降低，表示平均可變成本遞減；在Q_2產量，總可變成本曲線的射線同時是切線，其斜率達於最小，表示平均可變成本最低；在 Q_2 產量之後，總可變成本曲線上各點之射線的斜率隨產量的增加而回升，表示平均可變成本遞增，故圖 20-9(b) 的平均可變成本曲線呈遞減、最小，而後遞增的 U 字形。

圖 20-9 平均可變成本曲線的導引。

(a) 原點至總可變成本曲線上各點之射線斜率等於平均可變成本。

(b) 平均可變成本曲線呈遞減、最小而後遞增之 U 字形。

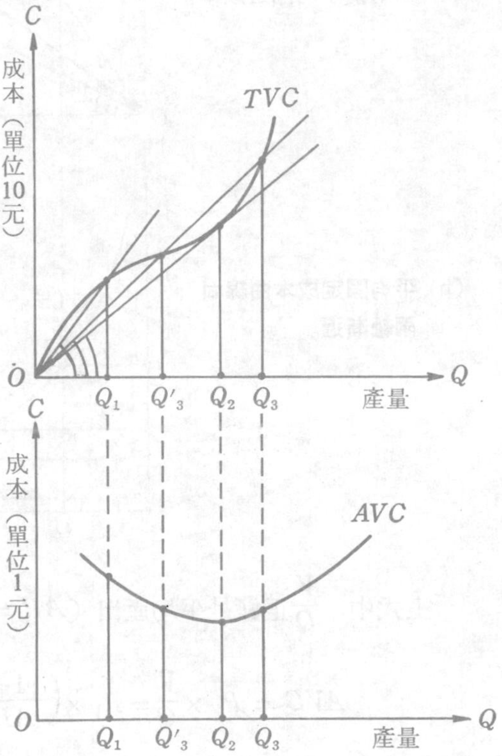

平均總成本 (average total cost, ATC) 是平均生產一單位產出所需的總成本，等於總成本除以產量，卽

$$平均總成本\ (ATC) = \frac{總成本}{產量} = \frac{TC}{Q} 。$$

又總成本等於總固定成本與總可變成本之和 ($TC = TFC + TVC$)，

所以

$$ATC = \frac{TC}{Q} = \frac{TFC + TVC}{Q} = AFC + AVC,$$

$$ATC - AVC = AFC。$$

上式表示，平均總成本等於平均固定與平均可變成本之和，平均總成本與平均可變成本的差額等於平均固定成本。

同樣由定義又可知，平均總成本等於原點至總成本曲線上各點射線的斜率。圖20-10(a) 亦顯示，總成本曲線上各點射線的斜率以 T 點的射線兼為切線時為最小。在這之前，射線的斜率隨產量的增加而降低；

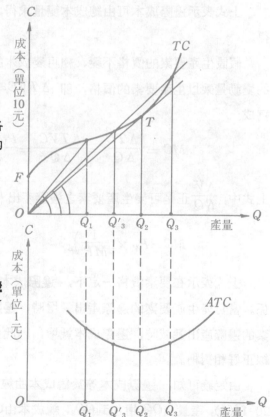

圖 20-10 平均總成本曲線的導引。

(a) 原點至總成本曲線上各點之射線斜率等於平均總成本。

(b) 平均總成本曲線呈遞減、最小而後遞增之 U 字形。

在這之後，射線的斜率隨產量的增加而升高，故圖 20-10 (b) 的平均總成本曲線亦是呈遞減、最小而後遞增的 U 字形狀。

其次，討論邊際成本。**邊際成本**（marginal cost, MC）是每改變一單位產量所引起之總成本的變動量，等於總成本變量除以產量變量，即

$$\text{邊際成本}\ (MC) = \frac{\text{總成本變量}}{\text{產量變量}} = \frac{\Delta TC}{\Delta Q}。$$

當產量發生改變時，由於總固定成本不變，所以總成本的變動等於總可變成本的變動（$\Delta TC = \Delta TVC$），因此邊際成本亦等於：

$$MC = \frac{\Delta TC}{\Delta Q} = \frac{\Delta TVC}{\Delta Q}。$$

上式表示邊際成本可由總成本變量求得，亦可由總可變成本變量求得。

假設生產要素的價格不變，總可變成本的變動額等於可變生產要素的變動量乘以生產要素的價格，即 $\Delta TVC = \Delta V \times P_V$，因此上式可以寫成：

$$MC = \frac{\Delta TC}{\Delta Q} = \frac{\Delta TVC}{\Delta Q} = \frac{P_V \times \Delta V}{\Delta Q} = P_V \times \frac{\Delta V}{\Delta Q},$$

上式中，$\dfrac{\Delta V}{\Delta Q}$ 正是可變生產要素之邊際產出 $\left(MP = \dfrac{\Delta Q}{\Delta V}\right)$ 的倒數,所以：

$$MC = P_V \times \left(\frac{1}{MP}\right)。$$

上式表示在要素價格一定下，邊際成本與邊際產出成逆對應的關係。當可變生產要素的邊際產出遞增時，邊際成本遞減；當可變生產要素的邊際產出遞減時，邊際成本遞增，因此邊際成本曲線與邊際產出曲線正好相對稱。

由定義可知，邊際成本等於總成本曲線上各點切線的斜率。圖 20-11 (a)，產量由 OQ_1 增加到 OQ_2，總成本由 OC_1 增為 OC_2，邊際成本等於

$\dfrac{OC_2-OC_1}{OQ_2-OQ_1}=\dfrac{BE}{AE}$，當$OQ_2$非常接近$OQ_1$，或$B$點非常接近$A$點時，表示

產量與總成本都是微量的變動，於是Q_2的邊際成本可以B點切線的斜率

代表。由圖可知，在Q_3產量之前，總成本曲線上各點切線的斜率隨產量

的增加而遞減，表示邊際成本遞減；在Q_3產量時，正好是總成本曲線的

反曲點，其切線的斜率最小，表示邊際成本最低；在Q_3產量之後，總成

本曲線上各點切線的斜率隨產量的增加而遞升，表示邊際成本遞增。因

此，圖20-11(b)的邊際成本曲線亦呈遞減、最小而後遞增的U字形狀。

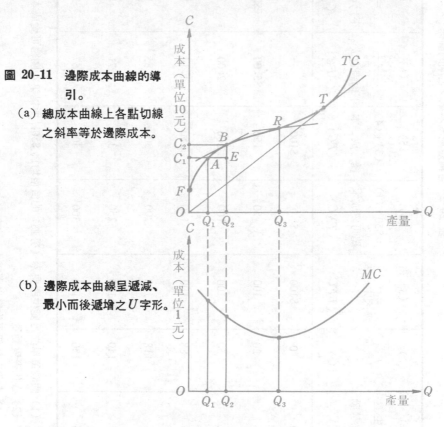

圖 20-11 邊際成本曲線的導
　　　　　引。
（a）總成本曲線上各點切線
　　　之斜率等於邊際成本。

（b）邊際成本曲線呈遞減、
　　　最小而後遞增之U字形。

以上所討論之各種成本觀念的數據實例，請參閱表 20-2。

表 20-2　各種短期成本觀念之間的關係

(1) 可變生產要素—勞動 (V)	(2) 每月產量 (Q)	(3) 總固定成本 (TFC)	(4) =$50×(1) 總可變成本 (TVC)	(5) =(3)+(4) 總成本 (TC)	(6) =(3)/(2) 平均固定成本 (AFC)	(7) =(4)/(2) 平均可變成本 (AVC)	(8) =(5)/(2) =(6)+(7) 平均總成本 (ATC)	(9) =Δ(5)/Δ(2) =Δ(4)/Δ(2) 邊際成本 (MC)
0	0	$100	$ 0	$100	—	—	—	—
1	20	100	50	150	$5.00	$2.50	$7.50	$2.50
2	50	100	100	200	2.00	2.00	4.00	1.67
3	88	100	150	250	1.14	1.70	2.84	1.32*
4	118	100	200	300	0.85	1.69*	2.54	1.67
5	140	100	250	350	0.71	1.79	2.50*	2.50
6	150	100	300	400	0.67	2.00	2.67	5.00

註:　(1) 假設每單位可變生產要素（勞動）的價格均為 $50，所以第 4 欄欄總可變成本等於 $50 乘以第 1 欄的數量。

　　　(2) Δ代表變動量。

　　　(3) *代表最低平均與邊際成本。

三、平均成本曲線與邊際成本曲線的關係

　　將以上討論的平均固定、平均可變與平均總成本曲線及邊際成本曲線同時以圖 20-12(b) 表示，這些曲線之間有以下的特性及關係:

　　1. 平均固定成本曲線是一條向兩軸漸近的曲線。

　　2. 平均可變成本、平均總成本及邊際成本曲線均呈遞減、最低而後遞增的 U 字形狀。

　　3. 平均總成本及平均可變成本曲線之間的差額等於平均固定成本。由於平均固定成本隨產量的增加而下降，所以平均可變成本曲線隨產量的增加而愈來愈接近平均總成本曲線。

　　4. 平均可變成本曲線最低點的產量小於平均總成本曲線最低點的產量。 這可由圖 20-12(a) 總成本及總可變成本曲線上， 既是射線又是切線所對應的產量比較 $(OQ_3 > OQ_2)$ 得到證實。 或者，當平均可變成本開始遞升時，平均固定成本仍持續下降，其下降的程度大於平均可變成本上升的程度，因此，使平均總成本達到最低的產量大於平均可變成本達到最低的產量。直到平均可變成本上升的程度大於平均固定成本下降的程度時，平均總成本才開始上升。

　　5. 邊際成本曲線最低點的產量小於平均總成本及平均可變成本曲線最低點的產量。此點亦可由圖 20-12(a) 證實，對應總成本及總可變成本曲線反曲點的產量 OQ_1 依次小於對應總可變成本及總成本曲線上既是射線又是切線之點（分別爲 S 點和 T 點）的產量 OQ_2 及 OQ_3。

　　6. 平均可變成本及平均總成本曲線的最低點均依次等於邊際成本，卽邊際成本曲線先後通過平均可變成本及平均總成本曲線的最低點。邊際成本是總成本或總可變成本因產量變動而變動的部分，唯其等於平均總成本與平均可變成本時，平均總成本曲線及平均可變成本曲線

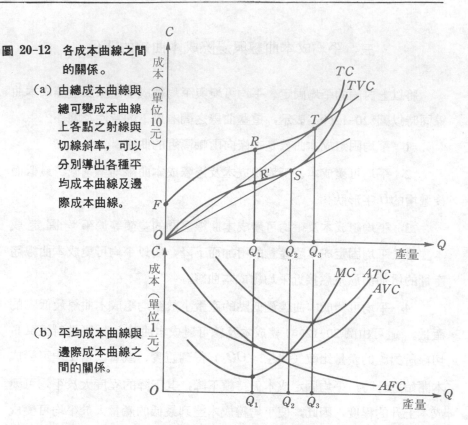

圖 20-12　各成本曲線之間的關係。

(a) 由總成本曲線與總可變成本曲線上各點之射線與切線斜率，可以分別導出各種平均成本曲線及邊際成本曲線。

(b) 平均成本曲線與邊際成本曲線之間的關係。

才達到最低。又根據圖形，平均總成本及平均可變成本的最低點，是總成本曲線與總可變成本曲線上既是射線又是切線之點，故在其處之平均總成本、平均可變成本與邊際成本均各相等❹。

7. 當邊際成本曲線在平均總成本及平均可變成本曲線的下方時，

---

❹ 證明平均總成本及平均可變成本最低時，等於邊際成本如下：

設成本函數爲：

$$TC = F + V(Q)。$$

平均總成本爲：

$$ATC = \frac{TC}{Q} = \frac{F}{Q} + \frac{V(Q)}{Q}。$$

根據定義，平均總成本最低的必要條件爲其對產量的一階微分等於零，卽

平均總成本及平均可變成本下降；當邊際成本曲線在平均總成本及平均可變成本曲線的上方時，平均總成本及平均可變成本上升。這是一種邊際與平均的關係，當邊際小於平均時，平均會因之降低；當邊際大於平均時，平均會因之升高。又根據圖形，在總成本及總可變成本曲線上既是射線又是切線的產量之前，兩條曲線上射線的斜率大於切線的斜率，所以平均總成本及平均可變成本大於邊際成本；之後，兩條曲線上射線的斜率小於切線的斜率，所以平均總成本及平均可變成本小 於 邊 際 成本。

$$\frac{d(ATC)}{dQ} = \frac{d\left[\frac{F}{Q} + \frac{V(Q)}{Q}\right]}{dQ} = -\frac{F}{Q^2} + \frac{V'(Q)Q - V(Q)}{Q^2},$$

$$= \frac{-F + V'(Q)Q - V(Q)}{Q^2} = 0 \, .$$

因為 $Q^2 \neq 0$，所以

$V'(Q)Q - F - V(Q) = 0$，

$V'(Q)Q - [F + V(Q)] = 0$，

$V'(Q)Q = F + V(Q)$。

對上式兩邊同除以 Q，得到：

$V'(Q) = \frac{F + V(Q)}{Q}$。

上式中，$V'(Q) = \frac{dV(Q)}{dQ} = MC$，$\frac{F + V(Q)}{Q} = ATC$，所以

$MC = ATC$，得證。

平均可變成本最低的必要條件為其對產量一階微分等於零，卽

$$\frac{d(AVC)}{dQ} = \frac{d\left(\frac{V(Q)}{Q}\right)}{dQ} = \frac{V'(Q)Q - V(Q)}{Q^2} = \frac{1}{Q}\left[V'(Q) - \frac{V(Q)}{Q}\right] = 0 \, .$$

因為 $Q \neq 0$，所以

$V'(Q) - \frac{V(Q)}{Q} = 0$，

$V'(Q) = \frac{V(Q)}{Q}$。

上式表示 $MC = AVC$，得證。

第五節　長期成本理論

在短期間，廠商有固定與可變生產要素或成本之分，故其生產不能調整至最理想的狀態。在長期間，一切生產要素與成本都是可變的，沒有固定與可變要素或成本之分，故廠商可以進行計劃，使生產達到最理想的狀態。因此，長期是廠商的一個計畫期間，短期則是廠商的生產期間，長期是由廠商可能面對的一切短期情況所構成的。例如，在投資設廠前，廠商是處於一種長期的狀態，他可以選擇任何規模的投資，故一切是可變的；但投資設廠後，廠商只能在固定的機器設備下從事生產，是一種短期的生產情況，如要改變生產規模只有在長期間才能實現。

一、長期總成本

在短期，廠商只能依其現有的生產規模從事生產；在長期，廠商可以根據其產量選擇任何最適的生產規模從事生產，以使生產成本達於最低。圖 20-13 表示廠商可以選擇建立三種大小不同的短期生產規模 (STC)，若要生產 OQ_1 產量，則選擇 STC_1 的規模生產，使總成本 Q_1E 最低。若產量增加到 OQ_2，短期間生產規模無法改變，仍須以 STC_1 的生產規模來生產，總成本爲 Q_2A。但是，在長期間，可以另建一較大的生產規模 STC_2，使生產 OQ_2 的總成本達到 Q_2A' 最低。進一步要生產 OQ_3 產量，短期間亦只能 STC_2 的生產規模，總成本支出 Q_3B，但長期間可以建更大的生產規模 STC_3，使生產 OQ_3 的總成本達到 Q_3B' 最低。是故，**長期總成本** (long run total cost, LTC) 是長期間，各個不同產量水準下，能使生產成本達於最低之總成本。

長期間，廠商可以適當地選擇生產規模，使生產總成本達到最低。假設工廠規模可以無限分割，卽任何產量水準均有一個大小不同的最適

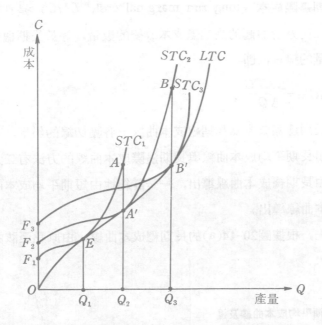

圖 20-13　各個不同產量水準下，使生產的總成本達於最低
之短期總成本組合的軌跡形成長期總成本曲線。

生產規模與之對應，使其生產總成本最低，則無限多的短期總成本曲
線，即可構成一條平滑的長期總成本曲線。因此，**長期總成本曲線顯示
的是：長期間，各個不同產量水準下，使生產的總成本達於最低之短期
總成本組合的軌跡**。由於長期間沒有固定成本存在，故長期總成本曲線
是一條由原點開始，先凹而後凸向橫軸的曲線。

二、長期平均成本

長期平均成本 (long run average cost, *LAC*) 是平均生產一單
位產出所需的長期總成本，等於長期總成本除以產量，即

$$LAC = \frac{LTC}{Q},$$

因此，長期平均成本為由原點至長期總成本曲線上各點射線的斜率。

長期邊際成本 (long run marginal cost, *LMC*) 是長期間，每改變一單位產量所引起的長期總成本改變的數量，等於長期總成本的變量除以產量的變量，即

$$LMC = \frac{\Delta LTC}{\Delta Q},$$

這顯示長期邊際成本爲長期總成本曲線上各點切線的斜率。

導出長期平均成本曲線與長期邊際成本曲線的方法有二：一是簡單地直接由長期總成本曲線導出，一是詳細地由短期平均成本曲線及短期邊際成本曲線導出。

首先，根據圖20-14(a)的長期總成本曲線，由原點至該曲線上各點

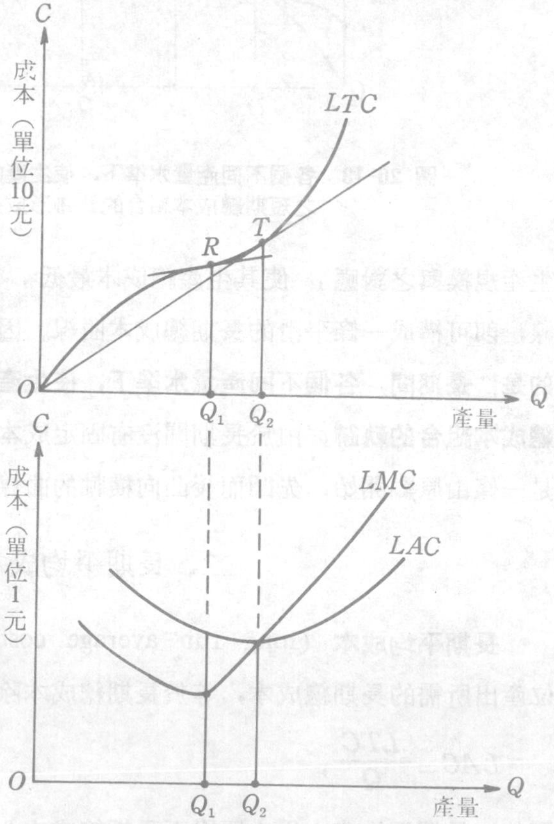

圖 20-14 長期平均成本曲線及邊際成本曲線的導引。

(a) 由長期總成本曲線上各點射線與切線的斜率，可以分別導出長期平均成本曲線及長期邊際成本曲線。

(b) 長期平均成本曲線與長期邊際成本曲線均呈*U*字形，後者並與前者之最低處相交。

射線的斜率，隨產量的增加而遞減、最小、而後遞增，故形成圖 20-14
(b) 的 U 字形長期平均成本曲線；由該曲線上各點切線的斜率隨產量的
增加而遞減、最小、而後遞增，亦導出圖20-14(b)的 U 字形長期邊際成
本曲線。在 Q_2 產量，長期總成本曲線的射線同時又是切線，其斜率最
小，表示長期平均成本最低且等於長期邊際成本，亦即長期邊際成本曲
線通過長期平均成本曲線的最低點。在 Q_1 產量，長期總成本曲線正好
是反曲點，其切線斜率最小，表示此處的長期邊際成本最低。

　　接著我們分析如何由短期平均成本曲線導出長期平均成本曲線。假
設，廠商在投資之前（即處於長期的狀態）可以決定建立大、中、小不
同的三種短期生產規模。任何產量均可以三種生產規模來生產，但廠商
定必選擇使平均生產成本最低的規模。根據圖 20-15:

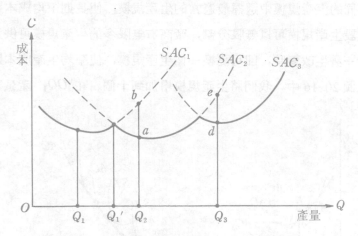

圖 20-15　不同產量下可能達到的最低短期平均成本
　　　　　　是爲長期平均成本。

　　1. 若要生產 OQ_1 產量，一定用小型的 SAC_1 生產規模，才能使平
均成本達到最低。

　　2. 若要生產 OQ_2 產量，一定用中型的 SAC_2 生產規模，平均成
本才能最低；若用小型的生產規模，平均成本會高出 ab 單位。

3. 若要生產OQ_1'產量，使用小型或中型的生產規模均可，兩者的平均成本均相等。此時，生產者若預期未來產量會增加，應該建立中型規模，以減少未來的平均生產成本；若是資金有限則建所需資金較少的小型規模。

4. OQ_3 產量時，一定用大型的生產規模，才能使總成本達到最低；若用中型的生產規模，平均成本會高出 de 單位。

因此，**長期平均成本**是長期間，不同產量水準下，生產可能達到的最低平均生產成本。上例之長期平均成本曲線是由三條短期平均成本曲線實線的部分所構成，長期成本曲線因此又稱爲**包絡線**（envelope curve）或**計畫線**（planning curve）。

事實上，可能的生產規模不只三個，長期間廠商於不同產量下，必然從不同的生產規模中選擇最適當的生產規模，使長期平均成本達到最低。假設生產規模可以無限分割，廠商有無限多的生產規模可供選擇，在產量一發生改變時，即可更換一個生產規模，使平均生產成本達到最低。在圖 20-16 中，我們將生產規模增加到十個。在 OQ_1 產量時，以

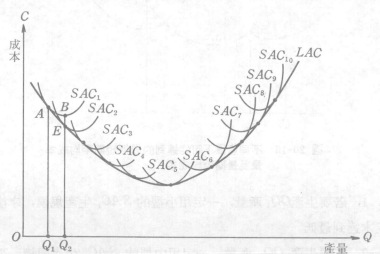

圖 **20-16** 不同產量水準下，使生產的平均成本達到最低之短期平均成本曲線組合的軌跡構成長期平均成本曲線。

SAC_1 的規模生產，平均成本 Q_1A 爲最低，但 A 點並非 SAC_1 的最低點。若產量增到 OQ_2，於短期間又只能用 SAC_1 的生產規模來生產，平均成本爲 SAC_1 的最低點Q_2B，但在長期間，廠商可建立SAC_2的規模，使平均成本更進一步由Q_2B降到 Q_2E。因此，**長期平均成本是指：長期間，不同產量水準下，生產可能達到的最低平均生產成本，而長期平均成本曲線則是不同產量水準下，使生產的平均成本達到最低之短期平均成本曲線組合的軌跡。**

再次強調，長期平均成本曲線是生產不同產量水準時，短期平均成本達到最小的組合軌跡，而非短期平均成本曲線最低點的組合軌跡。由於長期平均成本曲線與每一短期平均成本曲線在兩者相等之點相切，長期平均成本曲線遞降的部分斜率爲負，必須短期平均成本曲線也是遞降的部分斜率爲負，兩者才能相切，斜率相等；長期平均成本曲線遞升的部分斜率爲正，必須短期平均成本曲線也是遞升的部分斜率爲正，兩者才能相切，斜率相等；長期平均成本曲線最低點的斜率爲零，只能與一條短期平均成本曲線的最低點相切，斜率同時爲零。

三、長期邊際成本

由於長期總成本是長期間，各個不同產量水準下，能使生產成本達於最低之總成本，所以長期邊際成本事實上也就是長期間，能使生產成本增加最少（當產量增加時）或減少最多（當產量減少時）的成本變動數額，長期邊際成本曲線也就是這種成本變動數額組合的軌跡。

圖 20-17 中，A點對應 OQ_1 產量，短期平均成本等於長期平均成本，短期總成本等於長期總成本。如果產量增至OQ_1'，短期平均成本大於長期平均成本，因此短期總成本大於長期總成本，而短期總成本增加的量爲短期邊際成本，長期總成本增加的量爲長期邊際成本，故短期總成本較長期總成本增加得多，所以短期邊際成本大於長期邊際成本；

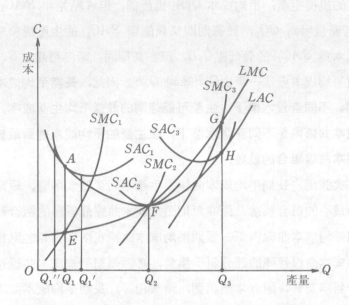

圖 20-17　由短期平均成本曲線與長期平均成本曲線相切之
　　　　　　點所對應各短期邊際成本曲線上之點（如 E、
　　　　　　F、G 點）的軌跡，形成長期邊際成本曲線。

如果產量減至 OQ_1''，短期平均成本大於長期平均成本，因此短期總成本大於長期總成本，而短期總成本減少的量為短期邊際成本，長期總成本減少的量為長期邊際成本，故短期總成本較長期總成本減少得少，所以短期邊際成本小於長期邊際成本。

　　由以上的說明可知，當短期平均成本曲線與長期平均成本曲線相切時，短期邊際成本等於長期邊際成本；大於切點對應之產量，短期邊際成本大於長期邊際成本；小於切點對應之產量，短期邊際成本小於長期邊際成本。連接各個短期平均成本曲線與長期平均成本曲線相切之點所對應的短期邊際成本曲線上的點（如 E、F、G 點），就形成了長期邊際成本曲線。

　　長期平均成本曲線的最低點正好與一短期平均成本曲線的最低點相

切。因為短期邊際成本曲線通過短期平均成本曲線的最低點，所以也通過長期平均成本曲線的最低點，既然長期邊際成本在長期平均成本等於短期平均成本時與短期邊際成本相等，故長期邊際成本曲線必然也通過長期平均成本曲線的最低點。因此，長期平均成本達到最低點，必然是長期平均成本曲線、短期平均成本曲線、短期邊際成本曲線及長期邊際成本曲線，四線共點。

四、規模經濟與不經濟

觀察長期與短期平均成本曲線，兩者均呈 U 字形，但兩者所以成 U 字形的原因各有不同。

短期平均成本曲線出現成本遞降、遞升的原因，乃是由於固定與可變生產要素組合比例發生不當的改變而引起邊際報酬遞減所產生。因為產出與成本是一體的兩面，最先邊際報酬遞增，平均可變成本下降，又平均固定成本也隨產量的增加而下降，均使短期平均成本下降；當邊際報酬開始遞減至某一程度後，平均可變成本上升，若其上升的程度大於平均固定成本下降的程度，則短期平均成本開始上升，故短期平均成本曲線呈 U 字形。

在長期間，一切生產要素均是可變的，也就沒有可變與固定生產要素組合比例不當的情形發生，所以邊際報酬遞減的現象並不存在。但長期平均成本曲線仍呈 U 字形，其致此之由，乃是規模經濟的關係使然。

當所有生產要素的雇用均成同比例增加時，稱之為**經濟規模擴大**；當所有生產要素的雇用均成同比例減少時，稱之為**經濟規模縮小**。在實際的經濟活動中，經濟規模通常都是不斷的擴大而很少有縮小的現象，故一般談到規模經濟通常是指經濟規模擴大所產生的經濟後果而言。如果隨生產規模的擴大而使平均成本發生遞減者，稱為**規模經濟**（economy of scale）；隨生產規模的擴大而使平均成本發生遞升者，稱為**規**

模不經濟或負規模經濟 (diseconomy of scale)。

廠商生產規模擴大所產生的規模經濟或不經濟又可分爲: (1) 廠商本身內在的因素所肇致的**內部規模經濟或不經濟** (internal economy or diseconomy of scale), (2) 廠商本身以外而因整個產業或全經濟的因素所肇致的**外部規模經濟或不經濟** (external economy or diseconomy of scale)。

首先, 討論廠商擴大生產規模引起的內部規模經濟與不經濟的原因。

(一) 內部規模經濟

在廠商擴大生產規模的過程中, 因廠商本身內在的因素而肇致平均生產成本下降者, 稱之爲內部規模經濟。其發生的原因爲:

1. *規模報酬遞增* 當生產規模擴大, 所有生產要素的雇用均成同比例增加時, 經由生產函數, 若總產出增加的比例大於生產要素增加的比例, 稱之爲規模報酬遞增 (increasing returns to scale)。例如, 所有生產要素之使用均增加一倍, 總產出增加一倍以上者稱之。旣然總產出增加的比例大於生產要素增加的比例, 在生產要素價格及其他情況不變下, 必然導致平均成本的下降。在經濟學上爲了分析方便, 通常假設生產函數爲一直線性齊次生產函數 (linearly homogeneous production function)——又稱一次齊次生產函數 (homogenous production function of degree one), 表示所有生產要素均成同比例增加使用時, 總產出增加的比例與其相同, 此稱之爲**規模報酬不變** (constant returns to scale)。 在其他情況不變下, 吾人通常假設具有此種生產函數特性之廠商的平均成本不隨產量之變動而變動。

2. *實行更精密的專業與分工* 生產規模不斷擴大的結果, 廠商可雇用更多的專業人才及機器設備與勞工從事更進一步的專業與分工, 可以減少不必要的時間浪費, 增進工作的技能, 因而提高生產效率, 降低平均生產成本。

3. 可以使用品質好，效率高的機器設備　一般品質好、效率高的機器設備的成本都很昂貴，唯有生產規模擴大，產量增加，才能減少生產的單位成本。例如，挖一條小水溝用人工及鏈子就可以，但要挖一條大馬路，使用現代的挖土機則效率大爲提高；其他如汽車、鋼鐵的生產設備也是同樣需要大規模的生產才划算。

4. 投入要素單位成本的減少　大量購買生產要素可獲得折扣的優待，大規模廠房較小規模廠房的建築單位成本爲低，因此生產規模擴大可以降低平均生產成本。

5. 利用副產品　生產規模擴大後，小規模生產時所不能利用的副產品（by-product）可以獲得利用，使收入增加，生產成本下降。

（二）內部規模不經濟

在廠商擴大生產規模的過程中，因廠商本身內在的因素而肇致平均生產成本上升者，稱之爲內部規模不經濟。其發生的原因爲：

1. 規模報酬遞減　當生產規模擴大，所有生產要素的雇用均成同比例增加時，經由生產函數，若總產出增加的比例小於生產要素增加的比例，稱之爲規模報酬遞減（decreasing returns to scale）。例如，所有生產要素之使用量均增加 1 倍，總產出增加不及 1 倍者稱之。既然總產出增加的比例小於生產要素增加的比例，在生產要素價格及其他情況不變下，必然導致平均成本的上升。

2. 行政管理效率的降低　除生產外，企業的管理尚包括有運輸、銷售、融資等活動。生產規模不斷擴大，勞工增加，業務繁忙，企業的高階層負責人每天忙於例行公事，無法周全管理，而採分層負責，其結果往往使下情不能上達，無法作正確的決策，運輸、銷售、融資等活動無法有效的控制與協調，導致行政管理效率的降低，平均生產成本的提高。

當廠商生產規模不斷擴大，產量不斷增加時，內部規模經濟會使平

均成本下降，內部規模不經濟會使平均成本上升。一般而言，在某一產量之前，隨產量的增加，內部規模經濟的程度大於內部規模不經濟的程度，長期平均成本因而遞降；當到達某一產量時，內部規模經濟使成本下降的程度等於內部規模不經濟使成本上升的程度，此時長期平均成本達到最低；在此一產量後，內部規模經濟使成本下降的程度小於內部規模不經濟使成本上升的程度，長期平均成本因此上升，故長期平均成本曲線呈遞降、最低而後遞升的 U 字形狀。

其次，討論廠商擴大生產規模所引起的外部經濟與不經濟的原因。

（三）外部規模經濟

在廠商擴大生產規模的過程中，因廠商本身以外之整個產業或全經濟的因素而肇致平均生產成本下降者，稱之爲外部規模經濟。例如，如果許多個別的廠商同時都擴大生產規模，而使整個產業擴大，以致對勞工的需求增加，政府或產業公會因而舉辦勞工訓練，勞工保險，提高整個產業的勞工水準，使個別廠商都可雇用到素質較高的專業勞工，因此提高生產力，降低成本。另一方面，整個產業的擴大，會引起政府的關切，而予以許多行政方面的支援，例如予以優惠的融資條件，增加該產業地區的公共設施，如此可以降低廠商融資及運輸的成本。

（四）外部規模不經濟

在廠商擴大生產規模的過程中，因廠商本身以外之整個產業或全經濟的因素而肇致平均生產成本上升者，稱之爲外部規模不經濟。例如，每家廠商擴大生產規模，使整個產業對生產要素的需求增加。在生產要素與專業勞工有限的情況下，生產要素的價格會提高（包括工資上升），而使生產成本增加。再者，當每家廠商均擴大生產規模，增加產量後，在市場不能對應擴大或其成長相對緩慢的情況下，必然導致廠商之間競爭的加劇，這對於整個經濟的進步雖有助益，但卻使廠商的銷售成本提高，是一種外部不經濟。

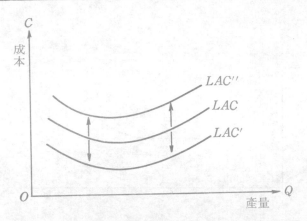

圖 20-18　外部規模經濟與不經濟交互作用的結果，
　　　　　使整條長期平均成本曲線往下移或往上升。

　　當外部規模經濟使平均成本下降的程度大於外部規模不經濟使平均
成本上升的程度時，整條長期平均成本曲線往下移；當外部規模經濟使
平均成本下降的程度小於外部規模不經濟使平均成本上升的程度時，整
條長期平均成本曲線往上移（圖20-18）。

五、長期平均成本曲線的類型

　　長期平均成本曲線的形狀會因產業的性質不同而有差異，一般而言
有圖 20-19 表示的三種不同類型。

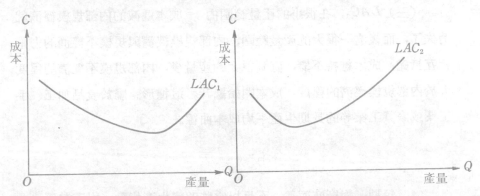

圖 20-19　(a) 內部規模經濟重大之產業　　(b) 內部規模經濟輕微之產業的
　　　　　　　的長期平均成本曲線。　　　　　　　長期平均成本曲線。

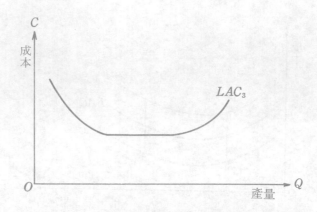

圖 20-19 （c）很大產量範圍內內部規模經濟與不經濟
程度相同之產業的長期平均成本曲線。

（一）LAC_1，在很大的產量範圍內，內部規模經濟的程度大於內部規模不經濟的程度，成本遞降。這種形態屬於重工業——如鋼鐵、鋁、汽車工業的長期生產平均成本曲線，其大規模生產使成本愈來愈低，直到產量擴充到很大的程度後，成本會開始遞升。

（二）LAC_2，在很小的產量範圍內，內部規模不經濟的程度便開始大於內部規模經濟的程度，成本開始遞升。這種形態屬於零售業或若干輕工業的長期生產平均成本曲線，其擴大生產規模，成本迅速降低，但產量擴充的程度有限，成本又迅速遞升。

（三）LAC_3，在很小的產量範圍內，成本遞減的內部規模經濟就消失了，而後有一很大的產量範圍，內部規模經濟與規模不經濟的力量相互抵銷，成本維持不變，直到很大的產量後，內部規模不經濟的程度大於內部規模經濟的程度，成本開始遞升。這種形態屬於食品加工、手工業或家具工業等的長期生產平均成本曲線。

摘　　要

1. 短期，對廠商而言，不足以容許改變生產能量；對產業而言，

不足以容許改變廠商數目。相對地；長期，對廠商而言，足以容許改變生產能量；對產業而言，足以容許改變廠商數目。在短期，生產要素有可變與固定之分；在長期，一切生產要素都是可變的。

2. 表示投入與產出之間關係的生產函數可分為固定比例與可變比例兩類。由於有固定與可變生產要素之分，故生產函數在短期通常屬可變比例；在長期，由於一切生產要素都是可變的，故生產函數通常屬固定比例。

3. 在一定技術水準與固定生產要素下，各種不同數量之可變生產要素投入所能獲得的最大產出，是為總產出。總產出除以可變生產要素數量，是為平均產出。額外變動一單位可變生產要素之使用所引起之總產出改變的數量，是為邊際產出。根據圖形，平均產出等於原點至總產出曲線上各點射線的斜率，邊際產出等於總產出曲線上各點切線的斜率。

4. 短期間，隨著產量的擴大，不斷增加的可變生產要素與固定生產要素的組合比例愈來愈不適當，終將使額外增加一單位可變生產要素使用所引起總產量增加的數量依次遞減，這情形稱之為邊際報酬遞減法則，又稱可變比例法則。

5. 當可變生產要素使用量對應的總產出曲線上之一點既是射線又是切線的所在時，平均產出達到最大，而後隨可變生產要素使用量的增加，平均產出曲線逐漸與橫軸愈接近，但不相交。當可變生產要素使用量達到總產出曲線反曲點時，邊際產出達到最大；當平均產出最大時，邊際產出等於平均產出；總產出達到最大時，邊際產出等於零；若可變生產要素再進一步的增加，邊際產出將為負數。

6. 根據總產出、平均產出及邊際產出三條曲線的關係，可以邊際產出曲線與平均產出曲線最高點的交點及邊際產出曲線與橫軸的交點作為兩個分界點，而將可變生產要素的使用量劃分成生產的三個階段，唯

有第二個階段才是可變生產要素使用量最適當的合理生產階段。

7. 生產財貨或勞務所支付的成本，從總體與個體的觀念來看，有社會成本與私人成本之分；從生產要素爲購入或自有的觀點來看，有明顯成本與隱含成本之分；從時間長短的觀點來看，有可變成本與固定成本之分。

8. 廠商從生產的總收入減去明顯及隱含成本的總額後，若其值大於零則表示獲得經濟利潤，等於零則表示只獲得正常利潤，小於零則示遭受經濟損失。

9. 從實物面而言，投入與產出之間的關係是生產函數；從貨幣面而言，成本與產出之間的關係是成本函數。

10. 在短期，生產的總成本等於總固定與總可變成本之和。短期平均固定成本等於總固定成本除以產量，等於原點至總固定成本曲線上各點之射線的斜率，由於固定成本不隨產量而改變，故平均固定成本曲線爲一條向兩軸漸近的曲線。平均可變成本等於總可變成本除以產量，等於原點至總可變成本曲線上各點之射線的斜率，平均可變成本與平均產出成逆對應的關係。平均總成本等於總成本除以產量，等於原點至總成本曲線上各點之射線的斜率，也等於平均固定與平均可變成本之和。

11. 邊際成本表示每改變一單位產量所引起總成本或總可變成本變動的數量，等於總成本或總可變成本曲線上各點之切線的斜率。邊際成本與邊際產出成逆對應的關係。

12. 短期的平均可變成本、平均總成本及邊際成本曲線均呈遞減、最低、而後遞增的 *U* 字形狀。平均總成本與可變成本曲線之間的平均固定成本差額隨產量增加而降低，平均可變成本曲線最低點的產量小於平均總成本曲線最低點的產量；邊際成本曲線最低點的產量小於平均可變成本與平均總成本曲線最低點的產量，邊際成本小於平均可變及平均總成本時，平均可變及平均總成本曲線下降；邊際成本大於平均可變及平

均總成本時，平均可變及平均總成本曲線上升；邊際成本曲線並通過平均可變及平均總成本曲線的最低點。

13. 對廠商而言，長期是一計畫期間，一切生產成本都是可變的，長期總成本曲線因此是由原點開始而能使廠商在不同產量水準下，生產總成本達到儘可能最低的不同短期生產總成本的軌跡。

14. 長期平均成本等於長期總成本除以產量，等於原點至長期總成本曲線上各點之射線的斜率，表示生產不同產量水準的平均成本達到最小。

15. 長期邊際成本表示長期間變動一單位產量所引起之總成本變動的最小數量，等於長期總成本曲線上各點之切線的斜率。長期邊際成本曲線是不同的短期平均成本曲線與長期平均成本曲線相切處所對應的短期邊際成本曲線上之對應點的軌跡。長期邊際成本小於長期平均成本時，長期平均成本遞降；大於時，長期平均成本遞升；長期邊際成本曲線通過長期平均成本曲線的最低點，因而形成長期平均成本曲線、長期邊際成本曲線、短期平均成本曲線及短期邊際成本曲線的四線共點。

16. 短期平均成本曲線之所以呈 U 字形，乃因邊際報酬遞減法則與平均固定成本隨產量增加而遞減的相互作用所形成。長期平均成本曲線呈 U 字形是因規模經濟與規模不經濟的作用而形成。

17. 所有生產要素同比例增加以擴大產量，而使平均生產成本下降者，稱為規模經濟；使平均生產成本提高者，稱為規模不經濟。隨廠商增加產量，內部規模經濟使平均成本下降的程度大於內部規模不經濟使平均成本上升的程度時，長期平均成本曲線遞降；相等時，長期平均成本曲線達到最低；小於時，長期平均成本曲線遞升。隨各廠商擴大生產規模而使產業擴大，若外部規模經濟使平均成本下降的程度大於外部規模不經濟使平均成本上升的程度，長期平均成本曲線往下移；小於時，長期平均成本曲線往上升。

18. 依產業性質的不同，不同廠商的長期平均成本曲線可能在很大的產量內繼續遞降，有的在擴大少許產量後馬上遞升，有的可能在很大的產量範圍內維持平均成本不變。

重　要　名　詞

中間投入	短期
長期	可變生產要素
固定生產要素	生產函數
固定比例生產函數	可變比例生產函數
邊際報酬遞減法則	可變比例法則
總產出	平均產出
邊際產出	生產三階段
機會成本	社會成本
私人成本	明顯成本
隱含成本	固定成本
可變成本	正常利潤
經濟利潤	經濟損失
成本函數	短期總成本
短期平均成本	短期邊際成本
長期總成本	長期平均成本
長期邊際成本	包絡線
內部規模經濟	規模報酬遞增
內部規模不經濟	規模報酬遞減
外部規模經濟	外部規模不經濟

問　題　練　習

1. 在生產上，時間的長短與生產要素的分類及生產函數的特性有何關係？試剖析之。

2. 甚麼是邊際報酬遞減法則？爲何會發生這種現象？你能根據此一法則畫出總產出、平均產出及邊際產出等曲線的圖形否？

3. 甚麼是生產函數？你能根據生產函數的觀念畫出生產的三個階段，並說明何者是合理的生產階段嗎？

4. 試就生產的各種成本觀念，分別討論之。

5. 經濟學上，利潤如何計算？爲何總收入等於總成本時，稱爲正常利潤？

6. 圖示短期總固定成本、總可變成本及總成本等曲線，並說明如何由其導出短期之平均固定成本、平均可變成本、平均總成本及邊際成本等曲線。

7. 試以圖解剖析短期之總成本曲線、平均成本曲線及邊際成本曲線之間的關係。

8. 圖解長期總成本曲線的意義，並說明如何由其導出長期的平均及邊際成本曲線。

9. 何謂長期平均成本曲線？該曲線如何由短期平均成本曲線導出？

10. 試圖解如何由短期邊際成本曲線導出長期邊際成本曲線？在長期平均成本曲線的最低點，爲何形成長期平均及邊際成本與短期平均及邊際成本等曲線共點？

11. 短期和長期平均成本曲線通常都呈 U 字形，試分別申述其理由。

12. 內部規模經濟或不經濟與外部規模經濟或不經濟有何不同？各由那些因素所肇致？

第二十一章

完全競爭市場價格與產量的決定

討論過一種產品的需求效用與供給成本後，我們開始將兩者合併一起考慮，卽產品在不同的市場結構裏，由於需求與供給情況的不同，會使產量與價格有不同的決定。

所謂市場是指財貨、勞務與生產要素交易的場所。市場有大有小，小至地方性的市場，大至全國性、國際性的市場。狹義的市場是指有具體地點存在的有形市場——如果菜市場、百貨市場；廣義的市場是指，凡有買賣雙方對某一種財貨或勞務發生交易，雖無一確定具體的地點，仍然要算是市場，例如以電話進行債券、股票買賣的無形市場。

市場結構或組織，乃指買賣雙方組成的形態，其異同是視買賣雙方競爭程度的大小而定。競爭的程度可以分別由購買者方面或由銷售者方面來分析，不過通常討論市場的結構型態時都著重於銷售者方面。因爲銷售者代表生產者，其是否爲競爭與競爭性的大小，影響到廣大購買者（消費者）的利益；而買方通常是競爭程度很大，很少有獨買的可能，在有獨買的情況下，該獨買者一定旣是買者，同時又是賣者，居於雙元獨佔的地位。至於純粹的買方獨佔通常是不可能產生的。

以下幾章，我們從供給面所決定的市場組織形態，來分析不同的市場結構對於產品之產量與價格決定的影響。首先我們討論經濟學者認爲最理想的市場組織——完全競爭市場 (perfect competition market)。

第一節 完全競爭市場的意義與條件

完全競爭市場是指具有下述特性的市場組織: (1) 有眾多的買者與賣者, (2) 眾多賣者的產品完全相同, (3) 每一位買者與賣者具有市場價格與產量的完全訊息, (4) 沒有人爲干預, 及(5)資源具有完全流動性。這些特性分別闡述如下。

(一) 眾多的買者與賣者

對於一種財貨或勞務, 買賣雙方均有眾多的人數, 且雙方的行爲均很理性, 能爲自己的利益著想, 作個別獨立的決定, 不受他人的干擾與影響。因爲有眾多的買者與賣者, 故每一單獨的買者或賣者所買賣的數量, 在總購買量或總產量中所佔的比例非常微小。因此, 每一單獨的買者或賣者對於市場價格無法發生決定性的影響, 亦卽無法以其個別的力量使市場價格發生改變, 故完全競爭市場是一種非個人 (impersonal) 的市場。因此, 每一種產品的市場價格不是個別的購買者或生產者所能決定的, 而必須由參與市場的全部供給者與消費者所共同決定。

在完全競爭市場中, 對於單獨廠商 (或銷售者) 而言, 市場價格爲一已經決定的已知數, 他旣不能提高價格銷售, 亦無需降低價格銷售, 故個別廠商是市場**價格的接受者** (price taker), 而非市場**價格的決定者** (price maker)。圖 21-1(a)是市場的總供給與總需求情況, 圖 21-1(b) 是代表性廠商所面對的需求情況。由市場總需求與總供給決定市場均衡價格 OP_1 後, 代表性廠商所面臨的需求曲線乃是一條由市場均衡價格延伸而成之彈性無限大的水平線 d_1。廠商若將價格提高超過市場價格, 所有的消費者會轉向其他廠商購買同樣的產品, 其面臨的需求量成爲零, 而無法將產品銷售出去; 若將價格下降低於市場價格, 則整個市場的總需求將完全移轉至此廠商, 產生供不應求的現象, 故廠商只要在

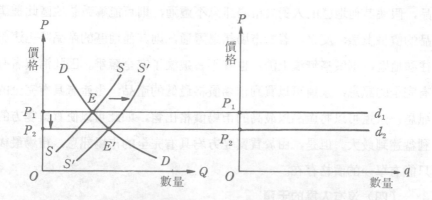

圖 21-1 （a）市場的供給與需求　　（b）代表性廠商以市場均衡價格形
　　　　　決定均衡價格。　　　　　　成的水平線爲其需求曲線。

市場均衡價格下，可以銷售任何他所能提供而想要銷售的數量，而無需改變價格。唯有整個市場的供給或需求改變，使市場的均衡價格發生改變——如由 OP_1 降至 OP_2，代表性廠商面對的價格與需求才能隨著發生改變——如由 d_1 降至 d_2。

（二）相同的產品

所謂相同的產品（identical products），不是狹義的產品物理性的品質相同，而是廣義的產品經濟性的相同，包括產品的品質、型式、包裝、服務甚至商標均相同。相同性愈高，替代性就愈大，競爭性亦愈強。由於各廠商的產品完全相同，所以任一廠商均不可能壟斷市場，影響市場價格。此外，由於產品同質，廠商之間沒有非價格競爭（non-price competition），購買者向任何一家廠商購買都沒有什麼差別。

（三）完全市場知識（訊息）

無論消費者或供給者對於目前及未來的市場財貨與勞務的供需情況及價格變化，均要有完全的知識或訊息（perfect knowledge or information），才能保障供需的迅速調整與完全競爭的存在。市場訊息的不

靈通往往導致價格的差異及產品的短缺或過剩。 若某地區缺乏某 種 產品，假使其他地區的人對於市場訊息不靈通，則可能導致該地區此種產品的價格上漲；反之，若對市場訊息靈通，則其他地區的產品將迅速流往該地區，則價格無法上漲，也就不會破壞了完全競爭。因此消費者具有完全的訊息，永遠可以買到市場價格最低的產品；生產者具有完全的訊息，永遠可以將產品以最高的市場價格出售，如此可以使買賣雙方的利益達到最大。但是，由於買賣雙方均具有完全的市場訊息，市場最後只能有單一的價格存在。

（四）沒有人爲的干預

市場價格完全由總供給與總需求的市場力量來決定而沒有人爲的外力加以干預。當政府對產品價格採取高限或低限的價格管制時，卽破壞了市場的完全競爭。例如，政府對於農產品制定了最低價格，使農產品市場無法達成完全競爭。

（五）資源完全的流動性

資源的完全流動性表示勞動者可以作地理上、行業間的自由移動，資本與土地可以作任何用途的使用。具體而言，卽廠商可以自由加入或退出產業的生產，沒有任何制度性的限制，如工會、專利特許等；沒有經濟性的限制，如需要大量的資本始可創業；也沒有技術性的限制，如需要專門技術訓練等。

由於資源具有完全的流動性，所以當市場價格上升而有經濟利潤發生時，新廠商可以自由加入生產，使供給增加，價格隨之下跌；當市場價格下跌而有經濟損失發生時，原有的廠商可以自由退出生產，使供給減少，價格回升，而使市場價格維持穩定。

根據以上的條件，可以說眞實的經濟社會沒有一種產品的市場組織可以稱之爲完全競爭。卽使農產品與股票市場被認爲最接近完全競爭，但仍然很難符合完全市場訊息的條件，故完全競爭的市場組織是一個十

分理想而不切實際情況的理論模型，它假設在自由市場的經濟制度下，一切經濟活動可以完全沒有摩擦 (frictionless) 的運行，這種假設猶如物理學上的「眞空」假設一般不切實際。

雖然完全競爭的市場組織是一個理論上而非實際上的模型，但是它使我們對於眞實複雜的經濟現象能夠獲得簡單而一般化的觀念。以它爲基礎，我們可以發展出比較符合事實的其他市場組織模型，來分析經濟現實的活動，並以完全競爭模型爲標準，來比較不同的市場組織對產品的產量、價格及其對社會福利的影響。職是之故，完全競爭的市場組織模型雖不是很切實際，但卻是一個很有用的理論模型。

第二節　完全競爭廠商的短期均衡

一、基本假設

在分析完全競爭廠商的經濟行爲時，我們假設理性的廠商以追求利潤最大爲企業的唯一目標，這是一個很強烈但很合理的假設。無可置疑地，並非所有企業家時時均以追求利潤最大爲其營業唯一的目標，他們可能以追求銷售量最大、一定的市場佔有率或一定的投資報酬率爲目標。但是，除非能夠賺取到利潤，否則企業是無法長期生存下去，更談不上擴大發展。因此，追求利潤最大的假設雖非絕對妥當，但直至目前尙無其他更適當的假設能以替代作爲分析廠商行爲的準則。

二、完全競爭廠商的收入

生產同樣產品之所有廠商的集體稱之爲產業，產業的供給構成市場的總供給，所有消費者對全產業產品的需求構成市場的總需求。因此，某一種產品的市場總供給與總需求就是該產業的總供給與總需求。根據

完全競爭的條件，代表性廠商是市場價格的接受者而非決定者，價格對個別廠商而言是一已經存在的參數（parameter）， 故在追求利潤最大的決策過程中，完全競爭廠商所能決定的只是產量的大小。

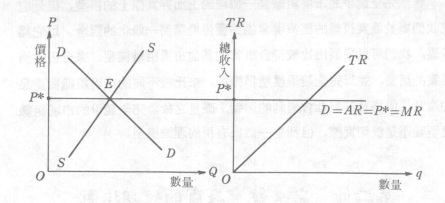

圖 21-2 （a）市場供給與需求決　　（b）代表性廠商的平均收入等於邊際
　　　　　　定均衡價格。　　　　　　　收入，等於市場均衡價格。

廠商的總收入等於價格乘以銷售量（$TR = P \times Q$），總收入除以銷售量等於**平均收入**（average revenue, AR），等於價格，因為：

$$\frac{TR}{Q} = \frac{P \times Q}{Q} = AR = P。$$

廠商的邊際收入是指一單位銷售量的改變所引起之總收入的改變部分。由於完全競爭廠商的銷售價格不變，所以總收入的改變等於價格乘以銷售量的改變，即

$$\Delta TR = P \times \Delta Q,$$

而邊際收入是：

$$MR = \frac{\Delta TR}{\Delta Q} = \frac{P \times \Delta Q}{\Delta Q} = P。$$

因此，完全競爭廠商的邊際收入等於價格，也等於平均收入（$MR = P = AR$）。

在圖形上，總收入曲線上射線的斜率等於平均收入（價格），切線的斜率等於邊際收入。圖21-2(b) 中完全競爭廠商的總收入曲線，是一條由原點開始的直線，其本身既是射線，又是切線，且斜率不變，這表示平均收入等於邊際收入，等於市場決定的均衡價格。

三、完全競爭產業的市場期間均衡

在分析完全競爭廠商短期均衡之前，我們首先介紹完全競爭在最短時間——市場期間之均衡價格與數量的決定。由於在市場期間，個別廠商接受市場決定的價格且產量完全固定，故不予考慮而只分析產業的情況。

在市場期間，產業的供給是完全缺乏彈性的，所以圖21-3的供給曲線為一垂直線，與市場不同的需求情況 D_1D_1、D_2D_2 或 D_3D_3 可以決定不同的市場均衡價格 OP_1、OP_2 或 OP_3，但市場均衡數量仍維持OQ^*不變。因此，完全競爭產業的市場期間，在供給固定下，需求單獨決定市場均衡價格，而供給單獨決定市場均衡數量。這與產業在短期或長期間，總需求與總供給共同決定市場均衡價格與數量的情況大不相同。

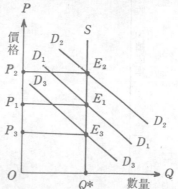

圖 21-3　完全競爭產業的市場期間均衡。

四、完全競爭廠商的短期均衡: 總收入—總成本分析法

廠商生產的目的在於追求最大利潤，**當廠商決定一價格與產量的組合，使其利潤達到最大或損失達到最小時，價格與產量的組合即不再變**

動，此一狀態稱之為廠商均衡 (firm equilibrium)。完全競爭廠商必須
接受市場所決定的價格，故其在追求利潤最大的過程中，所能決定的只
剩產量這一變數。以下我們分析在短期間，完全競爭廠商如何決定最適
的產量，以使其達到利潤最大或損失最小的均衡狀態。

　　利潤是總收入減去包括固定及可變成本的總成本之後的剩餘。因此，
總收入減去總成本的剩餘最大時，即表示利潤最大。圖 21-4，TR_1 為
由原點開始之完全競爭廠商的總收入直線，STC 為其短期總成本曲線。

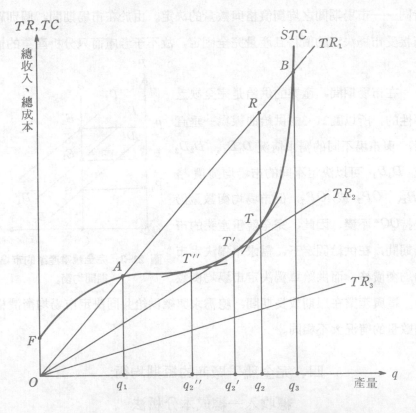

圖 21-4　廠商的總收入曲線與總成本曲線之間不
　　　　　同相關差距下的產量，分別表示廠商只
　　　　　有正常利潤、最大經濟利潤或最小經濟
　　　　　損失。

總收入與總成本之間的差額有三種情況發生:

1. 小於 Oq_1 或大於 Oq_3 的產量, 廠商的總收入小於總成本, 有經濟損失發生。

2. 在 Oq_1 或 Oq_3 的產量, 廠商的總收入等於總成本, 經濟利潤等於零而只賺取正常利潤,·故 A 與 B 兩點稱為**扯平點** (break-even points)。

3. 在 Oq_1 與 Oq_3 之間的產量, 廠商的總收入大於總成本, 有經濟利潤發生, 而在總成本曲線上找一點, 其切線的斜率等於總收入直線的斜率, 則總收入直線與總成本曲線之間的差距最大, 其所對應之產量 Oq_2 的經濟利潤最大。因此, 當總收入直線為 TR_1 時, 完全競爭廠商在短期間, 必然生產 Oq_2 的產量, 而達到經濟利潤最大的均衡狀態。

根據以上的分析, 若完全競爭廠商的短期總成本與總收入情況分別是 STC 與 TR_2, 則其短期均衡產量是總收入直線與總成本曲線相切之點 (T') 所對應的產量 Oq_2', 廠商短期均衡的經濟利潤等於零, 而只有正常利潤; 若完全競爭廠商的短期總成本與總收入情況分別是 STC 與 TR_3, 則其短期均衡產量是總成本與總收入差距最小之點 (T'') 所對應的產量 Oq_2'', **廠商**短期均衡發生最小的經濟損失。

因此, 完**全**競爭廠商的短期均衡可能有三種情況:

1. 有經濟利潤的均衡──利潤最大的均衡。

2. 只有正常利潤的均衡。

3. 有經濟損失的均衡──損失最小的均衡。

五、完全競爭廠商的短期均衡:
邊際收入─邊際成本分析法

在總收入對總成本的最大利潤分析中, 以總成本曲線之切線斜率等於總收入直線之斜率決定利潤最大或損失最小的產量。由於總成本曲線之切線斜率等於邊際成本, 總收入直線之斜率等於邊際收入, 所以這種

分析事實上已經隱含著廠商最大利潤生產決定的另一法則存在: 邊際收入等於邊際成本●。

圖 21-5(a) 表示市場的供需, 決定市場均衡價格 OP^* 與均衡量

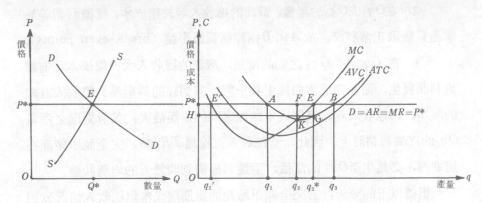

圖 21-5　(a) 市場供給與需求決　　(b) 邊際收入等於邊際成本決定廠商利
　　　　　　　定均衡價格。　　　　　　　潤最大或損失最小的均衡產量。

●　根據總收入—總成本分析法, 利潤等於總收入減去總成本, 即 $\pi = TR - TC$, π 代表利潤。

設價格爲銷售量的函數 $P = f(q)$, 總收入等於價格乘銷售量, 所以 $TR = Pq = f(q)q$。

總成本等於固定成本 (F) 與可變成本 $(V(q))$ 之和, 而可變成本爲產量的函數, 所以

$$TC = F + V(q)。$$

利潤方程式因此改寫爲:

$$\pi = f(q)q - [F + V(q)]。$$

又利潤最大的必要條件爲利潤方程式對產量的一階微分等於零, 即

$$\frac{d\pi}{dq} = [f'(q)q + f(q)] - V'(q) = 0,$$

$$f'(q)q + f(q) = V'(q)。$$

因爲 $P = f(q)$ 爲一常數 (即已知的市場均衡價格), 所以 $f'(q) = 0$,

$f'(q)q = 0$, $f(q) = V'(q)$。 又 $f(q) = P = MR$, $V'(q) = \dfrac{dV}{dq} = MC$, 所以

$$MR = MC。$$

因此, 在總收入與總成本差距最大之產量時, 即隱含總收入曲線的斜率 (MR) 等於總成本曲線的切線斜率 (MC), 故可以據此引申出利潤最大的邊際均等法則。

OQ^*。圖 21-5(b) 表示代表性廠商的平均單位收入與平均單位成本的
情況。市場均衡價格等於廠商的平均收入、邊際收入與價格。由圖形我
們可以證明完全競爭廠商在邊際成本等於邊際收入的產量時，達到利潤
最大的均衡。

邊際成本表示產量增加一單位所引起之總成本的增加額，邊際收入
表示銷售量增加一單位所引起之總收入的增加額。顯然地，當邊際收入
大於邊際成本時，增加生產使總收入的增加大於總成本的增加，所以利
潤增加；當邊際成本大於邊際收入時，增加生產使總收入的增加小於總
成本的增加，所以利潤減少；唯有邊際收入等於邊際成本時，總收入的
增加等於總成本的增加，利潤達到最大。

圖 21-5(b) 顯示，在 Oq_1 產量之前，廠商的邊際收入遠大於邊際
成本，平均收入小於平均成本，廠商有經濟損失發生。由於邊際收入大
於邊際成本，所以繼續增加生產，到 Oq_1 產量時，平均收入等於平均
成本，廠商獲得正常利潤。但邊際收入仍大於邊際成本，所以繼續增加
生產，到 Oq_2 產量時，平均成本最小，單位利潤 (unit profit) FK大
大，但邊際收入仍大於邊際成本，所以總利潤不是最大，唯有生產到
Oq_2^*產量時，邊際收入等於邊際成本，總利潤等於HP^*EG達到最大。
產量超過 Oq_2 後，邊際成本大於邊際收入，總利潤反而減少。若產量
超過 Oq_3，平均成本均大於平均收入，廠商將會發生經濟損失。因此，
在短期間，完全競爭廠商要追求利潤最大（或損失最小），在邊際收入
大於邊際成本時，應該增加生產；在邊際成本大於邊際收入時，應該減
少生產，直到產量使邊際收入等於邊際成本時，利潤達到最大或損失達
到最小。

在圖 21-5(b)，邊際成本曲線與邊際收入曲線的交點除E點外尚有
E' 點，與 E' 對應的產量 Oq_2' 是否亦為廠商的最大利潤產出呢？　由
於在E'點時邊際成本尚在遞減中，這表示可變生產要素的邊際產出仍在

遞增，生產成本仍繼續下降，所以廠商會繼續增加生產，Oq_2' 不是利潤最大的產量❷。

在完全競爭廠商的成本結構一定下，圖 21-6(b) 顯示：如果完

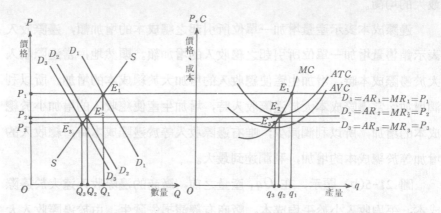

圖 21-6 (a) 市場供給與需求決定
不同的均衡價格。
(b) 根據邊際收入等於邊際成本，廠商可
以決定正常利潤、經濟利潤最大或經
濟損失最小的均衡產量。

❷ 邊際收入與邊際成本曲線有 E 及 E' 兩個交點，爲何廠商最大利潤的產量
在 E 點呢？

在數學上，一階微分等於零，只表示有極值（極大或極小）存在，要證明
利潤極大的充分條件必須二階微分小於零，即當 $\dfrac{d\pi}{dq}=0$，及 $\dfrac{d^2\pi}{dq^2}<0$

時，才有利潤極大存在。因此，將❶的 $\dfrac{d\pi}{dq}$ 對產量 q 再微分，得到

$$\frac{d^2\pi}{dq^2}=\frac{d\left(\dfrac{d\pi}{dq}\right)}{dq}=\frac{d[f(q)-V'(q)]}{dq}=f'(q)-V''(q)<0。$$

因爲 $f'(q)=0$，所以
$$-V''(q)<0，$$
$$V''(q)>0。$$

又 $V''(q)=\dfrac{d\left(\dfrac{dV}{dq}\right)}{dq}=\dfrac{d(MC)}{dq}>0$，代表邊際成本曲線的斜率大於零。

是故，要利潤極大的充分條件必須邊際成本曲線的斜率爲正，即 $V''(q)>0$。

由於邊際成本曲線的斜率在 E' 點爲負，在 E 點爲正，故 $q_2{}^*$ 才是完全
競爭廠商利潤最大的產量。

全競爭廠商所面對的市場價格是 OP_1，根據邊際均等法則生產 Oq_1 產量，經濟利潤最大；市場價格如果是 OP_2，根據邊際均等法則生產 Oq_2的產量，廠商尚能賺取正常利潤，若產量大於或小於 Oq_2，均將發生經濟損失；市場價格如果是 OP_3，根據邊際均等法則生產 Oq_3 的產量，經濟損失達到最小。

表 21-1　完全競爭廠商利潤最大之產量的決定

(1) 總產量 (Q)	(2) 價格 (P)	(3) =(1)×(2) 總 收 入 (TR)	(4) 總成本 (TC)	(5) =(3)−(4) 總 利 潤 (π)	(6) =Δ(3) 邊際收入 (MR)	(7) =Δ(4) 邊際成本 (MC)	(8) =$\frac{(4)}{(1)}$ 平均總成本 (ATC)
0	\$10	\$0	\$10	\$−10	—	—	—
1	10	10	20	−10	\$10	10	\$20
2	10	20	28	− 8	10	8	14
3	10	30	35	− 5	10	7	11.7
4	10	40	40	0	10	5	10
5	10	50	45	5	10	5	9
6	10	60	52	8	10	7	8.7
7	10	70	60	10	10	8	8.6
8*	10	80	70	10	10	10	8.8
9	10	90	90	0	10	20	10

註：＊代表利潤最大之產量。

因此，無論是用總收入對總成本或邊際收入對邊際成本分析法，均得到相同的結論。但在經濟學上，以邊際均等分析法較為重要且廣泛應用。假設完全競爭廠商的短期均衡有經濟利潤發生，圖 21-7 中最上面的圖形表示總收入─總成本分析法，中間圖形表示邊際收入─邊際成本

分析法，最下面圖形表示利潤與產量的關係。可以看出三個圖形是一致對稱的。（數據實例，請參閱表21-1。）

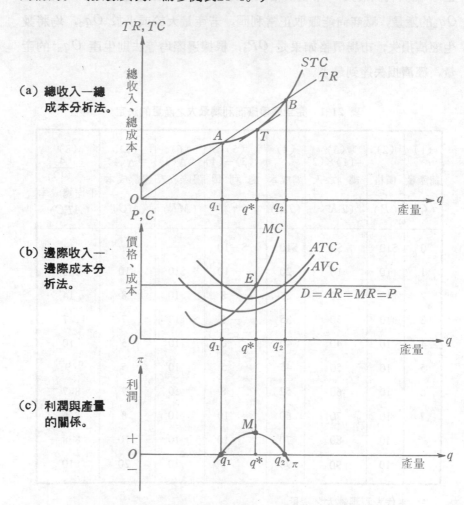

(a) 總收入—總成本分析法。

(b) 邊際收入—邊際成本分析法。

(c) 利潤與產量的關係。

圖 21-7　完全競爭廠商均衡產量決定之總收入—總成本分析與邊際收入—邊際成本分析是一致對稱的。

第三節　完全競爭的短期供給曲線

一、廠商的短期供給曲線

根據完全競爭廠商可能面臨的不同市場均衡價格，及其一定的成本結構，吾人可以導出完全競爭廠商的短期供給曲線。圖 21-8(a) 表示市場可能決定的均衡價格，圖 21-8(b) 表示廠商面臨的市場價格、平均單位成本、及均衡產量的情況。如果市場的供給與需求所決定的均衡價格為：

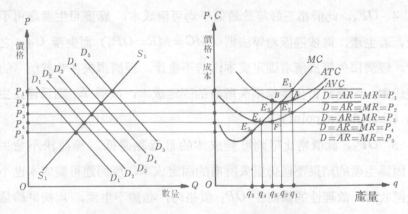

圖 21-8　（a）市場供給與需求決定廠商各種可能面對的均衡價格。　（b）從市場均衡價格等於最低的平均可變成本開始，廠商卽根據邊際收入等於邊際成本決定均衡產出供給量。

1. OP_1，廠商按此價格，依邊際均等法則 （$MC=MR=OP_1$），決定生產 Oq_1 產量，單位利潤等於 AE_1，總經濟利潤等於 $AE_1 \times Oq_1$ 達到最大。

2. OP_2，廠商按此價格，依邊際均等法則（$MC=MR=OP_2$），決定生產 Oq_2 產量，平均單位成本 q_2E_2 等於平均收入 OP_2，只賺取到正常利潤。

3. OP_3，廠商按此價格，依邊際均等法則($MC=MR=OP_3$)，決定生產 Oq_3 產量，單位損失等於 E_3B，總經濟損失等於 $E_3B \times Oq_3$ 達到最小。在此有經濟損失發生的情況，為何廠商仍願意生產 Oq_3 的產量呢？因為平均總成本與平均可變成本曲線之間的垂直距離代表平均固定成本，市場均衡價格為 OP_3 時，還超過平均可變成本 E_3F 的額度，繼續從事生產，不僅可以收回所有的可變成本，還可以收回部分的固定成本 $E_3F \times Oq_3$。若停止生產，則所有的固定成本 $BF \times Oq_3$ 全部損失。顯然地，$BF \times Oq_3$ 的損失大於 $E_3B \times Oq_3$ 的損失，故廠商仍會繼續生產。

4. OP_4，此價格正好等於最低平均可變成本，廠商可生產亦可不生產。若生產，則依邊際均等法則（$MC=MR=OP_4$）而生產 Oq_4 之產量，經濟損失等於所有固定成本；若不生產，經濟損失亦等於所有的固定成本。因為是否生產都損失所有的固定成本，故稱 E_4 點為**停止生產點** (shut-down point)。

5. OP_5，此價格比平均可變成本的最低點還低，廠商決不會生產。因為生產的結果不僅仍損失所有的固定成本，反而連可變成本也不能全部收回，故理性的廠商在 OP_5 價格時，必然不生產，均衡供給量等於零。

依據以上各種可能的市場價格與廠商生產決策的分析，可以得到如下的結論：**完全競爭廠商的短期供給曲線是由平均可變成本曲線最低點開始向上延伸的邊際成本曲線，它表示在不同的市場價格下，生產者願意且能夠生產提供的數量**（圖21-9）。

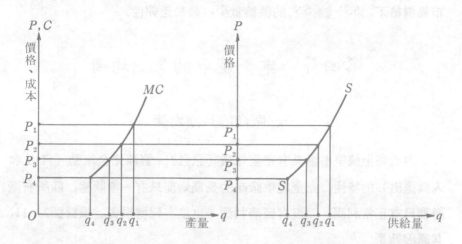

圖 21-9 （a）完全競爭廠商的邊際成　（b）由平均可變成本曲線最低點開始
本曲線。　　　　　　　　　　向上延伸的邊際成本曲線，即爲
完全競爭廠商的短期供給曲線。

二、產業的短期供給曲線

如果產量的擴充不會導致生產要素價格的上升，則將各廠商的短期供給曲線予以水平併總，即可得到產業的短期供給曲線。事實上，當市場產品價格上升，產業的產量供給增加時，對生產要素的需求增加，會導致生產要素的價格上升，廠商的生產成本提高，產量會較生產要素價格不變時來得少。 因此，圖 21-10 中 SS 曲線代表生產要素價格不變時全體廠商短期供給曲線的水平併總；SS' 曲線代表生產要素價格隨產量增加而上升時全體廠商短期供給曲線的併總。SS' 必在 SS 曲線的左上方且較陡，表示在各種

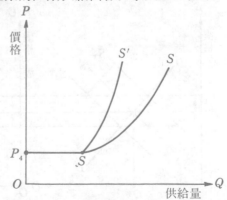

圖 21-10 完全競爭產業的短期供
給曲線。

市場價格下，*SS'* 較 *SS* 的供給量少，較缺乏彈性。

<h1 style="text-align:center">第四節　完全競爭的長期均衡</h1>

一、廠商的長期均衡

由於完全競爭市場具有完全知識（訊息）、資源完全流動（自由加入與退出）的特性，完全競爭廠商的長期均衡只有一種狀態，卽所有廠商都只有正常利潤，而沒有經濟利潤，也沒有經濟損失。根據圖21-11，其原因乃是：

（一）如果短期間市場均衡價格爲 OP_1 使廠商有超正常利潤（卽經濟利潤）產生，則在長期間，會有新廠商加入生產，使市場供給增加，價格下跌，直到下跌至 OP^* 使所有廠商都只有正常利潤爲止。

（二）如果短期間市場均衡價格爲 OP_2 使廠商發生經濟損失，則在長期間，效率較低、承受不起損失的原有廠商會退出生產，使市場供

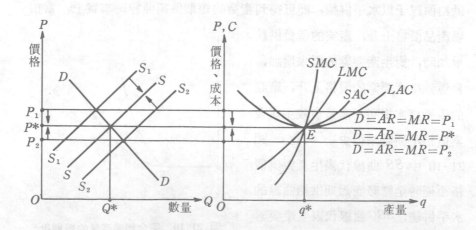

圖 21-11　(a) 市場均衡價　　(b) 完全競爭廠商於五線共點之長期平均
格與數量。　　　　成本曲線最低點，達到長期均衡。

給減少，價格上升，直到上升至 OP^* 使繼續存在的廠商都有正常利潤爲止。

因此，在長期間，唯有完全競爭市場的均衡價格 OP^* 正好等於廠商最低的長期平均成本 q^*E，廠商的邊際收入等於長期邊際成本，平均收入等於長期平均成本，完全競爭廠商達到只有正常利潤，沒有經濟利潤也沒有經濟損失的長期均衡狀態。沒有新廠商想再加入，也沒有廠商想退出此一產業，因爲整個經濟完全競爭的結果，任何產業的任何廠商都只能賺取到正常利潤而已。整個產業廠商的均衡數目等於市場均衡產量 OQ^* 除以代表性廠商的均衡產量 Oq^*。

長期均衡產量決定後，廠商必然使用一個最有效率的短期生產規模來從事生產，由於是在長期平均成本的最低點生產，必然也在最有效率的短期生產規模的最低點生產，而短期邊際成本曲線也通過短期平均成本曲線的最低點。因此，在完全競爭廠商的長期均衡點，形成平均（邊際）收入曲線、長期平均成本曲線、長期邊際成本曲線、短期平均成本曲線及短期邊際成本曲線，五線共點的現象——即 $P=AR=MR=LMC=LAC=SAC=SMC$，這個等式稱爲**完全競爭廠商的長期均衡條件**。

完全競爭廠商長期均衡條件形成的過程可以解析如下：

（1）廠商要達到長期均衡，本身必須符合邊際均等法則，卽邊際收入（或價格）等於長期邊際成本：

$$P=AR=MR=LMC。$$

（2）必須符合產業長期均衡的條件——只有正常利潤，卽價格等於長期平均成本：

$$P=AR=LAC。$$

（3）長期間，廠商會選擇一個最適當的生產規模來從事生產，卽長期平均成本等於短期平均成本：

$$LAC=SAC。$$

由條件 (1)及(2): $P=LMC,\ P=LAC,$ 所以 $P=LMC=LAC,$ 表示價格等於長期邊際成本等於長期平均成本。 根據長期邊際 成 本 曲 線，通過長期平均成本曲線的最低點，可知在 LAC 的最低點達到長 期 均衡。

由條件 (3): $LAC=SAC,$ 所以 LAC 的最低時，SAC 亦是最低。 又 SMC 通過 SAC 的最低點，因此形成長期均衡條件:

$$P=AR=MR=LMC=LAC=SAC=SMC。$$

完全競爭廠商長期均衡條件所代表的經濟意義有:

1. $P=MC$。價格與邊際成本均是一種替代的機會成本。 價格是消費者對產品願意支付的代價，代表對產品的社會價值評估; 邊際成本是生產者製造產品必須支付的代價， 代表一種社會成本。 當兩者 相 等時，表示消費者與生產者達到機會成本均等或社會價值等於社會成本的狀態，產量正好符合消費者的偏好，滿足消費者的慾望，既不會過多，亦不會過少，故經濟效率最高，社會福利最大。

2. $MR=LMC=SMC$。 此為生產者最佳的生產決定， 卽利潤最大、或損失最小的生產狀態，廠商同時處於長期與短期的均衡。

3. $P=AR=MR$。只有在完全競爭下， 才有平均收入等於邊 際 收入的情況。在其他市場結構，只有第一單位產品的平均收入等於邊際收入，以後其他單位的產品，則是平均收入大於邊際收入。

4. $P=AR=LAC$。表示廠商只賺取正常利潤， 因此沒有其他廠商想加入或退出產業的誘因。

5. $P=LMC=LAC$。 表示消費者支付最低的價格， 是對消費者最有利的情況。

6. $SMC=SAC$。 產品是在最適生產規模、 最低的成本下從事 生產，是最有效率的生產。

7. $LMC=LAC$。最低的單位成本， 最適當的產量， 社會資源的

派用最恰當。

8. $LMC=LAC=SAC=SMC$。表示長期間，投入此種產業的社會資源最適中，不過多也不過少；生產規模最適當，生產效率最高，生產成本最低。因此，社會資源獲得最有效的派用。

二、產業的長期供給曲線

長期間，由於市場上產品總需求與總供給的改變，會使市場的均衡價格與數量發生改變，將這些不同的均衡價格與數量的組合點予以連接，卽可得到不同形狀的產業長期供給曲線。

在圖 21-12 中，原來完全競爭市場的需求與供給決定長期均衡點 E。在這價格下，產業的每一家廠商只能有正常利潤。假設市場的需求由 DD 增加為 $D'D'$，均衡點為 E'，但這只是一種短暫的現象。因為 E' 的價格將使原來的廠商發生經濟利潤，將很快地吸引新的廠商加入生產，或誘使原有的廠商增加生產，而使市場的供給增加，價格下降，下

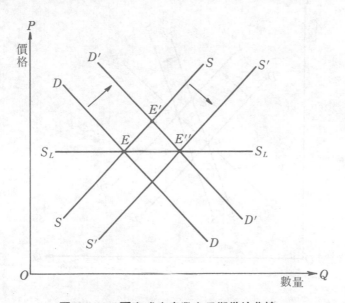

圖 21-12　固定成本產業之長期供給曲線。

降至全產業廠商的經濟利潤消失而只能獲得正常利潤為止。

如果新廠商加入生產或原有廠商增加生產使產業供給增加時，對生產要素（包括中間投入）的需求增加並不會引起要素價格的上升，則廠商的生產成本結構維持不變。因之，只要市場最後的均衡點 E'' 所決定的價格與原來均衡點 E 所決定的價格相同，廠商卽能回復到正常利潤（卽新的均衡價格再度等於原來最低的長期平均成本）。連接市場原來 與 供需變化後的長期均衡點 E 與 E''，卽可得到產業的長期供給曲線 $S_L S_L$。

圖 21-12 的產業長期供給曲線是一條完全彈性的水平線，此種產業稱之為**固定成本產業**（constant-cost industry）。表示整個產業增加產量時，並不會引起生產成本的上升，供給的增加等於需求的增加，市場的價格因此可以維持不變，而廠商仍然獲得正常利潤。這種情況唯有在該產業所使用之生產要素佔全經濟生產要素總量的比例非常的小，或

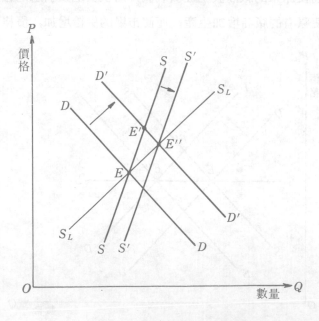

21-13 遞增成本產業之長期供給曲線。

其使用的並不是專門、特殊性的生產要素，才可能發生。

　　圖 21-13 顯示，當市場需求增加，價格上升，原有廠商發生經濟利潤後，新廠商加入生產，或原有廠商增加生產，使產業供給增加，對生產要素的需求增加，導致生產要素的價格上升，在其他情況不變下，生產成本提高。在這種情況下，長期均衡要使廠商仍能獲得正常利潤，市場所決定的新均衡價格必然要比原來的均衡價格爲高。因之，連接原來與供需變動後的市場長期均衡點 E 及 E'' 點，形成一條正斜率的產業長期供給曲線 $S_L S_L$。

　　具有正斜率之長期供給曲線的產業，稱之爲**遞增成本產業** (increasing-cost industry)，表示整個產業增加產量時，引起生產要素價格的上升，長期平均成本曲線因此往上移，生產成本提高，故只有提高產品價格才能使供給增加，而供給的增加小於需求的增加，市場的均衡價格上升，廠商乃能繼續獲得正常利潤。通常一個產業所使用的生產要素如果佔全經濟生產要素總量的比例很大，或其使用的是專門、特殊性的生產要素，則該產業就會遭遇到這種遞增成本的情況。

　　圖 21-14 顯示，當市場需求增加，價格上升，原有廠商發生經濟利潤後，新廠商加入生產，或原有廠商增加生產，使產業供給增加，對生產要素的需求增加反而使生產要素的價格下跌，在其他情況不變下，生產成本下降。在這種情況下，長期均衡要使廠商仍只獲得正常利潤，唯有新的市場均衡價格比原來的均衡價格爲低。因之，連接原來與供需變動後的市場長期均衡點 E 及 E''，形成一條負斜率的產業長期供給曲線 $S_L S_L$。

　　具有負斜率之長期供給曲線的產業，稱之爲**遞減成本產業** (decreasing-cost industry)。表示整個產業增加產量時，導致生產要素價格下跌，長期平均成本曲線因此往下移，生產成本下降，供給的增加大於需求的增加，卽使降低產品的價格，供給量仍然增加，廠商仍可獲得正常

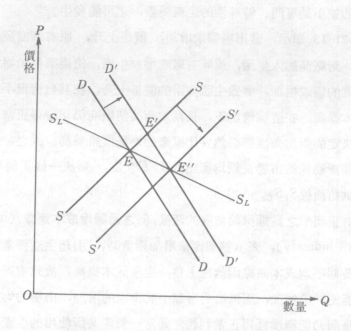

圖 21-14 遞減成本產業之長期供給曲線。

利潤。這種現象唯有在產業擴大生產而導致生產要素的供給發生重大的規模經濟，才會發生。

三種完全競爭產業的長期供給情況，以遞增成本產業最爲普遍，其次是固定成本產業，遞減成本產業的例子不多，通常發生在重工業的初期發展階段。

三、完全競爭市場的經濟效果評估

要評估一種市場組織的經濟效果，有兩個重要的標準，一是**效率** (efficiency)，一是**公平** (equity)。

首先，談效率問題。這是一種成本—效益的問題，卽任何一種經濟活動花費的成本最少，所得的報酬利益最大，效率就最高。一般而言，在其他因素相同時，一個市場結構的競爭性愈高，產品的生產將愈能符

合社會的偏好、成本將愈低、產量將愈適當，故效率愈高；反之，競爭性愈低，產品的生產愈可能不符合社會的偏好、成本將愈高、產量將愈不適當，故效率也就愈低。

其次，談公平問題。在任何經濟制度中，只有相對的均等 (equality)，而沒有絕對的均等，公平就是一種相對的均等。效率與均等有密切的關係，在經濟學上，為了維持效率，通常只考慮公平，而無法要求所有個人的報償均等。若所有個人的報償都均等，則經濟活動卽無效率可言，沒有競爭，也就無法進步。一般而言，競爭愈強，愈容易達到公平，也就愈有效率；競爭愈弱，愈不易達到公平，也就愈沒有效率。

古典學派由效率與公平的觀點，認為無任何阻礙而充分競爭的市場是最理想、最完善的市場結構。整個古典學派的理論均以完全競爭市場為分析的對象。有此認識，並根據本章的分析，我們對完全競爭市場長期均衡的經濟後果作如下的評估：

（一）優點

1. **使消費者的滿足達到最大** 完全競爭下，廠商以最低的成本生產消費者偏好的產品，而且產量最大，消費者支付的價格最低，故消費者以最小的代價獲得慾望的最大滿足，福利最大。

2. **使社會資源作最有效的利用** 因為產品是消費者所偏好的，且產量最為適當又是在最有效率、最低成本下生產，故社會資源得到最有效的派用。

3. **確保生產要素的充分就業** 產品與要素價格在完全競爭下，具有完全的韌性，故市場價格機能可確保生產資源的充分就業。

4. **使生產要素得到合理的報酬** 在完全競爭下，廠商依據生產要素對生產所作的貢獻——卽邊際生產力給予報酬，而使生產要素得到合理的機會成本報酬。

(二) 缺點

1. **不能正確反映消費大眾的願望** 在完全競爭市場，消費者的偏好是由「金錢票」來反映，對某種產品的偏好愈強，其支出也就愈多，故由產品需求的強弱，價格的高低，即可知道消費者的偏好何在。這個論點要在所得分配完全平均的前提下才能成立。事實上，所得分配並不平均，高所得者較低所得者擁有更多的「金錢票」，他們對需求與價格有更大的影響力，完全競爭的市場價格機能因此無法正確反映出所有消費者的偏好。此外，對於國防、道路、港口或公園等公共財貨，雖然是社會大眾所需要的，但仍無法經由完全競爭市場的價格機能顯示出來。

2. **不能充分反映社會福利** 完全競爭市場上的需求代表私人受益，供給代表私人成本，故市場價格是反映出私人受益與成本。事實上，產品的需求會產生消費的外部性（外部經濟或不經濟），供給會產生生產的外部性，但市場價格卻無法包括消費與生產的外部性。因此，私人受益等於私人成本並無法保證社會收益（social benefit）──私人受益與消費外部性之和──一定等於社會成本──私人成本與生產外部性之和，故無法確保社會福利達到最大。

3. **缺乏進步的誘因** 在完全競爭市場下，生產者都是屬於小規模的廠商，而且都只有正常利潤，所以沒有能力從事研究、發明與創新活動，以提高生產力，降低生產成本。另一方面，即使廠商有能力從事研究、發明與創新，但其所獲得的經濟利潤只能短期維持，在長期間，其他廠商會模倣、加入生產，而使經濟利潤消失，故廠商沒有意願去從事研究、發明與創新，整個經濟也就難以進步。（有關完全競爭市場的評價，請另參閱第二章第三節之三。）

摘　要

1. 完全競爭市場是經濟學家認為最理想的市場組織型態，其特點

為買賣雙方人數眾多、產品完全相同、完全市場知識、沒有人為干預與完全的資源流動性。

2. 由於市場上買賣雙方的人數眾多，完全競爭的個別廠商因此是市場價格的接受者而非決定者， 其面對的為彈性無限大的水平需求曲線， 價格（或平均收入）因此等於邊際收入。

3. 在市場期間，完全競爭產業的市場供給單獨決定市場的均衡數量，市場需求單獨決定市場的均衡價格。

4. 在追求最大利潤的假設下，我們以總收入對總成本或邊際收入對邊際成本的分析， 均可以得到完全競爭廠商的三種短期均衡情況:(1) 有經濟利潤，(2) 只有正常利潤， 及 (3) 有經濟損失。但是，完全競爭廠商根據總收入直線斜率等於總成本曲線上某點切線斜率、或邊際收入等於邊際成本的原則所決定的產量，不是利潤最大、就是損失最小的情況。

5. 根據邊際收入與邊際成本均等的分析，衡量固定成本損失的程度，可知由平均可變成曲線最低點開始向上延伸的邊際成本曲線，是完全競爭廠商的短期供給曲線。

6. 當考慮到生產要素價格可能因產量的擴大而上升時，完全競爭產業的短期供給曲線是在所有個別廠商短期供給曲線水平併總後的左上方，其斜率較陡。

7. 在長期間，由於廠商具有自由加入或退出產業的完全流動性，完全競爭廠商的長期均衡只能賺取正常利潤， 既不能獲得經濟利潤， 也不會發生經濟損失。

8. 根據產業長期均衡條件（只有正常利潤）、廠商長期均衡條件（邊際收入與長期邊際成本均等）及最有效率生產條件（短期平均成本等於長期平均成本）， 我們可以得到: $P=AR=MR=LAC=LMC=SAC=SMC$ 五線共點的完全競爭廠商長期均衡條件。

9. 完全競爭廠商長期均衡所顯示的經濟意義有社會福利最大、只有正常利潤、生產成本最低、消費者負擔最輕、資源派用最有效率及產量最適當等有利的經濟後果。

10. 由於市場供需變動所形成的完全競爭產業長期供給曲線，其形狀視生產要素價格的變化而定。隨著市場供給增加，在其他情況不變下，如果生產要素價格不變，則長期供給曲線為水平，是為固定成本產業；如生產要素價格上升，則長期供給曲線有正斜率，是為遞增成本產業；如生產要素價格下降，則長期供給曲線有負斜率，是為遞減成本產業。

11. 完全競爭市場一直是古典學派認為最為公平、最具效率的市場組織，因為它使消費者慾望獲得最大滿足，社會資源做最有效的派用，確保生產要素的充分就業並使其得到合理的報酬。但是，有人認為由於所得分配不均，完全競爭市場並不能完全正確地反映消費者慾望；由於消費與生產之外部性的存在，完全競爭市場無法確保社會福利達到最大；由於長期間廠商規模過小且只有正常利潤，因此缺乏推動技術進步與創新的誘因與能力。

重 要 名 詞

市場	完全競爭市場
非個人市場	相同產品
邊際均等法則	短期供給曲線
固定成本產業	遞增成本產業
遞減成本產業	效率
公平	

問 題 練 習

1. 試闡述完全競爭市場的特性。

2. 試用總收入對總成本分析法，圖解完全競爭下一廠商的短期最大利潤的均衡狀態。

3. 試用邊際分析法，圖解完全競爭下一廠商的短期最大利潤的均衡狀態。

4. 由平均可變成本曲線最低點開始向上延伸的邊際成本曲線，是為完全競爭廠商的短期供給曲線，試釋其意。

5. 試用邊際分析法，以圖解方式剖析完全競爭廠商長期均衡條件的形成，並闡述各該條件的經濟意義。

6. 甚麼是固定成本、遞增成本及遞減成本產業？試以圖解剖述其成因。

7. 對於完全競爭市場組織，你的評價如何？

第二十二章

純獨佔市場價格與產量的決定

純獨佔 (pure monopoly) 市場組織是與完全競爭市場組織相對立的另一個極端的市場理論模型。在眞實的經濟社會裏，很難找到完全符合純獨佔條件的產品市場，不過卻可以發現許多的產品市場組織十分接近純獨佔。因此，純獨佔市場組織的理論模型可用以說明許多眞實的經濟現象。比較完全競爭與純獨佔兩個極端的市場組織，更可以瞭解不同市場組織對於社會福利的影響。

第一節　純獨佔的意義與種類

一、意義與條件

一個產品市場，如果只有一家生產沒有密切替代品的廠商存在，此廠商卽爲純獨佔。獨佔市場結構的特性有:

(一) 獨家生產，獨家銷售

在獨佔的情形下，只有獨家廠商生產，產業與廠商合而爲一，而沒有個別廠商與整個產業之分。如臺灣菸酒公賣局本身就代表菸酒產業，臺灣電力公司獨家代表電力產業。因此，獨佔廠商面臨的需求曲線就是市場的需求曲線，爲一條負斜率的曲線。獨佔廠商唯有降低價格才能增加銷售量，並可依據需求價格彈性的高低，採取漲價或跌價政策，以增加收入。

（二）獨特產品 (unique product)

獨佔廠商生產的是一種獨特而沒有其他密切替代品的產品，如菸、酒、電力都是獨特產品。惟其獨特而無可替代，所以才會沒有競爭，才能獨佔。

（三）加入與退出困難

法律上特許權、專利權等的限制、設廠所需的資本鉅大而不易籌措、生產要素取得的困難或技術上的問題等因素，使得加入或退出獨佔產業都非常的困難，所以獨佔產業在長期間也可保有經濟利潤，不慮因競爭而消失。

（四）訊息的不完全

這是地方性獨佔形成的主因。如在某地，由於交通不方便或消息不靈通，而又只有一家廠商，該廠商就形成獨佔的現象。

（五）無廣告必要

通常獨佔事業因為沒有競爭，是不用作廣告的。但有時為了提供訊息，告訴消費者新產品的推出，或如電力公司告訴大家用電的安全，也作傳播訊息或提供服務性質的廣告。

（一）至（三）是構成獨佔的必要條件，（四）與（五）則為推論衍生的特性。

理論上，獨佔是一種完全沒有競爭的市場組織，但實際上，任何一種獨佔產業都有或多或少的競爭性存在。例如：

1. 間接競爭 (indirect competition) 第一，如果消費者不願意或沒有能力購買，產品無法銷售出去，獨佔市場即無法存在，故獨佔產品需與其他產品競爭，必須在消費者的所得預算中取得消費支出的分配，而後獨佔市場才能存在。因此，獨佔廠商的價格與產量政策就受到很多間接的牽制。第二，雖然獨佔產品沒有密切的替代品，但稍微替代性的產品總是存在，這些產品對獨佔產品仍有某種程度的競爭性，是獨佔者

的間接競爭對象，對獨佔廠商的價格─產量政策仍有很大的牽制作用。因此，對消費者所得的競爭與其他稀微替代性產品的競爭，構成獨佔廠商面臨的間接競爭。

　　2. 潛在競爭 (potential competition) 獨佔廠商如能賺取鉅額經濟利潤，就會引起其他廠商想盡各種方法企圖加入生產，或引起政府的干預，這種潛在打破獨佔的威脅，使獨佔廠商為了維持獨佔地位，在價格─產量政策上自動有所節制。

　　一個廠商的獨佔程度，又可按替代品的有無而分為：

　　1. 純獨佔　完全沒有競爭，完全沒有替代品存在的獨佔。

　　2. 部分獨佔 (partial monopoly) 一家廠商從某方面看可能是純獨佔者，但從另一方面看，則有其他產品的競爭存在，而為部分獨佔。卽獨佔產品在某些用途上是純獨佔，在另一些用途上則有競爭性存在。例如，在現代社會裏，電力可說是照明的完全獨佔品，故在照明市場上，電力公司是純獨佔廠商。但是，電力、石油或瓦斯均可作為動力的來源，故在動力市場上，電力公司只是部分獨佔的廠商。

　　在實際的社會裏，可說每種產品都有或多或少、或強或弱的替代品存在，所以很難有純獨佔的情況發生，但部分獨佔的情形卻很普遍。本章討論的是純獨佔的理論，但其原則與結論同樣適用於部分獨佔。

二、成因與種類

　　獨佔可以根據形成的原因，分成下列幾種性質的獨佔：

　　（一）**自然獨佔** (natural monopoly)　　這是由於市場力量自然而然形成獨佔的結果。在一個有重大規模經濟、長期平均成本遞減的廠商，產量愈大成本愈低，且其長期平均成本最低點的產量足以供應全部市場需求的情況下，如果增加新的廠商，徒然因分散而減少各個廠商的產量，致而增加生產成本，導致資源的浪費，加重消費者的負擔。在這種

情形下，允許獨家廠商以最適的生產規模，最低的長期成本從事獨佔生產，對社會福利最爲有益。如電力、瓦斯、自來水、電話或鐵路等公用事業，均是自然獨佔的例子。這些產業的平均成本隨產量的增加而減少，若同時有多家廠商存在，必須重覆舖設許多管線，產量小，單位成本高，形成無謂的資源浪費，加重消費者的負擔與不便。

（二）**生產要素獨佔** 有些產品的生產，必須使用某種特定的生產要素，某一廠商若對此種生產要素具有絕對的控制權，則可取得獨佔的地位。例如，鋁礬土是生產鋁不可或缺的投入要素，誰掌握鋁礬土，誰就取得鋁的獨佔權。

（三）**專利權獨佔**（patent monopoly） 現代各國政府爲鼓勵企業從事研究創新，對於特殊的研究創新成果給予專利權，使該廠商具有獨家生產專利品的權利，因而形成獨佔。

（四）**合法獨佔**（**許可證獨佔**） 政府基於總體的觀點，認爲某種產業獨家生產對社會大眾有利，可發給某家廠商生產許可證（franchise），使其獲得合法獨佔（legal monopoly）的地位，但以其價格與產量必須接受政府的管制爲條件。各國公用事業如交通、電力、電話、自來水等產業，及我國的菸、酒產業均屬之。

第二節 獨佔的短期均衡

獨佔廠商對價格與產量有絕對的決定力量，但對銷售量則無法控制。價格過高，銷售不易；價格過低，收入少，故獨佔廠商仍有一最適的均衡價格與產量存在，而無法任意哄抬價格或決定銷售量。

一、獨佔廠商的成本與收入

假設獨佔廠商的成本結構與完全競爭廠商一樣，卽獨佔廠商仍是在

完全競爭要素市場購買生產要素。實際上，獨佔者很可能會有生產要素獨買的情況，但為了分析方便，假設這種情形不存在。

　　在收入方面，由於獨佔者本身既是廠商，又是產業，故其需求曲線——即平均收入曲線——與完全競爭廠商不同，是一條由左上往右下傾斜的市場需求曲線，這表示獨佔廠商要增加銷售量就必須降低價格（圖22-1(b)）。

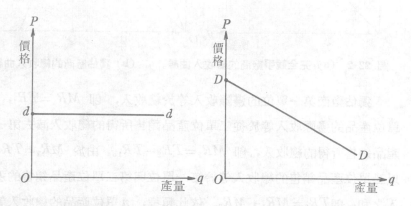

圖 22-1　(a) 完全競爭廠商的需求曲線。　　(b) 獨佔廠商的需求曲線。

　　由於在不同的銷售量下有不同的價格，獨佔廠商的總收入曲線不再和完全競爭廠商一般是由原點開始的一條射線，而是一條由原點開始凹向橫軸的拋物曲線，原點至其上任何一點射線的斜率分別代表不同銷售量下的價格（圖 22-2(b)）。

　　邊際收入表示每變化一單位的銷售量，使總收入變化的數額，在圖形上，等於總收入曲線上切線的斜率（圖22-(b)）。對第一單位的銷售量而言，總收入、平均收入及邊際收入均相同，且等於價格。銷售量增至二個單位以上，對完全競爭廠商而言，由於其面對水平的需求曲線，產品仍以相同的價格出售，所以價格、平均收入與邊際收入三者仍然相同；但對獨佔廠商而言，由於面對向下傾斜的需求曲線，產品必須降低價格才能增加銷售，所以價格等於平均收入，但不再等於邊際收入。

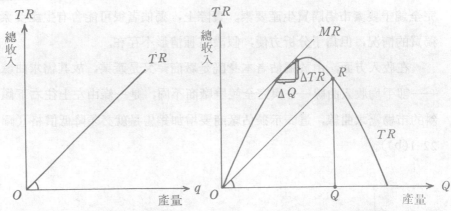

圖 22-2 （a）完全競爭廠商的總收入曲線。 （b）獨佔廠商的總收入曲線。

　　獨佔廠商第一單位的邊際收入等於總收入， 卽 $MR_1 = TR_1$， 第二單位產品的邊際收入等於從二單位產品銷售所得的總收入減去第一單位產品銷售所得的總收入， 卽 $MR_2 = TR_2 - TR_1$。 由於 $MR_1 = TR_1$， 所以二單位產品銷售的總收入等於第一單位與第二單位產品銷售的邊際收入之和， 卽 $TR_2 = MR_1 + MR_2$。 依此類推， n 單位產品的總收入等於第一單位至第 n 單位產品的邊際收入之和。 這種邊際收入的計算可以方程式一般化表示:

$$MR_1 = \Delta TR_1 = TR_1 - TR_0 = TR_1,$$

$$MR_2 = \Delta TR_2 = TR_2 - TR_1,$$

$$\vdots \quad \vdots \quad \quad \vdots \quad \vdots \quad \vdots \quad \vdots$$

$$MR_n = \Delta TR_n = TR_n - TR_{n-1}。$$

　　總收入的計算可以方程式一般化表示:

$$TR_1 = MR_0 + MR_1 = MR_1,$$

$$TR_2 = MR_1 + MR_2,$$

$$\vdots \quad \vdots \quad \vdots \quad \vdots \quad \vdots \quad \vdots \cdots\cdots \vdots$$

$$TR_n = MR_1 + MR_2 + \cdots\cdots + MR_{n-1} + MR_n。$$

　　以上方程式中各項下附標的 1 至 n 表示產品的數量單位❶。

　　獨佔廠商要想增加銷售量就必須降低價格，不僅增加的銷售量是以較低的價格出售，而且包括以前較高價格出售的所有產量現在均以較低的價格出售。增加銷售量所得到的總收入必須扣除原有銷售量因爲價格下降所產生的收入損失，才是淨增加的總收入——即邊際收入。因此，每增加一單位銷售量所產生的邊際收入並不等於該單位產品的價格，必須從該單位的價格內扣除前面諸單位的產品因爲價格下跌所產生的收入損失，才是該單位產品的邊際收入，故獨佔廠商的邊際收入小於平均收入（價格）。以式子表示:

$$\Delta TR_n = MR_n = P_n - (P_{n-1} - P_n)Q_{n-1}。$$

　　上式表示第 n 單位產品的邊際收入等於第 n 單位產品的價格減去 $n-1$ 與 n 單位之間價格下降使得前面 $n-1$ 單位收入減少的損失。因爲 $P_{n-1} - P_n > 0$ 且 $Q_{n-1} > 0$，所以 $MR_n < P_n$，邊際收入小於平均收入（價格）。

　　表 22-1 與圖 22-3 顯示獨佔廠商平均收入與邊際收入的關係。除開始時兩者相等外，在其後的銷售量時，均是邊際收入小於平均收入，邊際收入曲線位於平均收入曲線的下方。當價格是 OP^* 時，銷售量爲 OQ^*，獨佔廠商的總收入等於價格與銷售量的乘積，即 $OP^* \times OQ^* = OP^*BQ^*$。又任何銷售量的總收入等於包括至該銷售量的所有各邊際收入的總和，即圖形上邊際收入曲線下的面積，所以 OQ^* 銷售量的總收入又等於 $OACQ^*$。因爲總收入 $TR = OP^*BQ^* = OACQ^*$，OP^*MCQ^* 爲其共同的部分。所以三角形 AP^*M 與 CBM 的面積相等。又 $\angle AP^*M$

---

❶　以微積分的方式表示，產量 Q^* 的邊際收入 $MR_{Q^*} = \dfrac{d(TR)}{dQ^*}$，總收入 $TR_{Q^*} = \displaystyle\int_0^{Q^*} (MR)dQ$。說明任何產量之邊際收入等於總收入對該產量的微分，總收入等於所有產量之邊際收入的積分。

表 22-1 獨佔廠商之平均收入與邊際收入的關係

(1) 銷　售　量 (Q)	(2) 價格＝平均收入 (P＝AR)	(3) ＝(1)×(2)總收入 (TR)	(4) ＝$\frac{\Delta(3)}{\Delta(1)}$ 邊　際　收　入 (MR)
0	11	0	—
1	10	10	10
2	9	18	8
3	8	24	6
4	7	28	4
5	6	30	2
6	5	30	0
7	4	28	－ 2
8	3	24	－ 4
9	2	18	－ 6
10	1	10	－ 8

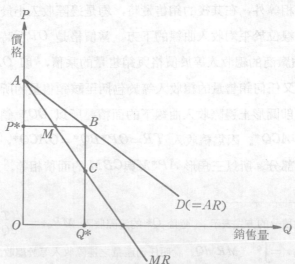

圖 22-3 獨佔廠商之平均收入曲線與邊際收入曲線。

與∠CBM均爲直角，∠AMP*與∠CMB爲對頂角相等，三角形的兩角

相等後第三角必然相等，故　△AP*M　與　△CBM　爲相似三角形。面

積相等的相似三角形必然全等，其對應邊相等，所以　AP*＝CB，BM

＝P*M。　因此，　獨佔廠商的邊際收入曲線是所有由平均收入曲線上任

何一點至縱軸之垂直線中點（如M點）的軌跡。

邊際收入曲線的斜率　AP*/P*M　等於平均收入曲線斜率　AP*/

P*B的兩倍 $\left(因\ AP^*=AP^*,\ P^*M=\frac{1}{2}P^*B\right)$。任何銷售量下平均收入

與邊際收入之間的差距——如　OQ*　銷售量時的　BC＝BQ*－CQ*＝P

－MR，隨著銷售量的增加而加大❷。

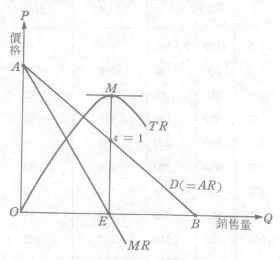

圖 22-4　獨佔廠商之總收入曲線、平均收入
　　　　曲線與邊際收入曲線之間的關係。

---

❷　根據邊際收入與平均收入關係的公式，$MR=P\left(1-\dfrac{1}{\varepsilon}\right)$，　ε 代表需求價

格彈性 （絕對值），因此 $P-MR=P-P\left(1-\dfrac{1}{\varepsilon}\right)=P\left(1-1+\dfrac{1}{\varepsilon}\right)=$

$P\dfrac{1}{\varepsilon}$。因爲需求彈性隨著銷售量的增加而下降（絕對值），邊際收入與平均

收入之間的差距也就隨著銷售量的增加而加大。

　　獨佔廠商的總收入曲線、平均收入曲線及邊際收入曲線三者之間的關係如圖 22-4 所示。當銷售量為 OE 時，邊際收入等於零，$OE=BE$，對應的需求價格彈性等於 1，總收入達到最大——M 點切線斜率等於零表示邊際收入等於零。銷售量超過 OE 後，需求缺乏價格彈性，邊際收入為負，總收入遞減。職是之故，獨佔廠商必然在需求富於價格彈性的 OE 產量範圍內從事生產，其時邊際收入為正，總收入遞增。

表 22-2　獨佔廠商利潤最大之產量的決定

(1) 產量 (Q)	(2) 價格 (P)	(3) $=(1)$ $\times(2)$ 總收入 (TR)	(4) 總成本 (TC)	(5) $=(3)$ $-(4)$ 總利潤 (π)	(6) $=\dfrac{\triangle(3)}{\triangle(1)}$ 邊際收入 (MR)	(7) $=\dfrac{\triangle(4)}{\triangle(1)}$ 邊際成本 (MC)	(8) $=\dfrac{(4)}{(1)}$ 平均總成本 (ATC)
0	$175	$ 0	$100	$-100	—	—	—
1	170	170	200	-30	$170	$100	$200
2	165	330	280	50	160	80	140
3	160	480	350	130	150	70	116.7
4	155	620	400	220	140	50	100
5	150	750	450	300	130	50	90
6	145	870	520	350	120	70	86.7
7	140	980	605	375	110	85	86.4
8*	135	1,080	700	380	100	100	87.5
9	130	1,170	900	270	90	200	100

＊代表利潤最大之產量。

二、獨佔廠商的短期均衡:
總收入─總成本分析法

　　獨佔並不表示一定能夠賺取經濟利潤，亦有發生經濟損失的可能。

獨佔者雖是市場價格的決定者，但並無法控制消費者的購買量，更無法控制市場景氣與否。獨佔廠商短期均衡的利潤狀況須視其成本結構與面臨的市場需求情況而定。

（一）經濟利潤

如果獨佔廠商在不同產量下的總成本與總收入分別是圖 22-5 的 TC 曲線與 TR 曲線。在產量 OQ_1 之前與 OQ_2 之後，$TC>TR$，廠商會分別繼續擴大或減少生產，直到 OQ^* 產量，TC 曲線上的 A 點與 TR 曲線上 B 點之切線的斜率相等，TC 與 TR 之間的垂直差距是 Q_1Q_2 之產量範圍內最大者，表示獨佔廠商賺取到最大的經濟利潤，所以 OQ^* 是其短期最大利潤的均衡產量（數據實例請參閱表 22-2）。

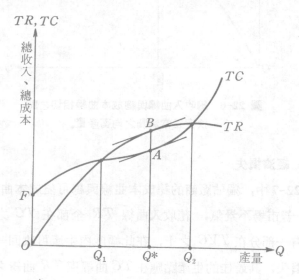

圖 22-5　總收入曲線與總成本曲線上切線斜率相
　　　　　等之點，決定經濟利潤最大之均衡產量。

（二）正常利潤

如果市場不景氣，獨佔廠商面對的總成本與總收入分別是圖 22-6 的 TC 曲線與 TR 曲線，則生產 OQ^* 的產量使獨佔廠商沒有經濟利潤，

沒有經濟損失，而只有正常利潤，這是正常利潤的短期均衡。

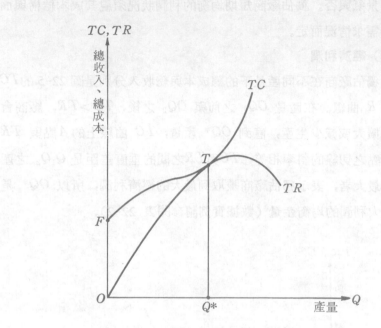

圖 22-6　總收入曲線與總成本曲線相切之點，
　　　　　決定正常利潤之均衡產量。

（三）經濟損失

在圖 22-7 中，獨佔廠商的總成本曲線與總可變成本曲線分別爲 TC 與 TVC，若市場不景氣，總收入曲線 TR 全部在 TC 之下生產會有損失，但有一部分在 TVC 之上，在此幅度內生產可收回一部分固定成本，減少損失，其最佳的生產點應在 TC 曲線與 TR 曲線之切線斜率相等的產量 OQ_1，這使 TC 與 TR 之間的差距最小，可收回的固定成本最大，經濟損失達到最小。若總收入進一步減少爲 TR'，獨佔廠商的總收入均小於總成本，除 OQ_2 產量外，總收入甚至都小於總可變成本，無論停止生產或生產 OQ_2 的產量均損失全部的固定成本。若總收入減少至 TR''，獨佔廠商如果生產，不僅損失所有的固定成本，連可變成

本也收不回來，應該停止生產。但若在政府的補貼支助之下，或公用事
業無法停止生產的情況下，獨佔者仍會繼續生產。

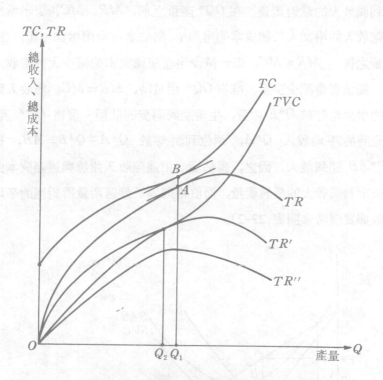

圖 22-7　總收入曲線全部位於總成本曲線之下，獨佔
　　　　　廠商根據總收入與總可變成本之比較，決定
　　　　　經濟損失最小之產量或完全停止生產。

三、獨佔廠商的短期均衡:
邊際收入—邊際成本分析法

　　同樣地，邊際收入等於邊際成本的邊際均等法則，也是獨佔廠商用
以決定其利潤最大或損失最小的生產法則。

(一) 經濟利潤

　　圖 22-8 代表獨佔廠商有經濟利潤的情況。在 OQ_1 與 OQ_2 產量，

短期平均成本等於平均收入，兩者均為不賺不賠的扯平點，OQ_1 與 OQ_2 之間的產量平均收入大於短期平均成本，有經濟利潤發生，而以 OQ^* 為利潤最大的最適產量。在 OQ^* 產量之前，$MR>MC$，表示增加生產使總收入的增加大於總成本的增加，獨佔者會繼續增加生產；在 OQ^* 產量之後，$MR<MC$，表示減少生產使總成本的減少大於總收入的減少，獨佔者會減少生產。唯有 OQ^* 產量時，$MR=MC$，總收入與總成本的增加均等於 Q^*E 數量，生產達到均衡的狀態。價格 OP^* 為 OQ^* 產量時的 平均收入 Q^*A，單位利潤 等於 $Q^*A-Q^*B=AB$，總利潤 FP^*AB 達到最大。因之，獨佔廠商由邊際收入曲線與邊際成本曲線交點決定利潤最大的最適產量，而價格則等於最適產量所對應的平均收入（數據實例請參閱表 22-2）。

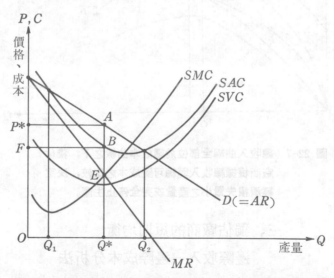

圖 22-8 邊際收入等於邊際成本決定經濟利潤最大之均衡產量。

(二) 正常利潤

如果獨佔廠商面臨的收入與成本是圖 22-9 的情況，則根據邊際收入與邊際成本的均等法則決定最適產量 OQ^* 與價格 OP^*，市場價格

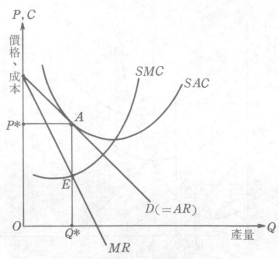

圖 22-9　邊際收入等於邊際成本決定
正常利潤之均衡產量。

（平均收入）等於單位成本（短期平均成本），只有正常利潤發生。

（三）經濟損失

　　在一定的成本結構下，如果獨佔廠商面臨的需求如圖 22-10 中 DD 需求曲線的情況，則根據邊際均等法則決定的產量 OQ^* 使其損失最小。在 OQ^* 產量時，平均收入 Q^*A 小於平均成本 Q^*B，單位損失為 AB，總經濟損失等於 P^*FBA 為最小。雖有損失，但平均收入尚大於平均可變成本，產量 OQ^* 使可收回的固定成本最大，損失最小。若市場更不景氣而需求降至 $D'D'$ 需求曲線的情況，使邊際均等法則決定的平均收入 OP' 小於平均可變成本，則獨佔廠商應該停止生產。

　　根據以上總收入—總成本，或邊際收入—邊際成本的分析可知，獨佔廠商的短期均衡與完全競爭廠商並無不同，均有經濟利潤、正常利潤、經濟損失或停止生產等各種可能的情況發生。因此，若言獨佔廠商在短期間必然能夠較完全競爭廠商獲取較大的利潤是不正確的，兩者的差別主要在於長期的均衡結果。

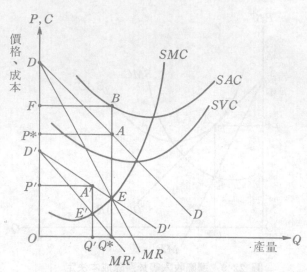

圖 22-10 根據邊際收入等於邊際成本決定經
濟損失最小之產量，或停止生產。

四、加成取價

　　理論上，獨佔廠商應依據邊際收入等於邊際成本來決定其利潤最大
的價格與產量。但是，在實際的經濟社會，獨佔廠商更可能以加成取價
（markup pricing）法——卽按生產成本加上某一百分比的加成，來決
定其產品的售價。事實上，加成取價法與邊際收入—邊際成本取價法是
相一致的。

　　根據獨佔廠商之邊際收入與價格之間的關係（參閱第十八章註❸）：

$$MR = P\left(1 - \frac{1}{\varepsilon}\right)。$$

　　上式中之 ε 代表需求價格彈性（絕對值）。要使利潤達於最大必須
$MR = MC$，所以

$$MC = P\left(1 - \frac{1}{\varepsilon}\right)，$$

$$P = MC \frac{1}{\left(1 - \dfrac{1}{\varepsilon}\right)} \text{。}$$

上式即為加成取價的公式。由於 $1 - \dfrac{1}{\varepsilon} < 1$，所以 $\dfrac{1}{\left(1 - \dfrac{1}{\varepsilon}\right)} > 1$，

$\left(\dfrac{1}{1 - \dfrac{1}{\varepsilon}} - 1\right) \times 100$ 即為獨佔廠商決定售價時對生產成本所加的成數

（百分比）。根據加成取價公式可知，需求價格彈性愈大，加成將愈小；
反之，加成將愈大。

五、獨佔的短期供給

前一章說明了由平均可變成本最低點開始向上延伸的邊際成本曲線
是完全競爭廠商的短期供給曲線。但是，這種短期供給曲線對獨佔廠商
而言並不存在。

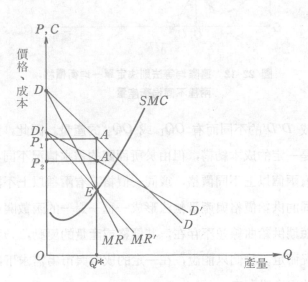

圖 22-11　邊際均等法則決定單一均衡產
量，兩種不同均衡價格。

例如，在圖 22-11 與圖 22-12，獨佔廠商在一定的成本結構下，由於需求情況的不同，邊際均等法則所決定的最適價格與產量也就有所不同。圖 22-11 顯示，邊際均等法則決定的單一均衡產量 OQ^* 的售價將因面臨需求曲線 DD 或 $D'D'$ 的不同而有 OP_1 或 OP_2 的價格；圖 22-12 顯示，邊際均等法則決定的單一均衡價格 OP^* 也將因面臨需求

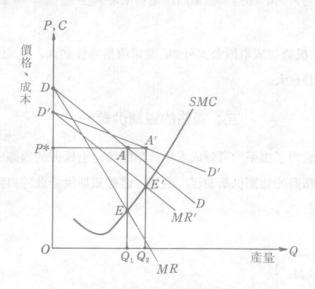

圖 22-12　邊際均等法則決定單一均衡價格，
　　　　　兩種不同均衡產量。

曲線DD 或 $D'D'$的不同而有 OQ_1 或 OQ_2 的產量。因此，對獨佔廠商而言，雖是一定的成本結構，但由於所面臨的需求情況不同，會產生同一產量下有兩個以上不同價格，或同一價格下有兩種以上不同產量的情況，故不同的供給價格與產量無法形成一種一對一的函數關係，所以獨佔廠商的短期供給曲線並不存在，其價格或產量的變動，乃視實際的市場需求情況而定。我們只能說，在一定的成本與市場需求下，獨佔廠商有一供給的組合點存在。

第三節 獨佔的長期均衡

一、長期均衡的調整

完全競爭市場由於可以自由加入或退出生產，所以長期均衡只有正常利潤存在，但是獨佔廠商在長期間可以維持經濟利潤的繼續存在，因為獨佔產業沒有新廠商可以加入生產，故超正常利潤不會被競爭消失。又在長期間，獨佔廠商不能有經濟損失，因為長期的損失，使其固定設備耗盡時，會迫使此產業消失。只有在政府的補貼支助下，獨佔產業（大都是民生必需的公用事業）才能在長期的損失下繼續存在。

獨佔廠商不僅要求短期內能夠有經濟利潤，長期的目標亦在追求經濟利潤的最大。圖 22-13 中，假設獨佔廠商面臨的需求情況不變，在

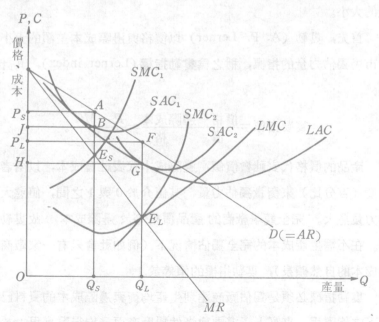

圖 22-13　長期邊際成本等於短期邊際成本等於邊際收入，決定
　　　　　獨佔廠商長期均衡之產量與價格。

短期間生產規模 SAC_1, 根據邊際收入等於短期邊際成本決定最適產量 OQ_s, 價格 OP_s, 而有短期經濟利潤 JP_sAB。要使長期經濟利潤最大, 獨佔廠商必然調整生產規模至 SAC_2, 以邊際收入與長期邊際成本的交點決定最適產量 OQ_L, 而短期邊際成本曲線 SMC_2 也在 OQ_L 產量與長期邊際成本曲線及邊際收入曲線相交, 表示同時達到短期生產均衡, 使 OQ_L 的產量在最低短期成本 Q_LG 下生產, 價格 OP_L。 如此, 獲得最大的長期經濟利潤 HP_LFG, 獨佔廠商的產量與價格達到 一 種 長期不再變動的均衡狀態。

二、獨佔力量的測量

價格大於邊際成本與價格大於平均成本而有長期經濟利潤存在, 是獨佔市場組織的兩大特點。根據這兩個特點我們可用以計算市場獨佔力量的大小。

首先, 婁勒 (A. P. Lerner) 以價格與邊際成本差額的大小作為測量市場獨佔力量的指標, 稱之為**婁勒指標** (Lerner index), 其計算公式為:

$$婁勒指標 = \frac{價格-邊際成本}{價\quad格} = \frac{P-MC}{P}。$$

產品的價格代表社會價值, 邊際成本代表社會成本, 以兩者差異的程度 (百分比) 來衡量獨佔力量, 其值介於 0 與 1 之間, 值愈大表示獨佔力量愈大。 完全競爭廠商的 產品價格等於 邊際成本, 故婁勒指標為零。在不需生產成本的完全獨佔情況下 (例如社會只有一家廠商出售不需成本的自然礦泉), 婁勒指標的值等於 1。

婁勒指標必須是獨佔廠商達到生產均衡與邊際成本的資料已知的情況下才能應用。事實上, 這兩種條件對廠商而言均很難實現, 於是有以價格與平均成本差額——卽單位經濟利潤, 作為獨佔力量測量的指標,

稱之為**貝恩指標**(Bain index)，其計算公式為：

$$貝恩指標 = \frac{價格 - 平均成本}{價格} = \frac{P - ATC}{P}。$$

貝恩指標的值愈大代表 經濟利潤愈大， 獨佔力量 也就愈大。 事實上， 經濟利潤可能是由於生產效率高或需求突然增加或資產重估 的 結果。此外，貝恩指標亦是假定獨佔廠商的生產達到靜態均衡後的一種計算結果，在動態的社會裏，這是一種很難達到的情況。

三、獨佔市場的經濟效果評估

假設完全競爭產業與獨佔產 業面對相同的市場需求且成本結構相同。圖 22-14 顯示，在長期間，完全競爭產業將以邊際成本曲線與市場

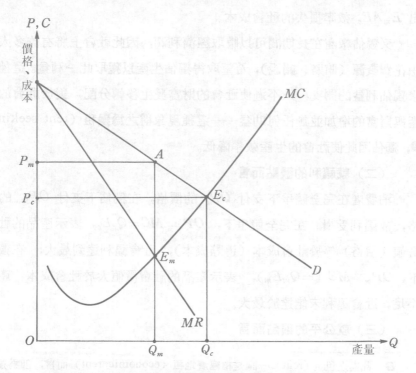

圖 22-14 完全競爭市場與獨佔市場的經濟效果比較。

需求曲線的交點決定產量 OQ_c，價格OP_c（邊際成本曲線事實上爲完全競爭產業的供給曲線）； 獨佔產業將以邊際成本曲線與 邊際收入曲線的交點決定產量 OQ_m，價格 OP_m。據此，我們可對獨佔市場的經濟效果評估如下：

（一）就效率的觀點而言

完全競爭市場之長期均衡以絕對最低成本生產較多的產量， 而使社會資源獲得充分有效派用； 獨佔市場之長期均衡是以較高的單位成本生產較少的產量， 以致社會資源未能獲得充分有效派用。圖 22-14 顯示，獨佔市場較完全競爭市場的產量少 Q_mQ_c 單位， 這些產量所對應的價格均大於邊際成本， 表示這些產量的社會價值（等於價格）均大於社會成本（等於邊際成本）。因此， 就社會的觀點， 獨佔使得全社會總共付出 E_mAE_c 效率損失的社會成本。

又獨佔廠商在長期間可以賺取經濟利潤， 因此社會上將有許多人競相花費資源（賄賂、關說），希望取得獨佔生產以獲取此一利益。這種追求獨佔利益的開支， 只不過使社會的財富發生移轉分配，對於社會的生產與財富的增加並無任何助益——這種現象稱之爲**獵租** (rent seeking) ❷，獨佔因此使社會的生產效率降低。

（二）就福利的觀點而言

消費者在完全競爭下支付 OP_c 的價格，在獨佔下支付 OP_m 的價格， 故福利受損。在完全競爭下， $OP_c = MC = Q_cE_c$，表示產品的社會價值（價格）等於社會成本（邊際成本）， 社會福利達到最大； 在獨佔下， $OP_m > MC$ $(=Q_mE_m)$， 表示產品的社會價值大於社會成本，產量不足，社會福利未能達於最大。

（三）就公平的觀點而言

---

❷ 此處之租金 (rent) 一詞是指**經濟地租** (economic rent) 而言，即爲獨佔利潤；「獵租」即爲爭逐獨佔利潤。

長期間，完全競爭市場每一家廠商只能獲得正常利潤，獨佔廠商則可賺取經濟利潤。利潤由少數人獲得，使富者愈富，加深社會所得分配的不平均。又獨佔廠商對生產要素的報酬不依邊際生產力給付，因而有經濟利潤產生，也是一種不公平的現象。

（四）就成長的觀點而言

獨佔廠商可以獲得經濟利潤，地位穩固，沒有新廠商加入生產的競爭威脅，將缺乏發明創新的誘因與進步發展的壓力，對社會進步及經濟成長會有不利的影響。

（五）就穩定的觀點而言

獨佔廠商對價格與產量的改變有很大的自主權，隨時可能提高價格，減少產量，或減少生產要素的雇用，對經濟穩定有很不利的影響。晚近利潤推動的通貨膨脹卽是一例。

四、應付獨佔的對策

與完全競爭市場比較，顯然地獨佔市場組織對社會福利與資源的派用均有很不利的後果，所以應該儘量減少獨佔力量而以促進完全競爭為目標。政府對於打破獨佔促進競爭可以採取的對策有：

1. 減少保護，促進競爭　減少國際貿易障礙，扶植新廠商設立，獎勵產品與技術的創新，這樣可以增加國內、外的競爭力量，逐漸打破獨佔局面。

2. 制定法律，打破獨佔　如美國制定反托辣斯法案（anti-trust law），防制廠商形成獨佔，強制獨佔產業化分為多家公司，而成為多數競爭的產業。

3. 利用租稅，課徵利潤　政府可以租稅手段將獨佔廠商的經濟利潤予以課徵，而用之於公共事業的建設。

4. 直接管制　獨佔的缺點在於產量少，價格高，使社會大眾蒙受

不利。政府可以對獨佔事業直接加以管制，使其增加產量，降低價格，以增進社會大眾的利益。

第四節　差別取價與獨佔管制

差別取價與獨佔管制是獨佔理論正反兩面的應用，前者探討在什麼條件下，獨佔者可運用其特有的獨佔力量，對不同的顧客或市場，制訂不同的價格，藉以使獨佔利潤達到最大；後者探討政府對於關係國計民生的獨佔事業，可用那幾種適當的價格與數量的管制政策，以使社會的利益受到保障。

一、差別取價

獨佔廠商將其出售的產品，分別對相同或不同的購買者或地區索取不同的價格，可以得到更大的利潤，稱之為差別取價 (differential pricing) **或價格歧視**(price discrimination)。

價格歧視有兩種情況，一是個體的，即同樣的產品對相同或不同的個別購買者要求不同的價格；一是總體的，即同樣的產品對不同的市場，在計算運費差異外，再要求不同的價格。日常生活上，學生與一般成年人的電影票價格不同，工業用電與家庭用電的價格不同，內銷與外銷的價格不同，或購買量愈大打折扣愈多等均是價格歧視的實例。

在國際貿易上，獨佔廠商對國內的購買者索取較高價格，而對國外的購買者則索取較低的價格，稱之為**傾銷** (dumping)。獨佔廠商採國內、外差別取價的基本目的，在於增加利潤。由於國外市場競爭激烈，其市場需求較富彈性，為爭取市場而採低價政策；國內需求較缺彈性，則採高價政策，這樣可增加銷售的總利潤。

獨佔廠商的價格歧視可以分為以下三種：

（一）**第一級（first-degree）價格歧視**　此種歧視又稱完全的價格歧視，卽獨佔廠商對於每一位購買者所購買的每一單位數量均索取購買者所願意支付的最高價格。在此情況下，消費者剩餘將全部爲獨佔者所擭取，因此是否購買此一產品對消費者而言是無差異的（圖22-15）。

（二）**第二級（second-degree）價格歧視**　卽獨佔廠商對相同或不同之購買者，按其購買量之大小，依次區分而索取不同的價格。如圖22-16，獨佔廠商對 OQ_1 購買量者索取 OP_1 價格，Q_1Q_2 購買量者索取 OP_2 價格，Q_2Q_3 購買量者索取 OP_3 價格。在此情況下，消費者剩餘將部分爲獨佔者所擭取（圖中三角形斜線部分），但消費者尚可保有部分的消費者剩餘。

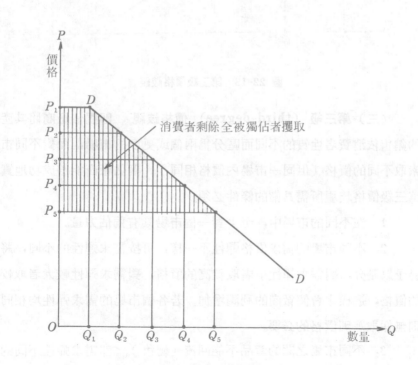

圖 22-15　第一級價格歧視。

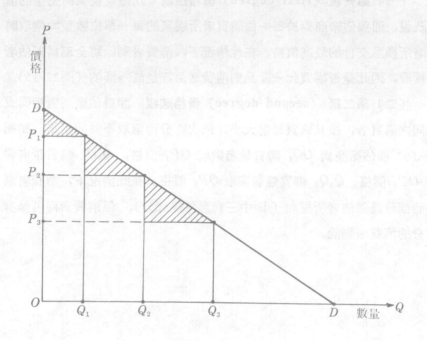

圖 22-16　第二級價格歧視。

（三）**第三級（third-degree）價格歧視**　即獨佔廠商將其產品的銷售依消費者性質的不同而區分為兩個或更多的市場，而對不同市場索取不同的價格（但同一市場內價格相同）。獨佔廠商能夠成功地實施第三級價格歧視所需具備的條件必須：

　　1. 在不同的市場中，至少對一個市場具有獨佔力量。

　　2. 不同市場的需求價格彈性不一樣，可按需求彈性的不同，將市場予以劃分，對需求彈性小者取較高的價格，對需求彈性較大者取較低的價格，這樣才會使廠商的利潤增加。若各個市場的需求彈性均相同，則無採取差別價格的必要。

　　3. 不同市場之間的產品不能回流（轉售）。即需求彈性不同的市場之間是隔離封閉的，產品不能由低價市場回流到高價的市場。

　　在兩個可以實施差別取價的市場，獨佔廠商運用差別取價的步驟可分爲：

　　1. 總銷售量（或總產量）決定的原則。卽　$MR_{1+2}=MC$。依市場的總邊際收入 MR_{1+2}（1，2代表不同市場）等於廠商生產的邊際成本的原則，決定總產量的數量。

　　2. 市場分銷量決定的原則。卽　$MR_1=MR_2=MR_{1+2}$。　總產量在各個市場之間的銷售量分配，以每個市場的邊際收入都相等且都等於總的邊際收入時，產品在不同市場的分銷量才算最適當。

　　茲以圖 22-17 說明獨佔廠商如何實施第三級價格歧視。一種獨佔產品，在某一個市場可能是屬於完全競爭，在某一個市場可能是完全獨佔。獨佔性高者，其需求相對缺乏彈性；獨佔性低者，其需求相對富於彈性。圖 22-17(a) 爲第一個市場，其需求相對缺乏彈性，獨佔性高；圖 22-17(b) 爲第二個市場，其需求相對富於彈性，獨佔性低；圖22-17(c) 是總市場，卽第一與第二市場需求的水平倂總。

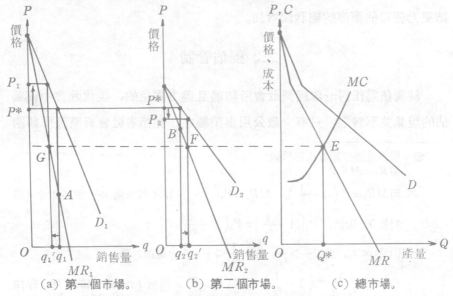

圖 22-17　獨佔廠商差別取價之決定。

首先，圖 22-17(c) 顯示獨佔廠商根據總邊際收入等於邊際成本決定最適總產量 OQ^*。其次，如果獨佔廠商將 OQ^* 產量在兩個市場上以相同的價格 OP^* 出售，且 $Oq_1+Oq_2=OQ^*$，則第一個市場的邊際收入 q_1A 小於第二個市場的邊際收入 q_2B，一位追求利潤最大的獨佔者應該根據最適分銷量原則進行銷售量的重分配，卽減少第一個市場的銷售而增加第二個市場的銷售。

隨著銷售量的改變，兩個市場的邊際收入與價格也隨之發生改變，直到兩個市場的邊際收入均等且與市場的總邊際收入相等——$q_1'G=q_2'F=Q^*E$ 為止。個別市場的價格，則由分配到的銷售量所對應的需求曲線來決定：第一市場 Oq_1' 銷售量對應的價格為 OP_1，第二市場 Oq_2' 銷售量對應的價格為 $OP_2, OP_1 > OP_2$。總銷售量雖然仍維持不變——$Oq_1'+Oq_2'=OQ^*$，但是對需求彈性小的第一市場取較高的價格而銷售較少的量，對需求彈性較大的第二市場取較低的價格而銷售較多的量[3]。由於第一市場價格上升的程度大於第二市場價格下跌的程度，其結果乃使獨佔廠商的總利潤增加。

二、獨佔管制

純獨佔為任何一個經濟社會所防範且盡力避免的，現代社會中純獨佔的現象並不普遍，只有少數公用事業屬之。從節省社會資源及照顧國

---

[3] 根據最適分銷量決定原則：
$MR_1=MR_2$,
而 $MR_1=P_1\left(1-\dfrac{1}{\varepsilon_1}\right)$，$MR_2=P_2\left(1-\dfrac{1}{\varepsilon_2}\right)$，$\varepsilon$ 代表需求的 價格彈性（絕對值）。因此，$P_1\left(1-\dfrac{1}{\varepsilon_1}\right)=P_2\left(1-\dfrac{1}{\varepsilon_2}\right)$。

因為 $\varepsilon_1<\varepsilon_2$，所以 $\dfrac{1}{\varepsilon_1}>\dfrac{1}{\varepsilon_2}$，$1-\dfrac{1}{\varepsilon_1}<1-\dfrac{1}{\varepsilon_2}$。是故，要

$P_1\left(1-\dfrac{1}{\varepsilon_1}\right)=P_2\left(1-\dfrac{1}{\varepsilon_2}\right)$，必須 $P_1>P_2$。證明了差別取價的原則：彈性大者取價低，彈性小者取價高。

防民生的觀點來看，公用事業的確有獨佔的需要，不過仍須受到政府法律的限制，而私人企業則不容許有純獨佔的現象發生。一般而言，政府對公用事業的管制，根據圖 22-18 有以下三種方式:

(一) 獨佔取價(monopoly pricing)

以一般私人獨佔的最大利潤法則 $MC=MR$ 來決定公用事業的產量與價格，因此 OP_m 與 OQ_m 等於不受管制之獨佔事業的最大利潤價格與產量。公用事業通常不採用此種獨佔取價，因為有缺點:

1. 價格偏高，產量偏少，消費者負擔重。

2. 社會價值大於社會成本 ($P>MC$)，表示產量不足，社會資源的派用受到扭曲。

3. 公用事業並非營利事業，其目的並不在於追求利潤的最大。

(二) 邊際成本取價 (marginal-cost pricing)

以價格等於邊際成本($P=AR=MC$)作為生產決策，其決定的產量

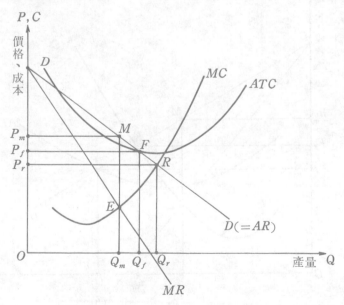

圖 **22-18**　獨佔管制之取價分析。

OQ_r 大於 OQ_m，價格 OP_r 小於 OP_m。這種取價，消費者對每一單位產品所願意支付的價格（社會價值）等於生產此一單位產品所需的成本（社會成本），使社會福利達到最大，社會資源得到最有效的派用，因此 OP_r 又稱爲社會最適價格(socially optimum price)。在圖中，R 點在平均總成本之下，有經濟損失發生，政府若要採取此種取價法，就必須予公用事業以補貼，使其能够長久繼續存在。

（三）完全（或平均）成本取價 (full or average-cost pricing)

以價格等於平均成本（$P=AR=ATC$）作爲生產決策，其決定的產量 OQ_f 小於 OQ_r，價格 OP_f 大於 OP_r。因爲此種取價的價格 OP_f 等於平均總成本 $Q_f F$，公用事業只賺取了正常利潤，其投資也得到了正常利潤的報酬，因此 OP_f 又稱爲公平報酬價格 (fair-return price)。

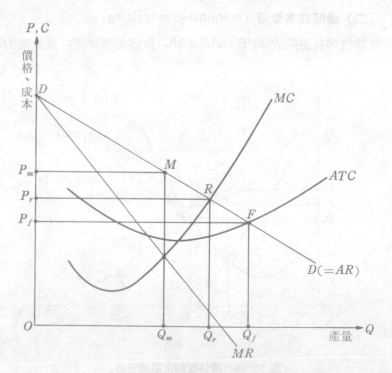

圖 22-19 不同成本與需求情況之獨佔管制取價結果。

此種取價法既不需要政府補貼，投資又可得到合理的報酬，價格與產量又頗適當，故最爲一般政府所接受的公用事業取價原則。

獨佔產業的管制分析並沒有一定標準形式的圖形，各種取價法的價格與產量因獨佔廠商的成本與需求情況的不同而有所差異。如圖 22-19 的 R 與 F 點分別代表邊際成本取價與平均成本取價，但其決定的價格與產量的大小正好與圖 22-18 的情況相反。在這圖形中，邊際成本取價不僅沒有虧損反而有經濟利潤發生。

摘　　要

1. 獨佔是與完全競爭相對的另一極端市場組織理論模型，其特徵爲獨家生產、產品獨特與加入或退出市場困難。理論上，獨佔是完全沒有競爭存在的市場組織，但事實上獨佔廠商隨時面臨間接競爭或潛在競爭的威脅，因此在價格與產量的決策上受到相當限制而無法從心所欲。

2. 根據形成的原因，可將獨佔區分爲自然獨佔、生產要素獨佔、專利權獨佔與合法（許可證）獨佔等幾類。任何一類的獨佔均很難是純獨佔，但部分獨佔的情況卻時常發生。

3. 獨佔廠商本身就是產業，故其面對的需求曲線不同於完全競爭廠商的水平線，而是一條由左上往右下傾斜的市場需求曲線，表示唯有降低價格才能增加銷售量。正因如此，獨佔廠商的邊際收入小於平均收入，邊際收入曲線的斜率爲平均收入曲線斜率的兩倍，而獨佔廠商唯有在需求富於彈性的階段內從事生產，邊際收入才爲正數，總收入才能遞增。

4. 如同完全競爭一樣，可以總收入對總成本或邊際收入對邊際成本兩種方法，分析獨佔廠商的短期均衡。在短期間，獨佔廠商與完全競爭廠商一樣，也有經濟利潤、正常利潤、經濟損失、可生產或不生產、或停止生產等各種可能的情況發生，兩者的差別主要在於長期均衡結果

的不同。

5. 在一定的成本結構下，由於需求情況的不同，獨佔廠商可能對相同的產量索取不同的價格，也可能在一個價格下有不同的產量發生，價格與產量之間因此無法形成一對一的函數關係，所以獨佔廠商不像完全競爭廠商那樣有短期供給曲線存在。

6. 獨佔廠商不僅要求短期間能夠有經濟利潤，長期的目標也在於追求經濟利潤的最大，而長期均衡的實現是以邊際收入曲線、長期邊際成本曲線與短期邊際成本曲線的交點來決定最適產量與價格。

7. 價格大於邊際成本與價格大於平均成本而有長期經濟利潤存在，是長期間獨佔市場別於完全競爭市場的主要之差異。據此，有婁勒指標 $\left(= \dfrac{價格 - 邊際成本}{價\quad格} \right)$ 與貝恩指標 $\left(= \dfrac{價格 - 平均成本}{價\quad格} \right)$ 作為衡量獨佔程度大小的工具。

8. 與完全競爭廠商的長期均衡比較，獨佔廠商的長期均衡有使社會資源未能獲得充分有效派用、社會福利未能達於最大、加深社會所得分配不均、阻礙經濟成長與不利經濟穩定等缺點存在，自由競爭因此被認為是理想而遠優於獨佔的市場組織。

9. 鑑於獨佔產生很多不利的經濟後果，政府應該採取減少保護、促進競爭、制定法律打破獨佔、利用租稅課徵獨佔利潤或直接管制等措施，使產出增加、價格降低，以增進社會福利。

10. 為謀求更大的經濟利潤，獨佔廠商可對相同或不同的購買者或地區採取差別取價。能夠成功實施第三級價格歧視所需具備的條件有：(1) 在不同市場中，至少對一個市場具有獨佔力量，(2) 不同市場的需求彈性不同，與 (3) 不同需求彈性市場之間隔離封閉，產品不能回流或轉售。至於實行第三級差別取價的步驟則是首先根據總市場之總邊際收入等於邊際成本的原則來決定總產量，其次再根據個別市場之邊際收

入與總邊際收入都各均等的法則來決定各個市場的分銷量。如此，對需求彈性較小的市場取較高的價格，對需求彈性較大的市場取較低的價格，將使獨佔廠商的利潤較之採取相同價格時增加。

11. 政府對於獨佔產業或公用事業的管制，通常有獨佔取價、邊際成本取價與平均成本取價三種方式。獨佔取價如同沒有管制，故通常不被採用；邊際成本取價使社會福利最大，其所決定的價格有社會最適價格之稱，但此種取價法有時會發生經濟損失，而須政府補貼；平均成本取價使獨佔產業賺取正常利潤，投資獲得適當的報酬，其所決定的價格因此又有公平報酬價格之稱，故此種取價法最爲政府管制獨佔事業所採用。

重　要　名　詞

純獨佔	間接競爭
潛在競爭	部分獨佔
自然獨佔	生產要素獨佔
專利權獨佔	合法獨佔
婁勒指標	貝恩指標
差別取價	第一級價格歧視
第二級價格歧視	第三級價格歧視
傾銷	獨佔管制
獨佔取價	邊際成本取價
社會最適價格	完全成本取價
公平報酬價格	

問　題　練　習

1. 何謂純獨佔？純獨佔的特性有那些？你認爲實際的經濟社會有

純獨佔存在嗎?

2. 試根據形成的原因，簡述獨佔的種類。

3. 試以圖形說明獨佔廠商之總收入、平均收入與邊際收入曲線之間的關係。並述獨佔廠商應在需求富於彈性的階段從事生產的理由。

4. 試用總收入對總成本分析法及邊際分析法，圖解獨佔廠商的短期最大利潤的均衡狀態。

5. 獨佔廠商有無短期供給曲線存在? 試以圖形說明之。

6. 試圖解獨佔廠商之長期最大利潤均衡狀態。

7. 獨佔力量如何測量? 對獨佔市場組織，你的評價如何?

8. 甚麼是差別取價? 運用差別取價的目的與條件是甚麼? 實施第三級差別取價時，如何決定總產量? 如何決定不同市場的分銷量? 試用圖形解說之。

9. 政府為求保障消費者的利益，對於獨佔者或公用事業例須採取價格管制，其定價方式為何? 試用圖解剖示。

第二十三章

不完全競爭市場價格與產量的決定

完全競爭與純獨佔是經濟社會中兩個極端的市場組織型態，是一種非常理論化而近乎不切實際的市場模型。沒有一個經濟的市場組織會有完全競爭或純獨佔存在，在眞實社會裏，市場組織通常介於兩者之間，是兩種性質混合的結果，稱之爲**不完全競爭** (imperfect competition)。不完全競爭可分爲兩類：一是**壟斷性競爭**(monopolistic competition)，又稱獨佔性競爭；一是**寡頭壟斷** (oligopoly)，又稱**寡佔**。

我們可依據市場買賣雙方人數的多寡，將市場組織歸類如下：

銷 售 者 方 面 （賣方）	購 買 者 方 面 （買方）
完全競爭 (perfect competition)	完全競爭 (perfect competition)
壟斷性競爭 (monopolistic competition)	獨買性競爭 (monopsonistic competition)
寡佔 (oligopoly)	寡買 (oligopsony)
獨佔 (monopoly)	獨買 (monopsony)

上表中，由上而下，市場競爭性愈來愈弱；由下而上，市場競爭性

愈來愈強。本章我們將討論在眞實社會裏普遍存在之壟斷性競爭與寡佔兩種市場組織。

第一節 壟斷性競爭理論

一、意義與特性

壟斷性競爭的市場組織, 是一種既有獨佔性, 又有競爭性, 在自由市場經濟制度中, 最爲常見的市場組織。對這種理論最有貢獻的著作是秦伯霖（E. Chamberlin）的《**壟斷性競爭理論**》（*The Theory of Monopolistic Competition*）與羅濱遜夫人（Mrs. J. Robinson）的《**不完全競爭經濟學**》（*The Economics of Imperfect Competition*）。

具體而言, 壟斷性競爭是具有下列特性的市場組織:

（一）類似的異樣化產品

各廠商生產類似但不完全一樣的異質產品(heterogeneous products), 或稱類似產品 (similar products)。產品異質有兩個意義, 一是物理特性的異質, 一是經濟特性的異質。若兩種產品的物理特性完全相同, 但透過產品的包裝、設計、服務等不同的推銷活動, 由經濟的觀點來看, 兩種產品仍爲異質。因爲產品類似, 故有替代性, 也就構成競爭性; 而**異樣化的產品** (differentiated products) 相互之間有差別, 價格的要求也就不一樣, 銷售者可決定其產品的價格, 形成一種獨佔性。因之, 生產類似的異樣化產品是壟斷性競爭市場最主要的特性, 壟斷性競爭的稱謂也是由這種產品的特性而來。理論上, 生產各種異質產品的廠商猶如獨佔一般, 可以自成一個產業, 但是在壟斷性競爭的分析裏, 我們將生產類似異樣化產品的廠商併總成一類, 稱之爲**產品集團** (product group)。

（二）衆多的銷售者與購買者

　　生產類似異樣化產品的廠商很多，每家廠商的產量在產品集團中所佔的比例很小，所以對價格沒有絕對的操縱性；在購買者方面亦是如此。個別廠商或購買者爲了本身的利益，彼此相互競爭。

　　（三）能自由加入與退出，但有所限制，有所阻礙

　　壟斷性競爭市場具有相當的流動性，但並非完全的流動性。因爲生產者眾多且規模較小，要加入生產並不困難，但由於原有廠商的產品已有信譽存在，亦有其固定的顧客，新產品的推銷相當困難，原因在：
1.新廠商必須研究發展新的、異樣的產品，這需要一筆研究發展費用，而此項投資風險性很大，因爲：（1）研究發展不一定有結果，（2）研究發展出來的產品不一定優於原有產品，亦不一定能迎合消費者需要；2.研究出新產品後，尚需要一筆廣告、推銷的費用，非一般創業者所能負擔；3.生產的技術問題亦可能構成阻礙；4.要設廠生產，需要有一筆可觀的設廠資本，這又構成經濟上的阻礙。

　　（四）需用非價格競爭

　　因爲產品相異，各廠商爲求銷售增加，會運用包裝、型式、顏色、商標、設計、推銷、廣告、售後服務或分期付款等激烈的非價格競爭。此種競爭主要目的在強調異樣產品的特色，故每年廠商花費在銷售競爭的費用相當龐大，這種現象又造成新廠商加入的阻礙。

　　（五）市場消息相當靈通，但並不完全

　　由於產品的異樣化，每家產品的特色成爲一種秘密而非公開化，故有關產品性質及價格的消息，不會完全，所以會形成壟斷。

　　由以上的特性可知，壟斷性競爭是一種較接近完全競爭而又具有一些獨佔性質的市場組織。

二、壟斷性競爭廠商的短期均衡

　　壟斷性競爭廠商的成本結構可假設與完全競爭或純獨佔廠商完全相

同。在銷售收入方面，由於其異樣化的產品同時具有競爭性與獨佔性，故對價格、產量雖有影響，但其影響力很微小，因此，它所面對的需求曲線的形狀是介於完全競爭與純獨佔廠商的需求曲線形狀之間——也是由左上向右下傾斜但較純獨佔需求曲線爲平滑的曲線。獨佔性愈強，競爭性愈弱，壟斷性競爭廠商所面對的需求曲線愈陡；反之，則所面對的需求曲線愈平滑。

由於短期間新的生產者無法建廠加入，原有廠商無法結束退出，故壟斷性競爭廠商依據邊際均等法則 $MC=MR$ 所決定的短期均衡，與完全競爭或純獨佔廠商的短期均衡一樣，在成本結構一定下，由於所面臨

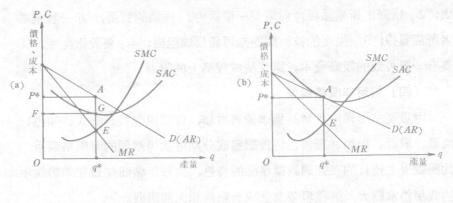

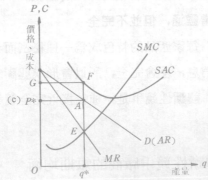

圖23-1 壟斷性競爭廠商短期均衡之各種可能情況。

之需求情況的不同，而可能有圖 23-1(a) 的經濟利潤，(b) 的正常利潤，或 (c) 的經濟損失等情形發生。

但是，由於壟斷性競爭廠商生產異質的產品，在短期間，其他廠商無法模做生產，因此具有獨佔的力量，故與獨佔廠商的短期均衡一樣，其產生經濟利潤的情況最為可能，這是壟斷性競爭具有獨佔性一面的短期均衡結果。

三、壟斷性競爭廠商的長期均衡

壟斷性競爭市場廠商的數目多，而且都是小規模生產，所需的資本少，生產資源有很大的流動性，廠商的加入或退出雖有障礙，但仍比較容易加入或退出產品集團的生產。因此，當短期間廠商有經濟利潤時，在長期間會有新廠商加入生產類似的密切替代品，使得產品集團的供給增加，競爭加強，原有廠商的需求因而減少，經濟利潤隨之消失。當短期間廠商有經濟損失發生，會有生產效率較低、財力較薄弱的廠商經長期間後退出生產，使產品集團的供給減少，競爭減弱，繼續生產的廠商的需求因而增加，經濟損失隨之消失，故壟斷性競爭廠商的長期均衡只能獲得正常利潤。

圖23-2，壟斷性競爭廠商的長期邊際成本曲線與邊際收入曲線相交於 E 點，表示達於長期均衡，決定均衡產量 Oq^*，均衡價格 OP^*。短期邊際成本曲線亦與長期邊際成本曲線及邊際收入曲線相交，表示同時達到短期生產均衡，產品生產的單位成本最低，價格 OP^* 等於平均成本 q^*A，只有正常利潤發生，這是壟斷性競爭市場具有競爭性一面的長期均衡結果。

壟斷性競爭與獨佔廠商的長期均衡不同，因為獨佔廠商在長期間仍可獲得經濟利潤，而壟斷性競爭廠商因產品集團可自由加入或退出生產，故只能有正常利潤。但是，兩者間相同之點是在長期均衡下都不會

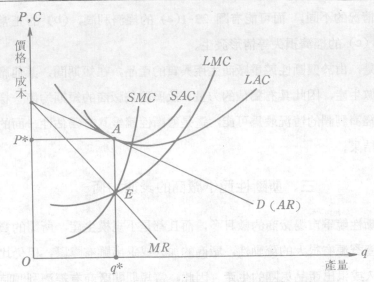

圖23-2　壟斷性競爭廠商的長期均衡只有正常利潤。

有經濟損失，因為在有經濟損失時，獨佔廠商由政府予以補貼，而壟斷性競爭廠商則會自由退出。

壟斷性競爭與完全競爭廠商在長期均衡下，相同之點是兩者都只能有正常利潤，然而兩者的產量不同。壟斷性競爭廠商在長期平均成本遞降階段達到均衡，而完全競爭廠商是在長期平均成本最低時達到均衡。因此，在長期均衡時，壟斷性競爭的價格較高，產量較少，生產較無效率；而完全競爭的價格較低，產量較多，生產較有效率。

第二節　壟斷性競爭與經濟福利

一、非價格競爭——廣告的利弊

為了強調異樣化產品的特色，壟斷性競爭廠商需要進行激烈的非價格競爭，眾多的非價格競爭活動中，以廣告 (advertisement) 最為普

遍、重要。可以說，產品的異樣化使產品適合消費者的需求，廣告則使消費者需求適合異樣化的產品。既然自由經濟制度的市場組織以壟斷性競爭最爲普遍，廣告因此成爲經濟活動中不可或缺的一環。對於廣告的經濟後果有正反兩面的看法，有人認其是一種生產性活動，但也有人認其爲沒有創造實質的產出價值，是一種浪費。

（一）贊同者認爲廣告有以下的好處

1. 提供訊息，幫助消費者作成合理的選擇　在一個動態、複雜的經濟社會，需要廣告媒介提供消息，使消費者對於新廠商、新產品或原有產品的改良能夠迅速認知。

2. 資助傳播業的發展　現代收音機、電視、雜誌與報紙能夠快迅發展，得力於廣告費用的資助，因而間接開拓了資訊工業的領域，促進科學文明的發展，創造就業的機會。

3. 刺激產品的發展　成功的廣告需要具有優異的產品特性作基礎，廣告的盛行，自然促進業者的競爭，因此促使廠商進行產品的改良發展。

4. 有助於擴大生產，實現經濟規模　如圖23-3，經由廣告可以刺

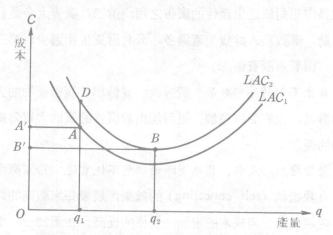

圖23-3　廣告可能使生產的單位成本下降或提高。

激產品的需求，使生產由 Oq_1 增爲 Oq_2。雖然廣告費用使廠商的長期平均成本由 LAC_1 提高爲 LAC_2，但由於規模經濟使生產效率提高，生產的單位成本反而由 OA' 減爲 OB'，消費者因此能够支付較低的產品價格。

5. 可以促進競爭　廣告往往提供消費者許多不同替代品存在、新產品推出的訊息，有助於打破獨佔，促進競爭。

6. 鼓勵消費，促進充分就業　對一個 生產力 龐大的 富裕 社會而言，需要廣告來從事基本慾望（basic want）以外的慾望創造（want-creating）活動，例如誘使消費者購買第二部汽車、電視機、高級音響等，因而提高有效需求，維持高水準的生產與就業。

(二) 反對者認爲廣告有以下的弊端

1. 勸誘而非提供訊息　廣告給予消費者的通常是錯誤或誇張的訊息，目的在於勸誘消費者作衝動的購買，對於消費者合理的選擇並無多大的幫助。事實上，廣告可能勸誘消費者以較高的價格購買廣告多但品質並不好的產品。

2. 導致資源的錯誤派用　第一，將許多具有生產性的社會資源由其他用途移作相對缺乏生產性的廣告之用；第二，廣告大多是私人企業的促銷活動，導致私人財貨生產過多，公共財貨生產過少；第三，激發過度消費，浪費有限資源。

3. 產生不利的外部效果　廣告板、宣傳單等廣告產物的丟棄，製造社會的髒亂，生態受到破壞。更可能由於廣告的資助大眾傳播媒介而導致輿論的偏差。

4. 產量增加，成本、價格下降的理想不能實現　每家廠商都作廣告會產生自我抵銷（self-canceling）的效果，最後每家廠商的銷售量並未增加，徒然引起生產成本的增加，價格的提高。在圖23-3，由於廣告自我抵銷的結果，廠商的生產成本可能由 A 點升到 D 點而非移到 B 點。

此外，縱使廠商因為廣告而增加生產，降低成本，也不見得會降低產品的價格。

5. **有利獨佔的形成**　一方面，鉅額的廣告費用是新廠商加入生產的財力阻礙；另一方面，密集的廣告可以建立廠商的形象，創造信譽商標，而減少其他廠商價格競爭的影響。因此，廠商可由密集的產品廣告來建立其獨佔力量。

6. **對產出與就業並無幫助**　總需求的變動主要是由於廣告少的資本財而非廣告多的消費財的變動所引起，廣告只能影響總需求的組合而無法有效影響總需求數量的改變，因此對於產出、就業水準並無多大幫助。再者，縱使廣告能夠影響總需求，在經濟繁榮時，廠商收入多，有利潤，有能力多作廣告，提高總需求，增加通貨膨脹壓力；在經濟衰退時，廠商收入少，利潤少，廣告少，降低總需求，使生產、就業反而減少，故廣告反而有助長經濟不穩定的不利後果。

二、壟斷性競爭的經濟效果評估

根據圖 23-4 壟斷性競爭廠商的長期均衡，可以評估此一市場組織的經濟效果如下：

1. 在壟斷性競爭下，價格大於邊際成本，與完全競爭相比較，顯示價格偏高，產量偏少，用於生產此種產品的資源不足，社會福利未能達於最大。

2. 價格大於最低的長期平均成本，表示消費者未能以最低的價格購得產品，消費者福利受損。

3. 與完全競爭比較，價格較高而產量較少，這是由於產品異樣化與激烈的非價格競爭，因而產生獨佔性的負斜率需求曲線所致。

4. 產品異樣化與激烈的非價格競爭導致 **生產能量利用不足** (deficient utilization of capacity)。圖 23-4，長期均衡完全競爭產量 Oq_c

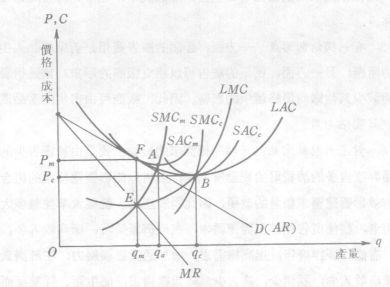

圖23-4　壟斷性競爭長期均衡之經濟效果評估。

與壟斷性競爭產量 Oq_m 的差額 q_mq_c 代表生產能量的利用不足，其中 F 至 A 或 q_m 至 q_a 代表廠商未能在現有生產規模的最低成本從事生產所引起的生產能量閒置。A 至 B 或 q_a 至 q_c 代表從社會的觀點而言，廠商現有的生產規模 SAC_m 小於社會理想的完全競爭長期均衡的生產規模 SAC_c，是一種社會生產能量的設置不足。因此，社會理想的產量 Oq_c 與實際產量 Oq_m 之間的差距，就代表壟斷性競爭廠商未能使用足夠的社會資源以達到絕對最低成本生產，因而發生這生產能量利用不足。

5. 資源浪費。由於壟斷性競爭廠商未能在現有設備的最低成本從事生產，而發生設備過剩。另一方面，由於激烈的非價格競爭，過多的資源花在使產品異樣化與廣告上面，對實質產出並沒有多少助益，這些都是社會資源浪費的現象。

6. 產品異樣化，提供消費者更多選擇的機會，消費者可以選擇自

己偏好樣式的產品。就此點而言，壟斷性競爭增進了消費者的福利。

第三節 寡佔理論

現代經濟社會的市場結構，一般產業最普遍的是壟斷性競爭，而在重工業、技術、資本密集的產業，則多以寡佔爲主。

一、意義與特性

在一個市場上，一種產品只有少數幾家（兩家以上）廠商在生產，**廠商的數目少到使個別廠商的影響力能够表現出來的程度——即每家廠商對市場價格與產量具有一定影響力的市場組織，稱之爲寡頭壟斷，或寡佔。**

寡佔可以分爲兩類，一是生產同質產品 (homogeneous products) 的寡佔，稱爲**完全寡佔** (perfect oligopoly)，如水泥、鋼鐵、鋁業等產業；一是生產異質產品的寡佔,稱爲**不完全寡佔** (imperfect oligopoly)，如汽車、香煙、電冰箱、冷氣機、電視機等產業。

具體而言，構成寡佔市場組織的條件（特性）有:

（一）銷售者的數目甚少，通常只有幾巨頭

一產業只有幾家經過激烈競爭、合併、兼併而後存在的廠商，故每一廠商的產量在市場總產量中所佔的比例很大，均有巨大的經濟規模存在。理論上，各廠商對其產品在市場上的價格有很大的控制力量，但實際上，由於少數廠商彼此之間相互依存 (interdependence) 的特性，使得它們不能隨意漲價或跌價。

（二）少數廠商之間有相互依存的特性

因爲生產者的數目很少，所以在寡頭壟斷中，生產者之間有一種相互依存的特性，相互之間有一種連鎖的關係。每一位生產者採取價格政

策時，互相牽制、猜疑，誰想改變價格，必須考慮其他廠商的反應，若無確實的情報使能確定其他廠商的行動，誰也不敢任意漲價或跌價。例如，一家廠商提高價格，其他廠商並不跟隨提高價格，甚至降價，則漲價的廠商必然喪失許多顧客。因此，在理論上各廠商雖有極大左右市場價格的力量，但由於價格改變的後果不確定，各廠商彼此牽制依存，故實際上各廠商對於市場價格並無操縱的力量。但是，既然各廠商有相互依存的特性，或許各廠商會採取一致的行動，把價格提高，以求更大的利潤。政府為防止此種情形發生，所以法律上規定各廠商不可串通(collusion)，以保障消費者利益。

（三）產品可能完全相同或類似

重工業的產出往往是作為其他產業生產投入之用的中間產品，此種中間產品通常是標準化，且完全相同的。如鋼鐵、煉鋁等寡頭壟斷的產品是完全相同的。對於這種同質的產品，購買者對生產者沒有任何選擇，全以價格高低來決定購買量。另一種情形，寡佔者所生產的產品雖屬同一類型，但有少許的差異存在，如各家的汽車型式均不同，不同牌子的香煙等，購買者可依其偏好而作選擇，個別生產者對其產品的價格亦有少許的操縱力量。

（四）加入與退出非常困難

由於寡頭壟斷都是大規模生產，所需資本額鉅大，不是任何人都可自由加入生產的，也由於其固定投資太大，亦不容易退出生產，此乃受資金投入的限制而使加入或退出生產不易。技術方面的限制亦是不易加入生產的主要原因，寡佔產業大多為高技術化，如電腦、汽車產業，故不易加入生產。此外，商業力量亦可迫使新廠商無法加入，如原有廠商聯合起來降低價格，使新廠商的產品無法銷售，導致損失、停止生產，然後原有廠商再提高價格，以彌補其損失。

同樣地，寡佔產業亦很難自由退出生產。例如，能源危機使汽車的

銷售量大減，就企業的觀點，由於汽車生產的投資額太大，驟然歇業停止生產，損失極大，不歇業的話，還可以慢慢收回其固定資本投資。而且，寡佔企業在經營困難時，可以轉移生產目標，改變生產重心，逐漸轉移至有利可圖的途徑上。是故，晚近寡佔企業發生危機時，並不採取隨意退出生產的消極態度，而是把投資轉移到其他目標，使生產多元化，以分散風險，從其中獲取利潤，以彌補其原來經營的損失。

（五）非價格競爭激烈

由於在價格方面不能隨意變動，寡佔者只好轉移到非價格競爭上，以求增加銷售量。如品質的改善，售後服務，美觀的設計、包裝，分期付款，廣告或信用貸款的實施等均屬於非價格競爭。如此，表面上價格雖沒有改變，但實質上是一種變相的減價。

二、產業集中的測量

現代產業的投資設廠，往往需要大量資金，生產規模逐漸擴大，所需的技術也日漸進步、高深，而先進國家有一個共同的趨勢，就是產業逐漸集中化，有偏向於寡佔市場組織的趨勢，大企業的產量佔產業總產量的比例日漸提高，小企業所佔的比例則愈來愈小。但是，一般政府對於企業之逐漸集中及其價格都有管制，當其利潤超過一般市場的正規利潤時，政府可強制大企業化分成幾個較小的企業，或出售股權，或降低售價，以免企業的過分集中而造成社會更不公平的現象。

觀測產業集中化的程度，可由整體的觀點來看，亦可由個體的觀點來看。前者是看全經濟產業集中程度，例如由全國最大的十家廠商的利潤（或銷售量）佔全經濟的利潤（或銷售量）的比例，可看出社會財富集中及所得分配的狀況；後者是就某一產業集中的情形觀察，例如從紡織業前幾家較大規模廠商的銷售量佔全產業銷售量的比例，可以看出紡織業的集中程度，這是一般所指的產業集中。

產業集中化的程度，可由**集中率** (concentration ratio) 來測度，通常集中率有以下幾種：

（一）從產業資產測量集中化的程度

$$資產集中率 = \frac{前幾家較大規模廠商的資產總和}{全產業資產總和}。$$

（二）從產業銷售量測量集中化的程度

$$銷售量集中率 = \frac{前幾家較大規模廠商的銷售量總和}{全產業總銷售量}。$$

（三）從產業利潤測量集中化的程度

$$利潤集中率 = \frac{前幾家較大規模廠商的利潤總和}{全產業總利潤}。$$

當以上集中率的值愈接近於 1 時，代表產業的集中度愈高，該產業也愈接近寡佔或獨佔的市場組織。

三、紐結需求曲線與價格僵固

在寡佔市場中，理論上每一位生產者對其產品的價格有很大的控制力量，但事實上因為少數生產者之間的相互依存關係，使每位生產者對其產品的價格並不能發揮很大的左右力量，最後形成寡佔產品在現行市場價格下粘著不變的特性。以下我們就寡佔市場這種特殊的價格行為進行探討。

在寡佔市場中，少數廠商中的任何一家廠商採取主動的價格改變時，其他廠商有三種可能的反應：

（一）跟隨改變價格

當一家廠商採取主動的價格上漲，若其他廠商也跟隨漲價，則相當

於整個產業的價格上升，於是整個產業的需求量減少，該廠商的需求雖然減少，但減少的程度很小；相反地，當廠商採取主動降價時，其他廠商也跟隨降價，則該廠商並不能把其他廠商的顧客吸引過來，只能因為全產業的價格下跌，總需求增加，而使每一廠商的銷售量均有小幅度的增加。在這種情形下，該廠商面對的需求曲線是圖 23-5 中較缺乏彈性的 FD_f 直線。

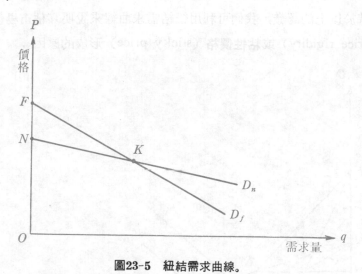

圖23-5　紐結需求曲線。

（二）不跟隨改變價格

當一家廠商採取主動的價格上漲，若其他廠商不跟隨漲價，則該廠商的顧客會被其他廠商吸引過去，銷售量會大幅度減少；相反地，當該廠商採取主動的價格下降，若其他廠商不跟隨降價，則不僅原來顧客的購買量增加，而且將其他廠商的顧客吸引過來，故銷售量會大幅增加。在這情形下，該廠商面對的需求曲線是圖 23-5 中較富於彈性的 ND_n 直線。

（三）漲價不跟隨，跌價跟隨

在一般的情形下，通常一家廠商採取主動的價格上漲時，其他廠商

不跟隨漲價，故主動漲價之廠商的銷售量大幅減少，其面對的需求曲線是圖 23-5 中較富於彈性的 KN 段；但如果他主動採取價格下降時，其他廠商都跟隨降價，故主動降價之廠商的銷售量增加的幅度很小，其面對的需求曲線是圖 23-5 較缺乏彈性的 KD_f 段。在這情形下，該廠商面對的需求曲線是由圖 23-5 的 FD_f 與 ND_n 兩條需求曲線混合形成的 NKD_f **紐結需求曲線** (kinked demand curve)。

基於以上的認識，我們可利用紐結需求曲線來說明寡佔市場**價格僵固** (price rigidity) 或**粘性價格** (sticky price) 形成的原因。

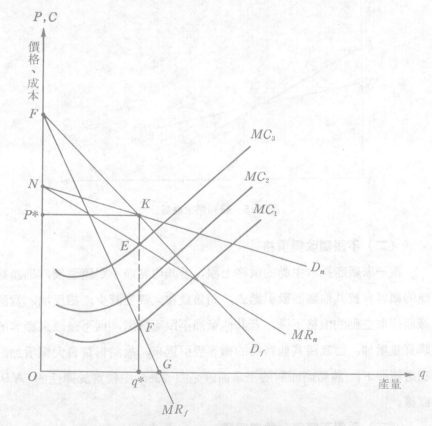

圖23-6　紐結需求曲線所形成的邊際收入缺口，
導致寡佔市場價格的僵固。

　　圖23-6，通過寡佔廠商現行均衡產量 $Oq*$ 與市場價格 $OP*$ 的組合點 K，有兩條需求曲線，一條爲 FD_f 直線，另一條爲 ND_n 直線。相對缺乏彈性的 FD_f 直線代表當一家寡佔廠商主動採取價格改變而其他廠商跟隨改變價格時，該主動廠商所面對的需求曲線；相對富於彈性的 ND_n 直線代表當一家寡佔廠商主動採取價格改變而其他廠商不跟隨改變價格時，該主動廠商所面對的需求曲線。在一般情形下，一家寡佔廠商從現行價格 $OP*$ 提高，其他寡佔廠商不跟隨提高價格，故其面對的需求曲線是較富於彈性的 NK 部分；如該廠商把價格從現行的市場價格 $OP*$ 降低，則其他寡佔廠商都會跟著降低價格，故其面對的需求曲線是較缺乏彈性的 KD_f 部分。因此，主動改變價格的寡佔廠商所面臨的需求曲線呈 NKD_f 的紐結形狀，即爲紐結需求曲線。此時對應於 NKD_f 的邊際收入曲線爲不連續的 NE 及 FMR_f 兩部分，NE 爲對應需求曲線 NK 部分的邊際收入曲線，FMR_f 爲對應需求曲線 KD_f 部分的邊際收入曲線，EF 之間有一邊際收入曲線不連貫的**邊際收入缺口** (marginal revenue gap)。

　　當寡佔廠商邊際成本曲線通過邊際收入缺口，其最適的價格是目前的市場價格 $OP*$，產量是 $Oq*$。但是，最適價格 $OP*$ 與產量 $Oq*$ 並非應用邊際均等法則 $MR=MC$ 決定的結果，因爲 EF 缺口的邊際收入並不存在，故不適用 $MR=MC$ 法則。但若產量小於 $Oq*$，邊際收入大於邊際成本；若產量大於 $Oq*$，邊際成本大於邊際收入，所以邊際收入與邊際成本比較的結果，證實 $OP*$ 與 $Oq*$ 爲寡佔廠商目前利潤最大的最適價格與產量。

　　除非寡佔廠商的成本或需求情況發生重大的改變，使邊際成本曲線與缺口以外的邊際收入曲線相交，廠商的價格與產量才會發生改變，否則，廠商的價格與產量將維持不變。因此，由於紐結需求曲線而形成邊際收入缺口，致使寡佔廠商的價格與產量僵固、粘著。

以上是利用紐結需求曲線對寡佔市場已經決定的價格行為作事後的解釋，而不是事前的說明。即我們並不能以紐結需求曲線來解釋寡佔廠商的 OP^* 與 Oq^* 是如何的決定，而只是在寡佔市場的價格 OP^* 決定之後，以紐結需求曲線來說明 OP^* 的僵固性。這是史威吉 (P. Sweezy) 教授提出的，因此又稱為**史威吉模型** (Sweezy model)❶。

四、價格領導與卡特爾

寡佔廠商對於現行市場價格的決定，其中有價格領導 (price leadership) 與卡特爾 (cartel) 組織兩種獨特的方法。

價格領導有：（1）低成本領導——即那家廠商的生產成本低，則由該廠商決定市場價格，**（2）大廠商領導**——即以規模最大的廠商來決定市場價格。兩種價格領導所訂定的市場價格均須使其他廠商也能賺取到利潤為原則，否則價格領導無法成功，並可能導致慘痛的同歸於盡競爭 (cutthroat competition)。

現以低成本領導為例來說明價格領導。設寡佔市場只有兩家廠商——即雙佔 (duopoly)，且市場由兩家廠商所均分。圖 23-7，D 代表市場總需求曲線，d 代表個別廠商的需求曲線——等於市場需求的二分之一，MR 為產業的邊際收入曲線，與個別廠商的需求曲線 d 合一，mr 則為個別廠商的邊際收入曲線。生產成本較高的第一家廠商 SAC_1 依據邊際均等法則，決定其利潤最大價格為 OP_1；生產成本較低的第二家廠商 SAC_2 依據邊際均等法則，決定其利潤最大價格為 OP_2。此時，第一家廠商必須接受第二家廠商決定的 OP_2 價格的領導，否則會喪失大部分的顧客，而 OP_2 的價格不僅使第二家廠商賺取到最大的利

❶ 史威吉模型只能用於分析不完全寡佔市場的價格行為，因為完全寡佔市場的產品同質，任何寡佔廠商單獨提高價格將喪失所有顧客，單獨降低價格將佔有整個市場，寡佔市場因此如同完全競爭市場一樣，不允許有任何價格差異存在，因此也就無法適用史威吉模型之分析。

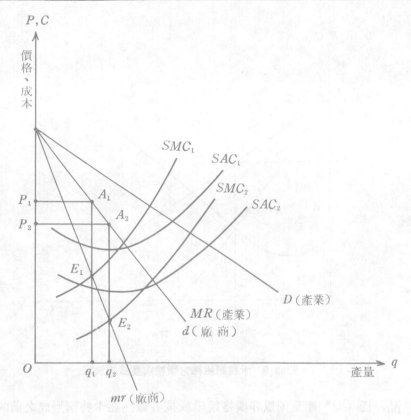

圖23-7 低成本廠商之價格領導。

潤，同時也使第一家廠商能够獲得利潤。

　　卡特爾乃是寡佔市場的廠商，為了避免激烈的價格競爭，增加會員利潤，所進行的一種採取共同政策的壟斷組織❷。卡特爾組織 形成之後，為求使該組織的利潤最大，乃採取分配產量、分派市場及共同價格的政策。在圖 23-8 中，D_c、MR_c 及 MC_c 分別代表卡特爾組織的需求、邊際收入與邊際成本曲線。依據邊際均等法則，決定卡特爾利潤最大的價格 OP^*，產量OQ^*。所有寡佔廠商，均以 OP^* 的價格出售其產

---

❷　當今世界上最有名的卡特爾組織為石油輸出國家組織（ Organization of Petroleum Exporting Countries, *OPEC*）。

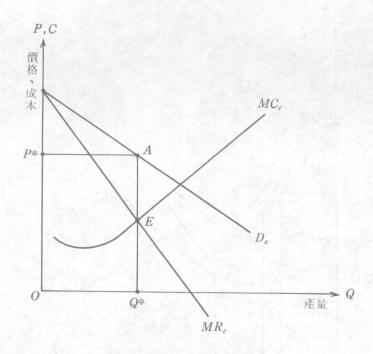

圖23-8　卡特爾組織之價格與產量的決定。

品，而 *OQ** 產量則以非價格競爭或按各廠商在卡特爾形成之前的市場佔有率來進行分配。

　　卡特爾組織通常爲法律所不容許，　其產生的經濟後果如同獨佔一般，價格高、產量少及產品未能以最低的單位成本生產。一般而言，卡特爾組織的成員愈少，　彼此之間愈能遵守協定，　組織也就能够維持愈久。經濟景氣時，每家廠商可獲得利潤，卡特爾比較容易維持；如果經濟不景氣，廠商有虧損發生時，爲求自保，難免互相欺騙，各自秘密地降低價格以求增加銷售量，終將使卡特爾組織趨於瓦解。

五、產量的決定——柯諾特模型

　　以上主要探討寡佔市場的價格決定，在本小節，我們將以**柯諾特模**

型（Cournot model）分析寡佔廠商之均衡產量的決定❸。假設市場上只有 A、B 兩家廠商——即雙佔，則根據寡佔廠商之間高度相互依存的特性，可以得到圖 23-9 中的 AA 直線爲寡佔廠商 A 的反應曲線（reaction curve），即爲 A 廠商預期 B 廠商之各種可能產量下，能使 A 自己之利潤達於最大的產量軌跡；BB 直線爲寡佔廠商 B 的反應曲線，即爲 B 廠商預期 A 廠商之各種可能產量下，能使 B 自己之利潤達於最大的產量軌跡。

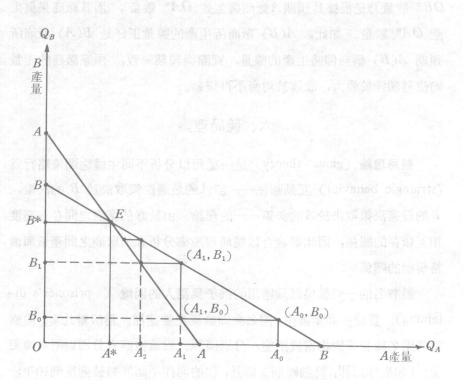

圖23-9　寡佔廠商均衡產量的決定——柯諾特模型。

如果 B 廠商預期 A 廠商的產量爲 OA_0，則其產量爲 OB_0 利潤最大；A 廠商預期 B 廠商的產量爲 OB_0 時，其產量爲 OA_1 利潤最大；

❸　此一模型由19世紀法國經濟學家柯諾特（Augustin Cournot）所提出。

B 廠商預期 A 廠商的產量爲 OA_1 時, 其產量爲 OB_1 利潤最大; A 廠商預期 B 廠商的產量爲 OB_1 時, 其產量爲 OA_2 利潤最大。 如此, 兩家寡佔廠商之產量的變動路徑將如圖 23-9 中的收縮式階梯, 朝兩條反應曲線的交點 E 收斂, E 點稱之爲柯諾特均衡(Cournot equilibrium), 其所對應的產量 $OA*$ 與 $OB*$ 卽爲 A、 B 兩家寡佔廠商的均衡產量。

因爲兩條反應曲線相交時, A 廠商生產 $OA*$ 數量乃是根據其預期 B 廠商將生產 $OB*$ 數量, 而 B 廠商果眞生產 $OB*$ 數量; B 廠商生產 $OB*$ 數量乃是根據其預期 A 廠商將生產 $OA*$ 數量, 而 A 廠商果眞生產 $OA*$ 數量。 如此, $A(B)$ 廠商所生產的數量正好是 $B(A)$ 廠商所預期 $A(B)$ 廠商卽將生產的數量, 實際與預期一致, 兩家廠商的產量均使利潤達於最大, 故達於均衡不再變動。

六、競局理論

競局理論 (game theory) 是一種用以分析不同主體之間策略行爲 (strategic behavior) 互動關係——卽 A 的最適決策取決於 B 的決策, B 的最適決策取決於 A 的決策——的理論。 由於寡佔廠商之間存在高度相互依存的關係, 因此很適合以競局理論來分析寡佔廠商之間產量與價格變動的關係。

最有名的一個競局理論應用的例子爲**犯人的困境** (prisoner's dilemma)。 假設一罪案發生, 兩名共同嫌疑犯被逮捕。 爲偵辦此案, 檢察官將兩名嫌犯分別拘留於兩室, 分別偵訊。 假設檢察官分別對兩名嫌犯說:「如果你認罪, 將判輕刑 3 個月, 你的同伴不認罪將被判重刑10年; 如果你們兩人均認罪, 每人將判刑 5 年; 如果你們兩人均不認罪, 每人將判刑 2 年。」 以上這一段話 可表示如表 23-1, 每一方格上方之三角形內的數據代表犯人 A 的刑期, 下方之三角形內的數據代表犯人 B 的刑期。 這些方格內數據的組合, 稱之爲**利得矩陣** (payoff matrix)。 顯然

表23-1　犯人的困境

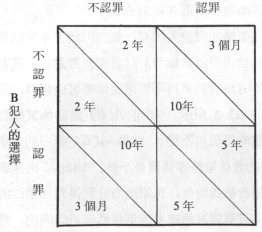

註：每一方格上方三角形內數據爲 *A*
犯人的刑期，下方三角形內數據
爲 *B* 犯人的刑期。

地，對犯人 *A*(*B*) 而言，最好的情況是他認罪，而犯人 *B*(*A*) 不認罪；
最不好的情況是他不認罪，而犯人 *B*(*A*) 認罪。對 *A*、*B* 兩位犯人共
同而言，最好的情況是兩人都不認罪。如果 *A*、*B* 兩位均能相互信賴，
共同合作均不認罪，則可達到對兩人共同最有利的結果。但是，基於人
類自私的心理，*A*(*B*) 犯人將認爲如果自己不認罪，則另一方 *B*(*A*)
犯人將認罪。因此，最後的均衡將是 *A*、*B* 兩位犯人均認罪，這種選擇
的結果稱之爲**納西均衡**（Nash equilibrium）❹。

　　所謂納西均衡是指：在 *B* 一定的選擇下，*A* 的選擇是最佳的；在 *A*
一定的選擇下，*B* 的選擇亦是最佳的。因此，納西均衡可以解釋爲兩人
相互預期的選擇組合，而當這預期選擇顯示出來之後，雙方均不願再改
變所作的選擇。亦卽在對方的一定選擇下，雙方均無法找到更好之選擇

❹　納西（John Nash）爲一競局理論學家。

策略的一種情況。例如，根據表 23-1，如果 A 犯人選擇認罪，B 犯人的最佳選擇是認罪；B 犯人選擇認罪，A 犯人的最佳選擇也是認罪，因此納西均衡將是兩人均認罪，而各被判刑 5 年。

　　寡佔廠商的營運策略如同犯人困境一般，因此近年來以競局理論來分析寡佔廠商（及其他市場組織廠商）行為相當普遍。假設寡佔市場兩位雙佔廠商 A 與 B 有漲價與價格不變兩種策略可供選擇，這兩種策略組合的利得矩陣如表 23-2 所示。如果 $A(B)$ 廠商的策略為漲價，則 $B(A)$ 廠商的最佳策略為價格不變；如果 $A(B)$ 廠商的策略為價格不變，則 $B(A)$ 廠商的最佳策略亦為價格不變。因此，兩家廠商同時採行價格不變的策略達於納西均衡，每家廠商分別得到10單位的利潤。如此，利用競局理論亦可解釋寡佔市場的價格為何是僵固的。將價格不變視為不合作策略，漲價視為合作策略，則在一家寡佔廠商根據其所臆測

表23-2　雙佔廠商的利得矩陣

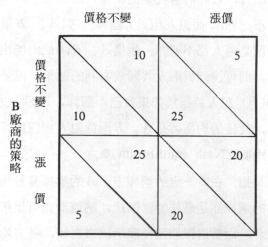

A廠商的策略

註：每一方格上方三角形內數據為 A 廠商的利潤，下方三角形內數據為 B 廠商的利潤。

之另一家寡佔廠商可能採行的策略來決定自己策略的情況下，將會產生兩家寡佔廠商的最佳策略均爲採行不合作策略，此一競局的結果稱之爲**納西不合作解**（Nash noncooperative solution），卽在每一寡佔廠商各自獨立決策下，採行不合作策略將使其利潤達於最大。

七、寡佔市場的經濟效果評估

寡佔市場組織的利弊，同樣可由福利、效率、公平、成長與競爭等方面來討論。

（一）從福利觀點

寡佔廠商具有重大的規模經濟，因此與完全競爭市場的長期均衡比較，寡佔市場可能產量較大、成本也較低。但由於其決定的價格仍大於邊際成本，產品的社會價值仍大於社會成本，社會福利受到限制而未能達於最大。

（二）從效率觀點

從個體的觀點來看，寡佔廠商的效率有兩種可能：（1）保守性的寡佔，有了經濟利潤不求改進，比較保守，墨守成規，安於現實的狀態，此種寡佔的效率低；（2）進取性的寡佔，卽不斷擴大生產規模，使成本降低，產量增加，價格降低，此種寡佔的效率較高。從總體的觀點來看，寡佔廠商未能在最低的長期平均成本從事生產，使社會資源的派用受到扭曲。同時由於寡佔廠商可能將過多的資源投入於廣告或創造產品異質的非價格競爭，也是一種社會資源的浪費。

（三）從公平觀點

從社會資源利用的觀點，需要高度技術、大量投資及大規模生產的產業，在一個市場或地區中只容許少數的寡佔者存在，是合理的。如果寡佔廠商將規模經濟的成果反映於降低銷貨價格、增進勞工福利、提高生產要素報酬，使所得分配不致於集中，對社會大眾而言是公平的。反

之，如果寡佔廠商不注重消費大眾的利益與勞工的福利，而一味地想盡方法獲取利潤，則會產生所得集中的不公平現象。

（四）從成長觀點

有人認為寡佔市場的價格僵固，利潤有保障，沒有研究發展的誘因，對經濟成長有阻礙。但是，一般人相信，現代經濟社會之技術水準所以不斷提高，寡佔廠商以其雄厚的資金不斷進行研究、發明與創新的投資，具有很大的貢獻，故寡佔市場是推動經濟成長的一種動力。

（五）從競爭觀點

寡佔市場力量形成的同時，會自我產生一種制衡的力量（counter-vailing power），如工會、買者寡佔、要素供給者寡佔等組織，與賣者寡佔相對抗，有牽制或抵銷寡佔力量的作用，對市場產生有利的競爭作用。

摘　要

1. 不完全競爭是介於完全競爭與純獨佔之間，包括有壟斷性競爭及寡頭壟斷的兩種型態。這種不完全競爭市場組織的理論模型與實際的市場經濟活動較為切合。

2. 壟斷性競爭是一種既有競爭性、又有獨佔性的市場組織，它的特點是：生產類似的異樣化產品，有眾多的銷售者與購買者，能夠自由加入或退出，但仍有一些限制或阻礙，重視非價格競爭，市場消息相當靈通但並不完全。

3. 與完全競爭及獨佔的短期均衡一樣，壟斷性競爭廠商在短期均衡中也可能有經濟利潤、正常利潤、經濟損失等情況發生。但由於生產異樣化產品的特性，壟斷性競爭廠商與純獨佔廠商的短期均衡一樣，發生經濟利潤的情況最為可能，這正是其具有獨佔性一面的結果。

4. 由於容易加入或退出產品集團的生產，壟斷性競爭廠商因此與完全競爭廠商一樣，長期均衡只能獲得正常利潤，這也正是其具有競爭性一面的結果。

5. 爲了強調異樣化產品的特點，壟斷性廠商需要運用激烈的非價格競爭，其中以廣告最爲普遍重要。對於廣告有人持贊成的看法，認爲也是一種生產性活動，也有人持反對的看法，認爲沒有創造實質的產出價值，徒然導致資源的浪費。

6. 與完全競爭廠商長期均衡比較，壟斷性競爭廠商的長期均衡價格大於邊際成本，導致價格偏高，產量偏少，生產成本偏高，生產能量利用不足，並由於追求產品的異樣化與激烈的非價格競爭，導致資源的浪費等不利的經濟後果。但是，壟斷性競爭的異樣化產品增加了消費者的選擇機會，提高了消費滿足的社會福利。

7. 寡佔是與獨佔較爲接近的一種不完全競爭市場組織，不論是生產同質產品的完全寡佔或生產異質產品的不完全寡佔，這種市場組織的特性是：每家廠商對於市場的價格與產量均具有相當的影響力，廠商數目甚少，廠商之間相互依存，加入或退出生產相當困難，產品可能相同或類似與非價格競爭激烈。

8. 寡佔市場集中化的程度可由資產、銷售量或利潤集中率來衡量。集中率的值愈接近於 1，表示產業集中的程度愈高，產業也就愈接近寡佔或獨佔的市場型態。

9. 由於廠商之間相互依存的關係而形成寡佔市場價格的僵固性。這種僵固性可由一家寡佔廠商主動採取價格行動時，其他廠商跟隨或不跟隨所形成的紐結需求曲線，及其對應的不連續邊際收入曲線，予以事後的解釋，這種分析是由史威吉教授提出的，所以又稱爲史威吉模型。

10. 寡佔市場價格的決定其中有價格領導與卡特爾組織兩種獨特方式，目的均在於避免寡佔廠商之間進行劇烈的價格競爭，以提高同業的

利潤。

11. 寡佔廠商的均衡產量可以柯諾特模型，由兩家廠商之反應曲線的交點來決定；由於寡佔廠商之間存在高度相互依存的關係，因此適合以競局理論分析寡佔廠商的決策行為，當寡佔廠商的決策選擇達於利潤最大時，稱之為納西均衡。

12. 寡佔市場的經濟後果，在福利方面，由於價格仍大於邊際成本，社會福利因此受到限制而未能達於最大；在效率方面，個別寡佔廠商有低效率保守性者，有高效率進取性者，但就總體觀點，由於生產成本大於最低長期平均成本與激烈的非價格競爭，因而導致社會資源的浪費；在公平方面，須視寡佔廠商能否將規模經濟所實現的利益，以增加產量、降低價格，或提高要素報酬的方式與社會共享而定。此外，有人認為由於寡佔廠商致力於技術與創新的推動，對於經濟成長有很大的貢獻，並由於市場制衡力量的產生，更有促進市場競爭的作用。

重　要　名　詞

不完全競爭	壟斷性競爭
寡頭壟斷	異樣化產品
產品集團	非價格競爭
生產能量利用不足	完全寡佔
不完全寡佔	集中率
價格僵固	紐結需求曲線
邊際收入缺口	史威吉模型
價格領導	卡特爾
柯諾特模型	反應曲線
納西均衡	制衡力量

問　題　練　習

1. 何謂壟斷性競爭? 試以圖解剖析其長期均衡狀態。

2. 試述你對廣告功能的看法。

3. 試評論壟斷性競爭的經濟後果。

4. 試用邊際分析法，比較一家廠商在完全競爭及壟斷性競爭情況下長期均衡的差異。

5. 何謂寡佔? 其特性有那些? 甚麼是產業集中率? 如何衡量?

6. 寡頭壟斷者的需求曲線與邊際收入曲線有何特性? 此特性的經濟意義何在? 為何寡佔廠商的價格與產量的決定不能應用 $MR = MC$ 的原則? 試用圖形解說之。

7. 何謂價格領導? 何謂卡特爾? 兩者形成的目的何在?

8. 試以柯諾特模型分析寡佔廠商之均衡產量的決定。

9. 試以競局理論舉例說明寡佔廠商如何達到納西均衡?

10. 試評論寡佔市場的經濟效果。

第二十四章
邊際生產力與生產要素需求

在前面幾章，我們已經將財貨與勞務在不同市場組織之價格與產量的決定，作了詳細的介紹。本章開始對用以生產財貨與勞務的生產要素，探討其價格與雇用量的決定。

就經濟循環周流來看，財貨與勞務的供給者主要是企業部門，需求者主要是家計部門。財貨與勞務的價格與產量決定企業部門的收入，亦即家計部門的支出，而收入等於支出。反過來，生產要素的供給者主要是家計部門，需求者主要是企業部門，生產要素的價格與數量決定家計部門的收入——所得，亦即企業部門的支出——成本，而所得等於成本。

企業部門對生產要素的需求，視生產要素對生產的貢獻（即生產力）大小而定。生產要素的邊際生產力愈大，對生產的貢獻愈大，其應得的報酬也就愈多，因此生產要素對生產者而言是資源的派用，對其所有者而言則是所得分配的來源。職是之故，生產要素的邊際生產力成為所得分配理論的重心，稱之為邊際生產力所得分配理論（marginal productivity theory of income distribution）。邊際生產力、要素需求與所得分配三者成為一種連環的因果關係。

第一節　生產要素的需求與產出

生產要素需求的探討，就資源派用的觀點，最主要的是著重於生產

要素價格的探討。可從供給與需求兩方面，分析生產要素價格對資源派用的影響。

（一）從供給方面看

1. 就個體而言，任何一種生產要素價格的高低影響所得的大小。就勞動力而言，若其價格高（即工資高），勞動力的供給大；價格低（即工資低），則勞動力的供給小。

2. 就總體而言，生產要素價格的高低會影響生產資源的派用。生產要素的價格高，則供給大，派用多；價格低，則供給小，派用少。

（二）從需求方面看

生產要素價格的高低關係到企業的生產成本。在其他情況不變下，生產要素的價格高，生產成本高；價格低，生產成本低。生產成本的高低影響產品價格與產量的決定，也就影響了生產要素的需求。

一、引申需求

生產要素（包括四大生產要素及中間投入）的需求是一種**引申需求** (derived demand)，**即對生產要素的需求是基於對此生產要素所用以生產之財貨與勞務的需求引申而來**。因此，對財貨與勞務的需求及對生產要素的需求，兩者的性質不同。財貨與勞務能够直接滿足人們的慾望，故對其需求是基於其本身性能所產生的直接需求；生產要素並不能够直接滿足人們的慾望，故對其需求，是一種間接的需求。例加，因對稻米的需求而產生對土地的需求，因對汽車的需求而產生對鋼鐵的需求。

二、決定生產要素需求的因素

生產者對於一種生產要素需求的大小，決定於以下幾個因素:

1. **生產要素的生產力**　生產力是表示一種生產要素一單位所能生產之產品數量的大小。在生產要素的價格一定之下，生產力愈大，對其

需求愈大; 生產力愈小, 對其需求也就愈小。

2. 所生產產品價格的高低 所生產產品價格的高低決定生產者的收入, 生產要素所產出的產品價格愈高, 生產者得到的收入愈多, 對要素的需求也就愈大; 反之, 生產要素所產出的產品價格愈低, 生產者得到的收入愈少, 對要素的需求也就愈小。

3. 生產要素本身價格的高低 在生產要素的生產力一定下, 若其價格高, 則生產成本高; 價格低, 則生產成本低。 在比較成本與收入後, 生產者才能決定對生產要素的需求。另一方面, 在生產過程中, 生產要素大都是可以相互替代使用的, 故其他生產要素價格的高低亦會影響對此生產要素的需求。因此, 在其他情況不變下, 生產要素的需求與其本身價格呈減函數的關係。

三、投入、產出與收入

在前面 (第二十章) 討論生產時, 曾以生產函數 $Q=f(V)$ 說明投入生產要素與產出之間的關係, Q 代表總實物產出, V 代表可變生產要素。圖 24-1 顯示可變投入與不同產出觀念之間的關係, 是一種實物的表示, 不包括貨幣因素在內。其中:

$$TPP = Q = f(V),$$

$$APP = \frac{TPP}{V},$$

$$MPP = \frac{\Delta TPP}{\Delta V}。$$

上式中, TPP 爲總實物產出, APP 爲平均實物產出, MPP 爲邊際實物產出, 三者之間的關係卽前面討論生產函數時的 TP、AP 與 MP 三者之間的關係, 已經詳細討論過, 在此不再贅述。現在討論生產要素的需求, 須將投入與產出之間實物的關係, 加入貨幣因素而以價值的形

態來表示，才能比較出成本與收入的大小，而決定生產要素的需求。

圖 24-2 與圖 24-1 的形狀完全一樣， 只不過這是以貨幣表示產出收入與可變生產要 素投入之間的關係。 其中 TRP 代表**總收入產出** (total revenue product)， 表示雇用生產要素所生產的總產出在市場上銷售所得的總收入， 卽 $TRP = TPP \times P$， P 代表產品價格。

ARP 代表**平均收入產出** (average revenue product)，表示平均每一單位生產要素的產出收入， 卽 $ARP = \dfrac{TRP}{V}$。 假設投入要素生產出來的產品是在完全競爭市場銷售， 產品的價格不變， 則 $ARP = \dfrac{TRP}{V}$

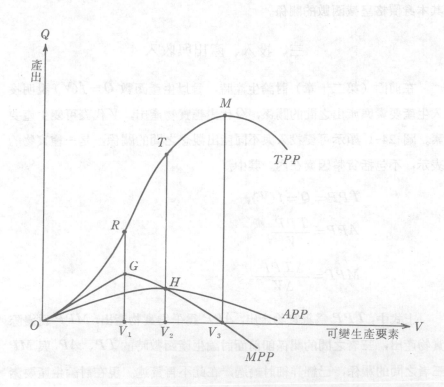

圖24-1　可變投入與不同實物產出觀念之間的關係。

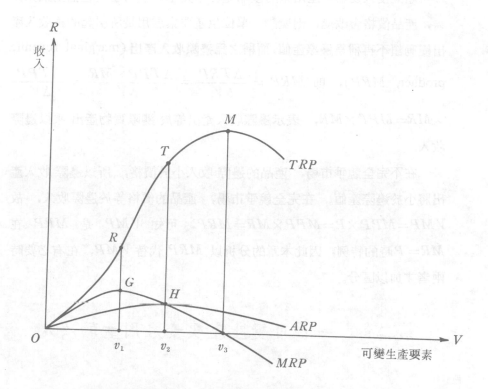

圖24-2　可變投入與不同收入產出觀念之間的關係。

$=\dfrac{TPP \times P}{V}=\dfrac{TPP}{V} \times P=APP \times P$，表示平均收入產出等於平均

實物產出乘以產品價格。

VMP 代表**邊際產出價值** (value of marginal product)，簡稱**邊**

際產值，表示變動一單位生產要素雇用量所引起的總收入產出改變的數

量，即 $VMP=\dfrac{\Delta TRP}{\Delta V}$。如果投入要素生產出來的產品是在完全競爭

市場銷售，產品價格不變，則$VMP=\dfrac{\Delta TRP}{\Delta V}=\dfrac{\Delta TPP \times P}{\Delta V}=\dfrac{\Delta TPP}{\Delta V}$

$\times P=MPP \times P$，表示邊際產值等於邊際實物產出乘以產品價格。

如果投入要素生產出來的產品是在不完全競爭市場（包括獨佔）銷售，產品價格會改變，則變動一單位生產要素雇用量所引起的總收入產出變動額不再稱爲邊際產值，而稱之爲**邊際收入產出**（marginal revenue product, *MRP*），即 $MRP = \dfrac{\Delta TRP}{\Delta V} = \dfrac{\Delta TPP \times MR}{\Delta V} = \dfrac{\Delta TPP}{\Delta V}$ $\times MR = MPP \times MR$，表示邊際收入產出等於 邊際實物產出 乘以邊際收入。

在不完全競爭市場，產品的邊際 收入小於價格，所以邊際 收入產出將小於邊際產值。 在完全競爭市場， 產品的價格等於邊際收入， 故 $VMP = MPP \times P = MPP \times MR = MRP$，可知 VMP 是 MRP 在 $MR = P$ 時的特例，因此本章的分析以 MRP 代替 VMP，在有必要時兩者才加以區分。

第二節 一種可變生產要素雇用量的決定

一、總收入對總可變成本分析

在完全競爭的生產要素市場中，生產要素的價格對個別購買者而言是已知不變的，所以總可變要素成本 $TVC = \overline{P}_V \times V$，式中 $\overline{P}_V$ 代表一定的要素價格，V 代表購買的要素數量。在圖24-3，總可變要素成本曲線是一條由原點 開始的射線， 斜率不變， 表示生產要素的 價格等於**生產要素的平均成本** （average cost of factor, *ACF*）， 也等於**生產要素的邊際成本** （marginal cost of factor, *MCF*），即 $\overline{P}_V = ACF = MCF$。

總收入產出曲線在 A 點的切線斜率（即邊際收入產出）等於總可變成本直變的斜率（即要素邊際成本）時，兩者間的差距達到最大，表示

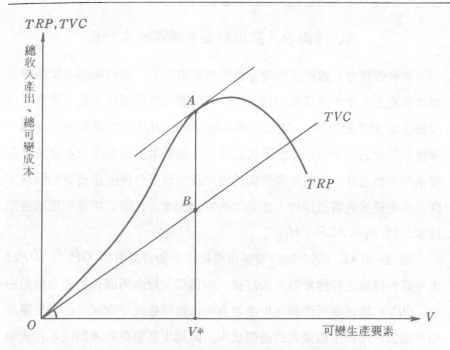

圖24-3　總收入產出曲線與總可變要素成本曲線兩者切線斜率
**　　　　相等之處，決定利潤最大之可變生產要素雇用量。**

生產者雇用 OV^* 數量的生產要素所得到的利潤最大❶。

---

❶ 可以微積分證明總收入產出曲線的切線斜率等於總可變成本曲線的切線
　斜率——即生產要素的邊際收入產出等於生產要素的邊際成本時，兩者
　的差距最大，利潤最大。
　設生產函數為:
　　　　$Q = f(V)$。
　利潤函數為:
　　　　$\pi = PQ - P_V V - F = Pf(V) - P_V V - F$，
　式中 π 代表利潤，$P_V V$ 代表總可變成本，F 代表固定成本。
　雇用生產要素利潤最大的必要條件是利潤函數對可變生產要素的一階微
　　　分等於零，所以
　　　　　$\dfrac{d\pi}{dV} = Pf'(V) - P_V = 0$，
　　　　　$Pf'(V) = P_V$。
　又 $f'(V) = \dfrac{df(V)}{dV} = MPP$；$P_V$ 不變，等於 MCF。
　　　$PMPP = MRP = P_V = MCF$，得證。

二、邊際收入產出對要素邊際成本分析

在買賣雙方人數眾多的完全競爭要素市場下，任何單獨一家廠商是市場決定之生產要素價格的接受者，可以盡其所能購買生產要素而不會改變生產 要素的價格。 因此， 單獨廠商面臨的 生產要素供給曲線為一彈性無限大的水平線，亦卽單獨廠商對生產要素的需求增加不會使生產要素的價格上升，它對生產要素的需求減少也不會使生產要素的價格下跌。生產要素的價格等於生產要素的平均成本，也等於生產要素的邊際成本， 卽 $P_V = ACF = MCF$。

圖 24-4(a)， 完全競爭要素市場決定均衡要素價格 $OP_V{}^*$， $OP_V{}^*$ 水平延伸而成之彈性無限大的直線， 卽為個別廠商所面對的要素供給曲線。 $OP_V{}^*$ 為廠商所面對之生產要素的供給價格或平均成本， 也是廠商額外購買一單位生產要素的邊際成本。因為生產要素的邊際成本代表額外雇用一單位生產要素使總成本增加的數量，要素的邊際收入產出代表額外雇用一單位生產要素使總收入增加的數量，只要雇用生產要素的邊際收入產出大於生產要素的邊際成本，利潤會增加； 雇用生產要素的邊

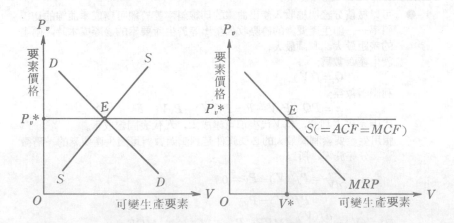

圖24-4 （a）完全競爭要素市場　　（b）個別廠商均衡要素雇用量
　　　　　均衡價格之決定。　　　　　　之決定。

際收入產出小於生產要素的邊際成本，利潤會減少。因此，任何廠商對一種生產要素的雇用，在利潤最大化的原則下，決定於生產要素的邊際收入產出等於生產要素的邊際成本，即 $MRP=MCF$。當生產要素的邊際收入產出不等於生產要素的邊際成本時，增加或減少生產要素的雇用，會使利潤增加，直到兩者相等時利潤才最大，此時廠商才算達到均衡的生產要素雇用，如圖 24-4(b) 的 OV^* 數量。

如果要素市場不是完全競爭的市場，而是要素獨買的情況，則個別廠商面臨的要素供給曲線爲由左下向右上傾斜的曲線，即供給量與價格呈增函數的關係。因爲在要素市場只有一位獨買者，所以要素市場的供給曲線便成爲獨買廠商的供給曲線，而市場供給曲線表示生產要素供給量與價格的關係，也就是要素的平均成本曲線。

當廠商面對的要素平均成本曲線如同一般正斜率的供給曲線時，每增加要素雇用量時不僅對增雇的要素必須支付較高的價格，對原來雇用的要素也須要支付較高的價格。因此，要素的邊際成本不再固定而會是大於要素的平均成本❷。在這情況下，如圖 24-5，獨買廠商依邊際均等法則 $MRP=MCF$，決定購買量 OV^* 的生產要素，而支付 OP^*_v 的要素價格。

---

❷ 證明不完全競爭要素市場廠商的要素邊際成本大於要素平均成本如下：
以反函數形式表示要素供給函數：

$$P_V=g(V),\ g'(V)=\frac{dP_V}{dV}>0，表示要素供給曲線的斜率爲正。$$

總可變成本 $TVC=C(V)=P_VV=g(V)V$。

依定義要素邊際成本 $MCF=\dfrac{dTVC}{dV}=g(V)+Vg'(V)=P_v+V\dfrac{dP_v}{dV}$。

因爲 $\dfrac{dP_v}{dV}>0$，$V\dfrac{dP_v}{dV}>0$，所以

$$P_v+V\frac{dP_v}{dV}>P_v，即MCF>AFC。$$

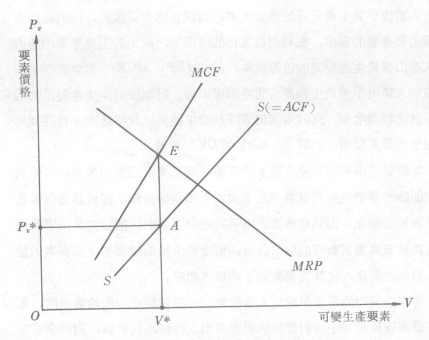

圖24-5　不完全競爭要素市場廠商均
衡要素雇用量之決定。

三、廠商的要素需求曲線

假設要素市場是完全競爭市場，根據圖 24-6 要素市場的均衡價格
與廠商的 平均收入產 出及邊際收入產出， 可以導出廠商 的要素需求曲
線。如果要素市場決定的均衡價格是：

1. OP_V^1，則廠商的平均要素成本 $OP_V^1 = MCF_1$，大於任何要素的
平均收入產出，如果以邊際均等法則 $MRP = MCF$，決定購買生產要素
OV_1，則要素的總成本 $OP_V^1 \times OV_1$ 大於要素的總收入 $V_1F \times OV_1$， 廠
商發生 $GP_V^1E_1F$ 雇用生產要素的損失。在這情形下，一位追求利潤最
大的廠商是不會雇用該生產要素的。

2. OP_V^2，則廠商的平均要素成本 $OP_V^2 = MCF_2$，等於最大的要素

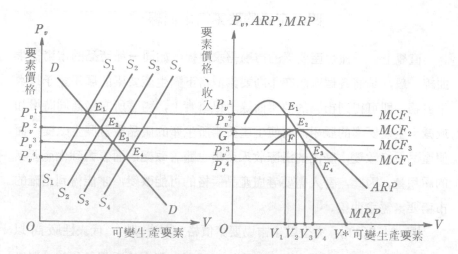

圖24-6 （a）完全競爭要素市場各種　（b）依 $MRP = MCF$ 原則，自平均收入
　　　　可能的均衡價格。　　　　　產出曲線最高點以下至邊際收入產出
　　　　　　　　　　　　　　　　　等於零之邊際收入產出曲線，為廠商
　　　　　　　　　　　　　　　　　的要素需求曲線。

平均收入產出，以邊際均等法則 $MRP = MCF_2$ 決定購買生 產 要 素
OV_2，則要素的總成本 $OP_V^2 \times OV_2$ 等於要素的總收入 $V_2 E_2 \times OV_2$，故
在 OP_V^2 的要素價格下，廠商可雇用或不雇用該生產要素。

　　3. OP_V^3，以 $MRP = MCF_3$ 決定購買生產要素 OV_3，是廠商利
潤最大的要素雇用量。

　　如果生產要素的價格下跌至 OP_V^4，則廠商以 $MRP = MCF_4$ 決定
的均衡要素購買量為 OV_4。要素價格的逐步下跌，廠商依 $MRP = MCF$
原則所決定購買的生產要素量會愈多。但是，一位追求利潤最大的理性
生產者，不可能雇用生產要素至邊際收入產出為負的程度，因為這樣總
收入產出反而會減少。**是故，一種生產要素的邊際收入產出曲線在其平
均收入產出曲線最高點以下至邊際收入產出等於零的階段，是在不同要
素價格下，廠商對此生產要素的需求曲線。**

四、市場的要素需求曲線

直覺上，一種生產要素的市場需求曲線，如同一種產品的市場需求曲線一般，是將各個廠商在不同要素價格下對生產要素的雇用量予以水平併總，卽可得到市場的要素曲線。但事實上，隨著所有廠商同時增加或減少生產要素的雇用，將使生產要素所生產的產品數量發生改變，而使產品價格改變，廠商的邊際收入產出也隨著改變，而影響到生產要素的雇用量。因此，吾人需要考慮產品價格的可能改變，才能得到正確的市場要素需求曲線。

圖 24-7(a)，完全競爭市場要素價格 OP_v^1 時，代表性廠商以 $OP_v^1 = MRP$ 雇用 OV_1 數量的要素，將所有廠商的雇用量加總，對應的市場要素需求爲 OV_1'。隨著生產要素的價格下跌 ($OP_v^1 \rightarrow OP_v^2$)，會使所有廠商將此生產要素的雇用量增加，而使該生產要素所生產的產品數量亦隨之增加，透過供需關係，產品的價格會下跌，代表性廠商的 MRP 曲線會往下移 ($MRP \rightarrow MRP'$)，所以代表性廠商在 OP_v^2 的要

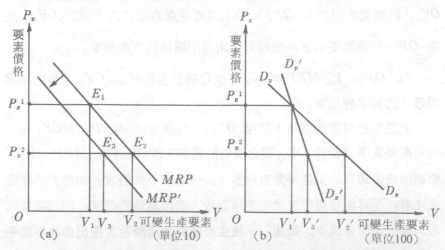

圖24-7　廠商之邊際收入產出曲線將　　考慮產品價格改變之市場要素需求
因產品價格改變而移動。　　　曲線較之沒有考慮產品價格改變的
市場要素需求曲線缺乏彈性。

素價格下，是以 $OP_V^2 = MRP'$ 雇用生產要素 OV_3，而不是以 $OP_V^2 = MRP$ 雇用生產要素 OV_2，併總的市場要素總需求因而是 OV_3' 而不是 OV_2'。因之，考慮產品價格改變的市場要素需求曲線 $D_V'D_V'$，較之沒有考慮產品價格改變的市場要素需求曲線 D_VD_V，是一條較缺乏彈性的要素需求曲線（圖24-7(b)）。

五、要素需求的改變

對市場的產品需求而言，有需求的改變與需求量的改變之分；對市場的生產要素需求而言，亦有需求的改變與需求量的改變之分，兩種改變各有其不同的影響因素。首先，我們討論要素需求的改變。

要素需求的改變是指: 要素需求量不是隨要素本身價格的改變而改變，而是隨著要素本身價格以外的因素變動而改變，即圖 24-8 整條要素需求曲線的位置上下移動。這些影響要素需求曲線位置改變的因素有:

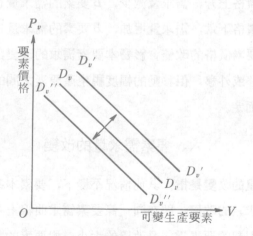

圖24-8　要素需求的改變。

1. 產品的需求　任何生產要素的需求均導源於對其產出財貨的需求，當生產要素之產出財貨的需求改變時，對生產要素的需求也隨之發

生改變。 如對生產要素的產出財貨需求增加， 將使財貨的 價格上升，則生產要素的邊際收入產出提高，生產要素的需求曲線也就往右上方移動，在相同的要素價格下，要素的需求量因而增加；反之，則減少。

2. **要素的生產力** 設生產要素所生產的財貨價格不變，生產要素生產力的改變反映在其邊際實物產出上。生產力提高，邊際實物產出增加，邊際收入產出增加，要素需求曲線往上移；生產力降低，邊際實物產出減少，邊際收入產出減少，要素需求曲線往下移。因之，要素生產力的改變，會使要素的需求發生改變。

3. **其他生產要素的價格** 如同產品之間的關係一樣，當A與B兩種生產要素具有替代性時，A要素的價格上升，廠商會以B要素替代A要素，B要素的需求量會增加，A要素的需求量會減少；反之，A要素的價格下跌，廠商會以A要素替代B要素，B要素的需求量會減少，A要素的需求量會增加。當 A與B兩種生產要素具有相輔性（互輔性）時，A要素的價格上升，需求量減少，B要素的需求量也跟著減少；反之，A要素的價格下跌，需求量增加，B要素的需求量也跟著增加。因此，其他生產要素價格的改變會影響本要素需求的改變，即本要素需求曲線會隨著內移或外移，但移動的幅度視生產要素之間的替代性或相輔性程度的大小而定。

六、要素需求量的改變

要素需求量的改變是指： 其他情況不變下，要素本身價格的改變所引起的要素需求量的改變，即在同一條要素需求曲線上點的移動。因要素價格改變所引起的要素需求量改變的大小，視要素的需求價格彈性大小而定，故決定要素價格改變所引起的要素需求量改變之大小的因素，就是決定生產要素需求曲線之相對彈性大小的因素。這些因素包括：

1. **邊際實物產出遞減率** 生產要素的邊際實物產出遞減的速度愈

快者，其邊際收入產出遞減的速度也愈快，要素需求曲線比較陡，相對缺乏彈性——圖 24-9 之 D_vD_v，卽需求量對價格變動的反應程度較小；反之，邊際實物產出遞減的速度愈緩者，其邊際收入產出遞減的速度也愈緩，則要素需求曲線愈平滑，相對富於彈性——圖24-9 之 $D_v'D_v'$，卽需求量對價格變動的反應程度較大。

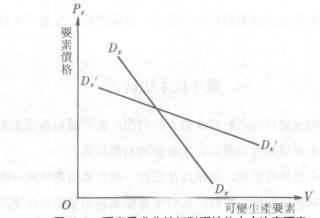

**圖24-9 要素需求曲線相對彈性的大小決定要素
價格變動引起要素需求量改變的大小。**

2. **產品的需求彈性** 生產要素的需求是一種引申需求，當產品的需求彈性大時，對生產此種產品之生產要素的需求彈性亦大；反之，產品的需求彈性小時，對生產此種產品之生產要素的需求彈性亦小

3. **替代要素的數目與替代的程度** 一種生產要素可替代的其他生產要素的數量愈多，替代程度愈強，則此種生產要素的需求彈性愈大；反之，可替代的其他生產要素的數目愈少，替代程度愈弱，則此種生產要素的需求愈缺乏彈性。

4. **購買該要素的費用在生產總成本中所佔的比例** 一種生產要素的費用佔總成本的比例愈大，其價格的改變對總成本的影響愈大，要素的需求彈性就愈大；所佔的比例愈小，其價格的改變對總成本的影響亦愈小，要素的需求彈性也就愈小。

第三節　多種可變要素雇用量的決定

事實上，在實際的生產過程中，廠商都是使用多種而非祇是一種可變生產要素。吾人可將廠商對一種可變生產要素雇用的決定法則，予以推廣到對多種可變生產要素雇用的決定上，以使廠商的生產成本最小、利潤最大。

一、最小成本法則

廠商生產的主要目的在於追求最大的利潤，當其雇用多種生產要素時，必須先使生產成本達到最低，才能談到利潤最大。

根據邊際產出均等法則，當廠商花在每一種生產要素最後一塊錢所獲得的邊際實物產出報酬均等時，其對生產要素雇用量的組合達於最適的狀態。如此，能使生產一定產量的成本達於最小。以公式表示為:

$$\frac{MPP_1}{P_1} = \frac{MPP_2}{P_2} = \cdots\cdots = \frac{MPP_n}{P_n}, \tag{1}$$

式中 MPP_i, $i = 1, 2, \cdots, n$，代表第 i 種生產要素的邊際實物產出，P_i 代表該生產要素的價格。

如果 $\frac{MPP_1}{P_1} > \frac{MPP_2}{P_2}$ ——設 $\frac{5}{1} > \frac{3}{1}$，表示雇用第一種生產要素所花的最後一塊錢，能够獲得 5 單位的邊際實物產出，而雇用第二種生產要素所花的最後一塊錢，只能獲得 3 單位的邊際實物產出。在這情況下，追求成本最小、利潤最大的廠商應該多雇用第一種而少雇用第二種生產要素，在邊際報酬遞減法則作用下，MPP_1 會逐漸下降，MPP_2 會逐漸上升，直到 $\frac{MPP_1}{P_1}$ 等於 $\frac{MPP_2}{P_2}$ 為止。

在實際生產中，並不以邊際實物產出計算，而是以邊際收入產出來計算，所以（1）式中每一項的分子乘以產品的邊際收入後，另可表示為：

$$\frac{MRP_1}{P_1} = \frac{MRP_2}{P_2} = \cdots\cdots = \frac{MRP_n}{P_n} , \qquad (2)$$

式中 MRP_i，$i = 1, 2, \cdots, n$，代表第 i 種生產要素的 邊際收入產出。（2）式表示花在每一種生產要素的最後一塊錢所獲得的邊際收入產出報酬各項相等時，廠商雇用多種生產要素生產一定產量財貨的成本達到最小。

當（1）、（2）兩式成立時，只能表示廠商所雇用的多種生產要素，其相互之間使用量的結合達到一種最佳的狀態。但是，並不能保證每一種生產要素所雇用的數量均為最適當、最理想，要素雇用量可能過多或過少，導致產出的過多或過少，而無法保證利潤達到最大。

二、最大利潤法則

當每一種生產要素的邊際收入產出與該生產要素的價格相等時，廠商雇用生產要素進行生產的利潤達到最大。以公式表示為：

$$\frac{MRP_1}{P_1} = \frac{MRP_2}{P_2} = \cdots\cdots = \frac{MRP_n}{P_n} = 1 。 \qquad (3)$$

上式表示不但多種生產要素相互之間使用量的結合為最佳，且每一種生產要素的使用量亦達到最理想的狀態，故廠商雇用生產要素進行生產的利潤達到最大。因為，在要素市場完全競爭下，P_i 代表生產要素增加一單位所引起的總成本增加的邊際成本，MRP_i 代表生產要素增加一單位所引起的總產出收入增加的邊際收入。追求利潤最大的廠商，在 $MRP_i > P_i$ 時，會繼續增加該要素的雇用量；$MRP_i < P_i$ 時，會

減少該要素的雇用量; 唯有在 $MRP_i = P_i$, $\dfrac{MRP_i}{P_i} = 1$ 時, 要素的邊際收入等於要素的邊際成本, 才使廠商雇用生產要素進行生產的利潤達到最大。

以上廠商雇用生產要素的最小成本及最大利潤法則, 是基於要素市場爲完全競爭市場的假設。如果要素市場是一不完全競爭市場, 廠商是以要素的邊際成本而非其價格作爲雇用生產要素決策的考慮, 在這情形下, 最小成本法則修正爲:

$$\frac{MPP_1}{MCF_1} = \frac{MPP_2}{MCF_2} = \cdots\cdots = \frac{MPP_n}{MCF_n}, \quad 或$$

$$\frac{MRP_1}{MCF_1} = \frac{MRP_2}{MCF_2} = \cdots\cdots = \frac{MRP_n}{MCF_n}。$$

最大利潤法則卽應修正爲:

$$\frac{MRP_1}{MCF_1} = \frac{MRP_2}{MCF_2} = \cdots\cdots = \frac{MRP_n}{MCF_n} = 1。$$

第四節　等產量曲線分析

如同消費無異曲線作爲現代分析消費者行爲的工具一樣, 等產量曲線是現代生產理論的主要分析工具, 兩者的觀念與方法十分類似, 有了無異曲線分析的基礎, 可以很快地對等產量曲線分析作簡單的介紹。

一、等產量曲線的意義與特性

在投入空間, 以兩種生產要素聯合生產一定量的產出, 此兩種生產要素可作不同的組合, 此不同組合的軌跡, 稱之爲等產量曲線 (isoquant curve)。圖 24-10 橫軸 N 代表勞動, 縱軸 K 代表資本, 其形成的空間,

稱爲投入空間 (input space)。*IQ* 代表一定產量水準的等產量曲線，沿著曲線移動，產量水準維持不變，但要素組合的比率則不斷的改變。投入空間裏，許多形狀相同的等產量曲線（代表一定的生產技術狀態）構成**等產量曲線圖** (isoquant map)。在等產量曲線圖上，位置愈高的等產量曲線所代表的產量水準愈大。

等產量曲線具有以下的特點:

（一）**連續且到處密布**　連續表示兩種生產要素之間可以不斷地相互替代使用，到處密布表示產量可以無限細分。

（二）**斜率爲負**　在生產要素的邊際實物產出大於零的情況下，爲了維持產量不變，一種生產要素的使用增加，另一種生產要素的使用就必須減少，故等產量曲線爲一由左上往右下傾斜的負斜率曲線。

（三）**凸向原點**　兩種生產要素雖可替代使用，但其中一種生產要素不斷增加使用的結果，其邊際實物產出會遞減；另一種生產要素不斷減少使用的結果，其邊際實物產出會遞升，故等產量曲線上兩種生產要素的邊際技術替代率會遞減，而使等產量曲線凸向原點。

（四）**不能相交**　同一組羣中的兩條等產量曲線不能相交，否則會產生如同消費無異曲線相交一般的矛盾情況。

（五）**不能與兩軸相交**　在任何一種生產要素都是生產不可缺少的投入下，等產量曲線不能與兩軸的任何一軸相交。

二、邊際技術替代率遞減法則

設資本（*K*）與勞動（*N*）兩種生產要素，在等產量曲線上，爲維持一定的產量水準，勞動每額外增加一單位使用，則資本就必須減少若干使用的數量，所減之資本對所增加之勞動的相對比率（絕對值），稱之爲勞動對資本的**邊際技術替代率**（ marginal rate of technical substitution, *MRTS*）。圖 24-10，等產量曲線上兩種生產要素的邊際技術

替代率等於$-\dfrac{\Delta K}{\Delta N}$，$\Delta$ 代表變動量。等產量曲線上任何一點的產量均相同，這意謂減少資本使用所減少的產出（$=-\Delta K MPP_K$）等於增加勞動使用所增加的產出（$=\Delta N MPP_N$），即$-\Delta K MPP_K=\Delta N MPP_N$，因此資本對勞動的邊際技術替代率$MRTS=-\dfrac{\Delta K}{\Delta N}=\dfrac{MPP_N}{MPP_K}$。在無限微量變動的情況下， 此替代率即等於該線上任何一點之切線的斜率$-\dfrac{dK}{dN}$，亦等於兩種生產要素邊際實物產出的比率$\dfrac{MPP_N}{MPP_K}$❸。

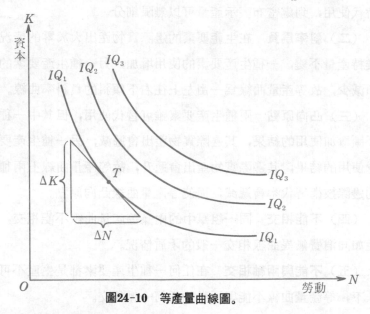

圖24-10　等產量曲線圖。

---

❸ 等產量曲線可以生產函數 $\bar{Q}=f(K,N)$ 表示， $\bar{Q}$ 代表一定的產量水準。
對 $\bar{Q}=f(K,N)$ 全微分，得到：
$$d\bar{Q}=\frac{\partial f}{\partial K}dK+\frac{\partial f}{\partial N}dN。$$
因為 $\bar{Q}$ 為常數，所以 $d\bar{Q}=0$，
$$\frac{\partial f}{\partial K}dK+\frac{\partial f}{\partial N}dN=0。$$
依定義，邊際技術替代率等於$-\dfrac{dK}{dN}$，因此
$$MRTS_{N/K}=-\frac{dK}{dN}=\frac{\partial f/\partial N}{\partial f/\partial K}=\frac{MPP_N}{MPP_K}。$$

在等產量曲線上，爲維持一定的產量水準，一種生產要素每額外增加一單位使用，另外一種生產要素所必須減少使用的數量，依次遞減，此情形稱之爲**邊際技術替代率遞減法則** (law of diminishing marginal rate of technical substitution)。 根據邊際報酬遞減法則，在圖 24-11 的等產量曲線上，以勞動替代資本使用的結果，勞動的使用量增加，其邊際實物產出遞減；資本的使用量減少，其邊際實物產出遞升。由於邊際技術替代率等 於勞動邊際 實物產出（MPP_N）對資本邊際 實物產出（MPP_K）的比率——$MRTS_{N/K} = \dfrac{MPP_N}{MPP_K}$，故隨著不 斷以勞動替代資本，$MPP_N$ 下降，MPP_K 上升，必然使邊際技術替代率發生遞減，以維持產量水準的一定，亦卽等產量曲線上隨著勞動使用的增加，其切

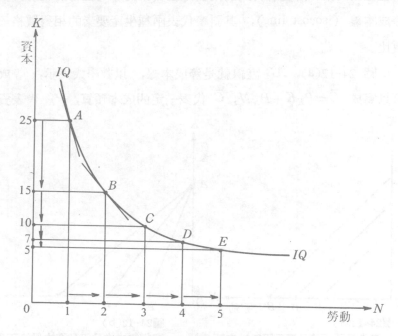

圖 24-11 沿著等產量曲線，每增加一單位勞動使
用，所必須減少的資本使用數量依次遞
減，稱之爲邊際技術替代率遞減法則。

線的斜率不斷遞減——如 B 點切線斜率的絕對值小於 A 點切線斜率的絕對值，這種現象就是邊際技術替代率遞減法則。

等產量曲線 的邊際技術替 代率遞減的速 度視等產量 曲線的彎曲度 (curvature) 而定， 而彎曲度則決定於兩種生產要素替代性的強弱。一般而言，兩種生產要素的替代性愈強，等產量曲線愈平滑，邊際技術替代率遞減的速度愈緩； 替代性愈弱，等產量曲線愈彎曲，邊際技術替代率遞減的速度愈快。

三、等成本線的意義與特性

廠商以一定的成本預算，在已知的生產要素價格下，全部用以購買兩種生產要素，所能購買到的兩種生產要素的一切組合的軌跡，稱之為**等成本線** (isocost line)， 其斜率代表兩種生產要素的相對價格——卽價比。

圖 24-12(a)， AB 直線就是等成本線， 以數學式表示， 等成本線可以寫成 $\overline{C} = P_K K + P_N N$， $\overline{C}$ 代表一定的成本預算， P_K 代表資本的

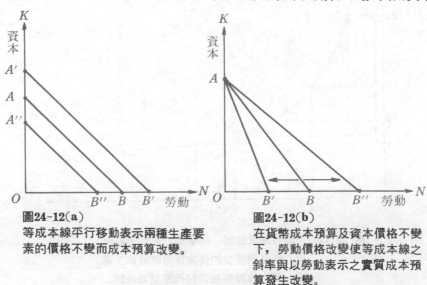

圖24-12(a)
等成本線平行移動表示兩種生產要素的價格不變而成本預算改變。

圖24-12(b)
在貨幣成本預算及資本價格不變下， 勞動價格改變使等成本線之斜率與以勞動表示之**實質**成本預算發生改變。

價格，P_N 代表勞動的價格，K 與 N 分別代表購買的資本量與勞動量。OA 代表所有成本預算都用於購買資本所能買到的資本量，所以 $OA=\dfrac{\bar{C}}{P_K}$；OB 代表所有成本預算都用於購買勞動所能買到的勞動量，所以 $OB=\dfrac{\bar{C}}{P_N}$。因此，等成本線 AB 的斜率 $-\dfrac{OA}{OB}=-\dfrac{\bar{C}/P_K}{\bar{C}/P_N}=-\dfrac{P_N}{P_K}$，等於負的要素價格比率。

　　圖 24-12(a)，等成本線平行往外移，如 $AB{\to}A'B'$，表示兩種生產要素的價格不變，而成本預算增加；反之，等成本線平行往內移，如 $AB{\to}A''B''$，表示成本預算減少❹。

四、最適要素雇用量的決定

　　等產量曲線上任何一點切線的斜率——邊際技術替代率，是由現行的生產技術狀態所決定；等成本線的斜率——要素價比，是由現行的要素市場價格所決定，唯有兩者相等時，才是廠商的要素雇用達到最適的均衡狀態。

　　圖 24-13，IQ_i 代表不同產量水準的等產量曲線，AB 代表廠商一定的成本預算。首先，IQ_3 產量水準所需的成本大於預算成本，廠商無法生產，故只有生產成本等於或小於預算成本的產量，才有生產的可能。其次，IQ_1 產量水準是廠商的預算成本所能達到的，但廠商可以在不增加成本的情況下，選擇更適當的生產要素組合，而使產量增加到 IQ_2 的水準。要使產量再大於 IQ_2，在 AB 預算成本限制下不可能；

❹　如果兩種生產要素的絕對價格均不變，則相對價格比率不變，且實質的成本預算等於貨幣的成本預算。圖 24-12(b)，在貨幣的成本預算及資本價格不變下，預算線往內移，如 $AB{\to}AB'$，表示勞動的價格上升，以勞動表示之實質的成本預算因而減少；反之，預算線往外移，如 $AB{\to}AB''$，表示勞動的價格下跌，以勞動表示之實質的成本預算因而增加。同理，以 B 點為軸心，等成本線的斜率發生改變，表示在貨幣的成本預算及勞動價格不變下，資本價格變動所引起以資本表示之實質的成本預算改變。

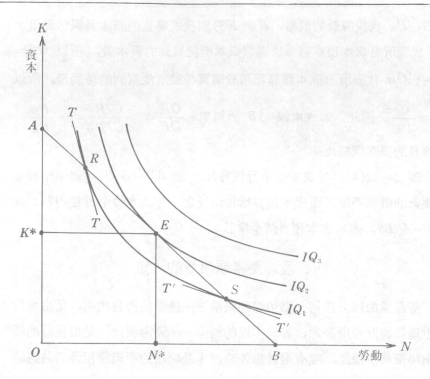

圖 24-13 等產量曲線與等成本線相切之點是廠商於
　　　　　一定成本預算下的最適要素雇用組合。

產量小於 IQ_2，則代表生產缺乏效率。是故，與等成本線相切的等產量
曲線代表在一定的成本預算下，廠商所能達到的最大產量，其切點所對
應的生產要素組合，代表在一定的成本預算下廠商的最適生產要素雇用
組合。

　　在圖中，IQ_1 與 AB 的交點 R，邊際技術替代率大於要素價比——
$\dfrac{MPP_N}{MPP_K} > \dfrac{P_N}{P_K}$，設爲 $\dfrac{6}{2} = \dfrac{3}{1} > \dfrac{2}{1}$，表示生產技術上一單位的勞動可以
替代三單位的資本——即勞動生產力爲資本生產力的三倍，但要素市場
上一單位勞動的價格等於一單位資本的價格的兩倍。顯然地，廠商可以
在不增加成本的情況下，以勞動替代資本，而使產出增加。相反地，在

S點，邊際技術替代率小於要素價比——$\dfrac{MPP_N}{MPP_K}<\dfrac{P_N}{P_K}$，設為 $\dfrac{4}{4}=\dfrac{1}{1}$

$<\dfrac{2}{1}$，表示生產技術上一單位的資本可以替代一單位的勞動，但要素市

場上一單位資本的價格才等於一單位勞動價格的二分之一。顯然地，廠

商可以在不增加成本的情況下，以資本替代勞動而使產出增加。唯有在

等產量曲線與等成本線的切點 E，邊際技術替代率等於要素價比——

$\dfrac{MPP_N}{MPP_K}=\dfrac{P_N}{P_K}$，$\dfrac{MPP_N}{P_N}=\dfrac{MPP_K}{P_K}$，即生產技術上勞動與資本的替代率

等於要素市場上勞動與資本的交換比率時，廠商以一定的成本預算 AB

雇用勞動 ON^* 及資本 OK^*，使產量達到最大，要素雇用組合均衡不

再變動。換句話說，雇用 ON^* 單位的勞動，OK^* 單位的資本，可以使

生產 IQ_2 產量水準的成本達到 AB 最低的成本預算。

　　在兩種生產要素的相對價格不變而廠商之成本預算不斷增加的情況

下（即等成本線平行往外移），等產量曲線與等成本線相切之點（或邊

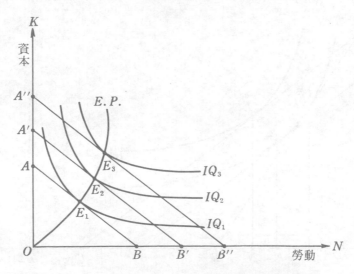

圖 24-14　要素相對價格不變，成本預算不斷增加所形成
之均衡要素雇用組合的軌跡稱爲擴張路徑。

際技術替代率等於要素相對價比）所形成的軌跡，稱之爲 **擴張路徑**
(expansion path)，表示在要素相對價格不變下，產出或成本開支的變
動所引起生產要素雇用組合比率的改變（圖 24-14）。這種生產要素雇
用組合與成本預算變動所形成的擴張路徑，正與產品消費組合與所得預
算變動所形成的所得消費曲線相對應。

五、要素價格改變的效果

生產要素價格改變的價格效果是由替代效果與產出效果（ output
effect）所構成。茲以圖 24-15 分析生產要素價格改變的這兩種效果。

（一）替代效果

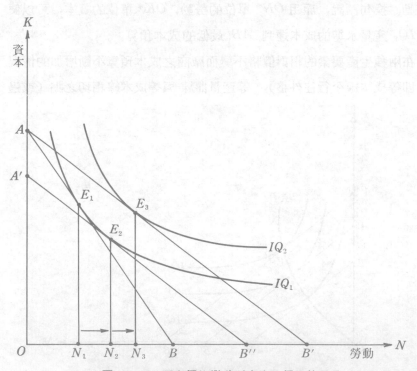

圖 **24-15** 要素價格變動所產生的價格效果是
由替代效果與產出效果所構成。

在成本預算一定與原來的資本和勞動相對價格下，等成本線 AB 與等產量曲線 IQ_1 相切於 E_1 點，廠商的最適勞動雇用量爲 ON_1。假設貨幣的成本預算與資本價格不變，當勞動價格下跌時，以勞動表示之實質的成本預算會增加，等成本線由 AB 移爲 AB'。首先，假設把增加的實質成本預算扣除而使廠商維持於原來的實質成本預算，卽根據變動後新的要素相對價格畫一條等成本線 $A'B''$ 與原來的等產量曲線 IQ_1 相切，則切點 E_2 對應的均衡勞動雇用量爲 ON_2。勞動雇用量由 ON_1 增加到 ON_2，代表產出水準不變，而完全由生產要素的相對價格變動所引起的替代效果，卽以價格降低的生產要素勞動替代價格不變的生產要素資本使用。

(二) 產出效果

成本預算線之由 $A'B''$ 移回到 AB'，由於實質的成本預算因勞動的跌價而增加，產量會增加，生產要素的雇用量也隨之增加。因此，實質預算增加的等成本線 AB' 與產量水準較高的等產量曲線 IQ_2 相切於 E_3 點，均衡勞動雇用量爲 ON_3。勞動雇用量由 ON_2 增加至 ON_3，代表在新的要素價格下，純粹由於產出增加所引起的勞動雇用量的增加，是爲產出效果。

勞動價格變動所產生的 $E_1 \to E_2$ 或 $ON_1 \to ON_2$ 的替代效果，加上 $E_2 \to E_3$ 或 $ON_2 \to ON_3$ 的產出效果，等於 $E_1 \to E_3$ 或 $ON_1 \to ON_3$ 總共的價格效果。因此，一種要素價格變動的價格效果使該要素雇用量增加或減少（在其相對價格上升時）的幅度，視其替代效果與產出效果的大小而定。

摘　　要

1. 生產要素需求的大小視生產要素對生產的貢獻大小而定。生產

要素的生產力愈大，對生產的貢獻愈大，其需求也就愈大，其所得到的報酬也就愈多。因此，生產要素的邊際生產力、需求與所得分配之間具有連環的因果關係。

2. 生產要素價格的高低影響到生產要素派用的多寡。就供給面而言，生產要素的價格高，供給多，派用多；價格低，供給少，派用少。但就需求面而言，在其他情況不變下，生產要素的價格高，生產成本高，需求少，派用少；價格低，生產成本低，需求多，派用多。因此，均衡的生產要素價格與雇用量須由供需雙方共同決定。

3. 對生產要素的需求是由於對其所生產的最後財貨或勞務產生需求而發生，屬一種引申需求。因此，決定生產要素需求大小的因素主要為生產要素的生產力、所產財貨價格的高低與生產要素價格的高低。

4. 為了比較成本與收入以決定生產要素的需求，因此將生產函數所決定的實物產出曲線以貨幣形態表示，而有總收入產出、平均收入產出及邊際收入產出等曲線，其形狀及特性與總產出、平均產出及邊際產出等曲線完全相同。

5. 對一種可變生產要素雇用量的決定有總收入對總可變成本分析法及邊際收入產出對要素邊際成本分析法，當總收入曲線的切線斜率等於總可變成本曲線的切線斜率，或邊際收入產出等於要素邊際成本時，廠商雇用的要素數量是最適的。

6. 在完全競爭要素市場，個別廠商是要素市場價格的接受者，因此，生產要素價格等於生產要素平均成本，等於生產要素邊際成本，廠商所面對的是一條彈性無限大的水平要素供給曲線。在非完全競爭要素市場，生產要素價格隨廠商購買量的增加而提高，廠商的要素邊際成本因此大於要素平均成本。

7. 由平均收入產出曲線最高點以下至邊際收入產出等於零的邊際收入產出曲線，是不同要素價格下，廠商對一種生產要素的需求曲線。

正確的市場要素需求曲線並非所有廠商的要素需求曲線的水平併總，必須考慮產品價格可能隨產量的改變而改變，致使生產要素的邊際收入產出發生改變，考慮此一因素後才能求得正確的市場要素需求曲線，此曲線將較缺乏彈性。

8. 同產品一樣，生產要素需求的變動可分為需求的改變與需求量的改變。需求的改變是由於產品需求、要素生產力或其他要素價格的變動，而使整條要素需求曲線的位置發生移動；要素需求量的改變是由要素價格變動所引起，變動的大小則決定於邊際實物產出遞減率、產品的需求彈性、替代要素的數目與替代的程度及購買該要素的費用佔生產總成本的比例大小等因素。

9. 在同時雇用一種以上生產要素從事生產的情況下，廠商最適生產要素雇用量的決定，可以遵循最小成本法則——卽花在每一種生產要素的最後一塊錢所獲得的邊際實物產山均等，而使生產一定產量之雇用生產要素的成本最小；或遵循最大利潤法則——卽每一種生產要素的邊際收入產出與其價格相等，而使雇用要素從事生產的利潤達到最大。在非完全競爭要素市場下，須以要素邊際成本作為最適生產要素雇用量決策的考慮，而非以要素價格作為考慮的依據。

10. 在投入空間，凡能生產相同產量的兩種生產要素組合的軌跡，稱為等產量曲線。許多形狀相同的等產量曲線構成等產量曲線圖，愈右上方的等產量曲線所代表的產量水準愈大。等產量曲線具有連續且密布、負斜率、凸向原點、彼此不能相交及不能與兩軸相交等特性。

11. 在等產量曲線上，為維持一定的產量水準，一種生產要素每額外增加一單位使用，另一種生產要素所須減少使用的數量依次遞減，此情形稱為邊際技術替代率遞減法則。等產量曲線的彎曲度愈大，邊際技術替代率遞減的速度愈快。

12. 廠商以一定的成本預算，在一定的生產要素價格下，全部用於

購買兩種生產要素，所能購買到的兩種生產要素的一切組合的軌跡，稱為等成本線，其斜率代表兩種生產要素的相對價比。等成本線平行移動，代表兩種生產要素的相對價比不變，而實質的成本預算發生改變。在貨幣的成本預算不變下，等成本線的斜率改變，代表兩種生產要素的相對價比發生改變。

13. 等產量曲線與等成本線的切點決定廠商對兩種生產要素的最適僱用量組合。生產要素價格變動所產生的價格效果，是由替代效果與產出效果兩者所構成，前者表示產出水準不變下，要素相對價格發生改變所引起的要素僱用量的改變；後者表示要素相對價格不變下，產出水準變動所引起的要素僱用量的改變。

重 要 名 詞

引申需求	總收入產出
平均收入產出	邊際產值
邊際收入產出	要素平均成本
要素邊際成本	最小成本法則
最大利潤法則	等產量曲線
等產量曲線圖	邊際技術替代率遞減法則
等成本線	替代效果
產出效果	

問 題 練 習

1. 試述要素邊際生產力、要素需求與所得分配的關係。

2. 何謂引申需求？決定生產要素需求的因素是甚麼？

3. 甚麼是總收入產出、平均收入產出及邊際收入產出？試用圖形表示三者的關係。

4. 試以總收入對總可變成本分析法及邊際分析法，用圖解說明：在完全競爭要素市場下，廠商對一種生產要素的均衡雇用量是如何決定的？

5. 邊際收入產出曲線是甚麼？線上每一點均代表甚麼意義？其與廠商的要素需求曲線有何關係？試以圖形剖析之。

6. 試以圖形說明如何由個別廠商的要素需求曲線導出市場的要素需求曲線。

7. 要素需求的改變與要素需求量的改變有何不同？決定兩者改變大小的因素是甚麼？

8. 廠商雇用多種生產要素時，如何才能使其雇用生產要素於生產的成本最小或利潤最大呢？試分別以要素市場完全競爭與獨買的情況剖析之。

9. 何謂等產量曲線？試述其特性。

10. 何謂邊際技術替代率遞減法則？其與邊際報酬遞減法則有何關係？

11. 何謂等成本線？試述其特性。

12. 試以等產量曲線與等成本線闡釋廠商的最適要素雇用量是如何決定的？

13. 試以圖解闡釋要素價格改變的效果。

第二十五章
要素價格與所得分配—工資與地租

前一章我們討論了生產要素雇用量的決定，接著本章討論生產要素價格的決定。生產要素的價格與雇用量，在總體方面，決定經濟社會各種生產要素的功能所得分配；在個體方面，則決定家庭的所得分配。以下我們就依序討論勞動、土地、資本與企業家精神四大生產要素的價格決定。

第一節　工資理論

勞工提供勞務的報酬就是工資。工資理論所談的工資，事實上是指**工資率**（wage rate）——即每單位時間的勞動報酬。在討論工資的決定時，是假設社會全體的勞工都是同質的，而工資水準則如同產品的價格水準，是代表全社會同質勞工的工資水準，而非個別勞工的工資。但實際上，勞工是異質的，不同勞工的工資亦有差別。

一、工資與生產力

所謂工資，是雇用勞工的價格，亦即勞動者提供勞務的報酬。工資通常按時間來計算，如一小時、一日、一月或一年等，故工資是雇用勞工在一段時間內的報酬。

對勞務的報酬可區分為對藍領工人的勞工報酬——工資，與對白領

雇員的勞務報酬 —— 薪給兩種。但一般均以工資代表對所有勞務的報酬。工資可以分成**貨幣工資**（money wage）與**實質工資**（real wage）兩類。貨幣工資是指勞動者在每單位時間內提供勞務所得到的貨幣報酬，通常亦稱**名目工資**（nominal wage）；實質工資是指勞動者在每單位時間內提供勞務所得到的實物報酬，亦即貨幣工資所能購買到的財貨或勞務的數量。因此，實質工資就是貨幣工資的購買力，即實質工資等於貨幣工資除以物價水準，貨幣工資所代表的實質工資與價格水準呈減函數的關係。

工資水準如同物價水準一般，我們說工資水準上升或下降，是指整個社會平均工資水準的上升或下降，而不是指個別的、特殊的勞動價格的上升或下降。唯有整個社會的平均工資水準改變，對整個社會才會有影響，也才有意義。如工資水準的上升，使生產成本提高，形成成本推動的力量，導致物價的上漲，將對消費大眾有普遍的影響。

通常在一定時間內，不同的勞工各有不同的工資率，其高低決定於勞工對生產的貢獻——即邊際生產力的大小。生產力愈大，對生產的貢獻愈大，生產者所願意支付的工資也就愈高；反之，生產力愈小，對生產的貢獻愈小，生產者所願意支付的工資也就愈低。因此，勞工工資的高低，在其他情況一定下，決定於勞工邊際生產力的高低，而勞工邊際生產力的高低則受以下幾個因素的影響：

1. **資本** 每一位勞工有愈多的資本設備與其配合生產，則生產力愈大。

2. **自然資源** 每一位勞工有數量愈多、品質愈好的自然資源與其配合生產，則生產力亦愈大。

3. **技術** 進步的技術使勞動生產力提高，如以自動化的機器設備配合勞工生產，使勞動的生產力提高。

4. **勞工的素質** 健康、積極、認真且接受教育訓練愈多的勞工，

其生產力愈大。

5. **組織管理**　有效的組織管理，可以提高工作士氣，增進勞動生產力。

雖然勞工會因生產力的差異而有不同的工資，但在自由經濟社會，工資有趨於一致化的現象。因為當某一行職業的工資較高時，其他行職業的勞工就會紛紛設法移轉到此一行職業工作，於是此一行職業的工資會因勞動供給的增加而下降，而其他行職業的工資會因勞動供給的減少而上升，致使工資逐漸趨於一致化。

所謂一致化，並不表示所有行職業的勞工都是相同的工資水準，而是工資仍有其差別性，卽不同行職業有不同的工資水準，社會有一**工資結構**（wage structure）存在。形成工資差異化結構的原因有：

1. **非競爭集團**（noncompeting groups）**的勞工**　事實上，不同行職業所需要的生產技能不同，短期間社會有許多行職業不是任何人都能擔任的。所以，卽使在工資水準一致化的趨勢下，因為有非競爭集團勞工的存在——卽具有特別生產技能的勞工，並非所有的勞工均能隨意轉業，故工資有差異性❶。

2. **工作情況的差異**　當社會地位或工作條件較差時，就必須以工資的差異來彌補。因此，工作地位、條件或工作的社會價值不同，會導致工作報酬的不同。

3. **技術與技能的差異**　在不同的行職業中，因需要的技術、技能不同，會有差別的工資。但是，卽使在同一行職業中，也會因為每個人

❶　臺灣地區的勞動力統計將就業者依行業分為農、林、漁、牧業，礦業及土石採取業，製造業，水電燃氣業，營造業，商業，運輸、倉儲及通信業，金融、保險、不動產及工商服務業，公共行政、社會服務及個人服務業等九種；依職業分為專門性、技術性及有關人員，行政及主管人員，監督及佐理人員，買賣工作人員，服務工作人員，農、林、漁、牧工作人員，生產及有關工人、運輸設備操作工及體力工等七種。

的技能、技術與能力的不同，而有差別的工資。

4. **市場的不完全** 缺乏地理上的流動性——如安土重遷，親情、友情的羈絆，年資、退休金的犧牲等因素，使一位勞工不易從一個地方移到另一個地方，或從一個機關轉到另一機關就業；制度規定的限制——如加入某行職業須先加入工會，取得許可證等規定；或社會偏見的限制——如對婦女、種族的歧視等，均會造成勞動市場的不完全競爭，而使工資產生差異。

二、工資的決定

無論產品或勞動市場，均可由買、賣雙方參與人數的多寡，來分辨其市場組織型態。由賣方人數的多寡，市場組織可劃分為完全競爭、獨佔（獨賣）、壟斷性競爭及寡佔等四種型態。由買方人數的多寡，市場組織亦可區分為完全競爭、獨買、獨買性競爭與買方寡佔四種型態。因此，根據買賣雙方競爭的程度，可以得到各種不同的產品與勞動市場組合的型態，每一種不同的情況對於產業勞工的雇用量與工資，均有不同的影響。以下就幾種較為特殊的產品與勞動市場組織模型，來討論產業勞工的市場雇用量與工資的決定。

（一）產品與勞動市場均為完全競爭模型

首先，圖 25-1(a) 中某種產業的勞動市場依供給等於需求決定均衡就業量 ON^*，均衡工資水準 OW^*。其次，在完全競爭勞動市場下，個別廠商是勞動市場價格（工資）OW^* 的接受者，所以它面臨的勞動供給彈性無限大，勞動價格等於勞動的邊際成本 (MCF_N)。在這模型，廠商額外雇用一單位勞動的邊際收入等於勞動的邊際實物產出 (MPP_N) 乘以產品的價格 (P)，即 $MPP_N \times P$，稱之為勞動邊際產值 (VMP_N)，要素邊際成本等於勞動市場所決定的工資 OW^*，廠商以邊際均等法則 $VMP_N = MCF_N = OW^*$ 來決定勞動雇用量 ON_C，VMP_N

爲在不同工資水準下廠商的勞動需求線（圖 25-1(b)）。

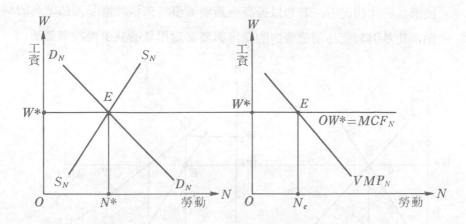

圖25-1（a）　完全競爭之勞動市場。　（b）勞動市場與產品市場均爲完全
　　　　　　　　　　　　競爭之廠商的均衡勞動雇用。

（二）產品市場獨佔─勞動市場完全競爭模型

在這模型，廠商雇用額外一單位勞動的邊際收入不再是 $MPP_N \times P$，而是 $MPP_N \times MR$，稱之爲勞動邊際收入產出（MRP_N）。因在產品獨佔市場 $MR < P$，所以廠商的 $MRP_N < VMP_N$，但勞動的邊際成本仍爲固定的市場價格──$MCF_N = OW^*$。圖 25-2(a) 的勞動市場仍以勞動供給與需求決定均衡勞動就業量 ON^*，均衡工資 OW^*；圖 25-2(b) 中獨佔廠商以邊際均等法則 $MRP_N = MCF_N$ 決定的勞工雇用量，由產品市場亦是完全競爭時的 ON_1 減少爲 ON_2。依邊際生產力理論，第 N_2 單位的勞動應得到其對生產的貢獻（卽邊際產值 OW_2 的報酬），但現在卻只得到 OW^* 的報酬。依羅濱遜夫人的說法，當一生產要素所得到的報酬小於它的邊際產值時，卽爲該生產要素被剝削。因爲產品的市場價格若是社會價值的反應，那麼生產要素所得到的報酬小於其對社會價值的貢獻，則是一種剝削。是故，我們稱 W^*W_2 爲**獨賣剝削**（monopolistic exploitation），表示這是由於生產者在產品市場獨

佔，而依邊際均等法則（$MRP_N = MCF_N$）雇用生產要素所引起的經濟後果。在此情況下，若想以提高生產要素價格來消除產品獨佔廠商的剝削，徒然引起產品獨佔廠商的產出與要素雇用量的減少而於事無補。

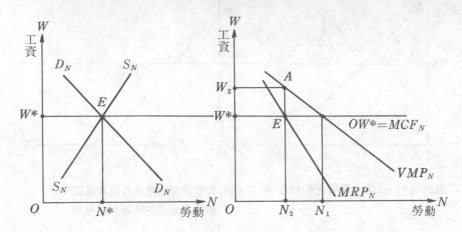

圖25-2（a）　完全競爭之勞動市場。　（b）勞動市場完全競爭，產品市場
獨佔之廠商的均衡勞動雇用。

（三）產品市場完全競爭—勞動市場獨買模型

　　因為勞動市場上只有一位購買者，所以勞動市場的供給曲線便成為獨買廠商的勞動供給曲線，即為獨買廠商的勞動平均成本曲線（ACF_N）。當勞動平均成本曲線如同一般正斜率的供給曲線時，廠商每增加勞動的雇用量就必須支付較高的勞動價格，因此勞動邊際成本（MCF_N）不再固定而是大於勞動平均成本。

　　在這模型，勞動市場的雇用量與價格等於獨買廠商對勞動的雇用量與價格。圖 25-3，勞動獨買廠商依邊際均等法則 $VMP_N = MRP_N = MCF_N$，決定勞動雇用量 ON_m，工資 OW_m。第 N_m 單位勞動對廠商生產收入的貢獻為 $N_m E_m = OW^*$，但由於生產廠商的勞動獨買，所以該 N_m 勞工只得到 $N_m F = OW_m$ 的報酬，$W_m W^*$是一種剝削，稱之為**獨買剝削**（monopsonistic exploitation）。又與完全競爭市場比較，勞動

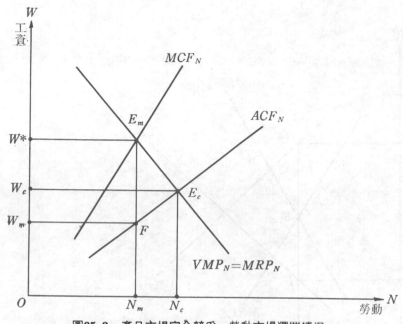

圖25-3 產品市場完全競爭，勞動市場獨買情況
下，均衡勞動雇用量與工資之決定。

獨買的勞動雇用量與工資，顯然地小於完全競爭勞動市場的雇用量ON_C
及工資OW_C，對勞工福利有很不利的影響。

（四）產品市場獨賣（獨佔）——勞動市場獨買（雙重獨佔）模型

這模型是（2）、（3）模型的綜合，表示一廠商在勞動市場獨買，所
生產出來的產品在產品市場上又是獨賣的一種情況，即產品市場的獨佔
者，在要素市場也是獨買者❷。

圖 25-4 表示這種模型的情形。因為廠商在產品市場獨賣，所以勞
動的邊際收入產出小於其邊際產值——$MRP_N < VMP_N$；在要素市場獨
買，所以勞動的邊際成本大於平均成本——$MCF_N > ACF_N$。依據邊際

---

❷ 臺灣地區的臺糖公司是糖的獨賣者，是製糖原料——甘蔗的獨買者；於
酒開放進口之前的菸酒公賣局是香菸的獨賣者，是菸草的獨買者，均屬
於這種模型。

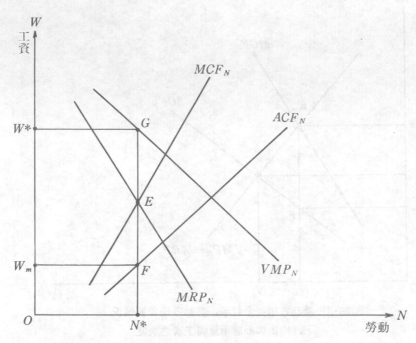

圖25-4　產品市場獨賣，勞動市場獨買情況下，均衡勞動雇用量與工資之決定。

均等法則，廠商於 $MRP_N=MCF_N$ 交點 E 達到勞動雇用均衡，雇用 ON^* 的勞動，給付 N^*F 或 OW_m 的工資報酬。第 N^* 單位勞動對廠商生產的收入貢獻爲 $N^*G=OW^*$，但由於廠商在產品市場獨賣，勞動市場獨買，結果該 N^* 勞動只得到 N^*F 或 OW_m 的工資報酬，其間的差額 W_mW^* 代表獨賣與獨買的雙重剝削之和。

(五) 雙邊獨佔 (bilateral monopoly) 模型

　　這模型表示市場上只有一位獨賣（獨佔）者，面對另一位獨買者，這情況可適用於產品或要素市場，而一般最常被經濟學者們用於分析特殊的勞動市場情況。例如，在一個礦業城鎮，只有獨家礦廠面對一有效的工會 (labor union) 組織，此時工會爲勞動的獨賣者，而單一廠商

則爲勞動的獨買者，因而構成勞動市場的雙邊獨佔。

圖 25-5 表示勞動市場雙邊獨佔的情形。 勞動獨賣者（工會）， 面對的要素需求曲線 D_N，即爲勞動獨買者（廠商）的勞動邊際收入產出曲線 MRP_N，S_N 爲勞動的供給曲線。 如在完全競爭的勞動市場， 供需雙方決定的均衡雇用量爲 ON_c，均衡工資爲 OW_c。現因勞動市場爲雙邊獨佔， 對獨買的雇主而言， S_N 成爲他的勞動要素平均成本曲線 ACF_N， MCF_N 則爲他的勞動要素邊際成本曲線， 爲求勞動的最適雇用， 按照邊際均等法則 $MRP_N = MCF_N$，決定均衡勞動雇用量 ON_m，工資爲 OW_m。

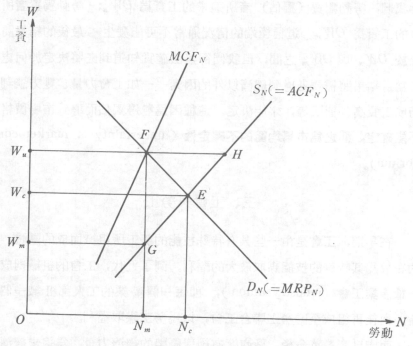

圖25-5　雙邊獨佔之勞動市場的均衡工資無法確定。

對獨佔工會而言， 由於它控制其所屬的全部勞工， 其目的在限制勞動的供給而提高其工資， 故將設定最低工資爲 OW_u（根據第 N_m 單位

勞動對生產的貢獻等於 N_mF 所決定）。 低於此工資水準時將無勞動供給， 在此工資水準而在原供給曲線 S_N 上的 H 點之前， 勞動的供給具完全彈性，在 H 點之後則爲正斜率的正常供給曲線型態。因此，獨佔工會的勞動供給曲線爲在 H 點扭曲的 W_uHS_N，在其獨佔力的運用下，它所要求的工資將由 OW_c 提高至 OW_u。

可是勞動獨買者不能迫使獨家工會的勞工行爲如同完全競爭勞動市場的供給者一般降低工資，正如獨佔工會亦不能迫使獨家雇主的行爲如同完全競爭勞動市場的雇主一般提升工資。雙方彼此了解到相互特殊情況的存在，並試圖達到個別最佳的境界。在這情況下，經濟理論只能告訴我們，勞動獨賣（獨佔）者所追求的工資爲 OW_u；勞動獨買者所追求的工資爲 OW_m。這種極端的情況通常不可能發生，最後的結果將是介於 OW_u 與 OW_m 之間，但我們卻無法確實知道到底將決定於何處，因爲這結果將需要考慮到經濟以外的因素——如工會力量、雙方談判技巧或工資高、低限等，才能決定。這種因爲雙邊獨佔而導致市場價格的不能確定，稱之爲**市場均衡的不確定性**（ uncertainty of market equilibrium）。

三、工會與勞工

在早期，**工會**是由一些具有特殊技能的勞工所組織而成的團體，目的在於爲其特殊的技能謀取最大的福利。到了近代，工會的組織則成爲**一種產業工會**（industry union）， 卽每一個產業的工人都組織一個工會，而後再組成全國勞工聯合工會，以爲勞工謀取福利。

西方自產業革命後，廠商擁有絕對優勢的經濟力量，爲追求經濟利潤，往往要求勞工工作得多而工資報酬給付得少，勞工的工作與生活得不到保障，於是聯合起來組織工會，以對抗生產者，形成一種制衡的力量。勞工成立工會的基本目的在於謀取勞工的福利，包括有：

1. **工資的提高**。

2. **工時的縮短**。

以上兩點是工會成立的最初目標，現今已經實現。現代工會所努力追求的爲：

3. **勞工的福利** 包括休假、安全保險、資遣、退休金等。

4. **工作環境的改善** 完善的工作環境不僅維護勞工的健康，亦可提高工作效率。

5. **工作的保障** 對勞工的生活、工作有所保障，才會吸引勞工從事生產，專心工作。

6. **企業的參與** 使勞工成爲公司企業的股東，不但可以調和利益的分配；另一方面，由於勞工本身既爲股東，爲了自己的利潤著想，會更認眞工作，可以使工作效率提高。

7. **技能的訓練** 工會可以舉辦各種技能訓練，以提高勞工的技能水準，增加其適應力。如此，一方面可以提高勞工的生產力；一方面可以增加勞工轉業的能力，提高勞工的流動性，兩者對於勞工就業與工資的提高均有很大的幫助。

工會爲勞工謀取福利最明顯且立卽的措施是提高工資，但工資的提高，會使就業量減少、失業增加。工資的提高除了現有的勞工有部分失業之外，尚會產生潛在的失業，卽有一些由於工資提高而想就業的人亦無法就業。圖 25-6，原來市場均衡工資 OW^* 時，勞動的供給等於需求，沒有失業發生。如果工會將工資提高到 OW_u，勞動的需求減爲 ON_1，則 N_1N^* 爲實際因工資提高而產生的失業；此外，由於工資的提高，勞動的供給由 ON^* 增爲 ON_2，N^*N_2 卽爲工資提高所產生的潛在性失業。因此，如何在提高工資的同時，又能保護勞工的就業，是工會所必須解決的問題。

一般而言，工會提高工資的方法有：

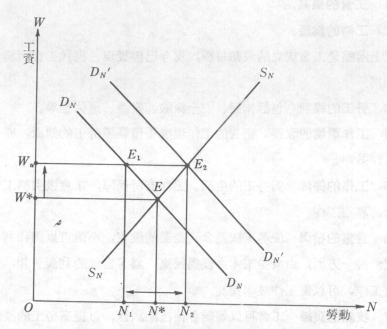

圖25-6　除非勞動需求增加，否則工會提高工資的結果將導致失業的增加。

（一）**增加勞動的需求**　如圖 25-6，如果工會能將勞動的需求曲線提高至 $D_N'D_N'$，則不但可以提高工資，又可創造額外的就業量 N^*N_2。但工會如何能增加勞動的需求呢？有消極與積極的兩種方法：

1. 消極方法。是早期工會的手段，卽以罷工爲手段，在一個工作上要求給予較多的 勞工參與，是一種人爲的手段強制 雇主增加勞動 需求。這是一種消極的方法，雖使勞工現實的生活問題得以解決，但卻使生產缺乏效率，阻礙了經濟發展。

2. 積極的方法。晚近工會重視勞工本身的技能訓練，以提高勞工的生產力，使雇主的邊際收入 產出增加，則對勞動的需求自然也就 增加。此種方法，對雇主無虧損，對勞工本身又有好處，亦可促進經濟的發展。

（二）**減少勞動的供給**　工會可以各種的手段來限制勞動的供給而達到提高工資的目的。如要求政府限制移民、縮短工作時間、提高工會會費、延長學徒年限、強迫提早退休等措施，並採限制性手段要求不加入工會者就不能在該產業就業。如此，可以使圖 25-7 的勞動供給曲線由 $S_N S_N$ 往上至 $S_N' S_N'$，勞動供給減少，提高工資至 OW_2，並保障現有勞工的利益。

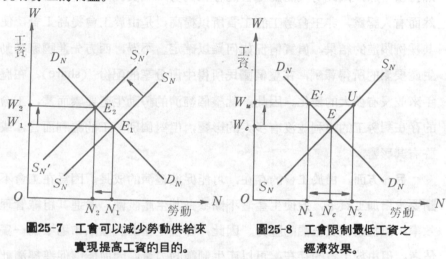

圖25-7　工會可以減少勞動供給來
實現提高工資的目的。

圖25-8　工會限制最低工資之
經濟效果。

（三）**限制最低工資**　如圖25-8，自由競爭之勞動市場決定均衡工資 OW_c，就業量 ON_c。工會透過集體議價將最低工資限制為 OW_u，也就是在 OW_u 時，勞動的供給量為 ON_2，在 OW_u 以上，則隨工資的上升而勞動的供給增加。如此，工會將勞動供給曲線扭曲為 $W_u U S_{N2}$ 的形狀。這種措施與減少勞動供給的效果相同，即在 OW_u 及其以上才有勞動供給，在 OW_u 以下則完全沒有勞動供給，形成了勞動供給壟斷的現象。在 $D_N D_N$ 的勞動需求下，將產生 $N_1 N_2$ 的失業，其中 $N_c N_2$ 為限制最低工資所產生的潛在性失業。

（四）**對抗勞動獨買**　在勞動獨買的情況下，根據圖25-3，工會可將最低工資限為 OW^*，使獨買剝削完全消除，同時就業量維持 ON_m

不變。或將最低工資限爲 OW_c，使工資與就業量等於完全競爭勞動市場的工資 OW_c，就業量 ON_c。如此，工資與就業量均較勞動獨買時的工資 OW_m 與就業量 ON_m 增加。

工會存在對勞工工資的提高是否有其積極的作用，一直受到爭論。根據長期研究的結果，西方先進國家沒有參加工會組織之勞工的工資仍然持續增加，因此有人認爲工會的存在對勞工工資提高的影響並不大；然而有人認爲，非工會勞工的工資所以提高，是由於工會提高工資，使其援例跟進的結果，眞實情況如何難以確定。不過，西方先進國家勞動生產要素的所得報酬，在整個國民所得中所分享的配份 (share)，在歷年來並沒有多大的變化。因此，就整個經濟的勞動生產要素而言，工會的存在對勞工的福利並沒有多大的影響，但對個別勞工的福利而言，或許有其影響。

另一方面，由於工會的存在，可能促進經濟的成長。因爲在工會不斷要求增加工資下，迫使生產者不斷改良其生產設備，增進其組織管理效率，以抵銷工資上漲的壓力。因此，即使生產者在產品市場中爲一獨佔者，但由於工會的存在，可以產生制衡的力量，因而能夠促進經濟社會的進步與所得分配的更趨平均。晚近，工會從事勞工運動的重點，已轉變爲配合經濟社會的需要，不僅在於保障勞工的所得與工作機會，更致力於提高勞工的生產力與增強勞工適應變遷快速之動態經濟社會的能力。

第二節　地租理論

在十八世紀末之前（1711-1794 年），英國國內糧食雖然大部分依靠由歐洲大陸進口，但糧價一直維持相當的穩定。自拿破崙戰爭爆發，歐洲大陸穀物禁止輸往英國，導致 1795 年開始，英國國內穀物價格暴

漲。由於穀物是當時一般人生活的基本糧食，穀物價格暴漲後造成許多
人遭到饑餓，工人要求增加工資，引起英國政局的不安，社會的動盪。
這時大部分的英國人認爲穀價高漲是地主向農民索取高地租的結果。

　　但是，李嘉圖力排眾議，認爲糧價的上漲是因爲糧食需求多、供給
少所產生的結果。糧價上漲後，人們競相爭取土地來生產糧食，因此促
使地租上漲。若糧食需求不多，對土地的需求就不會增加，地租也就不
會上漲。因此，穀物之所以高價，並非因爲繳納了昂貴的地租；但昂貴
地租的繳納，卻是穀物高價的結果。是故，李嘉圖認爲土地的價格──
地租，決定於土地的供需，而土地的需求則決定於穀物價格的高低，故
地租是由穀物價格所決定的 (price-determined)， 而不是決定穀物價格
的 (price-determining)。據此，李嘉圖及其追隨者力爭取銷專爲地主利
益而於1815年頒行限制穀物進口的**穀物法案** (the Corn Laws)，至1846
年該法案終於撤銷，使英國糧食進口增加，穀物價格下跌，而減少國內
對土地的需求，抑制了地租上升的趨勢。

一、地租的意義

　　一般而言，地租是指使用土地勞務所給付的報酬──即純地租；但
廣義而言，地租是指使用一切供給有限之投入要素或耐久財貨（如機器
設備、廠房、汽車、或房舍等）所給付的報酬──即國民所得統計上所
稱的租金。因此，經濟學上所稱的地租──**經濟地租**，有兩種意義：（
1）狹義而言，是對於使用一種供給完全有限（即供給完全缺乏彈性）
之生產要素的報酬；（2）廣義而言，指對任何供給有限（即供給不是彈
性無限大）之生產要素（或耐久財貨）市場所決定的均衡 價格與其願意
供給的價格（或機會成本）之間的差額，而供給價格或機會成本是指：
使生產要素繼續保留在目前的生產活動上所必須給予的最低報酬。地租
旣然是市場均衡價格與超出此最低報酬的餘額，因此有人認爲，它是一

種剩餘 (surplus)。

　　圖25-9，土地的給供量自然存在且固定，故其供給價格爲零——即不給付土地任何報酬，其供給量仍是存在不變。土地的供給與需求決定的市場均衡價格爲 OR^*，故經濟地租爲 OR^*EL^*。

　　圖 25-10，縱軸代表要素價格，橫軸代表供給不是彈性無限大的生

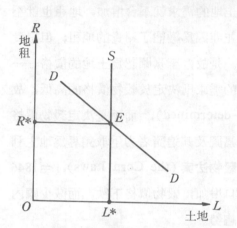

圖25-9　供給完全有限之生產要素的經濟地租。

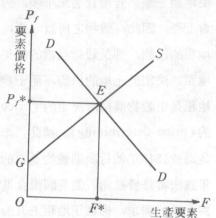

圖25-10　供給不是彈性無限大之生產要素的經濟地租。

產要素（如資本）。若生產要素的市場均衡價格爲 OP_f^*，雇用量爲 OF^*，總報酬爲 $OP_f^*EF^*$，其中 $OGEF^*$ 爲提供 OF^* 數量生產要素所需的機會成本（或只要給付 $OGEF^*$的報酬，則供給量爲 OF^*），GP_f^*E 就是OF^*之量的生產要素所得到的經濟地租，其性質不同於供給完全固定之土地的地租，因此又有準租（quasi rent）之稱❸。〔如果圖 25-10 爲產品市場，則GP_f^*E的面積稱之爲**生產者剩餘**（producer's surplus）。〕

---

　❸　準租的嚴格定義爲對短期供給固定但長期供給可變之生產要素的超額報酬——即實際價格與供給價格（或機會成本）之間的差額。

二、地租的決定

地租的決定有人認為是由於土地的供給相對於土地的需求稀少而產生的， 稱之為**稀少性地租論**（theory of scarcity rent）；也有人認為地租是由於土地的 生產力或位置的不 同而產生的， 稱之為**差等地租論**（theory of differential rent）。

(一) 稀少性地租論

地租的來源始於土地的供給有限——即供給完全缺乏彈性，因此決定地租的因素，完全是由於對土地的需求而產生。因為土地的供給，在短期間是絕對固定的，即使在長期間，其改變也很微小，因此地租的特性是： 地租隨土地需求的改變而改變。

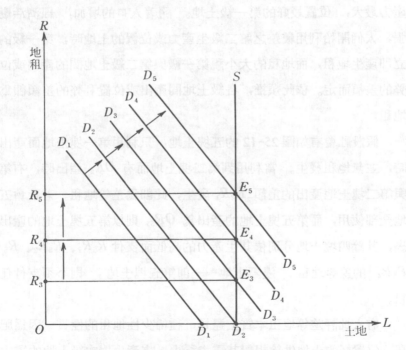

圖25-11　土地供給相對於需求稀少而產生地租，
地租高低與稀少性呈增函數關係。

圖25-11 中，若土地需求為 D_1D_1 表示土地的需求小於供給，在這情況下，地租為零，即使用土地不需要付出任何代價。直到土地的需求為 D_2D_2 時，縱使不付地租，土地的需求仍等於供給，所以地租仍然為零。當土地的需求增至 D_3D_3 時，若地租仍然為零，則土地的需求大於供給，因為土地的供給有限，所以有了 OR_3 的地租產生。當土地的需求隨人口、用途的增加而如 D_4D_4、D_5D_5 不斷提高時，地租隨土地需求的增加不斷提高至 OR_4 或 OR_5。因此，由於土地的供給相對於需求具有稀少性，而有地租產生。

（二）差等地租論

土地的數量不僅有限，且品質亦非一致。有的土地肥沃度高，生產力大；有的土地交通便利、人口集中，座落的位置好。人們首先利用生產力最大，位置最好的第一級土地。隨著人口的增加，經濟活動的擴張，人們開始利用較差之第二級生產力或位置的土地時，第一級的土地立即產生地租，而地租的大小視第一級與第二級土地間的產出或位置利弊的差額而定。依此類推，各級土地間產出或位置利弊的差額即為差等地租。

假設社會有如圖 25-12 的五塊土地，只利用第一塊土地而產出 OR_1 時，並無地租發生。當利用到第二塊土地而有 OR_2 產出時，有第一塊與第二塊土地產出的差額 R_2R_1 發生，此即為差等地租。若社會五塊土地全部使用，而第五塊土地的產出為 OR_5，則以第五塊土地的產出為基礎，其餘四塊土地分別依其生產力的高低而支付 R_5R_1、R_5R_2、R_5R_3 及 R_5R_4 的差等地租，邊際土地——即第五塊土地，則不須支付任何地租。

有人批評差等地租本質上還是一種稀少性地租的性質。因為肥沃度高、位置好的土地供給相對其需求稀少，才產生對次級土地的需求，而有差等地租發生。如果生產力、位置一樣的土地供給無限，則不會有差

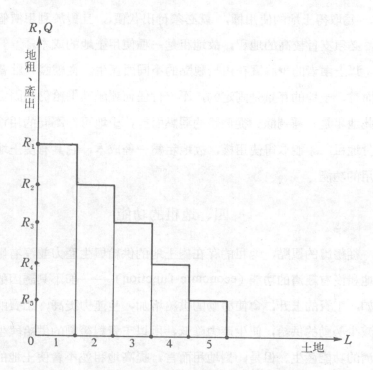

圖25-12　由於不同土地生產力的差異而產生地租，地
租的高低與生產力的差異呈增函數關係。

等地租發生。事實上，地租的產生，在所有土地均完全同質的情況下，
是由供給有限所引起；但如果土地並非同質且各級土地的供給有限，是
由供給有限與生產力差異共同作用而肇致。

三、地租的爭論

地租到底是一種剩餘或成本呢？有人認為地租是一種剩餘。因為卽
使不給付土地任何報酬，它的供給仍然存在，土地的供給不是價格（地
租）的函數，地租的高低對土地的供給量毫無影響，所以地租是一種剩
餘。

　　有人認為社會的土地 供給是固定的， 相對於需求而 言其具有稀 少性。 為取得土地的使用權， 就必須付出代價， 且對於利用價值高的土地， 必須支付較高的地租， 故地租是一種使用土地的成本。

　　以上兩者的爭論實在由於觀點的不同而產生。從總體（社會）的觀點而言，土地的存量是固定的，不支付任何報酬其供給仍然固定存在，因此地租是一種剩餘。從個體的觀點而言，土地可作不同的用途，必須支付地租，才能取得使用權，故地租為一種成本，它具有使土地作最適派用的功能。

四、地租的功能

　　從總體的觀點，地租的存在對土地的供給與生產力並沒有影響，所以地租沒有**經濟的功能** (economic function)───即不具誘因的功能。例如，工資的上升，會使勞動的供給增加，生產力提高；工資的下降，會減少勞動的供給，使生產力降低，所以工資對勞動的供給與生產力有經濟的功能產生。但是，對地租而言，提高地租並不會使土地的供給增加，生產力提高；降低地租亦不會使土地的供給減少，生產力降低，因此地租不發生經濟功能。

　　從個體的觀點，地租是一種使用成本，具有派用土地資源的功能。因為一方面，所付的地租愈高，愈容易取得土地作為某種用途；另一方面地租愈高，成本愈大，生產者必須對其租用的土地作最有效的使用，故地租具有派用資源的功能。

　　在實際的應用方面，吾人可以市場利率將未來的地租收入予以折現而估算出土地的價格，其公式為：

$$P = \frac{R_1}{(1+r)} + \frac{R_2}{(1+r)^2} + \cdots + \frac{R_n}{(1+r)^n},$$

式中 P 代表土地價格，r 代表市場利率，R_i，$i=1, 2, \cdots, n$，代表每年的地租收入。由於土地可以無限期使用，故其地租收入可以延伸至無限年。設每年的地租收入與市場利率均維持不變，則上式可以簡化為：

$$P = \frac{R}{(1+r)}\left[1 + \frac{1}{(1+r)} + \frac{1}{(1+r)^2} + \cdots + \frac{1}{(1+r)^{n-1}}\right],$$

$$= \frac{R}{(1+r)}\left[\frac{1+\left(\frac{1}{1+r}\right)^n}{1-\frac{1}{1+r}}\right]。$$

因 $1+r > 1$，所以 $\left(\frac{1}{1+r}\right)^n \approx 0$，

$$P = \frac{R}{1+r}\left(\frac{1}{\frac{r}{1+r}}\right) = \frac{R}{r}。$$

上式表示土地的價格等於每年的地租收入除以市場利率。在其他情況不變下，土地價格與地租成正變的關係，與利率成反變的關係。這種以市場利率及地租收入來折算土地價格的概念可以推廣至任何收入期限無限之資產價格的計算（如無限期的政府公債），此種折現過程又稱之為**資本化**（capitalization）。以此一公式來推算臺灣地區目前之土地及房屋的價格，將可發現臺灣地區目前的土地及房屋的價格確實偏高，而近於不合理的地步。

五、地租與單一稅

由於就總體的觀點，地租不發生經濟功能，有些經濟學者就認為地租是一種剩餘，有沒有地租都不會影響土地的生產功能，因此主張對地租課稅，並不會妨礙生產。例如，美國學者亨利喬治（Henry George），於其1879年發表的《**進步與貧窮**》（*Progress and Poverty*）一書中，

認爲一般的租稅會影響社會資源的派用，而地租是一種剩餘，政府予以完全課徵沒收，對資源的派用不會產生任何影響，因此主張免除其他的租稅而只對土地課徵完全的地租稅，這便是**土地單一稅** (single tax) 的由來。

縱使土地單一稅在當時是很好的構想，但從現代的觀點來看，土地單一稅無論在理論上或實行上都有困難。

（一）理論上的問題

對原始存在的土地，就整個社會而言，單一稅固然可以實行，但對現有個別土地所有者而言，單一稅的實行有以下的問題：

1. 現有的土地所有者，並非是原始土地的佔有者，現有土地是原始土地經過改良，轉手買賣而來的，故土地已成爲一種投資的對象。自由經濟制度對於任何投資都必須給予適當的報酬，土地當然也不例外。

2. 卽使禁止土地的買賣──卽土地不再是投資的對象，然而土地的用途不只有一種，它可以有多種不同的選擇用途，地租能使土地在不同用途上作最有效的派用。卽地租高，則此土地的派用效率高；地租低，則此土地的派用效率低，也由於地租具有這種功能，才有差等地租的產生。因此，基於資源有效運用的考慮，地租是不能摒除的。

（二）實行上的問題

1. 地租亦包含其他所得成份在內。在現實的經濟社會裏，土地是一種投資的對象，一塊土地的地租可能是企業家花費許多人力、資本投資的結果，因此地租不僅是土地的租金，亦包含了或多或少的工資、利息與利潤等其他所得成份在內，而且無法予以各別完全劃分。

2. 早期政府的功能小，活動少，單靠地租收入也許還夠支出。但是，現代的政府，功能擴大，活動多，縱使將所有的地租完全沒收，也無法應付政府支出的需要。因此，土地單一稅在近代社會是無法實施的。

3. 沒收地租會阻礙土地的改良。地主進行土地改良的目的之一，

在於期望改良後的土地能够獲得較高的地租報酬。將地租予以沒收將無法刺激地主從事土地的改良，這對於經濟資源品質的改善、經濟的成長，均有不利的影響。

4. 沒收地租會使土地的派用發生扭曲的現象。既然任何地租均被沒收，因此土地作任何用途使用均無差異，而使土地不能得到最合理、最有效的利用。

摘　要

1. 生產要素的價格不僅決定生產要素的雇用量，更決定社會的所得分配。

2. 工資的高低決定於勞工邊際生產力的大小，邊際生產力的大小則受每一位勞工所擁有的資本、自然資源、技術水準、勞工本身的素質與組織管理等因素的影響。

3. 在自由市場經濟，工資有歸於一致化的趨勢，但仍有差別性存在，其原因在於非競爭集團的存在、工作情況的差異、技術與技能的差異與市場組織不完全等因素的存在。

4. 各產業工資水準與勞動雇用量的決定，會因產品市場與勞動市場組織型態的不同而有很大的差異。在產品市場與勞動市場均為完全競爭下，勞動得到合理的工資報酬，廠商雇用了最大數量的勞動；在產品市場獨佔——勞動市場完全競爭下，發生獨賣剝削，工資減少，廠商勞動雇用量減少；在產品市場完全競爭——勞動市場獨買下，發生獨買剝削，工資減少得更多，整個產業勞動雇用量大幅減少；在產品市場獨賣——勞動市場獨買下，同時發生獨賣與獨買剝削，工資大幅減少，整個產業勞動雇用量大幅減少；在雙邊獨佔下，工資的高低無法確定。

5. 勞工成立工會的目的在於謀求勞工的福利，其措施包括有提高工資、縮短工時、增進福利、改善工作環境、工作保障、參與企業與技

能訓練等。

6. 工會可以增加勞動需求、減少勞動供給、限制最低工資與對抗勞動獨買等途徑來提高工資。

7. 地租長久以來一直受到爭論，李嘉圖並曾對地租與糧價的因果關係提出精闢的見解。經濟學上所稱的地租有狹義與廣義之分，前者是指對於使用供給完全缺乏彈性之生產要素的報酬，後者是指供給彈性不是無限大之生產要素的市場均衡價格與其供給價格（或機會成本）之間的差額。

8. 稀少性地租論認為：由於土地的供給相對於需求顯得稀少，而有地租產生，地租隨土地需求的增加而提高。差等地租論認為：由於優等土地的生產力與邊際土地生產力的差異，而有差等地租發生，土地的生產力差異愈大，地租也就愈高。

9. 從總體的觀點，即使不支付地租，土地的供給仍然存在，故地租是一種剩餘，並不具有誘使供給增加的經濟功能；從個體的觀點，由於土地供給有限且可作不同用途，唯有支付地租才能取得使用權，故地租是一種成本，具有妥適派用資源的功能。

10. 亨利喬治從地租是一種剩餘且不具經濟功能的總體觀點，主張課徵土地單一稅。但從現代的觀點，土地單一稅無論在理論上或實行上均是不可行的。

重 要 名 詞

工資	工資率
貨幣工資	實質工資
非競爭集團	獨賣剝削
獨買剝削	雙邊獨佔
工會	地租

經濟地租　　　　　　　　稀少性地租

差等地租　　　　　　　　土地單一稅

剩餘地租　　　　　　　　資本化

問　題　練　習

1. 決定勞工邊際生產力高低的因素是什麼? 工資為何會有差異?

2. 試以圖解就不同的勞動市場與產品市場的競爭情況, 討論均衡勞動雇用量與工資的決定。

3. 假定勞工市場為買方獨佔, 試用圖解分析該市場的勞工雇用量與工資的決定法則, 並闡釋獨買剝削的意義。

4. 在勞動市場雙邊獨佔的情況下, 為何工資無法確定? 試以圖解闡釋之。

5. 試述工會成立的目的。工會提高工資的方法有那些? 會產生怎樣的經濟後果?

6. 什麼是地租? 試用不同的觀點說明地租是如何產生的。有人說地租是一種剩餘, 這是什麼意思? 你對地租的看法如何?

7. 地租是怎樣產生的? 它有何特性? 其存在對於土地資源的供應是否有促進的功能? 試用圖解分析之。

第二十六章
要素價格與所得分配——利息與利潤

上一章，我們討論了勞動與土地兩種生產要素之雇用量與價格的決定。在本章，我們繼續討論資本與企業家精神兩種生產要素之雇用量與價格的決定，並分析有關所得分配的一些問題。

第一節　利息理論

一、利息的產生

貨幣資本 (money capital) 用於生產，其所應得的報酬就是利息，利息因此是對貨幣資本所提供之勞務的報酬。利息等於貨幣資本的價格——利率與資本額的乘積，貨幣資本的價格並非是一種絕對的數量，而是一種對本金的百分比的關係，稱爲利率。因此，貨幣資本的價格是以百分率作爲其計算的單位。

雖然利息是指使用貨幣資本的代價，但貨幣本身並不是一種生產資源，並不具生產性。吾人對貨幣支付利息乃是因爲可以藉貨幣資本來購買實物資本——機器、廠房等生產設備，以從事生產而獲得收入。因此，實際上利息的支付，是付給透過貨幣資本而獲得之實物資本財貨的報酬。

至於利率的高低，則與貨幣資本所獲得之資本財貨的生產力有關，

即利率決定於資本財貨之 邊際生產力的高低。 資本財貨 的邊際生產 力大， 表示貨幣資本的邊際報酬高， 則利率高； 資本財貨的邊際生產力小，表示貨幣資本的邊際報酬低， 則利率低。 古典理論認為， 在完全競爭下，長期間整個社會所有的資本財貨的邊際生產力會趨於均等，而使利率趨於一致，此利率水準即為**自然利率**。自然利率可以無風險的長期證券利率為代表──如政府的長期公債（國庫券）利率，但事實上，在眞實的社會裏，利率並非是單一的，而是一種**利率結構** (structure of interest rate)，卽會有高、低不同的利率存在。

二、差別利率的決定因素

如前所述，在完全競爭下，利率雖有趨於一致的**趨勢**，而實際上利率是有差別的。引起利率差別的原因有以下的因素：

1. **風險** 利率與貸款呆帳的風險呈增函數的關係，卽風險的程度愈大，利率愈高；風險的程度愈小，利率愈低。對於風險較大之貸款所得到之額外較高利率報酬的部分，稱之為風險貼水 (risk premium)，是對承擔風險的一種報酬。

2. **時間** 利率與貸款時間呈增函數的關係。因為時間愈長，所冒貸款呆帳的風險愈大；時間愈短，所冒貸款呆帳的風險愈小。是故，在其他情況一定下，長期貸款的利率較高，短期貸款的利率較低。

3. **數額** 貸款數額愈大，相對所需的行政管理費用愈少，利率愈低；貸款數額愈小，相對所需的行政管理費用愈多，利率愈高。

4. **市場經濟情況** 當市場經濟情況不景氣，倒帳風氣盛行時，貸款風險大，利率高；經濟情況穩定繁榮時，貸款風險小，利率低。

5. **競爭性** 資本與貨幣市場的競爭性愈強，利率愈低；競爭性愈弱，利率愈高。

6. **流動性** 流動性是指資產 變現的能力。 擁有的 債權變現愈 容

易，流動性愈高，則利率愈低；債權變現愈不容易，流動性愈低，則利率愈高。

三、均衡利率的決定

雖然實際的經濟社會有差別利率存在，但爲了分析方便起見，我們假設社會只有 **"單一利率"** 存在，這利率就是均衡利率。學者間有各種的理論說明社會的均衡利率是如何決定的（另參閱第十二章第二節）。

（一）忍慾利息說 (abstinence theory of interest)

又稱爲**時間偏好利息說** (time preference theory of interest)。古典學派學者辛尼爾 (N. W. Senior) 認爲利息是對忍慾的報酬。忍慾表示爲了累積資本而抑制目前的消費享受，是一種目前享樂的延緩。累積的資本配合其他生產要素（如勞動、土地及企業家精神），雖然可以增加未來消費財貨的產出，但是資本財貨本身並不能直接滿足人們的慾望，因此延緩目前的消費是一種犧牲。

無可置疑地，在一個充滿不確定與動態成長的經濟社會，人們必然有正的時間偏好，即將目前消費置於未來消費之上的時間偏好。減少目前消費是對現時慾望的抑制，如果要使人們減少消費，從事儲蓄，累積資本，增加未來的產出，以期待未來消費的增加，則他們因爲抑制目前的消費慾望而忍受的痛苦，必須獲得補償，否則個人必然不願意延緩目前的消費，這補償就是利息，也可說是資本累積期間的一種**等待成本** (waiting cost)。

利率的高低，決定於人們對目前消費偏好的強弱，即忍慾所感受之痛苦程度的大小。對目前消費的時間偏好強，忍慾所感受的痛苦程度大，必須給予較大的補償，因此利率高；對目前消費的時間偏好弱，忍慾所感受的痛苦程度小，可給予較少的補償，利率低。

（二）迂迴生產利息説（roundabout production theory of interest）

奧地利學派（Austrian School）學者龐巴衛克（Eugen von Böhm-Bawerk）將時間因素導入利息的分析之中。他認為最後消費財貨的生產需要時間，而迂迴生產方法較直接生產方法有更具生產力的優點，但其缺點則是一種費時更長的生產方法。因為迂迴生產表示不馬上直接生產消費財貨，而是先將生產要素用以生產資本財貨，而後再以資本財貨與其他的生產要素配合來生產消費財貨。雖然迂迴生產的消費財貨必然較直接生產為多，但因為是一種間接的生產方法，其所費的時間必然較長。

龐巴衛克認為，生產愈迂迴，生產時間愈長，所需資本愈多，產出也愈大。因此，時間本身成為一種生產投入要素，資本成為一種具有生產性的要素。但是，人們有偏重目前消費的時間偏好，要他們放棄**現在財貨**（present goods）的直接生產消費，以累積資本，進行迂迴生產，而等待**未來財貨**（future goods）的消費，必須給予這種時間偏好的犧牲以補償，這補償就是利息，而利率的高低，視人們對現在財貨與未來財貨消費的時間偏好程度而定。如果人們對現在財貨消費的時間偏好愈強，要求的利率愈高；對現在財貨消費的時間偏好較弱，則要求的利率較低。這種由時間偏好程度來決定利率水準的高低，又稱之為**時間偏好説利息理論**。

另一方面，廠商進行迂迴生產，從以貨幣資本購買生產要素生產資本財貨，再到生產消費財貨而有銷貨收入，需要一段時間，這段時間亦需要貨幣資本以購買生產原料，雇用勞工，生產才得以持續進行。在這情況下，貨幣資本成為一種生產要素，對它的使用必須給予適當的報酬，此報酬就是利息，而利率的高低，決定於使用貨幣資本所生產之資本財貨與所雇用之生產要素的邊際生產力高低。其邊際生產力愈高，迂迴生產的產出愈大，對貨幣資本的報酬愈大，即利率愈高；其邊際生產力愈低，迂迴生產的產出愈小，對貨幣資本的報酬愈小，利率就愈低。

這種利率的決定，就是通常所說的迂迴生產的利息理論。因此，事實上，龐巴衛克的利息理論，實即包括時間偏好與迂迴生產兩種利息理論。

（三）可貸資金利息理論 (loanable funds theory of interest)

新古典學派認為利率是由資本市場中可貸資金的需求與可貸資金的供給所決定，而可貸資金的需求代表新債券的供給，可貸資金的供給代表新債券的需求，因此新債券的供給與需求達到均衡所決定的就是資本市場的均衡利率。

可貸資金的需求來自以下幾方面：

1. **企業部門**　企業部門對可貸資金的需求是根據預期的投資報酬率（ρ）與現行利率水準（r）的比較而決定。如果 $\rho > r$，表示投資的預期報酬率大於現行利率，則企業會增加貸款；若 $\rho < r$，表示投資的預期報酬率小於現行利率，則企業會減少貸款。由於貸款的增加或減少，透過資本（或投資）的報酬遞減法則，直到 $\rho = r$，即投資的預期報酬率等於現行利率為止，企業的貸款才達到均衡不再變動的狀態。因此，企業的投資邊際效率曲線（或投資預期報酬曲線），代表不同利率水準下企業對可貸資金的需求曲線。

企業投資的預期報酬率，並非是投資的明天或後天的預期報酬，而是投資生產後的未來若干年中的預期報酬。因此，投資的預期報酬率是以投資之未來報酬的折現來計算，亦即能夠使投資之未來報酬的折現值等於投資成本的一種折現率。以公式表示，即

$$C = \frac{R_1}{(1+\rho)} + \frac{R_2}{(1+\rho)^2} + \cdots + \frac{R_n}{(1+\rho)^n}。$$

上式中 C 代表投資成本，R 代表投資的未來報酬，1 至 n 代表投

資的可能報酬年次， ρ 是一種折現率，也就是投資的預期報酬率❶。

2. **家計部門** 當消費者的收入不足以應付目前的開支時，就需要借款度日，所謂寅吃卯糧，就是這種情形；或者需要添置產業，而自己的儲蓄不足時，就得借款，如購屋借款。

3. **政府部門** 當政府的租稅收入不足以應付開支，或爲了國家重大建設，國庫無力承擔時，政府就可以發行公債以借用民間的資金。

4. **國外部門** 在國際間資本可以自由移動下，外國人民可以在本國的資本市場發行債券，而借入其所需的資金，這形成外國對本國可貸資金的需求。

以上四個部門對可貸資金需求的利率彈性都很小，尤其是家計部門，其利率彈性最小。在早期時，企業對可貸資金的需求，利率是一很重要的因素，當利率上升時，利息成本負擔增加，對可貸資金的需求大幅減少；利率下降時，利息成本負擔減輕，對可貸資金的需求大幅增加，卽企業對可貸資金需求的利率彈性很大。但晚近利率已不再成爲可貸資金需求的重要因素，而以投資的風險、技術進步的快慢、國際經濟情勢的好壞，爲主要的可貸資金需求的影響因素。因此，晚近企業對可貸資金的需求也較爲缺乏利率彈性。政府與國外部門對可貸資金的需求，往往是基於經濟情況或政治因素的考慮，因此與利率高低的關係也很小。但是，理論分析上，吾人仍然假設市場上總合的可貸資金需求與利率水準呈減函數的關係。

可貸資金的供給來自以下幾方面:

1. **家計部門** 家計部門的儲蓄是可貸資金供給的主要來源。

2. **企業部門** 晚近，由於經濟的發展，企業規模不斷擴大，公司的未分配盈餘（公積金），已逐漸取代家計部門的儲蓄，成爲主要的可

---

❶ 根據以投資的預期報酬率來折現投資報酬的觀念，我們可以利率作爲一種折現率，來折算任何資產所產生之所得流量的折現值而估算出資產本身的價值。

貸資金來源。此外，企業的折舊備抵雖是一種特殊形態的資產，但在經濟分析，則視其爲一種儲蓄，是公司企業本身內在的一種可貸資金供給，與家計部門的可貸資金供給相比較，其供給的利率彈性較小，因爲無論利率的高低，企業總要提出定額的設備折舊備抵。

3.　**政府部門**　政府的預算可能收入大於支出而有剩餘，這種預算的剩餘卽構成政府的儲蓄，是一種可貸資金供給的來源。此外，政府亦可透過中央銀行發行新通貨，擴充貨幣供給，因而增加可貸資金供給❷。

理論上，由於中央銀行可以增加通貨發行，商業銀行可以擴充信用，貨幣供給因而可以權宜地增加，故可貸資金的供給是不會缺乏的。但是，增加貨幣供給往往會導致通貨膨脹，所以政府是不輕易以增加貨幣發行來供應可貸資金的供給。

4.　**國外部門**　在國際間資本可以自由移動下，外國人民可以購買本國的債券，而將資金借予本國，這形成外國對本國可貸資金的供給。

單就國內民間（家計及企業部門）的儲蓄而言，是否所有的儲蓄都可以成爲可貸資金呢？也許民間的儲蓄很多，但可貸資金卻很少，這是什麼原因呢？這與理財的方式有關，因爲儲蓄可以現金、銀行存款或購買有價證券（股票或債券）等方式保有。如果儲蓄大部分以現金持藏的方式保有，則縱然儲蓄很多但可貸資金的供給卻很少。由於家計或企業部門有權自由選擇其保有儲蓄的方式，所以不見得儲蓄有多少，可貸資金的供給就有多少。由此可知，縱然政府增加貨幣供給，如果所增加的貨幣均被人們以現金的方式所持藏而不願將其貸出或存入銀行，則可貸資金的供給並不會增加，故貨幣供給的增加（或減少）並不一定意謂可

❷　如果可貸資金的供給與需求考慮額外增加的貨幣供給與需求，稱之爲貨幣的可貸資金理論；如果不考慮額外增加的貨幣供給與需求，稱之爲實質的可貸資金理論。

貸資金的供給增加（或減少），兩者並非相同的一件事或必然存在著增函數的關係。理論分析上，吾人假設可貸資金的提供主要目的在於謀求賺取利息收入，可貸資金的供給因此可視同與利率水準呈增函數的關係。

圖 26-1，*DD* 代表各經濟部門對可貸資金的總合需求曲線，其背後隱含各經濟部門在產品市場上對資本財與耐久消費財貨的投資總需求（*I*），等於新債券的總供給（*B^s*）；*SS* 代表各經濟部門對可貸資金的總合供給曲線，亦即代表資本市場上各經濟部門的儲蓄總供給（*S*），等於新債券的總需求（*B^d*）。由可貸資金的供給與需求，決定社會的均衡利率 *Or**，可貸資金數量 *OM**。這種同時考慮產品市場與資本市場之可貸資金理論所決定的均衡利率，正與凱恩斯學派同時考慮產品市場（*IS*曲線）與貨幣市場（*LM* 曲線）所決定之經濟均衡利率相對應。

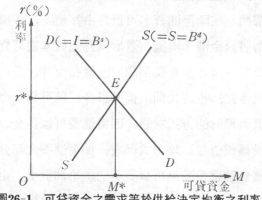

圖26-1　可貸資金之需求等於供給決定均衡之利率。

（四）費雪的利息理論

新古典的可貸資金利息理論是由總體的觀點來分析均衡實質利率的決定，而費雪則利用個體經濟理論來分析均衡實質利率的決定，此種新古典（或古典）的利息理論被稱爲費雪的利息理論（Fisherian theory of interest）。

費雪的利息理論事實上是由時間偏好理論與資本邊際生產力理論所

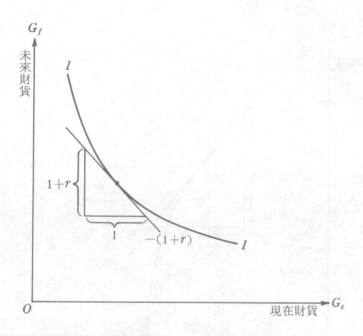

圖26-2　現在財貨與未來財貨之間消費的邊際
替代率決定於時間偏好邊際率。

構成。圖 26-2，橫軸代表現在財貨，縱軸代表未來財貨，II 代表現在財貨與未來財貨不同消費組合的社會消費無異曲線，其切線斜率等於現在財貨與未來財貨之間消費的邊際替代率（MRS），在這裏可稱為時間偏好邊際率（marginal rate of time preference），表示每放棄一單位現在財貨消費，所希望換取未來財貨消費之數量的相對比率，即 $MRS = -(1+r)$，r 為實質利率。圖 26-3，PP 代表現在財貨與未來財貨不同生產組合的生產可能曲線，其切線斜率等於現貨與未來財貨之間生產的邊際轉換率（MRT），表示每放棄一單位現在財貨生產，所能增加未來財貨生產之數量的相對比率，即 $MRT = -(1+MP_K)$，MP_K 為資本的邊際生產力。又根據廠商的利潤最大化要素雇用法則，廠商對資本將依資本的邊際生產力等於實質利率（即 $MP_K = r$）給付報酬，所以

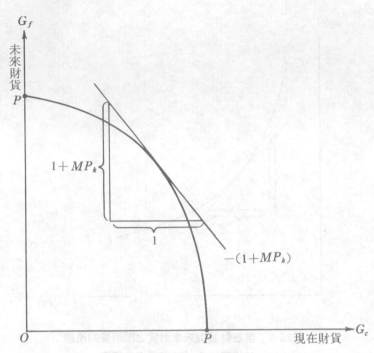

圖26-3　現在財貨與未來財貨之間生產的邊際轉
換率決定於資本的邊際生產力。

$$MRT = -(1 + MP_K) = -(1 + r)。$$

　　當社會每一種財貨的生產（供給）均等於消費（需求）時，是為經濟一般均衡（general equilibrium）的達成，這種情況正好是圖 26-4 中社會消費無異曲線與生產可能曲線相切之點 E 所代表的。在 E 點，全社會之現在財貨與未來財貨的生產供給均等於消費需求，E 點的切線斜率表示現在財貨與未來財貨消費的邊際替代率等於生產的邊際轉換率，等於－（1 + r），r 即為社會的均衡實質利率。

　　（五）流動性偏好利息理論

　　貨幣具有完全的流動性，保有貨幣可以滿足人們日常生活對交易、預防及投機動機的貨幣需求。要使人們放棄持有貨幣改而持有其他流動

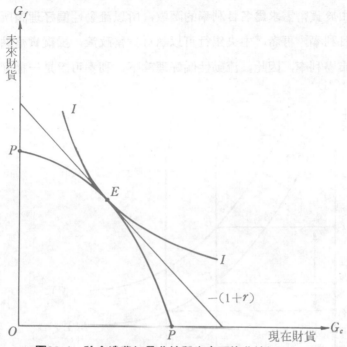

圖26-4　社會消費無異曲線與生產可能曲線相
切之點爲經濟一般均衡的達成，其切
線斜率決定了均衡實質利率。

性較低的資產。必須給予他們利息報酬，以補償其放棄流動性所作的犧
牲。凱恩斯將貨幣需求（卽流動性偏好）的動機分爲交易動機、預防動
機及投機動機。 在一定的所得水準及流動性偏好程度下， 人們基於交
易、預防與投機等動機的貨幣需求，與利率水準呈減函數的關係。

　　圖 26-5, $L(\overline{Y})$ 代表一定的所得水準 $\overline{Y}$ 及流動性偏好程度 L 時的
貨幣需求（或流動性偏好）函數。如果貨幣供給是 OM^S， 則決定的社
會均衡利率爲 Or^*，貨幣供給 OM^S 等於貨幣需求 r^*E。 在所得水準
及貨幣供給 M^S 一定下，如果流動性偏好程度由 $L(\overline{Y})$ 增強爲 $L'(\overline{Y})$
則均衡利率提高爲 Or_1；在流動性偏好程度及所得水準一定下 $L(\overline{Y})$，
如果貨幣供給由 OM^S 增加爲 $OM^{S'}$，則均衡利率降低爲 Or_2。

由於貨幣需求為名目利率的函數，所以流動性偏好理論所決定的為一名目利率。再者，中央銀行可以執行貨幣政策，操縱貨幣供給量，以影響市場利率，因此，流動性偏好理論下，利率可說是一種管理價格。

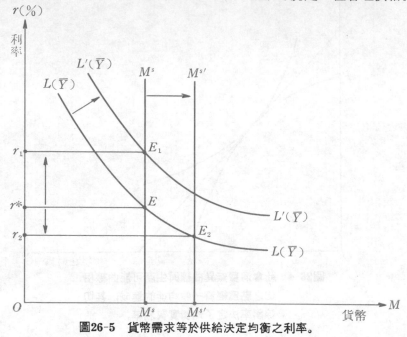

圖26-5　貨幣需求等於供給決定均衡之利率。

四、利率的功能

利率在自由市場經濟制度下，無論在經濟穩定、成長、所得分配、或資源派用等方面，均扮演相當重要的角色。歸納而言，其功能有：

（一）引導投資，改變經濟情況

在一定的投資報酬率下，利率的改變，會使投資改變，而影響全經濟的就業、產出、成長與穩定。如圖 26-6，在一定的投資預期報酬率（投資的邊際效率）下，利率由 Or_1 降為 Or_2，投資由 OI_1 增為 OI_2，可以增加就業、產出與促進經濟成長。

（二）影響資源的派用

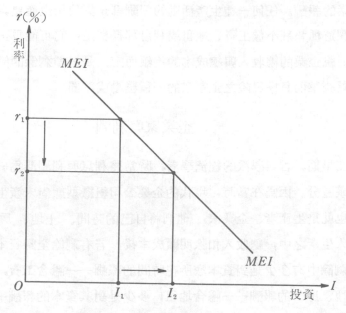

圖26-6　利率下降投資增加。

政府可視實際情況的需要，採差別利率政策，對不同產業的放款，採取不同的利率，如此可以使社會資源的派用達到最合理、最有效的境界。例如，政府要鼓勵機械工業發展，可對其貸款採低利率政策，以增加其投資；要抑制紡織業的過度發展，可對其貸款採高利率政策，以減少其投資。

事實上，有時候社會資源的派用並不能受到利率的支配。例如，政府基於國家安全、社會利益的考慮，會把資金投資於某些經濟效率並不是最高的地方；大公司往往可以較低的利率取得資金，故其資金並非一定作最有效率的運用。

第二節　利潤理論

本節所謂的利潤是指經濟利潤或超額利潤，是對企業家精神這種生

產要素的報酬。任何一種生產活動的報酬都是對使用生產要素的報酬，但利潤這種報酬不像工資、地租或利息那樣穩定，它可能爲正，也可能爲負，視企業的總收入與總成本的差額而定，是一種剩餘的價值，是給予經營企業而負擔風險之企業家的一種獎勵或懲罰。

一、企業家與利潤

在早期，古典學派的經濟學者，時常將利息與利潤混爲一談，而不作明確區分。因爲在當時，現代的企業公司組織型態尚未產生，資本家本身也就是生產者、企業家，他們將自己的時間、土地、房舍、及資本投入生產之中，總收入扣除明顯成本後，若有剩餘全歸資本家所有，而這剩餘中有多少是對資本家所花時間的報酬──隱含工資，多少是對其土地、房舍的報酬──隱含地租，多少是對其資本的報酬──隱含利息，多少是真正的利潤剩餘，資本家們並未加以區分。而當時的經濟學者亦因未對企業家精神這種生產因素予以重視。所以也就將利潤視爲對資本利息報酬的一部分。

到了二十世紀，公司組織已成爲一種普遍流行的企業組織，聰明且願擔負風險的才智之士──企業家，雖然沒有資本，但可與資本家結合，創立公司，把企業的管理權與所有權分開，將給予資本家的利息報酬作另外的成本歸項。因此，總收入扣除原料成本、工資、地租與利息後的剩餘，就是對企業家經營企業的報酬。這種利潤報酬，看起來似乎是一種無償的報酬，但對現代社會而言，這種企業家精神是公司組織發展、經濟進步的中堅，而這種中堅表面上雖然看不出來，但其對經濟社會的貢獻卻是無可限量的。

利潤是對企業家精神的報酬，而企業家精神包括有：

1. 組織企業能力 企業家是企業的組織者，他將生產要素予以組合而從事產品的生產。

2. 創新能力　企業家組織企業之後，要想賺取利潤，必須推陳出新，這就需要創新的能力。

3. 冒險的精神　企業家除了有組織企業與創新的能力外，尚須要有魄力，有承擔風險的勇氣，才能將計畫付諸實現，才有賺取利潤的機會。

一位具有高度企業組織、創新能力與冒險精神的企業家，其賺取利潤的機會愈大；反之，缺乏企業組織、創新能力與冒險精神的企業家，其賺取利潤的機會愈小，甚至會有虧損發生。

二、利潤的來源

利潤如何產生？對於這一問題學者間有以下的幾種說法：

（一）由獨佔而產生

在完全競爭的長期均衡下，由於市場知識完全，資源具有完全流動性，可以自由加入產業生產，所以廠商沒有經濟利潤存在。但在獨佔市場，由於廠商不能自由加入生產，資源非可完全流動，獨佔廠商因此可以對其產品訂定較高的價格而賺取利潤。但是，政府公用事業或專賣獨佔與個人獨佔的利潤性質不同。個人獨佔，利潤的產生使社會大眾利益受損，而政府獨佔利潤的產生是賺之於民，用之於民。政府的獨佔利潤也是理財的方法之一，可以增加政府收入，使租稅負擔得以減輕，若沒有政府獨佔利潤的存在，人民的租稅負擔可能必須加重。

（二）創新理論

將發明（invention）加以實際應用就是創新（innovation）。在經濟上，創新包括有：(1)新產品的推出，(2)產品品質的改善，(3)更有效率的新生產方法，(4)開闢新的市場，(5)發現可用於生產或更有效率的新資源，與(6)更有效的經營管理或產品銷售方法等活動。

創新活動產生後，企業家投資生產，可以獲得經濟利潤報酬，但創

新的利潤往往是短暫的。 因爲創新的企業家獲得利潤, 經過一段時間後, 創新會被他人所模做, 羣起投資生產, 形成一種所謂的「創新叢」引起市場激烈的競爭, 最後創新的利潤會在競爭中消失。不過, 在一個動態社會的成長過程中, 創新永遠不會停止, 當某一個創新利潤消失後, 會有另一個創新接踵而至, 因此廠商經常有利潤產生。這種由於創新或技術進步而產生的利潤, 對社會的進步, 經濟的成長, 有很大的貢獻, 是任何經濟社會所鼓勵的。

（三）不確定理論

企業家經營企業時常會遇到許多變化不定的情況, 其中有些情況的發生是可以或然率或機率加以預測的—— 如水災、 火災、 竊盜、 罷工等, 稱之爲**風險** (risk)。對可預知的風險, 企業家可採取保險的方式, 將其化爲一種固定成本, 在此情形下, 不會有利潤與虧損發生。有些情況的發生則無法加以預測——如石油漲價、 戰爭、 政府政策的改變、 消費者偏好的改變等, 因此無法加以事先保險, 稱之爲**不確定** (uncertainty), 所以不確定可說是一種不能預測的風險, 利潤與虧損就是企業家承擔不確定的結果。企業家願意承擔不確定風險, 若獲得利潤, 則是對經營企業成功的一種獎勵; 若招致損失, 則是對經營企業失敗的一種懲罰。

三、利潤的功能

經濟學上, 我們假設消費者以追求最大效用滿足、 生產者（企業家） 以追求最大生產利潤、 生產要素所有者以追求最大要素報酬爲目標。這些假設被認爲是進行經濟分析所必須且是合理的。但事實上, 企業家利潤的獲得, 時常招致社會的批評與攻擊, 馬克思甚至依據勞動價值理論, 認爲利潤是一種**剩餘價值** (surplus value), 是資本家剝削勞工的結果, 完全否定利潤的經濟功能的存在。

　　顯然地，馬克思還是將資本家與企業家混爲一談，忽略了企業家精神是生產過程中一種生產性的投入要素，而誤認爲有資本就能雇用勞工生產，就能賺取利潤，所以才對利潤採反對、否定的立場。事實上，只要對企業家精神有正確的認識，就會認同利潤的存在是合理且必須的。因此，現代的經濟學家，對自由市場經濟制度下的利潤，均持積極、肯定的態度，認爲利潤具有以下的功能：

　　（一）促進資源有效派用　生產者爲了追求利潤，在需求方面，必須配合消費者的慾望而生產；在供給方面，會努力改進生產技術，降低生產成本。如此，可使社會資源作最有效的派用。

　　（二）促進創新　企業從事創新活動是一種手段，追求利潤才是目標。因爲創新成功，可以獲取利潤，因此提供企業從事研究、發明的誘因，誘導企業進行投資，進而促進經濟繁榮、成長。

　　（三）推動經濟成長　晚近，由利潤產生的未分配盈餘，是企業投資資金的主要來源。利潤增加，使未分配盈餘增加，投資增加，資本累積增加，經濟成長加速。

第三節　要素報酬與所得分配

　　任何一個社會無論其經濟發展的程度如何高，仍不免有貧窮的存在。即使沒有**絕對的貧窮**（absolute poverty），也有**相對的貧窮**（relative poverty），這種相對的貧窮是由於所得分配不均的結果，就是在共產社會中，也無法完全消除這種相對的貧窮。如何在追求經濟發展的過程，同時達成所得分配的平均，一直是社會思想家、政治家及經濟學家們所重視的問題與所面臨的挑戰。

一、功能與個人所得分配

傳統上，分析所得分配的兩個方向，一是個體觀點的個人所得分配，一是總體觀點的功能所得分配。

（一）個人所得分配

個人所得分配 (personal income distribution) 的研究是以家庭為單位，因此又稱為家庭所得分配 (family income distribution)，表示所得在個別家庭間的分配情形。一個家庭擁有的生產要素愈多、品質愈高，其所得也就愈高。家庭所得可以寫成 $Y = f(y_1, y_2, \cdots, y_n)$ 的函數關係，表示家庭所得由不同的所得來源 $y_1, y_2, \cdots, y_n$ 等所構成，但習慣上，將家庭所得歸納為財產與勞動所得兩個來源構成。一般所謂的所得分配不均，或是貧富不均，實際上就是指家庭所得分配的不平均度而言。

（二）功能所得分配

功能所得分配 (functional income distribution) 是對生產要素在生產過程中的貢獻所給予的報酬，而生產要素報酬的高低，決定於：(1) 生產要素的邊際生產力，(2) 要素市場的供需，及 (3) 社會的制度、組織、法律或風俗習慣等非經濟因素。依功能所得分配，可以決定工資、租金、利息及利潤的報酬佔國民所得的配份。由於每一種生產要素在生產過程中各有不同的貢獻，因此分別歸屬於勞動、土地、資本與企業家精神的功能所得分配佔國民所得的比例，也就各不相同。

在長期間，由於經濟結構的轉變、生產技術的轉變、企業組織型態的改變，生產要素供需的消長，或政府參與經濟活動的改變，將使勞動、土地、資本與企業家精神的功能所得分配發生改變。一般而言，功能所得分配中，以工資佔國民所得的比例最高，以美國為例，此項比例穩定維持在70％至75％之間。

　　由經濟發展愈資本化的觀點來看，資本化的結果會使工資佔國民所得的比例下降；但由經濟發展愈來愈工業化及都市化的觀點來看，則工業化及都市化的結果使工資佔國民所得的比例提高。因為在農村裏，農民的所得算作是資本所得而非視同工資所得的，在經濟發展過程中，工業化、都市化的程度提高，農村退化，農村勞動力移往都市就業，成為工業生產的勞工，而勞工的所得是一種純工資。因此，愈工業化、都市化的國家，其工資佔國民所得的比例愈高。民國42年至78年，臺灣地區受雇人員之報酬（工資）佔國民所得的比例由36.1％上升至57.2％❸，這種現象正與工業化及都市化使工資佔國民所得之比例提高的假說相符合。

　　功能所得分配中，以利潤佔國民所得的比例最不穩定，其比例的大小隨經濟循環而變動。在經濟繁榮時，企業可獲取較多的利潤，利潤佔國民所得的比例較大；在經濟衰退時，企業獲取的利潤較少，甚至有虧損發生，利潤佔國民所得的比例也就較小。在一個國家經濟發展的過程中，工業與服務業的生產比重將不斷提高，農業生產的比重將不斷下降，因而使租金在功能所得分配中所佔的比例不斷地降低。就目前的工業化國家而言，租金在功能所得分配中所佔的比例都是居於最小的地位❹。

二、個人所得分配不均的原因

　　為何有的人（家庭）所得高，有的人（家庭）所得低呢？社會上貧富不均的現象是如何形成的呢？要尋求解決、改善所得分配狀況的可能途徑之前，我們必須對造成所得分配不平均的原因有所瞭解，而後才能

---

❸　請參閱行政院經建會，*Taiwan Statistical Data Book 1990*，第39頁。
❹　就臺灣地區而言，私人財產所得（包括利息、股利及租金）佔國民所得的比例由民國42年的47.4％降至民國78年的22.3％，主要原因為租金佔國民所得的比例持續下降所致。

夠對症下藥。一般而言，造成個人所得分配不平均的因素有:

1. 能力 由於先天稟賦的差異與後天教育、訓練的不同，使個人能力有高低之別。能力高者，生產力大，所得高; 能力低者，生產力小，所得低。

2. 財富 財富的本身可以產生所得，誰擁有的財富愈多，就可以有愈多的所得收入。因此，上一代遺傳的財富分配不平均，影響下一代的所得分配不平均。在傳統的封建社會，財富是所得分配不均最主要的因素，但到了近代，財富對所得分配的影響愈來愈小，而以個人能力成為最主要的因素。

3. 流動性 一個人擁有的生產要素的流動性愈大，所得愈可能提高; 流動性愈小，所得愈不可能提高。例如，消息愈靈通，流動性愈大的勞工，可從低所得的工作轉移到高所得的工作; 資本，可從報酬低轉移到報酬高的投資; 土地，可從地租低的用途轉移到地租高的用途。

4. 幸運與機會 雖然所得的獲取必須靠努力，但幸運與有利的機會，使同樣的努力可以獲得更多的所得報酬。能掌握住好的賺錢機會，會使所得更為提高; 不能掌握住好的賺錢機會，難以使所得提高。

5. 年齡與社會因素 年齡差別會使所得有差別，年輕力壯者，謀取所得的能力高，所得也高; 年紀太輕、缺乏經驗或年老體衰者，謀取所得的能力低，所得也低。又社會因素，如種族、性別，亦是影響所得高低的因素。

6. 工作的條件 由於工作條件的差異，亦會產生所得的不同。如社會地位低、環境差、不安全、假期少、福利少、或風險大的工作，通常其所得報酬較高; 反之，社會地位高、環境好、安全、假期多、福利好、或安定的工作，其所得報酬通常較低，但這不可一概而論，會因社會觀念、制度、價值評判等之差異而不同的。

除了以上一般認為是影響所得分配不均的因素外，從現代經濟的觀

點來看，生產成本遞減、規模報酬遞增所導致的不完全競爭（獨佔與寡佔）、政府的保護與社會、政治利益團體的存在，亦是促成所得分配不平均的重要因素。這些經濟或非經濟的力量，使市場機能所決定的所得分配形態並不合於社會所希望的形態。同時，這些因素正是違反完全自由競爭市場機能的力量，故其所決定的所得分配是一種社會次佳的解 (second-best solution)，而非社會期望最佳的巴瑞托最適解 (Pareto optimum solution)。職是之故，我們有正當的理由贊同政府根據多數同意法則，在市場力量之外，以外部的政府力量，來改進社會的所得分配，使其達到或更加接近社會理想的所得分配形態。

三、所得分配不均的測量

測量家庭(個人)所得分配不平均的程度，最通常使用的兩種分析工具是羅倫茲曲線 (Lorenz curve) 及吉尼不平均係數 (Gini coefficient of inequality)，這兩種方法其實是相互關聯的。

(一) 羅倫茲曲線

圖 26-7 是一個正方箱形圖，原點開始，橫軸由左至右將全國家庭依所得由低至高分成五個等級的累計百分數，即每20％的家庭戶數累積為一等級；縱軸代表全國所得分配的累計百分數，同樣是由低至高分成五個等級。羅倫茲曲線即為代表家庭戶數累計百分數與稅前所得分配累計百分數之間關係的一條曲線。圖中:

1. LC_1 對角線，是一條 45° 對角線，代表所得分配絕對平均的羅倫茲曲線，線上任何一點的家庭戶數累計的百分數與所得分配累計的百分數相等。如20％的累積家庭戶數得到全國20％的所得，80％的累積家庭戶數得到全國80％的所得。

2. LC_2 相互垂直線，是正方箱形圖對角線右邊相互垂直之兩軸所圍成的曲線，代表所得分配絕對不平均的羅倫茲曲線，即99％的累積家

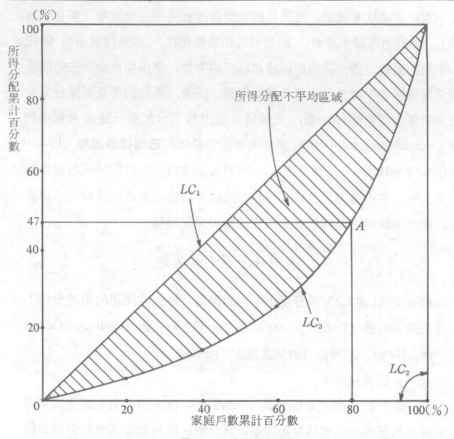

圖26-7 羅倫茲曲線圖。

庭戶數的所得爲零，而極少數不到1％的累積家庭戶數獲得了全部的所得。

3. LC_3 曲線，代表社會實際所得分配的羅倫茲曲線，如在 A 點，80％的累積家庭戶數佔全國所得分配的47％，而少數20％的累積家庭戶數佔全國所得分配的53％。。

一般而言，所得分配愈平均，則羅倫茲曲線愈接近正方箱形圖的對角線；所得分配愈不平均，則羅倫茲曲線愈遠離正方箱形圖的對角線。代表實際所得分配的羅倫茲曲線與代表所得分配絕對平均的羅倫茲曲線

之間所圍成的面積，　稱之爲**所得分配不平均區域**。　此一區域的面積愈大，表示所得分配愈不平均；反之，則表示所得分配愈平均。

（二）吉尼不平均係數

由羅倫茲曲線的圖形，可以導出一種測量所得分配不平均度常用的指標——吉尼係數。根據圖26-7，吉尼係數是正方箱形圖中所得分配不平均區域與對角線下三角形面積的比率，卽

$$吉尼係數＝\frac{所得分配不平均區域}{對角線下三角形面積}。$$

吉尼係數的值介於零與 1 之間。吉尼係數值爲零時，表示所得分配絕對平均；爲 1 時，表示所得分配絕對不平均。因此，吉尼係數值愈小，所得分配愈平均，吉尼係數值愈接近於 1，　則所得分配愈不平均。

表 26-1 爲民國53年至79年臺灣地區所得分配變化的情形。臺灣地區第五分位組（最高所得）之所得爲第一分位組（最低所得）之所得的倍數與吉尼係數分別從民國 53 年的 5.33 及 0.321 下降至民國69年的4.17 及 0.277。這種在快速的經濟成長過程中，　同時達成所得更平均的分配，乃世界各國少有的現象。但是，自民國70年起，臺灣地區的所得分配開始惡化，尤其是民國75年開始的投機風潮與金錢遊戲，導致不動產與股票價格的狂飆，因而使得臺灣地區的所得分配急速惡化。至民國79年，第五分位組之所得爲第一分位組之所得的倍數與吉尼係數已分別上升至 5.18 至 0.312。雖然臺灣地區目前仍爲世界上所得分配最平均的地區之一，但這種所得分配惡化的趨勢值得政府有關當局的重視，並應設法改善。

四、所得分配與社會福利

在一個自由經濟社會裏，國民所得分配是無法絕對平均的，政府只能利用財政政策或其他措施來減少所得分配不平均的程度，而無法完全

表26-1　臺灣地區的所得分配狀況

年　　別 （民國）	可支配所得按戶數五等分位組之 所得分配比（％）					第五分位 組爲第一 分位組之 倍數 （倍）	吉尼係數
	1 （最低所 得組）	2	3	4	5 （最高所 得組）		
53	7.71	12.57	16.62	22.03	41.07	5.33	0.321
55	7.90	12.45	16.19	22.01	41.45	5.25	0.323
57	7.84	12.22	16.25	22.32	41.37	5.28	0.326
59	8.44	13.27	17.09	22.51	38.69	4.58	0.294
63	8.84	13.49	16.99	22.05	38.63	4.37	0.287
65	8.91	13.64	17.48	22.71	37.26	4.18	0.280
66	8.96	13.48	17.31	22.57	37.68	4.21	0.284
67	8.89	13.71	17.53	22.70	37.17	4.18	0.287
68	8.64	13.68	17.48	22.68	37.52	4.34	0.285
69	8.82	13.90	17.70	22.78	36.80	4.17	0.277
70	8.80	13.76	17.62	22.78	37.04	4.21	0.281
71	8.69	13.80	17.56	22.68	37.27	4.29	0.283
72	8.61	13.64	17.47	22.73	37.55	4.36	0.287
73	8.49	13.69	17.62	22.84	37.36	4.40	0.287
74	8.37	13.59	17.52	22.88	37.64	4.50	0.290
75	8.30	13.51	17.38	22.65	38.16	4.60	0.296
76	8.11	13.50	17.53	22.82	38.04	4.69	0.299
77	7.89	13.43	17.55	22.88	38.25	4.85	0.303
78	7.70	13.50	17.72	23.07	38.01	4.94	0.303
79	7.45	13.22	17.51	23.22	38.60	5.18	0.312

資料來源：　行政院主計處，《中華民國臺灣地區七十九年個人所得分配調查
報告》，第19頁。

消除這種不平均的存在。要所得分配平均，或許只有在共產國家運用強制的手段才能達到，但這種政策的實行，卻會阻礙社會經濟的發展，使大家成爲一種"均貧"的所得分配。

假設：(1)貨幣所得的邊際效用遞減，(2)社會個人之間的效用函數是互依的，及(3)政府的政策在於追求所得分配的平均以使社會福利極大。在這些假設下，我們相信政府以租稅及開支的財政政策來改善所得分配的情況，將有助於社會福利的提高。

根據假設，高所得者，其貨幣所得的邊際效用低；低所得者，其貨幣所得的邊際效用高。此外，高所得者由消費所獲得的效用，與低所得者的消費有關；反之亦然。在這情況下，社會福利的大小，一方面決定於國民所得的數量，另一方面又須視國民所得分配的狀況而定。國民所得的數量愈多，分配愈平均，則社會福利愈大。因此，所謂最適所得分配政策，就是利用政府的租稅或開支，以使社會的福利達到最大的一種所得分配狀態。

五、改進所得分配的可能途徑

財政政策是政府用以改善所得分配最常用的工具，而財政政策有政府的租稅及開支兩方面。

(一) 以租稅措施改進所得分配

1. 加強累進所得稅的課徵，可使高所得者的負擔加重，低所得者的負擔減輕，對於所得分配的平均化有很大的幫助。可以說，累進所得稅的課徵，如果能夠到達高所得者所減少一塊錢的邊際效用等於移轉給低所得者增加一塊錢的邊際效用時，社會因爲執行累進所得稅而增加的福利達到最大。但是，這必須所得稅累進到相當的程度才能實現，如此的稅制，恐怕不是一般高所得者所能忍受的，且將影響一般人的進取心與工作意願，因而不利於經濟社會的進步。因此，累進所得稅制，雖可

說是一種最理想的平均所得分配的租稅工具，但也不是說爲了達到平均所得分配的目標，而毫無顧忌地將所得稅率不斷累進。有時經濟公平與效率相牴觸，應視經濟情況的需要，或許應捨公平而以效率優先。此外，所得稅過度的累進，根據租稅規避的邊際成本（被罰款）與邊際收益（可逃稅）分析，反而會激起高所得者想盡辦法逃避或規避所得稅。至此程度，累進所得稅將無法發揮原先平均所得分配的功能。

2. 加強財產稅、遺產稅及贈與稅的累進課徵，使下一代的每一個年輕人有更均等的取得產權的機會，對於平均財產所得，以至全面的所得分配，將有很大的幫助。

3. 爲實現規模經濟但防止利潤集中，應以租稅手段獎勵股票公開上市發行，以使股權分散而經營集中，企業利潤得以共享，所得分配得以平均。

4. 以租稅手段，鼓勵企業家設廠於農村地區，使開發中國家的剩餘勞動力能夠獲得充分及有效利用的機會，可以提高農村工資，對於平均所得分配有很大的作用。在臺灣的經濟發展過程中，所得分配愈趨於平均，工廠的普遍分散設於農村地區，是一個很主要的因素。

5. 隨著經濟的發展與人口不斷的增加，土地投機的風氣將愈盛，很多人於土地投機上賺取不勞而獲的暴利。因此，應該加強土地增值稅的累進徵收，或貫徹漲價歸公，以利所得公平分配。

6. 採取適當的租稅補貼措施，實行農產品價格保證制度，有提高農民所得，增進全面所得分配平均的功用。

（二）以政府支出改進所得分配

爲了達成所得平均分配的目標，只靠租稅措施使高所得者繳納多一點的稅，低所得者負擔輕稅、乃至免稅的優待，尚屬不足，必須以政府財政支出的配合，才能達成所得分配平均化的目標。財政租稅與支出，對所得分配影響的主要差異，可說前者是使高所得者之所得減少的速度

急速增加，而低所得者之所得減少的程度非常輕微或完全不減少；後者
是在不影響高所得者之所得的前題下，以設法增加低所得者的所得爲目
的。以政府支出改進所得分配的措施可以有：

　　1. 移轉性社會福利支出。例如社會安全制度對老弱殘障、失業的
救濟，或擬議中的「負所得稅」（negative income tax）補助，或社會
大眾遭受緊急危難時政府的救助，這些移轉性福利支出，均可直接增加
低所得階層的收入，有助於所得分配的平均化。

　　2. 使年輕一代取得同樣的教育機會。個人工作能力的差異影響勞
動所得的分配，而個人工作能力之所以不同，主要是由於後天教育、訓
練機會的不均等。根據研究的結果，家庭所得的高低，是決定能否獲取
高等教育的重要因素，所得愈高的家庭，其子女愈能獲得高等教育。如
果每個人所享有的教育、訓練機會能够相當的均等，所得分配不平均的
程度自可減輕。

　　3. 建立全面醫療保險制度。如果以政府的財政支出使低所得的病
患有能力去醫治他們的疾病，則不僅減少了他們的醫療費用支出，而且
還能幫助他們早日恢復工作能力，賺取所得。

　　4. 廣建平價國民住宅。一方面可以刺激經濟活動，一方面可使低
所得者以低廉的代價獲得住宅，當然有助於所得分配趨於平均。

　　5. 加強低所得地區的公共設施建設。所得分配不但應從所得面求
平均化，而且宜由消費面求平均化。家庭所得分配不只取決於家庭貨幣
所得的多少，並因各家庭所能享有公共設施的程度而受影響。如在低所
得地區免費或廉價供應自來水、圖書館、電燈、道路、運動場、公園等
公共設施，可以提高該地區人們的生活水準，增加其實質所得水準。

　　教育事業應由政府財政支出來加以大力推行，如此，低所得者可以
減輕受教育的負擔，增加接受教育的機會，有利其勞動力與所得的提
高。這樣一方面可以增加未來政府所得稅的收入，一方面可以減少未來

消除貧窮所作的重分配移轉支出。是故，教育機會的普及與均等，可說是消除或減輕所得分配不均最根本、有效的途徑。

6. 以財政支出緩和經濟波動，使經濟經常維持或接近充分就業。這樣可以減少低所得者失業的痛苦與通貨膨脹的損失，同時能够增加他們就業的機會與所得。

7. 以財政支出促進經濟成長，在增加生產財貨與勞務的過程中，進行所得重分配，使低所得者分配到更多的所得而不降低高所得者的所得。

8. 普設就業輔導機構，加強職前與在職訓練，這樣可以提高就業與生產力，對於低所得階層之所得的提高有很大的幫助。

9. 就廣義的財政政策而言，政府應及時制訂反托辣斯法，可以防止少數人壟斷利潤，增加一般勞動者的就業機會與所得，並可使產品供給增加，價格降低。此外，應隨經濟的發展，隨時修訂最低工資法，以保障勞工的收入，兩者均有減輕所得分配不平均的功能。

六、所得分配的展望

所得分配不均不單純是經濟問題，更是一種政治與社會問題。長久以來，人們一直設法想使社會的所得分配達到最理想的境界，以增進社會的安定、和協、團結與幸福。事實上，貧富差距或貧窮的惡性循環，並不是不可能避免的，政府握有資源，當市場力量無法達成理想的所得分配時，有必要及時運用適當的財政政策來達成所得平均分配、縮小貧富差距這一目標。

在所得分配不平均已經發生後，政府得以租稅或財政支出的工具加以事後的補救，使不平均減至最小的程度。除此之外，更積極的改善所得分配的作法，應該是在所得分配還沒有發生之前，從所得產生的來源——生產要素與財產——著手，利用財政政策予以適當的控制、改善，

以防範所得分配不均於未然。一般認爲，財政支出較租稅對於事前的防範所得分配不均的功效爲大，因此有效解決所得分配不均的問題，應側重於財政支出工具的應用。

正確的均富觀念不是家庭所得的絕對平均分配。家庭所得分配的平均度，實在不足以作爲指導均富政策的指標。正確的指導所得分配的均富觀念，是在一個自由經濟制度下，不是家庭所得差距的問題，而是機會均等的問題，亦卽理想的均富社會，應使下一代的每個人都有均等取得量與質均相同的產權、教育與工作的機會，這才是正確立足點平等的觀點。

所得分配的研究是一種社會福利的探討。所得分配政策並非以達到完全絕對平均爲目標，應兼顧到所得分配差異的經濟誘因功能。低所得者的問題，應以社會福利支出加以救濟，而非所得分配研究的主題。在探討所得公平分配的同時，亦應注意到經濟的成長與效率，有時我們必須暫時擱置公平，而以經濟成長與效率爲優先。

摘　　要

1. 利息是給付貨幣資本參與生產活動的報酬，以利率爲衡量尺度。利率的高低決定於貨幣資本所購買之實物資本的邊際生產力高低。在完全競爭下，古典學派認爲長期間實物資本的邊際生產力終將趨於均等，而使整個社會趨於單一的自然利率。

2. 實際的經濟社會並非單一利率，而是差別的利率結構存在。利率之所以會有差別乃是因每一筆貨幣資本所面對的時間、風險、數額、經濟情況、流動性與競爭性不同而產生。

3. 假設全社會只有單一的均衡利率存在，這利率的決定有：（1）忍慾說，（2）迂迴生產說，（3）可貸資金理論，（4）費雪的利息理論，與（5）流動性偏好理論，等各種看法。

4. 利率是一種價格，因此具有派用資源的功能，而利率高低所引起投資數量的改變，更影響到經濟情況的盛衰。

5. 利潤是對企業家提供組織企業、創新與承擔風險等企業家精神的一種報酬。 對於利潤的發生有: （1）產品獨佔，（2）創新理論， 與（3）不確定理論等不同的看法。

6. 在自由市場經濟，利潤如同其他生產要素的價格一樣，具有積極的經濟功能，而非純然是一種剩餘價值。利潤的存在可以促進社會資源有效派用、促進創新並推動經濟成長。

7. 市場所決定的生產要素的價格與雇用量，在個體方面，決定了社會的個人或家庭所得分配；在總體方面，決定了不同生產要素的功能所得分配。如何在經濟成長的過程中，追求個人所得分配的平均，一直是社會大眾所關切的課題之一。

8. 個人所得分配不均，最主要的是因每個人的能力、財富、流動力、幸運與機會、年齡與社會因素、及工作條件的不同而產生。但是，規模經濟、獨佔、政府保護與利益團體的存在，亦是近代促成所得分配不均的重要因素。

9. 測定個人所得分配不平均的程度，最常使用的是羅倫茲曲線與吉尼不平均係數。羅倫茲曲線愈接近箱形圖的對角線，吉尼係數的值愈接近於零，均表示社會的個人所得分配愈平均。

10. 一般而言，個人所得分配愈平均，社會福利愈大。因此，政府應以財政租稅或公共支出為工具，來改善或防範個人所得分配不均於未然。

重 要 名 詞

利率結構	可貸資金
忍慾說	等待成本
迂迴生產	利潤

創新　　　　　　　　　　不確定

風險　　　　　　　　　　剩餘價值

絕對貧窮　　　　　　　　相對貧窮

個人所得分配　　　　　　功能所得分配

羅倫茲曲線　　　　　　　吉尼係數

問 題 練 習

1. 什麼是自然利率？爲何利率會有高低不同的差別？

2. 試以忍慾利息說和迂迴生產利息說，解釋利率的發生。

3. 試闡釋可貸資金利息理論之均衡利率的決定。

4. 試闡釋費雪的利息理論。

5. 試闡釋流動性偏好利息理論之均衡利率的決定。

6. 何謂企業家精神？其與利潤有何關係？

7. 試由不同的觀點說明利潤是如何產生的。有人認爲利潤是一種
   剩餘價值，你的看法如何？

8. 何謂個人所得分配？何謂功能所得分配？所得分配爲何不能絕
   對平均而有不均的現象存在？

9. 試以羅倫茲曲線與吉尼不平均係數說明所得分配的狀況。

10. 所得分配與社會福利有何關係？你認爲如何才能促進所得分配
    平均化？

附錄: 均衡、穩定與經濟福利

個體經濟學的重點在於探討不同的產品與要素市場組織對社會資源派用效率與經濟福利的影響，亦卽在於分析不同的市場組織如何達到均衡，不同的均衡產量與價格對社會資源派用效率與經濟福利的影響有何不同。因之，整個個體經濟分析最後歸結到均衡與福利兩個重點之上。本附錄卽在於介紹有關均衡與福利的一些概念。

第一節 均衡的存在與穩定

經濟學對於均衡的探討重點在於**存在性**（existence），**單一性**(uniqueness) 與**穩定性** (stability)，卽市場均衡存不存在？如果存在，是單一均衡或多重均衡？存在的均衡受到干擾後，到底會不會回復原來的均衡或達於另一新的均衡。本節依序討論這些問題。

一、均衡的存在

在經濟分析上，我們通常假設均衡是存在的，卽供給曲線與需求曲線有一交點存在。但是，在某種情況下，供給曲線與需求曲線可能並不相交，均衡可能並不存在。如圖 26-A-1，卽使價格等於零，供給仍大於需求，故均衡不存在，免費資源卽屬於這種情況。

依時間因素是否考慮在內為基準，均衡可分為**靜態均衡**（static

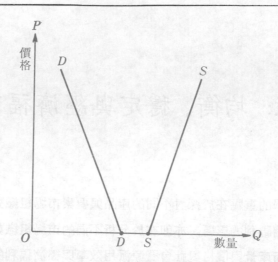

圖26-A-1　供給曲線與需求曲線沒有交點，均衡不存在。

equilibrium)與**動態均衡**(dynamic equilibrium)。靜態均衡分析不考慮
由一均衡到達另一均衡的調整過程，卽不把時間因素考慮在內而只就不
同的均衡狀態進行比較，故又稱比較靜態 (comparative statics) 分析；
動態均衡分析則考慮由一均衡到達另一均衡的調整過程，卽把時間因素
考慮在內。按範圍的大小，均衡可分爲**部分均衡** (partial equilibrium)
與**一般均衡**。 部分均衡分析不考慮市場之間價格與數量的交互關係，亦
卽假設所有其他市場的情況不變，而只就某一特定市場的均衡進行分析；
一般均衡分析考慮所有市場之間價格與數量的交互關係，而就所有市場
的同時均衡進行分析。例如，將整個經濟以 A、 B 兩個市場代表之。若
A市場的情況不變， 而只分析 B 市場的均衡是爲部分均衡分析； 若分析
A、 B 市場同時達於均衡是爲一般均衡分析。

　　一般均衡分析始於法國經濟學者華拉士，進行此一分析時常利用到
所謂的**華拉士法則** (Walras' law)，**卽在** n **個市場的經濟體系，只要** n
－1 個市場達到供需均等的均衡，則第 n **個市場也必然達到供需均等的
均衡， 亦卽** n **個市場的經濟體系實際上只有** $n-1$ **個獨立的市場**。 因

此, 進行一般均衡分析時, 可以捨棄任何一個市場, 而只就 $n-1$ 個市場進行均衡分析。

二、均衡的穩定

某一市場達於均衡後, 此一均衡是否穩定, 決定於此一市場上之供給與需求的狀況。同樣地, 穩定亦可根據是否考慮調整過程或時間因素, 而分爲靜態穩定 (static stability) 與動態穩定 (dynamic stability)。靜態穩定於分析一均衡是否穩定時, 不考慮失衡的調整過程, 即不把時間因素考慮在內, 而動態穩定則在分析一均衡是否穩定時, 考慮失衡的調整過程, 即把時間因素考慮在內。

當市場均衡受到干擾而脫離均衡時, 其市場機能能夠使市場重新恢復到原來的均衡, 則稱原來的均衡爲穩定均衡 (stable equilibrium); 若市場機能使市場達於另一新的均衡時, 則稱原來的均衡爲不穩定均衡 (unstable equilibrium)。圖 26-A-2, 整條需求曲線爲負斜率, 整條供

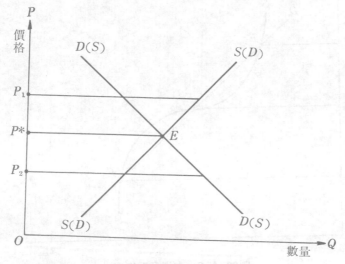

圖26-A-2　市場單一穩定 (或不穩定) 均衡。

給曲線爲正斜率時，兩者交於 E 點，E 點爲穩定均衡。因爲當市場價格 OP_1 高於均衡價格 OP^*，則供給大於需求，而有供給過剩產生，市場價格將下跌；當市場價格 OP_2 低於均衡價格 OP^*，則需求大於供給，而有供給短缺產生，市場價格將上升。兩種情況的價格變動（下跌或上升），均將繼續到供給的過剩或短缺完全消失、市場價格等於均衡價格爲止，故 E 點爲穩定均衡。反之，如果整條需求曲線爲正斜率、供給曲線爲負斜率，則圖 26-A-2 中的 E 點爲不穩定均衡價格。因爲在此情況下，如果市場價格高於均衡價格，將有供給不足產生，而使價格繼續上升；如果市場價格低於均衡價格，將有供給過剩產生，而使價格繼續下跌，故 E 點爲不穩定均衡。

如果整條需求曲線與供給曲線都是負斜率或正斜率，則市場只能有**單一均衡** (unique equilibrium) 存在，但市場亦可能有**多重均衡** (multi-equilibria) 的情況發生。圖 26-A-3 需求曲線爲負斜率，但供給曲線則

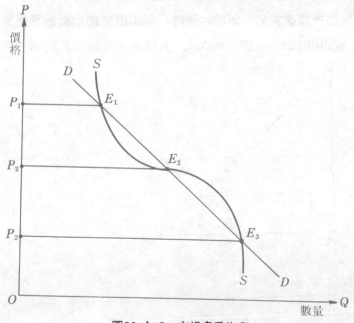

圖26-A-3　市場多重均衡。

有正、負相間的斜率發生，因此而有 E_1、E_2 及 E_3 三個均衡點產生。在此情況下，根據以上的分析可知，不穩定的均衡點（E_2）介於兩個穩定的均衡點（E_1 與 E_3）之間。

　　當 E_1 及 E_3 受到小干擾時——即價格於均衡點附近微小變動，最後仍會回到原來的均衡點或均衡價格 OP_1 與 OP_3。但是，E_1 及 E_3 只是**局部的均衡穩定**（local equilibrium stability），而不是**全面的均衡穩定**（global equilibrium stability），即其受到小干擾（價格小幅度的變動）仍會回到原來的均衡點，但受到大干擾（價格大幅度變動）則否。是故，**全面的均衡穩定一定也是局部的均衡穩定，但局部的均衡穩定則不一定是全面的均衡穩定。**唯有在單一均衡的情況下——如圖 26-A-2 的 E 點，穩定均衡無論受到任何干擾仍會回到其原來的均衡，全面的均衡穩定才可能實現。

　　除多重均衡外，另有特殊的均衡情況如圖26-A-4 及圖26-A-5。圖

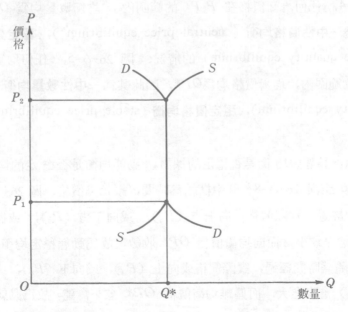

圖26-A-4　中性價格均衡，穩定數量均衡。

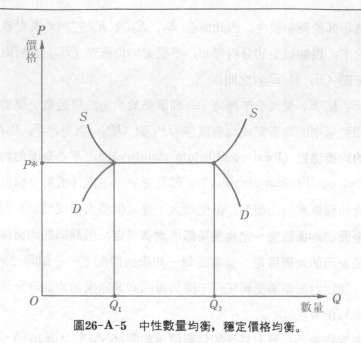

圖26-A-5 中性數量均衡，穩定價格均衡。

26-A-4，任何均衡價格在 P_1P_2 的範圍內， 均衡數量均為 OQ^*，因此其為一**中性價格均衡**（ neutral price equilibrium ），**穩定數量均衡**（stable quantity equilibrium）的情況；圖 26-A-5，任何均衡數量在 Q_1Q_2 的範圍內，均衡價格均為 OP^*，因此其為一**中性數量均衡**（neutral quantity equilibrium），**穩定價格均衡**（stable price equilibrium）的情況。

以上為靜態均衡是否穩定的探討， 動態均衡是否穩定的情況如 圖 26-A-6 至圖 26-A-8。圖中橫軸為時間，縱軸為價格。圖 26-A-6，隨著時間經過，實際價格或向上方（P_a），或向下方（P_b），或擺動幅度（P_0）愈來愈小，而向均衡價格 OP^* 收斂，故為動態穩定均衡。圖26-A-7，隨著時間經過，實際價格或向上（P_a），或向下（P_b），或擺動幅度（P_0）愈來愈大，而偏離均衡價格 OP^* 愈來愈遠，故為動態不穩定均衡。圖26-A-8，隨著時間經過,實際價格（P_n）在均衡價格OP^*上下擺

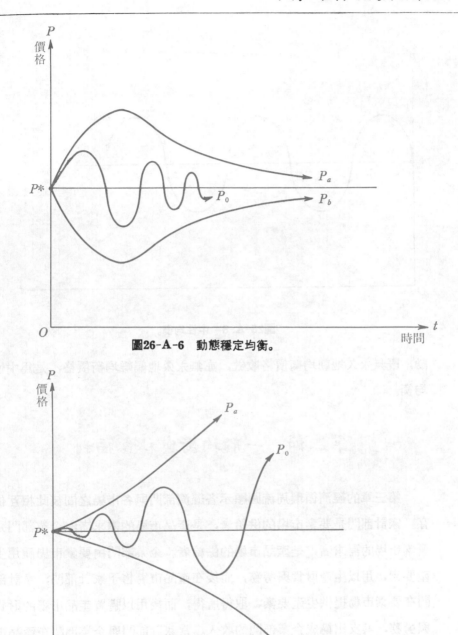

圖26-A-6　動態穩定均衡。

圖26-A-7　動態不穩定均衡。

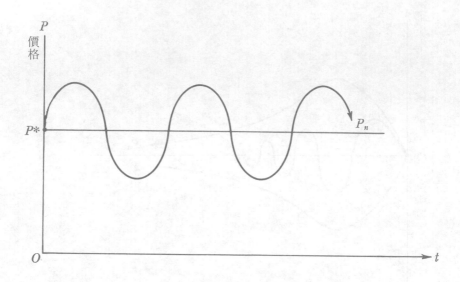

圖26-A-8 中性均衡。

動，既無永久地朝均衡價格收斂，亦無永久地偏離均衡價格，是爲中性均衡。

第二節 一般均衡與社會福利

第三章的經濟循環周流圖顯示各經濟部門與各市場之間彼此相互依存。家計部門是要素市場的供給者，是產品市場的需求者；企業部門是要素市場的需求者，是產品市場的供給者。企業部門由要素市場雇用生產要素，用以生產財貨與勞務，而後在產品市場售予家計部門；家計部門在要素市場提供生產要素，取得所得，而後用以購買產品市場的財貨與勞務，其支出構成企業部門的收入。當家計部門與企業部門在產品市場與要素市場的供需（或收支）達於均等時，經濟即達於一般均衡的狀態，一般均衡決定了經濟的均衡價格。透過價格機能也就決定了生產什

麼? 如何生產? 及為誰生產? 等經濟問題。這種任由市場自由競爭, 以達於一般均衡、解決經濟問題的方式, 對社會福利影響到底如何? 正是**福利經濟學** (Welfare Economics) 探討的主要內容。

<h2 style="text-align:center">一、巴瑞托最適化</h2>

經濟活動的最終目標在於追求社會福利達於最大。由於個人之間的效用滿足無法比較, 因此無法由各人效用的加總來得到全社會的總效用, 而用以衡量社會總效用 (福利) 是否達於極大。雖然有此困難, 我們可以根據以下兩個原則作為社會福利衡量的準則:

1. 任何社會 (經濟) 措施至少使一個人受益而沒有使任何其他的人受損, 社會福利必然提高。因此, 任何這樣的措施值得採行。

2. 任何社會 (經濟) 措施如果使某些人受益而使某些人受損, 則社會福利變化未定 (因為個人之間的效用滿足無法比較之故)。

根據以上的第一個原則可以知道社會福利的變化, 但在什麼情況下, 社會福利達於最大呢? 經濟與社會學家們認為一個經濟社會只要能夠滿足**巴瑞托最適化** (Pareto optimality) 的條件, 則社會福利水準達於最大❶。**所謂巴瑞托最適化條件為: 不再有任何社會 (經濟) 措施能夠使得某些人的福利水準提高, 而不使他人的福利水準下降的狀態。**

假設全社會只有 A、B 兩個人與 X、Y 兩種產品, 則可以圖形表示巴瑞托最適化。圖 26-A-9, 四方形的兩個原點 O_A 及 O_B 分別代表 A、B 兩個人消費的原點, 四方形兩邊的長度分別代表 X、Y 兩種產品的數量。箱形圖內兩位消費者之無異曲線相切之點所形成的軌跡, 稱之為**契約線** (contract curve), 卽契約線上任何一點均代表兩位消費者對兩種產品消費的邊際替代率達於相等。消費契約線用以描述兩位消費

---

❶ 巴瑞托最適化條件乃因社會經濟學家巴瑞托 (Vilfredo Pareto) 提出此觀念而得名。

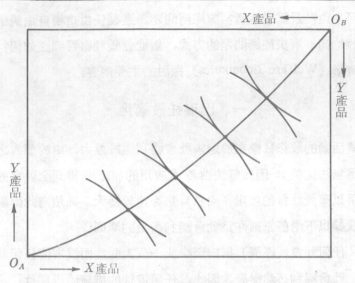

圖26-A-9 契約線上每一點均代表達到巴瑞托最適化條件。

者之間的財貨交換行為，線上的每一點均代表已經達到消費的**巴瑞托最適化條件**，即在一位消費者的效用水準一定下，另一位消費者的效用水準達於最大。因此，沿著契約線移動，必然使一位消費者的效用增加，另一位消費者的效用減少，而不可能兩位消費者的效用均同時增加，這表示全社會的福利水準，已達於最大的狀態。

二、完全競爭與社會福利

在討論完全競爭的經濟後果時，我們曾指出，完全競爭市場下，經由價格機能運作的結果，社會的生產必然落在生產可能曲線（疆界）之上，表示所有生產要素達於供需均等的均衡，經濟達於充分就業；而且所決定之生產可能曲線上生產點的產品組合，正好是符合社會需求（偏好）的產品組合，表示所有產品達於供需均等的均衡，生產符合經濟效率。在此情況下，所有生產要素與產品均達於供需的均等，所以經濟達於一般均衡。是故，完全競爭可以使經濟達於一般均衡。以上所述可以

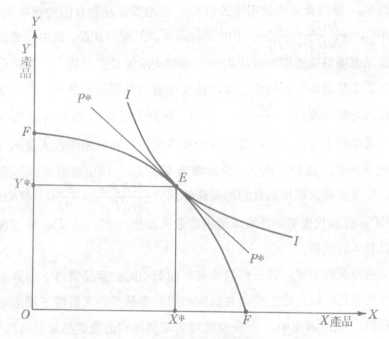

**圖26-A-10　完全競爭市場使經濟社會同時達
於一般均衡與社會福利最大（或
巴瑞托最適化）。**

圖26-A-10表示。圖中，FF 曲線為生產可能曲線，代表社會的生產供
給；II 為社會消費無異曲線，代表社會的消費需求。FF 曲線與 II
曲線相切於 E 點，E 點位於生產可能曲線上，表示經濟處於充分就業狀
態；E 點對應的產出，表示社會對 X 產品的生產供給等於消費需求，等
於 OX^* 數量，對 Y 產品的生產供給等於消費需求，等於 OY^* 數量。
因此，E 點為經濟達於一般均衡之點。

　　完全競爭可以使經濟達於一般均衡，而此一般均衡是否代表社會福
利達於最大呢？換句話說，完全競爭是否可以使社會達於巴瑞托最適化
（或資源派用效率）的境界呢？答案是肯定的。根據前面幾章的分析知
道，對消費者而言，當產品消費的邊際替代率等於邊際效用比率等於價

格比率, 該消費者的效用達於最大, 卽消費產品組合的均衡條 件 爲: $MRS_{xy} = \dfrac{MU_x}{MU_y} = \dfrac{P_x}{P_y}$，下附標代表$X$、$Y$兩種產品。對生產者而言，在產品市場根據邊際均等法則——邊際成本等於邊際收入（在完全競爭下等於產品價格），決定產量，該生產者的利潤達於最大，卽生產產品組合的均衡條件爲: $\dfrac{MC_x}{MC_y} = \dfrac{P_x}{P_y}$；在要素市場，根據邊際 均等法則——邊際成本（在完全競爭下等於要素價格）等於邊際收入產出（在完全競爭下等於 邊際產值），決定要素 雇用量，該生產者的利潤達於 最大，卽生產要素雇用組合的均衡條件爲: $\dfrac{MRP_N}{MRP_K} = \dfrac{P_N}{P_K}$，$MRP_N$ 及 MRP_K 分別代表勞動及資本的邊際收入產出，P_N 及 P_K 分別代表勞動及資本的價格。

在完全競爭下，每一位消費者在面對相同的產品價格下都追求最大的效用滿足；每一位生產者在面對相同的產品及要素價格下都追求最大的利潤。 在這過程中， 每一位消費者都將達到消費產品組合的均 衡 條件，每一位生產者都將達到生產產品組合與生產要素雇用組合的均衡條件， 旣然社會每一位成員的效用、 利潤都達於最大， 社會福利也就達於最大。是故，完全競爭所達成的一般均衡必然使社會福利水準達於最大。

圖 26-A-10，通過E點之切線（P^*P^*）的斜率爲完全競爭市場上每一位消費者與生產者所共同面對的市場均衡價格 $\left(\dfrac{P_x}{P_y}\right)$，由於 P^*P^*直線同時與社會消費無異曲線與生產可能曲線相切，表示社會每一位消費者與生產者同時達於均衡，$\dfrac{MU_x}{MU_y} = \dfrac{P_x}{P_y} = \dfrac{MC_x}{MC_y}$❷， 社會福利達於最

---

❷ 生產可能曲線上之切線的斜率爲兩種產品生產之間的邊際轉換率（MRT），以實物表示爲兩種產品變量的相對比率 （$-\dfrac{\Delta Y}{\Delta X}$），以貨幣表示爲兩種產品之生產邊際成本的相對比率 （$-\dfrac{MC_x}{MC_y}$），卽 $MRT = -\dfrac{\Delta Y}{\Delta X} = -\dfrac{MC_x}{MC_y} = -\dfrac{P_x}{P_y}$。

大。是故，E 點既是一般均衡之點，也是社會福利達於最大之點❸。

---

❸　在沒有外部性存在下，完全競爭之市場均衡必然為一般均衡且使社會福
　　利水準達於最大──卽完全競爭均衡必然為巴瑞托最適化（效率），這
　　稱為福利經濟學的第一定理（first theorem of welfare economics）。

第二十七章　國際貿易理論

國際經濟學(international economics) 是經濟學的一個重要學門，是總體與個體經濟理論的應用， 其研究的內容主要有國際貿易 (international trade) 和國際金融 (international finance) 兩大部分。 在本章，我們將對國際貿易的發生及其經濟後果作一簡單的介紹●。

第一節　國際貿易之發生

一、國際貿易之源起

無論是個人或區域，自給自足的生產與福利總不如分工專業而後交易來得大。就一個閉鎖經濟而言，國內個人或區域之間，各按所長實行分工專業生產，而後進行交易，必能增進資源的有效利用，提高社會的產出與福利，這種國內個人與區域之間分工專業與貿易的原理，同樣適用於國與國之間的關係上。

國際社會各個不同主權國家，就如同一個閉鎖經濟裏的不同個人或區域一樣，可分別按其生產之所長，進行國際生產的分工專業，而後再行貿易，互通有無。如此，各國必能以國際貿易為手段，實現促進資源

● 欲進一步深入瞭解國際貿易理論，可參閱歐陽勛、黃仁德合著，《國際貿易理論與政策》。臺北：三民書局，民國79年，再增訂新版。

有效利用、增加產出、提高福利的理想。

國際貿易之所以必須發生，乃是由於下列幾點原因:

(一)**各國經濟資源稟賦不同**　人力、資本、土地及企業家精神等生產要素在世界各國的分配並不均勻，各國的經濟資源稟賦差異極大。有的國家擁有廣大的肥沃土地——如澳大利亞，有利於生產**土地密集**的產品，如牛、羊等畜牧業；有的國家累積有數量鉅大的資本——如美國，有利於生產**資本密集** (capital intensive) 的產品，如汽車、鋼鐵、化學及電腦等產品；有的國家有豐富的人力資源——如我國，有利於生產**勞動密集**的產品，如鞋子、紡織產品。因此，由於各國經濟資源稟賦與各種產品生產所需投入要素的不同，實行國際生產分工專業與產品貿易，顯然較各國自給自足來得有利。

(二)**國與國之間生產要素缺乏流動性**　如果生產要素在國與國之間能夠自由且容易流動，那麼或許可以生產要素的移動來取代產品的貿易。但事實上，生產要素在國家之間不如在國內流動那樣來得容易。因此，有必要以財貨與勞務之國際貿易來彌補國際間生產要素流動性缺乏的不足。

(三)**有效生產各種產品所需的技術與投入不同**　有些產品的生產，是國內目前的技術水準或所具有的經濟資源所無法進行或必須花費鉅大成本才能生產的，因此唯有進行國際貿易，以有易無，以彼之長補己之短，最為有利。

由於生產技術與經濟資源稟賦會隨著時間的推進而改變，因此每個國家有利於專業生產的產品種類也會發生改變，國際貿易型態也就因時而有所不同。

二、絕對利益法則

曾有許多經濟學者試圖對於國際貿易的產生，提出理論的說明。其

中以亞 當史密 斯最早 有系統地 根據勞動 價值說， 提出 **絕對利益 法則**
(principle of absolute advantage) 來說明國際貿易的發生。

何謂勞動價值說? 嚴格而言，它是指:

(1) 勞動是唯一有產出報酬的生產要素，只有勞動構成生產的成
本，產品價值的高低，完全取決於生產時使用勞動量的多少。

(2) 所有的勞動都是同質並獲得相同的工資報酬。

(3) 每一單位產品生產所需的勞動投入數量維持不變，即每單位產
品的實質成本固定。

根據此說，假設甲國及乙國將相同數量的勞動投入，全部用於生產
A 或 B 產品，可以得到表27-1的產出:

表27-1　絕對利益法則（相同數量勞動投入的產出）

產品 國別	A產品	B產品	P_B/P_A
甲　　國	(150)	30	5.0
乙　　國	40	(40)	1.0

註: 有○號者代表絕對利益之所在。

表27-1顯示，相同數量的勞動投入，甲國全部用於生產 A 產品可以
得到 150 單位， 生產 B 產品可以得到 30 單位; 乙國全部用於生產 A 產
品可以得到 40 單位，生產 B 產品也同樣可以得到 40 單位。 顯然地，甲
國對 A 產品的生產具有絕對利益，乙國對 B 產品的生產具有絕對利益。
在這情況下，甲國應完全專業於 A 產品的生產，乙國應完全專業於 B 產
品的生產，而後進行國際貿易，甲國出口 A 產品向乙國換取所需的 B 產
品進口，乙國出口 B 產品向甲國換取所需的 A 產品進口。

貿易前，甲國的**國內交換比率**(domestic exchange ratio) 爲 5 單位

A產品交換1單位B產品，即B產品對A產品的價比爲 $P_B/P_A=5.0$；貿易後，甲國可以少於5單位的A產品來交換1單位的B產品。貿易前，乙國1單位的B產品可交換1單位的A產品，即B產品對A產品的價比爲 $P_B/P_A=1.0$；貿易後，乙國1單位的B產品可交換1單位以上的A產品。因此，兩國均專業於生產本國具有絕對利益的產品而後進行貿易，可以發揮生產的最大效率，使兩國的生產與消費同時增加，互蒙其利。

三、比較利益法則

李嘉圖同樣根據勞動價值說，提出**比較利益法則**（principle of comparative advantage）來說明國際貿易的發生。假設，甲國及乙國將相同數量的勞動投入，全部用於生產A或B產品，可以得到表 27-2 的產出：

表27-2　比較利益法則（相同數量勞動投入的產出）

產品／國別	A產品	B產品	P_B/P_A
甲　國	(150)	50	3.0
乙　國	40	(40)	1.0

註：有○號者代表比較利益之所在。

表27-2顯示，甲國無論生產A或B產品均具有絕對利益。在此情況下，國際間是否就不會有分工專業與貿易發生呢？李嘉圖認爲，只要自由貿易，並不一定所有的產品均在成本最低的國家生產。雖然甲國對兩種產品的生產均具有絕對利益，但可在兩利中選擇利益較大者從事專業生產；乙國對兩種產品的生產均爲絕對不利，但可在兩不利中選擇不利

較小者從事專業生產。

如表27-2，就 A 產品而言，甲國對乙國的比較利益為 $3\frac{3}{4}$ 比 1；就 B 產品而言，甲國對乙國的比較利益為 $1\frac{1}{4}$ 比 1。顯然地，甲國生產 A 產品的比較利益較 B 產品來得大，應專業生產 A 產品；乙國生產 B 產品的比較不利較小，應專業生產 B 產品。因此，只要兩國之兩種產品的產出比率不同，就會有比較利益發生。

其次就貿易來看。如果沒有貿易發生，甲國國內的交換比率為 1 單位的 A 產品交換 1/3 單位的 B 產品，乙國國內的交換比率為 1 單位的 B 產產品交換 1 單位的 A 產品。貿易發生後，甲國可以 1 單位的 A 產品交換 1/3 以上單位的 B 產品，乙國可以 1 單位的 B 產品交換 1 單位以上的 A 產品。因此，只要兩個國家之兩種產品的國內交換比率不同，就可以進行貿易，而有貿易利得產生。

如果甲國及乙國將相同數量的勞動投入，全部用於生產 A 或 B 產品而得到表27-3的結果：

表27-3　等成本差異（相同數量勞動投入的產出）

產品　國別	A 產 品	B 產 品	P_B/P_A
甲　　國	150	50	3.0
乙　　國	120	40	3.0

表27-3顯示，A 與 B 兩種產品的生產，甲國均具有絕對利益，並有相同的比較利益，這種情形稱之為**等成本差異**（equal cost-difference）。這將導致甲國國內兩種產品的交換比率與乙國相同，均為 3 單位的 A 交換 1 單位的 B。在此情況下。A 與 B 兩種產品的國內交換比率與國外交

換比率一樣，實在沒有進行國際貿易的必要，國際貿易因此不會發生。

由以上的討論可以看出，有比較利益必有絕對利益，但有絕對利益不一定有比較利益（如表 27-3 的等成本差異）。至於有無貿易發生，則須視貿易前兩國的國內交換比率是否相同而定。

四、赫克紹—歐林模型

絕對利益與比較利益兩種古典理論以勞動生產力的不同，來說明國際貿易的發生。但是，產品生產所需的投入往往非僅勞動一種，資源稟賦、技術水準、與資本累積等，在在影響生產的效率，從而決定生產的絕對及比較利益。當代國際貿易理論努力的重點之一，就是試圖從一般均衡的觀點，來發掘絕對及比較利益產生的根源，闡述國際分工與貿易的道理。在這方面有重大貢獻的是兩位瑞典的經濟學家赫克紹（Eli Heckscher）與歐林（Bertil Ohlin）。

根據**赫克紹—歐林模型**（Heckscher-Ohlin model），在兩個國家，兩種生產要素（資本及勞動），兩種產品（資本密集財及勞動密集財）的情況下，國際貿易發生的原因為：**(1) 兩國的相對要素稟賦比率**（relative factor endowment ratio）（即所擁有之資本對勞動的比率）**不同**，且 **(2) 不同產品生產的要素比例或密集度**（factor proportion or intensity）**不同**——即資本—勞動比率不同。在此情況下，一個國家在生產相對密集使用其要素稟賦相對豐富的產品上具有比較利益，有利於專業生產並出口此種產品，這就是**赫克紹—歐林定理**（Heckscher-Ohlin theorem）。舉例言之，如我國較美國有相對豐富的人力資源稟賦，即我國的勞動—資本稟賦比率大於美國，因此對於生產密集使用勞動的輕工業產品具有比較利益，適於出口勞動密集的輕工業產品。由此可知，赫克紹—歐林模型以資源稟賦與產品生產的要素密集度不同，來說明各國比較利益（成本）發生的原因。

　　在兩國的生產要素同質，生產要素可在國內自由移動，但國際間不能自由移動的情況下，根據赫克紹—歐林模型，自由貿易的結果不僅使兩國產品的價格趨於均等，兩國生產要素的價格也將趨於均等，這就是通常所稱的**要素價格均等化定理** (factor price equalization theorem)。

　　例如，與美國比較，我國勞動相對於資本豐富，工資水準較低，利率水準較高；美國資本相對於勞動豐富，利率水準較低，工資水準較高。我國出口勞動密集產品到美國，國內供給因而減少，價格上升；美國進口勞動密集產品，其國內供給增加，價格下降，最後兩國勞動密集產品的價格將趨於均等。同樣地，美國出口資本密集產品，其國內供給減小，價格上升；我國進口資本密集產品，國內供給增加，價格下降，最後兩國資本密集產品的價格將趨於均等。

　　在兩國產品貿易的過程中，我國增加勞動密集產品的生產以供出口，對勞動的需求增加，而使工資上漲；美國進口勞動密集產品，其國內對勞動的需求因而減少，而使工資下跌，兩國的工資水準因而漸趨均等。同樣地，美國出口資本密集產品使其利率上升，我國進口資本密集產品而使利率下降，最後兩國利率水準趨於均等。因此，國際貿易對一國相對豐富的生產要素，可提高其所得，對該要素有利；對相對稀小的生產要素，降低其所得，對該要素不利。

　　總言之，赫克紹—歐林模型即是在要素稟賦上尋求貿易發生的原因，而在要素價格均等化上發掘貿易的後果。

五、產業內貿易理論

　　產業內貿易理論（intraindustry trade theory）有時又被稱為**異樣化產品理論**(differentiated product theory)，是當前國際貿易理論最熱門的課題之一。此一理論不同於傳統的李嘉圖及赫克紹—歐林理論，傳統理論著重**產業間貿易** (interindustry trade) 的探討，即貿易與國分別

出口與進口不同產業的產品，國際間進行不同產業的分工；晚近的產業內貿易理論，則著重貿易與國同時出口與進口同一產業的產品，國際間進行同產業的產品異樣化競爭，並認爲這是更符合現實情況的國際貿易型態。

產業內貿易在先進工業化國家之間非常的普遍。例如，美國由日本進口汽車，亦出口汽車到日本；美國由日本進口電腦，但亦出口電腦到日本。最普遍被用來解釋產業內貿易之理論爲規模報酬遞增與不完全競爭。對各別廠商而言，規模報酬遞增有外部的與內部的兩種，前者將可使市場繼續維持完全競爭，後者則將肇致市場不完全競爭（如壟斷性競爭、寡佔或獨佔）。

設貿易前，兩國分別生產布與汽車。布爲勞動密集財，生產爲固定規模報酬，市場爲完全競爭；汽車爲資本密集財，生產爲規模報酬遞增，市場爲壟斷性競爭；每一廠商生產的汽車只有些微的不同（例如，只有顏色不同）；每一國家的消費者各有不同的偏好 —— 如有人喜好白色車，有人喜好紅色車。國際貿易後，根據赫克紹—歐林定理，勞動豐富的國家將出口布，進口汽車，即兩國間發生產業間的貿易。但是，根據規模報酬遞增與不完全競爭理論，勞動豐富的國家仍然會出口一些汽車以交換資本豐富之國家的汽車，即兩國會發生產業內的貿易。

國際貿易之後，兩國的汽車廠商面對更廣大的市場，生產規模可以擴大，規模報酬遞增使擴大生產規模之廠商的生產成本、產品價格下降，生產相同產品（如同一顏色的車）而生產規模不變之本國與外國的汽車廠商將因此遭淘汰。如此，最後本國與外國的汽車生產將各自專於某些類型（或顏色）發展。因此，國際貿易型態將是資本豐富的國家出口不同類型的汽車以交換勞動豐富國家的布與其他類型的汽車。

第二節　貿易條件與利得

一、貿易條件之決定

各國根據比較利益決定專業生產的產品後，進一步便是進行國際貿易，以取得本國需要但生產缺乏的產品。發生貿易後，兩國間進口產品與出口產品的交換比率（或進口產品與出口產品之價格指數的比率），亦即**貿易條件** (terms of trade)，如何決定呢？以表27-2的數據說明之。

甲國生產 A 產品具有比較利益，國內價比為 $3A：1B$；乙國生產 B 產品具有比較利益，國內價比為 $1A：1B$。因為 $3A：1B$ 不等於 $1A：1B$，故兩國間有專業生產與貿易發生。當甲國專業生產 A 產品以出口換取乙國的 B 產品時，只要能以少於 3 單位的 A 產品而換得 1 單位的 B 產品，就有貿易利得，最有利的情況是能夠以 1 單位的 A 產品換得 1 單位的 B 產品。當乙國專業生產 B 產品以出口換取甲國的 A 產品時，只要 1 單位的 B 產品能換得 1 單位以上的 A 產品，就有貿易利得，最有利的情況是能夠以 1 單位的 B 產品換得 3 單位的 A 產品。因此，兩國的貿易條件，以甲國的國內交換比率 $3A：1B$ 為上限，以乙國的國內交換比率 $1A：1B$ 為下限，均衡的貿易條件——即能使兩國彼此進口與出口數量相等的交換比率，必須介於上限與下限之間。

貿易對兩國均有利，或至少對一方有利，對另一方無損，通常是對兩國均有利，只是雙方利得有大有小。貿易條件愈接近甲國貿易前的國內交換比率，貿易對乙國愈有利；反之，貿易條件愈接近乙國貿易前的國內交換比率，貿易對甲國愈有利。若貿易條件等於乙國貿易前的國內交換比率，則貿易利益全歸甲國所獨得，乙國未得到貿易利益，但亦無損失；若貿易條件等於甲國貿易前的國內交換比率，則貿易利益全歸乙

國所獨得，甲國未得到貿易利益，但亦無損失。

古典經濟理論大師彌勒，提出**交互需求法則** (law of reciprocal demand) 來說明貿易條件決定的原則。 所謂交互需求法則是指： 一國的貿易條件有利與否，端視貿易雙方交互需求的強弱程度而定。甲國對乙國出口品的需求愈弱，乙國對甲國出口品的需求愈強，則所決定的貿易條件對甲國愈有利，甲國的貿易利益愈大； 反之，甲國對乙國出口品的需求愈強，乙國對甲國出口品的需求愈弱，則所決定的貿易條件對乙國愈有利，乙國的貿易利益也愈大。事實上，貿易條件通常是兩國協調的結果，而以兩國國內貿易前的交換比率，作爲上限與下限。

二、貿易利得的歸宿

假設全世界只有甲與乙兩個國家，則進行分工專業生產與國際貿易後，對全世界、甲國與乙國產生的利益， 稱之爲**貿易利得** (gains from trade)。 以下我們根據勞動價值說，以表27-2的兩國比較利益模型，來說明貿易利得。

根據勞動價值說，甲國與乙國生產 A 或 B 兩種產品均爲固定成本，卽機會成本不變， A 與 B 產品的邊際轉換率不變，生產可能曲線爲一直線。 因此， 將表27-2中的數據以圖形表示， 得到甲國的生產可能曲線爲圖27-1的 EE' 直線， 其斜率等於貿易前的國內價比 $3A : 1B$； 乙國的生產可能曲線爲圖27-2的 FF' 直線， 其斜率等於貿易前的國內價比 $1A : 1B$。

在沒有貿易發生之前，國內的需求就決定了國內的生產，卽消費點等於生產點。如圖 27-1 與圖 27-2 的 C 點，同時代表甲國與乙國之生產與消費的產品組合點。根據上節貿易發生的假設，發生貿易後，在固定成本的情形下， 兩國必然形成**完全專業** (complete specialization)生產， 卽甲國完全專業生產且出口 A 產品，而進口 B 產品；乙國完全專業

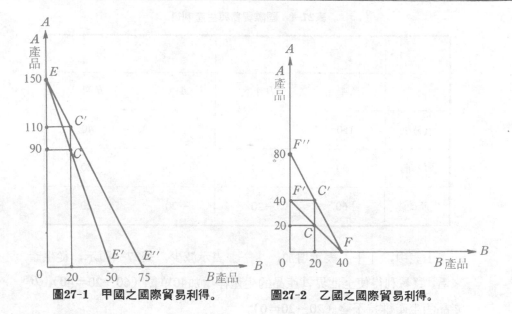

圖27-1　甲國之國際貿易利得。　　圖27-2　乙國之國際貿易利得。

生產且出口 B 產品，而進口 A 產品。在貿易前，甲國國內交換比率爲
$3A:1B$，乙國爲 $1A:1B$。貿易後，假設兩國決定的貿易條件爲 $2A:$
$1B$，則在兩國的生產可能曲線外，分別可以得到 EE'' 與 FF'' 的**貿易
可能線** (trading possibilities line)，其斜率等於貿易條件 $2A:1B$，
表示兩國從事分工專業生產而後貿易，所能達到的產品消費組合，故又
可稱爲**消費可能線** (consumption possibilities line)。圖 27-1 及圖27-2
的 E 點與 F 點分別代表兩國貿易後的專業生產點，C' 點分別代表兩國貿
易後的消費組合點。

　　就個別國家的貿易利得而言，因爲貿易可能線位於生產可能曲線之
外，表示消費水準能夠大於生產水準，兩國的人民均可以較低的代價獲
得所需的另一種產品，社會的經濟福利因而提高。就全世界的貿易利得
而言，可以分成兩部分，一是生產增加，一是消費增加。根據圖27-1與
圖27-2的生產點及消費點所對應的數字，生產增加與消費增加分別爲：

（一）生產增加

表27-4 國際貿易與生產利得

	甲 國		乙 國	
	A 產品	B 產品	A 產品	B 產品
貿易後	150	0	0	40
貿易前	90	20	20	20
生產改變	+60	−20	−20	+20

上表中，「＋」表示增加，「－」表示減少。表27-4顯示，從生產來看，貿易利得使全世界A產品的生產淨增加40單位（60－20＝40），B產品的生產維持不變（20－20＝0）。

（二）消費增加

表27-5 國際貿易與消費利得

	甲 國		乙 國	
	A 產品	B 產品	A 產品	B 產品
貿易後	110	20	40	20
貿易前	90	20	20	20
消費改變	+20	0	+20	0

表 27-5 顯示，從消費來看，貿易利得使全世界A產品的消費淨增加40單位，等於生產淨增加的數量，甲國與乙國分別各增加了20單位的A產品消費，B產品的消費則維持不變。

又根據表 27-4 與表 27-5 可知，在 $2A:1B$ 的貿易條件下，甲國出口40單位 A 產品（150－110），換取乙國出口的20單位 B 產品（40－20）；乙國由甲國進口40單位 A 產品，同時出口 20 單位的 B 產品。甲國的出口等於乙國的進口，乙國的出口等於甲國的進口，故 $2A:1B$ 為一均衡的貿易條件。

綜合以上各節所論，可歸納各國依據比較利益進行國際貿易的經濟後果或影響如下：

1. 實行國際分工，促進各國專業生產，有利於生產技術的進步。

2. 使世界總產出增加，消費增加，全世界福利水準提高　總產出增加是由於各國將資源由生產比較不利的產品移轉於生產比較有利的產品，使得一定存量的國際總資源獲得更充分有效派用的結果。消費增加是由於各國人民可以更低的價格獲得所需產品的結果。貿易國的生產與消費增加，其社會的經濟福利也必然隨之提高。

3. 產品價格均等　在自由貿易的前提假設下，國際生產分工專業與貿易的結果，可使各貿易品的價格在國際間趨於均等。

4. 要素價格均等　雖然生產要素在國際間並不能自由移動，但產品自由貿易的結果，同樣能使各國的要素價格趨於均等。

以上各論點唯有在沒有運輸費用、充分就業、完全競爭、兩國偏好相同及自由貿易等假設下，才能成立。事實上，在真實的國際經濟社會，這些條件往往不能滿足，因此實際的國際貿易後果與理論的假設，也就不盡相符。

第三節　國際貿易與國民所得

國際貿易除了影響一國的資源派用、消費水準、產品及要素價格外，也會經由影響總需求，而使一國的產出、所得與就業水準發生變

化。

一、國際貿易與均衡國民所得之決定

在閉鎖經濟下，當國內總供給等於國內總需求，或國內總挹注等於國內總漏卮時，國民所得水準達到均衡。圖27-3(a)，消費（C）、自發性投資（I）及政府開支（G），構成國內總需求，與45°線交於E點，決定均衡國民所得水準 OY*。圖27-3(b)，自發性投資與政府開支構成國內總挹注，儲蓄（S）及租稅（T）構成國內的總漏卮，兩者交於E′點，同樣決定 OY* 的均衡國民所得水準。

在開放經濟下，出口代表外國對本國產品的需求，會提高本國的有

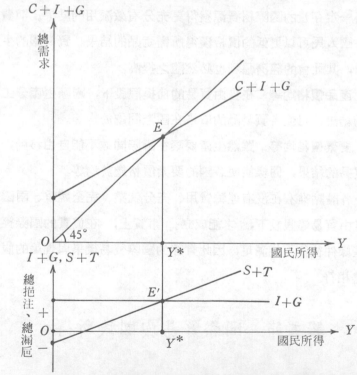

圖27-3 國內總需求等於總供給或國內總挹注等於總
漏卮決定閉鎖經濟之均衡國民所得水準。

效需求，使本國的產出、所得及就業水準提高，故出口是本國所得的一種挹注；進口代表本國對外國產品的需求，會降低對本國產品的有效需求，使本國的產出、所得及就業水準下降，故進口是本國所得的一種漏巵。

　　假設本國國內的消費、自發性投資、政府開支、儲蓄及租稅，在國際貿易發生後維持不變，考慮進口與出口後的均衡國民所得水準變化如圖 27-4 所示。貿易前，國內總供給等於國內總需求或國內總挹注等於國內總漏巵所決定的均衡國民所得水準為 OY_1。貿易後，總需求曲線由

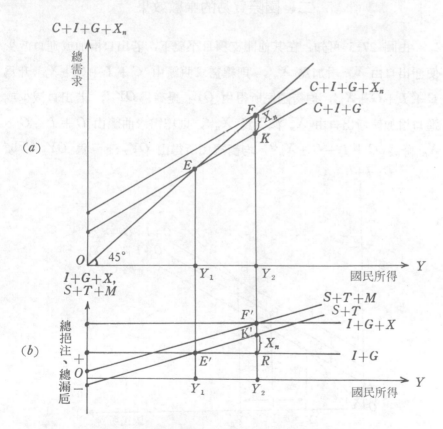

圖27-4　開放經濟之均衡國民所得水準仍依總供給
　　　　等於總需求或總挹注等於總漏巵決定之。

$C+I+G$ 升爲 $C+I+G+X_n$，X_n 代表使本國總需求增加之出口與進口的差額——淨出口，與 45° 線交於 F 點，決定均衡國民所得水準 OY_2；或總挹注曲線由 $I+G$ 升爲 $I+G+X$，X 代表出口，總漏卮曲線由 $S+T$ 升爲 $S+T+M$，M 代表進口，兩者交於 F' 點，同樣決定均衡國民所得水準 OY_2。在 OY_2 國民所得水準，由圖 27-4(a) 可知淨出口等於 FK；由圖 27-4(b) 可知出口等於 $F'R$，進口等於 $F'K'$，兩者差額 $K'R$ 即爲淨出口 FK，又稱**貿易順差** (trade surplus)。

二、國際貿易的乘數效果

由圖 27-5 可知，在其他開支項目不變下，若出口增加或進口減少使淨出口由 X_n 增加爲 X_n'，則總需求曲線由 $C+I+G+X_n$ 升爲 $C+I+G+X_n'$，均衡國民所得由 OY_2 提高爲 OY_2'；若出口減少或進口增加使淨出口由 X_n 減少爲 X_n''，則總需求曲線由 $C+I+G+X_n$ 降爲 $C+I+G+X_n''$，均衡國民所得由 OY_2 下降爲 OY_2''。顯

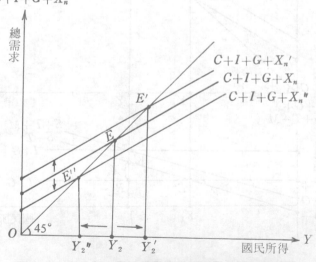

圖27-5　淨出口的變動將使均衡國民所得變量成倍數
的改變，稱爲對外貿易乘數。

然地，　由圖可知國民所得的變化量大於淨出口的變化量，這種由於淨出口的變化而使國民所得變量成倍數改變的現象，稱之爲**對外貿易乘數** (foreign trade multiplier)，　或**開放經濟乘數** (open-economy multiplier)。

淨出口增加使本國生產增加，所得提高。國民所得提高後，一方面對國內產品的需求增加，有效需求進一步增加，國民所得進一步提高；一方面對國外產品的需求增加，進口因而增加，使本國有效需求減少，國民所得下降。考慮這兩種引申效果後，淨出口增加一單位，使國民所得增加的數量——即對外貿易乘數（F）等於：

$$F = \frac{1}{MPS + MPM} > 1 \, 。$$

上式中，MPS 代表國內邊際儲蓄傾向，MPM 代表本國**邊際進口傾向**(marginal propensity to import)，　即所得每變化一單位所引起進口變化的比率，$MPM = \frac{\Delta M}{\Delta Y}$，$\Delta Y$ 代表所得變量，ΔM 代表進口變量。因爲 $MPM > 0$，$MPS + MPM > MPS$，故開放經濟有效需求變動所產生的乘數效果 $\frac{1}{MPS + MPM}$ 小於閉鎖經濟有效需求變動所產生的乘數效果 $\frac{1}{MPS}$。

摘　　要

1. 基於各國經濟資源稟賦不同、國與國之間生產要素缺乏流動性，與有效生產各種產品所需的技術及投入之不同等原因，將全世界看成一體，實施分工專業而後進行國際貿易，必可增進世界與各國之福利。

2. 亞當史密斯首先根據勞動價值說，提出絕對利益法則，認爲各

國專業於其具有絕對利益產品的生產而後進行國際貿易，可以發揮生產的最大效率並使各國之消費增加。

3. 李嘉圖同樣根據勞動價值說，提出比較利益法則，認為只要各國間產品的產出比率不同，就會有比較利益發生。各國專業於其比較利益最大或比較不利最小產品的生產，而後進行國際貿易，即可獲得國際貿易利得。

4. 兩國對於兩種產品的生產，有比較利益必有絕對利益發生，但有絕對利益並不一定有比較利益發生。有無國際貿易發生，則視貿易前兩國的國內交換比率是否相同而定，不相同才會發生貿易。

5. 赫克紹─歐林模型對於比較利益之所以發生提出了資源稟賦差異的解釋。在一定的前題假設下，只要兩國的相對要素稟賦比率不同與生產各種產品的要素比例或密集度不同，一個國家在生產相對密集使用其要素稟賦相對豐富的產品上具有比較利益，可專業生產並出口此種產品。

6. 根據赫克紹─歐林模型，自由貿易的結果，不僅各國的產品價格趨於均等，兩國生產要素的價格也將趨於均等。因此，國際貿易可以提高一國相對豐富要素的所得，降低其相對稀少要素的所得。

7. 產業內貿易理論根據各國的消費者偏好不同、規模報酬遞增及不完全競爭理論，來說明貿易與國同時出口與進口同一產業的產品，國際間進行同產業的產品異樣化競爭。

8. 能使兩國進口與出口數值相等的均衡貿易條件，必須介於兩國貿易前國內交換比率所形成的上下限之間。貿易條件愈接近一國貿易前的國內交換比率，該國得到的貿易利益愈小；反之，則愈大。彌勒提出交互需求法則，說明兩國的貿易條件是由雙方對進口品的交互需求強弱程度而定。

9. 各國進行專業生產並進行國際貿易後，對全世界及各國所產生

的利益，稱爲貿易利得。個別國家的貿易利得是可以較低的代價獲得更多的產品消費，全世界的貿易利得是總產出與消費的同時增加。

10. 就一個開放經濟而言，在其他情況不變下，出口是本國所得的一種挹注，進口是本國所得的一種漏巵。因此，淨出口的變化將使國民所得變量成倍數的改變，稱爲對外貿易乘數，或開放經濟乘數，其值等於邊際儲蓄傾向與邊際進口傾向之和的倒數。

重　要　名　詞

閉鎖經濟	開放經濟
絕對利益法則	勞動價值說
國內交換比率	比較利益法則
赫克紹—歐林模型	產業內貿易理論
相對要素稟賦比率	要素密集度
產品價格均等	要素價格均等
貿易條件	交互需求律
貿易利得	貿易可能線
消費可能線	對外貿易乘數

問　題　練　習

1. 一個國家爲何不閉關自守，而有進行國際貿易的需要呢？

2. 甚麼是絕對利益？甚麼是比較利益？試用假設的例證闡明之：並用以解釋國際貿易之產生和貿易的利得。

3. 簡述赫克紹—歐林模型的要旨。

4. 何謂貿易條件？如何決定？交互需求律有何作用？

5. 何謂產業內貿易？異國間同產業之內爲何發生貿易？

6. 何謂對外貿易乘數？該乘數如何計算？爲何小於閉鎖經濟之乘數？

第二十八章 國際貿易政策

前面一章對於國際貿易的發生與利得，從理論面作了初步的分析介紹，從中可知貿易的擴展，對有關國家的所得與福利水準具有重大的決定影響。如何發揮貿易的正面功能，在互利的原則下推廣貿易，促進本國的經濟成長，是應用面的貿易政策所當探討的課題，本章將就此課題作基本的剖述。

第一節　自由貿易與貿易限制

理論上，國際貿易具有提高世界資源有效派用，增加國際生產與消費，促進國際經濟競爭，打破國內獨佔等有利的經濟後果。因此，照理各國應依據其資源稟賦與技術水準所形成的比較利益，從事分工專業生產，進行自由貿易，以提高經濟福祉。事實上，現實的國際社會往往有許多的貿易障礙存在，限制國際貿易的自由進行，自由貿易成為一種理論的理想，貿易限制反而是一種常態。當然，事實上也有各種理由可為貿易限制作辯護。

一、貿易障礙的種類

阻礙國際貿易自由進行的障礙，有價格與數量兩種被運用的主要政策工具，前者經由改變進口與出口產品的價格，後者經由直接限制進口

與出口產品的數量，來達到限制貿易的目的。價格的政策工具包括進口關稅 (import tariff)、出口關稅 (export tariff)、進口補貼 (import subsidy) 及出口補貼 (export subsidy)；數量的政策工具則指進口配額 (import quota) 與出口配額 (export quota)。

關稅是政府對進口（或出口）產品所課的稅，其目的主要在於提高進口（或出口）產品的價格，以減少進口（或出口）的數量。關稅可能是**從量關稅**——即對每單位進口（或出口）產品課一定量的稅，可能是**從價關稅**——根據進口（或出口）產品的價值課稅。政府課徵關稅或是為了取得收入，或是為了保護國內產業。以取得收入為目的的關稅，稱之為**稅收關稅** (revenue tariffs)，通常是針對國內沒有生產的進口品所課徵，其稅率通常並不很高；以保護國內產業為目的的關稅，稱之為**保護關稅** (protective tariffs)，是為了保護國內產業免於外國產品激烈競爭所課徵，其稅率通常較收入關稅為高，主要在於使外國產品在本國市場的競爭遭受不利的影響。

補貼可視為負的關稅 (negative tariffs)，亦有從量或從價補貼之分，其目的則在於降低進口（或出口）產品的價格，以鼓勵增加進口（或出口）。**配額**是指在一段時間內，某一種產品所能進口或出口的最大數量限制。配額通常較關稅更能阻礙國際貿易的進行，因為關稅並不能有效地限制貿易數量，而配額則能視實際的需要完全實現所要限制的貿易數量。

除關稅、配額、補貼等阻礙自由貿易的政策工具外，尚有行政方面的留難，如簽證；衛生方面的留難，如檢疫等貿易障礙存在。任何形式的貿易障礙存在，均將使國際生產專業與自由貿易的利益無法完全實現，對國際資源的派用與全世界人民的福利，均有不利的影響。

二、限制貿易論

根據比較利益進行國際分工專業生產與自由貿易，對國際社會所產生的經濟福利，是無庸置疑的。但是，每有學者或利益團體提出各種的理由，認為在某些情況下，限制貿易比自由貿易對本國比較有利。這些論點除特殊情況外，往往是一種似是而非，侷促於狹隘、短期的觀點。以下我們就保護主義者主張限制貿易的理由加以介紹與評論。

（一）幼稚工業論 (infant-industry argument)

幼稚工業是指尚在發展中而無法與外國高效率產業競爭的產業。因此，幼稚工業論者主張，為了使本國的幼稚工業能有生存、發展的機會，應以關稅或配額手段，暫時保護其免於受到外國高效率產業的競爭，直到發展具有生產技術效率與經濟規模而能與外國產業競爭為止。

許多國家在經濟發展的過程中，均曾以保護幼稚工業為由而限制貿易。但這論點仍有其值得慎重斟酌之點存在：

1. 不能適用於歐美各工業先進國家。

2. 對開發中國家而言，難以決定何種產業具有發展潛力，而值得加以保護。

3. 保護關稅一經實施後，形成某些產業或團體的既得利益，很難隨著幼稚工業的成長而取消。

4. 某些產業受到保護後，不求進步成長，永遠無法脫離幼稚的階段，社會大量資源處於長期低度利用的狀態。

5. 保護措施的執行，將使本國消費者負擔較高的價格。

因此，經濟學家們認為，如果某些產業確有必要保護以免於外國的競爭，採取直接補貼的方式可使其產量增加，成本與價格降低，這將比保護關稅手段來得好。

（二）國家安全論 (national-security argument)

國家安全論者主張應以關稅保護生產軍用國防需要的產業，使其生產達到自給自足的目標。這個論點仍受到以下的批評：

1. 事實上每一產業均直接或間接地與國家安全有關。

2. 這種基於政治與軍事而非經濟因素的考慮，將導致本國資源派用的扭曲與產品價格的提高。

3. 直接補貼國防工業的生產總較實施關稅或配額的保護政策為佳。

（三）**經濟多樣化論**（diversified-economy argument）

高度專業化的經濟——如巴西的咖啡經濟、智利的銅礦經濟及中東的石油經濟，其產品的出口與價格容易遭受國際市場波動的影響，對本國所得與就業的穩定有相當不利的影響。因此，經濟多樣化論者主張：藉保護關稅推動本國生產活動多樣化，將有助於國內經濟的穩定。這個論點頗為中肯，其缺點則為：

1. 對於先進且已多樣化的經濟——如美國、日本，並不適用。

2. 由於資源稟賦與技術條件的限制，一個經濟由高度專業轉變為多樣化生產的代價可能相當大。

3. 難以準確預知何種產業值得納入於多樣化生產的範圍，生產活動勉強多樣化的結果，將導致資源派用效率的降低。

4. 以關稅或配額鼓勵生產多樣化，其社會成本將較以補貼或租稅直接鼓勵來得大。

（四）**保護就業論**（employment-protection argument）

持此論者認為，保護關稅或配額的實施，可以使進口減少，增加國內有效需求，使產業擴張，而使本國就業、生產與所得水準提高。這個論點的缺失如下：

1. 一個國家的出口必然是另一個國家的進口。因此，一個國家可以減少進口，產生貿易順差的手段來達到提高所得與就業的目的，但無

法同時所有的國家均以貿易順差來達到擴張經濟的目的，這種以保護政策產生貿易順差來擴張本國經濟，是一種以鄰爲壑的作法，將使貿易與國的出口減少，產生貿易逆差，使其所得與就業水準下降，因而肇致限制貿易報復。 因此， 由保護政策獲得所得與就業提高的利益只是短暫的，無法長久維持。

2. 遭受關稅或配額不利影響的國家，將競相採取貿易障礙報復，最後導致國際貿易的萎縮，世界各國的所得與就業水準因而下降。

3. 保護政策將導致國內價格提高，使消費者蒙受不利，缺乏效率的生產者得到利益。在長期間，資源將由較高效率的產業移轉到較低效率的被保護產業，本國生產成本逐漸提高，比較利益逐漸喪失，出口終將減少，國內的所得與就業水準因而下降。

4. 長期間，一個國家必須要有進口才能維持出口的擴張。因此，保護政策的長期效果並不能增加國內就業，只是使勞工由出口產業移轉到國內保護（進口替代）產業，這種移轉代表資源使用效率的降低。是故，要提高本國就業水準，以財政或貨幣政策遠較保護政策來得有效。

（五）**保護工資論**（wage-protection argument）

保護工資論者認爲，工資水準高的國家無法與工資水準低的國家相競爭，故有必要以關稅或配額來保護本國工資較高的勞工，使其免於受到外國低工資產品的競爭。這個論點亦受到如下的批評:

1. 工資高並不代表價格高。因爲工資率與生產力有密切的關係，通常工資高，生產力也高，產品的單位成本與價格可能會低。相對地，工資低，生產力也低，產品的單位成本與價格可能會高。

2. 勞動並非生產的唯一要素。勞動需要與原料、資本及土地結合以生產產品，工資影響產品價格的大小須視勞動在產品生產過程中所佔的比重而定。工資對勞動密集產品的價格影響較大，對資本或土地密集產品的價格影響較小，唯有勞動密集的產品，低工資國家才可能具有競

爭的優勢。

3. 實施保護貿易，將使效率高、生產力高的勞動力由出口產業移轉到國內效率低、生產力低的保護產業，最終是降低而非提高國內的工資。

（六）技術傳播論 (technology-diffusion argument)

技術傳播論者認爲先進工業國家的產品具有比較利益乃是技術領先的結果。但在世界各國交往快速頻繁，多國公司普遍存在的現代，技術知識的傳播非常迅速，由技術領先所具有的比較利益很容易喪失。除非經常有創新發生，不斷產生比較利益，否則出口競爭能力無法長久維持。

據此，保護主義者認爲，自由貿易將產生很大的風險，工業先進國家的產品組合與資源派用難以跟隨比較利益快速的變遷而調整，自由貿易的結果將使經濟結構失調與資源失業。但是，自由貿易論者認爲，貿易障礙並不是有效解決經濟結構失調的良策，保護本國產業免於激烈的國際競爭，徒然使本國產業趨於僵硬與不能適應變化。以保護政策抗拒經濟情況的改變，將使資源陷於愈來愈缺乏效率的用途。如果經濟結構的改變確有必要而又難以順利達成，政府應以財政或貨幣政策助其實現，而非以保護手段使其免於改變。

諸如此類，吾人尚可提出各種限制貿易的理由，但綜合以上各種限制貿易論點，可見大都只考慮到保護關稅或配額的短期、直接效果，而沒有顧及到長期、間接的不良影響。無論保護論者提出何種理由，總是無法抹煞自由貿易能使各國產出與消費增加，世界資源更加有效利用的事實。此外，在長期間，一個國家爲了出口就必須進口的事實，也是不容保護主義者忽略的。

三、關稅的經濟後果

在本節中，我們以簡單的供需模型，來分析一個國家對一種進口產品課徵進口關稅所產生的經濟後果。

在一般情況下，進口關稅的課徵是由進口與出口兩個國家所共同負擔的，以下我們只就課徵關稅的產品分析其經濟後果。在圖 28-1，橫軸代表財貨T的數量，縱軸代表財貨T的價格。右圖代表A國T財的供需，左圖代表B國T財的供需。由圖可知，貿易前，A國T財生產成本高，價格 OP_1；B國T財生產成本低，價格為OP_2，B國對T財具有比較利益。自由貿易後，A國由B國進口T財，其國內價格下跌，需求增加，產量減少；B國出口T財，其國內價格上升，需求減少，產量增加。最後，T財在兩國的價格趨於均等——OP_3，A國進口 ab 數量的T財，B國出口 $a'b'$ 數量的T財，$ab=a'b'$，T財的國際貿易達到均衡。

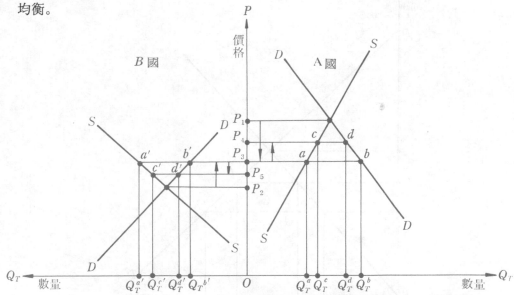

圖28-1　進口國對某種產品課徵進口關稅後，其進口價格下降，
但國內價格上升，表示關稅由兩國人民共同負擔。

　　假設 A 國（A 國為對產品之國際價格具有影響力的大國）對 T 財課
徵進口從量關稅後，A 國 T 財的價格為 OP_4，較自由貿易的價格 OP_3 為
高，OP_4 與 OP_3 的差額代表 A 國消費者負擔的關稅——價格提高；
B 國 T 財的價格為 OP_5，較自由貿易的價格 OP_3 為低，OP_3 與 OP_5
的差額代表 B 國生產者負擔的關稅——收入減少，OP_4 與 OP_5 的差額
或 $(OP_4-OP_3)+(OP_3-OP_5)$ 就是從量關稅稅額。由圖可知，課徵關
稅使兩國 T 財的價格不再均等——$OP_4 \neq OP_5$，A 國 T 財的進口量由 ab
減少為 cd，B 國 T 財的出口量由 $a'b'$ 減少為 $c'd'$，但 cd 仍等於
$c'd'$，可見關稅阻礙國際貿易進行，減少兩國的貿易量。

　　一般而言，定額的進口關稅在貿易國雙方負擔的大小，視出口國與
進口國的供給與需求價格彈性而定。凡供給與需求愈有彈性的一方，負
擔的關稅愈輕，愈缺乏彈性的一方，負擔的關稅愈重。在極端情況下，

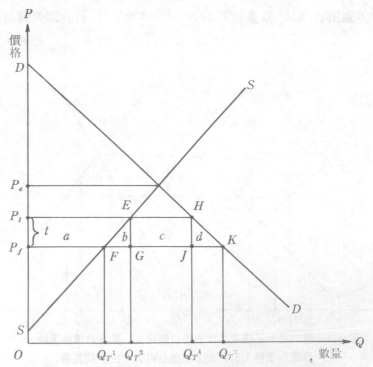

圖28-2　進口國對某種產品課徵進口關稅後的各種經濟效果。

供需完全無彈性的一方負擔全部的關稅。

進口關稅有多方面的經濟效果，剖析如下。圖 28-2，OP_e 與 OP_f 分別代表進口貿易前與自由貿易的 T 財國內價格。課徵關稅後，T 財的國內價格由 OP_f 上升至 OP_t，OP_t 與 OP_f 的差額等於從量關稅 (t)，關稅全部由進口國所負擔（這是小國——對產品之國際價格沒有影響力的國家——課徵關稅的結果）。顯然地，課徵進口關稅後，進口國 T 財國內價格由自由貿易的 OP_f 上升為 OP_t，進口量由 $Q_T^1 Q_T^2$ 減少為 $Q_T^3 Q_T^4$。這種課徵關稅的效果可進一步分解成:

（一）生產效果（production effect）

自由貿易時，國內 T 財產量為 OQ_T^1。課徵關稅後，國內 T 財產量為 OQ_T^3，增加 $Q_T^1 Q_T^3$ 的產量，此乃課徵關稅後，進口財的國內價格上升所肇致，因此又稱保護效果（protection effect）。

（二）消費效果（consumption effect）

自由貿易時，國內 T 財消費量 OQ_T^2。課徵關稅後，國內 T 財消費量 OQ_T^4，減少 $Q_T^4 Q_T^2$ 的消費，此為消費效果。

（三）稅收效果（revenue effect）

課徵關稅後，進口 $Q_T^3 Q_T^4$ 的 T 財，每單位繳納 $P_f P_t$ 的從量關稅，政府的關稅總收入 $R = P_f P_t \times Q_T^3 Q_T^4$（卽圖中的 c 面積），此為稅收效果。

（四）國際收支效果（balance of payments effect）

自由貿易時，進口 T 財 $Q_T^1 Q_T^2$，價格 OP_f，總進口支出為 $OP_f \times Q_T^1 Q_T^2$。課徵關稅後，進口 T 財 $Q_T^3 Q_T^4$，進口價格仍為 OP_f（關稅是本國政府收入），進口總支出為 $OP_f \times Q_T^3 Q_T^4$，減少的進口總支出等於 $OP_f \times (Q_T^1 Q_T^3 + Q_T^4 Q_T^2)$，此為國際收支效果。

（五）貿易條件效果（terms of trade effect）

如果本國課徵進口關稅，而使進口產品的國際價格比自由貿易來得

低——卽使出口國負擔一部分的關稅，如圖28-1中的 $P_3 \rightarrow P_5$ 部分，則本國的貿易條件獲得改善（本例進口國爲小國，其對進口財的國際價格沒有影響力，故課徵關稅後與自由貿易的進口財國際價格均相同，小國的關稅貿易條件效果並不存在）。

（六）所得分配效果 (income distribution effect)

自由貿易時，消費者剩餘爲 DP_fK。課徵關稅後，消費者剩餘減少爲 DP_tH，消費者剩餘共損失 P_fP_tHK，其中又可分爲 a、b、c 及 d 四個部分。其中 a 移轉給生產者成爲生產者剩餘——生產者剩餘在自由貿易時爲 SP_fF，課徵關稅後爲 SP_tE，$P_fP_tEF = a$ 爲所增加的生產者剩餘；c 是政府的關稅收入；$b + d$ 是關稅的代價——卽社**會無謂的損失**（deadweight loss），其中 b 是增加生產 $Q_T^1Q_T^3$ 數量 T 財所引起的生產效率損失——因爲 $Q_T^1Q_T^3$ 由本國生產須付出 $Q_T^1FEQ_T^3$ 的代價，若進口只須付出 $Q_T^1FGQ_T^3$ 的代價，兩者的差額 $FEG = b$ 爲生產的無謂損失。d 是消費者的無謂損失——因爲課徵關稅後，消費者減少 $Q_T^4Q_T^2$ 數量的消費，而 $Q_T^4Q_T^2$ 的消費可帶給消費者 $Q_T^4HKQ_T^2$ 的效用，但只須付出 $Q_T^4JKQ_T^2$ 的代價，兩者的差額 $JHK = d$ 爲消費者的無謂損失，故 $b + d$ 爲關稅的社會成本，又可稱爲**福利損失效果**(welfare loss effect)。

（七）所得效果

課徵關稅後，國內增加 $Q_T^1Q_T^3$ 數量的 T 財生產，國民所得增加 $Q_T^1Q_T^3 \times OP_t$。若無關稅課徵，這一部分的所得將無法產生。

（八）消費稅效果 (consumption tax effect)

課徵關稅後，消費者消費 OQ_T^4 的 T 財，較之課稅前減少 $Q_T^4Q_T^2$ 數量的 T 財消費。又每單位 T 財須額外負擔 P_fP_t 的關稅，共增加負擔 $P_fP_t \times OQ_T^4 = P_fP_tHJ$ 的消費稅。

第二節　貿易談判與區域經濟整合

自由貿易能使世界及各國的資源派用效率提高、產出增加、消費增加、社會福利水準提高的事實是無庸置疑的。但是，事實上各國由於經濟及非經濟因素的考慮，往往採行各種的關稅及非關稅的貿易政策來妨礙國際貿易的進行。因此，全世界及各國並無法完全獲得理論上可能享有的最大國際貿易利得，貿易障礙成為事實的常態，自由貿易反而成為理論上的理想。雖然各國不斷採行各式各樣的貿易障礙，但自由貿易的理想仍然深植於大家的心目中，推動各國朝向貿易自由化目標的努力一直未曾中斷。本節即在於簡要介紹各國朝向貿易自由化所作的一些重大的努力與成就。

一、貿易談判

第二次世界大戰爆發之後，世界經濟關係陷於混亂，國際分工與貿易大都陷於停頓，鑑於第一次世界大戰後國際經濟不景氣的歷史教訓，早在戰爭結束之前，美國及其他重要的貿易國家即著手籌組不同的國際機構，以利於處理戰後國際的貨幣、金融、投資及貿易等問題，因而在戰後有國際貨幣基金 (International Monetary Fund, *IMF*)、國際貿易組織（International Trade Organization, *ITO* ）及國際復興暨開發銀行 (International Bank for Reconstruction and Development, *IBRD*)——即世界銀行 (World Bank) 等三大國際合作機構的籌組。其中國際貿易組織為1947至1948年在古巴首都哈瓦那所召開的貿易暨就業國際會議中所創設，其功能在增進國際貿易、解決貿易糾紛、協調貿易政策及促進貿易自由化。但是，由於此一組織所涵蓋的範圍過於廣泛，因而沒有得到美國國會及其他國家的一致贊同，經過各國再度協商

的結果，終於成立另一推動國際貿易自由化的國際組織，稱之爲**關稅暨貿易總協定** (General Agreement on Tariffs and Trade, *GATT*)。

關稅暨貿易總協定是聯合國於1947至1948年間在哈瓦那 (Havana) 召開貿易暨就業會議時籌設成立的，其總部設於瑞士的日內瓦。*GATT* 爲一國際間的協議而非組織（因此參與國之間爲契約而非會員的關係）其範圍與目標較當初擬定成立的國際貿易組織（*ITO*）爲小。至 1980 ❶，年代中期，參與 *GATT* 的國家已達90個（我國於 *GATT* 成立時曾簽約參加，後因中共叛亂，對外貿易幾乎停頓，故政府遷臺後，於1950年主動退出 *GATT*），另有超過30個國家申請參加 *GATT*❷。

GATT 主要的活動爲推動國際間多邊關稅減讓、非關稅貿易障礙減消、數量限制消除，及貿易糾紛的協調。*GATT* 各項條款所依據的爲以下三個基本原則：

1. 無歧視原則 又稱爲最惠國原則 (most-favored-nation principle)，卽任何兩國所達成的關稅減讓應擴展到適用於她們所有的貿易對手國（夥伴），這是 *GATT* 的基石。凡 *GATT* 的會員國須接受最惠國條款，卽 *GATT* 會員的貿易政策（或關稅減讓）應公平普遍地施用於所有的 *GATT* 的會員國，而不可以對任何單獨的國家有不同的差別待遇存在，亦卽最惠國條款原則上排除會員國間貿易政策有任何差別優惠待遇存在，但關稅同盟、自由貿易區等區域經濟合作組織的內部優惠待遇則不在此限。

任何的貿易政策歧視存在，其後果將是：(1) 導致國際資源派用的扭曲，而使資源派用效率與世界福利水準下降，(2) 遭受歧視的國家將會採取報復，而導致全面性貿易障礙的提高。是故，消除貿易政策歧視

---

❶ 爲方便起見，以下吾人對於參加 *GATT* 的國家仍以會員國稱之。

❷ 中共目前正申請加入 *GATT*，許多共黨國家（包括蘇聯）也申請加入 *GATT*。我國目前也積極尋求重返此一組織。

是達到全面降低關稅，促進貿易自由化的首要步驟。根據無歧視原則，*GATT* 會員國採行**複式關稅制度** (multiple tariff system) 而非**單一關稅制度** (unified tariff system)，卽會員國之間依據最惠國條款，彼此相互採用**優惠稅率**，而對非會員國則採用較高的**一般稅率**（又稱基本或國定稅率）。

2. 唯關稅保護原則　會員國保護其國內工業只限於使用關稅貿易政策工具，而不得以配額或其他直接管制爲之。但是，有兩個重要的例外情形：(1) 准許以配額保護本國農業，(2) 准許以非關稅手段——如配額、補貼、外匯管制解決國際收支困境。

3. 諮商原則　會員國應在 *GATT* 所安排的架構下，進行多邊的關稅減讓談判與貿易糾紛的協調，以使貿易障礙所肇致的損失減至最小。

根據這些基本原則，*GATT* 的會員國於戰後便開始進行多邊的關稅減讓談判。這種談判各國舉行過多次，其中以1964至1967年在日內瓦舉行的「**甘迺廸回合**」(Kennedy Round) 及 1973 至 1979 年在東京進行的「**東京回合**」(Tokyo Round) 最爲著名，其成就也最大❸。在 *GATT* 下，已開發國家主要針對彼此之間重要的工業產品貿易進行關稅減讓談判，因此以出口初級工業產品與農礦產品爲主的開發中國家並無法享有 *GATT* 下多邊關稅減讓談判的好處，於是導致開發中國家的不滿與抗議。因之，爲維持 *GATT* 的繼續存在，針對開發中國家貿易的特性與需要，終在1964年於日內瓦召開**聯合國貿易暨發展會議** (United Nations Conference on Trade and Development, *UNCTAD*)，而達成了針對開發中國家的要求所作的優惠關稅安排，稱之爲**優惠一般化制**

---

❸　甘迺廸回合乃因美國總統甘迺廸 (J. F. Kennedy) 推動此一談判而得名。東京回合乃美國總統尼克森 (R. Nixson) 推動，故本名尼克森回合 (Nixson Round)，但後來尼克森因水門案去職，而改以1974年各國貿易部長會議的地點——東京——命名。甘迺廸回合與東京回合實際談判的地點均在 *GATT* 的總部——日內瓦——舉行。

度 (Generalized System of Preference, *GSP*)──卽對開發中國家大部分之製造業及半製造業產品的出口，完全免除關稅或課徵較其他工業國家產品爲低的關稅。自此而後，與開發中國家有關的貿易談判在 *UNCTAD* 下進行，而一般的多邊貿易談判仍在 *GATT* 下進行。

在美國的力促下，1986 年於烏拉圭 (Uruguay) 舉行的一項各國貿易部長會議中決定召開另一新回合的多邊貿易談判，此一談判目前正於 *GATT* 的日內瓦總部進行中，稱之爲「烏拉圭回合」(Uruguay Round)。同前面幾回合的談判一樣，烏拉圭回合主要目標在於促進世界貿易的自由化與擴張，但談判的重點不在於關稅減讓，而是在於減消非關稅障礙、開放勞務貿易（如銀行、保險及資訊）、排除農產品貿易障礙、保障智慧財產權（如專利權、版權及商標），及放寬國外直接投資等各別問題。烏拉圭回合可說是 *GATT* 曾經推動的各回合談判中，最具野心與最複雜的一次多邊貿易談判，但由於參與談判的國家眾多，討論的問題範圍廣泛，因此要達成一致的協議殊爲困難。原先「烏拉圭回合」計畫進行 4 至 5 年（至 1990 年底結束），但至目前爲止尚無達成任何具體的協議，此一回合的談判在1990年底因歐洲共同市場國家對於農產品出口補貼的堅持而暫告中止。

二、待決的問題

GATT 的成立雖然無法達到完全消除貿易障礙的目標，但對於減除貿易障礙，促進國際貿易自由化確實有相當大的貢獻，在國際貿易情勢錯綜複雜的情況下，能有這樣的成就，已誠屬難能可貴。綜觀*GATT* 過去的多邊貿易談判與目前的國際經濟情勢，*GATT* 目前及未來所遭遇到的最大問題爲以下幾項：

1. 國際貨幣金融體制的紊亂 國際經濟活動是實物與貨幣金融同時雙向進行的，唯有健全的國際貨幣金融制度，國際貿易才能有效開

展。降低關稅固然是促進國際貿易發展的重要途徑之一，但更需國際貨幣制度與國際金融 情況的穩定，否則將抵消降低貿易 障礙的效果。 自1973年 3 月**布萊頓森林制度**(Bretton Woods System)崩潰,各工業先進國家改採管理浮動匯率制度以來，新的國際貨幣制度至今尚未妥善建立起來，國際金融市場投機風潮迭起，主要通貨匯率屢有大幅波動，其對國際貿易實有重大不良的影響。重建國際貨幣制度雖非*GATT*的任務，但其無法健全卻使 *GATT* 推動國際貿易的努力事倍功半。

2. 非關稅貿易障礙的增加 歷次 *GATT* 的多邊貿易談判，對於削減關稅及非關稅的貿易障礙均能達成若干的協議，但其實際執行的成果卻相當有限。關稅一經設定之後較少變動，如有變動須經立法機關審議且公告之，故較爲容易掌握、因應，對貿易的阻礙作用較爲溫和；非關稅貿易障礙不必經立法機關審議，各國大多以行政命令行之，隨時可以變動，故較爲不易掌握、因應，對貿易的阻礙作用較爲強烈。當關稅水準一經降低之後，以非關稅貿易障礙作爲貿易政策工具愈顯重要，更易爲各國所採用，因而使 *GATT* 的關稅減讓效果被抵消或破壞無遺。

3. 區域經濟整合組織的出現 自歐洲共同市場成立之後，世界各地紛紛模倣而成立類似的區域經濟整合組織，這些組織往往規模很大、發展迅速。在貿易政策方面，往往對會員國與非會員國採取差別待遇，這正違反了 *GATT* 的非歧視原則。是故，多邊貿易談判更加難以進行，貿易自由化更難以推動。

4. 已開發與開發中國家之間的歧見 *GATT* 的歷次談判，係以工業先進國家爲主體，而以工業產品爲商談的主要對象。開發中國家雖然參加，但並無法發揮重大的影響力，且初級工業產品與農產品往往被視爲特例而不在談判之內。是故，*GATT* 的貿易障礙減讓之利，大多由先進工業國家所得到，開發中國家所獲之利相當有限，因而肇致開發中國家對 *GATT* 相當不滿，歷次的 *GATT* 多邊貿易政策談判中也就

出現開發中國家與工業國家之間無法達成協議的局面。在開發中國家的力爭下，*GATT* 於 1965 年增加新的特別條款——貿易與發展——以促進開發中國家的貿易，但其成效仍然相當有限。

5. 農產品與勞務的貿易談判 *GATT*准許會員國對農產品的進口實施關稅或配額，以保護其農業，對於農產品的出口補貼亦不反對。各國政府基於保障農民所得、促進農業發展、維護國家安全與爭取農民支持等經濟與非經濟的因素，對於農產品的貿易通常採取高度的貿易障礙。歐洲共同市場各國對於農產品貿易的限制尤其嚴苛，其採行以補貼農產品出口爲主的**共同農業政策** (Common Agricultural Policy, *CAP*)，更大大地傷害了國際貿易關係的和諧。是故，如何促進國際農產品貿易的自由化是 *GATT* 未來努力的重點之一。

隨著國際經濟快速成長，各國經濟整合的程度日益加深，國際貿易的層次已不再限於傳統有形商品的貿易。國際間金融、保險、投資及技術服務等資金與勞務的交流日益增加，是否將這些國際經濟活動的限制納入 *GATT* 多邊談判的範圍之內，亦將是 *GATT* 所面臨的難題。雖然大部分的開發中國家不願將勞務貿易納入 *GATT* 多邊談判的範圍之內，但美國已於 1984 年通過貿易與關稅法案，授權總統就降低勞務貿易的障礙進行國際間的談判。

6. 關稅結構的問題 開發中國家時常抱怨工業先進國對製成品所課徵的關稅均大於對中間投入所課徵的關稅，因而先進工業國家的有效保護率遠高於名目關稅，而使開發中國家初級工業產品的出口遭受到相當的阻礙。因此，基於協助開發中國家發展經濟、推動工業化的立場，*GATT* 的多邊關稅減讓談判應更加致力於降低有效保護率，尤其是初級工業產品的關稅減讓應大於中間投入的關稅減讓，開發中國家才能由 *GATT* 的關稅減讓談判中獲得出口增加的好處。

7. 智慧財產權的保護 近年來，國際貿易與某些國家之內仿冒、

偽造、沒有獲得合法授權之產品的數量快速增加，嚴重地損害了原有產品的形象並侵犯了智慧財產權，許多的國際貿易糾紛因此而起。針對此一現象，美國1984年的貿易與關稅法案及1988年的綜合貿易與競爭力法案特別要求對容忍此種行為的國家採取報復，*GATT* 也正尋求透過多邊貿易談判來達成國際協議，以保護各國人民的智慧財產權。

三、區域經濟整合

自由貿易可以使世界及各國的福利水準達到最大，但是，在現實的經濟社會，貿易障礙處處存在，全世界及各國的經濟福利因而降低。各國為了謀求提高社會福利水準，而尋求貿易自由化。為達到此一目標，國際間大致朝兩個不同的途徑進行，一是國際性的途徑，即透過*GATT*與 *UNCTAD* 尋求各國關稅與非關稅貿易障礙的消除或減讓，例如甘迺迪回合、東京回合、優惠一般化制度等均是；一是區域性的途徑，即尋求區域經濟整合，形成區域性的貿易集團，對內自由貿易，對外仍維持貿易障礙。

按組織性質的不同，區域經濟整合可以分為以下幾類:

1.　自由貿易區 (free-trade area)　即兩個以上的國家，彼此之間商品貿易的關稅完全去除，但對外仍然個別維持原來的關稅。例如，1960年成立的歐洲自由貿易區（或協會）(European Free Trade Area or Association, *EFTA*) 即是。自由貿易區會產生**貿易偏轉** (trade deflection) 的問題，即非會員國的產品將由關稅較低的會員國進口，而後再間接轉運至關稅較高的會員國，如此將形成關稅收入與所得重分配不公平的現象。為防止此一缺失，必須嚴格巡查邊界，或是要求**產地證明書** (certificates of origin)，以減少轉運的發生，但並無法完全禁絕貿易偏轉的發生。

2.　關稅同盟 (customs union)　即兩個以上的國家，不僅彼此之

間商品貿易的關稅完全廢除，並且對外採取共同一致的關稅。與自由貿易區比較，關稅同盟將無貿易偏轉的問題存在。

3. 共同市場（common market）　卽較關稅同盟再更進一步，將合作推展至生產要素在會員國之間可以自由移動而沒有任何的限制。

4. 經濟同盟（economic union）　卽由共同市場再更進一步推展至會員國採行一致的財政、貨幣及社會經濟政策。這是經濟整合的最高境界，會員國使用共同的通貨（或會員國通貨之間匯率永久完全固定），建立單一的貨幣銀行制度，放棄經濟政策的自主權，而由超國家的機構決定同盟內及同盟對外的一切經濟決策。

一種組織較爲不完全的經濟同盟爲**貨幣同盟**（monetary union）——會員國使用共同的通貨（或會員國通貨之間的匯率永久完全固定）並採行協調的貨幣與財政政策。但完全的經濟同盟不僅是要求會員國之經濟政策的協調而已，更進一步要求會員國經濟政策自主權的放棄，故經濟同盟是較貨幣同盟範圍更廣、要求更嚴的一種經濟整合組織。比利時、盧森堡及荷蘭曾於1960年組成經濟同盟，美國的聯邦組織被視爲是經濟同盟的典範，歐洲共同市場的長期目標卽在於達成經濟同盟的理想。

目前全世界最爲成功、著名的區域經濟整合組織爲歐洲共同市場。爲朝向經濟同盟發展，歐洲共同市場於1987年通過**單一歐洲法案**（Single European Act, *SEA*），將使歐洲共同市場於1992年結束之前成爲單一的市場——廢除所有的貿易障礙，整個區域不再有內部的疆界，所有的**財貨、勞務、人員及資本**均可於區域內自由移動。屆時，歐洲共同市場將成爲全世界最大的單一市場。

由於歐洲共同市場對外採取共同的關稅，故以單一主體的形式參與*GATT* 的多邊貿易談判。歐洲共同市場會員國彼此之間的商品貿易均完全免除關稅，而對非會員國仍然課徵關稅，故均違反了*GATT* 的無歧視原則或最惠國條款，因而增加了推動世界貿易自由化的困難。

　　自第二次世界大戰之後，區域經濟合作組織的形成對全世界貿易自由化運動的推展有很大的影響。以美國爲首、無歧視爲宗旨的 *GATT* 無法達到其當初成立的預期理想，因而導致在 *GATT* 之外，以歧視爲原則的區域經濟合作組織的成立，這對於促進自由國家之間的貿易自由化當然有相當不利的影響。雖然區域經濟合作組織的成立在經濟上對美國及非會員國有不利的影響，但因其使自由民主國家之間由經濟關係的結合而更趨於團結合作，連帶會產生政治與軍事上的共同利益，故對於區域經濟合作組織的創立、茁壯，美國基本上還是相當贊同、樂見其成的。

摘　　要

　　1. 阻礙國際貿易自由進行的通常有價格與數量兩種障礙，前者主要包括有進出口補貼與關稅，後者則指進出口配額。

　　2. 保護主義者提出幼稚工業論、國家安全論、經濟多樣化論、保護就業論、保護工資論與技術傳播論等理由，強調限制貿易比自由貿易對一國較爲有利。但是，這些論點除在特殊情況外，往往是一種似是而非、侷促於狹隘、短期的觀點，並無法完全抹煞自由貿易所能產生的有利經濟後果。

　　3. 課徵關稅，就進口國而言，將產生進口價格下降，國內價格上升，貿易量減少的後果。進一步分析，關稅的課徵將會產生生產效果、消費效果、稅收效果、國際收支效果、國際貿易條件效果、所得分配效果，所得效果及消費稅效果等經濟後果。

　　4. 自由貿易能使各國及全世界的福利水準提高，但這僅止於理論的理想，各種貿易障礙的採行反而是事實的常態，爲了追求理論的理想，故在貿易政策不斷採行的同時，貿易自由化的運動也一直在進行之中。

5. 目前推動國際貿易自由化的主要機構為關稅暨貿易總協定（*GATT*），在其召開的多次多邊貿易談判中，以 1964 至 1967 年的甘廼廸回合及1973至1979年的東京回合，最為著名，成就也最大。這兩次的多邊貿易談判，對於促進國際貿易自由化有相當大的貢獻。

6. 關稅暨貿易總協定各項條款所依據的三個基本原則為：無歧視原則、唯關稅保護原則、及諮商原則。

7. 由於非歧視原則與工業先進國家只就彼此之間重要的貿易商品商討關稅減讓，導致開發中國家對 *GATT* 組織的不滿，即自行召開聯合國貿易暨發展會議（*UNCTAD*），*UNCTAD* 遂成為開發中國家進行貿易談判的主要機構。

8. 在錯綜複雜的國際情勢下，*GATT* 的成就已誠屬難能可貴。衡諸過去的多邊貿易談判與目前的國際經濟情勢，*GATT* 目前及未來所遭遇的最大問題為：國際貨幣制度的紊亂、非關稅貿易障礙的增加、區域經濟整合組織的出現、已開發與開發中國家之間的歧見、農產品與非商品的貿易談判、及關稅結構等問題。

9. 國際貿易自由化的途徑有二，一是經由全球性的途徑，尋求各國關稅與非關稅貿易障礙的消減，一是經由區域性的途徑，尋求區域經濟整合，形成區域性的貿易集團。

10. 區域經濟整合是自由貿易與保護主義的結合，屬於一種有歧視的優惠貿易協定，按組織性質的不同，區域經濟整合可以分為自由貿易區、關稅同盟、共同市場、經濟同盟、及貨幣同盟等幾類。在目前眾多的區域經濟整合組織中，以歐洲共同市場（*EEC*）最為健全，其成就也最大。

重 要 名 詞

進出口關稅　　　　　　　　進出口補貼

配額	稅收關稅
保護關稅	幼稚工業論
國家安全論	經濟多樣化論
保護就業論	保護工資論
技術傳播論	關稅效果
關稅暨貿易總協定	最惠國原則
單一關稅制度	一般稅率
複式關稅制度	優惠稅率
甘廼廸回合	東京回合
烏拉圭回合	區域經濟整合
自由貿易區	關稅同盟
經濟同盟	貿易偏轉
共同市場	貨幣同盟
聯合國貿易暨發展會議	

問 題 練 習

1. 試就自由貿易陳述己見。

2. 簡述各種限制貿易的論點，並評論之。

3. 試用圖解闡釋課徵進口關稅對國際貿易的影響。兩國負擔關稅的大小如何決定？對進口國而言，課徵進口關稅會產生那些經濟後果？

4. 何謂最惠國原則？其對貿易自由化有何影響？

5. 關稅暨貿易總協定各條款所依據的基本原則有那些？

6. 無歧視原則爲何是關稅暨貿易總協定推動貿易自由化最主要的依據？

7. 什麼是區域經濟整合？其與關稅及非關稅減讓談判對於促進國

際貿易自由化的影響有何不同？

8. 區域經濟整合有那幾類？其特性各爲何？

第二十九章　國際收支與外滙市場

　　國際貿易不同於國內貿易，前者關係到許多不同的國家，而不同的國家則有不同的貨幣單位與制度，後者只是以一種共同的貨幣為交易的媒介。因此，與國內交易一樣，必須有健全的國際金融制度，國際貿易才能順利進行。國際金融所探討的實際上就是國際貿易的貨幣面，它使我們瞭解國際貿易是如何進行的❶。更具體地說，國際金融的主題在分析國際收支與外匯市場的運作。

第一節　國際收支帳之內容與含意

　　如同公司在歷經一段時間的經濟活動後，以貨幣記帳形式的資產負債表及損益表來顯示其營運及財務狀況，政府亦可用一時間報表，來顯示其在某一段時間內的對外經濟活動績效，這種以貨幣記帳表示的對外經濟活動報表，稱之為**國際收支帳** (balance of payments account)。

　　所謂國際收支 (**balance of payments**) **是指：一個國家以貨幣形式記載在一段時間內，本國居民與世界其他各國居民之間的所有經濟交易活動的概要。**這裏所稱的居民包括個人、企業及政府等長久居住或設立於本國的單位，經濟交易活動則指商業交易與非商業的移轉支付。國

---

❶　欲進一步深入瞭解國際金融理論，可參閱歐陽勛、黃仁德合著，《國際金融理論與制度》，臺北：三民書局，民國79年，增訂新版。

際收支帳是根據複式簿記基礎記載的, 到最後借項總額 (total debit) 必然等於貸項總額 (total credit), 而保持收支平衡, 故國際收支帳又稱之為國際收支平衡表。帳中的借項代表使本國國際準備流出到外國的交易活動, 通常以負號表示; 貸項代表使外國國際準備流入到本國的交易活動, 通常以正號表示。表 29-1 列示一個國家簡化之國際收支總帳的內容。

表29-1　國際收支帳戶

項目	借方	貸方
一、經常帳		
㈠商品貿易		
1. 商品輸入……………………………………… （－）		
2. 商品輸出……………………………………………		（＋）
㈡勞務交易		
1. 勞務輸入…………………………… （－）		
2. 勞務輸出…………………………………………		（＋）
㈢投資所得收支		
1. 支付外國投資利息及紅利…………… （－）		
2. 收入對外投資利息及紅利…………………………		（＋）
㈣政府開支		
1. 本國政府在國外的開支……………… （－）		
2. 外國政府在本國的開支………………………………		（＋）
	（－） 或	（＋）
二、片面移轉帳		
㈤私人匯款		
1. 匯出國外匯款…………………… （－）		
2. 國外匯入匯款…………………………………………		（÷）
㈥政府移轉支付		

1. 本國政府對外國的捐贈……………………	(−)		
2. 外國政府對本國的捐贈…………………………………………			(+)
	(−)	或	(+)
三、資本帳			
㈦直接國外投資			
1. 本國對外國的直接投資……………………	(−)		
2. 外國對本國的直接投資…………………………………………			(+)
㈧長期證券投資			
1. 本國購買外國的長期證券……………	(−)		
2. 外國購買本國的長期證券……………………………………			(+)
㈨短期資本流動			
1. 本國私人短期資金移到外國…………	(−)		
2. 外國私人短期資金移到本國…………………………………			(+)
	(−)	或	(+)
四、統計差額………………………………………………	(−)	或	(+)
五、官方準備交易帳			
㈩短期官方資本移動	(−)	或	(+)
(十一)其他國際準備移動	(−)	或	(+)

表內國際收支帳中各項目均是本國與世界其他各國之經濟交易活動收支的記載，即財貨與勞務之輸出與輸入，或資金之流出與流入的外匯記帳。當財貨與勞務輸入或資金流出時，本國國際準備減少，記借方；當財貨與勞務輸出或資金流入時，本國國際準備增加，記貸方。帳中各項目的含意如下:

一、經常帳

經常帳 (current account)是國際收支帳的主幹，與一個國家當期經

濟活動的榮枯、國民所得的高低有密切的關係。它包括：（一）有形商品的輸出與輸入❷，（二）無形勞務——如運輸、旅遊、保險、銀行、版稅、權利金、及經紀等勞務的輸出與輸入，（三）本國與外國之間的投資所得——卽兩國之常住居民購買股票、債券，及其他資產的利息與紅利的收入與支出，此項目屬於國際間生產要素之無形勞務的交易，（四）政府之間的開支，爲本國政府設在國外，或外國政府、國際組織設在本國之各種機構的費用支出，包括使領館、軍事基地、聯合國或其他國際組織所設置之機構，至於政府間的技術援助費用則不包括在內。此項目屬於政府間的勞務開支。

經常帳中，有形之商品（財貨）的輸出與輸入的差額，稱之爲貿易餘額（balance of trade）。

二、片面移轉帳

片面移轉帳（unilateral transfer payments account）包括有：（五）國際私人部門之間的片面無償匯款，如僑民匯款、接濟親友、慈善與宗教團體的救濟與捐贈等，（六）政府部門之間的片面無償移轉，如國際間的經濟援助、技術援助、賠款、捐贈，及對國際機構經費之分擔費用。

（一）至（六）項——卽經常帳與片面移轉帳之借、貸雙方差額，稱之爲**經常帳餘額**（balance on current account）。經常帳餘額如爲盈餘或順差（surplus），表示本國的淨國外財富（net foreign wealth）增加，是一種本國的**淨國外投資**（net foreign investment）；如爲虧差或逆差，表示本國的國外財富淨減少，是一種本國的**淨國外負投資**（net foreign disinvestment）。

三、資本帳

資本帳（capital account）係記錄本國常住居民與外國常住居民之間的私人金融交易，包括（七）**直接國外投資**（direct foreign investment

❷ 所有有形商品的輸出與輸入必須是合法通過關卡的商品。

），指一個國家的常住居民取得或增加對另一個國家的企業所有（控制）權。本國常住居民對外國進行直接投資，資本流出、國際準備減少，記借方；外國常住居民對本國進行直接投資，資本流入、國際準備增加，記貸方。（八）**長期證券投資**（long-term portfolio investment），指兩國常住居民私人之間對期限一年以上之證券的交易。本國常住居民購買外國的長期證券，是一種證券的進口，但是一種資本的流出（出口），資金流出、國際準備減少，記借方；反之，資金流入、國際準備增加，記貸方。直接國外投資與長期證券投資均屬一種**長期資本移動**（long-term capital flows）。（九）**短期資本移動**（short-term capital flows），指兩國常住居民私人之間對期限一年以下之證券的交易，與兩國常住居民私人之間外匯或短期資金——如存款、貸款、商業票據、應收帳款等的流動。本國常住居民購買外國之短期證券與外匯或短期資金外流，均使國際準備減少，記借方；反之，資金流入，國際準備增加，記貸方。短期資本的流動主要是爲便利商業貿易的融資、賺取利率的差額或投機而產生。

　　資本帳的變動與經常帳有密切的關係。一個國家的經常帳有順差，則愈有可能對外進行資本移轉；反之，若經常帳有逆差，則將設法吸引國外資本流入。資本帳中所指的資本並非實物資本（physical capital），而是指求償權（claim）部位變化的記載。因之，本國資本外流，使本國對外國的**淨求償權部位**（net claims position）提高；外國資本流入本國，使本國對外國的淨求償權部位降低。再者，資本帳所記載的資本流動並非毛流量（gross flows），而只記載使一個國家對外求償權〔包括直接國外投資權益（equity）〕發生改變的淨流量（net flows），即任何的證券交易只計算一次，重複交易的價值則不計算在內。最後，如果因爲匯率改變或市場波動而使證券的價值發生改變，由於其並非一種經濟交易行爲，故這種價值的變化並不記載於國際收支帳之中。是故，資本

帳的記載有時並非能够完全真實反映一個國家在一段期間之內，對外淨求償權部位的變化狀況。

經常帳、片面移轉帳及資本帳中長期資本流動（卽直接國外投資與長期證券投資的總和）的借、貸雙方差額，稱之爲**經常帳與長期資本餘額**（basic balance on current account and long-term capital），簡稱**基本餘額**（basic balance）。

四、統計差額

國與國之間經濟交易活動的種類與項目非常的繁雜，國際收支帳實無法將其全部予以完整地記載。因此，無可避免地需要以統計差額（statistical discrepancy）項目調整國際收入與支出之間的差額，經過統計差額項目調整後，才能真正反映一個國家流動性部位的變化，也才能顯示真正官方準備所要交易的餘額，稱之爲**官方準備交易餘額**（official reserve transactions balance）或**官方清算餘額**（official settlements balance），又稱之爲**全面餘額**（overall balance）。由經常帳至統計差額等項目，有時又稱爲線上（above the line）項目，之後的項目則稱爲線下（below the line）項目。

五、官方準備交易帳

官方準備交易帳（official reserve transactions account）包括有：（十）短期官方資本——卽政府擁有的短期流動與非流動的金融資產，與（十一）其他國際準備（主要是指關鍵通貨）兩個項目，是政府用於清算國際收支的項目。經過誤差與遺漏項目調整後——卽一至四項，如果借方大於貸方，本國的國際收支發生逆差（虧差），表示本國的官方準備淨減少與對外國政府（外國中央銀行）的淨負債增加，本國的中央銀行必須將短期官方資本或其他的國際準備資產，移轉給外國的中央

銀行，應記貸方，而使總借等於總貸；如果借方小於貸方，本國的國際收支發生順差（盈餘），表示本國的官方準備淨增加與對外國政府（外國中央銀行）的淨負債減少，外國的中央銀行必須將其短期官方資本或其他的國際準備資產，移轉給本國的中央銀行，記借方，而使總借等於總貸，故（十）與（十一）兩項又稱爲**官方平衡或清算項**（official balancing or settlement items）。一個國家的國際收支無論是發生逆差或順差的失衡，由於平衡項的調整，最後國際收支帳在帳面上必然維持借貸雙方的平衡。

理論上，官方準備交易帳是用以清算國際間商業與非商業交易的結果，但事實可能並非如此。在現實的社會，官方準備交易帳中包含有許多中央銀行干預外匯市場與爲謀求經濟利益而產生的誘發性資金移動的活動在內。

傳統上，官方準備交易帳中的（十一）項包括黃金，但自1976年 1 月牙買加協定（Jamaica Agreement）將黃金予以非貨幣化（demoneti-zation）後，官方準備交易帳中不再包括黃金這一項目。黃金如被貨幣當局持有是爲貨幣性黃金（monetary gold），其他的如同一般商品，是爲非貨幣性（或商品）黃金。當貨幣當局買進非貨幣性黃金以增加黃金的持有，是將黃金予以貨幣化；當貨幣當局將黃金售予私人作爲非貨幣性用途而減少黃金持有，是將黃金予以非貨幣化。黃金交易的統計爲國際收支帳記載的一個例外，卽所有貨幣化與非貨幣化的黃金交易均需包括於國際收支的統計之中——卽使交易對象爲本國居民亦然。

國際收支帳的項目，又可根據其發生的性質，區分爲**自發性交易**（autonomous transactions）與**調節或補償性交易**（ accommodating or compensatory transactions ）兩類。**自發性交易是指因商業動機或其他考慮所產生，而與調節國際收支狀況無關的交易**，表29-1中的（一）至（九）項屬之。因爲經常帳的交易乃因國際間商品價格、成本的不同與

勞務技術的差異而發生；片面移轉支付是私人基於個人關係，或政府基於政治、軍事或人道的考慮而進行；資本移動則是因國內與國外的投資預期報酬率不同，或基於投機、政治考慮、分散資產持有而產生。這些自發性的交易完全基於經濟或非經濟的因素而進行，並不考慮到一國國際收支的盈虧狀況，故可能導致一國國際收支的逆差或順差。

調節性或補償性交易是特別基於國際收支發生盈虧現象的考慮，爲了彌補自發性交易所產生的借、貸雙方不平衡而進行， 表 29-1 中的（十）與（十一）項屬之。調節性交易本質上是一種平衡或清算自發性交易借、貸雙方差額發生之後的金融性交易，是爲使國際收支帳平衡而產生的，由於調節性交易的存在，遂使會計的國際收支必然達於借、貸雙方平衡的均衡。

一個國家在一段期間(通常一年)內之自發性交易的借方總額不等於貸方總額，稱之爲**國際收支失衡**（balance of payments disequilibrium）。如果自發性交易的借方總額大於貸方總額，稱之爲**逆差（或虧差）失衡**（deficit disequilibrium）； 自發性交易的借方總額小於貸方總額， 稱之爲**順差（或盈差）失衡**（surplus disequilibrium）。逆差失衡時，調節性交易記貸方，表示本國的國際準備資產減少；順差失衡時，調節性交易記借方，表示本國的國際準備資產增加。無論是逆差或順差失衡，由於補償性交易的調整，最後國際收支帳在帳面上必然維持借貸平衡。

茲將與國際收支帳有關之各種餘額的概念列於表29-2。

表29-2　國際收支帳及其各項餘額

（一）商品交易淨額

　　貿易餘額

加：　（二）勞務交易淨額

　　商品（財貨）與勞務餘額

加：（三）投資所得收支淨額

加：（四）政府開支淨額

加：（五）私人匯款淨額

加：（六）政府移轉支付淨額

　　　　經常帳餘額

加：（七）直接國外投資淨額

加：（八）長期證券投資淨額

　　　　經常帳與長期資本餘額（基本餘額）

加：（九）短期資本移動淨額

加：（十）統計差額

　　　　官方準備交易餘額（或全面餘額）

（十一）短期官方資本移動

（十二）其他國際準備資產移動

第二節　外滙市場的運作

　　現代國際間的交易活動，如同國內個人之間的交易活動一樣，絕大部分是以貨幣爲媒介，並非是以物易物而進行的。但是，由於各國所使用的通貨並不相同，因此國際交易不同於國內交易，唯有克服國際間通貨單位不同的困難，國際交易才能順利進行，這種**提供國際間不同通貨互換、交易的場所，是爲外匯市場** (foreign exchange market)。唯有外匯市場的存在，國際收支帳中絕大部分的經濟交易活動才能順利進行；而此等交易活動的結果，也就反映在外匯市場的供、需之上。是故，國際收支與外匯市場是兩相結合、息息相關的。

一、外匯市場的必要性與種類

國際間產品與資產的交易，雖然各國私人之間均以本國的通貨作爲支付的工具，但由於各國所使用的通貨單位並不相同，因此有時需先將本國通貨兌換成外國通貨，而後才能用以支付給外國。同樣地，由外國取得收入，亦需先兌換成本國通貨，而後才能在本國順利使用，進行國內交易。因之，國際之間必須要有健全的外匯市場存在，使各國通貨之間能够順利相互兌換，而後國際交易活動才能順利進行。

世界各主權國家大都擁有自己的通貨，全世界因此有上百種不同的通貨存在。但國際間交易活動的進行並非一定要以貿易與國的通貨支付，有許多國家的通貨是國際間所共同接受的 **通兌通貨** （convertible currencies），如美元、日圓、英鎊、馬克及法郎等是。在實際的國際經濟社會，國際交易通常不是以貿易與國的通貨進行，絕大部分是以通兌通貨作爲支付的工具，因此，一個國家所擁有的通兌通貨數量的多寡，可以作爲衡量其進行國際交易能力的指標。**一個國家在某一時點，可能同時擁有多種數量不同的通兌通貨，這些通兌通貨的總和，吾人視爲該國的外匯**（foreign exchange）。因此，就個別國家而言，外匯是指一國所擁有可作爲國際支付工具的全部外國通兌通貨，包括以外國通兌通貨標示的支票或匯票等短期金融資產。

通貨亦如同普通的商品一樣，可以進行交易、買賣，因此所謂的外匯市場是指不同通貨交易買賣的地方。外匯市場有大、有小，大者如紐約、倫敦、東京、歐洲美元市場等形成國際性的外匯市場，小者只是一國國內的外匯市場。外匯市場可能是有形的存在，如親至銀行買賣外匯；可能是無形存在，如以電話、電報、電腦聯線，或無線電傳眞等進行交易。又按達成交易與交貨的時間長短爲標準，外匯市場又可分爲**即期市場**（spot market）與**遠期市場**（forward market），**前者是指外**

匯買賣以現場交易（二日之內）的方式進行，後者則是指外匯買賣依協議的價格達成後，而於未來的某一時日交割。外匯即期市場與遠期市場性質截然不同，但彼此之間有密切的關係，在靱性匯率制度下，唯有兩者同時存在，相輔相成，個別國家以及國際間的外匯交易活動才能順利運行。

外匯市場交易的工具主要包括以外幣表示的銀行存款轉帳（bank deposit transfer）、銀行匯票（bank drafts）、票券（bills of exchange），及各種短期金融工具〔如國際匯票（international money order）〕等，而其中以電腦聯線或無線電傳眞進行買方與賣方之間外幣存款的存款轉帳最爲普遍。

二、外匯市場的功能

外匯市場是因應國際交易活動的需要而產生，故其功能主要在於促進國際交易活動的順利進行，以提高國際經濟福利。具體而言，外匯市場的功能主要在於:

1. 交換通貨　經由外匯市場外匯的買賣，國際間的通貨與資金才能够有效地轉換與移動，國際間產品與資產的交易才能順利進行。

2. 清算債務、調節信用　外匯市場之於國際交易正如國內金融市場之於國內交易，透過外匯市場（通常是經辦外匯業務的商業銀行），國際交易之各種票據得以順利清算，因此外匯市場有著票據清算所（clearing house）的功能存在。又國家或個人可以透過國內或國際的外匯市場借入或貸出外匯，故其存在有利於國際間個人與國家之外匯信用的調節。

3. 消除匯率風險　在靱性匯率制度（或自由外匯市場）下，匯率的變動將使得進口商或出口商的一方遭受損失，國際交易的風險因而增加，國際交易活動可能因而減少。但在外匯即期市場與遠期市場同時存

在的情況下，進出口商可以**對沖**（hedge）或**拋補**（cover）的方式同時進行卽期與遠期的外匯買賣以避免匯率變動的風險，維持國際交易活動的正常擴展。

4. 謀取利得　外匯市場的存在，使得投資者得以利用國際間利率的不同而進行套利（arbitrage），以賺取更多的利息報酬；同時，也使得投機者利用外匯市場匯率變動的不確定性，故意承擔外匯市場的風險，在外匯卽期與遠期市場進行投機性的外匯買賣，以圖獲取匯率變動之利。近年來，外匯市場已普遍成爲各國投資者與投機者進行套利與套匯以追逐暴利的場所。

三、外匯市場的組織

一國外匯市場的交易活動，通常是由四個層次不同的參與者所構成，這四個層次的參與者由低至高依序爲：

1. 外匯之最後需求者與供給者　如進、出口商，旅行者，留學生，投機者，移民者，投資者屬之，由於這些人交易的金額通常不太大，因此又稱爲**零星買匯者**（retail consumers）。這些參與者彼此之間絕少直接的進行外匯交易，通常是透過商業銀行進行外匯買賣。

2. 商業銀行　各國的商業銀行通常都有買、賣外匯及承辦外匯存款、匯兌、貼現等業務，再加上各國商業銀行之間彼此互有業務來往，各國及國際的外匯市場因此能夠以商業銀行爲媒介，而使外匯交易活動順利進行。商業銀行是外匯市場最主要的參與者，也是進行外匯交易最主要的地方。銀行之外匯買價與賣價之間差額的百分比稱爲差價（spread）或交易差額（trading margin），其計算爲：$\dfrac{\text{賣價}-\text{買價}}{\text{買價}} \times 100$。

目前我國商業銀行之美元外匯的買價（bid price）低於中心匯率 5 分，賣價（ask price）高於中心匯率 5 分，差價約爲 0.39%（以26元臺幣兌

換 1 元美元的中心匯率計算)。

3. 外匯掮客　有些公司行號專門從事撮合商業銀行之間買賣外匯的業務，是爲外匯掮客 (broker)。外匯掮客主要的功能是作爲商業銀行之間外匯買賣的媒體，其與最後外匯需求者與供給者之間並沒有直接的關係，商業銀行主要透過外匯掮客來調節其外匯數量。在世界主要的外匯交易中心 (如紐約、倫敦)，外匯掮客的數目並不多，但彼此之間的競爭往往相當的激烈，所以每單位利潤很小，但由於交易金額龐大，因此總利潤還是相當可觀的。由於外匯掮客的角色爲撮合商業銀行間的外匯交易，其本身並不需要擁有任何的外匯，因此可免於匯率變化的風險。相反地，商業銀行扮演的是外匯經紀商 (dealer) 的角色，必須擁有外匯，因此必須承擔匯率變化的風險❸。

4　中央銀行　當今全世界還沒有一個國家的外匯市場是完全自由競爭而沒有政府的任何干預，因此各國的中央銀行可說是其外匯市場的最後奧援者。各國政府經常透過中央銀行干預外匯市場、改變匯率及代理政府進行國際交易活動。因之，各國的中央銀行對於其外匯市場具有絕對的影響力，而經濟力量雄厚之先進工業國家的中央銀行對於國際外匯市場亦有舉足輕重的影響，國際外匯市場與金融秩序能否穩定，端視各國的中央銀行能否同心協力、步調一致。在外匯市場上，中央銀行與商業銀行之間，通常亦是透過外匯掮客而相互連繫。

四、外匯市場的供給與需求

如同產品、要素或金融市場一樣，必須供給與需求同時存在，而後外匯市場才能成立，而外匯市場的供給與需求事實上也就是國際交易活動的收入與支出。

---

❸　掮客與經紀商不同之處在於前者扮演交易媒介的角色，收入來自提供訊息與勞務的佣金；後者自己從事買賣，由買價與賣價的差額賺取收入。

根據國際收支帳上的記載，可以得知一個國家的外匯供給主要來自於：

1. 本國商品與勞務的出口 外國進口本國的商品與勞務，以外匯支付本國，本國的外匯供給增加。傳統上，商品與勞務（尤其是商品）的出口是一個國家外匯供給的主要來源。

2. 外國對本國進行移轉支付 在此情況下，本國雖然沒有付出任何有形的經濟代價，但卻仍然得到外匯的流入。對許多落後的開發中國家而言，外國（先進工業國家）的移轉支付往往是其外匯供給的主要來源。

3. 外國購買本國的金融資產或對本國進行直接國外投資 這是一個國家的國際收支中資本帳上的外匯收入。近年來，國際金融市場緊相結合，國際間資金流動頻繁，再加上石油危機之後油元的流動，這一部分的資金流入對於眾多進口石油消費之先進工業國家外匯市場的穩定，具有相當大的影響力。

4. 本國常住居民將其在外國的資產、所得匯回本國 本國常住居民將其在國外之資產清算後匯回本國，構成本國的外匯供給。本國常住居民提供生產要素在國外從事生產所得之報酬是爲國外要素所得，匯回本國卽構成本國的外匯供給，包括本國公司在海外分支機構的盈餘、本國常住居民在國外直接投資的利益收入、在外國的存款利息收入、購買外國股票之股息或債券的利息收入，及版權、專利權等收入。

5. 本國常住居民爲減少其所擁有的外匯資產而予以出售 在此情況下，不論他們是出售部分國內的外匯資產或部分國外的外匯資產，均會使本國的外匯供給增加。

相對地，一個國家的外匯需求主要來自於：

1. 本國自國外進口商品與勞務 本國進口外國的商品與勞務，以外匯支付給外國，本國的外匯需求增加。傳統上，這是一個國家外匯需

求的主要來源。

2. 本國對外國進行移轉支付　在此情況下，本國常住居民需支出外匯，但並沒有得到任何有形的經濟償付。

3. 本國購買外國的金融資產或對外國進行直接國外投資　這些活動大部分必須先在外匯市場取得外匯，而後才能進行。

4. 外國常住居民將其在本國的資產、所得匯回　外國常住居民將他們在本國之資產與所得換成等值的外匯後匯出，故對外匯市場產生需求。

5. 本國常住居民希望增加其所擁有的外匯資產　在此情況下，如希望增加擁有國內的外匯資產，直接在國內的外匯市場購入外匯資產；如希望增加擁有國外的外匯資產，亦須先在國內的外匯市場購得外匯，然後再在外國購得國外資產，兩者均在本國的外匯市場產生需求。

第三節　均衡滙率的決定與維持

外匯市場的參與者構成外匯市場的供給與需求。外匯市場形成之後，進一步是其均衡價格——即**均衡滙率** (equilibrium exchange rate)——如何決定並維持。**匯率是指一種通貨換取另一種通貨一單位所需支付的單位數**，如換取 1 單位美元，需要支付40單位臺幣，則臺幣對美元的匯率為 $T\,40 = \$1$，美元對臺幣的匯率為 $\$\frac{1}{40} = T\,1$。**均衡滙率是能够使一個國家的外匯市場達到供需均等的匯率**。在只考慮財貨與勞務交易的情況下，能够使財貨與勞務的國際收支達到平衡的匯率，即是均衡匯率。均衡匯率之決定與維持的過程，與各國所採行的國際貨幣制度 (international monetary system) 有相當密切的關係。以下我們依序討論在金本位制度、靱性匯率制度，及可調整固定匯率制度下，一個國家

即期外匯市場之均衡匯率的決定與維持。

一、金本位制度下均衡匯率的決定與維持

金本位 (gold standard) 國際貨幣制度是一種**固定匯率制度**(fixed exchange rate system)。**在每一個國家的單位通貨均含有一定的黃金量，及黃金可以在國際 間自由輸出 與輸入的條件下， 金本位制度 是指匯率由各國一單位通貨之含金量的相對比率——即鑄幣平價率** (mint parity rate)——**所決定的國際貨幣制度**。 此一制度的運作規則 (rules of the game) 是:

1. 各國必須明確訂定其單位通貨的含金量 各國再根據通貨的含金量決定彼此之間的匯率，並維持通貨與黃金之間的自由兌換關係。

2. 黃金在所有金本位制度的國家間能夠自由移動 但黃金在國際間的移動有其成本存在: (1) 運費、保險費、經紀商的手續費、或熔鑄費; (2) 運輸期間的利息成本等。

3. 各國不得以貨幣政策抵銷黃金移動對其貨幣量所產生的影響 即各國的貨幣當局不得採取沖銷 (sterilization) 或中性化 (neutralization) 政策 (如公開市場操作或改變法定準備率等) 來抵銷黃金移動對其貨幣數量的影響。在此情況下， 一個國家的貨幣數量必然與其所擁有的黃金數量有增函數的關係存在。

4. 各國的價格 (包括利率與工資) 應具有完全的韌性 即各國的市場均為完全競爭、充分就業，沒有政府或人為的組織 (如工會) 干預或管制一切價格的變動。

在這些運作規則 (或特點) 下，金本位制度即期外匯市場之均衡匯率的決定過程如下:

假設: 黃金在國際間的 價格相同， 現我國每單位 臺幣含黃金 2 喱 (grain)，美國每單位美元含黃金 80 喱，則在金本位制度下，臺幣 (T)

對美元（\$）的官方平價匯率（par rate of exchange）爲 $T\,40=\$1$。雖
然如此，金本位制度下的匯率 並非完全固定的，考慮國與 國之間黃金
的交易與運輸成本後，兩國的市場匯率 將被限制 在**黃金輸出點**（gold
export point）與**黃金輸入點**（gold import point）的狹小幅度之間變
動。兩國市場匯率的變動以黃金輸出點爲高限，以黃金輸入點爲低限。

圖 29-1，假設在金本位制度下，臺幣對美元根據含金量所決定的平
價匯率爲 Oe^*，卽 $T\,40=\$1$，此一匯率亦正好是市場的均衡匯率，使
外匯市場之供給等於需求。設我國與美國之間每80喱重量之黃金的運送
成本（包括運費、保險費、手續費及利息成本等）爲臺幣 2 元，則市場
匯率將不會高於上限黃金輸出點 OG_x 的匯率——$T\,42=\$1$，不會低於
下限黃金輸入點 OG_m 的匯率——$T\,38=\$1$。當市場匯率升高至 $T\,42=$
$\$1$ 以上時，本國居民（黃金套利者）寧願輸出黃 金到美國換取美元。
因爲只需在本國花費40元臺幣購得80喱的黃金，再加上 2 元臺幣的黃金
運送費用，總共不會花費超過42元臺幣，卽可以在美國換取一單位的美
元。因此，**凡市場匯率達到以輸出黃金在國外換取外匯的成本等於在國
內購買外匯的成本時，此一匯率稱之爲黃金輸出點**。市場匯率高出此匯
率時，本國黃金套利者將不斷輸出黃金以換取外匯進口，**故當匯率達到
黃金輸出點之上時，外匯市場的外匯供給彈性無限大**——如 G_xG_x 水平
線成爲外匯供給曲線（$S_\$$），故市場匯率不會高於 OG_x（$T\,42=\$1$）。

當市場匯率降低至 $T\,38=\$1$ 以下時，本國居民（黃金套利者）寧
願以外匯向美國換取黃金輸入。因爲以38元以下的臺幣在本國外匯市場
換取一單位美元，而後向美國購得80喱重量的黃金，付出 2 元臺幣的黃
金運送費用，運送回國後，總共花費不到40元臺幣，卽可以在本國換得
40元臺幣。因此，**凡市場匯率達到以輸入黃金來換取臺幣的收入等於直
接出售外匯的收入時，此一匯率稱之爲黃金輸入點**。市場匯率低於此匯
率時，本國黃金套利者將不斷購買外匯在國外換取黃金進口，**故當匯率**

達到黃金輸入點之下時，外匯市場的外匯需求彈性無限大——如 $G_m G_m$ 水平線成爲外匯需求曲線（$D_{\$}$），故市場匯率不會低於$OG_m$（$T$38＝\$1）。在兩國模型下，一個國家的黃金輸出點爲另一個國家的黃金輸入點，一個國家的黃金輸入點爲另一個國家的黃金輸出點。

在金本位制度下，國際間黃金的流動爲一正常、自然的現象，當匯率達於黃金輸出點或黃金輸入點，而使經常帳的外匯供、需有差距存在時，經由黃金的流動，自然可以使外匯市場的供、需重新達於均等，所以黃金輸出點與黃金輸入點之匯率仍應視作均衡匯率。不過，如果將黃金的流動視之爲不正常的現象，則黃金輸出點與黃金輸入點兩個匯率是否可視爲均衡匯率，則又另當別論了。

圖 29-1 中之 $D_{\$}$ 及 $S_{\$}$ 分別是因我國進口與出口財貨與勞務而產生的美元外匯需求曲線與供給曲線，兩者相交於 E 點，決定均衡市場匯率 Oe^*，Oe^* 等於根據含金量所決定的臺幣對美元的平價匯率，均衡市場外匯數量等於 ON 美元，等於 $\square Oe^*EN$ 數量臺幣。現假設我國

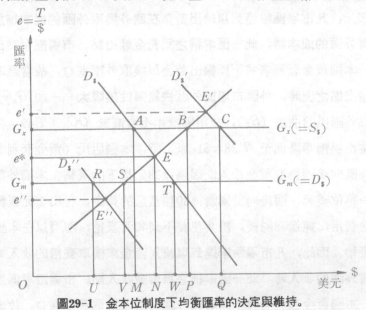

圖29-1　金本位制度下均衡匯率的決定與維持。

居民要對美國進行直接投資，而對外匯的需求增加，外匯需求曲線因此往上移至 $D'_\$$。若在非金本位的自由軔性匯率制度下，均衡市場匯率應上升至 Oe'，而使外匯的需求完全由經常帳的外匯收入所供應。但是，在目前的金本位制下，市場匯率只能達於其上限 OG_x。在此匯率下，外匯需求等於 G_xC，其中 G_xA 爲進口財貨與勞務所產生的外匯需求，AC 爲進行直接國外投資所產生的外匯需求，$G_xA+AC=G_xC$；財貨與勞務出口所產生的外匯供給爲 G_xB，故外匯供給不足 BC 數量，此一外匯不足的差額，由本國居民輸出價值 $\Box PBCQ$ 臺幣的黃金，換回 $BC=PQ$ 數量的美元外匯而得到供應，外匯市場的供給與需求再度達於相等，卽 $G_xA+AC=G_xB+BC$。

　　若我國居民希望減少所擁有的美元外匯資產，而對外匯的需求減少，外匯需求曲線因此往下移至 $D''_\$$。若在非金本位的自由軔性匯率制度下，均衡市場匯率應下降至 Oe''，而使外匯的需求完全由經常帳的外匯收入所供應。但是，在目前的金本位制下，市場匯率只能達於其下限 OG_m。在此匯率下，進口財貨與勞務所產生的外匯需求等於 G_mT，但希望減少擁有外匯資產而產生負的外匯需求等於 RT，所以實際的外匯需求等於 G_mR，$G_mR=G_mT-RT$；財貨與勞務出口所產生的外匯供給等於 G_mS，故超出外匯供給 $RS(=UV)$ 數量，此一外匯剩餘的差額由本國居民用以輸入價值 $\Box URSV$ 臺幣的黃金，剩餘外匯消除，外匯市場的供給與需求再度達於相等，卽 $G_mT-RT+RS=G_mS$。是故，經由黃金的輸出與輸入，實施金本位制度國家的市場匯率得以維持於黃金輸出點（上限）與黃金輸入點（下限）之間。

　　接著，吾人要問，當一個國家的市場匯率達於黃金輸出點上限，而使其黃金外流時，這種情況是否會持續下去，至其黃金存量全部耗盡，而使上限匯率無法維持呢？又當一個國家的市場匯率達於黃金輸入點下限，而使外國黃金流入時，這種情況是否會持續下去，至對手國的黃金

存量耗盡，而使下限匯率無法維持呢？答案是否定的。因爲在金本位制下，只要各國遵守運作規則，則一國黃金的輸出或輸入均是一種暫時的現象，這種情況是會自動回轉的。長期間，各國外匯的供、需將會達於平衡，而黃金存量（在比較靜態分析下）將會與原有的數量相同。例如，金本位制度下，根據運作規則一國的市場匯率達於上限，該國黃金外流──黃金數量減少──貨幣供給量減少──物價水準下跌；對手國黃金流入──黃金數量增加──貨幣供給量增加──物價水準上升。因之，黃金外流之國家，一方面由於物價水準變得相對便宜，故其出口會增加、進口會減少，而使經常帳的收支獲得改善，終至黃金回流；同時，其貨幣供給量減少，在其他情況不變下，利率水準會上升，而吸引短期資金流入，亦將使其國際收支改善，黃金流入。如此，只要遵守運作規則，黃金外流之國家的黃金將會逐漸再回流，黃金流入之國家的黃金將會逐漸再流出，各國因此得以經常保有一定數量的黃金，而實現維持匯率在上、下限之間變動的理想。

對於金本位制，學者間各有褒貶之見如下：

優點：(1)匯率維持相當的穩定，對於拓展國際貿易，促進世界各國之經濟成長有相當的貢獻，(2)能够自動調整達成對內與對外的均衡──即充分就業與國際收支平衡。

缺點：(1)匯率過度僵化，無法有效應付國際經濟變動，(2)當價格靱性的假設不成立時，調整機能就難以達成對內與對外的均衡，在調整的過程中，各國必須付出國內經濟緊縮（逆差時）或經濟膨脹（順差時）的代價。在目前大多數國家均以追求充分就業與物價穩定爲主的情況下，很少有國家爲了維持國際收支的平衡而願意犧牲國內的穩定，這也是導致金本位制度崩潰的最主要原因。

二、靭性匯率制度下均衡匯率的決定與維持

靭性匯率制度是指一個國家的匯率完全沒有人為的干預，而由外匯市場供給與需求的力量所決定的一種制度。如圖29-2，我國美元外匯市

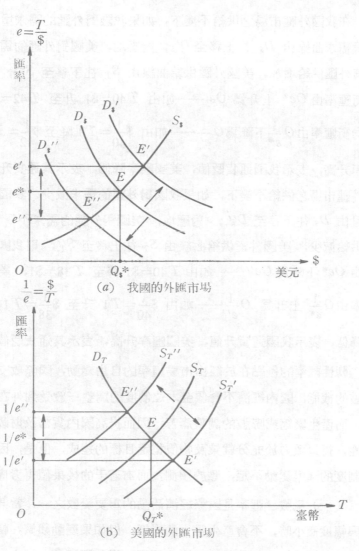

圖29-2　靭性匯率制度下均衡匯率的決定。

場的需求與供給決定了均衡匯率 Oe^*（$T\,40=\$1$）。在兩國模型下，美國臺幣外匯市場亦必然同時達到供需的均等，其均衡匯率爲 $O\dfrac{1}{e^*}$（$\$\dfrac{1}{40}=T\,1$）。

在我國外匯市場之供給不變下，如果我國對外匯的需求增加，我國外匯需求曲線由 $D_\$$ 往上移至 $D'_\$$；對應地，美國對外匯的需求不變，但其外匯供給增加，美國外匯供給曲線由 S_T 往下移至 S'_T，則我國的均衡匯率由 Oe^* 上升爲 Oe'——如由 $T\,40=\$1$ 升至 $T\,42=\$1$，美國的均衡匯率由 $O\dfrac{1}{e^*}$ 下降爲 $O\dfrac{1}{e'}$——如由 $\$\dfrac{1}{40}=T\,1$ 降至 $\$\dfrac{1}{42}=T\,1$。我國匯率升高，表示我國通貨貶值，美國匯率降低，表示其通貨升值。在我國外匯市場之供給不變下，如果我國對外匯的需求減少，我國外匯需求曲線由 $D_\$$ 往下移至 $D''_\$$；對應地，美國對外匯的需求不變，但其外匯供給減少，美國外匯供給曲線由 S_T 往上移至 S''_T，則我國的均衡匯率由 Oe^* 下降爲 Oe''——如由 $T\,40=\$1$ 降至 $T\,38=\$1$，美國的均衡匯率由 $O\dfrac{1}{e^*}$ 上升爲 $O\dfrac{1}{e''}$——如由 $\$\dfrac{1}{40}=T\,1$ 升至 $\$\dfrac{1}{38}=T\,1$。我國匯率降低，表示我國通貨升值，美國匯率升高，表示其通貨貶值。

靭性匯率的優點在於經由市場匯率的自由變動，國際收支具有自動調整的機能，國內經濟不會像金本位制度的調整一般受到外在因素的干擾，而產生緊縮或膨脹的調整痛苦，因而提高國內貨幣及財政政策的自主性，得以致力於充分就業及物價穩定目標的達成。但是，因爲靭性匯率制度的匯率變動不定，難於預測，而有若干的後果值得考慮：

（一）風險 匯率是國際經濟活動的重要變數之一，當其變動的頻率與幅度微小時，不會產生重大的影響，但如果變動頻繁，幅度很大，將使國際間成本與價格的比較發生困難，增加國際貿易與金融交易的風

險及不確定因素，從而減少國際貿易與投資，阻礙了國際資源的最適派用。例如，我國出口商以目前臺幣對美元 $T36＝\$1$ 的匯率與美國進口商訂定一筆價值一萬美元，折合臺幣36萬元的交易。如果交易完成時，匯率浮動為 $T34＝\$1$，則我國出口商只有34萬元的臺幣收入，損失了 2 萬元臺幣收入。因此，匯率變動產生的額外風險，將阻礙國際貿易、投資與資金流動的進行。

（二）**貿易條件**　一個國家的貿易條件可以實物形態表示，卽獲得一單位進口品所必須付出的出口品數量之比率；也可以貨幣形態表示，卽出口品價格指數與進口品價格指數之比率。因此，匯率上升，本國通貨貶值，本國出口品相對於進口品的價格下降，本國貿易條件惡化，福利受損；反之，匯率下降，本國通貨升值，本國出口品相對於進口品的價格上升，本國貿易條件改善，福利提高。

（三）**穩定**　假設一個國家在現行的匯率下，處於充分就業與物價穩定的狀態。匯率浮動的結果，本國通貨貶值，出口增加，進口減少，產生膨脹缺口，引起物價上漲；本國通貨升值，出口減少，進口增加，產生緊縮缺口，導致失業。因此，除非國內採取適當的貨幣與財政政策與之配合，否則靱性匯率制度對國內經濟穩定將有不利的影響。

（四）**有效性**　各國期望靱性匯率制度能夠同時達成對外國際收支平衡與對內經濟穩定的雙重目標。事實上，根據部分國家實施靱性匯率的經驗，它並不能有效達成調整國際收支與維持國內經濟穩定的功能。因為：(1)靱性匯率的效果為其他干預措施——如外匯市場干預、外匯與資本移動的管制等所抵消。(2)靱性匯率變動的效果，因缺乏適當的政策配合而減弱。(3)國際收支失衡可能是生產力或經濟結構而非貨幣因素所肇致，僅以匯率變動難以達到預期的效果。(4)在充分就業、國際收支逆差時，貶值雖可使本國出口增加，進口減少，而改變國際收支；但是，淨出口增加的結果，將使國內產生通貨膨脹，而使出口減

少，進口增加。因此，匯率變動不一定能够有效改善國際收支。

三、可調整固定匯率制度下均衡匯率的決定與維持

這個制度是第二次世界大戰之後，至1973年初世界各國普遍實行的國際貨幣制度，是金本位制度與靭性匯率制度兩者折衷的制度，其創制的目的在於融合金本位制度匯率穩定的優點與靭性匯率制度匯率靭性的優點，因此兼具有穩定、靭性與自動調整等特性。

可調整固定匯率制度是國際金匯兌本位制度 (gold exchange standard system) 下的產物。第二次世界大戰結束後，自由世界大部分的黃金集中於美國，大多數的非共產國家都缺少黃金或只握有很少量的黃金，於是經由國際協議，各國的中央銀行將其本國通貨單位的面值 (par value)，根據單位通貨的法定含金量，而與美元釘住，美國財政部再依據國際協議，訂定一盎斯黃金等於35美元的兌換率，准許外國中央銀行自由地以35美元向美國財政部兌換一盎斯的黃金，各國的通貨因此間接地與黃金聯繫起來，而形成國際金匯兌本位。如此，**各國不僅與美元建立固定的平價匯率** (parity exchange rate) **關係，同時經由與美元的兌換關係而建立起彼此之間固定的平價匯率關係，按照法定的平價匯率，各國的通貨在公開市場上自由地相互買賣。**

為了使匯率的變動對國際貿易與資本流動的不利影響減至最低，可調整固定匯率制度將匯率的變動釘住在相當狹小的範圍之內。在匯率變動界限的決定與維持方面，可調整固定制度與金本位制度十分相似。圖29-3，設我國最初所決定的平價匯率為 Oe^*，而後釘住此一匯率。設訂定的**匯率上限** (upper limit) 為 OU_L，**匯率下限** (lower limit) 為 OL_L。**在上限與下限之間，匯率可隨市場力量自由浮動，但政府貨幣當局將以國際準備為工具，維持匯率不高於上限，不低於下限。**設外匯需求增加，使外匯需求曲線由 $D_\$$ 往上移至 $D_\$'$。在靭性匯率制度下，市

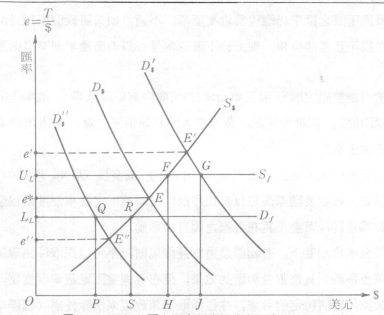

圖29-3　可調整固定匯率制度下均衡匯率的決定與維持。

場均衡匯率將上升至 Oe'，但在此制度下，市場匯率將只能達於上限 OU_L，因而產生 FG 數量的外匯短缺。在此情況下，貨幣當局將拋售市場不足之 FG 數量的美元——等於收進 □$HFGJ$ 數量的臺幣，使匯率維持於上限，故**在匯率上限，外匯的供給成為彈性無限大**——如 U_L S_f 水平線。反之，外匯需求減少，使外匯需求曲線由 $D_\$$ 往下移至 $D''_\$$。在靭性匯率制度下，市場均衡匯率將下降至 Oe''，但在此制度下，市場匯率只能降至下限 OL_L，因而產生 QR 數量的外匯剩餘。在此情況下，貨幣當局將收購市場過多之 QR 數量的美元——等於放出 □$PQRS$ 數量的臺幣，使匯率維持於下限，故**在匯率下限，外匯的需求成為彈性無限大**——如 $L_L D_f$ 水平線。

在可調整固定匯率制度下，政府以國際準備干預外匯市場為一正常、當然的現象，故當匯率達於上限或下限，而使外匯供、需有差距存在時，經由政府的干預，自然可以使外匯市場的供、需再度達於均等，

所以上限與下限之匯率仍應視為均衡匯率。不過，如果將政府干預外匯市場視之為不正常的現象，則上、下限匯率是否為均衡匯率則又另當別論了。

雖然可調整固定匯率制度與金本位制度均有平價匯率、匯率上限（黃金輸出點）、與匯率下限（黃金輸入點）等相同之處，但兩者仍有幾點重要的差別：

1. 金本位制度是以金幣（Gold Specie）或金塊（Gold Bullion）本位為基礎，黃金於國際間可以自由移動；可調整固定匯率制度是以金匯兌本位為基礎，黃金不再在各國之間自由移動。

2. 金本位制度下，各國必須遵守運作規則，不可以採取沖銷政策來消除黃金移動對貨幣數量影響的效果；但在可調整固定匯率制度下，各國基於國內經濟穩定的考慮，往往採取沖銷政策來消除外匯（國際準備）變動對貨幣數量影響的效果。

3. 在單位通貨含金量、黃金運送成本不變下，金本位制之法定平價匯率與黃金輸出點、黃金輸入點是不會改變的；但在可調整固定匯率制度下，若國際收支發生基本失衡，平價匯率與上、下限都會改變——即可調整，而再重新釘住。因此，可調整固定匯率制度顯然較金本位制度缺乏自動調整與匯率穩定的特性。

在可調整固定匯率制度下，按照國際貨幣基金（International Monetary Fund, *IMF*）的規定，一個國家唯有在其國際收支發生**基本失衡**（fundamental disequilibrium）時，才可以調整其平價匯率與上下限。所謂的基本失衡是指：一個國家的國際收支失衡（赤字或盈餘）是一種經濟結構或長期的現象，而不是可以市場機能或國內政策迅速加以改正的短期現象。在這情況下，連續地累積或減少外匯（國際準備）是不適當且無法忍受的，因此經由平價匯率的改變來調整國際收支是被認可的。如同靭性匯率制度一般，可調整固定匯率制度的實行，希望經由

匯率在上限與下限之間的自由浮動而達到國際收支自動調整的理想。但往往由於上下限的幅度太小或基本失衡的存在，以致於無法發揮預期的自動調整國際收支的功能。

自第二次世界大戰後迄1973年之間，國際貿易與資本流動的數量擴展迅速，可調整固定匯率制度的貢獻實功不可沒。除了幾次重大的國際金融危機外，由於各國貨幣當局積極的干預，國際間的匯率還維持相當的穩定。但是，部分的學者認爲，各國所釘住的平價匯率並非均衡的匯率，而是失衡的匯率，因此本質上可調整固定匯率制度是一種**國際失衡制度** (international disequilibrium system)。爲了維持所釘住的失衡匯率，各國常以限制貿易與資本流動的手段來達成穩定匯率的目標，這對於國際及各國的資源派用與經濟福利均有不利的影響。此外，在調整匯率時，各國往往有向上而不往下調整的傾向，容易導致各國競相貶值通貨，而使國際收支難以有效順利調整。

以上所討論之各種國際貨幣制度下匯率的決定，均只限於本國通貨與另一國通貨之間的兌換。但實際的經濟社會，本國的通貨同時與許多國家的通貨兌換，如果不是考慮本國通貨與各別國家通貨之間的兌換關係，而是考慮本國通貨與所有其他國家通貨之間的兌換關係，則須應用**雙邊匯率價格指數** (price index of bilateral foreign exchange rate)——又稱**有效匯率** (effective exchange rate) 的觀念。所謂**有效匯率是以各國與本國之貿易量佔本國之總貿易量的比重爲權數所計算出來的本國與各國雙邊匯率的加權平均匯率**，以式子表示爲：

$$e = \sum_{i=1}^{n} a_{ij} e_{ij},$$

上式中 j 代表本國，i 代表個別的其他各國，a_{ij} 代表某一國與本國之貿易量 (T_{ij}) 佔本國總貿易量 (T_j) 的比重——卽 $a_{ij} = T_{ij}/T_j$，e_{ij} 代表本國通貨 (C_j) 與其他各國通貨 (C_i) 之間的雙邊匯率——卽 e_{ij}

$= C_j/C_i$。但是，吾人亦可以貿易夥伴之國家在全世界貿易中所佔的比重作爲權數 來計算 有效匯率 —— 稱爲多邊世界貿易權數有效匯率指數 (multilateral world trade-weight effective exchange rate index)。

又以上所討論的匯率是屬名目匯率 (nominal exchange rate)，但在國際市場上，一國產品之競爭力的高低不僅與名目匯率有關，更與貿易與國的物價水準有密切的關係。因此，吾人時常以經貿易與國之價格水準調整過的名目匯率 —— 稱之爲實質匯率 (real exchange rate) —— 來進行國際金融理論的分析。實質匯率 (q) 的計算爲:

$$ q = e \, \frac{P^*}{P}, $$

式中 P^* 與 P 分別代表外國與本國的物價指數，e 爲名目匯率。因此，實質匯率實際上爲以本國通貨表示之外國物價水準對本國物價水準的相對比率。有效匯率的觀念亦可應用到實質匯率之上，只要知道貿易夥伴國家與本國的物價水準，則可將名目有效匯率轉化爲實質有效匯率。

摘　　要

1. 唯有健全的國際金融體制，國際貿易才能順利進行，國際金融所探討的主要是國際貿易的貨幣面。

2. 國際收支帳主要用以表示一個國家，在一段時間內，對外的經濟活動績效，其內容主要有: (1) 經常帳，(2) 片面移轉帳，(3) 資本帳，(4) 統計差額，及 (5) 官方準備交易帳。由於根據複式簿記原理記載，最後借項總額必然等於貸項總額，國際收支帳因此又稱國際收支平衡表。

3. 國際收支帳的內容又可根據發生的性質區分爲自發性交易與調節性或補償性交易，前者係指基於商業或政治考慮所發生的交易，後者

係指基於國際收支考慮,爲彌補自發性交易借貸雙方差額而發生的交易,自發性交易借方總額大於貸方總額, 稱爲逆差失衡; 反之, 稱爲順差失衡。

4. 透過外匯市場, 本國通貨與外國通貨之間得以相互交換, 國際貿易才能順利進行。外匯是指一個國家所擁有可作爲國際支付工具的通兌通貨資產。

5. 外匯的供給與需求構成外匯市場, 能夠使外匯供給等於需求的匯率, 稱爲均衡匯率。匯率是指一種通貨換取另一種通貨一單位所需支付的單位數, 就本國而言, 匯率上升表示本國通貨貶值; 下降, 表示本國通貨升值。

6. 國際貨幣制度主要在於作爲外匯市場運行的準則, 迄今曾經實施過的國際貨幣制度主要有: (1) 金本位制度, (2) 靱性匯率制度, 及(3)可調整固定匯率制度。

7. 金本位制度下, 匯率由各國通貨的含金量所決定, 其上限爲黃金輸出點, 下限爲黃金輸入點。只要各國遵守「遊戲規則」, 金本位制度下的「價格與硬幣流通機能」能夠使一國的國際收支自動調整至均衡。

8. 金本位制度的優點爲匯率穩定、與自動調整達成內外均衡, 缺點爲匯率過度僵硬、在價格靱性不存在時難以有效自動調整達成內外均衡、與國際收支的調整須以犧牲國內穩定爲代價, 這也是導致金本位制度崩潰的最主要原因。

9. 一個國家的匯率完全沒有人爲干預而由外匯市場供需所決定, 稱爲靱性匯率制度, 其優點是藉由市場匯率的自由變動, 國際收支能夠自動調整, 貨幣與財政政策因而可以致力於國內充分就業與物價穩定的達成。但是, 考慮匯率自由變動所產生的風險、貿易條件、穩定與有效性後, 靱性匯率制度並未能產生預期般美好的經濟後果。

10. 可調整固定匯率制度下，中心匯率一經訂定後，貨幣當局應以國際準備干預外匯市場，使匯率維持在上限與下限之間。可調整固定匯率制度與金本位制度不同之點在於：(1) 黃金不再於各國之間自由移動，(2) 政府將採沖銷政策消除國際準備變動的效果，及 (3) 中心匯率與上下限可能改變。

11. 採行可調整固定匯率制度的國家，唯有國際收支發生基本失衡，才可以調整中心匯率與其上下限。

重 要 名 詞

國際金融	片面移轉帳
經常帳	資本帳
經常帳餘額	貿易餘額
官方準備交易帳	長期資產投資
直接外國投資	平衡項
短期資本流動	調節性交易
自發性交易	逆差失衡
國際收支失衡	外匯
順差失衡	通兌通貨
外匯市場	遠期市場
即期市場	均衡匯率
匯率	貶值
升值	黃金輸出點
鑄幣平價率	運作規則
價格—硬幣流通機能	韌性匯率制度
可調整固定匯率制度	匯率上限
國際收支帳	匯率下限

有效匯率　　　　　　　　實質匯率

問　題　練　習

1. 何謂國際收支帳? 其內容有那些主要項目?

2. 何謂自發性交易? 何謂補償性交易? 爲何國際收支帳在帳面上必然維持借貸平衡?

3. 甚麼是外匯? 其需求與供給的主要來源各爲何?

4. 金本位制度下, 匯率如何決定? 匯率的變動有何限制? 試圖解剖述之。

5. 試闡釋金本位制度下, 國際收支如何自動調整? 此一制度的優點與缺點何在?

6. 何謂靱性匯率制度? 此一制度的優點與缺點何在?

7. 何謂可調整固定匯率制度? 其匯率的變動有何限制? 此一制度與金本位制度有何異同?

8. 何謂基本失衡? 面對此種情況, 可調整固定匯率制度如何調整其國際收支?

第三十章
國際收支失衡調整與幣制變遷

　　在對國際金融的兩項基本內涵——國際收支與外匯市場——有了基本認識之後，進一步所需瞭解的是與之對應的兩項核心問題：一為國際收支一旦失衡，可藉甚麼機能或途徑來進行調整，使之重建均衡？這是國際金融理論中的核心問題；另一為：甚麼樣的國際貨幣制度可以建立靈活而穩健的外匯市場，能自動化解國際間的收支失衡，而使國際間的經濟活動能順利運作，充分發揮國際分工的功能？這是國際金融制度中的核心探討。本章擬就這兩大重要問題作簡要的剖析，並介紹有關這兩方面的最新研究進展，俾讀者能有概括的認識。

第一節　國際收支失衡與調整

　　一個國家在一段期間內，國際準備資產的流入大於流出，稱為國際收支順差失衡；流入小於流出，稱為國際收支逆差失衡。沒有任何一個國家能夠長期忍受國際收支順差或逆差失衡的存在。當國際收支失衡的情況發生時，視失衡的性質，或由匯率（國際貨幣）制度的本身發揮自動的機能，調整此一失衡；或在制度之外，需要採取額外的經濟政策來調整此一失衡，而使國際收支重新恢復均衡。從本章開始，首先介紹在不同國際貨幣制度下，國際收支失衡的調整，然後再討論國際收支的政策調整。

一、國際準備資產

國際準備 (international reserve) **資產是指，一個國家的貨幣當局用來干預外匯市場或清算國際債務的流動性資產**。目前，爲世界各國所共同認定，可作爲國際準備的資產，主要有黃金、外匯、國際貨幣基金準備部位，及特別提款權，依序介紹如下。

（一）**黃金** 傳統上，長久以來世界各國均視黃金爲主要的國際準備資金，但是這種現象自1970年代以來，已有很大的轉變。由於黃金的生產增加遲緩，而私人持藏、工業與藝術用途的黃金需求不斷增加，因此幾十年來，全世界作爲國際準備之實際的黃金數量維持相當的固定，在可見的將來，這種趨勢可能維持不變。

在金本位制度下，黃金爲全世界最主要的國際準備，按照通貨平價，黃金與各國通貨之間可以相互自由兌換。在可調整固定匯率制度下，於1968年3月17日之前，黃金市場一直維持每盎斯黃金35美元的價格，黃金與美元保持自由兌換的關係。自此而後，**美國宣佈官方與私人的黃金市場分開，採行所謂的黃金兩價制** (two-tier gold system)。在官方市場——指政府與政府間的黃金交易，黃金價格仍然維持每盎斯35美元，直到1971年12月18日**史密松寧協定** (Smithsonian Agreement)提高爲每盎斯黃金38美元，至1973年2月美國黃金的官方價格提高爲每盎斯黃金42.22美元。在私人市場，黃金價格由市場供給與需求的力量所決定，而其所決定的價格則遠高於官方所訂的黃金價格。1973年10月，中東六日戰爭發生，肇致第一次能源危機，油價暴漲，引起國際金融的更加動盪不安。

1976年1月國際金融會議所達成的**牙買加協定**，同意認可各主要工業國家實施管理浮動匯率制度，廢止黃金的官方價格，不再以黃金作爲**國際貨幣基金**(IMF)記帳的單位與支付的工具，允許各國貨幣當局以

市場價格買賣黃金。牙買加協定自1978年 4 月生效，而黃金的價格也由於1979年底伊朗革命肇致第二次能源危機，在1980年 1 月曾創下一盎斯黃金 800 美元以上高價的紀錄。自此而後，黃金價格持續下降，目前大致維持在一盎斯黃金 350 美元左右的價格。

　　事實上，自美國於1971年 8 月15日宣布**關閉黃金之窗，停止黃金與美元之間的官方兌換關係，黃金的官方市場即不復存在**。由於1978年 4 月之後，黃金的官價正式廢除，而美元的價值又波動不定，因此目前各國對黃金準備價值的計算，大多改採以特別提款權（SDR_s）爲單位。1971年布萊頓森林制度崩潰之後，全世界黃金準備的價值劇增，主要是由於黃金的市場價格暴漲所肇致，而非實際的黃金準備數量增加所引起。例如，每盎斯黃金的市場價格，在1949年爲32.6 單位 SDR_s（追溯估計），1971年爲41.3 單位 SDR_s，1972 年爲 60.9 單位 SDR_s，1980年爲 439.2 單位 SDR_s，1981 年回降至 324.3 單位 SDR_s。

　　雖然牙買加協定將黃金正式地予以非貨幣化，但黃金之價值儲藏（store of value）的功能仍然存在，故大部分國家仍將其視爲國際準備的一部分。依市價計算，至1986年11月，全世界的國際準備中，黃金所佔的比重仍高達42.6%（見表30-1）。

表30-1　全世界國際準備——年底資料　　單位: 十億美元

	1949(1)	1969(1)	1973	1981	1986(2)
全世界準備	45.5	78.2	255.2	773.9	869.1
黃金	33.5	39.1	114.5	377.6	370.2
IMF 準備部位	1.7	6.7	7.5	24.8	43.1
外匯	10.4	32.4	122.6	352.4	432.4
特別提款權	—	—	10.6	19.1	23.4

資料來源: *IMF, Internationa Financial Statistics*。
　　(1): 1949與1969年的黃金以官價計算，1973、1981及1986年的黃金以市價計算。
　　(2): 1986年資料至11月底爲止。

（二）**外匯** 有些國家的通貨爲國際間所共同接受，且能够迅速地轉換爲其他形式的國際準備資產，這種通兌通貨(convertible currency)對其他國家而言， 是可以作爲國際準備的外匯， 通常稱之爲**關鍵通貨**(key currency)。 被其他國家 作爲國際準備的 關鍵通貨， 具備有三種地位: (1) **準備通貨** (reserve currency)，亦卽可以被其他國家持有作爲國際準備資產; (2) **媒介通貨** (vehicle currency)，亦卽可以被各國用來作爲外匯市場交易的媒介(卽經由媒介通貨來取得第三種通貨)，或作爲國際間債務清算的工具; (3) **干預通貨** (intervention currency)，卽可被各國用來作爲干預外匯市場的工具。是故，**關鍵通貨通常又稱之爲準備或媒介通貨**。

傳統上， 在金本位制度 實施的期間， 英鎊是國際 間主要的關鍵通貨。但自第二次世界大戰之後，國際間採行可調整固定匯率制度，美元取代英鎊成爲國際間主要的關鍵通貨，英鎊 、 馬克 、 日圓與法朗等通貨， 則屬於次要地位。一個國家的通貨能成爲關鍵通貨及其國際地位的高低，主要決定於該國的經濟力量與在全世界國際貿易中所佔的比例。經濟力量愈強、在全世界國際貿易中所佔的比例愈大，該國的通貨愈可能成爲關鍵通貨，並在國際上佔有較強的地位，而成爲國際間的**強勢貨幣**；反之，若經濟力量衰退、在全世界國際貿易中所佔的比例下降，則該國通貨在國際間的地位，也必然隨之滑落。

在1971年 8 月15日美國尼克森總統宣布停止黃金與美元的官方兌換之前，各國可以將其所持有的美元外匯無限制地以每盎斯黃金對35美元的比價，向美國要求兌換黃金，因此本質上持有美元與持有黃金相同，故美元又有美金之稱，美元成爲各國最主要的國際準備資產。但是自此而後， 由於美元與黃金官方兌換關係的中止、美元幣值的下降，及特別提款權的創設等因素，使得美元在全世界外匯準備中所佔的百分比（以 SDR_s 計算），從 1973 年佔全世界的78.4%，工業國家的87.3%，降至

1981年佔全世界的58.4%，工業國家的55.9%❶。隨著西德與日本兩國經濟力量的茁壯與在世界貿易比重的快速提升，近年來馬克與日圓兩種通貨在國際間的關鍵通貨地位大幅升高。

（三）**國際貨幣基金準備部位**（IMF reserve position）　國際貨幣基金成立於1944年，其主要目的之一在於提供會員國除了黃金與美元之外新的國際準備。**根據各國在世界上國際貿易的相對重要性，而決定配額**（quota）**的多少，從而決定一個國家在國際貨幣基金之投票權的大小與借款額度**。各國對於其配額必須認捐，認捐額中的75%以本國通貨支付，其餘的25%以國際準備資產支付（起先只能以黃金支付，目前則以特別提款權支付）。至1981年初，國際貨幣基金的配額總數大約 750 億美元，折合特別提款權，超過 600 億 SDR_s。

基金會員國，在必要時得以本國通貨向基金購買通兌通貨或特別提款權，而後於規定的期間內（3至5年）再以通兌通貨或特別提款權購回本國通貨，**這種無條件借款權利，是爲國際貨幣基金的基本信用設施**（basic credit facility），**一般稱之爲準備部分**（reserve tranche）❷。會員國可以無條件利用基金的基本信用安排，直到基金所擁有之該國通貨等於該國的配額爲止，卽每一基金會員國最初均有25%之配額的信用額度可資利用，但後來實際可資運用的額度，視各會員國已經借貸的情形而定。由於會員國對其在基金的準備部分具有無條件借用的權利，各國因此均將其視之爲國際準備的一部分。是故，**所謂國際準備部位是指，基金會員國對國際貨幣基金認捐的特別提款權（或黃金），減去已經購買的通兌通貨與特別提款權，再加上償還與借給國際貨幣基金的通兌通貨與特別提款權後的淨額。質言之，國際貨幣基金部位是指，基金會員國所能由國際貨幣基金無條件自由動用的國際準備淨額，卽等於基金會員**

---

❶　International Monetary Fund, Annual Report, 1982。
❷　tranche 一字係法文，其意爲薄片（slice）、部分（section or portion）。

國的配額減除基金所擁有之該國通貨後的餘額。近年來，各國的基金配額由於特別提款權增設而不斷地增加，全世界的國際準備部位資產也因而增加（見表30-1）。

（四）**特別提款權** (special drawing right) 在布萊頓森林制度下，傳統的國際準備 資產只限於黃金、關鍵通貨、及國際貨幣 基金準備部位，但為了解決國際間長期流動性（國際準備）不足的問題，國際貨幣基金遂於1967 年的里約熱內盧（Rio de Janeiro）會議決定創設新的國際準備資產——**特別提款權**，並於1969年通過國際貨幣基金協定條款第一修正案 (First Amendment to the Aricles of the *IMF*)，而於1970年開始將特別提款權分配給參與特別提款權帳戶的國家。

特別提款權只是登入參加國際貨幣基金特別提款權帳戶會員國的一種紀錄，用以記載會員國之間及會員國與基金之間的交易活動。 由於基金的每一會員國在國際貨幣基金均有特別提款權帳戶，經由特別提款權的交換可以取得其他會員國的通貨，因此各國願意接受特別提款權作為國際交易的媒介。 國際貨幣基金按照會員國在基金配額 （卽普通提款權）的比例，來分配特別提款權。最初，特別提款權的價值是以黃金表示，每一單位的 *SDR* 等於 1/35 盎斯的黃金，等於 1 單位美元。 至1974年改採「**標準藍**」(standard basket) 辦法，卽以國際上16 種主要通貨的加權平均值表示。從1981年 1 月開始，特別提款權的價值又改以世界五大出口國之通貨的加權平均計算，這些加權比重視各國在全世界國際貿易中重要性的改變，每 5 年修改一次。每單位特別提款權的價值若以美元來表示，則1949至1970年，每單位 *SDR* 均等於 1 單位美元；1971年12月美元貶值後，每單位 *SDR* 等於1.0857美元；1974年，每單位 *SDR* 等於1.2244美元；至1981年，每單位 *SDR* 等於1.1640美元。

特別提款權價值的計算列示於表 30-2 。 表中第一欄為構成每單位 *SDR* 的五種通貨，第二欄為每單位 *SDR* 中所包含每種通貨的數量； 第

表30-2　每單位特別提款權價值的計算——以1987年4月4日爲準

	(1)	(2)	(3)	(4)	(5)
	幣別	每種通貨含量	每種通貨對美元的卽期匯率	轉換成美元單位	權數（%）
美元		0.452	1.0000	0.4520	35.66
西德馬克		0.527	0.5518	0.2908	22.94
日圓		33.4	0.0066	0.2204	17.39
法國法朗		1.02	0.1652	0.1685	13.29
英鎊		0.0893	1.5225	0.1360	10.73
				1.2677	100.00

每單位 SDR 的價值等於 1.2677 美元。

三欄爲這些通貨對美元的卽期匯率；第四欄將每單位 SDR 中所包含的每種通貨數量轉換爲美元，由此欄卽可算出每單位 SDR 的美元價值，並可算出第五欄每單位 SDR 中每種通貨所佔的比重。

特別提款權的創設增加了國際貨幣基金會員國的國際準備，只要基金認爲需要且獲得會員國的同意，卽可創造任何數量的特別提款權，並根據會員國的基金配額，分配給會員國，國際準備的數量因此不再受限於黃金與關鍵通貨（尤其是美元）數量的多寡。當一個國家發生國際收支逆差時，就可以動用其所擁有的特別提款權而彌補黃金、外匯與基金準備地位（普通提款權）的不足。當基金會員國所擁有的特別提款權餘額少於其分配到的總額時，卽需對差額支付利息給基金；反之，則基金將支付利息給會員國。

特別提款權具有其他國際準備一般的功能，因此又有紙金（paper gold）之稱。但是，特別提款權之於國際社會如同不兌換紙幣之於國內社會，只是國際間達成協議的一種信用發行的記帳單位，可視之爲一種國際共同的貨幣單位，但目前它只限於各國政府間清算之用，不若關鍵

通貨可以在私人國際貿易、金融活動中使用。特別提款權的創設是國際貨幣制度的一項重大改革，使得全世界的國際準備數量能夠較有彈性的改變。至1981年，特別提款權在全世界國際準備資產中所佔的比例仍為最小（見表30-1）。但就長期的觀點來看，特別提款權可望逐漸取代黃金與關鍵通貨，而成為全世界最主要的國際準備資產。目前，國際貨幣基金對於所有國際準備資產的價值均以特別提款權為計算單位，由此可以顯示特別提款權的重要性與發展潛力。

除了以上四種主要的國際準備資產外，國際貨幣基金在1962年與「十國集團」（Group of Ten）——美國、英國、西德、日本、法國、義大利、加拿大、荷蘭、比利時、及瑞典等十個主要的工業國家——磋商籌措60億美元資金，成立**借貸一般協定** (General Agreement to Borrow)，供集團會員國因短期資本大量外流，面臨國際收支逆差困境時，融資之用。由於借貸一般協定、各國中央銀行之間的**通貨互換協定的信用額度** (lines of credit)、與各國政府所擁有以外幣表示的長、短期金融資產等，在必要的時候可以迅速地加以動用，充作國際準備之用，因此又有**近似準備** (near reserve) 之稱。

以上所述四種國際準備資產，在金本位制度下，國際準備資產只有黃金與外匯；在可調整固定匯率制度及目前的管理浮動匯率制度下，國際準備資產才同時包括黃金、外匯、國際貨幣基金準備部位、及特別提款權等四項。

二、匯率變動調整

使國際收支由失衡的狀態恢復到均衡的過程，稱為**調整過程** (adjustment process)。一般而言，當一個國家察覺其國際收支失衡是一種長期而非短暫可自動調整的情況時，通常會採取匯率、價格、所得、開支、現金餘額的變動或直接管制等途徑，來調整其國際收支，本節我們

首先探討以匯率變動來調整國際收支。

假設其他情況不變，在某一匯率水準下，國際收支失衡，則經由適當的匯率變動可使國際收支重新恢復均衡。設本國處於國際收支逆差的情況，提高匯率，本國通貨貶值，本國產品以外幣表示的價格下降，外國產品以本國通貨表示的價格上升，本國產品的價格因此相對於外國產品變得比較便宜，會使本國出口增加，進口減少，從而使國際收支恢復均衡；在國際收支順差時，相反的過程，降低匯率，本國通貨升值，可使國際收支恢復均衡。

至於匯率變動是否能夠有效調整國際收支，須視外國對本國出口品的需求彈性（η）與本國對外國出口品的需求彈性（η^*）之大小而定。在本國與外國的出口供給彈性均為無限大之下，只要 $\eta + \eta^* > 1$ ——即外國對本國出口品與本國對外國出口品的需求彈性之和（絕對值）大於 1，匯率的變動便能有效地改善國際收支。這個條件稱為**馬歇爾—婁勒條件**（Marshall-Lerner condition）。

縱使馬歇爾—婁勒條件成立，但如果貶值之後，國內貨幣供給增加或工資水準上漲，而導致本國物價水準的上升，則以貶值提高本國產品的國際競爭能力的效果只是短暫的，終將因物價水準的上升而抵銷貶值的效果，國際收支的改善非常有限。再者，如果進口佔國民生產毛額的比例相當大——如我國，貶值後，進口品價格上漲，帶動國內物價水準上升，因而抵銷貶值的效果，國際收支仍無法確切改善。在這兩種情況下，以貶值提高本國產品國際競爭能力與改善國際收支的效果均只是短暫而不確定的，而其副作用卻是將本國的物價調至較高的水準，或使本國資源的派用產生不當的移轉，本國產品在國際市場上的競爭能力因此愈趨軟弱。有鑑於此，尋求提高生產力與改善經濟結構遠較貶值為上策，除非本國幣值真的高估或國際收支處於基本失衡的狀態，否則不宜輕易採用貶值作為調整國際收支的手段。

三、價格變動調整

匯率是本國通貨對外國通貨的一種相對價格比率。經由匯率的改變可以使本國產品與外國產品間的相對價格發生改變，進而產生對本國產品與外國產品間需求的替代移轉，達到國際收支調整的目標。

假設匯率維持不變，在充分就業的情況下，一個國家可以改變其國內的絕對價格水準來調整國際收支。在匯率與外國價格水準不變的假設下，本國價格水準的變動將與匯率變動產生同樣的效果，使本國產品與外國產品之間的相對價格發生改變，產生需求移轉效果，而改善國際收支。設本國發生國際收支逆差，在金本位制下，如果本國貨幣當局不採增加貨幣供給的**冲銷** (sterilization) 政策，國內的貨幣供給會自動減少，根據貨幣數量學說，國內價格水準會下降，本國產品相對於外國產品的價格下跌，出口增加，進口減少，國際收支獲得改善。若非金本位制度，本國可採行緊縮的貨幣與財政政策，使物價水準降低，來達到平衡國際收支的目的。同樣地，由反面的推理，可以瞭解國際收支順差時的價格變動調整過程。

以國內絕對價格水準變動來調整國際收支的有效性，與匯率變動調整一樣，仍須視本國對外國出口品及外國對本國出口品的需求彈性之和的絕對值是否大於 1（即是否符合馬歇爾—婁勒條件）而定。

價格變動與匯率變動調整均是一種**需求移轉政策** (demand-switching policy)。兩者差別在於前者經由國內絕對價格水準的改變而改變國際間產品的相對價格，後者則是直接改變國際間產品的相對價格。

四、所得變動調整

國際收支之調整，根據古典學派充分就業及價格靱性的假設，其過程是透過匯率或物價水準變動所引起國際間產品相對價格改變而達成，

故稱為**價格方法** (the price approach) 的調整，由於其調整的效果決定於進出口需求彈性的大小，故又稱為**彈性方法** (the elasticity approach) 的調整。相對地，根據凱恩斯理論，在未充分就業與價格水準不變的假設下，國際收支的調整是透過所得變動與所得—吸收變動來達成的。

除了匯率與價格水準外，所得也是影響國際收支經常帳交易的主要因素之一。在匯率與價格水準不變下，外國所得水準提高（或下降）對本國出口品的需求增加（或減少），兩者成增函數的關係；本國所得水準提高（或下降）對外國出口品的需求增加（或減少），兩者亦成增函數關係。進口與本國所得的關係，可以**邊際進口傾向**（即本國進口變量與本國所得變量的比率，$MPM = \dfrac{\Delta M}{\Delta Y}$，$M$代表進口，$Y$代表本國所得）的方式表示；也可以**進口所得彈性** (income elasticity of import, η_m)——即本國進口變動對本國所得變動的反應程度，$\eta_m = \dfrac{\Delta M}{M} \Big/ \dfrac{\Delta Y}{Y} = \dfrac{\Delta M}{\Delta Y} \dfrac{Y}{M}$ ——的方式表示。同樣地，出口與外國所得的關係，可以**邊際出口傾向** (marginal propensity to export, MPX)——即本國出口變量與外國所得變量的比率，$MPX = \dfrac{\Delta X}{\Delta Y^*}$，$X$代表出口，$Y^*$代表外國所得——的方式表示；也可以**出口所得彈性** (income elasticity of export, η_x)——即本國出口變動對外國所得變動的反應程度，$\eta_x = \dfrac{\Delta X}{X} \Big/ \dfrac{\Delta Y^*}{Y^*} = \dfrac{\Delta X}{\Delta Y^*} \dfrac{Y^*}{X}$ ——的方式表示。

假設一國把對外均衡視為主要的經濟目標。於匯率及價格水準不變下，在國際收支逆差時，可以實施緊縮政策，降低國內所得水準，以減少進口，改善國際收支；在國際收支順差時，可以實行擴張政策，提高國內所得水準，以增加進口，減少順差。這種以所得變動來調整國際收支是否有效，視邊際進口傾向或進口所得彈性的大小而定，稱之為**所得**

方法 (income approach) 的國際收支調整。只要一國的邊際進口傾向或進口所得彈性够大，則其所得變動可以有效地調整國際收支。

又根據開放經濟國民所得恆等式：

$$Y = C + I + G + (X - M)。 \tag{1}$$

將 $C + I + G$ 合併爲一項，以 A 代表，稱爲**國內吸納或開支** (domestic absorption or expenditure)。$X - M$ 以 B 代表，是爲貿易餘額。(1) 式因此可以寫成：

$$Y = A + B。 \tag{2}$$

將 (2) 式移項爲：

$$B = Y - A。 \tag{3}$$

(3) 式表示國際收支（在不考慮資本帳下，等於貿易餘額）等於國民所得與國內開支的差額。(3) 式爲**所得—吸納方法** (income absorption approach) 的國際收支調整基本方程式。由上式可知，當國際收支逆差時——卽 B 值爲負，在未達充分就業的情況下，可以：(1) 提高所得水準來改善國際收支。雖然所得水準提高會使國內開支增加，但只要所得增加大於開支的增加，國際收支卽可獲得改善。(2) 減少開支來改善國際收支。以緊縮信用、減少預算或直接管制措施，實行**開支減少政策** (expenditure-reducing policy)，減少國內開支或吸收，可改善國際收支。(3) 移轉開支來改善國際收支。以貶值、降低價格水準或貿易管制等措施，實行**開支移轉政策** (expenditure-switching policy)，將對外國產品的需求移轉爲對本國產品的需求，如此總開支（或吸收）雖然不變，但其內涵已經改變，不僅可以改善國際收支，對於提高國內就業與所得水準能有很大的幫助。當經濟處於充分就業時，所得無法進一步提高，唯有實施開支減少政策才能改善國際收支。

五、貨幣方法的國際收支調整

貨幣方法（monetary approach）的國際收支調整是自 1960 年代末期開始發展，至1970年代始成形的新國際收支調整理論。此一新的國際收支調整理論源自於芝加哥學派（Chicago School），是閉鎖經濟下**重貨幣論**（monetarism）的延伸，故承受貨幣學派的論點，視國際收支本質上爲一貨幣現象，一國國際收支的失衡與調整，貨幣均扮演著重要的角色，從貨幣的觀點來探討國際收支失衡的原因與尋求解決失衡的對策，均遠優於傳統的所得方法或彈性方法。

根據貨幣方法的論點，國際收支失衡的發生完全是由於貨幣需求與貨幣供給的差異所致　當一國的人們對貨幣的持藏增加，而使貨幣需求大於貨幣供給時，這一部分的超額貨幣需求將經由外國貨幣的流入而獲得滿足，卽國際收支將發生順差；當一國的人們對貨幣的持藏減少——卽反持藏，而使貨幣需求小於貨幣供給時，這一部分的超額貨幣供給將經由外國貨幣的流出而獲得減除，卽國際收支將發生逆差。如此，對貨幣之持藏態度的改變，將反應在貨幣的超額需求變動之下，而使國際收支發生失衡，超額貨幣需求因而消除。**如果對貨幣之持藏不再變動，則貨幣的超額需求不再發生，國際收支將自動達於長期的均衡。**

現代貨幣學派對於貨幣與國際收支之間關係的看法，係源自於休姆的「價格—硬幣流通機能」，兩者均倚重貨幣或國際準備在國際間的移動，來促成國際收支失衡的自動改正，但兩者的國際收支調整過程與調整力量卻有所不同。根據「價格—硬幣流通機能」，當本國的國際收支逆差──➤黃金淨流出──➤貨幣供給量減少──➤物價水準下降──➤本國產品的相對價格下跌──➤本國出口增加、進口減少 ──➤ 黃金淨流入──➤物價水準與國際收支達於長期均衡。根據現代貨幣學派的論點，在固定匯率下，當本國的國際收支逆差──➤貨幣供給減少──➤在貨幣需求不變

下，產生超額貨幣需求，即實際保有的貨幣餘額小於意願保有的貨幣餘額──開支減少──出口增加、進口減少──實際保有之實質貨幣餘額與國際收支達於長期均衡。

由上述調整過程可知，休姆的調整機能是以兩個國家的絕對價格水準變動，以至相對價格變動而進行的，故國際收支能否有效調整與進、出口需求彈性的大小有關。**現代貨幣學派的調整機能是以貨幣餘額的變動而進行的，故國際收支能否有效調整與保有貨幣餘額──即貨幣需求函數的穩定性有關。** 現代貨幣學派的國際收支調整機能完全來自於貨幣餘額的變動，而非藉助於國際間價格的變動。根據貨幣方法，在固定匯率下，發生超額貨幣需求的國家，國際收支順差、國際準備流入、貨幣供給增加；發生超額貨幣供給的國家，國際收支逆差、國際準備流出、貨幣供給減少。經由這樣變化，在長期間，逆差國家與順差國家之間，以相同貨幣表示的絕對價格水準將相同，相對價格將維持與原來的均衡相同而不會有任何的變動發生。

例如，本國人們手上的實質現金餘額過多，因而增加開支，短期間貿易財與證券的國內價格將上升，但長期間由於國外財貨（進口財）的流入與國內資金的外流，將導致本國經常帳與資本帳惡化，國際收支逆差，貨幣供給減少，而使貿易財與證券的價格回跌，最後國際間以相同貨幣表示的貿易財與證券價格將相同，利率水準亦將相同，故在自由貿易、世界市場整合為一的情況下，長期間單一價格法則、購買力平價理論、與利息套利理論是成立的。

國內開支增加，短間期非貿易財與只供本國人民投資之證券的價格將上升，但長期間由於貿易財與其他證券（包括國外證券）的供給增加，人們將以貿易財與其他證券替代非貿易財與只供本國人民投資的證券，而使其價格回跌至原來的水準。同理，本國人民欲增加實質現金餘額而減少開支，短期間將使價格下跌，長期間價格亦將恢復至原來的水

準。因之，長期間經由國際間國際準備流動調整的結果，各國以相同通貨表示的絕對價格水準將相同，相對價格因此維持與原來的均衡相同。

與凱恩斯學派的論點比較，貨幣學派之貨幣供給（或國內信用）變動對國際收支的影響如下：貨幣供給增加──→超額貨幣供給──→實際保有貨幣餘額大於意願保有貨幣餘額──→增加開支以去除手中過多的貨幣餘額──→財貨與證券的進口增加、出口減少──→經常帳與資本帳均惡化──→國際收支惡化。反之，貨幣供給減少，肇致超額貨幣需求，將使國際收支改善。是故，**貨幣供給變動對國際收支的影響完全經由貨幣餘額的變動，而與利率的變動沒有直接的關係。利率對國際收支的影響是透過貨幣餘額的變動且其結果亦與凱恩斯學派的論點相反**。例如，利率下降，根據凱恩斯學派的論點，國際收支將惡化；但根據貨幣方法的論點，貨幣需求將增加，開支將減少，國際收支反而獲得改善。

現代貨幣學派認為國際收支失衡是由於貨幣供給不等於貨幣需求，貨幣市場發生存量失衡所致。一般而言，貨幣需求與國民所得水準之間有穩定的函數關係存在，貨幣需求的穩定性遠大於貨幣供給，故國際收支的失衡主要是由貨幣供給的變動所引起的。

六、直接管制調整

當以上各種調整方法難以有效實行，或為了促使國際收支調整過程的加速進行，政府當局可能採取直接管制的措施來調整國際收支。

根據米德（J. E. Meade）的觀點，直接管制可以分成貨幣、財政及貿易三大類。貨幣管制有外匯管制、預先存款要求與複式匯率，財政管制有進出口關稅與補貼，貿易管制有數量限制與官方貿易獨佔。茲以國際收支逆差的情況來說明各種管制措施的採行。

（一）**外匯管制**（exchange control）　要求所有外匯的收入與支出都須透過外匯管制機構，並以官方匯率進行外匯買賣。如此對購買外匯

的申請，從嚴審核，可以減少外匯支出。

（二）**預先存款要求** (advance deposit requirements) 規定進口商在進口之前，預先將進口價值一定比例的金額存入銀行一段時間。這樣增加進口商的利息負擔，是一種變相的進口關稅，可以減少進口。

（三）**複式匯率** (multiple exchange rates) 對不同種類的進口品，分別採用不同的匯率。如對奢侈品的進口採用較高的匯率，對必需品的進口採用較低的匯率，可以減少不必要的外匯支出。

（四）**進出口關稅與貼補** 對出口予以補貼，進口課以關稅，能鼓勵出口，抑制進口，改善貿易差額。

（五）**數量限制** (quantitative restrictions) 對財貨、勞務與資本的進出口予以數量或價值的限制。放寬產品出口但嚴格限制產品進口數量，或吸收資金流入、限制資金流出，均可以改善國際收支逆差。

（六）**官方貿易獨佔** (state-trading monopoly) 一切進出口貿易均由官方所經營。如此，政府可以視國際收支的狀況，機動地調整進出口的數量。

任何一種管制措施並不能降低本國人民對進口品需求與對外資本移轉的慾望，人們因而尋求非法途徑以規避管制，其結果是黑市交易活動的活躍，社會資源派用的扭曲，與不當的所得重分配後果，而國際收支不見得能夠獲得改善。

第二節　國際貨幣制度之變遷

國際貨幣制度──有時又稱為**國際貨幣規則** (international monetary regime) 或國際貨幣秩序 (international monetary order)，**是指各國為便利國際貿易與金融活動的進行，而對國際收支與匯率所作的規則、慣例、工具、設備及組織的安排。**

　　理想的國際貨幣制度應是能使國際貿易與金融活動達於極大，並使貿易利得均享。爲達此一理想目標，國際間在各個不同的時期，曾採行各種不同的國際貨幣制度。建立完善的國際貨幣制度，以利國際間貿易與資本移動的順利進行，以使貿易利得能夠均享、國際收支能夠順利調整、匯率能夠維持穩定，一直是各國所共同追求的目標之一，這一努力的歷程甚是艱辛、漫長，至今未嘗中止。國際貨幣制度迄今屢有變遷，下面作一概略的回顧，俾作瞭解目前與展望未來的基礎。

一、布萊頓森林制度之前的國際貨幣制度

　　大約自1880年迄1914年，卽第一次世界大戰之前，國際間盛行金本位制度。在這一段期間，英國國勢強大，經濟力量雄厚，黃金是各國最主要的國際準備資產，英鎊則是國際間主要的清算工具，倫敦成爲國際金融的中心，形成一種以黃金與英鎊爲中心的國際金本位制度，也有人稱這是一種**英鎊匯兌本位制度** (sterling exchange standard system)，黃金與英鎊同時爲各國認同的國際準備。1914～1918年大戰期間，歐洲各國向美國採購大量的物資，大量黃金流往美國，美元在國際間的地位因此提高，但英鎊在國際準備中的地位仍在美元之上。

　　第一次世界大戰之後，各主要貿易國家均遭受嚴重的通貨膨脹，戰前的匯率及各國通貨與黃金之間的兌換關係無法繼續維持，這些國家乃紛紛放棄金本位制度，而於1919～1924年期間採行軟性匯率制度，但其效果卻不甚理想。因此，在1920年代中期之後，大部分的國家又恢復固定匯率及黃金與通貨自由兌換的金本位制度。但是，由於英鎊幣值的高估（因爲英國戰後遭受嚴重的通貨膨脹，但仍恢復戰前英鎊對黃金的平價）與各國黃金準備的不足，因此當1929年世界經濟大恐慌爆發，歐洲各國紛紛要求將其持有的英鎊兌換爲黃金，英國被迫不得不於1931年9月宣佈英鎊貶值並停止英鎊與黃金的兌換，放棄金本位制度，各國也

相繼仿效。至此，短暫復活的國際金本位制度完全崩潰。

在暗淡的1930年代，國際間又暫時恢復靱性匯率制度。第二次世界大戰結束後，英國海外殖民地紛紛獨立，其國勢及經濟力量一落千丈，英鎊在國際金融中的地位因而淪落爲次等的地位。在這同時，大戰期間世界各國向美國採購大量的物資，美國的黃金數量不斷增加，至 1948 年，美國擁有 244 億美元的黃金，佔當時全世界 345 億美元貨幣性黃金的70％以上。又在戰後，美國的國勢及經濟力量躍居世界之首位，對外進行大規模的援助與貸款，美元大量外流，美元遂成爲國際間淸算的主要工具。因此，第二次世界大戰後，美元取代英鎊，國際貨幣制度成爲以黃金及黃金與美元自由兌換的一種制度，紐約則取代倫敦成爲國際金融中心。

二、布萊頓森林制度的建立

1930年代的靱性匯率制度，導致各國競相貶值的紊亂局面。爲了重建第二次世界大戰後的國際金融秩序，尋求穩定的國際貨幣體系，各主要貿易國家遂於1944年在美國新罕布什爾州的布萊頓森林舉行會議，籌劃戰後國際貨幣制度的建立，因此戰後的國際貨幣制度又稱爲**布萊頓森林制度**。

布萊頓森林會議創設了戰後促進國際金融合作與協調的主要機構——**國際貨幣基金**，並採用任職於美國財政部的經濟學家懷特（H. White）提出的方案（另一方案爲凱恩斯所提出，沒有被接受），建立了指導戰後國際金融運行的可調整固定匯率制度。此一制度希望能夠避免靱性匯率制度下的匯率不穩定、金本位制度下的匯率僵硬及其調整所產生的內部失衡等缺點，而擷取靱性匯率下市場自動調整機能與金本位制度下匯率穩定的優點。可調整固定匯率制度的建立，主要根據兩個原則，第一是維持各國匯率的穩定，卽各會員國經由其通貨與黃金的平價

而決定匯率後，應該運用國際準備干預市場匯率的波動，使其不得超過基金公告匯率的上下各百分之一界限；第二是促進自由貿易，卽禁止各會員國對於國際貿易進行數量或外匯的直接管制，但准許各國限制資本的移動，以避免外匯市場受到投機活動的干擾。

雖然國際貨幣基金希望各會員國能够以市場干預或財政及貨幣政策來維持公告匯率的穩定，但當會員國的國際收支處於基本失衡時——卽長期的國際收支逆差或順差，基金准許各會員國改變其通貨與美元的平價來調整國際收支，亦卽各會員國可以重新將其通貨釘住新的平價匯率，但變更的幅度不得超過基金最初公告匯率的百分之十，否則須事先徵得基金的同意，才可變動。

國際貨幣基金成立至今，參加的國家超過 140 個以上（蘇俄並沒有參加，我國在 1980 年因中共加入而退出），其中只有美元與黃金保持固定平價的自由兌換關係，美元因此成爲最主要的關鍵（準備）通貨，各國均視美元與黃金爲具有同等地位的國際準備，其他各國的通貨再透過與美元固定匯率的關係，而與黃金維持間接的聯繫。因此，布萊頓森林制度的可調整固定匯率制度，事實上也是一種以美元爲中心的**金匯兌本位制度**。在這種情況下，整個國際貨幣制度的安危便繫於美元是否穩定之上。

三、布萊頓森林制度的動搖與崩潰

1947年開始實施（國際貨幣基金在這年開始運作）的布萊頓森林制度，對於恢復國際金融秩序、促進國際金融合作、擴展世界貿易與經濟成長，確實有重大的貢獻。但這種以美元爲基礎的國際貨幣制度，在創立之後隨卽面臨美元所帶來的問題，其中以流動性、調整與信心等三大國際貨幣問題最爲國際金融學者所關注。

（一）**流動性（liquidity）問題**　構成各國國際準備的黃金、關鍵

通貨、國際貨幣基金準備地位及特別提款權中，黃金數量增加有限，國際貨幣基金地位只可供會員國短期國際收支逆差融資之用，特別提款權於1970年才開始分配且數量不大，關鍵通貨以美元為主，而美元的供給則有賴於美國國際收支的逆差。在1946至1949年之間，美國雖然對外進行大規模的援助與貸款，但由於其國際貿易呈現大量順差，國際間的美元準備增加有限，是為**美元缺乏** (dollar shortage) 時期。

從1950年至1970年之間，美國國際收支漸次由少量的順差而成為鉅額的逆差，美元大量外流，各國擁有的美元數量不斷增加，是為**美元過剩** (dollar glut) 時期。無論美元缺乏或過剩，總是造成國際流動性不足與過多的困擾。美元缺乏使國際流動性不足，國際貿易與金融活動無法有效開展，阻礙了世界的經濟成長與福利水準的提高；美元過剩使國際流動性過多，表示美國的國際收支有相當的赤字，雖然國際流動性可獲得足夠的補充，但對美元幣值的信心必然下降。但是，若美國的國際收支改善，逐漸恢復均衡，對美元的信心雖能提高，但國際流動性即無法獲得足夠的補充，這就是所謂的「**流動性困境**」(liquidity dilemma) 的難題，也是布萊頓森林制度的根本缺點之所在。

(二) **調整**(adjustment) **問題**　布萊頓森林制度的基本原則之一是維持匯率穩定，除非會員國的國際收支發生基本失衡，否則是不能調整匯率的。事實上，一方面要適時的認知基本失衡的存在相當困難；一方面各國均儘量避免以變動匯率來調整國際收支，因為通貨貶值象徵政府政策的失敗與國家威望的受損，通貨升值也會遭到出口產業的強烈反對。因此，除非一國的國際收支遭到強大的壓力，否則是不會輕易變動匯率的。但是，一方面當應該變動匯率而不變動的時間持續愈久，以其他方法來調整國際收支所付出的代價也就愈大，更會引起投機性的資本移動，而加深國際收支的危機；另一方面，要選擇一個新的中心匯率重新釘住，並不容易，往往不是偏低就是偏高，前者使本國通貨高估，國

際收支會逆差，後者使本國通貨低估，國際收支會順差，但大部分的國家選擇新的匯率時，均有偏高的傾向。

（三）信心（confidence）問題 當一國的國際收支失衡而未能獲得及時有效調整時，對該國的幣值與匯率的信心就會動搖，而容易引發大規模投機性的資本移動。信心的問題在布萊頓森林制度下顯得特別嚴重，因為美國1960年代開始的大量國際收支逆差一直未能改善，各國對美元的信心動搖，大量投機的資本移動必然使得美元匯率無法維持在國際貨幣基金所公告中心匯率的上下百分之一範圍內，美元對黃金的平價亦必無法繼續維持。

布萊頓森林制度以美元為中心，只要美元的數量不能提供國際間適當的流動性、美國國際收支逆差的情況不能獲得調整、各國對美元的信心必然動搖，則此制度必然無法繼續維持下去。對美元的信心繫於美元的幣值是否穩定及美元與黃金之間的平價及自由兌換的關係能否繼續維持而定。

自國際貨幣基金成立迄 1968 年 3 月之前，美元對黃金一直維持35美元兌換一盎斯黃金的平價。但自1960年代開始，美元外流的數量愈來愈大，達到數百億元之鉅，而美國的黃金存量則逐漸減少。因此，當1968年 3 月以美元兌換黃金的投機風潮達到最高時，美國被迫宣布實施黃金兩價制，將官方與私人的黃金市場分開。官方黃金市場仍維持35美元對一盎斯黃金的自由兌換，私人黃金市場則由市場供需自由決定黃金的價格，這種轉變可說是布萊頓森林制度開始動搖的徵兆。

黃金兩價制的實行，使得全世界一大部分黃金的價格如同普通商品一般，隨市場供需自由波動，其結果是黃金扮演的貨幣功能減弱——即黃金非貨幣化，其對國際貨幣制度的影響力與對美元的威脅因而減輕。事實上，黃金兩價制的實行使布萊頓森林制度的運行更加倚重美元，但只要官方黃金市場的平價與自由兌換關係能夠繼續維持，這個制度仍然

可以發揮其原來的功用。但是，由於1960年代末期，美國貿易逆差繼續惡化，越戰支出不斷增加及私人海外投資大量擴張，美元外流的情況愈見嚴重，再加上1967年的英鎊貶值，使得各國對主要關鍵通貨（美元）的信心更爲動搖。至此，美元相對於其他通貨的匯率偏低，幣值高估的情況已至爲明顯，美元唯有貶值，美國的國際收支才有改善的希望，這一情勢是當時國際間所共同認定的。

美元卽將貶值的預期於1971年夏天達到頂點，國際投機活動異常活躍，短期資本由美國大量流出，各國政府向美國要求將其持有的過多美元兌換爲黃金的壓力日益增加。美國處於這種困境下，遂單獨採取行動挽救美元危機，乃於1971年8月15日，尼克森總統宣布關閉**黃金交易之窗**（gold window），終止按照官方平價兌換黃金，放棄美元與黃金固定平價的關係，美元的國際價值開始浮動。至此，歷時25年（1947至1971年）維持穩定匯率的布萊頓森林制度宣告崩潰。

四、國際貨幣制度的改革

布萊頓森林制度雖然崩潰，但國際貨幣基金仍然存在，並負起重建國際貨幣制度的任務。爲了挽救布萊頓森林制度的固定匯率制度，各國代表於1971年12月在美國華盛頓史密松寧中心（Smithsonian Institution）召開會議，達成了**史密松寧協定**，但僅一年多的時間，該協定又告崩潰。

根據史密松寧協定，國際收支大量順差的德、日兩國通貨——馬克、日圓，均作大幅升值。美國同意美元貶值——卽降低美元的含金量百分之八左右，各國再與貶值後的美元建立新的中心匯率，並允許實際匯率在新的中心匯率上下各百分之二點二五的幅度內波動。但美元的貶值，各國匯率的重新調整與匯率波動幅度的放寬，並不能有效解決各國國際收支失衡的問題。英美兩國國際收支逆差的情況仍然嚴重，德、日兩國國際收支順差繼續存在，投機性的資本移動又對國際收支與匯率產

生重大的壓力。至1973年初，外匯市場的壓力已達新匯率無法繼續維持的地步，大量的短期資金由美國流往德、日等國際收支順差的國家，各主要貿易國家終於決定放棄維持可調整固定匯率制度，而於 1973 年 3 月 19 日宣布實施管理浮動匯率制度（ managed floating exchange rate system ），全世界主要通貨之間的匯率，主要由市場力量來決定，但各國中央銀行得隨時干預外匯市場，以影響匯率的變動。至此，史密松寧協定崩潰，布萊頓森林制度徹底地瓦解，重建穩定匯率的國際貨幣制度的努力終告失敗。

　　探管理浮動匯率的國家，若故意採行各種干預政策，使國幣貶值，以利出口增加，則稱為**糨雜的浮動**（ dirty float ）。採管理浮動匯率制度的國家中，有的國家單獨讓其通貨對所有的外國通貨浮動，是為單獨浮動；有的是幾個國家的通貨結成一體，對所有其他國家的通貨共同浮動，而彼此間的通貨則保持於上下百分之二點二五範圍內變動的穩定匯率關係。對於管理浮動匯率的採行，各主要工業國家莫不寄以無限的期望，希望能夠藉由匯率自由變動來達成國際收支自動調整的功能。但1973年10月石油危機爆發，油價遽漲，使得非產油國的國際收支產生重大的逆差失衡，國際金融的流動性、調整及信心等問題益加嚴重。管理浮動匯率實施幾年的結果，各國的國際收支仍處鉅幅失衡的狀態，顯示管理浮動匯率制度的匯率調整功能並未臻理想，各國仍不得不依賴國際信用與準備或直接的市場干預，來調整國際收支。

　　1973年以後，並非所有國際貨幣基金的會員國均採行管理浮動匯率制度。主要工業國家雖然紛紛採行管理浮動匯率制度，但絕大部分基金的會員國（尤其是開發中國家）仍實施可調整固定匯率制度，而此時的固定匯率制度，不再是布萊頓森林制度下釘住美元的一種制度。有的國家將其通貨釘住某種單一通貨——如美元、英鎊或法郎，稱為**單一釘住**（ unitary peg ）；有的國家將其通貨釘住一籃（ basket ）其他通貨，稱

為**複合釘住**（composite peg）；也有些國家將其通貨釘住特別提款權。
這些實施固定釘住匯率的國家，為了維持匯率穩定，經常採取各種措施
干預匯率，故實際上與管理浮動匯率制度已無多大的差別。

回顧過去這段國際貨幣制度變遷的歷史，儘管布萊頓森林制度不盡
完美，但卻對1946年以後將近四分之一世紀的世界經濟穩定與發展有重
大的貢獻，而它的崩潰亦是 1970 年代國際經濟不穩定的主要因素。靭
性匯率的實行雖未曾產生重大的不利後果，但亦未產生預期般的美好作
用。如何重新建立一穩定有效的國際金融制度，仍待各國政府與經濟學
者們共同努力。

五、匯率過度反應

自1973年 3 月布萊頓森林制度崩潰之後，西方先進工業國家紛紛廢
棄可調整釘住匯率制度，而改採管理浮動或靭性匯率制度。此一制度實
施迄今，外匯市場上匯率的波動較可調整釘住時期有過之而無不及，浮
動匯率下市場匯率所顯示的高度**揮發性**（Volatility），實非當初主張實
行此一制度者始料所及。在這情況下，國際金融理論研究的重心由國際
收支的決定與調整移轉至匯率的決定與變動，眾多學者試圖建立不同的
模型來闡釋浮動匯率下，市場匯率的決定及其高度揮發、變異的原因所
在，而匯率的**過度反應**（Overshooting）普遍被認為是肇致浮動匯率下
匯率高度揮發、變異的原因，匯率過度反應遂成為當前研究匯率動態的
重要主題之一。

匯率過度反應之所以引起廣大的研究興趣乃因為**匯率過度反應可能
是外匯市場缺乏效率致使獲取超額利潤的機會存在，因此是需要政府對
外匯市場採取改正措施（並不一定是干預）的一種徵兆**。對匯率過度反
應，有許多不同但非常類似的定義，其中以短期均衡匯率的變化超過長
期均衡匯率的變化，為最普遍。

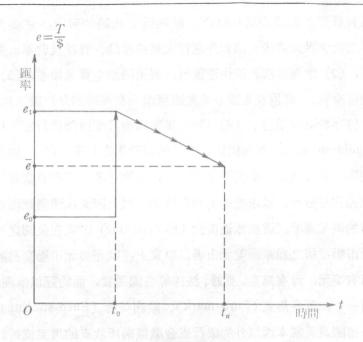

圖30-1　匯率過度反應。

圖 30-1，橫軸 t 代表時間，縱軸 e 代表臺幣對美元的匯率。設在 t_0 時，我國貨幣供給增加，使匯率由 Oe_0 躍升至 Oe_1，而後匯率逐漸回跌。在 t_n 時，匯率達於 $O\bar{e}$ 的長期均衡水準。這種短期均衡匯率的變化超過長期均衡匯率的變化，即爲匯率過度反應。

六、歐洲金融市場

在各國官方致力於國際貨幣制度之建立與改革的同時，民間的國際金融合作亦有相當的成就，甚至超越官方合作之上，其中以歐洲金融市場的成就最爲卓越，影響也最爲深遠。

歐洲金融市場主要可區分爲**歐洲通貨市場** (Euro-currency market) 及**歐洲債券市場** (Euro-bond market)。歐洲通貨市場是指在歐洲地區主要由銀行及多國籍公司從事短期外國貨幣借貸的市場，它並與各國從

事通貨買賣之 外匯市場相結合。 歐洲通貨 市場的形成， 主要係由於: (1) 二次世界大戰後美國對外進行大規模援助、貸款及駐軍，美元大量外流，(2) 歐洲各國經濟快速復甦，對美國產生貿易順差，(3) 1950年代美蘇冷戰， 蘇俄及東歐各共產國家懼怕在美國的存款被凍結， 乃將存款轉存於歐洲銀行， (4) 1960 年美國聯邦準備制度訂定「**Q 規則**」 (Regulation *Q*)， 對美國國內銀行的存款規定利率上限， 而國外分行的利率、期限及存款準備則不受限制，促使許多美國投資者將資金轉存於歐洲國外分行， 以求更高的利息收入。以上因素， 使得歐洲各國銀行擁有的美元遽增，這些**歐洲美元** (Euro-dollar) 形成在美國之外的美元借貸市場，稱之爲歐洲美元市場。事實上， 歐洲美元市場交易的通貨並非僅有美元，尚有馬克、英鎊、法郎等各國通貨，而均冠以歐洲 (Euro) 一詞——如歐洲馬克 (Euro-mark)、歐洲英鎊 (Euro-sterling) 等， 表示在德國或英國本國以外的銀行或金融機構所收支的馬克或英鎊存款，而供作放款或投資的資金來源。因此， 歐洲美元與各種歐洲通貨所形成以銀行爲中介的借貸市場， 總稱爲歐洲通貨市場。

隨歐洲通貨市場之後出現的是歐洲債券市場。1963年美國由於嚴重的資本外流， 而公佈課徵「**利息平衡稅**」(Interest Equalization Tax, *IET*)， 對美國居民所購買的外國證券課稅， 以限制資本外流。其後，更於1965年限制美國商業銀行及其他金融機構對國外企業放款， 1968年更限制對外直接投資。 這些措施雖 然對於改善國際 收支沒有多大的幫助，但使美國私人公司欲進行國外直接投資者， 僅能在美國以外的金融市場籌措資金。同時， 外國人在美國因而不易發行債券取得長期資金，只好轉往美國以外地區發行美元債券，於是形成美國之外的歐洲美元債券市場。連同在歐洲本國之外以各種通貨爲單位所發行的歐洲債券——如歐洲馬克債券、歐洲英鎊債券，合稱爲歐洲債券市場。在取代布萊頓森林制度的新制度尚未建立之前， 歐洲金融市場爲國際信用與國際收支

的調整開闢了新的途徑，並已成爲各國國際準備融通的重要來源。

摘　　要

1. 國際準備是指一國貨幣當局用來干預外匯市場或清算國際債務的流動性資產，主要有: (1) 黃金，(2) 外匯，(3) 國際貨幣基金準備地位，及 (4) 特別提款權。

2. 沒有一個國家能够長期忍受國際收支順差或逆差失衡的存在，當發現國際收支 失衡是一長期而非 暫時的現象後，可以：(1) 匯率、(2) 價格水準、(3) 所得、(4) 所得—吸納、(5) 貨幣餘額等的變動，或 (6) 直接管制等途徑，來使國際收支重新恢復均衡。

3. 匯率變動，將使本國產品以外幣表示，及外國產品以本國通貨表示的價格發生改變，而使兩國產品的相對價格發生改變，產生需求移轉效果。匯率改變能否有效改善國際收支，須視本國對外國出口品與外國對本國出口品的需求彈性之和是否大於 1 （卽是否符合馬歇爾—婁勒條件）而定。

4. 無論是貨幣數量自動改變，或以財政與貨幣政策而使本國絕對價格水準發生改變，均可以產生需求移轉效果，只要合乎馬歇爾—婁勒條件，絕對價格水準改變的結果將可調整國際收支。

5. 在進口與本國所得水準成增函數關係下，經由本國所得水準的改變，只要邊際進口傾向或進口所得彈性够大，將可以有效改善國際收支。

6. 根據所得—吸納調整方程式 $B = Y - A$，可以：(1) 改變所得，(2) 改變開支，或 (3) 移轉開支等政策，來調整國際收支。

7. 以直接管制調整國際收支有外匯管制、預先存款要求、複式匯率、進出口關稅與補貼、數量限制與官方貿易獨佔等方法。

8. 國際貨幣制度的演進大致可分爲：(1) 1880～1914年以黃金與

英鎊爲中心的金本位制度，（2）1914～1918年第一次世界大戰，美元地位提高，（3）1919～1924 年靱性匯率制度，（4）1920 年代中期之後恢復的金本位制度至1931年 9 月崩潰，（5）1930 年代靱性匯率制度，（6）1947～1973 年 3 月以黃金與美元爲中心 的可調整 固定匯率制度，（7）1973年至今，主要工業國家實施靱性匯率制度，但許多開發中國家仍實施可調整固定匯率制度。

9. 1944 年布萊頓森林制度創設了國際貨幣基金，由 1947 年開始實行可調整固定匯率制度，規定各國匯率波動的幅度不得超過中心匯率上下各百分之一的界限，除國際收支遭遇基本失衡外，不得變更中心匯率。

10. 在布萊頓森林制度下，只有美元與黃金保持固定平價的自由兌換關係，各國通貨再透過與美元固定匯率關係，而與黃金維持間接的聯繫，因此可說是一種以美元爲中心的金匯兌本位制度。

11. 以美元爲中心的布萊頓森林制度自創設後隨卽面臨流動性、調整及信心三大問題。自1968年 3 月美國實施黃金兩價制，此一制度開始動搖，至1971年 8 月美國宣布關閉黃金交易之窗，停止美元與黃金之間的固定平價兌換關係，此一制度宣告崩潰。

12. 1971 年 12 月爲挽救布萊頓森林制度而達成的史密松寧協定，雖然重新調整各國的中心匯率並放寬匯率波動幅度，但由於各主要工業國家的國際收支失衡仍然嚴重，外匯投機風潮仍然不止，終於1973年 3 月宣布放棄可調整固定匯率制度而採管理浮動匯率制度。至此，布萊頓森林制度徹底瓦解。

13. 布萊頓森林 制度崩潰後， 主要工業國家 採行管理 浮動匯率制度，其中有單獨浮動與共同浮動之分；絕大部分的基金會員國仍繼續採行可調整固定匯率制度，有單一釘住與複合釘住之分。

14. 歐洲金融市場是民間國際金融合作的卓越成果，可分爲歐洲通

貨市場與歐洲債券市場。歐洲通貨市場是歐洲美元、與在歐洲本國以外
的各種歐洲通貨所形成以銀行為中介的短期資金借貸市場、歐洲債券市
場是歐洲美元債券，與在歐洲本國以外各種歐洲通貨單位的歐洲債券所
形成。

重 要 名 詞

近似準備	匯率變動調整
馬歇爾—婁勒條件	價格變動調整
所得變動調整	邊際進口傾向
進口所得彈性	邊際出口傾向
出口所得彈性	所得—吸納調整
開支減少政策	開支移轉政策
現金餘額變動調整	直接管制調整
複式匯率	英鎊匯兌本位制度
布萊頓森林制度	國際貨幣基金
美元短缺	美元過剩
史密松寧協定	管理浮動匯率制度
單獨浮動	共同浮動
單一釘住	複合釘住
中心匯率	基本失衡
國際準備	匯率過度反應
歐洲通貨市場	歐洲債券市場
Q規則	歐洲美元
黃金兩價制	準備通貨
國際貨幣基金準備部位	特別提款權
紙金	利息平衡稅

　　歐洲美元債券　　　　　　　歐洲金融市場

問 題 練 習

1. 可作為國際準備的資產主要有那些？試簡述之。

2. 簡述當一國國際收支逆差失衡時，如何以匯率變動、價格變動、所得變動及現金餘額變動，來調整其國際收支？

3. 試述當一國國際收支逆差失衡時，如何以所得──吸納法來調整其國際收支？

4. 在什麼情況下，政府會以直接管制來調整其國際收支？直接管制有那些不同方式的措施？你對直接管制的看法如何？

5. 試簡述1870年以來的國際貨幣制度史。

6. 在布萊頓森林制度下，有所謂的流動性、調整與信心等三大國際貨幣問題，試釋其意。

7. 史密松寧協定對布萊頓森林制度有何重大改革？史密松寧協定崩潰後，國際貨幣制度有何變化？

8. 何謂歐洲通貨市場？其形成的原因為何？其與歐洲美元有何關係？

索引

一畫

二畫

三畫

四畫

八畫

十畫

十三畫

十六畫

十九畫

大 學 用 書

大學用書